맑스주의의 역사 I

프레드락 브라니츠키 지음/이성백·정승훈 옮김

맑스주의의 역사 (1)

초　판 1쇄 인쇄 2012년 9월 10일
초　판 1쇄 발행 2012년 9월 15일

저　자　프레드락 브라니츠키
역　자　이 성 백 외 1인
교　정　김 영 권
발행인　황 세 연
디자인　EG 디자인
인　쇄　예일정판
제　본　대명제책
발행처　도서출판 **중원문화**
주　소　서울특별시 마포구 창전동 2-33
주문처　02-325-5534　FAX 02-324-6799

맑스주의의 역사

I

프레드락 브라니츠키 지음/이성백 · 정승훈 옮김

도서출판 중원문화

Geschichte des Marxismus Ⅰ,Ⅱ

By

Predrag Vrinicki

Suhrkampf Verlag, Frankfurt am Main 1972

제1판 서 문

오랫동안 맑스주의를 연구하고 난 후, 오늘날 생생하게 살아 있는 이 사상의 역사를 쓰려고 결심했을 때, 나는 그러한 역사에 꼭 필요한 몇 가지 예비작업이 없다는 것을 알았다. 지금까지 단 한 나라라도 취급하고 있거나 아니면 맑스주의 사상의 한 발전시기라도 제대로 주제로 삼고 있어서, 폭넓은 종합의 밑천으로 쓸 만한 맑스주의의 역사조차도 존재한 적이 없었다.

이러한 사정 때문에 본질적으로 나는 이러한 발전과정에 대한 지금까지의 나의 연구와 독특한 경험에 의존할 수밖에 없었다. 그래서 나는 시기별 구분과 저자와 문제선택에서부터 지금까지 맑스주의가 야기했던 다양한 사조와 견해에 대한 비판적 입장에 이르는 작업을 나의 독자적인 사상에서 시작했다. 물론 나는 이것을 위해 내가 이론적으로 동조하는 몇몇 중요한 맑스주의자들의 포괄적이고 비판적인 저작들을 이용했다.

내가 동시에 강조해야 할 것은, 이 책이 사회주의의 역사나 전체 노동운동의 역사가 이론으로서의 맑스주의의 역사라는 점이다. 맑스주의 역사 자체는 적어도 세 가지 계기를 전제하는 맑스주의적 개정을 요구한다. 즉, 그 계기들은 첫째, 지금까지의 모든 노력들 속에서 맑스주의의 본질적인 내용과, 맑스주의적이라고 하는 것의 의미에 대한 명료화이며, 둘째는 맑스주의의 개별적 사조와 경향에 대한 원천을 제시할 뿐 아니라 그 발전계기를 일정한 사회사적인 윤곽에서 정리하는 것이다. 그리고 셋째는 오늘날 비판적 사상인 맑스주의에 그 고유한 비판의 원리를 부각시키는 일이다.

첫 번째 계기에 대해서는 오늘날까지도 맑스주의 안에서 상당히 많은 대립적인 견해가 지배적이다. 그것은 이 책에서도 분명하게 볼 수 있을 것이다. 무엇보다도 맑스주의의 철학적 틀에 비추어 볼 때, 내 자신의 고유한 사상은 어떤 의미로는 통합적(integral) 맑스주의로 언급될 수 있을 것이다. 왜냐하면 나는 맑스와 엥겔스 사상의 모든 단계가—그들이 유물론자 및 변증법주의자가 된 이래로—본질상 통일되고 연관성을 갖추고 있다고 생각하기 때문이다. 그런 이유 때문에 나는 이 책의 이론적인 부분에서 그들의 사상 전반을 다루었고, 맑스주의 혹은 맑스철학의 어떤 부분적 계기를 지나치게 고집하는 것은 필연적으로 일면적이 될 수밖에 없음을 암시적으로 지적했다(이런 이유만으로도 결실이 없다고 할 수는 없을 것이다.).

둘째 계기에 관한 한, 모든 시기의 맑스주의 사상은 노동운동과 자본주의 그리고 구체적이며 일반적인 국제·정치적 상황의 발전뿐만 아니라 부르주아 철학과 학문 그리고 이데올로기 일반의 발전에 밀접하게 연결되어 있다는 것을 쉽게 이해할 수 있다. 나는 이러한 종합적 파악에서 개별적 계기들에 대한 세밀한 기술과 상세한 전기(Biographien)를 끄집어내는 일은 무용하다고 보았다. 왜냐하면 이런 것들이 운동의 기본 윤곽을 조명하는 데 별로 도움이 되지 않기 때문이다. 본질적인 것은 시대의 정치·문화적 분위기와 계급관계의 상황 그리고 정치·경제, 이념적 운동 일반의 입장이다.

모든 시기는 운동과 발전의 근본적인 경향을 제시해 주지만, 현대의 복합적인 구조 때문에 일면의 다른, 심지어는 흔히 모순된 경향들을 제시하기도 한다. 이러한 사실 때문에 개인들의 다양한 결단이 가능하게 되며, 재차 이 결단은 가능한 모든 영향들(이 경향들은 개인의 결단을 형성한다.)에 의존한다. 여기서 개인적인 특성과 개인의 예지적 · 도덕적 능력이 다만 수동적으로 형태지워지는 재료일 수는 없다. 나는 개인적인 구조는 결정적이며, 그것이 개인의 역사적인 길에 대답을 제시한다고 생각한다. 내가 이 책에서 제시하려고 했던 것처럼, 일정한 역사적 경향들은 부수적으로 존재해야만 한다. 그 이유는 사람들이 그러한 경향들 가운데 하나를 결정하고, 능동적으로 그것을 끊임없이 만들어 나갈 수 있도록 하기 위해서이다. 주어진 계기에서 개인이 이러한 역사적 운동의 가능성들 가운데 어떤 것을 선택해야 하는가라는 문제는 대부분 그의 구체적 상황에 달려 있다. 그리고 이와 마찬가지로 이 문제는 올바른 길을 찾아 일관성 있게 이 길을 추구해 나가는 개인의 예지적 · 도덕적 능력에도 달려 있는 것이다. 이미 언급한 바와 같이, 나의 연구의 중점은(역사적인 발전과정에서 상이한 경향들을 가능케 한 일정한 사회사적 토대를 강조하는 것과 병행하여) 이론의 영역에 있다. 주제와 관련하여 나는 다소간 국제적인 의미를 갖는 맑스주의 사상의 주요 계기와 단계 그리고 업적을 기술하고 평가하는 것이 필요하다고 보았다. 한편에서 맑스주의의 국제적 역사는, 국가적인 영역에서 매우 중요하지만 이론적으로 볼 때 국제적 맑스주의 사상자료에 별다른 영향이나 중요성을 지니지 못한 인물들을 평가하는 문제 외에도 다른 많은 특수한 문제들을 취급해야 한다는 과제를 안고 있다.

따라서 맑스주의 사상과 그 이론의 일반적 역사가 중요하기 때문에 나는 본질적으로 이론적인 관점에 영향을 미치고, 어떤 형태로든 간에 국제적 연관성이 있는 주요 문제와 사상가들에 나의 연구를 국한시켰다. 따라서 이 책은 여러 가지 사정상 단행본의 범위를 초과할 수 없었다.

그러나 이와는 달리 그때그때의 나라들의 특수한 상황을 주제로 삼고 이러한 나라들에 있어 맑스주의 사상의 운동의 모든 단계를 추적하는 상세한 맑스주의의 역사는 보다 많은 책의 권수를 요구하고, 매우 엄청난 공동작업을 필요로 할 것이다.

그러한 시도는 다른 모든 학문들과 마찬가지로, 독자들에게 친숙한 폭넓은 문제틀의 종합적 개요를 전제해야 한다. 다른 한편 맑스주의 내부에서 주요 사상과 주요 논쟁의 발전에 대한 개관, 역사적 원인과 이론적 전제들을 해명하는 것 이외에도 다른 주요한 목적을 가져야 할 것으로 생각된다. 즉, 그 목적은 우리 자신들의 모습과 우리의 세계관, 사회이해, 약점, 긍정적 부정적 경향성에 대한 보다 분명한 비판적 초상을 부각시키는 것을 말한다. 그리고 이러한 모든 것들은 맑스주의의 이론적 사상과 실천을 촉진시키거나 억제할 것이다. 그러므로 오늘날 우리의 입장과 과제와 요구에 대한 해명은 현실적인 맑스주의자가 되기 위해서, 즉 복합적이고 다양하며 혁명적이고 역사적인 과정들에 대해 이론적이며 실천적인 동시대인이자 선취자가 되기 위한 것들이다.

세 번째 계기에 관하여, 구태여 맑스주의의 사상이 두드러지게(par excellence) 자유로운 사상임을 강조할 필요는 없을 것이다. 맑스주의의 가장 내면적인 본질은 의견을 달리하는 자들과 자기자신에 대한 비판적 입장에 서는 것이다. 그 때문에 맑스주의 사상의 역사도 비판적일 수밖에 없는 것이다. 이러한 역사의 모든 계기에 대해 자유롭고 비판적 관계를 갖지 않은 채, 맑스주의의 역사를 기술한다는 것은 환상에 지나지 않는다.

그래서 이 사실이 왜 지금까지 이러한 역사가(적어도 최근 40년까지도) 맑스주의 역사를 쓸 수 있었던 사람들에 의해 기술되지 않았는가 하는 이유를 충분히 설명해 준다.

나의 시도가 지금까지 이러한 문제들에 대한 나의 연구의 종합일 뿐만 아니라, 우리 시대의 지도적인 사상으로서의 맑스주의의 사상발전에 대한 개인적인 입장의 표명임은 자명하다.

그러한 입장과 맑스주의의 많은 본질적인 문제—또 여기에 관련되어 있는 모든 것—에 대한 비판적 통찰을 하기 위해서는 자신들이 살고 있는 사회의 창조적인 분위기를 전제할 필요가 있다. 우리가 사회주의—오늘날의 현실적인 르네상스—를 당위적인 것으로 이해한다면, 사회주의는 또한 사회적, 문화적 분위기를 창출해야 한다. 그렇게 함으로써 여기서 비판적 맑스주의의 사상이 가장 훌륭하게 실현될 수 있을 것이다.

역사적 현상들, 특히 맑스주의의 문제에 대한 개인적 비판은 원래 항상 많은 가치들을 재검토하는 비판적, 역사적 실천을 포함한다. 지금까지 창조적인 맑스주의의 사유는—이 책에서 명백히 볼 수 있는 것과 같이—항상 일정한 비판적, 역사적 실천을 전제했다. 사유, 개념화, 명제들은—이러한 정식화의 길이 개인적 사상가들에 있어 아무리 복합적일지라도—이론적 전통과 경험뿐만 아니라 그들의 역사적 실천의 삶(혹은 정지)을 통합시킨다.

바로 그 때문에 나에게도—다른 많은 사람들과 마찬가지로—강제되지 않은 혁명적 정신과 비상한 창조물을 세계에 드러냈던 유고슬라비아 맑스주의자들의 혁명운동과 비상한 경험이 없었다면, 여러 가지 관점에서 볼 때, 풍부하고, 복합적이며 종종 모순된 것으로 보이는 맑스주의 역사의 몇 가지 측면은 이해하지 못하였을 것이다.

여기에서 해결 가능한 모든 어려움과 문제를 인용하는 것은 불필요할 것이다. 이미 맑스주의가 몇 가지 폭넓은 이론적 영역을 포괄하고 있고, 지금까지 맑스주의의 실천이 매우 복합적으로 진행되었다는 사실은, 맑스주의가 체험했던 다양한 사조와 논쟁 그리고 정반대의 입장과 수많은 변형을 완전히 제쳐 놓더라도, 분명히 문제의 복합성을 지적해 주는 것이다.

맑스주의 자체가, 맑스주의자들에게 인류사와 사상의 수많은 문제를 보다 심오하게 해명할 수 있게 해 준 일정한 방법론적 파악을 포괄하고 있다면, 나는 이론적 문제들을 보다 명료하게 밝히기 위해 맑스주의의 방법을 개별적인 학문의 영역 전반에 적용했어야 할 것이다. 그렇지만 나는 중요한 맑스주의자들의 수많은 지적 작업의 가치 있는 측면들을 단지 간략하게만 나누었는데 이것은 이 책의 개념화와 범위는 문화사의 다양한 영역에 이러한 맑스주의의 방법의 적용을 허용하지 않기 때문이다.

모든 맑스주의의 역사가들에게 제기되는 매우 중요한 문제는 발전의 시기구분과 문제와 인물들의 선택 그리고 지금까지의 성과에 대한 비판적 평가이다.

시기구분에 관한 한, 나는 논리적으로 맑스주의의 창시자들과 그들의 사상에 특별한 장을 할애했다. 연속적이고 매우 복합적인 맑스주의 사상의 발전은, 부분적으로 인터내셔널 시기와 노동운동의 발전 그리고 사회주의 운동의 전개에 있어 가능하고 현실적인 경향들과 일치한다. 그래서 나는 이러한 문제들을 각 장에서 파악했다.

레닌의 사상은 맑스주의에서 새로운 전환을 이룬다. 따라서 그에게 상당한 부분을 할애했다.

오늘날의 시기는 지금도 여전히 두 개의 '진영'의 내부에서 그 이론적 사상발전을 통해 특징지워진다. 이런 이유 때문에 시기구분은 그렇게 편성되었다.

한 장은 유고슬라비아의 맑스주의를 주제로 삼고 있다. 왜냐하면 내가 유고슬라비아의 필자로서 우리들의 노력에 특별한 주목을 기울여야 할 권리가 있다고 생각했을 뿐만 아니라, 최근 20년 간의 유고슬라비아 이론과 실천의 출현은 현재 맑스주의와 사회주의의 이해에 중요한 이정표가 된다고 간주했기 때문이다.[1)]

그 때문에 가장 중요한 유고슬라비아 맑스주의자들의 사유는 전체적인 기술에서 보충되었고, 부분적으로는 이들의 독자적인 말들이 인용되기도 했다.

이 모든 계기들은 다만 하나의 가능한 해결이라는 점이 중요하며, 이외에도 이렇게 복합적인 과정에 대한 분석은 결코 종결된 것으로 간주될 수 없다.

내가 생각할 때, 맑스주의 사상의 역사는 우선 일정한 시기에 맑스주의의 한 형식이 어느 정도로 창조적인 해결책이었으며, 또한 맑스주의의 어떤 변이(Variante)가 그 가장 심오한 역사적 정당화를 가질 수 있었고, 역사적으로 현실적으로 실제적이었는지를 제시해 주어야 한다.

그러한 역사는 여전히 보다 많은 것을 요구한다. 모든 역사적 시기는 아무리 완전한 이론이라 하더라도 구체적으로 예견할 수 없는 새로운 문제를 제기하며, 다양하고 풍부하고 보편적인 역사의 변증법은 다면적이고 탄력성이 있는 사상을 요구하기 때문에, 맑스주의는 그 본질상 비판적으

---

1) 하지만 본 역서에서는 제3권을 마무리하지 못했기 때문에 빠져 있음을 밝혀둔다.—편집자.

로 공개된 사상이어야 한다.

이 책에서 나의 판단과 가치평가는 원문에 충실하고자 했으며, 물론 그것은 대부분 번역하여 사용했다. 나는 종종 원문을 인용했고, 번역을 하면서 사소한 교정을 하기도 했다(이것은 비교해 보면 나타날 것이다). 이 책의 마지막에 있는 문헌목록은 어떤 방식으로든지 이 책에서 언급되거나 인용된 저서들을 포괄한다. 이외에도 나는 동일한 제목의 판을 반복하는 것을 피하려고 했다. 오히려 나는 모든 저작에 대해 다만 첫 판의 발행연도를 언급하려고 했지만, 유감스럽게도 그것이 가능하지 않은 경우가 몇 번 있었다. 참고문헌은 독자들에게 매우 풍부한 맑스주의의 문헌과, 새로운 통찰들의 원천에 대한 참조가 될 것이다. 특별히 내가 강조하고 싶은 것은, 무엇보다도 내가 1부와 2부에서 일반적으로 변경되고 보충된 형식으로 맑스주의의 발생과 문제들에 대한 나의 지금까지의 연구를 사용했다는 것이다.

마지막으로 이 저작이 유고슬라비아의 민중을 위해 그리고 국제 사회주의를 위해 중요한 해에 완성되었기 때문에, 나는 이 보잘것없는 헌정으로 모든 사라져 간 투쟁영웅들을 기리고자 한다. 이와 함께 나는 우리의 운동뿐만 아니라 어렵고 비인간적인 오늘날의 세계 상황 속에서 사욕 없는 희생과 인간에 대한 확고한 신념으로 미래를 선포했던 국제적 맑스주의와 사회주의운동 일반을 생각하지 않을 수 없었다.

자그레브(Zagreb), 1961년 4월 15일

프레드락 브라니츠키(Predrag Vranicki)

맑스주의의 역사(1) ● 차 례

서 론

역사적, 문화적 전제조건

맑스주의는 이미 국제적인 개념으로서, 한편으로는 진보적인 노력들을 상징하고, 다른 한편으로는 매우 상이한 비판의 대상이 되고 있다. 인간의 사유로 합리적으로 천착하기에는 너무 복합적인 역사과정의 소용돌이 속에서, 맑스주의는 매우 상이하게 해석되었고, 많은 영역에 적용되었다. 비록 사람들이 맑스를 '초기'와 '후기'로 '나누고', 다시 그를 엥겔스(F. Engels)와 구별했지만—이 둘은 또다시 그 밖의 다른 많은 맑스주의자들과 구분되었다.—그럼에도 불구하고 오늘날 공산주의 운동에 참여하는 사람들은 모두 맑스의 사상에 충성을 맹세한다. 스탈린 테러로부터 모택동의 문화혁명에 이르기까지 극도로 상이한 역사적 실천가들은, 그들이 맑스의 이념과 의도들을 철저히 입증해 왔다고 자처하지 않는가!

맑스의 사상이 그렇게 모순적인 것은 사상 자체가 그런 것인가, 아니면 외부적인 다른 사정에 그 원인이 있는 것인가? 유일한 맑스주의, 즉 맑스주의 자체는 존재하는 것인가, 아니면 역사의 모든 위대한 사상처럼 그 사상도 이와 비슷한 운명—이 운명이란 다시 말해 역사적 문제들과 형세들을 관망하면서 사람들이 모든 시기마다 맑스의 사상을 서로 다른 관점에서 보고 해석해 오고 여기서 개인들은 그 시기의 본질을 드러낼 뿐 아니라 그 시기적 맹아에 일치하여 역사적 문제들을 보는 운명—에 처해 있는 것인가? 맑스주의의 역사는 적어도 그런 문제들 가운데 가장 중요한 것에 답변해야 하고 해명할 수 있어야 한다.

우리는 맑스의 사상 자체가 매우 복합적이라는 것을 그 역사적, 문화적 전제조건에서 가장 잘 볼 수 있다. 이 전제는 18세기와 19세기에 부러울 정도로 그 정점에 달했던 유럽의 전반적인 사회적, 정신적 발전을 망라한다. 그것은 스스로 자기 자신에 대한 극복과 그를 인간으로 형성하는 모든 요소들에 대한 발견 및 그 실현화를 위해 끊임없이 경주해 온 인간의 대결인 바, 곧 그것은 모든 문제들, 즉 회의, 신뢰할 수 없는 것, 신비화(Mystifikation)—이 모든 것들을 유일하게 창조한 자는 바로 인간이다.—를 종식시키기 위한 대결이었다. 그러한 투쟁에 있어서 오늘날과 마찬가지로 인간의 가장 좋은 면과 나쁜 면이 각각 제시된다. 그러나 이에 대한 모든 저항과 어려움에도 불구하고 결국 인간을 창조자로서, 총체적 자연발달의 완성점으로서 본 인간주의적 사상이 승리를 거두었다. 오직 인간을 위한 삶에 이 사상의 유일한 합리적인 의미와 그 충족이 있다. 그리고 그 사상은 인간을 제지하고 그를 환상적인 추상개념으로 몰아넣어 버리며, 또한 인간을 비인간화시키고, 진보에 대한 인간의 소원을 마비시켜 왔던 모든 것들에 대해 최종적인 승리를 거두었다. 그러므로 여기에서 간략하게나마, 맑스-엥겔스의 사상적 전개에 있어 직접적인 중요성을 갖는 인간정신의 강력한 발현—자기의식화의 도상에 서 있는—을 기술하는 것이 필요할 것이다.

프랑스 계몽주의와 유물론

18세기와 19세기 초엽은 시민적 인간의 출현을 예고하고 있었고, 초기 부르주아지들이 유럽사회와 그 의식을 새롭게 구성하기 위한 머나먼 투쟁의 과정을 종결짓기 시작한 시기였다. 구(舊) 체제의 세력들과 공공연하게 그리고 극적으로 충돌하는 곳에서, 사상 역시 가장 급진적인 형태를 갖추고 있었다. 사람들은 낡은 형이상학에 대해서 지금까지 가장 철저했던 유물론을 대립시켰고, 낡은 종교에 대해서는 합리주의를, 사회질서에 대한 낡은 신학적 교리에 대해서는 국민주권을 내세웠다.[1)]

사람들은 프랑스의 18세기를 가장 진정한 의미에서의 계몽주의의 혁명적 시대라고 부를 수 있을 것이다. 몽테스키외(Montesquieu)와 볼테르(Voltaire)의 계몽주의는—한편으로 영국의 문화와 정치의 영향 아래서, 그리고 다른 한편으로 자신들의 고유한 진보적인 전통을 계승하면서—먼저 이신론(理神論)과 의회주의(Konstitutionalismus)로 나타났다.

계몽주의 발전에 있어서의 그 전환점은, 위대한 백과전서(1751)의 편찬이었다. 이것은 오늘날까지도 창조적, 비판적 정신들 가운데 가장 중요한 의미를 갖는 시도로 여겨진다. 이 시기 이래로 디드로(Diderot)는 줄곧

1) 맑스는 『신성가족』에서 프랑스 유물론을 이렇게 특징지웠다. "볼테르는 말하길, 예수회파와 장세니우스파의 논쟁에 대한 18세기 프랑스인들의 무관심은 철학이 아니라 로(Law)의 재정투기를 통해 야기되었다. 그래서 사람들이 유물론적 이론의 운동 자체를 그 당시 프랑스 삶의 실천적 형태에서 해명하는 한, 17세기의 형이상학의 몰락은 다만 18세기의 유물론적 이론에서만 해명될 수 있다. 이러한 삶은 직접적인 현재를, 세속적인 향유와 이해를, 지상의 세계를 지향하고 있었다. 반신학적, 반형이상학적, 유물론적 이론들은 그것의 반신학적, 반형이상학적, 유물론적 실천에 상응했음에 틀림없다. 형이상학은 실제로 모든 신용을 잃어 버렸다. 여기서 우리는 다만 이론적인 과정을 간략히 암시할 뿐이다."(F. Engels-K. Marx, *Die Heilige Familie*, in : Karl Marx/Friedrich Engels, *Werke*, Deitz Verlag, Berlin[앞으로는 MEW로 약칭함] Bd. 2, S.133-134).

프랑스의 혁명이론은 총괄하는 인물이었고, 백과전서파의 전체 계획의 발의자였으며 계몽주의의 중심인물로서 영향력을 발휘했다. 또한 이 시기는 가장 급진적이었던 철학적 흐름, 즉 프랑스 유물론을 명료하게 결정화(結晶化)했던 시기였다.

비록 프랑스 유물론을 기계적 유물론으로 부르는 것이 정당할지 모르지만, 당시 프랑스 유물론은 혁명적 이론이었고, 그 비판적 의도와 급진성으로 인해 새로운 자각의 돌파구를 열어 놓았으며 또한 그 계속적 노력을 위한 이정표를 세웠다는 것은 분명한 사실이다. 그 밖에도 사람들은, 디드로, 돌바하(Paul Henri Thiry, baron D'Holbaca), 특히 엘베시우스(Claude Adrien Helvetius)의 저술들이 역시 변증법적 계기—비록 함축적인 암시 정도로 그쳤지만—를 포함하고 있었음을 간과해서는 안 된다. 라메트리(La Mettrie)의 예견—즉 "인간이 동물로부터 유래한다는 사상은 결코 불합리하거나 이상한 것일 수 없다."[1]—이나, 또는 (만물의) 영원한 교체에 관한[2] 돌바하와 디드로의 이념은, 결국 인간과 영원히 동일한 채 변화되

1) 라 메트리(J. O. de la Mettrie)는 이러한 체계로 인간발생에 관한 교회의 교리를 비판했을 뿐만 아니라 종(種)의 불가변성(Unveränderlichkeit)에 대한 린네(Linné)의 정적인 사상을 비판했다.

2) 돌바하(D'Holbach)는 『자연의 체계』에서 다음과 같이 기술했다. "오! 인간이여, 너는 결코 너의 생애가 단지 한 뼘의 시간밖에 지속되지 않는다는 것을 주시하지 못하는가? 만물은 유전한다. 그 어떤 것도 불변성을 요구할 수 없다. 너는 너의 유(類)가 무상하지 않고, 모든 사물을 교체에 내맡겨 버리는 일반법칙으로부터 자유롭다고 간주하는가? 너는 너의 현재의 존재에서 수많은 장애를 경험하지 않았는가! 그럼에도 불구하고 너는 어리석게도 스스로를 자연의 왕으로 자처하는가? 너는 땅과 하늘을 가지고 있지 않다. 너는 모든 것이 너를 위해 존재한다고 생각한다. 왜냐하면 너는 이성을 소유하기 때문이다. 아! 그것은 사소한 일에 불과하다. 원자의 혼란은 너를 몰락시킬 수도 있고, 너를 본질의 사다리 밑으로 밀어 버릴 수 있으며, 네가 그렇게 자랑스럽게 기대하는 이성을 빼앗아 버릴 수도 있다!"(D'Holbach, *System der Natur*, Leipzig 1841, S.83).

디드로: "누가 우리보다 앞서 있던 동물의 종(種)을 아는가? 누가 우리의 뒤를

지 않는 자연에 대한 수백 년 간의 낡은 사상들을 부숴 버렸다. 그러한 사상들은 그 후 10년 간 자연과 인간 이해에 대해 보다 급진적이고, 심오하고, 철저한 구상(Entwürfe)을 수립하는 전제로 사용되었다.

존재론에서와 같이, 영지학(靈智學) — 잘 알려진 정관적 영지학(Gnoseologie)에 병행하여 — 에서도, 어떤 변증법적 태도가 인식될 수 있다. 인식의 발전 과정, 나아가 인식을 일정한 실천의 계기로 보는 사유는, 프랑스 유물론자들의 저술과 낯설지 않다. 그러나 그 사유는 유물론적 결정론(Determinismus) 때문에, 여전히 특수한 인간적인 것의 특수성만을 파악하거나, 역사적인 것을 이해하기 위한 규범들 — 그 사유에 필요한 — 을 제공할 수가 없었다. 그러나 급진적인 합리주의는, 낡은 형이상학과 유심론(Spiritualismus)에 대한 날카로운 비판을 근거로 인간과 역사에 대한 새로운 개념 — 외부 세계적 발판과 그 전제를 포기할 수 있는 — 을 위한 기반을 마련해 나갔다. 인간은 그 새로운 세계상 안에서 자기자신에게 기댈 수 있을 것 같았고, 실제로 그 역사적 문제들의 해결을 위해 결정적으로 자신의 사상과 행동에 의존했다.

두드러지게 부각될 수 있는 것은, 프랑스 유물론자들이 역사적 문제들의 영역에서 새로운 시대의 출발을 예고했다는 것이다. 몽테스키외, 볼테르, 루소의 연구와 구상들은 인간과 역사의 발전에 대한 자연적, 사회적 원인들을 연구하는 문제를 제기했다. 또한 그들의 사상은 정치적 지배의 성립과 그 성격에 관한 혁명적 해답을 주었다. 그뿐만 아니라 경제적 계

좇는 동물의 종을 아는가? 모든 것이 교체하고 지나가며, 전체만이 유일하게 남는다. 세계는 쉴새없이 시작하고 끝을 맺는다. 세계는 매 순간마다 그 시작이며 끝에 있다. 결코 다른 것은 존재한 적도 없고, 앞으로도 존재하지 않을 것이다."(*Der Traum D'Alemberts*, Stuttgart 1923, S.58).

기들이 역사의 발전에 중요한 역할을 한다는 사상적 이해의 맹아들이 여러 곳에서 발견되었다.

이 문제는 이미 엘베시우스가 지리학적 요인들에 관한 몽테스키외의 개념에 가한 비판에서도 나타난다. 엘베시우스는 몽테스키외에 대항하여, 지리학적 요인들은 사회변혁의 역동성을 파악하기에 충분하지 않다는 입장을 관철시켰다. 즉, 그는 국가 형태와 사회적 환경의 중요성을 지적했다. 여기에서 로크의 경험론은 사회발전의 문제에 대해 일관성 있게 적용되었다.

"사회적 환경과 국가권력의 형태가 인간의 이념과 성격을 형성시킨다"[1]는 명제가 이후의 사회주의자들에게 얼마나 결정적인 영향을 끼쳤을지는 명백하다. 사회질서의 문제와 지배에 주목해 볼 때, 산업, 무역, 국제간의 경제적 관계의 팽창적인 발전 또한 이러한 문제들을 해명하는 데 중요한 영향을 끼쳤다. 그래서 돌바하와 엘베시우스의 살롱에서 교제가 잦았던 레이놀(Y. Reynald)은 경제적 번영이 문화적 번영을 제약한다고 진술했다. 그리고 그는 이탈리아와 네덜란드의 르네상스에서 그 실례를 입증했다.[2]

또한 볼네이(Volney)도 사회적 삶에 있어서 이러한 '유물론적 측면'의 영향과 마찬가지로 계급의 역할을 인식했다. 그리고 바르나베(Barnave)

1) "따라서 경험을 통해 민족들의 특징과 사유방식이 그들의 통치형식과 더불어 변화했다는 사실이 입증된다. 서로 다른 통치는 각각 동일한 국가에게 고상하거나 비열한, 확고하거나 경박한, 용감하거나 비겁한 성격을 준다."(*Herrn Johann Claudius Hadrian Helvetius hinterlassenes Werk vom Menschen, von dessen Geisteskräften, und von der Erziehung desselben*, Breslau 1785, S.271).

2) 아래의 저작을 참조. *Histoire philosophique et politique des établissements et du commerce des Européens dans les deux Indes*, Paris 1780.

는, 레이놀(Reynald)의 사상에 인접하여, 무엇보다도 개별적 사회 체제를 뚜렷이 형성하는 데 있어 재산의 역할을 강조했다.

내가 보기에는 그런 문제를 가장 철저히 천착한 사람은 엘베시우스인 것 같다. 그가 그의 저작 『정신에 관하여』(*De l'esprit*), 『인간에 관하여』(*De l'homme*)에서 이미 개별적인 시도를 일반화했을 때, 그는 역사의 유물론적 개념에 가장 잘 접근하고 있었다. 무인도에 관한 그의 작업가설, 인구증가에 대한 그의 견해, 경제적 생산성이라는 새로운 형태로의 이행에 관한 그의 사상, 화폐 출현과 치부(致富), 빈곤 등에 대한 그의 사고는 널리 알려져 있다. 『정신에 관하여』에서 그는, 인간의 행동은 존재하지 않는다는 전제로부터, 아래의 결론과 같은 독창적인 일반화에 도달했다.

"우리가 전제한 바에 따르면, 정책(즉, 국가)이 어떤 사회에서도 그것이 현재 도달해야 하는 완전한 정도에 이른 적이 없다는 것은 명백한 사실이다. 어떤 민족도 정신적인 면에서 볼 때, 자신의 개념들을 설명하기에 이백여 개의 개념이나 이백여 개의 단어조차 갖지 못한 야만적인 민족들과는 비교될 수 없을 것이다. 따라서 그 언어에서 손의 사용을 전제하는 '곡선', '화살', '껴안다'와 같은 단어들이 제거된다면 결과적으로 그 언어는 동물의 언어와 마찬가지로 다만 대여섯 개의 음(音)이나 부르짖음을 나타내게 될 것이다."[1]

역사상 시민계급보다 비판적인 사고, 혁명적 비약, 역사적 열광과 정신적 예리함에 있어 더 높은 수준에 도달한 경우란 없었다. 그것은 참으로 18세기의 지울 수 없는 자취를 남긴 새로운 이념과 새로운 추구를 분출시켰다. 프랑스 계몽주의의 이념은 부르주아지가 인간의 영원한 역사 드

1) *Helvétius, Discurs über den Geist des Menschen,* Liegnitz und Leipzig 1787, S.16.

라마에서 주요한 역할을 준비하던 도처에서 영감을 불러일으켰다. 프랑스 유물론의 업적은 맑스와 엥겔스에 의해 정당하게 그 가치를 인정받았다. 그래서 엥겔스는 그의 말년에 다음과 같이 썼다.

"프랑스에서 다가올 혁명을 위한 힘을 명백히 한 위대한 사람들은 철저히 혁명적으로 등장했다. 그들은 외적인 권위—그것이 어떤 종류든지 간에—를 승인하지 않았다. 즉 종교, 자연관, 사회, 국가질서, 이 모든 것들은 매우 가차없는 비판을 면하지 못했다. 모든 것들은 이성의 심판대 앞에서 그 존재를 정당화하든지 아니면 포기해야 했다. 사고하는 오성이 모든 것에 대한 유일한 척도로서 군림했다……. 지금까지의 모든 사회형태와 국가형태들, 모든 낡은 전통의 관념들은 비이성적인 것으로서 쓰레기통에 내던져졌다. 세계는 지금까지는 다만 편견에 의해 인도되어 왔다. 과거의 모든 것은 단지 동정과 경멸을 받아 마땅하다. 이제 비로소 아침 햇살이, 이성의 왕국이 비쳐오기 시작했다. 여기서부터 미신, 불의, 특권, 억압 등이 영원한 권리, 영원한 정의, 자연에 기초한 평등, 양도될 수 없는 인권에 의해 밀려났다."1)

이것은 의심할 여지없이 알을 깨고 나오는 혁명적 사고의 정점, 유럽의 땅덩어리뿐만 아니라 그것의 정신을 본질적으로 변혁시킨 사건의 서론이었다. 계몽주의의 이념은 바뵈프(Babeuf)의 공산주의와 프랑스 사회적 공상주의자들—특히 역사의 영역에서 새로운 인식에 도달한—에게서 그 직접적인 실행과 역사적인 활동으로 나타나게 되었다.

독일 고전철학

---

1) F. Engels, *Die Entwicklung des Sozialismus von der Utopie zur Wissenschaft*, MEW, BD. 19, S.189~190.

이와 똑같은 과정이, 서로 상이하고 독자적인 방식이었지만, 당시 독일에서도 진행되었다. 비록 독일의 상황은 하나의 구체적이고 역사적인 행동을 가능케 하지는 못한 상황이었지만, 거기에서 어느 정도 중요하다 할 만한 모든 것들은 그 시대정신을 호흡하고 있었고, 새로운 시민적 인간에 대한 희망으로 고취되어 있었다. 황제 권력의 약화와 더불어 독일의 고유한 역사는—중세기 말엽, 즉 프러시아 귀족과 부르주아 간의 경제적 경쟁, 그리고 30년 전쟁과 종교개혁의 결과 이래로—줄곧 저 유명한 독일의 분열, 즉 강력한 중앙정부와 강한 세력을 가진 부르주아지의 부재(不在), 국가의식에 대한 결핍에서 나타난다. 독일과 인접해 있는 이웃국가에서 그 혁명적 이념들이 이미 '무기 비판'(참고, K. Marx, *Zur Kritik der Hegelschen Rechtsphilosophie, Einleitung*, S.378—역주)으로 옮겨가는 동안, 독일의 부르주아지는 교만한 절대주의적인 귀족의 전제에 내맡겨져 있었고, 오랫동안 그 비참한 상태 아래서 자기 자신에 대한 믿음을 상실했으며 점점 더 속물적이 되어 가고 있었다.[1)]

---

1) 엥겔스는 1890년의 이러한 상황을 아래와 같이 특징지웠다. "독일에서 속물적인 부르주아지는 실패한 혁명과, 중단되고 억압된 발전의 결과이다. 이들은 30년 전쟁과 그 이후의 시기 때문에, 모든 주도권(Initiative)에 대한 비겁함과 편협함 그리고 어찌할 수 없음과 무능이라는, 독특하고 비정상적으로 만들어진 성격을 가졌다.—그러나 30년 전쟁 이후의 시기에 거의 다른 모든 위대한 민족들은 재빨리 자신들을 향상시켰다."(1890년 6월 5일자 Paul Ernst에게 보내는 편지, MEW, Bd. 22, S.81).
  노년의 괴테도, 예를 들어 그가 1826년 3월 12일 에커만(Eckermann)과의 대화에서 아래의 사실을 확인했을 때, 같은 평가를 했다. 즉 "사랑하는 젊은이를 너무 조숙하게 길들이고, 모든 자연, 모든 독창성, 모든 야성(Wildheit)을 빼앗아 버린 것은 우리에게서 모든 것을 빼앗아 버렸다. 그래서 마침내 속물 이외에는 어떤 것도 남지 않았다."(J. P. Eckermann, *Gespräche mit Goethe*, Wiesbaden 1955, S.640).

18세기에 독일은 여전히 완고한 봉건-절대주의가 지배적이었고, 영주들은 한결같이 아메리카 내전을 위해 농노들을 영국에 팔아 넘겼다. 또한 그들은 도시들을 지배하고, 임의로 시의원을 임명했으며, 가혹한 출판검열을 시행했다. 그럼에도 불구하고 이 세기에 부르주아지는 경제적인 영역에서 매우 큰 역할을 담당했다. 그 결과 서유럽에서 부르주아지들은, 사상의 자유를 가져오고, 또한 경제적·정치적 행동을 가능케 한 역사적 사건들을 결코 무관심하게 방관할 수 없었다.

그 때문에 당시 독일의 가장 위대한 문학과 철학을 담당한 인물들은 모두 유럽의 부르주아 이념의 분위기에 휩싸여 있었다. 다만 특별한 상황에서—현실적인 혁명이 비방되는 곳에서—그 사상을 비학과 사변적인 것 안에 순화시키는 작업이 요구되었다. 클롭스토크(Klopstock), 뷔란트(Wieland), 레싱(Lessing), 괴테(Goethe), 헤르더(Herder), 쉴러(Schiller)의 저술에서 당시 상황에 대한 비판, 즉 가장 낡은 사고형태 및 관념에 대한 비판이 함축적이고 명시적으로 드러난다. 그들의 저술은 인도주의 및 세계주의와 함께 장래의 공산주의적 인간주의에 있어 정신의 개방성과 국민적 협소함을 극복하는 데 가장 중요한 전제가 된다.

프랑스의 극적인 상황에서 그렇게 급진적으로 나타난 시민의식의 비판적 입장은 후진국 독일에서는 역사적 분위기의 압력을 재는데 가장 확실한 지표가 되는 철학적 영역에서만 간접적으로 나타났다. 그것은 새로운 철학적 방법의 완성, 즉 변증법에서의 독단주의에 대한 비판을 말한다. 변증법은 역사와 인간에 대한 새로운 파악을 추상적으로 선언하며, 인격적 존엄성에 관한 새로운 윤리적 원리들을 선포한다.

이러한 점에서 칸트의 철학은 새로운 시대와 새로운 정신적 시기를 알린 첫 번째 선포였다. 역사적으로 진보적인 모든 혁명적 의식은 어떤 점에서는 주체의 활동성과 마찬가지로 비판, 의식의 확실성을 요청한다. 프랑스에서 의식의 비판적, 혁명적 활동성이 지금까지의 총체적 지배체제에 대한 부정으로 전개될 수 있었던 반면, 독일에서 이러한 급진성의 표현은 기존의 사유체계 내에서만 가능할 수 있었다. 그러나 이러한 급진성은—그것이 새로운 사회적 세력과 지향(指向)을 대변한다면—,사회적 여러 세력이 공개적으로 서로 충돌하는 상황에서 나타나는 사상처럼, 그 동일한 특징들을 가져야만 했다.

그것은 칸트가 영국의 경험주의와 여전히 신학의 영역과 전제들에 직접적으로 뿌리박고 있던 라이프니츠-볼프의 합리주의의 독단론에 만족할 수 없었던가 하는 주요 이유들 가운데 하나이기도 하다. 칸트의 『순수이성비판』은 몇몇 중요한 계기들로 특징지워진다. 즉 그것은 경험주의에서 제기된 객관적 현실성을 인정하고, 인간의 인식의 절대성(비록 현상의 영역에 제한된 것일지라도)을 논증하고, 입증하며, 그렇게 함으로써 고대의 철학적 문제인 존재와 사유 간의 관계를 비판적 방식으로 주관성의 영역에 비중을 둠으로써 해결하려고 했다.

칸트는 이러한 근본적인 철학의 문제를 해결하는 데 있어, 주체와 객체 간의 불일치를 여전히 남겨 놓았다. 물자체, 본체계(noumenon)는 합리적 인식의 영역 밖에 존재한다. 따라서 신의 존재에 대한 모든 전통적 방식은 칸트의 비판철학에서 배척되었다. 칸트는 그의 선험적 원리로써—비록 이 원리가 의식 일반의 전제 아래서, 또한 신칸트주의에서와 같이 어떤 새로운 신학적 속성(이 속성은 주체성의 영역의 활동성을 강조한다.)[1]에 의해 받아들여질 수

---

1) 그것은 특히 빈델반트(Windelband)의 '신성'개념의 서언에서 표현된다.

있다고 해도— 대담하고, 독자적이고, 매우 진기한 독일의 사변적 관념론의 발전을 놀라운 결론으로 개진했다. 이러한 발전의 궁극적이며 가장 위대한 인물인 헤겔이 그의 『철학사』(*Geschichte der Philosophie*)에서 칸트의 바로 이러한 계기의 가치를 인정했다는 것은 자명하다.1)

칸트 철학에 있어 역사적 중요성을 갖는 두 번째 계기는 윤리적인 것에 대한 논증이다. 이러한 시도에 있어 존재와 당위 간의 불일치를 도외시하더라도, 칸트는 그의 정언명법으로 인격의 존엄성을 부각시킴으로써 인간의 개별적 의존성으로 특징지워지고, 또한 인간의 단지 순전한 수단으로 이용되고 마는 현실에 저항했다. 칸트 철학의 이러한 계기가 이후에 사회주의와 맑스주의와 결합된 것은 전혀 놀라운 일은 아니다. 비록 원리로서의 이러한 입장이 맑스주의와 일치될 수 없다 해도, 만일 맑스주의가 역사적 존재의 이러한 측면(칸트의 윤리적 측면—역주)에 보다 많은 염려를 했다면, 맑스주의와 칸트 철학의 결합을 상정해 볼 수도 있을 것이다.

역사적 상황 때문에 우리는 주체에 대한 보다 강력한 강조가 부각된 것을 독일철학의 계속된 진행과정에서 보게 된다. 우리는 독일에서 당시 문화적인 삶, 특히 철학에 있어 거의 모든 중요한 대표자들이 미국의 독립전쟁에 지지를 보냈고 그 전쟁과 마찬가지로 프랑스혁명에 감격했다는 것을 간과해서는 안 된다. 역사적 주체(인간)의 이러한 활동성은 칸트의 선험주의에 연계되어 있으면서 자유를 사랑하고, 담대했던 피히테(Fichte)의 철학에서 가장 급진적인 형태를 띠게 된다. 피히테에 있어 칸트의 선험적

---

1) "그것은 이러한 철학의 위대한 면이다. 칸트는 사유는 그 자체가 구체적이며 선험적으로 자각으로부터 창출되지 않는 종합판단을 가진다고 제시했다. 사유 안에 놓여 있는 이념은 위대하다……."[G. W. F. Hegel, *Vorlesungen über die Geschichte der Philosophie III, Werke in zwanzig Bänden*(Theorie-Werkausgabe), Bd. 20, Frankfurt 1971, S.337].

원리는 주체의 절대적 자유를 논증하고 동시에 이러한 원리로부터 총체적으로 가능한 지식의 보편적 세계를 추론하는 데 만족스러운 것이었다. 피히테의 『지식학』(*Wissenschaftslehre*)은 독일 관념론의 독특한 표지가 된다. 그 저술은 19세기 전반을 통해 끊임없는 영향력을 미쳤다. 피히테가 볼 때 칸트의 이원론(Dualismus)은 모순이며 주체와 예지의 자유에 대한 제한이었다. 다른 한편으로 이원론은 또한 불필요한 전제이기도 했다. 왜냐하면 이미 칸트에게서 모든 본질적인 것, 합법칙적인 것, 보편적인 것, 형식적인 것(Formativen)을 담지하는 것은 선험적 영역이었기 때문이다. 그래서 피히테는 이 영역에서 모든 독단론을 극복하고, 실제로 비판철학을 세울 수 있다는 생각에서, 절대적 자아에 내재하지 않은 모든 것을 배척했다. 절대적 자아는 어떤 것의 하위에도 있지 않은 무제약적 심급이며 따라서 절대적 행동이 된다. 그 때문에 사람들이 철학의 내용을 기술하기 위해 절대적 자아로부터 시작해야 한다면, 이것은 연역을 통해서만 가능할 수 있다. 사변적, 관념론적 방법의 본질은 이미 피히테의 철학에 주어져 있으며, 그것은 바로 이 방법의 가장 위대한 대가인 헤겔이 피히테에게서 특히 찬양받는 계기인 것이다.[1)]

피히테가 절대적 자아와 이 절대적 주체의 자가활동성으로부터 논리의

1) "피히테 철학은 사유규정을 필연적으로 제시할 수 있고, 또한 본질적으로 추론될 수 있음을 상기시킨 심오한 공적으로 남는다.—이 철학은 논리를 취급하는 방식에 적어도 다음과 같은 경향을 미쳤으리라. 즉 사유규정 일반이나 혹은 보통의 논리적 재료 즉 개념, 판단, 추론의 방식들은 더 이상 관찰로부터 얻어지거나 순수 경험적으로 파악되는 것이 아니라 사유 자체로부터 추론된다. 만일 사유가 그 어떤 것을 입증할 수 있어야 하고 또한 논리가 증명되어야 하는 것이고, 만일 논리가 증명을 가르치길 원한다면, 무엇보다도 논리는 분명히 그 고유한 내용을 입증하고, 그 필연성을 통찰할 수 있어야만 한다."(G. W. F. Hegel, *Enzyklopädie der philosophischen Wissenschaften, §42, Werke in zwanzig Bänden*, Bd. 8, Frankfurt 1970, S.117)

다른 규범들을 추론해 낸 방법은 개념의 변증법적 대립, 그 상호 한계지움, 부정, 종합 등이다. 이러한 취급방식 내에 사변적 영역의 본질이 있고, 동시에 변증법적 방법의 몇몇 요소들이 여기에 포함되어 있다. 즉 그 방법은 변증법적 의미에서[1] 부정성의 원리, 지양의 개념, 대립들의 통일의 개념, 부정으로서의 규정의 변증법적 원리 등이다. 비록 이 모든 것이 여전히 절대적 주체의 추상적 영역에서만 움직이고 헤겔처럼 실재의 풍부함을 관철시키지는 않았지만, 헤겔의 사변적, 관념론적 철학의 위대한 구성은 피히테의 노력이 없었다면 이해할 수 없을 것이다. 그러나 그것은 철학의 발전과 진보를 위해 여전히 매우 중요한 계기, 즉 객관성의 복권—셸링의 공적으로 돌릴 수 있는—을 필요로 했다.

그런 종류의 시도는 피히테에게 완전히 낯설은 것이었다. 그는 일관되게 그의 학문의 체계에서 자아와 비아(非我) 간의 대립을 해결하기 위해 심리적인 것을 세 번째인 실천적이고 본질적인 부분에서 연역해 냈다. 이것은 자아 스스로가 비아, 객관을 적립하고 내재적으로 극복하는 것이 경험적 자아와 그 윤리적 활동성의 본질을 형성함을 의식케 하기 위한 것이다. 피히테는 이러한 방식으로 절대적 자유의 철학을 논증했다고 생각했다. 주체는 자신의 고유한 활동을 더 이상 염려할 필요가 없다. 주체는 이미 결정된 체계의 연결고리가 아니라 절대적 행동, 절대적 작용, 절대적 자유이다.

비록 이러한 철학이 극단적인 관념론적 추상의 철학일지라도, 그것은 기본적으로 근본적인 인간의 문제, 즉 자유의 문제를 해결하고자 했다.

1) "어떤 것을 제한한다는 것은 어떤 것의 실재를 부정함으로써 완전하게 지양하는 것이 아니라 다만 부분적으로 지양하는 것을 의미한다."(J. G. Fichte, *Grundlogen der gesamten Wissenschaftslehre*, Leipzig 1922, S.29).

비록 피히테의 사상적 개념이 이러한 목적을 벗어나긴 했지만, 그의 철학은 특히(par excellence) 인간적인, 인간존재의 측면에 있어서 사변적 시(詩)이다. 그것은 바로 그의 의식적인 활동성, 역사적 참여 그리고 자유를 말한다.

피히테는 물론 역사의 어떤 변증법을 구상하지는 않았지만,[1] 모든 점에서 헤겔의 선구자였다. 그는 종종 낙후하고 고루한 그의 시대에서 무신론과 혁명적 이념 때문에 다른 사람들로부터 공격을 받고 고발당했다. 합병된 독일국가에서 피히테 이외에 베를린에서 국민에게 연설을 하고 그들에게 자유를 고취한 사람은 아무도 없었다.[2]

셸링은 피히테의 절대적 주관성을 극복하려고 시도했다. 셸링 역시 많은 점에서 헤겔적 종합의 선구자로 간주될 수 있다. 피히테의 자아는 절대적인 것이 되고 그 안에서 객체와 주체의 통일, 실재적인 것과 관념적인 것의 통일이 주어진다. 자연에서 드러나는 이 영원한 행동의 실재적 측면은 자연철학을 설명한다. 즉 자아, 예지, 역사로서 나타나는 관념적 측면은 선험적 관념론의 체계이다.[3]

자연철학은 자연으로부터 시작하여 관념적인 것을 실재에서 추론하고 '자연은 그 본질상 예지와 동일하다'는 것을 인식의 기본적인 과제로 삼는다. 선험철학은 자아로 시작하고 전체 내용을 자기의식으로부터 연역한다. 자아 안에는 처음부터 주체와 객체가 대립해 있고, 각각의 존재는 그 대립성을 통해 조건 지워지지만, 그것[대립성]은 지양될 수 없다. 왜냐하

1) J. G. Fichte, *Die Grundzüge des gegenwärtigen Zeitalters*, 1806.
2) J. G. Fichte, *Reden an die deutsche Nation*, gehalten in Berlin, Winter 1807~1808, 1808 출판.
3) F. W. J. Schelling, *Ideen zu einer Philosophie der Natur*, 1797, *System des transcendentalen Idealismus*, 1800, *Darstellung meines Systems*, 1801.

면 하나의 대립은 다른 하나의 대립을 통해서만 존재할 수 있기 때문이다. 이에 따라 철학은 다양한 시기를 갖는 자기의식의 역사가 된다. 셸링은 선험적 관념론의 체계에서 실천적 철학 안에서—여기에서 예지는 의지의 자기규정으로서 자기 외부에서 작용한다.—법질서, 국가, 역사를 연역할 수 있기 위해 시기들을 체계화했다. 자유와 필연성의 관계로서의 역사는 절대적인 것의 점차적 발현으로서, 세 시기로 분류된다. 이러한 총체적 의식의 형성과정은 참되고 영원한 철학의 도구인 예술에서, 그리고 이념이 정신에 대해 주어지는 최고의 방식으로 종결된다.

우리가 여전히 셸링에게서, 특히 그의 자연철학에서 수많은 가치 있는 변증법적 인식들이 있음을 상기한다면—이것은 다시 말해 운동의 상대성, 일반적 세계법칙으로서의 양극성의 법칙, 대립규정들의 통일성, 질과 양의 관계, 결정(Determination)의 문제, 그리고 선험철학에서 개별적인 역사 시기들로서의 자기의식의 발견을 전개하려는 시도를 말한다.—셸링 철학의 청년기가 헤겔 철학에 주어져 있는 비범한 정신적 진행의 최종적 종합에 중요한 의미를 갖는다는 것이 분명해진다. 그러므로 헤겔 철학에로의 이행을 이해하기 위해, 일찍이 그의 친구였던 셸링의 철학의 긍정적인 것(Positive)과 부정적인 것(Negative)에 대한 헤겔 자신의 파악을 인용해 보는 것이 바람직할 것이다.

"셸링에게 있어 진실한 것은 구체적인 것이며, 객체와 주체의 통일성이라는 이념 자체가 그에게서 두드러지게 부각되었다. 모든 단계는 체계 안에서 그 고유한 형식을 갖는다. 이것은 형식들의 총체이다. 셸링의 두 번째 위대한 점은 그가 자연철학에서 정신의 형식들을 바로 자연에서 입증한 점이다. 전기(Elektrizität)와 자력(Magnetismus)은 다만 이념과 개념의 외적 방식일 뿐이다. 셸링 철학에 있어 주요

핵심은 내용, 즉 진실한 것의 중요성인 바 이것은 구체적인 것으로 파악된다. 셸링 철학은 심오한 사변적 내용을 갖고 있는 바, 그것도 철학의 전체 역사에 근거해 볼 때 중요했던 내용으로서의 내용을 말한다. 사고는 그 자체로(독자적으로) 자유롭다. 그러나 그것은 추상적이 아니라 그 자체가 구체적이다.—그리고 사고는 그 자체가 스스로를 세계로 파악한다. 그러나 이 세계는 예지적 세계가 아니라, 예지적-현실적 세계이다. 자연의 진리 즉 지적 자연은 예지적 세계이다. 셸링은 바로 이러한 구체적 내용을 파악하고 있었다."1)

그리고 헤겔은 셸링 철학의 결점에 대해서 다음과 같이 썼다.

"그의 결점은 이러한 이념일반과 그 이념규정 및 그 규정의 총체성(이것은 이념적, 자연적 세계를 규정하는데)이 개념을 통해 자체 내에서 필연적인 것으로 제시되지 않고, 발전되지 않은 데 있다. 이러한 형식에는 논리적인 전개와 진보의 필연성이 결여되어 있다. 이념은 진리이다. 그리고 모든 진실한 것은 이념이다. 그것은 입증되어야만 한다. 그리고 이념을 세계로 체계화하는 것은 필연적인 드러냄, 즉 계시로서 제시되어야만 한다. 셸링은 이 측면을 파악하지 않았기 때문에 그에게서 논리적인 것과 사유가 혼합되어 버렸다. 따라서 예지적 직관, 구상력, 예술작품은 이념을 기술하는 방식으로 파악된다. '예술작품은 이념이 정신을 위해 존재하는 최고이자 유일한 방식이다.' 그러나 이념의 최고방식은 그 고유한 토대(Element)이다. 개념적으로 파악된 이념인 사유는 예술작품보다 고귀하다."2)

이러한 사상 안에 헤겔 저작의 의미와 근본의도가 놓여 있다. 헤겔은 앞서 짤막하게 언급했던 철학의 사유과정을 천재적으로 완성한 사람이다.

---

1) G. W. F. Hegel, *Vorlesungen über die Geschichte der philosophie, Werke in zwanzig Bänden*, Bd. 20, Frankfurt 1971, S.453~454.
2) G. W. F. Hegel, Ibid., S.454.

그리고 동시에 그는 맑스와 엥겔스의 철학에 지대한 영향을 끼친 사상가였다. 헤겔 없이는 맑스주의는 존재할 수 없다. 그러나 이전 세대들의 엄청난 사상적 작업과 칸트, 피히테, 셸링 철학에 이르는 긍정적인 결과와 인식이 없었다면, 헤겔의 저술 또한 생각할 수 없다. 헤겔의 변증법을 신학적 전제나 그의 정치-사회적 및 경제적 관념에 따라 해명하려는 시도들은 이러한 포괄적인 변증법적 개념의 일정한 충동과 요소들을 이해하는데 도움이 될 수도 있겠다. 그러나 그의 개념들의 기본적인 근원은 독일 고전철학의 발전을 개관했던 귀결들과 문제들이다.

사변적 연역의 원리들, 많은 변증법적 요소들, 자기의식의 시기(단계)란 개념은 이미 헤겔 이전의 철학에도 있었음을 우리는 본다. 만일 헤겔 체계의 토대가 되는 『정신현상학』과 『논리학』의 중요한 요소들이 우선적으로 확보되지 않는다면, 헤겔의 전체 저작은 놀랍게도 설명될 수 없을 것이다. 헤겔에 있어 자연과 사회가 유기적이고, 모든 것을 포괄하는 방식으로 변증법적 분석에 포함된다는 사실은 잘 알려져 있다. 역사적인 것의 의미와 마찬가지로 헤겔은 특히 역사, 사회, 정치에 관해서는 그의 선배와 동시대인을 훨씬 능가했다.

지금까지의 입문적인 기술로는 상세한 분석을 제공할 수 없기 때문에 여기서 나는 헤겔 철학의 몇 가지 본질적인 계기—특히 맑스주의의 발전에 영향을 끼친—를 다루도록 하겠다.[1)]

헤겔은 셸링 이후에 칸트의 이원론이나 피히테의 주관주의와는 달리 철

1) 헤겔 철학에 대한 맑스주의의 가장 훌륭하고 포괄적인 분석을 마르쿠제(H. Marcuse)는 『이성과 혁명』(*Reason and Revolution*, 1941)에서, 루카치(G. Lukács)는 『청년 헤겔』(1948)에서, 블로흐(E. Bloch)는 『주체-객체』(1952)에서 수행했다.

학의 기본문제, 즉 주체와 객체 간의 관계의 문제를 해결할 수 있었다. 동일철학(Philosophie der Identität)의 근본사유는 이미 주어져 있고, 추론되는 것이 아니라 필연적인 것으로 입증된다. 이러한 인식은 헤겔이 전체 현실세계를 통일된 이념적인 근원으로부터, 객체와 주체의 통일로부터 파악하려던 그의 철학적 노력의 초석을 이룬다. 객체와 주체의 불일치는, 피히테에게서처럼 모든 객체가 선험적 주관성 안에서만 승화되는 것과는 다르다. 헤겔에게서는 절대적 통일, 절대적 이념의 근원으로부터 전체 세계의 본질적인 내용이 추론되고, 이러한 과정에서 모든 계기는 필연적인 것으로 입증되어야 한다.

헤겔이 그의 『논리학』에서 쓴 것처럼 자연과 역사와 정신의 전체 현실성은 '정신적인 운동', '개념의 내재적 발전'인 변증법—'내용의 내재적 영혼'일 뿐만 아니라 인식의 절대적 방법으로서—이다. 위대한 사상, 즉 철학적 방법이 외적인 내용이나 조작적인 것(Operatives) 또는 순수 형식적인 것이 아니라 '자기 구성적 길'[1]—곧 외적인 것, 대상적인 것, 간략히 말해 이념의 타재(Anderssein)과 같이 이념생성의 동일한 길로서의 변증법, 그리고 인식의 절대적 방법으로서의 변증법[2]—이라는 사상은 이미 여기서 주어진다. 헤겔은 절대

1) G. W. F. Hegel, *Wissenschaft der Logik, Werke in zwangiz Bänden*, Bd. 5, Frankfurt 1969, S.17.

2) 헤겔은 『논리학』에서 이러한 문제를 아래와 같이 해명했다. "방법은 그 내용의 내적 자기운동의 형식에 대한 의식이다."(Hegel, *Wissenschaft der Logik*, ibid., S.49). 헤겔은 부정의 변증법에 관한 자신의 파악을 기술한 후, 자기는 그 방법이 개별적으로 보다 많은 완전함을 필요로 하지만, "동시에 그 방법이 유일하고 참된 것임을 알고 있다고 했다. 이 사실은 자체상 그 방법이 대상과 내용에 아무런 차이가 없다는 데서 알 수 있다. 왜냐하면 내용이 내용 자체에서 가지고 있고, 내용을 계속 움직여가는 것은 내용 자체, 즉 변증법이기 때문이다. 따라서 이러한 방법의 길을 가지 않고, 그 소박한 리듬에 적합하지 않은 기술은 학문적이라고 간주될 수 없음이 명백하다. 왜냐하면 그것은 사상(事象, Sache) 내용 자체의 진행이기 때문이다."(Ibid., S.50).

정신의 이러한 외화(外化)의 풍부함을 『철학사 강의』, 『종교철학』 및 『미학』에서 뿐만 아니라 『정신현상학』에서도 전개했다.

논리적인 것과 방법론적인 것으로서의 변증법의 풍부함은 지금까지 가장 포괄적이고 심오한 변증법의 강요(綱要) 즉 『논리학』의 '순수본질성'에 대한 분석에서 발견된다.

"이러한 방식으로도 나는 『정신현상학』에서 의식을 기술하려고 시도했다. 의식은 정신인 바, 그것은 구체적인 것, 즉 외형(外形)에 사로잡혀 있는 지식이다. 그러나 이러한 대상의 계속되는 운동은, 모든 자연적, 정신적 삶의 발전이 그런 것처럼, 단지 논리의 내용을 의미하는 순수본질의 성질에 기인한다. 현상하는 정신으로서의 의식은 그 직접성과 외적인 구체화에 이르는 도상에서 스스로를 해방하는 바, 그것은 순수본질 자체—즉자대자로서—를 지닌 자신의 대상으로 하는 순수지가 된다. 그것[순수본질 자체]은 순수사유이며, 자기의 본질을 사유하는 정신이다. 그것[순수본질 자체]의 자기운동은 그것의 정신적 삶이며, 그것을 통해 학문이 구성되며 순수본질은 과학[學]의 서술이 된다."1)

『정신현상학』은 특별한 중요성을 지닌다. 왜냐하면 헤겔은 『현상학』에서 변증법적 방법을 근거로 의식의 상이한 형태의 발전,—직접적이고 감각적인 지에서 절대적 지에 이르는—다시 말해 일회적인 방식으로 인간정신의 계통발생(Phylogenese)과 개체발생(Ontogenese) 및 그 토대를 추적했기 때문이다. 이미 여기서 추상적이고 사변적이긴 하지만, 인간을 자신의 고유한 노동의 산물로 파악하는 개념들이 존재한다. 이러한 사유는 바로 초기 맑스가 특히 강조한 계기이기도 하다. 맑스는 『현상학』과 비판적으로

1) G. W. F. Hegel, *Wissenschaft der Logik*, ibid., S.17.

대결하면서 다음과 같이 기술했다.

"그러므로 일단 헤겔의 『현상학』과 그 궁극적 결과의 위대함은—운동하며 생산하는 원리로서의 부정성(Negativität)의 변증법—헤겔이 인간의 자기생산을 하나의 과정으로, 대상화(Vergegenständlichung)를 탈대상화(Entegegenständlichung), 소외(Entäußerung) 및 이러한 소외의 지양으로 파악한 데 있다. 또한 그 위대함은 헤겔이 노동의 본질을 파악하고, 대상적인 인간을 따라서 진실하고 현실적인 인간으로 그 고유한 노동의 결과로 파악한 점에 있다……잠정적으로 우리는 다음의 사실을 앞질러 말할 수 있을 것이다. 즉 헤겔은 근대 국민경제학의 입장에 서 있다. 그는 노동을 본질로, 즉 스스로를 확증하는 인간의 본질로 파악한다. 그러나 그는 노동의 긍정적 측면만을 보고 그 부정적인 측면을 보지 못했다. 노동은 소외, 또는 소외된 인간 내에서의 인간의 대자화(對自化 : Fürsichwerden)이다. 헤겔이 알고 있고 인정하는 노동이란 다만 추상적이고 정신적인 노동일뿐이다."[1)]

헤겔은 독창적으로 인류사를 양분(兩分, Entzweiung : 分裂)과 소외의 과정으로 동시에 이러한 소외의 극복과 예술, 종교, 철학이란 상이한 형식을 취하는 그 존재에 대한 의식으로 파악했다. 왜냐하면 헤겔은 인간을 일차적으로 의식으로 파악했으며, 『현상학』은 이것을 전개한 학이자 의식의 외화이기 때문에, 소외는 최고의 심급—추상적 의식—에서 극복될 수 있다.[2)] 그러므로 헤겔에 있어서 이러한 이념적 기체(基體), 즉 정신성이

1) K. Marx, *Ökonomische-Philosophische Manuskripte*, MEW, Erg.-Bd. 1, Berlin 1968, S.574.

2) 맑스는 헤겔의 근본적인 오류를 언급하면서 곧바로 이러한 계기를 들었다. "그 첫 번째 오류는 헤겔 철학의 탄생지인 『현상학』에서 가장 명료하게 드러난다. 만일 헤겔이 예를 들어 부, 국가권력 등을 인간본질에 소외된 본질로 파악한다 해도 그것은 다만 사유형식에서만 그러하다. ……그것은 사유본질이다—따라서 순수한, 즉 추상적인 철학적 사유의 소외이다. 전체 운동은 절대지로 끝난다. 이

그 고유한 자각의 결과로서, 스스로를 근거, 본질성으로 그리고 전체운동과 발견의 실체로서 파악하는 절대적 인식이어야 함은 논리적이고 필연적이다.

"정신의 직접적 현존, 즉 의식은 두 개의 계기 곧 지의 계기와 지에 부정적인 대상성의 계기를 갖는다. 정신은 이러한 요소 안에서 전개되고, 그 계기들을 해석함으로써, 이 계기들은 대립을 이루게 되는데 이 계기들은 모두 의식의 형태들로 나타난다. 이러한 도정의 학은 의식을 형성하는 경험의 학이다. 실체(대상—역주)는, 자신과 자신의 운동을 자신의 대상으로 관찰하게 된다. 의식은 그가 경험하는 것 이외의 다른 어떤 것을 알거나 파악하지 못한다. 왜냐하면 이 경험 안에 있는 내용은 다만 정신적인 실체일 뿐이며, 실제로 그 실체 자체의 대상일 뿐이기 때문이다. 그러나 정신은 대상으로 된다. 왜냐하면 정신은 타자 곧 자기자신의 대상으로 되고, (동시에) 이러한 타재(Anderssein)를 지양하는 운동이기 때문이다. 그리고 경험은 바로 이러한 운동을 일컫는 것인데, 경험에서 직접적인 것, 경험되지 않은 것, 즉 추상적인 것—이것이 감각적 존재의 추상이든 단지 사유된 단순한 것의 추상이든지 간에—은 소외되고 그러고 나서 이러한 소외에서 (다시) 자신에로 되돌아간다. 그렇게 함으로써 여기에서 그것들은 그 현실성과 진리 안에서 비로소 의식의 고유한 것(Eigentum)으로 서술된다."[1)]

러한 대상과 소외되어 있고, 또한 이 대상에 대해 현실성을 잠칭하면서 대립해 있는 것은 바로 추상적 사유이다. 철학자는 자신을—그러므로 소외된 인간의 추상적 형태 자체를—소외된 세계의 척도로서 생각한다. 따라서 모든 소외의 역사와, 소외로부터의 모든 극복은 추상적인, 즉 절대적 사유 다시 말해 논리적이며 사변적인 사유의 생산역사에 지나지 않는다. 그 때문에 이러한 외화와 그 지양의 고유한 이해를 형성하는 소외는 즉자(an sich)와 대자(für sich)간의, 의식과 자기의식 간의, 주체와 객체 간의 대립 다시 말해 추상적 사유와 감각적 현실—곧 사유자체 안에 있는 현실적 감각—간의 대립이다. 다른 모든 대립들과 이 대립들의 운동은 다만 다른 세속적 대립의 감각을 형성하는 이 유일하고 흥미 있는 대립의 가상, 외피, 두드러진 형태일 뿐이다."(MEW, Erg.-Bd. 1, S.572).

1) G. W. F. Hegel, *Phänomenologie des Geistes, Werke in zwangiz Bänden,*

다른 한편으로 헤겔은 『논리학』에서 '이념성, 본질성'—범주의 변증법적 자기전개로서의 존재론과 논리학을 전개했다. 헤겔은 『논리학』에서 심오한 범주적 분석을 제공한 데 그친 것이 아니라, (물론 일정한 역사적 실천의) 변증법적 사고의 모든 본질적 형식들을 전개했다. 변증법적 원리와 법칙(부정성의 원리, 대립의 원리, 양과 질의 관계 법칙, 총체성의 원리, 부정의 법칙 등)은 헤겔에 있어 매우 명료한 방식으로 완성되었는데 그것은 이후에 간단하게 변증법에 대한 유물론적 해석으로 수용될 수 있었다. 이러한 원리에는 오늘날까지도 별달리 새로운 것이 첨부되지는 않고 있다.

지금까지의 간략한 요약을 통해 우리는 헤겔 철학에 있어서의 결정적인 계기를 언급했다. 동일철학의 전체 헤겔적 개념화로부터 사고의 형식들은 도달될 수 없는 존재 자체와 관련하여 추론되는 바, 그것은 어떤 선험적이거나 인간 의식의 공허한 형식—사람들은 이 형식들을 단지 임의적인 내용에만 적용하는데—이 아니라 그 본질에 따라 내용 자체의 '혼', 개별적인 것에서의 보편적인 것이다. 논리와 논리적인 것의 존재론적 개념틀은 항상 사고와 실천의 가능적 이해의 토대를 형성하는데, 헤겔은 그것을 가장 심오하고 정교하게 해석했다. 우리는 헤겔의 종교철학과 법철학에 대해 말해야 하지만, 잠정적으로 헤겔 저작은 철학사에 있어서 가장 위대한 시도들 가운데 하나라고 확정하는 데 그치고자 한다. 그의 체계는 이후 계속적인 발전을 통해 극복되고 지양된다. 사람들은 그 체계를 비판할 수 있고 이러저러한 이의를 제기할 수도 있을 것이다. 그러나 이 모든 것에도 불구하고 헤겔 철학은 인간정신의 발전에 있어 한 시기, 즉 인간의 창조

Bd. 3, Frankfurt 1970, S.38~39.

성의 위대함을 의미하는 지적인 정점을 표현한다.

19세기 초의 독일

인간정신과 그 창조성의 결과는 위대했다. 이러한 다방면에서의 영향과 천재적인 개념화와 통찰들이 없이는, 맑스의 연구와 노력의 성과를 생각할 수 없다. 바로 인간적 과정의 이러한 노선 위에서—이 노선 외부에서나 그 곁에서가 아니라—맑스의 천재성은 그 초기의 경이로운 충동 속에서 당대의 문제, 즉 여러 가지 관점에서 인간에게 결정적이었던 시기의 문제를 해결했다. 맑스와 엥겔스가 밟고 섰던 직접적 학문의 초기에 관한 한, 여기서 유럽 정신의 진보적인 흐름은 그 이론적 업적—이미 간략하게 고찰되고, 앞으로 여전히 언급하게 될—안에서 종합되고 계속 발전된다. 이미 다방면의 이론적 기초나 새로운 세계관과 사회의 전제조건들은 이러한 이론적 창조자들이 그 시대의 기초적이고 운명적인 문제들과의 깊은 연계를 맺고 있음을 보여 준다.

지금까지 언급된 전제조건들 가운데 가장 중요한 것은, 시민사회과 강력하게 성장한 시대와 이론적 영역에 있어 가장 찬란한 결실을 맺은 시기에 부각된 시민의 업적에 있다.

맑스와 엥겔스는 독일 시민계급의 번영의 시기에 프러시아의 국민으로서 청년기를 보냈다. 이때는 시민계급이 점점 더 자신의 사회적 역할을 의식하고 있을 때였다. 그리고 이러한 사회적 역할은 장엄했지만 '민주적'이지 못한 방식으로 17~18세기 서유럽의 격렬한 시기를 거치면서도 유지되었다. 그러나 이러한 상황 아래서 당시 부르주아지는 네덜란드, 영국

또는 프랑스에서 지금까지의 지배계급과 봉건체제에 대해 서로 단결하여 강력하게 대항했다. 이와는 달리 19세기 초엽에 독일의 시민계급은 이미 앞에서 언급한 종교개혁과 30년 전쟁의 귀결들 그리고 귀족들의 경제적 경쟁(특히 프러시아에서)과 독일국가의 몇백 년 동안의 분열, 그리고 마침내 나폴레옹의 점령의 결과들을 짐작하게 되었다. 나폴레옹이 한편으로 프랑스 부르주아지의 위대한 역사적 행위의 정신과 업적을 가져왔다면, 그의 점령은 다른 한편으로 약점을 갖고 있는데, 그것은 다른 상황들과 병행하여, 특히 결정적으로 러시아에서의 그의 패배 때문에, 독일 대중으로 하여금 봉기를 자극하게 한 것이다. 독일 사회의 가장 반동적인 세력인 봉건귀족들은 1813~1815년 간의 국민의 혁명적 심정을 이용했다. 그들의 세력은 국민들의 눈에 부각되었다. 이러한 사실에도 불구하고, 이 해의 첫 10년 간의 유럽의 사건들은 독일의 삶에 깊은 흔적을 남겨 놓았다. 슈타인, 하르덴베르크 등의 개혁가들을 통해 도시들은 보다 많은 자유를 쟁취하게 되었고, 농부들은 농노의 신분에서 벗어나기 시작했다. 물론 이들은 보다 부유한 농부들이었다. 반면에 가난한 농부들은 날품팔이꾼으로 독일 대토지귀족(Junker)의 소유물에 의존하여 그들의 생존을 지탱했다. 그리고 프러시아의 황제 프리드리히 빌헬름 3세는 농노해방전쟁 동안 헌법제정을 강요당하고 있었다.[1] 나폴레옹의 패배 이후에 모든 사람들이

1) 중요한 사건은 1807년 슈타인(Stein)의 사면이다. 이 사건으로 인해 주인에 대한 농부들의 개인적 예속은 폐지되었다. 물론 이것으로 봉건군주에 대한 농부들의 책임이 모두 폐지된 것은 아니었다. 하르덴베르크(Hardenberg)는 1811년, 1812년, 1816년에 걸친 그의 사면으로 인해 어느 정도 슈타인의 사면을 여전히 제한했다. 그럼에도 불구하고 이러한 개혁들은 그 나라에서 새로운 경제적 조건들의 형성과, 농업에 있어 잘 알려진 특수한 프로이센의 자본주의 발전의 도입이라는 광범한 결과를 야기했다. 이러한 개혁들은 나폴레옹에 저항한 전쟁기간 동안 프로이센의 어려운 정치적, 경제적 상황의 필연적인 귀결이었다.

정신적, 정치적 재생시기를 기대하고 있을 때, 유럽의 반동세력은 그들의 신하에게 신성동맹을 베풀었다. 근대에 '신성'이라는 명칭은 비진보적인 모든 것을 홀리는 망토였다.

봉건적 반동세력은 재빨리 그들의 약속을 잊어버렸다. 그러나 독일에서의 삶은 더 이상 50년 전과 같지는 않았다. 시민계급—특히 라인 주에서—은 지속적인 경제적 성장의 시기를 맞았다. 직접적인 과거와 서유럽의 다른 국가의 영향력에 대한 생생한 회상은 당시 가장 강력한 독일국가인 프러시아에서 점점 더 강해져 정치적, 정신적 분위기를 돋우는 작용을 했다. 그러나 봉건 반동세력은 여전히 모든 정치적 시위를 좌초시킬 수 있을 만큼 충분한 저항력을 가지고 있었다. 그래서 바르트부르크 축제(1817)나 함바하의 축제(1833)와 같은 사건들이 비록 독일 시민의 몽매한 정치적 의식을 흔들어 깨우긴 했지만 직접적인 성공을 가져올 수는 없었다.

반대운동은 무엇보다도 파리에서의 7월 혁명(1830) 이후 새로운 국면에 접어들었다. 이 사건은 전 독일에서 강력한 반향을 불러일으켰지만 특히 이를 열정적으로 환영한 사람은 독일 정신을 재생시킨 두 명의 주역인 루드비히 뵈르네(Ludwig Börne)와 하인리히 하이네(Heinrich Heine)였다. 7월 혁명 이후 파리 통신과의 편지를 통해 그들은 혁명적 젊은이와 독일 부르주아지의 근본적인 계층에 영향을 미쳤다.[1)]

또한 그들의 영향 아래 독일문학은 새로운 운동으로 발전했다. 이 운동은 '청년독일운동'(Das Junge Deutschland)으로 불렸는데, 빈바르크(L. Wienbarg), 구츠코프(K. Gutzkow), 라우베(H. Laube), 문트(Th. Mund) 등

1) 그것은 뵈르네(Börne)의 「파리에서의 편지」(1832~34)와 하이네의 「프랑스의 상황」(1833)인데, 여기서 독일의 정치적, 정신적 상황에 대해 날카롭게 비판되고 있다.

이 이 운동에 속한 이들이다. 그들은 예술 창조에 있어 정치적 관심을 도입하려는 노력, 삶과 문학의 결합, 여성해방을 위한 시도를 한 점에서 지금까지의 문학운동과는 구별된다. 그들은 정치적으로 입헌주의(Konstitutionalismus)를 대변했다.

우리가 '신성독일제국'과 봉건적 사제에 대한 뵈르네와 하이네의 날카로운 공격을 생생하게 염두에 둔다면—그들은 모든 기회를 이용하여 정치적 무정부주의의 교만함과 미련한 앞잡이들을 조롱했다.—프러시아 반동세력이 더 이상 그들의 그러한 정신적 반란을 참을 수 없었던 것은 자명하다. 지금까지 친구였던 구츠코프—전체 문학운동의 지도자—에 대한 멘첼(W. Menzel)의 맹렬한 공격과 더불어 보복이 시작된다. 독일연맹은 여전히 같은 해인 1835년에 운동의 가장 중요한 이들의 저작에 대한 인쇄금지와 출판금지를 반포했다.

비록 이 운동은 실패로 끝냈지만 이 모든 것은 자유의 이념과 민주주의를 가슴에 품고 있던 사람들에게 오히려 긍정적인 작용을 미쳤다. 독일에서는 점점 더 많은 그런 종류의 운동이 생겨났다.

보다 깊은 흔적들은 여전히 독일에 있어서 철학적 혁명과 그 사건에 남아 있었다. 이미 하이네가 천재적으로 인식한 것을 독일에서의 부르주아지가 헤겔을 다루면서 철학적 혁명 영역에서 종결짓는다.[1] 20년대와 30년대의 철학적 삶은 그 창작물의 그늘에서 이루어졌다. 헤겔 사후에(1831) 헤겔학파는 이른바 좌파 헤겔주의자들—슈트라우스(Strauß), 바우어(Bauer), 포이어바흐(Feuerbach), 맑스, 엥겔스, 슈티르너(Stirner), 쾨펜(Köppen),

1) 하이네는 그의 탁월한 저술 『독일에서의 종교와 철학의 역사』(*Zur Geschichte der Religion und Philosophie in Deutschland*, 1834)에서 아래와 같이 기술했다. "우리의 철학적 혁명은 끝났다. 헤겔은 그 위대한 영역을 종결지었다."(*Sämtliche Werke*, Elster, Bd. IV, S.290).

마이엔(Meyen), 루텐베르크(Rutenberg), 오펜하임(Oppenheim)—과 정통파—가블러(Gabler), 힌릭스(Hinrichs), 괴쉘(Göschel) 등—로 분열되었다.

흔히 사람들은 헤겔 철학의 분열이—그의 체계와 그의 변증법적 방법—그의 사유의 여러 측면의 발전을 가능하게 했다고 말한다. 어쨌든 정통파 헤겔주의자들이 그들 선생의 체계의 완결된 개념에 머물러, 이 체계를 계속해서 교리화해 버렸다는 것은 사실이다. 그러나 좌파 헤겔주의자들(후기 맑스와 엥겔스를 제외하고)은 헤겔의 변증법이 아니라 다만 종교철학의 일정한 관점을 계속 발전시키는 데 그쳤다.[1)]

헤겔 좌파(청년헤겔주의자)는 특히 종교철학의 영역에 대해 매우 비판적인 연구를 수행했다. 왜냐하면 그들에게 있어서 이 영역은 이론적으로 가장 접근하기 쉬웠고 동시에 그들의 자유 개념과 급진적으로 대립하고 있었기 때문이다. 헤겔은 그것을 위해 충분한 자료를 제시했다.

종교현상에 대한 헤겔의 파악은 본질적으로 반(反)유신론적이었다. 종교는 그에게 있어 단지 절대자, 절대이념을 인식하는 하나의 계기에 불과하며 그의 철학의 이러한 실체적, 정신적 요소에 대한 절대적 자기 인식이 본질적인 것이다. 절대이념에 대한 인식의 이러한 개념들에서는 헤겔의 합리주의자가 승리하기 때문에 철학적 인식이 종교적 인식보다 더 우월한 것이다. 헤겔에게 있어 예술적 인식이 구체적인 것의 영역에서 절대자의 인식의 첫 번째 단계라면—종교적 인식은 이와는 달리 보편적 성격을 갖는 표상의 형태로 절대이념을 인식하게 되는데—그에게 있어 절대이념은 철학

---

1) 슈투케(H. Stucke)는 그의 저서 『행위철학』(*Philosophie der Tat*, Stuttgart 1963)에서 지적하길, 사람들은 헤겔의 죽음 이후에 그렇게 간단하게 모든 청년 헤겔주의들을 좌파로, 이른바 후기 헤겔주의자들을 우파의 정신적, 정치적 운동으로 정리할 수 없다고 했다. 마찬가지로 슈투케는 치에스코프스키(Cieszkowsky)의 저작을, 예컨대 꼬르뉘(A. Cornu)와 라우트(R. Lauth)와는 다르게 평가한다.

에서야 비로소 절대지의 최고등급을 얻게 된다.[1)]

헤겔의 이러한 파악에서 스피노자적인 계기와 피히테적인 계기가 종합된다. 즉 첫째는 삶과 그 현현의 실체인 절대적 이념의 계기이며, 둘째는 개인적 자기의식에서 나타나는 자기의식의 계기이다.

좌파 헤겔주의자는 그들의 진보적인 노력과 이념을 바로 추상적인 철학적 형식의 옷을 빌어 표현할 수 있었기 때문에, 그들의 모든 논지를 곧바로 이러한 영역으로 옮겨 놓았고, 그 때문에 철학과 종교의 반립에서 그 시대의 기본적인 모순을 보았다.

다비드 프리드리히 슈트라우스(David Friedrich Strauß, 1808~1874)는 그의 획기적인 저작 『예수의 생애』(*Das Leben Jesu*, 1835)로 이러한 실체의 첫 번째 계기를 발전시켰다. 그는 여기에서 기독교는 원시 기독교 공동체의 기초적인 산물이며, 신화적 성격을 두드러지게 갖고 있다는 견해를 표명했다.

슈트라우스는 『예수의 생애』 초판 서문에서 다음과 같이 썼다. 사람들은 예수의 역사에 대한 초자연적이고, 자연적인 관찰방식의 자리에 새로운 이해, 즉 신화적 이해를 가져왔다. 신학자들은 그것을 주목할 수 없었다. 왜냐하면 그들에게는 가장 중요한 것이 결여되어 있었기 때문이다.

---

1) 헤겔은 『종교철학 강의』에서 매우 분명하게 말한다. "정신이 자기에 대해 대상적이 되는, 즉 대자적이 되는 방법과 방식은 표상(Vorstellung)이다. 이러한 계기는 종교로서의 절대의식에 대한 형식이다. 이와는 달리 철학은, 정신이 표상의 방식에서가 아니라 사유의 방식에서 자기를 의식하는, 자기에 대한 의식이다."(*Begriff der Religion*, Leipzig 1925, S.67) "우리는 표상에서 본질적인 내용이 사유의 형식으로 들어 있음을 보지만 그렇게 함으로써 내용이 사유로 정립되는 것은 아니다. 표상은 감각적인 것과 구상적(具象的)인 것에 대해 부정적으로 관계한다. 그렇다고 해서 표상은 절대적으로 감각적인 것으로부터 해방되고 완전한 방식으로 감각적인 것을 이념적으로 설정하지는 않는다. 이것은 비로소 현실적인 사유에서 가능해진다……"(Ibid., S.115).

즉, :

"[그것은] 어떤 종교적, 교리적 전제조건들에서부터 심정과 사고의 내적인 해방인 바 이 사실은 신학자들이 나의 저작의 무전제성을 반기독교적인 것으로 간주한다고 해도 저자에게는 철학적 연구를 통해 일찍이 알려졌다. 나(슈트라우스)는 그들의 신앙적 전제조건들을 비학문적인 것으로 간주한다."1)

이미 여기에서 청년헤겔주의자의 자유주의적 정신이 나타난다. 그 정신은 바로 변화된 사회적 토대에 대한 표현과 독일의 고전적 관념론에 대한 지금까지의 비판적인 작업을 말한다. 슈트라우스는 자신의 저작에서 거의 모든 성서적 신앙의 비신앙성과 불합리성을 탁월하게 분석한다. 슈트라우스는 예수의 생애를 수태고지(천사장 가브리엘이 마리아에게 예수의 출산을 예고한 것—역주)로 기술하기 시작하면서, 예수의 탄생, 악마의 유혹, 부활의 기적을 신화로 분석한다. 그래서 그는 결과적으로 다음과 같이 추론할 수 있었다.

"지금까지의 연구의 결과로 볼 때 이제 기독교인이 그들의 예수에 대해 믿는 것들 가운데 가장 위대하고 중요한 것은 폐기되었다. 그리고 기독교인이 자신의 신앙에서 창조해 낸 모든 격려는 그에게서 제거되었으며 모든 위로는 유린되었다."2)

어쨌든 슈트라우스는 신화에 관한 이러한 '신성 모독적' 이론 이외에도 복음서에 대한 그의 날카로운 분석을 통해 진보적인 사상가들에게 지대한 영향을 끼쳤다. 그는 복음서의 많은 서술이 모순되며, 일관성이 없음을

1) D.F. Strauss, *Das Leben Jesu*, Tübingen 1840, Bd. 1, S.IV.
2) Ibid., Bd. 2, S.663.

지적하고, 복음서의 역사적 진실성과 신비성을 비난했다. 이 두 권의 책의 반향은 엄청났고, 물론 슈트라우스가 그의 직위를 박탈당한 것은 언급할 필요도 없다.

브루노 바우어(1809~1882)는 슈트라우스와 신화에 관한 그의 이론과는 별도로, 1930년대 말과 1940년대 초에 자기의식의 철학을 정립하고, 복음서와 계시 기독교에 대한 공관서적인 비판을 가했다. 그는 모든 복음서가 개인의 산물이며, 자기의식이 역사의 동력이라고 설명했다.[1)]

바우어는 여전히 30년대 중엽에 「학문적 비판을 위한 연보」(*Jahrbüchern für wissenschaftliche Kritik*, 1835~1836)에서 슈트라우스의 이념을 비판했다. 그러나 그는 이미 40년대 말경에 헹스텐베르크(Hengstenberg)와의 논쟁 이후에, 헤겔 좌파진영에 가담했고 곧 이어 자기의식의 철학의 창립자가 되었다. 바우어에게 있어서 헤겔의 본질적 이념은 자기의식이었고, 그는 이것으로 종교에서 체험했던 인간의 소외된 상황을 비판적으로 파괴하고 극복하고자 했다. 비판적 비판으로서의 자기의식은 인간해방을 위한 주요 조건으로서 모든 전통, 모든 신앙, 소외를 절멸시켰다. 종교에

---

1) B. Bauer, *Kritik der evangelischen Geschichte der Synopiker*(1841~42)와 *Das entdeckte Christentum*(1843). 바우어는, 헤겔의 약점과 위대함 그리고 그의 철학의 유한함과 보잘 것 없음은 헤겔이 스피노자의 실체(Substanz)와 피히테의 자아(Ich)의 종합을 수행한 데 있다고 보았다. 이러한 모순의 해결을 바우어는 이러한 양면성(Doppelseitigkeit)의 극복에서, 즉 실체의 계기나 자기의식(그가 대변한)의 계기에서 보았다. "자기의식은 실체의 작열함에서 타오르든지, 즉 순수 실체성의 관계를 확정짓고 고수하든지 아니면 인격성이 그 [실체의] 속성과 본질의 창시자라는 사실을 제시해야만 한다. 그리고 스스로를 제한하여 정립하는 것과 이러한 제한—인격성이 그 일반적 본질을 통해 설정한—을 다시 지양하는 것은 인격성 일반의 개념에 있다는 사실도 제시되어야 한다. 왜냐하면 바로 이러한 본질은 단지 그 내적 자기구별과 활동성의 결과일 뿐이기 때문이다"(B. Bauer, *Charakteristic L. Feuerbacks*, 1845. *Die deutsche Ideologie*, MEW, Bd. 3, S.82에서 인용).

대한 바우어의 급진적 배척은 그를 결국 무신론으로 이끌었다.

슈트라우스는 헤겔의 이념에 대한 개념화를 실체로 파악하고 자기이론을 진전시켰기 때문에, 바우어와 슈트라우스 간의 전적인 대결을 '자기의식'과 '실체' 간의 투쟁으로 반영된다. 맑스는 바우어에 대한 그의 후기 논쟁에서 이러한 대결의 핵심을 매우 유연한 윤곽으로 그렸다.

"실체와 자기의식에 대한 슈트라우스와 바우어의 투쟁은 헤겔적 사변 내에서의 투쟁이다. 헤겔에게는 세 가지 요소가 있는 바 그것은 스피노자적인 실체, 피히테적인 자기의식, 그리고 이 양자에 대한 헤겔적인 필연적-모순적 통일, 즉 절대정신이다. 첫 번째 요소는 인간과 분리된 형이상학적으로 왜곡된 자연이며, 두 번째 요소는 자연을 분리해버리는 형이상학적으로 왜곡된 정신이며, 세 번째 요소는 이 양자, 즉 현실적인 인간과 현실적인 인류(Menschengattung)에 대한 형이상학적으로 왜곡된 통일이다.

신학의 영역에서 슈트라우스는 헤겔을 스피노자적인 관점에서, 바우어는 헤겔을 피히테적인 관점에서 일관성 있게 관철시켰다. 헤겔에게 있어서 이 두 가지 요소 모두가 다른 것을 통해 거짓된 것이 되는데, 이들이 그 두 가지 요소를 일방적이기는 하지만, 일관성 있게 완성시켰다는 점에서 그들은 헤겔을 비판했다—따라서 이들은 그 비판에 있어 헤겔을 넘어서지만, 이들 또한 헤겔적 사변 내에 머물러 있고, 모두가 헤겔 체계의 한 면만을 제시하는 데 그칠 뿐이다."[1)]

'자기의식'의 계기를 강조하는 것은 독일 부르주아지의 의식이 점차로 변화되고 있었음을 분명히 드러내 준다. 자기의식은 자신을 항상 국가 내에서 중요한 역사적 행위들을 마주하는 주요동인 이상의 것으로 파악케 한다. 독일 부르주아지의 자각된 진보적 대변자는 자기의식의 철학에서

1) K. Marx-F. Engels, *Die heilige Familie*, MEW, Bd. 2, S.147.

그들의 상황과 소원에 대해 가장 적합한 표현을 보게 된다. 어쨌든 그 철학은 절대적인 것의 발전과정에서의 하나의 계기를 기술하는 헤겔 철학의 개별적 의식 이상을 뜻한다. 이러한 가운데 30년대 말엽 독일철학의 또 다른 대변자는 헤겔 철학에 대한 비판적 관계를 발전시킴으로써 유물론에 도달하게 된다. 그는 바로 루드비히 포이어바흐(Ludwig Feuerbach, 1804~1872)이다. 이미 그는 그의 초기자작, 예를 들어 『죽음과 불멸성에 대한 사유』(1830)에서 헤겔의 동일철학에 반대하는 자연주의적 해석의 경향을 나타냈는데, 그것은 영혼불멸에 대한 신앙을 배척하는 것으로 끝을 맺는다.[1)]

이미 당시에 포이어바흐에게 있어서 삶에 대한 낙관주의, 인도주의, 감각적이고 생동하는 것에 대한 찬미는 불꽃처럼 타오르기 시작했다. 현실적인 삶이 삶의 근거이며, 그것은 영원하고 무한한 삶, 즉 불명성이기도 하다. 포이어바흐의 헤겔주의적 국면은 30년대 말까지 지속되었다. 이 시기에 헤겔 철학에 대한 그의 논문이 있는데, 여기에서 우리는 포이어바흐가 헤겔과 관념론 일반을 극복하려고 노력한 일면을 엿볼 수 있다. 포이어바흐에 있어서 변증법은 자기자신만을 마주하는 사변의 독백이 아니라 경험과 사변 간의 대화이다. 존재와 대립하고 있는 것은 무(無)가 아니라

1) "영혼은, 비록 비육체적이지만 주인이 노예가 없으면 주인이 아니고, 목적이 수단이 없으며 목적이 아닌 것처럼, 그 육체가 없으면 영혼이 아니다. 영혼은 불이 연료에 대한 것처럼, 육체에 관계한다. 육체는 심지이며, 영혼은 영양분이다. 연료가 없으면 불도 있을 수 없다. 그러한 점에서 사람들은 아래와 같이 말할 수 있다. 즉 불이 그 연료에 의존하고 필연적으로 이것에 결합된다면, 연료는 불의 도구이다. 그러나 불이 연료를 소모시키고 절멸시키는 한, 불은 연료의 주인이며, 강력한 것이다. 소모성의 연료에 더 이상 아무것도 남아 있지 않을 경우, 불이 스스로 꺼져 버리듯이, 일정한 영혼 즉 이렇게 일정하고 특별한 육체의 영혼도 동시에 그 일정한 육체와 함께 꺼져 버린다."(L. Feuerbach, *Gedanken über Tod und Unsterblichkeit*, Leipzig 1876, S.57~58).

감각적 존재이다. 모든 새로운 철학이 그 자체 진리인 것으로부터 출발하지만 이러한 철학은 자유와, 자체에 대한 의심 이외의 전제란 갖지 않는다. 철학은 현실을 참되고 총체적으로 파악하는 학문인데, 현실성의 본질적 내용은 바로 자연이다.

"심오한 비밀은 가장 단순한 자연적 사물에 있는 바 그것은 애타게 갈망하는 환상적 사변(Speculant) 저편에 확고히 서 있는 것이다. 자연에로의 귀환만이 구원의 원천이다. 자연을 윤리적인 자유와 모순되는 것으로 파악하는 것은 오류이다. 자연은 다만 위(胃)의 속된 작업장이 아니라 두뇌의 성전을 구축하는 것이다."[1)]

이것은 포이어바흐의 가장 중요한 저작, 곧『기독교의 본질』(1841)의 토대이기도 하다. 그에게 있어 종교는 자신의 무한한 본질에 대한 인간인식이기 때문에 종교는 인간학적으로 정초된다. 특히 그것은 포이어바흐가 인간 자체의 본질을 이성, 의지, 심정으로 파악하기 때문이기도 하다.[2)] 신에 관한 의식으로서의 종교는 인간의 자기의식이기도 하다. 그러나 이 사실은 종교적 인간이 직접적으로 자신의 종교가 본래 자신의 존재에 관한 자기의식이라는 것을 의식하는 것임을 의미하지는 않는다. 왜냐하면 바로 이러한 의식의 결핍이 종교의 참된 본질을 논증하기 때문이다. 그러

1) L. Feuerbach, *Kritik der Hegelschen Philosophie*(1839), in : *Philosophische Kritiken und Grundsätze*, Leipzig 1846, S.231.
2) 진정한 인간의 본질이 무엇인가라는 물음에 대해 포이어바흐는 다음과 같이 대답했다. "그것은 이성, 의지, 마음(Herz)이다. 사유의 힘과 의지의 힘 그리고 마음의 힘은 완전한 인간에게 속해 있다. 사유의 힘은 인식의 빛이며 의지의 힘은 성격의 에너지이며, 마음의 힘은 사랑이다. 이성, 사랑, 의지의 힘은 완전성이며 최고의 능력이며, 인간으로서의 인간의 절대본질이며, 그 존재의 목적이다. 인간은 인식하고 사랑하고 욕구하기 위해 존재한다."(L. Feuerbach, *Das Wesen des Christentum*, Leipzig 1883, S.36).

므로 종교는 그 본질상 자기자신에 대한 인간의 [자기] 관계이다. 신적인 본질은 본래 인간적인 본질이다. 종교적 현상의 본질—여기에 포이어바흐의 비판의 중요성이 담겨 있다.—은 신적인 것과 피안적인 것의 속성을 갖게 되는 인간의 이분화이며 믿는 인간본질의 대상화이자 [자기]소외에 있다.

"인간—이것은 종교의 비밀이다.—은 자신의 본질을 대상화한다. 그러고 나서 다시 그는 스스로 이 대상화된 본질, 즉 주체이자 인격으로 변화된 본질의 대상이 된다. 그는 자기에 대해 생각한다. 그러고 나서 그는 스스로 하나의 대상 곧 다른 본질의 대상이 된다. 그러므로 여기에서 인간은 신의 대상이 된다. 신은 추상화하고 분리된 인간의 가장 주체적이고 가장 고유한 본질이므로 인간은 자발적으로 행위할 수 없게 되고 모든 선은 신에게서 유래한다. 신이 주체적이고 인간적일수록 그만큼 더 인간은 자신의 주체성, 자신의 인간성으로부터 멀어지고 소외된다. 왜냐하면 신은 즉자, 대자적으로 소외된 인간 자신이기 때문이다. 그러나 또한 인간은 동시에 이 자체에로 다시 동화(同化)된다."1)

이처럼 종교적 현상에 대한 개념화 전체가 인간학적으로 정초되기 때문에 동시대인들은 포이어바흐의 저작을 청년헤겔주의자의 종교비판으로 이해했다. 그래서 그들은 저자의 의도가 그러한 이해와는 정반대되는 것임을 예측하지 못했다. 자신의 새로운 유물론적 입장을 보다 명료하게 하기 위해, 포이어바흐는 『철학 개혁을 위한 테제들』(*Thesen zur Reform der Philosophie*)를 저술했는데, 그것은 노골적이고 경구적인 문체로 보다 명쾌하게 그의 입장과 의지의 상이함을 지적한다.2)

---

1) L. Feuerbach, ibid., S.71.
2) L. Feuerbach, *Vorläufige Thesen zur Reform der Philosophie*, 1842에 쓰여지고, 1843에 *Anecdota zur neuesten deutschen Philosophie und Publizistik*

첫 번째 테제는 그의 저작 『기독교의 본질』의 문제틀에 연결되는데, 그것은 포이어바흐의 사변철학에 대한 관계뿐만 아니라 종교에 대한 관계를 보다 명확하게 정식화하고 있다.

“신학의 비밀은 인간학이다. 그러나 사변적 철학의 비밀은 신학, 즉 사변적 신학인 바 그것은 아래의 사실을 통해 일반 신학과 구분된다. 즉 사변신학은 신의 본질—이 세상의 공포와 몰지각 때문에 피안에 멀리 떨어져 있는—을 차안으로 옮겨놓음으로써 그 본질을 현재화하고, 규정하고, 실현한다.”1)

『테제』는 종교뿐만 아니라 사변철학에 대한 것이기도 하다. 사변철학을 개혁할 수 있는 방법은 종교철학에 적용된 위와 같은 방법과 다르지 않다. 그것은 이른바 머리를 땅에 대고 거꾸로 서 있는 헤겔철학에 대한 전도를 뜻한다.

[보편적인 것이 아니라] 개별적인 것이 근본적인 것이고, 현실적인 것이며 주어이고, 이념은 술어이다. 따라서 철학의 시작은 유한한 것, 규정된 것, 현실적인 것이다. 무한한 것은 유한한 것 없이는 전혀 사유될 수 없다. 그 때문에 지금까지의 사변철학의 진행, 즉 추상적인 것에서 구체적인 것으로, 관념적인 것에서 실제적인 것으로의 과정도 전도되어야 한다. 포이어바흐는 종교의 마지막 합리적인 보루로서의 헤겔철학을 날카롭게 비판하면서, 아래와 같이 결론을 맺었다.

에서 출판되고 A. Ruge에 의해 편집됨. 이와 같은 정신에서 그의 *Grundsätze der Philosophie der Zukunft*(1843)도 쓰여졌다.

1) L. Feuerbach, *Vorläufige Thesen zur Reform der Philosophie*, in : *Philosophische Kritiken und Grundsätze*, l.c., S.244.

"존재와 사유의 참된 관계는 단지 이것뿐이다. 즉 존재는 주어이고 사유는 술어이다. 사유가 존재로부터 나오지 존재가 사유로부터 나오는 것은 아니다. 존재는 자기로부터 그리고 자기에 의해 존재한다.—존재는 다만 존재를 통해 주어진다.—존재는 자신의 근거를 자체 내에 가진다. 왜냐하면 단지 존재만이 요컨대 의미, 이성, 필연성, 진리이기 때문이다.—비존재는 존재하지 않는 것, 즉 무이고 아무 의미가 없는 것이기 때문에 존재는 존재한다."1)

이것은 동시에 출간된 유명한 『미래의 철학에 관한 테제』(*Thesen über die Philosophie der Zukunft*)의 주요사상이기도 하다. 포이어바흐의 비판의 일면성에 대해서 우리는 맑스 저작을 분석하면서 언급하게 될 것이다. 이러한 일면성을 도외시하고서도 그것은 당시 절대주의적인 독일의 관념론의 철학적 하늘에서 볼 때, 최초의 명료하고 결정적인 유물론적 사상이었다. 또한 그것은 맑스와 엥겔스의 사고발전에 있어 중요한 마디였다. 비록 포이어바흐가 그가 비판했던 선배보다 철학적으로 빈약하기는 했지만, 그는 종교현상에 대한 비판의 새로운 요소들과(비록 일방적일지는 모르지만) 그의 관념론과의 급진적인 단절로 인해 독일과 유럽 철학과 문화에 중요한 인물로 남아 있게 될 것이다.2)

---

1) Ibid., S.263.

2) 맑스와 엥겔스의 발전에 미친 이데올로기적 영향과 마찬가지로 이 시기의 역사적 사건에 대한 폭넓은 연구를 위해 다음의 저작들이 권장할 만하다. F. Mehring, *Aus dem literarischen Nachlaß von K. Marx, F. Engels und F. Lassalle*(Ⅰ-Ⅳ, 1902). *Geschichte der deutschen Sozialdemokratie*(Ⅰ-Ⅱ, 1897~1898). *die Monographie K. Marx*(1918). 이와 마찬가지로 프로이센과 독일에 대한 그의 역사적 연구를 참조할 것. G. Mayer, *Friedrich Engels*(Ⅰ-Ⅱ, 1934) A. Cornu, *K. Marx et F. Engels*(mit umfangreicher Bibliographie)(Ⅰ, 1955. Ⅱ, 1958. Ⅲ, 1962). 보다 최근의 저술에 관해서는 Paul Kaegi, *Genesis des historischen Materialismus*(1965)을 참조할 것.

제1부

칼 맑스와 프리드리히 엥겔스

제1장
혁명적 관념론의 시기

칼 맑스(1837~1843)

칼 맑스는 프리드리히 엥겔스와 같이, 19세기 초 경제적 성장의 전성기와 나폴레옹의 점령시기에 격동하는 사회-정치적 개혁들을 체험했던 독일 출신이었다. 1818년 5월 5일 라인주의 트리어에서 출생한 맑스는 청년기를 그곳에서 보냈다. 당시 사람들은 여기에서 프랑스 혁명의 정신을 가장 강력하게 느끼고 있었는데 이미 이 도시에서는 농노의 신분이 폐지되었고 도시들은 최대한의 자유를 만끽하고 있었다. 이 도시의 가장 중요한 조치는 시민법(Code civil)의 도입이었는데, 그것은 진정한 의미에서 봉건적 시대의 종언을 의미한다.

성장일로의 경제발전은 낡은 길드체제를 파괴했을 뿐 아니라 이 지방의 경제적, 정치적 분열을 극복해 나갔다. 그래서 부르주아지들은 맑스의 출생연도에 이미 프러시아의 영토를 통일적인 관세영역으로 만드는 데 성공했다. 경제학자 프리드리히 리스트(Friedrich List)는 부르주아지의 열정적인 대변가였다. 그래서 30년대 초에 이미 18개의 독일 도시국가들은 관세동맹을 위한 투쟁에서 서로 연합할 수 있을 정도였다.

그러나 자본주의의 초기 발전은 노동자 계급과 농부들의 곤경을 불가피하게 초래하였다. 이런 까닭에 최초의 사회적 비판은 바로 가장 진보적인 독일 지역에서 나타나기 시작했다.

갈(L. Gall)이 그의 저서 『무엇을 도와야 하는가?』(*Was soll helfen?*, 트리어에서 출간)에서 드러낸 저항과 이후에 뷔흐너(G. Büchner)와 바이디히(F. Weidig)의 공동 팜플렛 「헤센의 국회의원」(Der hessische Landbote, 1834)은 그 시기에 단지 보잘것없는 반향을 얻었을 뿐이고 그 저자들에게도 부정적인 결과만을 가져왔다. 뷔흐너는 스위스로 망명해야 했고, 바이디히는 감금당해 고통을 당하고 급기야 1837년에 자살을 하고 말았다. 같은 해에 뷔흐너도 죽었다.

우리가 맑스의 아버지가 유대인 출신의 변호사라는 것과 그가 프랑스 계몽주의의 이념에 심취되어 있었다는 것을 염두에 둔다면(그의 아버지는 1816년에 개신교로 개종한다.), 우리는 맑스가 이미—독일 상황에 관련하여—그의 청년기를 대부분 다른 독일국가들보다는 더 진보적이고 자유로운 분위기 속에서 보냈다는 것을 알 수 있다.

1835년 김나지움을 졸업한 후 맑스는 법학을 공부하기 위해 본으로 갔다. 그러고 나서 1년 후에 그는 베를린으로 갔다. 그는 거기서 사비니(F. K. Savigny), 슈테펜(H. Steffen), 간스(E. Gans)의 강의를 들었다. 이들은 헤겔의 법철학을 계승했고 자신들의 진보적, 정치적, 이론적 관심을 통해 당시 젊은 세대들에게 상당한 영향을 끼치고 있었다. 맑스는 법학 공부와 병행하여 많은 책들을 읽고 역사와 철학을 공부했으며 자기의 약혼자인—후에 부인이 된—예니 폰 베스트팔렌(Jenny von Westfalen)을 위해 시를 쓰고 베를린의 정신적인 삶에 참여하기 시작했다.

30년대 말에 브루노 바우어(Bruno Bauer)를 중심으로 젊은 철학가들의 모임 즉 이른바 '박사클럽'이 조직되었는데, 이것은 동시에 새로운 철학적 흐름의 원천—자기의식의 철학—을 형성했다. 브루노 바우어는 청년헤겔주의자 서클에서 지배적인 인물이었고 모든 사람들은 그를 헤겔의 추종자로 간주하였다. 그의 주변에는 루텐베르크(A. Rutenberg), 마이엔(E. Meyen), 쾨펜(D. F. Köppen), 불(L. Buhl), 나우베르크(K. Nauwerk), 슈미트(J. C. Schmidt), 슈티르너(M. S. Stirner), 바우어의 동생 에드가 바우어(Edgar Bauer) 등이 모여 있었다. 루게(A. Ruge)와 에히터마이어(Th. Echtermayer)가 1838년에 만든 『할레연보(年報)』(*Hallischej J hrbücher*)는 이 서클의 대변지였다.[1)]

맑스는 '박사클럽'의 회원이 되었고 특히 바우어와 루텐베르크, 쾨펜과 친교를 맺었다. 그는 그의 공부와 병행하여 집중적으로 철학의 문제에 몰두하기 시작했다. 이 시기에 헤겔은 베를린에서 무엇보다도 모든 진지한 철학적 대화와 관심의 출발점이자 그 귀결점이었다. 물론 여기에는 이미 상이한 청년헤겔주의자와 정통파 간의 차이가 있었다.

이 첫 시기 1837년 11월 10일에 그의 아버지에게 쓴 시집 이외에도 매우 유명한 맑스의 편지가 보존되어 있다. 우리는 이 편지에서 그 시대의 이념의 불투명성을 꿰뚫으려고 몸부림치는 한 젊고 재능 있는 학생의 소원, 노력, 염려를 보게 된다. 또한 우리는 여기서 자신의 독자적인 입장에 도달하려는 노력과 칸트의 선험론과 헤겔에 대한 전복—'그 기이한 암벽의 멜로디'가 그를 만족시키지 않은 것은 아니었지만—에 주목하려는 맑스의

1) 열렬한 슈티르너주의자인 마케이(J. H. Mackey)는 이 서클을 후에 '프라이엔'(Die Freien)으로 언급했다. 그는 *Max Stirner, sein Leben und sien Werk*(1898)란 저서에서 이 서클에 대해 기술했다.

모습을 역력히 읽을 수 있다. 맑스는 「클레안테스 혹은 철학의 발전의 결과와 필연성에 대하여」라는 대화체의 글을 썼는데 이것은 오늘날 보존되어 있지 않다. 아버지에게 보낸 편지에서 그 글에 관한 부분은 아래와 같다.

"나의 마지막 명제는 헤겔 체계의 서두입니다. 이 작업은—내가 어느 정도 자연과학, 셸링, 역사를 알기 위한—나를 심한 두통에 시달리게 하는데, 그것들은(본래 새로운 논리이기 때문에) 내 스스로 자신에 대해 의식할 수 없을 정도로 나를 매료시켜 버립니다. 달빛으로 가리워져 있는, 나의 가장 사랑하는 이 사람들은 유혹적인 시렌느[사이렌 ; 아름다운 노래로 뱃사람을 유혹했다는 반인반조(半人半鳥)의 바다의 요정—역주]의 노래소리로 나를 악마의 손아귀에 빠지게 합니다."[2]

이것은 맑스가 헤겔철학과 헤겔주의자에 대해 상세히 알게 되고, '박사클럽'의 토론에 참여하면서 법학 공부를 종결짓고 아울러 철학 박사논문을 준비하던 시기를 말한다. 바우어가 헹스텐베르크와 대결한 이후인 1830년대 말, 당시 문교상이며 헤겔주의자의 대변자였던 알텐슈타인(K. Altenstein)은 바우어가 조만간에 교수가 되리라는 가정하에 그를 본 대학에 전임시킨다. 본에서 바우어는 맑스에게 정신적인 죽음과 같은 정적과 그곳 학부에 대한 학문적인 부러움을 써 보냈고, 또한 그에게 가급적이면 빠른 시일 안에 교수자격을 취득할 것을 권유했다. 알텐슈타인 장관이 죽은 후에 1840년 신학부는 브르노 바우어를 해고시켰다. 만일 사람들이 프리드리히 빌헬름 4세 치하의 프러시아에서 어떤 본질적인 것도 변화된 것이 없다는 사실을 고려한다면, 우리는 왜 맑스가 그런 상황에서

2) 1837년 11월 아버지에게 보낸 Marx의 편지, MEW, Erg.-Bd. 1, S.9.

대학경력에 대한 모든 생각을 거절했는지 알 수 있다. 젊은 헤겔주의자들과 함께 맑스는 그 시대에 대한 현실적인 대결에 참여했다. 그리고 그는 학업을 마친 후에 공개적인 문필활동을 시작할 수 있는 첫 번째 기회를 이용했다.

1841년 초엽 맑스는 급진적 학자들의 서클인 '아테네인들'(Athenäer)과 교제했는데 이 서클은 리델(K. Riedel)과 마이엔(E. Meyen) 등을 필두로 모여 「아테내움」(*Athenäum*)이라는 잡지를 발행했다. 이 잡지는 '박사클럽'의 회원들에 운영되었다. 여기에 맑스의 「성난 노래」(*Wilde Lieder*)—그의 첫 번째 출판물—가 실렸다.

3월 말 맑스는 법학 공부를 끝냈다. 이미 4월 초 그는 「데모크리스토스와 에피쿠로스의 자연철학의 차이」(d*ie Differenz der Demokritischen und Epikureischen Naturphilosophie*)라는 학위논문을 제출했다. 그리고 1841년 4월 15일 그의 불참하에 철학박위학위가 수여되었다.

이 학위논문은 당시 맑스의 입장과 선입견에 대한 이해를 위해 중요한 원천이 된다. 이미 서문과 이후 분석에서 사람들은 맑스가 헤겔의 매력에 사로잡혀 있으며 그가 자기의식의 청년헤겔주의적 철학을 자유의 문제에 대한 특별한 강조로 대변하고 있음을 볼 수 있다. 일관성 있게 그는 헤겔의 위대함과 중요성을 '그의 철학사의 담대한 계획'—바로 여기서부터 철학의 역사 일반이 유래할 수 있는—[3]의 개념에서 인식한다. 그러나 맑스는 그리스 철학과 그리스 정신 일반의 역사에 대한 아리스토텔레스 철학의 중요성에 있어, 그리고 아리스토텔레스 이후의 철학을 해석하고 평가하는

3) K. Marx, *Differenz der demokritischen und epikureischen Naturphilosophie nebst einem Anhange*, MEW, Erg.-Bd. 1, S.261.

데 있어 헤겔과는 다르다.

얼마 지나지 않아 자신의 저술로 인해, 인류에게 새로운 지평을 열어놓을 인간해방을 위한 이 젊은 투사는 이미 그의 처녀작에서 현세에 대한 급진적인 비판을 가했고 천상의 것뿐만 아니라 지상의 모든 신적인 것에 대해 선전포고했다. 철학을 종교의 법정 앞에 세우려는 플루타크(Plutarch)의 시도를 비난하면서, 맑스는 이 문제에 대한 흄(Hume)의 입장에 만족하면서 아래와 같이 해명했다.

"세계를 압도하는, 절대적으로 자유로운 심장에서 여전히 한 방울의 피가 맥박치고 있는 한, 철학은 항상 에피쿠로스([Epicouros)와 더불어 적대자들에게 말을 해야 한다. 즉, '군중의 신을 제거해 버린 자가 아니라 군중의 관념을 신들에게 덮어 씌운 자야말로 무신적이다.' 철학은 그것을 은폐하지 않는다. 프로메테우스의 고백—즉 '한 마디로 나는 모든 신들을 증오한다.'—은 철학의 고유한 고백이며, 인간의 자기의식을 최상의 신성으로 인정하지 않는, 모든 천상적이고 지상적인 신들에 대항하는 철학의 고유한 격언이다. 프로메테우스 곁에는 아무도 없었다."[4]

데모크리토스와 에피쿠로스 철학의 가치를 평가하는 데 있어 헤겔이 레우키포스와 데모크리토스 철학을 에피쿠로스 철학보다 훨씬 더 높게 평가한 것은 주지의 사실이다. 전자에서 헤겔은 대상에 대한 사변적 접근을 보았다. 즉, 일자는 대자적인 존재의 규정이다. 후자를 헤겔은 철학을 천박한 상식과 비이성의 관점으로 격하시키는 것으로 보았다.

맑스는 이 두 개의 철학을 헤겔과는 정반대로 평가했다. 데모크리토스는 감각적 현실성을 주관적 가상의 탓으로 돌렸다. 그래서 데모크리토스

4) ibid., S.262.

는 철학에 만족하지 않고, 실증적 지식의 품안으로 자신을 내던져 필연성을 일반법칙으로 받아들였다. 맑스에 의하면 에피쿠로스는 감각적 경험으로부터 출발한다. 실증적 과학은 에피쿠로스에게 중요하지 않다. 에피쿠로스는 데모크리토스의 절대적 결정론과는 달리 우연성과 자유를 승인했다. 여기에 헤겔의 해석을 벗어난 맑스의 편차의 근거가 있다. 직선운동으로부터의 원자의 굴곡에 대한 에피쿠로스의 개념은 맑스에게는 에피쿠로스가 본질적인 규정 즉 형식규정이 맹목적인 필연성을 교란시키는 것으로 파악했다는 증거가 된다.

"특히 직선운동으로부터의 원자의 굴곡은 에피쿠로스 물리학에서 우연히 나타나는 특별한 규정이 아니다. 이 규정이 표현하는 법칙은 오히려 전체 에피쿠로스 철학을 꿰뚫고 있어서, 말할 것도 없이 자명하게 이 법칙이 현상하는 피규정성은 이 법칙이 적용되는 영역에 매여 있게 된다."[5)]

따라서 자립성과 타자에 대한 모든 관계의 부정이 기술된다고 하는 전체 에피쿠로스 철학은 제한을 가하는 현존재를 도처에서 회피하게 된다.

"그래서 행위의 목적은 추상화, 고통과 혼란의 회피, 마음의 평정(Ataraxie)이다. 그래서 선은 악함으로부터의 도피이며, 쾌락은 고통으로부터의 도피이다. 결국 추상적인 개체가 그 최고의 자유와 자립성, 그리고 그 총체성으로 나타날 때, 회피되는 현존재는 결과적으로 모든 현존재이다. 그 때문에 신들은 세계를 회피하고 이 세계를 염려하지 않으며 이 세계 밖에 거주한다."[6)]

---

5) Ibid., S.282.
6) Ibid., S.283.

비록 맑스는 여전히 헤겔 논리학의 자취와 그의 철학사를 적용하는 데 머물러 있지만, 이것이 구체적으로 의미하는 바는 맑스가 원자의 존재규정을 그 형식규정 즉 관념성으로 파악하고 있고 결국 이 원자를 헤겔과 같이 대자적 존재로 파악했음을 말해 준다. 그러므로 맑스는 이러한 원리를 완전히 자기의식의 철학의 정신과, 한 걸음 더 진보한 단계로서 자기의식을 자기객관화하는 것으로 해석한다.

맑스에게 있어 데모크리토스는 다만 원자의 물질적 존재와 필연적이고 맹목적인 운동만을 알 뿐이다. 데모크리토스는 반발의 관념적 측면, 즉 형식규정을 자기규정으로 보지 않는다. 반발은 자기의식의 첫 번째 형식이며 동시에 자유로운 행위, 실천, 인간일반의 자유에 대한 일차적 전제이다. 이미 이러한 학위노문에서 맑스는, 비록 그것이 관념론적 옷을 입고 있기는 하지만, 그의 철학적 노력의 몇몇 주요동기를 간결히 나타내 주고 있다.

"그리고 진리 : 직접적으로 존재하는 개체는, 그것이 타자—그 자체가 되는—와 관계하는 한, 비로소 그 개념에 따라 현실화된다. 비록 타자가 형식상 직접적인 존재에 대립된다 할지라도, 인간은, 타자가—인간 자신이 관련되어 있는—상이한 존재가 아니라 자체상 개별적인 인간이 될 때—정신이 아닐지라도—자연의 산물이 되는 것을 비로소 끝마친다. 인간이 인간 자체로서 그 유일한 현실적 대상이 되기 위해서는 인간은 그 상대적 존재인 욕구와 단순한 본성의 힘을 자신 안에서 깨뜨려야만 한다. 반발은 자기의식의 첫 번째 형식이다. 따라서 그것은 스스로를 직접적으로 존재하는 것, 즉 추상적 개체로서 파악하는 자기의식에 상응한다."[7]

---

7) Ibid., S.284.

모든 관점에서 맑스는 아리스토텔레스 이후의 철학, 일차적으로 에피쿠로스 철학을 철학의 본질뿐만 아니라 그 시대의 본질로 침투시키려고 시도했다. 자기의식의 입장, 결국 자유의 입장은 단지 더 이상 사변적인 의미만이 아니라 현실에 대한 관계의 문제를 포함한다. 역사적 실천의 문제는—여전히 청년 헤겔주의자의 정신 안에서일지라도—이미 주제화되고 주요주제로 된다. 그것은 학위논문에 대한 메모에서 정확히 통찰할 수 있다. 여기에서 맑스는 이 문제를 다음과 같이 다룬다.

"자신 안에서 자유로워진 이론적 정신이 실천적 에네르기가 되고, 그 정신이 의지로서 아멘티스(Amenthes)의 저승에서 빠져나와 세속적인, 그리고 이론적 정신 없이도 현존하는 현실로 전환되는 것은 심리학적 법칙이다…… 철학이 그 의지에 따라 현상계를 향하게 되면 그 체계는 추상적 총체성으로 평가절하된다. 즉 그 체계는 세계의 한 측면이 되어 타자와 대립하게 된다. 세계에 대한 그 관계는 반성의 관계이다. 그것이 자신을 현실화하려는 충동으로 가득 차 있다면, 그것은 타자와 팽팽히 긴장된 관계를 맺게 된다. 따라서 내적 자기충족과 완성은 부서진다. 이제 내면적 빛은 [자신이 아니라] 외부를 향하는 타오르는 불꽃이 된다. 그래서 아래와 같은 구절이 생겨난다. 즉 세계의 철학화는 동시에 철학의 세계화이며 철학의 실현은 동시에 철학의 상실이 되고, 그 실현이 외부를 향해 투쟁하는 것은 자신의 고유한 내적 결핍인 것이다. 그리고 바로 투쟁 속에서 그 현실화 자체는 그 반대로 손실로서 투쟁하는 손실에 떨어져 버리고, 결국 그것은 이러한 손실에 빠짐으로써 비로소 이러한 손실을 지양한다. 이러한 실현(현실화)에 대립되어 투쟁대상이 되는 것은 다만 역전된 요소들과 더불어서만 바로 자신의 본질(was sie ist)과 동일한 것이다."[8]

---

8) Ibid., S.328. 귄터 힐만(Günther Hillmann)은 그의 책 *Marx und Hegel*(Frankfurt a. M. 1966)에서 맑스의 가장 초기의 발전국면에 대해 상이한 지금까지의

사람들이 여전히 이미 맑스에게 있어 당시 자기의식이 신성(神性)을 대치해 버리고, 그에게 있어 신에 대한 증명은 단지 인간 자기의식의 존재에 대한 증명이었음을 고려한다면, 그가 제기한 의도와 과제들은 [우리에게] 명백해질 것이다. 즉 그것은 당시에 맑스의 견해에 따르면 자기의식의 행위를 방해하고, 역사적으로 볼 때 비이성적인 것이었던 역사적 세력들과 싸우는 것을 말한다. 그것을 위해 곧바로 하나의 기회가 제공된다.

맑스가 고향에 돌아왔을 때, 거기서 그는 베를린에서보다 더 강렬하고 현실적인 정치적 비등을 보았다. 1840년에 프리드리히 빌헬름 3세가 죽자 그의 아들이 왕위를 계승했는데 사람들은 그에게서 몇 가지를 기대했다. 그러나 그는 그의 지배 초기에 몇 가지 자유주의적인 법을 실행했지만 얼마 지나지 않아 그의 반(反)의회주의 때문에 부르주아지를 실망시켰다. 그것은 할러의 '국가학의 복고'(Restauration der Staatwissenschaft), 즉 봉건군주제를 지상의 신적인 제도로 해석한 낭만주의-역사법학파(Rechtsschule)—헤겔은 이미 이 학파에 대해, 그것은 국민의 면전에 던져진 최대의 모욕이라고 말한 바 있다.—에 열광한 군주에게 있어서 별로 놀라운 것이 아니었다.[9] 또한 프리드리히 빌헬름 4세가 나폴레옹과의 싸움에서 부르주아지를 필요로 했을 때에도 그의 아버지가 부르주아지에게 엄숙히 약속했

해석의 토론과 마찬가지로 이러한 맑스의 저작에 대해 매우 상세한 분석을 했다.

9) 역사법학파의 주요 대변인은 슈탈(F. J. Stahl), 후고(G. Hugo), 할러(C. L. von Haller), 뮐러(A. H. Müller)였다. 그들 모두는 자연법 이론에 대한 쓰디쓴 적대자였다. 그들의 파악에 따르면 사회는 하나의 유기체이다. 여기서 유기체의 마디로서 개별적 신분들은 신의 섭리의 능력으로 그 기능을 수행한다. 따라서 이러한 질서는 영원하고 불변하다. 이들은 반동적 절대주의의 이론적 대변자였고 보다 자유로운 모든 운동의 적대자였다.

던 헌법을 승인하려고 하지 않은 것은 자명했다.

그러나 이 시기에 부르주아지나 프롤레타리아트는 철저한 투쟁을 할 만큼 준비돼 있지 않았다. 당시 이념들은 철학에서 뿐 아니라 문학에서도 사회적 분쟁들을 전제하고 있었다. 40년대는 정치적 서정시의 전성기였다.

게오르그 헤르백(Georg Herwegh)은 그의 모음집 『살아 있는 자의 노래』(*Lieder eines Lebendigen*, 1841)로 엄청난 성공을 거두었다. 그러나 페르디난드 프라이리그라트(Ferdinand Freiligrath)가 그를 능가했다. 프란츠 메링(Franz Mehring)은 프라이리그라트를 독일 프롤레타리아트의 첫 번째 시인이라고 불렀다. 그 밖에도 가장 특출한 하인리히 하이네(Heinrich Heine)를 제외하더라도 게오르그 베르트(Georg Werth), 딩엘슈테트(F. Dingelstedt), 푸르츠(R.E. Prutz) 등이 활동했다.

정치적 수준에서 맑스는 시민계급의 이해를 대변하는 신문을 준비할 필요성을 인지할 수 있었다. 그것이 유명한 「라인 신문」(*Rheinische Zeitung*)인데, 그 첫 번째 호수는 1842년 1월 1일자로 쾰른에서 발행되었다. 편집국장은 1월 중반까지는 회프켄(T. Höffken)이었고 루텐베르크(Rutenberg)가 그의 뒤를 이었다. 그 밖에도 편집부에는 융(G. Jung)과 오펜하임(D. Oppenheim)이 있었는데 이들 모두는 열정적인 청년헤겔주의자였다. 신문 제작에는 모제스 헤스(Moses Heß)가 관여했는데 헤스는 확실히 모든 사람들 가운데 가장 중요하고 능력 있는 인물이었다.[10)]

---

10) 혁명 후에 맑스와 엥겔스는 이 상황에 다음과 같이 기술했다. “사실, 부르주아지는 어느 정도 새로운 왕이 즉시 헌법을 보증하고, 출판의 자유를 선포하며 배심제도 등을 도입할 것으로 기대했다. 요컨대 그들은 정치적 힘을 얻기 위하여 그들이 필요로 한 저러한 평화적 혁명의 선두에 서기를 기대한 것이다—부르주

맑스는 그의 첫 번째 정치적 논문으로 검열에 관한 새로운 논설을 썼다. 검열에 관한 최후의 칙령은 이미 1819년에 반포되었다. 그것은 검열의 엄청난 힘을 승인했다. 사람들은 새로운 황제에게서 이러한 엄격한 검열의 형식을 폐기해 주기를 바랐다. 그러나 얼마 지나지 않아 새로운 정부는 『할레연보』를 폐간시켰고 그래서 루게(Ruge)는 드레스덴(Dresden)으로 피신해 거기서 『독일연보』(Deutsche Jahrbücher)를 계속 발행했다. 바우어는 이미 우리가 본 바와 같이 교수직을 박탈당했다. 그리고 이미 1842년에 검열에 대한 새로운 교시가 내렸고 맑스는 곧 이 사실에 대한 논문을 쓰고 루게에게 보냈다. 그러나 검열 때문에 논문은 1843년에야 비로소 『아넥도타』(Anekdota)에 실렸다. 이 잡지에서 또한 포이어바흐의 유명한 철학의 개혁에 관한 테제가 출간되었다.

논문은 이 해의 다른 맑스의 논문들처럼, 학위논문과 같은 정신에서 쓰여졌다. 즉 그것은 사상의 자유에 대한 요구와 관료주의에 대한 공개적인 비판에 강한 어조를 두고 있었다. 맑스는 그의 화려한 문체로 프로이센의 검열을 공격했다(이 사실은 우리 시대에 있어 맑스 사상의 유산을 보존해야 한다고 생각하는 사람들에게 최종적으로 타당한 것이 아니라 다른 모든 자연적인 것에도 타당하다).

아지는 자신들의 오류를 인식했고 분노에 차 왕으로부터 돌아섰다. 라인 주와 다소간 전체 프러시아에서 부르주아지는 분노했고 그 결과 이들은 출판에서 자신들을 대변해 줄 수 있는 충분하고 독자적인 사람들이 없었기 때문에—우리가 위에서 언급한—이러한 극단적인 철학적 방향과 동맹을 맺게 되었다. 이러한 동맹의 결실은 쾰른에서의 「라인신문」이었는데, 이 신문은 15개월간 지속된 후 폐간되었다. 사람들은 독일에서의 근대 저널리즘의 시작을 여기서부터 소급할 수 있다. 그 해는 1842년이었다."(K. Marx-F. Engels, *Revolution und Konterrevolution in Deutschland*, MEW, Bd. 8, S.18~19).

"당신은 장미가 제비꽃처럼 향기를 뿜어야 한다고 요구하지는 않습니다. 그러나 가장 풍부한 것 즉 정신은 오직 한 종류로만 존재해야 합니까?……햇빛을 받은 모든 이슬방울은 여러 가지 무지개 색깔로 반짝거립니다. 그러나 수많은 개인에게서 비치는 정신적인 햇빛은—이것 또한 어떤 대상에 굴절되는데—다만 한 가지 색깔, 즉 공식적인 색깔만을 만들어내야 합니다! 정신의 본질적인 형식은 쾌활함과 빛입니다. 그런데 당신은 여기에 유일하게 일치하는 현상에 그늘을 지게 합니다. 정신은 단지 암흑의 옷을 입고 걸어가야 합니다. 그러나 꽃들에게는 암흑의 색깔이 없습니다. 정신의 본질은 항상 진리 자체인데 당신은 그 본질에 무엇을 해야 합니까? 그것은 겸손입니다. 괴테는 말하길, 단지 룸펜만이 겸손하다고 했는데, 그러면 당신은 그러한 룸펜들을 위해 정신을 만들어내기 원합니까?"11)

맑스는 사람들이 인간의 겸손성에 도달하길 원한다면 그것은 민족의 고양을 위한 것이라고 했다. 그리고 그것은 사람들이 시민의 심장을 주시하는 자들에 초점을 맞추고, 그들을 전지한 철학자들, 신학자들, 정치가들 등으로 임명함으로써 겸손하지 않은 방식으로 수행된다. 이러한 정신들이 보편적인 천재라면—모든 도시는 그러한 인물들을 가지고 있는데—어째서 그들은 그들의 저작을 통해 우리의 문화를 보다 높은 수준으로 고양하지 않는가?

"어째서 이렇게 경험이 풍부한 사람들은 로마의 어리석은 거위들처럼 꽥꽥거리며 그들의 성을 구출할 수 있는데도 침묵하는가? 너무도 소극적인 사람들이 있다. 학문적인 독자는 이들을 알지 못하지만 정부는 이들을 안다……. 우리가 이러한 예지의 관료주의에서 보다 더 고양되면 될수록 그만큼 더 경이적인 두뇌들에 우리는 직

---

11) K. Marx, *Bemerkungen über die neueste preußische Zensurinstruktion*, MEW, Bd. 1, S.6.

면하게 된다."[12]

맑스는 곧 이어 「라인신문」에 기고하기 시작했다. 그는 첫 번째 논문을 1841년 라인주 의회에서 실행된 출판의 자유에 대한 토론에 바쳤다. 주 의회는 항상 정부에 완전히 예속되어 있었다. 이 의회는 정부의 제안에 대해 단지 하나의 '협의적인 기능'만을 가지고 있었고, 자치단체의 업무에 있어서만 결의권을 가지고 있었다. 여기서 귀족은 의회석의 반 정도로 필요한 다수를 점유했다. 융(G. Jung)과 루게(A. Ruge)가 열정적으로 환영해 마지않은 「출판자유에 대한 논문」은—「역사법학파(Rechtsschule)에 대한 철학적 선언」과 마찬가지로 「쾰른 신문」의 179호에 실려 있는 주도적인 논문과 같이—항상 혁명적 관념론의 입장을 견지하면서 쓰여졌다.[13] 맑스는 신문의 기고가로서 또한 10월에는 이미 편집장으로서 점점 더 현실적이고 결국은 그 시대의 물질적인 문제들에 몰두하고 대결했다. 이미 10월에 「아우그스부르크 알게마이너 짜이둥」의 고발, 즉 「라인신문」은 공산주의적 견해를 대변한다는 공격이 있었고 맑스는 그 고발에 답변할 책임을 강하게 느꼈다.

사회주의와 공산주의를 독일의 독자는 이미 로렌츠 슈타인(Lorenz Stein)의 책 『오늘날 프랑스의 공산주의와 사회주의』(1842)를 통해 알고 있었다. 푸리에(Fourier)에 대한 보고물과 같이 생시몽주의(Saint-Simonismus)에 대한 저작은 이미 40년대 이전에도 있었다. 모제스 헤스(Moses Heß) 같

---

12) Ibid., S.20.

13) 아래의 기사가 중요하다. *Debatten über Pressefreiheit und Publikation der Landsändischen Verhandlungen*(1842년 5월), *Der leitende Artikel in Nr. 179 der "ölnischen Zeitung"*(1842년 7월), *Das philosophische Manifest der historischen Rechtsschule*(1842년 8월) ; MEW, Bd. 1.

은 경우는 「라인 신문」에 그의 논문을 발표했는데, 거기서 그는 공개적으로 사회주의 투사로 자처했다.14)

「라인 신문」에 슈트라스부르크 학자대회(Gelehrten Kongreß)에 대한 바이틀링(Weitling) 제자의 소논문이 실렸을 때—여기서 사람들은 사회주의에 대해 토론했다.—「아우그스부르크 신문」의 공격이 재개되었다. 이에 대해 맑스는 공개적으로 최초의 사회적 상황에 대한 이 신문의 침묵은 사실을 기만할 수 없음을 확인했다. 또한 맑스는 무산자의 지위가 중산계급의 지배와 소유에 관여한다고 확언했다. 그것은 프랑스와 영국에서 모든 사람에게 명백했다. 그러나 이러한 문제는 그렇게 즉각적으로 해결될 수 없었다. "우리는 하나의 상투어로 두 민족이 해결하려고 노력하는 문제들을 해결해 버릴 기술을 가지고 있지 않다."15) 맑스는 그 당시 문제들의 해석에 있어 특징적인 확언으로 결론을 맺었다.

"현재의 모습에서 결코 공산주의적 이념에 이론적 현실성을 승인하지 않고, 또한 이것을 가능한 것으로 여길 수 없었던 「라인 신문」에 철저한 비판의 이념이 가해지고 있다. 아우구스부르크 사람들이 냉정한 상투어(Glacéphrasen) 이상을 요구하고, 그 이상일 수 있으려면 레루(Leroux), 콩시데랑(Considérant)의 저작 그리고 누구

---

14) 사람들은 아래의 사실들을 상기해야 할 것이다. 즉, 독일은 당시에 이미 사회주의적 정치적 망명자들을 가지고 있었다. 이들은 프랑스에서 베네디(J. Venedey)와 슈스터(Dr. Th. Schuster)의 지도 아래 제1차 독일 노동자 추방단체를 창설했다(1834). 이 단체는 곧 이어 좌파와 우파로 분열되었다. 좌파는 자신을 슈스터의 지도 아래 '정의로운 자들의 단체'(Verband der Gerechten, 1836)로 조직했다. 일련의 이러한 '단체'로부터 독일 공상적 공산주의의 가장 강력한 이론가들, 즉 바이틀링(W. Weitling)과 유명한 혁명가들이었고 이 후 맑스의 친구가 된 샤퍼(K. Schapper), 바우어(H. Bauer), 볼프(J. Wolff), 에버벡(A. Everbeck) 등이 배출되었다.

15) K. Marx, *Der Kommunismus und die Augsburger "Allgemeine Zeitung"* MEW, Md. 1, S.107.

보다도 통찰력이 있는 프루동(Proudhon)의 저작이 순간의 대상적인 착상을 통해서가 아니라 오랜 지속적인 그리고 매우 철저한 연구 이후에 비판될 수 있다는 사실을 그들은 통찰할 것이다."16)

맑스의 발전에 있어 여전히 보다 중요한 계기는 신문의 편집장으로서 맑스가 목재도벌과 영토지의 분할, 그리고 자유무역에 대한 라인의회의 토론에 직면하여 경제적인 문제에 대결하려는 욕구였다. 1842년 10월과 11월의 기사에서 사람들은 여러 문제에 대한 몰두와 마찬가지로 또 다른 통찰과 인식을 알게 된다. 그 문제는 청년헤겔주의자들에게는 분명히 세속적인 것(Profan)으로 간주되었고, 철학으로서는 무가치한 것으로 간주되었다. 맑스는 자신의 미래 방향정립에 있어 중요한 인식에 도달했는데, 그것은 법과 법칙을 사회적 상황의 맥락과 무관한 것으로 간주할 수 없다는 것이다. 만일 사회가 사적(私的)인 이해를 최종목표로 삼는다면, 법은 비록 그것이 목적에 맞지 않더라도, 필연적으로 이러한 이해를 실현시켜야 한다. 왜냐하면 의회의 조직이 계급적이기 때문에, 모든 결정은 계급에 순응하게 된다. 사적 이해는 그러한 상황에 있어 필연적으로 일반의 이해의 상위에 놓이게 된다.

"목재는 프랑스에 있으나 시베리아에 있으나 여전히 목재이다. 삼림 소유자는 라인주에서나 캄차카에서나 마찬가지로 삼림 소유자이다. 그러므로 목재와 목재 소유자가 스스로 법을 제정한다면, 이러한 규칙은 거리적인 지점과 언어—규칙이 주어지는—와 다른 어떤 것으로 구분되지 않을 것이다. 이러한 배척된 유물론, 민족과 인류의 거룩한 정신에 대한 이러한 죄는 「프로이센의 국가-신문」이 입법자들에게

16) Ibid., S.10.

설교한 이러한 교설의 직접적 귀결인 바, 그것은 목재법에 있어 단지 목재와 삼림을 생각하고, 개별적인 물질적 과제를 비정치적으로, 즉 전체 국가이성과 국가 인륜성과 연관짓지 않고 해결해 버리는 것이다."17)

비록 세속적인 신분들(Stände)이 그 과제를 그 신분에 맞게 성취한다 할지라도, 그것은 우리가 그것을 정당화해야 하는 것과는 거리가 있음을 의미한다. 라인주의 시민들은 인간이 삼림 소유자에 대해 승리를 얻어야 하는 것처럼 계급적 여러 현상을 극복해야 한다. 그 신분에게 법적으로 부과되는 것은 고유한 이해뿐 아니라 전체주의 이해를 대변하는 것이다.

이것은 맑스가 서서히 관념론의 사변적 영역을 탈피하고, 인도주의의 문제는 사유의 세계에서만 아니라 역사의 구체적 기반에서 인간의 해방을 조정해야 한다는 인식에 이르게 되는 결정적인 계기였다. 맑스가 이러한 이념 때문에 자신의 친구들과의 분쟁에서 '박사클럽'을 탈퇴한 것은 이해할 만하다. 이들은 강력한 계급적 배경과 단절되어 그들의 관념론적 자기의식의 철학에 도취한 채, 급진주의나 무신론적 선언으로 세계의 문제를 해결할 수 있다고 믿었다. 「쾨니스베르크 신문」에 실린 논문에 즈음하여 이미 1842년 6월에 희미하게 타오르기 시작한 분쟁은 1842년 11월에 그 정점에 달하게 된다. 이 해에 루게와 청년헤겔주의자들 사이에 그리고 이후에 청년헤겔주의자들과 헤르벡 사이의 분열을 위한 모임이 생겼다. 맑스는 루게와 헤르벡의 편에 서서 11월 29일에 「라인 신문」에 한 기사를 발표했다. 여기에서 맑스는 루게와 헤르벡이 '프라이엔'의 태도와 행동에 판결을 내린 이유를 인용했다. 그 결과 '프라이엔'은 '형식적 위협'으로 마

17) K. Marx, 삼림도벌꾼에 대한 논쟁, MEW, Bd. Ⅰ, S.147.

이엔(Meyen)에서 맑스로 향했다. 이에 대해 맑스는 11월 29~30일 편지에서 날카롭게 답변했다. 그 결과 「라인 신문」에서 그들의 협력이 중단되었다. 사람들이 청년헤겔주의자와의 단절 며칠 전에 맑스가 이 서클에 대해 들어 알고 있는 엥겔스를 만났다는 사실을 안다면, 그들의 첫 번째 만남이 차가운 분위기 속에서 이루어졌다는 것은 놀라운 일이 아닐 것이다.

이러한 문제를 해결하기 위해서는 맑스가 루게에게 보낸 1842년 11월 30일자 편지를 아는 것이 중요하다. 맑스는 '베를린 하늘의 어두움'에 대한 첫 번째 원인으로서 자신은 '프라이엔'의 기고에 동의하지 않을 뿐만 아니라 몇몇 논문들을 출판하지 않을 것을 언급했다. 맑스가 그들의 기고를 비난한 것은 그 기고가 경박하고 피상적이라는 사실 때문이었다. 그들의 자유는 그들이 '모든 사고로부터 자유'롭다는 데 그 본질이 있다. 두 번째 계기는 루텐베르크(Rutenberg)를 그의 무능 때문에 편집장 자리에서 해고한 것이다. 이 사실은 재차 정부에 대한 신문의 진로변경을 의미한다. 세 번째 계기는 이미 언급한 바와 같이 루게와 헤르벡 사이의 갈등이었다. 맑스는 여전히 마이엔의 편지와 그의 답변을 언급한다.

"나는 즉각 대답했고, 그들 저작의 결함 때문에 공개적으로 나의 의견을 개진했다. 그들의 저작은 자유로운 즉 독립적이고, 깊은 내용보다는 교수티를 내고(lizentiös), 과격 공화당원 냄새를 풍기고(sanskülottisch) 동시에 편리한 형식에서 자유를 찾는다. 나는 보다 덜 애매한 논증, 거대한 반향을 울리는 상투어, 자기만족적 재현(再現), 그리고 보다 더 많은 확고함, 구체적인 상황에로의 천착, 일상에 대한 조예를 촉진시킬 것을 요청했다. 나는 해명하길, 나 자신은 잠정적인 연극비평(Theater kritiken)에 있어 공산주의적, 사회적 교리, 그러므로 새로운 세계관의 밀수입을 부적합하고 실제로 부도덕적인 것으로 간주한다고 했다.—또한 만일 공산주의에 대해 일단 비평될 경우—공산주의에 대한 전혀 다르고 보다 철저한 비평이 요구되어야 한다고 했다."[18)]

「라인 신문」의 급진적 입장, 『독일연보』(*Deutsche Jahrbücher*)에서 루게의 문필활동,—여기서 그는 민주주의를 위해 변호하는데—더욱이 국왕 자신이 국사범(Hochverrat)의 형벌을 내린 요한 야코비(Johann Jacoby)의 석방요구는 왕과 정부로 하여금 두 신문을 금지하도록 했다(작센정부는 이미 1843년에 『독일연보』를 금지했다). 이미 1월에 3월말의 「라인 신문」의 발간중지가 결정되었다. 발간중지와 더불어 약간의 견해차이가 생겨났다. 주주(株主)들은 양보적인 자세로 발간중지를 면할 수 있다고 생각했다. 맑스는 그러한 환상을 기대하지 않았다. 3월 18일 맑스는 77호에 다음과 같이 썼다. "서명자는 현재의 검열상황 때문에 오늘부로 「라인 신문」의 편집에서 사직한다. 박사 맑스."[19)] 정치적 문제에 있어 맑스의 급진적 태도는 이미 그를 일찍이 반군주제와 민주주의로 인도했다. 그래서 그는 또한 시대에 있어 객관적 정신의 발전에 관한 헤겔의 파악과 모순에 빠졌다.

맑스는 자신의 무신론으로 인해 프랑스 유물론자들의 급진적 무신론에 접근해 갔다. 관념론적 사상으로부터의 해방에 있어 보다 더 중요한 계기는, 이미 우리가 언급한 바와 같이, 구체적인 사회-정치적 문제인데, 맑스는 이 문제에 대결해야 할 필요성을 느꼈고, 이 문제의 해결은 그에게 오로지 역사의 구체적인 토대 위에서만, 정치 안에서만 가능한 것으로 보였다.

맑스의 사유 발전에 있어 새로운 국면으로 소급할 수 있는 결정적인 문서는—또한 이 문서는 이 문서에 따라 구상된 『헤겔 법철학 비판』을 명백히 지시

18) K. Marx, 1842년 11월 3일자 루게에게 보내는 편지, MEW, Bd. 27, S.412.
19) K. Marx, *Erklärung*, MEW, Bd. 1, S.200.

하는데—1843년 3월 18일자 루게에게 보낸 편지이다. 3월 초에 맑스는 최근 독일철학과 문필업을 위한 편찬서 『아넥도타』(*Anekdota*)—여기에 포이어바흐의 「철학개혁을 위한 잠정적 테제」가 실려 있다.—를 인수했다. 루게에게 보낸 편지에서 맑스는 새로운 신문의 창립에 대한 물음을 제기했고, 진보적 혁명적 프랑스 사상가들과 같이 일할 수 있는 새로운 기획을 옹호했다. 그리고 맑스는 곧이어 『독불연보』(*Deutsch-französische Jahrbücher*)라는 칭호를 제안했다. 이 칭호는 우리가 아는 바와 같이, 루게에 의해 채택되었다. 그 밖에도 맑스는 잠시 물러나서 그의 약혼자 예니가 있는 크로이츠나흐(Kreuznach)로 가서 출판을 위한 몇몇 저작을 준비하고, 결혼하고 싶다는 소원을 밝혔다. 포이어바흐의 테제에 관한 한, 다음의 평은 중요하다.

> "포이어바흐의 경구는 자연에 대해서는 너무 많이, 정치에 대해서는 너무 적게 언급한 점이 정당하지 않다. 그러나 그것은 이것을 통해 현재의 철학이 진리가 될 수 있는 유일한 동맹자이다. 분명히 그것은 일련의 다른 국가열광주의자들이 자연열광주의에 대응했던 16세기와 마찬가지이다."[20]

혁명적 관념론의 시기는 이로써 종결된다. 이러한 시기로부터 맑스는 자신의 독자적인 길을 갔다.

프리드리히 엥겔스(1833~1843)

엥겔스는 맑스와 동년배였으며 그와 마찬가지로 라인주 출신이었다.

---

20) K. Marx, 1843년 3월 13일자 Ruge에게 보낸 편지, MEW, Bd. 27, S.417.

1820년 11월 28일 독일의 산업발전지역인 바르멘(Barmen)에서 출생한 엥겔스는 매우 젊은 나이에 맑스와 동일한 사회-정치적 분위기를 체험했다. 단지 서로 상이한 것은 지역적인 상황과 친밀한 교육에만 국한된다. 엥겔스의 집안은 부르주아지에 속했다. 그의 아버지는 산업가였고 바르멘과 이후에 맨체스터와 엥겔스키르헨(Engelskirchen)에 방직공장을 가지고 있었다. 프랑스 계몽주의에 고취되었던 맑스의 아버지와는 달리 엥겔스의 아버지는 엄격한 경건주의자였다. 그래서 엥겔스는, 그가 세상에서 자신을 시험해 보기 위해 김나지움을 그만두었을 때, 그는 강한 종교적 토대를 가지고 있었다. 그 밖에도 그는 맑스와는 달리 대학을 다닌 적이 없다. 김나지움의 교육을 완전히 마치지 않고 그는 1837년 9월에 아버지의 친구인 레오폴드 헨리히(Leopold Henrich)—작센의 영주이며 로이폴드(Leupold) 수출회사 사장인—가 있는 브레멘에 있는 아버지의 권유로 상업을 배우기 위해 가게 된다. 자유도시 브레멘에로의 이주는 엥겔스의 삶에 있어 중요한 전환점이 된다. 브레멘에서 그는 방해받지 않고 보다 효과적으로 문화와 정치에서의 실제적인 사건에 몰두하고, 바르멘과 프로이센에서 금지된 책들에 전념하였다. 마침내 집중적으로 그 시대의 문화·정치적 문제에 관여했다. 그는 총명하고, 매우 재능 있고, 뛰어난 관찰능력을 가지고 있었다. 특히 청년시절부터 개방적이고 지식을 갈망한 엥겔스는 이 시대의 가장 중요한 저작 연구에 열정을 다해 투신했다. 그의 관심은 항상 폭넓은 것이었다. 엥겔스가 그의 형제 자매들 중에 가장 사랑했던 누이동생 마리아에게 보낸 편지에서, 그리고 무엇보다도 그의 친구인 신학생 프리드리히(Friedrich)와 빌헬름 그래버(Wilhelm Graeber)에게 보낸 편지를 보면 이 시기의 그의 삶에 대해서 가장 잘 알 수 있다. 그는 자기의 배움,

문화적 삶, 연극관람, 상이한 오락모임, 연주회에 관해 편지를 썼다. 그는 작곡법을 배우고, 시와 그 밖의 많은 글들을 썼다. 그래서 그의 첫 출판물도 맑스와 같이 시였다. 그 시작품은 「베두인」(*Die Beduinen*)으로서 1838년 9월 16일 「브레멘 담화지」(*Bremischen Conversationsblatt*)에 실렸는데 여기서 그는 코체브에(Kotzebue)를 가볍게 풍자하고, 그를 '우리 연극의 좋은 원리'로 실러와 대립시켰다.[21)]

이 시기에 두 가지 사조가 청년 엥겔스의 발전에 깊은 흔적을 남겨 놓았다. 그것은 문학 운동인 '청년 독일운동'(Junges Deutschland)—하이네와 뵈르네의 강한 영향 아래 있던—과 헤겔 사후의 철학의 발전 특히 종교문제에 대한 토론을 수행하던 좌파헤겔주의였다. 당시 역사적 사건들과 마찬가지로 독일 고전적, 동시대적 문학의 인간주의는 엥겔스에게 많은 영향을 끼쳐 그로 하여금 노동대중의 어려운 상황을 비판적인 안목으로 보게 했다. 그래서 아직 19세도 채 안 된 젊은이인 엥겔스는 자신의 첫 논문을 바로 이러한 문제에 바쳤다. 1839년 3월과 4월에 구츠코프의 잡지 『독일을 위한 전신』(*Telegraph für Deutschland*)에서 그가 발표한 「부퍼탈에서의 편지」에서 엥겔스는 자기 출생지에서 종교광신과 알코올중독(Trunkenheit) 등의 확산과 같은 일정한 상황과 타락현상에 대해 기술했다.

"이러한 작태의 근거는 명확하다. 무엇보다도 주로 공장노동이 이러한 것을 야기

---

21) 이미 인용된 문헌 이외에도, 맑스와 엥겔스의 발전과 마찬가지로 당시 상황에 대한 상세한 연구를 위해 지금까지 가장 방대한 마이어(Meyer)의 『엥겔스 전기』와 최근의 호르스트 울리히(Horst Ullrich)의 저서 『청년 엥겔스』(*Der Junge Engels*)를 들 수 있다(*Eine historisch-biographische Studie seiner weltanschaulichen Entwicklung in den Jahren*, 1834~1845), Bd. 1, Berlin 1961, Bd. 2, Berlin 1996.

한다. 열악한 공간에서의 노동—여기에서 사람들은 석탄증기와 먼지를 산소보다 더 많이 들이마시는데—은 대개 6년 정도에 노동자들의 모든 힘과 삶의 즐거움을 빼앗아 버린다. 집에서 자기 의자에 앉아 있는 직조공은 아침부터 밤까지 허리를 구부리고 앉아 있어 뜨거운 난로에 의해 척수가 바짝 말라 버린다. 이런 사람들 가운데 종교적 광신은 뻔뻔스럽고 구역질나는 모습에서—그 종교광신이 거기서 지배적인 것처럼—필연적으로 대립적인 극단을 야기하게 된다. 그 때문에 주로 거기서 민중은 다만 '점잖은 자들'과(광신자들이 그렇게 불려진다.) 방탕한 불량배로 구성되게 된다. 이미 이러한 두 개의 적대적인 파로 분열되는 것만도(이러한 피의 성질을 도외시하더라도), 모든 민중정신의 발전을 파괴할 수 있을 것이다. 그리고 둘 다 똑같이 소멸하기 원하기 때문에, 따라서 한 파의 소멸이 별다른 도움을 주지 못하는 곳에서 무엇을 기대할 수 있겠는가?"[22]

엥겔스는 또한 공장에서 초등학교 아동들의 노동과 그들의 질병에 대해, 보다 적은 급료를 지불하기 위해 어린아이들을 고용하는 공장주들의 경건주의적 위선에 대해, 소설 읽는 것과 음악회에 가는 것을 금지하는 경건주의자들과 광신주의자들의 무지몽매함(Obskurantismus)에 대해 보도했고 아래와 같은 결론을 내렸다.

"그것은 부페탈에서 경건주의자들이 하는 작태이다. 사람들은 우리 시대에도 여전히 그러한 것들이 발생할 수 있다는 것을 파악하지 못한다. 그러나 분명히 낡은 무지몽매함이란 암석은 이 시대의 조류에 더 이상 맞설 수 없는 것처럼 보인다. 모래는 씻겨 내려가고 암석은 나동그라져 추락해 버린다."[23]

---

22) F. Engels, *Briefe aus dem Wuppertal*, MEW, Bd. 1, S.417~418.
23) Ibid., S.425. 엥겔스는 대부분 이러한 기사에 잘 알려져 있는 이유 때문에 서명하지 않았다. 그는 이후의 기사에서도 F나 혹은 프리드리히 오스발트(Friedrich Oswald)라는 이름만으로 서명했을 뿐이다. 그 때문에 사람들은 이 기사의

사람들은 17세기에 개신교 내부에서 일어났던 종파운동으로서 매우 엄격한 의미에 있어 교회개혁을 추구했던 경건주의를 간과해서는 안 된다. 경건주의는 모든 세속적인 것을 거부하면서 학문과 예술을 배척하고, 모든 철학과 계몽주의와 투쟁했는데, 그것은 교회의 신비주의의 진부한 표현으로 나타났다. 엥겔스의 출생지에서 경건주의는 큰 영향을 미쳤다. 청년 엥겔스는, 비록 그가 종교의 영향 아래 있었지만 그의 인도주의적 교양과 쾌활한 성격 때문에 경건주의의 이러한 진부함과 원시성(Primitivismus)을 견디기가 어려웠다. 이 시기에 이르기까지 엥겔스의 정신적 발전에 미친 독일철학의 영향은 대수롭지 않았다. 그러나 이미 1839년 봄에 '청년 독일운동'의 영향은 보다 명료한 정치적 윤곽으로 무르익어 갔다. 이 사실은 확실히 이 운동의 지도자이며 위에서 언급한 잡지의 편집장인 구츠코프에 그 원인을 돌릴 수 있다.

그래서 우리는 엥겔스가 그래버(F. Graeber)에게 보낸 1839년 4월 8~9일자 편지에서, 7월 혁명은 해방전쟁 이후에 국민의거의 가장 훌륭한 표현이며, 하이네와 뵈르네는 점점 더 중요한 의미를 가지게 되고, 그들의 활동을 통해 구츠코프를 필두로 한 세대가 발생하게 된 것을 보게 된다.

저자가 누구였는지 알 수 없었다. 후에 사람들은 먼저 바쿠닌(Bakunin)이 이 기사를 썼다고 생각했다. 네틀로(M. Nettlau)의 『바쿠닌 전기』는 그렇게 결론을 맺었다. 이 전기는 이 저작과 바쿠닌의 저작 사이에 문체의 차이가 없다는 견해를 대변했다. 그래서 파펜하임(W. Pappenheim)과 베른슈타인(E. Bernstein)은 프리드리히 오스발트가 존재했었다고 결론내렸다. 마이어와 랴자노프(D. Rjazanow)의 연구는, 특히 그래버(Graeber)와 그의 누이동생 마리아와 루게에게 보낸 엥겔스의 편지가 발견된 후에—1842년 6월 15일자 편지에서 엥겔스는 이 저서에 대해 언급했다—비로소 이 문제에 해결의 빛을 비춰 주었다. 그래서 오스발트는 청년 엥겔스였음이 입증될 수 있었다.

"그들의 목적은 단결에 의해 보다 날카롭게 완성되어 갔다. 그들이 의식한 것은 '시대의 이념들'이다. 이러한 세기의 이념들은(퀴네 Kühne와 문트 Mundt는 그렇게 말했다.) 사람들이 비방하는 것 같은 민중선동적이거나 반기독교적 방식이 아니다. 오히려 그것은 모든 인간의 자연법에 기초하고 있고, 지금의 관계에 있어 자연법에 모순되는 모든 것에 미치고 있다. 그래서 무엇보다도 국가행정에 있어 국민의 참여, 그러므로 입헌주의, 더욱이 유대인 해방, 모든 종교적 강요와 귀족정치의 폐지 등은 이러한 이념에 속한다. 누가 이것에 반대할 수 있겠는가?"[24)]

엥겔스는 계속해서 자신은 혼신을 다하여 청년 독일운동의 신봉자가 되었으며, 세기의 이념 때문에 더 이상 잠을 잘 수 없고, 그가 프러시아의 국가표장(國家表章, Staatsemblem)을 볼 때마다 매번 자유의 정신이 자신을 사로잡는다고 했다. 그러나 이어서 그는 자신이 세계의 고통, 세계사와 같은 미사여구를 쓰는 것에서는 벗어났다고 덧붙였다. 엥겔스에 있어서 단절은, 이미 본 바와 같이, 먼저 문학적 정치적 영역에서 발생한다. 엥겔스의 정신은 독일의 자유주의와 인도주의의 명료한 전통으로부터, 또한 시대의 해방투쟁과 혁명적 사건으로부터 형성되었다. 이 모든 것은 그로 하여금 교회의 신비주의와 그 밖의 시대착오적인 진부한 형태들에 대해 한층 더 날카로운 대결을 벌이도록 인도했다. 편지에서 엥겔스는 공개적으로 설명하길, 자신도 한때 신비주의자였지만 결코 경건주의자는 아니었고 그러나 그러한 시기는 이미 지나갔다고 했다. 이제 그는 자유적 초자연주의자(Supranaturalist)이지만 그가 여전히 이런 상태로 머물게 될지

24) F. Engels, 1839년 4월 8, 9일 Graeber에게 보낸 편지, MEW, Erg.-Bd. 2, S.366.

는 자신도 모른다고 했다.

이러한 대결들을 통해 엥겔스는 필연적으로 이 시기에 있어 대부분 종교에 대한 토론들의 전조에서 드러난 철학적 문제들로 나가게 된다. 1839[25]년 4월과 7월 사이에 그래버 형제에게 보낸 편지에서 우리는 그가 슈트라우스를 탐독하고 '그의 부페탈의 신앙'을 의심하기 시작한 것을 알게 된다. 또한 그는 레오(H. Leo)와 그의 책 『헤겔주의자들』(*Hegelingen*)과의 대결뿐만 아니라 슐라이어마허의 저작을 읽었다. 엥겔스는 점차 합리주의적 견해—즉 사람들은 이성 앞에서 존립할 수 있는 그런 가르침만을 거룩한 것으로 간주할 수 있다.—를 수용하기 시작했다. 그래서 누군가가 합리주의자이기 때문에 영원히 처벌받는다고 생각할 수는 없다. 또한 정직한 의심이라면 의심할 권리가 있다. 그래서 엥겔스는 이 편지의 마지막 부분에서 다음과 같이 끝맺었다. 즉 "나는 세계의 종교적 의식 안에서 급진적인 변혁을 체험하길 기대했다.—만일 내 자신이 명철한 상태에 있다면, 그러나 만일 내가 시간이 있다면, 안정된 상태에서 방해받지 않고 나를 계발해야 할 것이다. 인간은 자유롭게 태어났다. 인간은 자유롭다!"[26]

이 편지는 엥겔스가 의식과 양심의 힘겨운 위기를 체험했음을 확증해준다. 그는 흥분 상태에서 눈물로 이 편지를 썼다. 그리고 그는 슐라이어마허의 심정의 종교(die Religion des Herzens)에서 위안을 발견한다. 그는 합리주의적 의심에 괴로워하면서 엥겔스는 다음과 같은 견해에서 일시적인 탈출구를 발견했던 것 같다. 즉 그것은 신앙적으로 머물면서('마음'으로

---

25) F. Engels, 1839년 4월 23일에서 5월 1일까지 Graeber에게 보낸 편지. 또 4월 23~30일, 5월 24일, 6월 15일, 6월 15일, 6월 12~27일 등의 편지.
26) F. Engels, 1839년 7월 15일 Graeber에게 보낸 편지, ibid., S.402.

믿는 것), 그럼에도 불구하고 성서와 종교적 견해에 대해 합리적 비판적인 태도를 취할 수 있다는 것을 의미한다.

그러나 이 달 동안 청년헤겔주의자들 특히 슈트라우스에 대해 집중적으로 몰두한 결과 헤겔의 세계(Hegeltum)를 받아들임으로써, 그는 좌파 헤겔주의자로 바뀌어 버린다. 1839년 10월부터 12월까지 그래버에게 보낸 편지에서 우리는 이미 이러한 이행을 보게 된다. 이미 10월 8일에 그는 그래버(W. Graeber)에게 다음과 같이 썼다.

"이제 매네켄(Männeken), 당신은 이것을 알아야 합니다. 나는 이제 열정적인 슈트라우스주의자가 되었습니다. 지금 나에게 와보세요. 지금 나는 무기와 방패와 투구를 가지고 있습니다. 이제 나는 확신에 차 있습니다. 나에게 와주세요. 나는 당신의 신학(Theologia)—당신이 어디로 피신해야 할 것을 알아서는 안 되는—에도 불구하고 당신을 방문하고 싶습니다. 그래요, 길레모(Guillermo), 투척은 변화입니다(jacta est alea). 나는 슈트라우스주의자입니다. 가련한 시인인 나는 천재적인 다비드 슈트라우스의 비호 아래 숨어 있습니다."27)

엥겔스가 '청년 독일운동'과 마찬가지로 청년헤겔주의자의 영향을 받아 근대적 문체를 가지고 있음은 자명하다. 하이네, 퀴네(Kühne), 구츠코프, 빈바르크(Wienbarg), 그리고 뵈르네(Börne) 등이 그의 선배였다. 엥겔스는 문학적 계획들에 관여하고 바르멘에 금서들을 보냈고, 이 해 말에 다음과 같이 확증했다.

"나는 이제 슈트라우스를 통해 헤겔의 세계(Hegeltum)에 이르는 엄격한 도상에

27) F. Engels, 1839년 10월 8일 Graeber에게 보낸 편지, Ibid., S.419.

이르렀다. 그래서 나는 힌릭스(Hinrichs)등과 같은 완고한 헤겔주의자는 결코 되지 않을 것이다. 그러나 나는 이미 이 거대한 체계로부터 중요한 사실들을 수용해야 한다. 헤겔의 신(神)이념은 이미 나의 것이 되었다. 그래서 나는 레오(Leo)와 헹스텐베르크(Hengstenberg)가 말한 바와 같이, '근대 범신론자'의 계열에 속하게 되었다. 분명히 나는 범신론이란 단어가 이미 사고하지 않는 목사들에게는 엄청난 혐오를 불러일으킨다는 것을 알고 있다."[28)]

11월에 엥겔스의 끊임없는 기고는 『독일을 위한 전신』(*Telegraph für Deutschland*)과 그 밖의 다른 잡지에 실리게 된다. 첫 번째 보도는 '엘베강의 평야에서'(Aus Elberfeld, 1839년 11월)인데 여기서 엥겔스는 짤막하게 그곳 상황은 그가 부페탈에서 편지를 쓰던 시기와 똑같다고 확증했다. 그는 독일의 국민소설(Volkserzählung)과 벡크(K. Beck), 플라텐(A. Platen) 그리고 그 밖의 다른 작가들에 대해 썼으며 삶과 사건에 대한 기고를 슈투트가르트의 「교양독자를 위한 조간신문」[29)](*Morgenblatt für gebildete Leser*)에 보냈다.

이 시기에는 특히 아른트(E.M. Arndt)에 대한 논문이 언급되어야 한다. 이것은 1841년 1월 『독일을 위한 전신』에 실렸다. 아른트는 나폴레옹의 오랜 적대자였고 독일로부터 피신해야만 했다. 그는 해방전쟁—엥겔스는 이 전쟁을 매우 중요하게 평가했는데—기간 동안 독일로 되돌아갔다. 엥겔스

---

28) F. Engels, 1839년 12월 9일 Graeber에게 보낸 편지, Ibid., S.438~439.

29) 『독일을 위한 전신』에 아래의 기사들이 실렸다. *Die deutschen Volksbücher* (Nov. 1839), *Karl Beck*(Dez. 1839), *Retrograde Zeichen der Zeit* (Febr. 1840), *Platen*(Febr. 1840), *Joel Jacoby*(Abril 1840), *Requiem für die deutsche Adelszeitung*(April 1840), 「교양독자를 위한 심야의 신문」(*Mitternachtszeitung für gebildete Leser*)에 브레멘의 사건에 대한 투서 이외에도 1840년 3월~5월에 걸친 보다 큰 기사인 「현대의 문학의 삶」(*modernes Literaturleben*)이 실렸다.

에게 있어 이 전쟁에서 가장 중요한 것은 프랑스의 외국지배를 제거하는 것이나—이것은 언젠가 일어날 것이다.—또한 영주들의 지극히 관대한 허락을 구하는 것이 아니라, 민중들이 스스로 봉기하여 그와는 반대로 영주들로 하여금 봉기의 선두에 서도록 강요하는 것이다. 요컨대 "우리가 현재 국가권력의 원천으로서, 주권적 국민으로서 등장할 것, 바로 이것이 이 해의 가장 큰 이익이다. 따라서 전쟁 후에 이 사실을 가장 분명하게 느끼고, 이에 따라 가장 결정적으로 행동한 사람들은 정부에게 위험하게 보였을 것이다."[30]

비록 나폴레옹 점령에 대한 투쟁이 전적으로 정당화된다 할지라도, 엥겔스는 프랑스인들에 대항하라는 일방적인 요구에 그친 것이 아니라 그 반대로 나폴레옹은 유대인 해방을 실현하고, 로마법(Pandektenwesen) 대신에 건전한 사법(私法)뿐 아니라 배심재판을 도입했다고 강조했다. 엥겔스는 아른트의 분화된 군주제를 보다 상세하게 비판하지 않았다. 그는 질문하길, 어떤 군주제가 문제가 되는가, 입헌군주제인가 절대군주제인가? 라고 물었다. 아른트와 그의 추종자들은 국가의 복지를 영주와 국민이 서로 솔직한 사랑으로 결속되고 국가의 일반복지를 위해 노력하는 데에 있다고 보았다. "그러나 이와는 달리 우리에게 있어서 지배자와 피지배자 간의 관계는, 이것이 편안하고 그렇게 머물러 있기 전에, 먼저 법적으로 정리되어야 한다. 먼저 법적으로, 그 다음에 공평하게!"[32] 엥겔스는 계속해서 날카롭고 매우 비판적으로 역사법학파(Rechtsschule)와 협소한 민족주의에 대한 반동적인 변명을 대변하는 '유기적 국가'에 대한 이들의 개

30) F. Engels, *Ernst Moritz Arndt*, MEW, Erg.-Bd. 2, S.121.
31) Ibid., S.125.
32) Ibid., S.127.

념화를 언급한다. 엥겔스의 질문—즉 인류 발전이 국가발전에 우선하지 않는가?—에는 정신의 솔직성이 반영되는 바, 그것은 엥겔스로 하여금 자유의 문제를 근대 세계의 국제적인 문제로서 파악할 수 있게 했다.

엥겔스는 안존스텐(Ansonsten)을 '좋은 동시대인'으로, 또한 좌측 라인강가의 정복을 필요한 것으로 간주했고, 배신한 벨기에와 네덜란드의 게르만화를 위해 변호했다. 이 나라에서, 엥겔스가 기술한 바와 같이, 독일의 민족은 억압당했다. 그러는 동안 그는 우려하면서 동쪽에서 슬라브 세계가 점점 더 강하게 일어나고 있음을 기록했다. 이미 여기에서 거대한 국가들의 관점에 대한 유럽의 문제 파악의 몇 가지 특징들이 제시되는데, 이 국가들은 이 후에 엥겔스가 근대유럽역사와 당시 사건들을 평가하는 데는 나타나지 않는다. 그러나 이러한 요구들을 위해 엥겔스는 또한 일정한 조건들을 제시한다.

"그러나 다른 측면에서 우리는 그들에게 그들이 지금 소유하고 있는 것, 즉 위대한 국가에 있어 자유롭고 공적인 삶을 줄 수 없는 한, 알사스인들에게는 가치가 없다. 우리가 프랑스와의 투쟁은 의심할 여지없이 한 번 더 있게 된다. 그러면 누가 라인강 좌측을 영유하는 것이 합당한지 밝혀질 것이다. 그때까지 우리는 문제를 우리의 민족성(Volkstümlichkeit)과 세계정신의 발전에 침착하게 내맡길 수 있게 된다. 그곳까지 우리는 유럽국가들의 분명하고, 상호적인 이해를 위해 노력을 경주하고 내적인 통일을 추구하길 원한다. 이 통일은 우리의 첫 번째 욕구이자 우리 미래의 자유의 토대가 될 것이다. 우리 조국의 분열이 존속하는 한, 우리는 정치적 공허(Null)를 면치 못하며 공적인 삶, 완성된 의회주의, 출판의 자유, 우리가 보다 여전히 요구하는 많은 것, 모든 경건한 소원—이 모든 것의 실행은 항상 반쪽으로만 머물게 된다. 그러므로 당신들은 프랑스인들의 근절이 아니라 이것들을 위해 노력하라!"33)

그 밖에도 엥겔스는 자기 논문에서 헤겔 체계가 전개되면서 나타나는 몇 가지 현상들과, 계속해서 신학에 대한 슈트라우스, 그리고 정치에 대한 간스(Gans)와 루게의 획기적인 중요성을 다루었다.

20세의 엥겔스가 단호하게 그의 미래를 진리와 인류해방 그리고 새로운 이념의 실현을 위한 투쟁으로 이해했다는 것은 특히 임머만의 『회상록』(*Immermanns Memorabilien*)에 대한 논문에서(1941년 4월에 『독일을 위한 전신』에 실렸다.) 통찰할 수 있다. 엥겔스는 낡은 문학적 세대는 죽어 없어지고, 사람들은 발언권을 장악한 젊은 세대로부터 모든 것을 기대해야 한다고 생각했다. 그러나 이들은 공손하기보다 매우 불손한 자들이다. 어쨌든 그 사람들이 젊은 세대로 하여금 그 독자적인 길을 가도록 한다면, 그들은 바른 길을 찾을 것이다. 청년들을 위한 시금석은 새로운 철학이다. 사람들은 철학을 통해 청년의 열정을 상실하지 않은 채 스스로를 완성시켜야만 한다.

"이념의 궁전이 서있는 밀집한 삼림을 두려워하는 자, 검으로 삼림을 쳐 잠자는 공주를 입맞춰 깨우지 못하는 자, 그 자는 공주와 그녀의 왕국에 합당하지 않다. 그는 죽어 사라지게 될 것이다. 지방목사(Landpastor), 상인, 삼림관, 혹은 그 밖에 누구라 할지라도 이들은 하나님의 축복과 자비 속에서 아내를 얻어 아이들을 낳을 것이다. 그러나 세기는 그를 자신의 아들로 인정하지 않는다."[34]

"엥겔스는 계속해서 오늘날 청년은 헤겔학파를 통해 움직이고, 체계의 메마른 삭

---

33) Ibid., S.131.
34) F. Engels, *Immermanns "Memorabilien,"* ibid., S.148.

과(蒴果)에서 나오는 많은 낟알은 젊은 가슴으로 훌륭하게 흡수되었다고 본다. 이 모든 것은 현재의 운명이 행동에 소심한 신중함과 노년의 편협함이 아니라 억제되지 않은 청년의 고귀한 열정에 의존함을 시사한다. "따라서 우리가 젊고 작열하는 힘으로 가득차 있는 한, 자유를 위해 투쟁하자. 노년이 우리를 엄습한다면, 과연 우리는 투쟁할 수 있을 것인가!"[35]

1841년 초엽에 엥겔스는 다시 고향에 있었다. 여동생 마리아에게 보낸 편지에서 우리는 엥겔스가 베를린에서 군복무를 준비하고 있었음을 알게 된다. 이미 10월에 그는 청년헤겔주의자 중심지인 베를린에 있었다. 이 청년헤겔주의를 위한 그의 최종결단은 맑스가 6개월 먼저 탈퇴했던 서클에서 이루어진다. 헤겔과 자기의식 철학에 대한 그의 심취가 곧바로 입증될 기회가 주어진다. 같은 해에 프로이센 정부는 늙은 셸링으로 하여금 실증철학으로 헤겔주의의 '용(龍)의 씨앗'(Drachensamen)을 제거하도록 하기 위해 소환한다. 베를린의 대부분 지식인들은 셸링의 강의에 쇄도했다. 그러나 모든 진보적 정신의 소유자들은 일찍이 새로운 길을 닦았던 이 중요한 철학가의 사유의 몰락에 실망했다. 그 밖에도 이들 가운데 많은 사람들은 셸링의 헤겔에 대한 태도에 불쾌해 했다. 정열적이고 투쟁적인 엥겔스는 베를린 체류 기간 동안 한편의 논문을 썼고, 그 후에 셸링과 그의 강연에 대한 두 개의 소책자를 썼다.[36]

두 번째 저작은 보다 중요한데, 여기에는 헤겔주의의 발전에 대한 짤막

---

35) Ibid., S.149.
36) 엥겔스가 1841년 겨울 『독일을 위한 전신』에 발표한 첫 번째 기사는 Schelling über Hegel이란 제목이었다. 소책자는 다음과 같다. *Schelling und die Offenbarung, Kritik des neuesten Reaktionsversuchs gegen die freie Philosophie* (März 1842), *Schelling, der Philosoph in Christo, oder die Verklärung der Weltweisheit zur Gottesweisheit*(Mai 1842).

한 개요가 들어 있다. 엥겔스의 견해에 따르면 헤겔의 체계는 1810년까지 그 기본윤곽이 완결되며 1820년에 완전히 완성된다. 그는 인용하길, 헤겔의 정치적 견해는 영국의 의회제도(Institutionen)의 영향 아래서 생겨났고 복구라는 분명한 인장(印章)을 지니고 있다고 했다. 왜냐하면 헤겔은 7월 혁명과 그것의 세계사적 필연성을 이해할 수 없었기 때문이다. 다른 한편에서 엥겔스는 헤겔의 종교철학 및 법철학은 전혀 다른 것처럼 보인다고 생각했다. :

“만일 그[헤겔]가 그 시대의 교양에 따라 자신 안에 놓여 있던 실증적 요인들로부터 보다 많은 것을 도외시하고, 그것을 위해 순수사유로부터 발전시켰다면, 헤겔에 대한 모든 전후 당착과 모순은 여기로 환원될 수 있다. 종교철학에서 너무 정통적이고, 국가법에서 너무 사이비역사적(psuedohistorisch)인 것으로 나타나는 모든 것은 이런 관점에서 파악될 수 있다. 원리들은 언제나 독립적이며 자유롭지만—아무도 그것을 부정하지 않는—귀결들은 여기에서 실제로 자유롭지 못하다.”37)

그러나 헤겔의 제자들은 이러한 원리들에 충실해야 한다. 엥겔스는 이성에 대한 냉혹한 비판을 통해 모든 종교적 선입견이 쓰레기더미에 처박혔음을 확인하기 위해 레오와의 논쟁뿐 아니라 루게, 슈트라우스, 바우어, 그리고 청년헤겔주의자를 언급한다.

“개신교의 철학—데카르트로부터—은 종결되었다. 새로운 시대가 동터올랐다. 엄청난 결론을 국가의 의식에 고취시키고 그것을 독일의 삶의 원리로 고양시키는 것은 정신의 발전을 추구하는 모든 자들의 가장 거룩한 의무이다.”38)

---

37) F. Engels, *Schelling und die Offenbarung*, MEW, Erg.-Bd. 2, S.176.
38) Ibid., S.177.

엥겔스는 다른 청년헤겔주의자와 같이 셸링의 등단에 쓰디쓴 실망을 했다. 이미 12월에 『독일을 위한 전신』은 「헤겔에 대한 셸링」(*Schelling über Hegel*)이란 엥겔스의 논문을 출간했다. 이 논문에서 엥겔스는 '실증철학'을 논증하려는 셸링의 노력과 또한 그의 관점—즉, 헤겔은 부정의 철학을 절대철학으로 간주했고, 동일철학은 오히려 반드시 입증되어야 할 존재가 아니라는 것—을 비판했다. 이것들은 셸링이 계시철학으로, 비합리적 철학에 도달하려고 시도했던 것이다.

"그래서 이러한 철학도 매우 정당하게 경험적인 것으로 불려질 수 있다. 그 신학은 실증적이며 그 법률학은 역사적일 것이다. 물론 그것은 하나의 패배에 가깝다. 왜냐하면 우리 모두는 셸링이 베를린에 오기 전에 그 사실을 이미 알고 있었기 때문이다."39)

엥겔스는 이미 언급된 두 번째 저작에서 실증철학을 논증하려는 셸링의 시도에 대한 매우 상세한 분석을 한다. 그래서 엥겔스는 아래와 같이 썼다. 즉 헤겔은 현실을 이성으로써 파악했다. 그렇게 함으로써 현실을 필연적인 것으로 인식했다. 이것은 모든 위대한 철학의 의도이기도 하다. 셸링은 이러한 결과를 승인하지 않고 세계의 합리성(Vernünftigkeit)에 대항했다.

"그러나 그[셸링]는 바로 이 사실을 감히 진술하려 하지 않고 철학의 합리성(Vernünftigkeit)에 대한 거부를 선택했다. 그래서 그는 이성과 비이성 사이에서 가

39) F. Engels, *Schelling über Hegel*, ibid., S.169.

능한 한 굽은 길을 관통했다. 그래서 그는 이성적인 것을 개념상 선험적인 것(a priori)으로, 비이성적인 것을 경험적, 후천적인 것(a posteriori)으로 불렀다. 그리고 그는 전자를 '순수이성학문 또는 부정철학'으로, 후자를 새롭게 논증될 수 있는 '실증철학'으로 규정했다."40)

이것은 권위에 대한 신앙, 감정적 신비주의, 영지(靈智)주의적 환상을 도입하려는 만성적 시도라고 한다. 엥겔스는 이러한 이원론에 저항했다. 그는 매우 비판적으로 셸링의 시도의 스콜라주의적 성격, 그 신화론적, 신비적 요소들을 제시했다. 그리고 그는 바로 이러한 철학 안에 전체 기독교적 교의학이 내포되어 있다고 확증했다. 즉 그것은 삼위일체와 타락에서부터 부활과 다른 계기들까지를 말한다. 그러므로 셸링은 한때 사유의 광활한 대양을 담대하게 항해하던 강력하고 용감한 사상가에서 자주 자기 자신의 말을 이해하지 못하는 신에 도취되어 버린 예언자로 변해 버렸다.

우리는 잠세력(潛勢力, Potenz), 이성, 비이성, 존재, 절대자, 계시 등에 관한 셸링의 개념화에 대한 엥겔스의 기술과 비판을 더 이상 언급하지 않을 것이다. 왜냐하면 셸링의 개념화에는 다만 무력한 비합리주의가 나타날 뿐이며, 더욱이 그 개념화들은 엥겔스의 통찰에 대해 특별한 중요성을 갖지 못하기 때문이다. 엥겔스의 통찰들은 모든 이러한 비합리성에 대한 배척에서 나올 뿐 아니라 저작의 결론에서도 나타난다. 엥겔스는 열성적으로 자기의식의 철학을 위해 변론한다.

이 철학과 더불어 엥겔스에게 새로운 아침은 동터오고, 낯설게 보이던

40) F. Engels, *Schelling und die Offenbarung*, ibid., S.181.

세계는 자신의 모습을 드러내며, 자연은 열려지고, 모든 분열(Entzweiung)은 사라지고, 세계는 다시 전체가 되며, 자체상 자유로워진다. 자연의 가장 소중한 자식인 인간은 끝없는 격투와 수고 이후에 마침내 자기의식에 다다르고, 자신에 대한 충분한 신뢰 안에서 머리에 자유의 왕관을 쓰게 되었다.

"인간은 자신이 이 왕관을 그의 최고의 심장의 피로써 값비싸게 샀다고 여기지 않는다. 왜냐하면 왕관은 피에만 가치가 있기 때문이다. 오랜 시간의 노력은 그에게 헛되지 않았다. 왜냐하면 그에게 인도된 고상하고, 고결한 신부(Braut)는 그에게는 그만큼 더 소중하게 되었기 때문이다. 그가 오랜 추구 후에 발견했던 장신구와 성유물은 많은 오류에 값하는 것이다. 그리고 이러한 왕관, 이러한 신부, 이러한 성유물은 인류의 자기의식이며, 새로운 성배(聖杯)이다. 그 왕위에 민중들이 환호하며 모여들고, 그 왕위는 거기에 몸바친 모든 자들을 왕으로 만들었다. 모든 영광과 힘, 모든 왕국과 권력, 모든 아름다움과 이 세계의 충만은 그들의 발 아래 놓였고, 그를 찬양하며 희생해야 한다. 우리가 이러한 성배의 성전검(Tempeleisen)이 되는 것은 우리의 소명이며, 그것을 위해 검과 허리띠를 매어야 하고, 우리의 삶을 즐겁게 최후의 거룩한 전쟁—수천 년 간의 자유왕국이 수행해야 할—에 내걸어야 한다. 이념이 그로 하여금 삶, 선함, 피를 희생할 것을 요구하고 그리고 단지 이념, 이러한 이념만이 수행된다면……, 이념을 알고 있는 모든 자들이 이념의 영광에 대해 말하고 그 전능을 선포하는 것은 중지될 수 없다. 그리고 그들이 밝고 훌륭한 용기로 다른 모든 것을 배척하는 것은 바로 이념의 힘인 것이다. 이념의 권능과 영원한 진리의 승리에 대한 이러한 신앙, 그리고 모든 세계가 적대한다 해도 이념은 결코 동요될 수 없고 회피될 수 없다는 이러한 확고한 신념, 이것은 모든 진정한 철학가들의 참된 종교이며, 진정한 실증철학과 세계사 철학의 토대이다……. 이념, 즉 인류의 자기의식은 저 놀라운 불사조인 바, 그것은 세계에 존재하는 가장 귀중한 것으로부터 보금자리를 짓고, 낡은 시대를 파기해 버리는 화염으로부터 다시 젊어져 하늘로 비상한다. 그러므로 우리가 자유롭기 전에, 우리의 가장 값지고 가장 사랑하는 것 즉 우리에게 거룩하고 위대한 모든 것을 장작더미 위에 있는 이 불사조에 내맡기게 하라! 우리로 하여금 사랑, 이익, 부가—이것들을 이념에 기꺼이 희생할 수 없을 정도로—너무나 높게 간주되지 않도록 하라!—이념은 우리에게 이것을 수천 배로 보상해 줄 것이다! 우리로 하여금 투쟁하고, 피를 흘리게 하라, 그리고 굳굳하게 원수를 노여움의 눈길로 주시하고 최후까지 견디도록 하라! 너희들은 보는가, 우리의 깃발이 산의 정상에서 나부끼고 있는 것을? 너희들은 보는가, 우리 동지의 검들이 반짝거리며, 투구의 장식들이 나부끼는 것을? 그들은 몰려온다. 모든 계곡에서, 모든 고지에서부터 그들이 노래와 호각 소리를 내며 우리에게 몰려온다. 위대한 결단의 날, 즉 라이프치히의 싸움(Völkerschlacht, 1813년)이 다가온다. 승리는 우리 것임에 틀림이 없다!"41)

엥겔스의 자기의식의 철학에의 단호한 가입뿐 아니라, 이념적인 것과 진리를 위한 투쟁에서 희생할 한 청년의 열정과 준비를 명시하기 위해, 이러한 절을 인용하는 것은 필요하다.

1842년(4월~8월까지)에 엥겔스는 베를린에서 몇 가지 편지를 「라인 신문」에 보냈다. 그리고 10월에 그는 「프로이센의 왕, 프리드리히 빌헬름 4세」라는 논문을 썼는데, 이것은 헤르벡의 편찬서 『스위스로부터의 21장의 전지』(*Einundzwanzig Bogen aus der Schweiz*)에 실렸다. 이 편찬서는 1843년 7월 중엽에 바우어(B. Bauer)와 슈트라우스 등의 기고로 출간되었다. 후에 언급되겠지만, 가장 중요한 기고들은 헤스(M. Heß)의 것이었다. 엥겔스의 논문은 비판적인 정신으로 쓰여졌다. 그는 확증하길, 프로

41) Ibid., S.220~221.

이센의 여론은 점점 더 두 문제에 집중된다고 했다. 즉 그것은 헌법(체계)과 특히 출판자유이다. 이것은 일단 출판의 자유가 주어져야 이루어질 것이다. 또한 헌법은 일 년 후에 제정될 수 있을 것이다. 첫 번째 귀결은 러시아인들과의 동맹의 결렬이었다. 그러고 나서 여전히 보다 심각한 사건들이 발생하게 될 것이다. 왜냐하면 프로이센의 상황은 여러 가지 관점에서 혁명 이전의 프랑스의 상황과 유사했기 때문이다. 엥겔스는 자신의 논문을 이러한 혁명적 예고로 끝맺었다.

1842년 10월에 엥겔스는 베를린에서 그의 고향으로 되돌아갔다. 그는 도중에 「라인 신문」의 편집자를 방문하기 위해 쾰른에 체류했다. 거기서 그는 모제스 헤스를 알게 되었다. 즉시 헤스는 그의 친구 아우어바흐(B. Auerbach)에게 전달하길, 엥겔스는 그와의 대화 이후에 열정적인 공산주의자로 출발하게 되었다고 했다. 11월말 엥겔스는 양친의 집을 떠나 맨체스터의 에르망과 엥겔스 방직공장으로 갔다. 그 공동 소유자는 그의 아버지였다. 도중에 그는 다시 쾰른을 방문했는데, 거기에서 그는 「라인 신문」의 편집실에서 칼 맑스를 만났다. 이 첫 만남이 싸늘한 분위기에서 진행된 것은 이미 우리가 언급했던 이유에서 볼 때 쉽게 이해될 수 있다.

영국으로의 이주는 엥겔스의 삶에 있어 새로운 시기를 나타낸다. 그에게 있어 영국의 현실은, 프랑스의 정치적, 사회적 현실이 이후에 맑스에게 의미했던 것과 똑같은 것이었다. 그 현실은 공개적이고, 날카로운 계급간의 반발을 통해 투쟁적이고, 이론적으로 훈련된 엥겔스에게 이념적, 정치적 충돌의 근거가 어디 있음을 보여 주었다. 그는 역사적인 힘의 투쟁과 과정에 대한 관념론적 해석을 의심하고, 간단히 이것을 거절해 버리는 것으로 만족했다.

제2장

새로운 사상의 완성(1843~1847)

칼 맑스(1843~1845)

맑스는 「라인 신문」의 작업에 매달리는 동안, 프로이센 정부의 검열의 고단하고 지루한 욕설에서 벗어나 특정문제를 연구하는 데 필요한 시간을 얻을 수가 없었다. 누구든 혁명적으로 행동하고자 할 때는 중요한 사회·역사의 문제에 대한 정확한 이해를 필요로 한다. 그는 크로이츠나하로 돌아와서 예니 폰 베스트팔렌(Jenny von Westphalen)과 6월 19일에 결혼했다. 그는 역사적 문헌에 대한 집중적인 연구를 해나갔는데 특히 프랑스 혁명에 대한 라스 루드비히(Las Ludwig), 랑케, 루소, 몽테스키외 등에 집중하고, 이 방면을 이론적으로 가장 깊이 파악한 사상가인 헤겔에게로 되돌아갔다. 그는 헤겔의 『법철학』, 특히 그 책의 세 번째 부분인 당시의 시민사회에 대한 이론에 관심을 가졌다.[1)]

---

1) 사람들은 헤겔의 사회·정치적 견해를 매우 상이하게 해석했다. 1850년대 하임(R. Haym)의 공격으로부터 헤겔에 대한 프랑스 혁명과 유물론에 대한 귀족적 반동이라는 스탈린의 해석에 이르기까지, 이 위대한 사상가에 대한 관계는 천차만별이다. 그러나 맑스와 엥겔스의 견해는, 독일의 노동운동이 칸트, 피히테, 헤겔을 통해 대변된 독일 고전적 관념론의 위대한 이념을 상속한 것으로 보았다. 앞에서 언급된 문헌 이외에도 특히 이러한 문제에 관하여 최근에 아래의 저작을

『헤겔 법철학 비판』(261절~313절)

헤겔의 법철학 261절~313절에 대한 비판적 언급, 다시 말해 사회적 문제틀(Problematik)에 가장 중요한 국가와 국내법에 대한 맑스의 비판 부분이 보존되어 있다. 헤겔에 따르면 법철학은 법의 이념 즉 법의 개념과 법의 실현을 그 대상으로 한다. 법철학은 철학적 분과이기 때문에, 그 내용은 법 자체의 개념으로부터 연역해내야 한다. 법의 영역은(자연의 영역에 대비되는—역주) 정신적인 것이다. 그리고 그것의 원천은 의지인데, 특히 이 경우는 자유의지이기 때문에 자유가 법의 실체로 표현되고, 법의 체계는 현실화된 자유의 장(場)으로 나타난다. "자유로운 의지의 현존재인 현존재 일반이 법이다.—따라서 그것은 일반적으로 이념으로서의 자유이다."[2)]

헤겔에 있어서는 모든 과정이 추상적인 것으로부터 구체적인 것으로 보다 내용을 풍부하게 채워 나가듯이, 법의 경우도 마찬가지이다.

> "자유 이념의 모든 발전단계는 그 단계에 고유한 법을 갖는데, 이것은 그 단계가 그 고유한 규정에 있어서 자유의 현존이기 때문이다. 도덕과 인륜(人倫)이 법과 대립하는 경우, 법이란 오직 추상적인 인격성에 대한 이성의 형식적인 것에 불과한 것이다."[3)]

참조할 수 있다. E. Weil, *Hegel et l'Etat*, Paris 1950, J. Ritter, *Hegel und die Französische Revolution*, Frankfurt 1965, J. Habermas, *Nachwort zu: Hegel, Politische Schriften*, Frankfurt 1966.

2) G. W. F. Hegel, *Grundlinien der Philosophie des Rechts*, §29. *Werke in zwanzig Bänden*, Bd. 7, Frankfurt 1970, S.80.

3) Ibid., §30, S.83.

헤겔은 이러한 방식으로 자신의저서 『법철학』을 「추상법」(법의 일반원리—역주), 「도덕법」(내면화된 법—역주), 「인륜」(객관화된 법—역주)으로 삼분(三分)하였다. 그는 「추상법」에서 (법의)추상적 개념에 머물러 있는, 즉 직접성의 규정을 받는 자유의지의 영역을 전개했다. 법은 주체의 개별적 의지 자체이며, 개별적 의지 자체에 대한 부정의 외적 세계에서[외화된 형태, 즉 인격권(人格權)이 외화(外化)된 물권(物權)인 재산] 그 내용을 갖는다. 주체는 이러한 관계에서 형식적 법의 추상적 기초와 개념들을 구현하는 [소유권의 주체로서의] 인격인 것이다. 헤겔은 이러한 문제들의 연관에서 그 환경(이 속에서 그리고 이에 대해서 인격의 자유가 표현된다)에 대한 인격의 관계를 다루었고, 이것의 외적 표현(Äußerlichkeit)은 물(物) 즉 [인격처럼] 자유롭지 않고 비인격적인 물이다. 헤겔은 이와 함께 계약 가능성의 기초가 되는 재산문제, 불법, 범죄 등의 문제를 다루고, 잘 알려진 형벌이론을 개진한다. [다음 단계인] 도덕의 단계는 ;

"의지가 단순히 즉자적으로 무한한 것이 아니라 대자적으로 무한한 한에 있어서의 의지가 취하는 입장이다. 그것이 즉자존재나 직접성, 그리고 그 속에서 전개되는 규정들과 대립되는 의지의 자기-내-반성(Reflexion in sich)과 그것의 대자적인 자기동일성이 인격을 주체로 결정한다."4)

도덕의 입장은 그 형식에 있어 외도(Vorsatz)와 그에 따른 책임의 활동으로 표현되는 주관적 의지의 법이다. 따라서 (주관적 도덕적) 의지는 활동적 의지이므로 도덕은 그 역의 방식과 마찬가지로 일면적으로 주관성의

---

4) Ibid., §105, S.203.

영역으로 이행한다. "행위할 때 결과를 무시하라는 원칙이나 이와 달리 행위를 결과에 따라 판단하고 무엇이 옳고 선한가에 대해 결과를 척도로 삼으라는 원칙 모두가 단지 추상적인 오성의 입장에 불과한 것이다."5)

이러한 연관에서 적어도 윤리적인 것에 대한 헤겔의 뛰어난 사상이 눈에 띄는데, 이것은 윤리에 대한 주관주의뿐만 아니라 칸트식의 선험적 파악을 극복할 가능성을 보여준다. 헤겔은 의지의 본질이 그것의 진리 자체로 존재하는 의지라고 강조했다.

"(선이란 대체로 실체적이고 보편적인 의지의 본질이다. 따라서 선은 오로지 사유 안에서만, 사유에 의해서만 존재한다.) 그러므로 인간은 진실한 것을 인식하지 못하고 현상에만 관계할 뿐이라는 [칸트적] 주장이나, 사유가 선의지를 손상시킬 것이라는 [야코비(Jakobi)의] 주장과 같은 사고방식은 정신으로부터 지적 가치는 물론이고 윤리적 가치와 존엄성마저 빼앗는 것이다.—자아를 이성적인 것으로 간주하지 않는다면, 아무것도 인정하지 않는 법은 주관에 기초한 최고법일 수는 있지만, 동시에 그 주관적 규정 때문에 형식적일 뿐이다. 이에 대하여 객관적인 것으로서의 이성적인 법은 주관에 대립하여 고수되는 것이다.—주관적 규정이 이러한 형식적 규정을 지니기 때문에 자아의 인식은 진실일 수도 있지만 단순한 사견이나 오류일 수도 있다."6)

이로부터 선에 대한 참된 통찰은 행위에 대한 참된 통찰과는 다르다는 것이 도출된다. 왜냐하면 행위란 현실세계 안에서 존재하고 이 세계의 법칙에 지배되는 하나의 변형이기 때문이다. 또 현실적으로 행위하고자 하는 자는 이러한 현실의 법칙에 따라야 한다.

5) Ibid., §118, S.218.
6) Ibid., §132, S.245.

"마찬가지로 이성 개념의 객관태로서의 국가에 있어서도 법적인 책임은 반드시 어떤 사람이 자신의 이성에 부합한다고 생각하느냐 그렇지 않으면 부합되지 않는다고 생각하느냐에 의존하지 않는다. 또한 이것은 정(正)과 부정(不正), 선·악에 대한 주관적 통찰이나 사람이 자기의 신념을 만족시키기 위하여 행하는 요구에 있는 것도 아니다. [국가라는] 객관적 영역에 있어서, 법에 대한 통찰은 현행법에 대한 통찰로서 그것이 적법한가 아니면 위법한가를 통찰하는 것으로 간주되며, 그것은 가장 비근한 의미로 적법한 것이며 그런 한에서 의무적인 것에 대한 숙지에 한정된다."[7]

우리가 다른 몇 구절을 더 참조한다면(예컨대 135절에서 그는 칸트의 형식주의에 대해서 직접적으로 비판하고 있다.) 맑스에 있어서 이러한 헤겔의 비판이 얼마나 중요했는가 그리고 이것이 윤리문제에 대한 맑스의 파악에 얼마나 큰 영향을 끼쳤는가를 알 수 있을 것이다. 헤겔을 극복하기 위해서는 포이어바흐를 답습할 것이 아니라 헤겔의 중요한 분석과 통찰을 보다 쉬운 말로 옮겨 보아야 한다. 맑스는 헤겔에게서 이상주의(Utopianismus), 존재와 당위간의 균열을 극복할 폭넓은 토대를 발견했는데, 여기에서 사회주의적 사고가 사실적으로 드러난다.[8]

법의 이념이 표현되는 세 번째 단계는 인륜인데, 이것은 "자유의 개념이 현실 세계로 나타나고 자각된 것이다."[9] 인륜은 또한 이념의 체계이므로 이성적인 것이다.

"인륜적인 것도 이러한 방식으로 객관화된 자유, 즉 객관화되어 즉자대자적으로

---

7) Ibid., S.246.
8) 참조, M. Kangrga, *Etički problem u Karla Marxa(Das ethische Problem bei Karl Marx)*, Zagreb 1963.
9) G.W.F. Hegel, *Grundlinien der Philosophie des Rechts*, l.c., §142, S.292.

존재하는 의지이며, 그 계기들이 인륜적인 여러 힘을 이루어 개인생활을 지배하고, [인륜적 실체에 비해서] 우연태인, 인륜적 실체에 대한 개인의 표상과 그 현상 형태와 그 현실성을 지닌 필연성의 원환(圓環, Kreis)이다."10)

이처럼 주체에 대하여 이러한 법칙은 자연의 힘보다 거대한 권위를 지니며, 이러한 법은 또한 정신의 존재를 반영하기 때문에 그에게 소원한 것이 아니다. 실체적 규정으로서 개인에 대하여 의무가 주어지며, 의무는 개인을 묶는데 인륜과 덕성(Tugend)은 그런 한에서 개인에게 반영된다. 인륜의 정신은 그 구성요소들의 상이한 형식들을 통해 발전한다. 즉 가족(헤겔은 결혼 · 자녀양육 등을 다룬다.), 욕구 체계로서의 시민사회[사법(私法), 적법성 · 배심제도·경찰과 직업단체 등을 다룸], 마지막으로 국가는 인륜적 이념의 현실태로서 인륜이 계시된 정신이며, 그 자체를 개념적으로 파악하고 의식한 실체적 의지이다.11)

맑스는 261절부터 비판적 분석을 시작한다. 1927년에 처음 출판된 이 초고에서 그는 헤겔을 유물론적 입장에서 비판하는데(여기에서 포이어바흐의 「철학개혁에 대한 예비적 테제」의 영향을 무시해서는 안 된다.) 그는 일차적으로 헤겔의 입장과 그의 관념론적 연역의 결과에서 나오는 서술(Ausführung)에서의 모순점들과 이율배반을 지적한다. 그래서 우리는 맑스의 비

---

10) Ibid., §145, S.294.

11) 헤겔은 그의 『법철학』 §188에서 시민사회를 이렇게 규정한다. "시민사회는 세 가지 계기를 포함한다. 즉,
A. 노동을 통한 개별자의 욕구 충족의 매개와 나머지 모든 자들의 욕구 충족—욕구의 체계
B. 거기에 내포된 자유일반의 현실성, 재판을 통한 재산보호
C. 경찰과 법인을 통해 그러한 체계 안에 남아 있는 우연성에 대한 염려 및 공동적인 것으로서의 특수이해에 대한 염려…"(Ibid., S.346.).

판의 도움으로 본질적인 비판의 토대를 정의할 수 있을 것이다. 헤겔은,

> "[이념의] 주어를 이념의 산물 곧 이념의 술어로 만들었다. 그는 그의 사고를 대상으로부터가 아니라 완결되고 추상적인 논리의 영역에서 자기완결된 대상으로부터 전개시킨다. 정치적 체제의 특정 이념이 문제가 되는 것이 아니라 정치체제의 추상적 이념에 대한 관계가 문제이며, 정치체제는 [이념의] 생활사의 한 마디(Glied)로 배열되고, 이리하여 공공연한 신비화가 이루어진다."12)

이러한 근거에서 헤겔의 주된 관심은 법에 대한 철학이 아니라 [법의] 논리학이다. 맑스에 따르면 [헤겔의] 철학적 계기는 사상(事象)의 논리가 아니라 논리의 사상이다. 논리학이 국가를 증명하는 데 봉사하는 것이 아니라 국가가 논리학의 증명에 봉사한다.13)

인간주의자이며 민주주의자인 맑스는 헤겔의 군주제 원리에 대해 민주제 원리를 대비시킨다. 국가는 추상이며 국민이 구체태이다(Konkretum). 민주주의가 군주(제)의 진리이지 군주제가 민주주의의 진리는 아니다. 군주제에서는 전체 국민이 그 체제의 유지방식과 정치체제에로 포섭된다. 민주제에서는 체제 자체가 단지 하나의 결정으로, 즉 국민의 자기결정으로 나타난다. 군주제는 체제의 국민을 갖지만, 민주제는 국민의 체제를 갖는다. 헤겔은 국가로부터 출발해서 인간들을 주관화된 국가로 바꾸어 놓았다. 이에 반하여 민주제는 인간에서 출발하여 국가를, 객관화된 인간으로 바꾸어 놓는다.14)

---

12) K. Marx, *Aus der Kritik der Hegelschen Rechtsphilosophie, Kritik des Hegelschen Staatsrechts*, MEW, Bd. Ⅰ, S.213.
13) 참조. S.224, 225, 250.
14) S.230~33 참조.

여기에서의 비판은 여전히 추상적인 영역에서 이루어지고 있고 또 비판 자체도 아직은 추상적이다. 맑스는 민주제를 군주제와는 다른 원리로 대립시켰는데 그 자체가 아직 구분되어 있지 않다. 하지만 이것이 강조하는 바는 헤겔적 사변에 대한 극복이 동시에 포이어바흐적 인간학에 대한 극복과 더불어 추상적 인간에 대한 극복을 요구하는 것이다. 특히 277절에 대한 비판에서 맑스의 당시의 파악방식을 엿볼 수 있다.

"[헤겔 법철학]의 무의미함은 아래의 사실, 즉 헤겔이 국무(Staatsgeschäfte)와 활동을 그 자체 추상적으로 파악하고, 특수한 개인성을 이와 대립되는 것으로 파악한 데서 기인한다. 그러나 그는 특수한 개인성이 인간적 기능이며, 또한 국무와 활동도 인간적 기능임을 망각했다. 그리고 그는 '특수 인격'의 본질은 빵과 피로서, 추상적 물체가 아니라 그 사회적 특질이며, 또한 국무도 인간의 사회적 특질의 생존방식 및 영향방식과 다르지 않다는 것을 간과했다."15)

맑스는 포이어바흐가 아니라 헤겔과—이후에 우리가 보겠지만—헤스(M. Hess), 그리고 프랑스 이론가들을 거쳐 사회적인 것과 역사적인 것에 대한 분석에 도달할 수 있었다. 언급된 문제를 이외에도 맑스는 국가체계의 폭넓은 요인들, 특히 일차적으로 관료제를 비판적으로 파악한다. 헤겔은 관료제를 국가의 의식을 대표하는 심급보다 더 높게 평가했다. 왜냐하면 이것의 위치는, 공정하고 사실적으로 이해할 때, 국가의 토대를 형성하기 때문이다. 이와는 달리 맑스에게 있어 관료제는 다만 새로운 직업단체의 체계일 뿐이다.

15) K. Marx, *Aus der Kritik der hegelschen Rechtsphilosophie*, ibid., S.222.

"직업단체들은 관료제의 유물론이며, 관료제는 직업단체들의 유심론이다. 직업단체는 시민사회의 관료제이다. 관료제는 국가의 직업단체이다……사회에서 직업단체를 창출하는 동일한 정신이 국가에서 관료제를 창출한다. 그러므로 직업단체 정신 즉 관료제 정신이 논박되고, 또한 그 정신이 일찍이 자신의 고유한 존재에 자리를 마련하기 위해 직업단체들의 존재에 대해 투쟁한다면, 그것은 이제 직업정신 즉 그 고유한 정신을 구출하기 위해, 폭력적으로 직업단체들의 존재를 다루려고 할 것이다."[16]

헤겔은 관료제를 '국가의 형식체계'(Staatsformalismus)로 기술했다. 이 형식체계는 현실적 권력으로 제정되기 때문에 관료제는 환상의 제도이다. 맑스는 계속 진술하길, '관료주의적 정신'은 "철두철미한 제수이트파의 신학적 정신이다. 관료주의자들은 국가 예수회교도이고 국가신학자들이다. 관료제는 승려공화제(la république prêtre)이다."[17]

관료제는 그 '형식적인' 목적을 그 내용으로 변화시켰다. 그 때문에 그 제도는 어디에서든지 '현실적'인 목적에 모순된다. 국가의 목적은 관료제의 목적으로 변했다. 관료제는 어느 누구도 거기에서 빠져 나갈 수 없는 원환(Kreis)이다. 또한 그 위계질서는 지(知)의 위계질서이다.

"관료제의 일반정신은 비밀, 곧 신비이며, 그 정신은 관료제 자체 내에서는 위계질서를 통해서, 밖으로는 완결된 직업단체로서 보존된다. 따라서 계시된 국가정신, 또한 국가의 정신태도는 관료제에 있어 그 신비에 대한 배신으로 발현한다. 그 때문에 권위는 그 지식의 원리가 되며, 그 심정은 권위를 숭배하게 된다. 그러나 이러한 권위 자체 내부에서 유심론을 거친 유물론(Krasse Materialismus) 즉 수동적인 복종의 유물론과 권위신앙의 유물론, 그리고 고정된 형식적 행동과 고정된 원칙 및

16) Ibid., S.247~248.
17) Ibid., S.248.

직관, 전승들의 유물론이 된다. 개별적 관료주의자들에 관한 한, 국가의 목적이 사적(私的)인 목적, 보다 높은 지위에 대한 추구 그리고 입신출세로 된다."[18]

맑스는 일반이익이 개별이익으로 되는, 즉 헤겔에게서처럼 추상 속에서 화해되지 않고 현실적으로 되는 때만, 관료제가 지양될 수 있다고 했다. 그러나 그것은 특수이익이 일반이익이 될 때에야 비로소 가능하다.[19]

우리는 관료제에 대한 이러한 맑스의 비판이 우리 시대에서 매우 중요하고 현실적인 것임을 자본주의에서 뿐만 아니라 사회주의에서도 목격한다!

국가에 대한 시민사회의 관계에 비쳐진 이러한 측면들은 특별히 중요하다. 맑스는 헤겔의 통찰—즉 근대 부르주아 사회에서 국가는 시민사회와 분리된다는 통찰—을 평가한다. 국가는 이러한 사회에 대해 '전권위임자'에 대한 접촉점만을 가질 뿐이다. 경찰, 사법제도, 행정은 일정하게 임무를 할당받은 시민사회의 일부가 아니라, 시민사회에 대해 국가를 보호할 의무가 있는 국가의 전권위임자이다. 경찰, 사법제도, 행정은 시민사회에서 파견된 대표가 아니라 시민사회에 대해 국가를 보호할 의무가 있는 국가의 전권위임자이다. 헤겔이, 국가란 그러한 일반적 신분에 대한 요구일

18) Ibid., S.249.

19) 관료제의 자의성을 막는 보장에 관해 맑스는 다음과 같은 중요한 논평을 가한다. "295절에 따르면 '관청과 관리들의 권력 남용을 막는 국가와 피치자의 보장'은 부분적으로 그들의 '위계체제'에 있다"(이는 마치 위계체제 그 자체가 최대의 남용이 아니며 또 관리들의 몇몇 개인적 죄악들이 위계체제로부터 나온 필연적인 죄악과 비교될 수 없는 것처럼 규정하는 셈이다. 위계체제는 권리가 위계체제에 대해 죄를 짓거나, 위계체제에 불필요한 죄를 범하는 한에서만, 그 권리를 범한다. 그러나 위계체제는 관리가 위계체제의 화신이 되어 범한 죄의 경우엔 오히려 그 관리를 보호한다. 게다가 위계체제가 그 성원들이 죄를 짓는다고 믿는 경우란 좀처럼 없다.) (Ibid., S.255).

뿐 아니라 동시에 모든 시민에게 가능성—일반적 신분에 헌신할 수 있는—을 제공한다라고 전제한다면, 맑스는 이에 다음과 같이 덧붙인다. "모두가 다른 영역의 권리를 획득할 수 있는 가능성을 가진다는 사실은 다만 '그 고유한' 영역이 이러한 권리의 현실성이 아님을 입증할 뿐이다.[20]

이미 여기에서 사람들은 '정치적인 것'—인간과 분리되어 있고, 인간에게 지배와 권력으로 대립되어 있는 영역으로서—에 대한 극복의 이념을 인식함과 동시에 자치(自治)—여기에서 행정은 공동체(Gemeinschaft) 자체에 대한 표현이 된다.—에 관한 이념의 성립을 인식한다.

맑스는 헤겔의 테제—즉 시민적 신분과 정치적 신분이 일치하는 봉건적 사회와는 달리(봉건사회에서는 거의 시민적 사회와 정치적 사회가 거의 동일한 것으로 이해된다.), 근대에 있어 시민사회와 국가는 분리된다.—를 수용함으로써, 인간과 시민을 구별하는데, 이것은 후에 『유대인 문제』에서 주요한 주제들 가운데 하나가 된다.

"여기에서 일반법칙의 내용이 개별자에게 나타난다. 시민사회와 국가는 분리된다. 그러므로 공민(Staatsbürger)과 시민, 즉 시민사회의 구성원들은 서로 분리된다. 그러므로 공민은 자기자신을 본질적으로 분열시키게 된다. 현실적인 시민으로서의 공민은 이중적 조직에서 자신의 모습을 발견하는데, 그 하나는 관료제적 조직—이것은 공민과 그의 자립적 현실성에 관계하지 않는 저편의 국가, 즉 정부권력에 대한 외적, 형식적 규정이다—이며, 다른 하나는 사회적 조직, 즉 시민사회의 조직이다. 그러나 후자에서 공민은 국가의 외부에 서있는 사인(私人 : Privatmann)으로 존립한다. 이 사회는 정치적인 국가 자체와는 관계하지 않는다. 관료제적 조직은 국가조직인 바, 이에 대한 공민은 항상 재료로 제공된다. 사회적 조직은 시민적 조직이며

20) Ibid., S.253.

국가는 이에 대한 재료가 되지 않는다."[21]

우리가 여전히 '귀족의 동물학적인 세계관'에 대한 맑스의 즉각적이고 신랄한 평을 언급한다면, 이러한 세계관은 순전히 출생을 통해 자신에게 일정한 사회적 지위가 예정되어 있다고 보는 것을 말한다. 왜냐하면 헤겔은 국가적 법률과 입법적 법권력 등이 사회의 산물, 곧 사회의 결실이지 자연적 개인의 결실이 아님을 통찰하지 못하기 때문이다. 우리는 이미 이 저작과 함께 맑스의 사고가 사회·역사적인 것을 지향하고 있음을 알게 된다. 여기서 그는 근대의 수수께끼를 푸는 열쇠와 그 해결을 볼 수 있다고 생각했다.

6월에 맑스와 루게, 그리고 발행자인 프뢰벨(Fröbel)은 새로운 잡지의 출판장소를 파리로 결정했다. 그들의 의견은 독일에서는 사람들이 현실적으로 급진적인 일을 수행할 수 없다는 것이었다. 이러한 결단은 맑스의 계속적인 발전에 대해 매우 중요하다.

그러나 우리는 이러한 맑스의 삶과 발전의 국면을 넘어가기 전에 여전히 아래의 사실을 언급해야만 한다. 즉, 맑스가 독일 체류기간 동안에, 여전히 빌헬름 바이틀링(Wilhelm Weitling)의 공상적 공산주의적 저작 『조화와 자유의 보증』(*Grantien der Harmonie und Frehbeit*, 1842)이 출간되어 있다는 사실이다. 이것은 공상적 이념과 병행하여, 이상적 사회의 상황을 해결하기 위한 것이며, 그 밖의 공상적 사회주의와는 다음의 사실, 곧 바이틀링이 여기서 지배계급사회의 전복을 위한 혁명적 조치를 변호했다는 사실을 통해 구분된다. 사유재산 사회에 대한 비판은 어쨌든 당시의

---

21) Ibid., S.281.

독일에서 가장 뛰어나고 날카로운 비판들 가운데 하나였다.

그러나 이보다는 인간의 문제와 인간주의의 문제에 특별히 예민했고, 재능이 풍부했던 모제스 헤스(Moses Heß, 1812~1875)의 저작들이 더욱 더 중요하다. 사람들은 치에츠코프스키(A. Cieszkowski)와 함께 헤스를 행동철학의 창시자로 간주할 수 있다. 물론 헤스는 철학뿐 아니라 사회적 관점에서도 치에츠코프스키보다 더 급진적인 결론들을 끌어냈다. 게다가 헤스는 이미 『인류의 거룩한 역사』, 『스피노자의 한 제자에 관하여』(1837), 『유럽의 삼두정치』(1841)라는 저작을 출간했다. 이 저작들에서 그는 그의 사회주의적 확증과, 철학적 영역에 대한 비판 그리고 사변에서 행위에로의 이행에 대한 요구를 표명했다. 헤스는 이미 헤겔좌파로부터, 즉 치에츠코프스키의 저작 『역사학(Historiosophie)에 대한 서론』으로부터, 이러한 이행—과거의 철학에서 행동의 철학으로—이 성공했다고 생각했다.

이미 헤스는 그의 두 번째 저작 『유럽의 삼두정치』에서 다음과 같이 주장한다. 즉 사람들은 과거에서 미래를 추론해 내야 하며, 세계의 변혁을 위해 이론적 영역만으로는 불충분하므로 철학은 행위에로 옮겨가기 위해 자기자신을 극복해야 한다, 왜냐하면 지속적인 사회적 빈곤(Pauperismus)과 금권정치의 대립은 이 세계에서 여전히 극복되지 않고 있기 때문이다. 이러한 사상은 또한 「라인 신문」에 실린 그의 기사들 가운데 특히 「독일의 정당들」(1842년 9월)에서도 잘 표현된다.[22)]

---

22) 「독일의 정당」(Die politischen Parteien in Deutschland)에서 헤스는 다음과 같이 기술했다. "빈곤과 금권정치간의 대립을 지양하고, 국가 내의 일치를 창출하는 것은—바로 지금의 19세기가 원칙적으로 논증하려는 노력들이다."(M. Hess, *Philosophische und sozialistische Schriften*(1837~1850), Akademie Verlag, Berlin 1961, S.192).

헤스는 헤르벡의 편찬서 『스위스로부터의 21장의 전지』에 실린 그의 논문, 즉 「사회주의와 공산주의」, 「행동철학」, 「하나이자 완전한 자유」에서 최고의 수준에 도달했다. 여기서 헤스는—당시 독일철학의 발전을 고려한다면—행동철학, 실천, 인간의 규정에 대한 사상을 가장 폭넓게 수행했다. 그리고 그는 맑스에 의해 다소 늦게 정식화된 당시의 이념에 대부분의 접촉점을 제시했다. 예를 들어 앞에서 언급된 기사의 첫장에서 그는 확증하길, 사람들은 독일에서 가장 성공적이었다고—그러나 단지 이론에서만—했다.

"그럼에도 불구하고 행동철학은 그 원리를 단지 독일로부터 추론할 수 있다. 다만 철학일반이 이 원리를 그 정점에까지 끌어올려야만 철학은 자기자신을 넘어서서 행동으로 이행할 수 있다. 단지 정신 안에서 그리고 정신을 통해서만 발생하는 차안과 피안의 대립은 원칙적으로 정신 안에서 그리고 정신을 통해 또다시 극복될 수 있다. 현실적으로 독일철학은 이미 근대적 원리가 삼투되어 있고, 행동의 철학이 되었다. 그러나 여전히 우리는 이 과정의 중요하고 정신적인 단초에 서 있을 뿐이다. 검과 같은 사유의 날카로움을 외부세계로 향할 줄 아는 용기를 가진 자는 다만 극소수에 불과할 뿐이다."[23]

헤스는 이러한 이념의 주역으로서 특히 스피노자, 바뵈프, 푸리에, 생시몽 그리고 헤겔을 들었다.

「행동철학」의 논문에서 헤스는 또한 사회주의와, 부자유한 노동과 대립되는 자유의 행동 이념을 대변했다. "이제 철학 및 정신의 과제는 행동철학이 되는 것이다. 모든 대립이 사라져 버리는 이러한 입지점에서 사상뿐만 아니라 모든 활동성이 고양되어야 한다."[24]

---

23) M. Heß, *Sozialismus und Kommunismuns,* 1. c., S.198.

지금까지 항상 인간에게 부과된 저주의 본질은, 그가 활동성을 자기 목적과 향유—이것은 항상 활동성과 분리되었는데—로 이해하지 않은 데에 있다.

"그것은 지금까지의 모든 인류사에 있어 인간이 짊어진 저주였다. 즉, 인간은 활동성을 자기목적으로 파악하지 않았고, 향유를 항상 그 활동성과 분리된 것으로 파악했다. 왜냐하면 바로 지금까지의 모든 역사는 정신의 발달 이외의 것을 기술하지는 않았기 때문이다. 정신이 현실적이 되기 위해서는 자신과는 대립된 것으로 나타나야 한다. 그래서 이러한 저주가 종교 및 정치와 함께 삶에서 나타나는 것처럼, 그것은 또한 종교와 정치의 지배가 끝나고, 반성(Reflexion)의 단계가 극복될 때, 다시 사라져 버릴 것이다. 그래서 사변의 왕국과 철학적 윤리는 전체 삶을 포괄하기 시작할 것이다—반성의 신이 인간에게 계시한 첫 번째 말씀은 성서가 우리에게 유명한 격언으로 충실하게 전해준 다음과 같은 저주였다. '너의 이마에 땀을 흘려야 너는 빵을 먹게 될 것이다.' 이와는 달리 자유로운 정신이 인간에게 계시한 첫 번째 말씀은 바로 스피노자적 윤리의 유명한 격언이다. 즉, '활동성을 촉진하고 인생의 쾌락을 고양시키는 것은 선하다.' '이마에 땀을 흘리는 노동'은 인간을 노예로 만들고, 비참하게 만든다. '쾌락에서 나오는 활동성'은 인간을 자유롭고, 행복하게 할 것이다."[25]

세 번째 논문에서는 맑스에 별로 뒤지지 않는 몇 가지 중요한 통찰들이 정식화된다. 헤스는 부자유와 비참이 자기부정과 종교를 낳는다고 생각했다.

"그것(종교)은, 브랜디가 위장에 그린 것처럼, 쇠잔한 사람에게 불가결한 욕구이다. 그리고 노예나 자포자기한 사람들에게서 또렷함(Nüchternheit)이나 쾌활함을

24) M. Heß, *Philosophie der That*, l.c., S.219.
25) Ibid., S.220.

요구하는 것은 몰인정한 아이러니일 수밖에 없다. 너희들이 민중을 동물적 상태로부터 고양시킬 수 없거나 그러길 원치 않는다면, 너희들은 그들을 의식, 즉 동물적 무의식에 방치하게 될 것이다. 민중이 물질적인 예속과 비참에서 시달리는 한, 그들은 정신적으로 자유로울 수가 없다. 사실, 불행은 최종적으로 종교적 자기부인을 생산할 수는 있지만 철학적 자기의식을 생산하지는 못한다."[26]

헤스에게 있어서 인간의 본질은 독립적이고 자유로운 활동성을 의미한다. 사람들이 자유의 문제를 진지하게 고려하길 원한다면, 결코 그 반쪽에만 그쳐서는 안 될 것이다.

"이러저러한 예속의 형태를 공격하는 것으로 만족하지 말라. 예속을 근본적으로 추적하고 파괴하라. 그리고 철저하라! 단지 하나의 자유가 존재하는 것처럼, 하나의 예속만이 있을 뿐이다! 인간의 본질과 특수성—이것을 통해 인간은 동물과 구별되는데—은 바로 자유롭고, 모든 외적인 강요로부터 독립된 활동성에 그 본질이 있다. 이러한 자유는, 유일한 삶이 그런 것처럼, 또한 인간의 유일한 향유이다. 이러한 하나이자 전체인 자유가 산출되지 않는 한, 인간은 순수히 인간적으로 사는 것이 아니라 다만 동물적으로 살게 될 뿐이다. 그래서 인간은 불행한 의식, 즉 자신의 비참에 대한 의식을 갖거나 게으름과 물질적 향락심에 빠져, 잘 알려져 있는 마취적인 수단, 즉 아편, 종교, 브랜디를 손에 쥐게 된다. 따라서 인간은 모든 삶의 의식을 자기 자신 안에서 말살시켜 버리고, 모든 브라만 교도, 랍비, 수도승, 속류 성직자, 경건주의자, 위선자의 이상에 빠져 버린다."[27]

이 논문은 정신적인 것과 사회적인 자유간의 밀접한 관계와 같이, 모든 종교와 정치의 내적 기만을 폭로하는 의도로 끝맺는다.

---

26) M. Heß, *Die Eine und ganze Freiheit*, l.c., S.227.
27) Ibid., S.228.

사람들이 보는 바와 같이, 당시 이미 사회주의의 문제나 날카로운 사회비판, 또는 행동(혹은 실천)철학의 입장이나 순수철학적 영역에 대한 극복은 일반적인 풍조였다. 그러나 맑스에게 끼친 헤스의 영향이 얼마나 지대한 것인지에 대해서는 말하기가 어렵다. 이들은 친구였고, 같은 신문(라인신문)의 공동 기고가였다. 맑스가 헤스에게 어떤 영향을 주었는지는 1841년 9월 2일에 아우어바흐(Auerbach)에게 보낸 헤스의 편지에서 잘 나타난다. 헤스는 맑스에게서 지금까지의 철학을 극복한 유일하고, 현실적이며, 살아있는 철학자를 발견했고, 맑스는 자신에게 모범이 되었다고 강조했다. 엥겔스와 같이, 맑스와 헤스 사이에는 상호적인 영향이 있었고, 맑스가 바로 앞에서 언급한 헤르벡의 편찬서에 실린 헤스의 논문들을 중요한 것으로 간주한 것도 분명하다.[28]

철학의 문제와, 독일에서의 혁명적 문필업에 대한 맑스의 관계와 마찬가지로, 이해 여름 동안에 출간된 맑스의 저술은 루게에게 보낸 그의 편지에서 가장 잘 나타난다. 이 편지는 이후 루게, 포이어바흐, 바쿠닌의 편지와 함께 『독불 연보』에 실리게 된다. 1943년 9월의 편지에서 맑스는 독일에 자유가 없음을 지적함으로써, 내적인 어려움이 외적인 장애보다

28) 맑스는 그의 『경제-철학 초고』 서문에서 아래와 같이 썼다. "내가 프랑스와 영국의 사회주의자들 이외에도 독일의 사회주의 저술들을 이용한 것은 쉽게 이해될 것이다. 그러나 이러한 학문을 위해 풍부한 내용을 담고 있으면서 독창적인 독일의 사회주의적 저술은(바이틀링의 저술 이외에도) 『지보겐』에 실린 헤스의 논문과 『독불 연보』에 실린 엥겔스의 「국민경제학 비판 개요」를 들 수 있다. 나는 어쨌든 여기서 현재 저술의 첫 번째 계기를 매우 일반적인 방식으로 암시했다."(MEW, Erg.-Bd. 1, S.468). 즈로시스티(Zlocisty)와 루카치 이외에 코르뉘(A. Cornu)도 헤스에 대한 저작 *M. Hess et la Gauche hégélienne*(1934)을 썼다. 그리고 전후에 코르뉘는 풍부한 서문을 갖춰 이미 우리가 앞에서 인용한 바 있는 저작의 선집을 출판하기도 했다. 그리고 1년 후에 또 다른 선집이 출간되었는데 그것은 다음과 같다. *Ausgewählte Schriften, Ausgewählt und eingeleitet von Horst Lademacher*, Köln 1962.

더 큰 것임을 선언했다. 또한 맑스는 개혁가들이 목적의 문제에 있어, 무질서하며 미래에 대한 어떠한 통찰도 보이지 않는다고 했다. 맑스는 문제에 대한 그의 변증법적 파악을 통해 자신이 이들보다 훨씬 앞서 있음을 드러냈다. 그는 새로운 방향의 장점을 아래와 같이 보았다. 즉,

"우리는 독단적으로 세계를 선취하는 것이 아니라 낡은 세계에 대한 비판으로부터 비로소 새로운 세계를 발견하길 원한다. 지금까지 철학자들은 모든 수수께끼의 해결을 그들의 강단에 저장해 두었다. 우둔하고 통속적인 세계는 다만 절대학(Wissenschaft)이라는 불에 타버린 비둘기가 이 세계의 입으로 도피하도록 입을 벌리고 있어야만 했다. 철학은 세속적으로 되었고 여기에 대한 가장 적절한 증거는 곧 철학적 의 식 자체가 외적으로 뿐만 아니라 내적으로 투쟁의 고통으로 끌어들여졌다는 것이다. 미래의 구성과, 모든 시대를 위한 완성이 우리의 일이 아니라면, 우리가 현재 성취해야 하는 것은 그만큼 더 확실해진다. 나는 모든 존립하는 것들에 대한 가차없는 비판을 생각하는데, 가차없다는 것은 비판이 그 결과를 두려워하지 않는 것처럼, 기존세력과의 충돌을 두려워하지 않는다는 의미에서 그러한 것이다."[29]

이렇게 함으로써 결국 이론적 행동의 본질적인 프로그램이 주어진다. 그러나 그 실현이 이제 눈앞에 다가와 있지만, 엄청난 희생과 커다란 능력이 요구된다. 당시에 맑스는 이미 분명히 그의 방법론적 맹아를 독단적인 것과 대립시켰는데, 이러한 독단적인 것 안에서 사회주의와 공산주의가 얽혀진다. 카베트(Cabet), 데차마이예프(Dezameyev), 바이틀링(Weitling)의 공산주의 방식은 다만 인간주의적 원리의 특수현상일 뿐이며, 공산주의와 대립되는 사유재산에 의해 감염되어 있다.[30] 맑스는 계속해서 독일에서

29) K. Marx, 1843년 9월 루게에게 보낸 편지, MEW, Bd. Ⅰ, S.344.
30) 이러한 관점은 이후 『경제 · 철학 초고』에서 원시공산주의 비판에서 다시 수정

종교와 정치는 두 개의 주요 문제라고 지적했다. 사람들은 이것에 '이카리에서의 여행'(Voyage en Icarie)와 같은 유토피아를 대립시키는 대신, 여기에 관련되어야만 한다.

"우리의 비판을 정치비판과 정치적 당파, 따라서 현실적인 투쟁에 결합시키고, 이 투쟁에 일치시키는 것은 우리에게 어떠한 것도 방해하지 않는다. 그러나 우리는 새로운 원리를 가지고 공론적으로 세계에 맞서지 않는다. 여기에 진리가 있다. 여기에 무릎을 꿇어라! 우리는 세계의 원리로부터 세계에 대해 새로운 원리를 개진한다. 우리는 세계를 향해 아래와 같이 말하지 않는다. 당신의 투쟁을 그만두어라. 당신은 어리석은 기구이다 ; 우리는 당신에게 진정으로 투쟁구호를 외치길 원한다. 우리는 세계를 향해 다만 어째서 세계가 본래 투쟁적인지를 제시할 뿐이다. 그리고 의식은 비록 세계가 원하지 않더라도, 동화(전유)되어야만 하는 사실(Sache)이다."[31]

이러한 계획과 관련하여 맑스는 1843년 10월 말에 포이어바흐에게 편지를 쓰고, 그에게 셸링 비판을 써 주길 요청했다. 그러나 포이어바흐는 셸링은 비판할 만한 가치가 없다는 이유로 이 요청을 거절했다. 그러고는 포이어바흐는 쓸쓸하게 지방에 머물러, 마땅히 가담해야 했던 사조의 고유한 역사와 발전으로부터 동떨어지게 되었다.[32]

된다.

31) K. Marx, l.c., S.345. 1843년 9월 Ruge에게 보낸 편지.

32) 이 편지에서 우리는 당시에 맑스가 셸링과 포이어바흐에 대해 어떤 생각을 가지고 있었는지 가장 잘 엿볼 수 있다. 그는 포이어바흐에 대해 다음과 같이 썼다. "당신이 곧바로 첫 장에서 셸링의 성격을 기술한다면, 당신은 진리가 되는 우리의 시도에 커다란 공헌을 하게 될 것입니다. 더욱이 당신은 사내대장부가 되었습니다. 왜냐하면 당신은 전도된 셸링(Umgekehrter Schelling)이기 때문입니다. 셸링은 자신의 올바른 청년기 사유의—우리는 우리의 적대자의 좋은 점을 믿어도 될 겁니다.—실현을 위해 상상력 이외의 다른 도구, 허영심 이외의 다른 에너지 또는 아편 이외의 다른 동력이나 여성적인 임신능력의 감수성 이외

10월 말 맑스는 파리로 이주한다. 우리가 맑스의 중심문제가 인간해방이었다는 사실을 고려한다면—그는 이론적, 실천적으로 이 문제를 연구했고, 그 해결을 위해 독일에서는 충분한 전제들이 주어져 있지 않았음을 보았다.—그의 통찰을 부각시키기 위한 파리에로의 이주는 매우 중요하다. 독일에 비해 프랑스의 우위는 프랑스가 보다 발전된 사회적, 정치적 상태에 있다는 점이다. 맑스는 재차 이 장엄한 철학적 시기의 모든 획득물을 그 대부분의 결과와 더불어—변증법과 더불어—인식하고, 독창성과 폭넓은 정신적 지평을 소유할 수 있는 장점을 가지고 있었다. 이러한 것은 인간과 인간의 역사와 인간해방에 대한 성공적인 문제해결을 위한 본질적인 전제들이었다.

프랑스의 현실은 맑스에게 시민적 민주주의를 기반으로 한 인간의 문제해결이 다만 부분적 해결일 뿐이라는 확증을 주었다. 프랑스인들의 삶에서 새롭게 발견한 모순들은 명백하게 이러한 상황—독일에서 이제 비로소 현실이 된—을 극복하는 것이 필연적인 것임을 제시했다. 프랑스의 부르주아지는 이미 프롤레타리아트와 무자비한 투쟁을 시작했다. 노동자 서클 내에는 이미—주로 공상적 형태였지만—사회주의적 이념이 유포되어 있었다. (그 가운데 몇 가지를 맑스는 독일에서 알고 있었다.) 프랑스에서 가장 유행했던 것은 생시몽(Saint-Simon, 1760~1825)과 푸리에(Fourier, 1772~1837)의

의 다른 기관을 보지 않았습니다. 이것은 즉, 셸링의 정직한 청년기 사유인데, 셸링 자신에게는 환상적인 청년의 꿈으로만 남아 있습니다. 셸링은 당신에게 진리, 현실, 남성적 진지함입니다. 따라서 셸링은 당신이 선취한 풍자화이기도 합니다. 현실이 이러한 풍자화에 대면하자마자, 풍자화는 연기와 안개 속으로 사라져 버릴 것입니다. 그 때문에 나는 당신이 당신의 폐하인 자연과 역사를 통해 부름을 받는—필연적이고도 자연스러운—셸링의 적대자라고 생각합니다. 셸링에 대한 당신의 투쟁은 철학 자체에 대한 철학의 상상력의 투쟁입니다."(MEW, Bd. 27, S.420~421).

공상적 사회주의였다. 이들은 장엄하게 선포된 시민사회의 진보의 초기에 벌써 그 붕괴의 씨앗을 폭로했던 독창적이고 선취적인 사상가들이었다. 시민사회의 모순에 대한 그들의 분석은 탁월했다. 여기서 간과되어서는 안 되는 것은, 이들이 역사발전과 그 법칙의 통일적 사상을 얻으려는 노력 속에서 종종 유물론적 해석에 접근했다는 사실이다. 그 때문에 이들이 맑스 사상의 발전에 있어 중요한 역할을 했다고 주장할 수 있는 것은 정당하다.[33)]

역사과정을 해명하는 데 있어 이들의 유물론은 그 당시 객관적인 한계를 가졌다. 그것은 분명히 근대사회의 모순을 해결하려는 시도에서도 나타난다. 오히려 프랑스의 계몽주의가 사상을 지배했다. 사람들은 계급상황 속에서 역사발전의 가장 중요한 요인을 주시하는 대신에, 이 세계의 악을 인식하는 개별적인 박애주의자들(Philanthropen)이 모든 힘을 기울여 그 해방에 기여할 것이라는 몽상에 사로잡혀 있었다. 생시몽은 여전히 그의 저작인 『새로운 기독교』(*Das neue Christentum*)에서 왕족에게 호소했고, 푸리에는 그의 공산주의적 공동생활단체(phalanstères)를 실현하기 위해 부유한 후원자를 기대했다.

그러는 사이에 경제적 발전과 사회적 양극화는 보다 과격한 피억압자의 저항과 마찬가지로 점점 더 커다란 계급충돌(1831년과 1841년 리용에서 노동자들의 폭동을 그 예로 들 수 있다.)을 초래했다.

---

33) 생시몽이 역사의 발전을 세 가지 단계로(신학적 단계, 형이상학적 단계, 실증적 단계) 나눈 것은 잘 알려진 사실이다. 그러나 푸리에는 네 가지 단계(야수성, 야만성, 족장의 지배, 문명)로 나누었다. 푸리에에 있어서 문명은 모순으로 가득차 있는 그 시대의 부르주아 사회였는데 여기서 빈곤은 과잉 자체로부터 생겨난다. 이와는 달리 생시몽은 사회발전을 위해 재산과 생산력의 특별한 중요성을 인식했고, 그래서 그는 근대의 산업발전에 엄청난 희망을 걸었다.

노동자 오귀스트 콜랭(August Colin)은 1831년에 『민중의 외침』(*Der Schrei des Volkes*)이라는 소책자를 썼다. 거기에서 그는 혁명과 당시 계급상황 결과에 대해 분석했다.

1837년 오귀스트 블랑키(August Blanqui)는 19세기의 프랑스의 가장 위대한 혁명적 인물이었는데 금지된 '가족사회'(Familiengesellschaft) 그룹 대신에 혁명적 동맹인 '계절'(Jahreszeiten)을 창설했다. 그는 공모의 원칙을 신봉했고 1839년 5월 12일에 폭동을 조직하려고 시도했지만 좌초되고 말았다.

이렇게 매우 힘겨운 프롤레타리아트의 상황에 직면하여 사회주의적 이념은 점점 더 강하게 퍼져나갔다. 자신의 저작 『노동의 조직』(1840)에서 자본주의 체제와, 생산에 있어 경쟁과 무질서를 비판한 루이 블랑(Louis Blanc)과 같은 사회주의 작가들은 인기를 얻었다. 블랑은 문제 해결을 국가에 의해 지지되는 노동자 연맹과 사회적 노동장소의 조직에서 찾았다. 결국 그는 시민사회의 틀을 포기하지는 않았지만, 국가질서의 민주화를 위한 그의 정치적 투쟁의 갈망은 그를 유명하게 만들었다. 마찬가지로 죠세프 프루동(Joseph Proudhon) 또한 그의 작지만 강력한 저작인 『재산이란 무엇인가?』로 큰 주목을 끌었다. 이에 대한 그의 대답은 바로 재산이란 도둑질이라는 것이었다. 사람들이 여전히 카베(E. Cabet)와 데자미(Th. Dezamy)를 바뵈프 공산주의의 수행자로, 바자르(Bazard)와 앙팡탱(B. P. Enfantin)을 생시몽주의를 수행한 자로 상기하고 또한 푸리에주의자인 콩시데랑(V. Considerant)과 기독교 사회주의자들 (레루P. Leroux, 라므네F. R. Lamenais 등등)을 상기한다면, 사람들은 맑스가 파리에 왔을 때, 그가 젖어든 이념, 사조 그리고 격렬한 정치적 삶에 대한 대략적인 윤곽

을 얻을 수 있을 것이다.[34)]

맑스는 곧장 독일 노동자 전열(戰列)과 프랑스 프롤레타리아트의 비밀 클럽을 방문했다. 게다가 그는 프랑스 혁명과 당시 상황뿐만 아니라 풍부하게 남아있는 역사적, 사회주의적 문학을 연구하는 데 몰두했다. 여기서, 현실적인 공산주의 운동과의 접촉에서 그는 공산주의로 개종했다. 그 외에도 그는 프랑스의 사회정치사를 연구하면서, 프랑스와 영국의 근대사의 전체 발전을 귀족정치와 시민계급의 계급투쟁으로 해석한 역사가를 알게 되었다.[35)]

이러한 연구에 병행하여 맑스는 루게와 함께 『독불 연보』의 첫 호를 편집했다. 역설적이게도 그들은 격렬한 사회주의적 운동과 기존의 이론에도 불구하고, 『연보』에 기고할 단 한 명의 프랑스인도 찾을 수 없었다. 후에 맑스가 기술했듯이 프랑스 사회주의자들은 독일의 무신론보다 볼테르주의(Voltairianismus)를 선택하는 것이 보다 현명한 것으로 여겼다. 『독불 연보』의 첫 번째 유일한 호는 1844년 3월에 출간됐다. 재정난과 경영난 이외에도 여전히 다른 어려움이 있었다. 편집위원들은 서로 공동의 언어를 찾을 수 없었다. 자유주의적 민주주의자인 루게는 유물론자이며 공산주의자인 맑스를 이론적으로나 정치적 관점에서 추종할 수 없었다.

『유대인 문제에 관하여』와 『헤겔 법철학 비판 서설』

---

34) 가로디(R. Garaudy)는 맑스와 엥겔스의 사회주의에 대한 프랑스적 기원을 본다. *Les Sources françaises du Socialisme scientifique*, Paris 1948.

35) 중요한 것은 역사가인 티에리(A. Thierry), 기조(F. P. G. Guizot), 그리고 미녜(F. A. M. Mignet)이다.

맑스는 앞에서 언급된 잡지에 두 개의 특출한 논문을 발표했다. 첫 번째 논문은 『유대인 문제에 관하여』인데, 이것은 외견상 독일 체류기간 동안 출간된 것 같다. 두 번째 논문은 『헤겔 법철학 비판 서설』인데, 이것은 이미 프랑스의 상황과 경험의 흔적을 지니고 있다. 전자는 바우어의 저작, 『유대인 문제』와 『오늘날 유대인과 기독교인이 자유롭게 될 수 있는 가능성』—이 저작은 둘 다 1843년에 쓰여졌다.—의 출간에 즈음하여 쓰여진 것이다. 사람들은 여기에서 먼저 일찍이 친구였고 무신론적 자기의식 철학의 대변자였던 이들이 전혀 다른 길을 가고 있음을 알 수 있다. 맑스는 매우 예리하게 바우어의 비판의 불충분함을 비판했다. 바우어의 비판은 다만 '기독교 국가'를 향한 것이지 국가 일반에 대한 것은 아니었다. 그리고 맑스는 바우어가 인간해방에 대한 정치적 해방의 관계를 논구하지 않았다고 비판했다. 바우어에게 있어서 종교는 정치적 해방과 병행하여 존속할 수 있다.

"그러나 종교의 존재는 결핍의 존재이기 때문에 이러한 결핍의 원천은 국가의 본질에서만 추적될 수 있다. 종교는 우리에게 더 이상 토대로서가 아니라 단지 세속적으로 제한된 현상으로만 타당하다. 그 때문에 우리는 자유로운 국가의 시민의 종교적 편파성을 그 세속적 편파성에서부터 설명한다. 우리는 그들이 그 세속적 제한을 지양하기 위해 자신들의 종교적 제한성을 지양해야 한다고 주장하지 않는다. 우리는 그들이 그 세속적 제한을 지양하자마자, 자신의 종교적 제한성을 지양한다고 주장한다. 우리는 세속적 질문을 신학적 질문으로 전이하지 않는다. 우리는 신학적 질문을 세속적 질문으로 옮겨놓는다. 역사가 충분히 오랫동안 미신으로 해체된 후에, 우리는 미신을 역사로 해체한다. 종교에 대한 정치적 해방의 관계에 대한 문제는 우리에게 있어 인간해방에 대한 정치적 해방의 관계의 문제가 된다."[36]

우리는 맑스가 바우어의 종교비판으로서의 문제제기뿐 아니라 의도상 종교현상에 대한 포이어바흐의 인간학적 해명을 극복한 것을 본다. 이러한 통찰 이외에도 맑스의 인권에 대한 분석은 중요하다. 맑스는 시민혁명을 통해 선포된 법률 가운데 어느 것도 이기적인 인간, 즉 시민사회의 성원으로서의 인간을 극복할 수 없다고 주장한다. 개인들을 결합하는 유일한 유대는 자연의 필연성, 욕구와 사적 이해, 그 재산과 이기적인 인격(Person)의 보호이다. 일반적 심급으로서, 그리고 현실적 국가로서의 정치국가를 구성하는 혁명은 필연적으로 모든 신분, 조합, 길드, 특권을 파괴해 버리고, 그렇게 함으로써 시민사회(여기서 의미하는 것은 봉건사회이다.)의 정치적 성격을 지양한다. 혁명은 시민사회의 구성요소, 즉 개인들뿐 아니라 이러한 개인들의 삶의 내용을 형성하는 물질적, 정신적 요소를 해체시켜 버린다.

봉건적 사회질서는 그 토대와 인간, 즉 이기적인 인간으로 해체되어 버린다. 이러한 인간은 이제 정치국가의 전제가 된다. "그러나 이기적 인간의 자유와 이러한 자유의 승인은 오히려 그 삶의 내용을 형성하는 정신적, 물질적 요소들의 방만한 운동에 대한 인식이다."[37] 정치적 해방은 한편으로 인간을 시민사회의 성원에로 즉 이기적, 독립적 개인에로 환원시키며 다른 한편으로 시민, 도덕적 인간에로 환원시킨다.

"현실적 개별적 인간이 추상적 공민(公民)을 자기에게로 되돌리고 그 경험적 삶, 그 개별적 노동, 그 개별적 관계에 있어 유적 존재(Gattungswesen)가 될 때, 또한 인간이 자신의 '고유한 힘'(Forces propres)을 사회적 힘으로 인식하고 조직하며,

---

36) K. Marx, *Zur Judenfrage*, MEW, Bd. 1, S.352.
37) Ibid., S.369.

그 때문에 사회적 힘을 더 이상 정치적 힘의 형태 안에서 자신과 분리시키지 않을 때, 비로소 인간 해방이 성취된다.”[38]

이러한 결론적 사유는 맑스에 있어 인간과 알력을 빚고, 인간에 대립해 있는 정치적 영역이 소외된 영역이라는 것을 대변해준다. 그리고 이러한 소외는 인간이 자신의 독자적인 힘을 사회적 힘으로 조직하기 위해 혁명적으로 극복되어야 한다. 정치적 차원의 극복에 관한 맑스의 근본사유에서 자율적 지배가 가능한 코뮨(Kommune)에 관한 사유가 이미 여기서 그 이론적 맹아를 배태하고 있다.

맑스의 가장 유려한 소논문 가운데 하나인 두 번째 저작은 이미 보다 분명하고 단호하게 새로운 관점을 포고한다. 모든 비판의 전제로서 종교비판은 맑스에 있어 독일에서 이미 성취되었다. 맑스는 종교적인 것으로서의 순수종교적 문제에는 특별한 관심을 기울이지 않는다. 종교는 극복되어야 할 특정한 세계를 표현하는 것에 불과하다.

“인간은 바로 인간의 세계, 국가, 사회성(Sozietät)이다. 이러한 국가, 이러한 사회성은 종교, 즉 전도된 세계의식을 선출해 낸다. 왜냐하면 그것들이 전도된 세계이기 때문이다…. 종교는 인간존재의 환상적 실현이다. 왜냐하면 인간의 본질이 진실한 현실성을 가지고 있지 않기 때문이다. 그러므로 종교에 대한 투쟁은 직접적으로 그 정신적 향료가 종교인 이러한 세계에 대한 투쟁이다.”[39]

여기에 이미 맑스가 후에 포이어바흐에 대한 네 번째 테제에서 중요하

38) Ibid., S.370.

39) K. Marx, *Zur Kritik der Hegelschen Rechtsphilosophie, Einleitung*, MEW, Bd. 1, S.378.

게 표현한 것이 구체화되어 있다. 그것은 바로 맑스가 종교를 인간에 본질적인 것이거나 구성물로서가 아니라 하나의 역사적 현상으로 파악하며, 종교는 특수한 인간의 관계나 자연에 대한 인간의 관계에 그 뿌리를 가지고 있다는 것, 그리고 주로 인간은 일정한 관념과 환상—이것들은 인간이 비록 환상적이지만 기존상태를 초월하려는 점에서, 자체상(eo ipso) 인간이 기존상태에 만족하는 것이 아니라 그것에 저항한다는 것을 보여준다.—으로 도주할 수밖에 없는 비인간적 조건 아래에 살고 있다는 것을 말한다.

“종교적 비참은 한편으로 현실적 비참의 표현이며, 다른 한편으로 현실적 비참에 대한 저항행동이다. 종교는 그것이 비정신적 상태의 정신인 것처럼 곤궁한 피조물의 탄식이며 냉혹한 세계의 정서(情緖)이다. 종교는 민중의 아편이다. 민중의 환상적 행복인 종교를 지양하는 것은 민중의 현실적 행복을 촉진시키는 것이다. 자신의 상태에 대한 환상을 포기하려는 요청은 환상을 필요로 하는 상태를 포기하려는 요청이다. 그러므로 맹아에 있어 종교비판은 그 거룩한 가상이 종교이며 눈물골짜기인 현세(Jammertal)에 대한 비판이다.”40)

이러한 비판과 확언을 근거로 맑스에게 있어 이 세계의 진리를 회복시키는 과제가 제기된다. 따라서 역사에 봉사하는 철학의 과제는 ;

40) Ibid., S.378~379, 헤스가 미리 몇 달 동안 『하나이자 전체인 자유』(*Die Eine und ganze Freiheit*)에서 이와 유사하게 기술했다는 것을 기억한다면, 사람들은 맑스가 헤스의 직접적인 영향을 받았다고 결론지을 수도 있을 것이다. 또한 맑스가 1842년 11월 30일자로 루게에게 보낸 편지에서 종교 자체는 내용이 없는 공허한 것이고, 전도된 현실의 해체와 더불어 몰락해 버릴 것이라고 쓴 것을 기억한다면, 우리는 이 시기에 두 사람 모두가 적어도 비슷한 사상을 가지고 있었음을 보게 된다. 맑스의 정식화와 통찰은 당시(1843년) 헤스보다는 더 심오하고 정확했다.

"인간의 자기소외의 거룩한 모습이 벗겨지고 난 후에, 그 거룩하지 않은 모습 속에서 자기소외를 벗겨내는 것이다. 하늘에 대한 비판은 따라서 지상에 대한 비판, 즉 종교비판에서 법에 대한 비판으로, 신학 비판에서 정치에 대한 비판으로 바뀐다."41)

그래서 종교비판은 다음과 같은 가르침으로 끝난다. 즉 인간은 인간에 대해 최고의 본질이다. 그러므로 "정언적 명령(kategorische Imperativ)으로 인간이 비천하게 되고, 노예화되고, 버림받게 되고, 경멸적인 본질이 되어 버리는 모든 상황을 전복시켜야 한다."42) 새로운 공산주의사회는 인간의 존엄을 회복해야만 한다!

독일은 맑스에게 이러한 문제에 대한 역사적 파악과 해결을 위한 토대를 제공해 줄 수 없었다. 독일인들은 다만 현재에 대해 철학적 동시대인이었지 역사적 동시대인은 아니었다. 독일은 시민혁명 이전 상태에 있었고, 동시에 부르주아지와 프롤레타리아트간의 새로운 모순을 잉태하고 있었다. 이러한 문제를 해결하기 위해서는 프랑스와 영국에서의 보다 진보적인 상황에서 출발해야만 했다. 따라서 맑스의 공산주의는(엥겔스와 마찬가지로) 본질적으로 국제적 조직이었다.

지금까지 독일에서 시민사회의 어떤 계급과 부문도 일반적 해방을 수행하려는 욕구와 능력을 보여준 적이 없기 때문에, 어떤 계급에서 그 물질적 토대와 사슬을 통해 이러한 해방에의 압력을 받을 것인가(어떤 계급이 해방의 주체로 등장할 것인가—역주)하는 문제가 제기된다.

맑스는 대답하길 ;

41) Ibid., S.379.
42) Ibid., S.385.

"[그 담지자는] 철저한 속박의 사슬에 얽매여 있는 한 계급의 형성에서, 즉 시민사회의 계급이 아니면서도 시민사회의 한 계급을 이루고, 또한 모든 계급을 해체하는 계급이다. 이 계급이 받는 고통은 보편적인 것이기 때문에 보편적인 성격을 가지고 있으며 그들이 당하는 수난이 특수한 수난이 아니라 보편적 수난이므로 특수한 해결을 요청하지 않는다. 전통적인 지위가 아니라 인간적인 지위를 요구하는 사회영역이 형성되어야 한다. 이 영역은 특수한 결론에만 반대하는 것이 아니라 독일 정치체제의 모든 전제들에 대해서 전체적으로 반대한다. 마지막으로 이 영역은 반드시 다른 사회영역들로부터 해방되어야만 스스로도 해방되며 따라서 다른 사회영역들 모두를 해방시킨 후에야 스스로 해방될 수 있다. 이 영역은 인간성의 총체적인 상실이며 인간성을 총체적으로 되찾음으로써만 스스로를 해방시킬 수 있다. 이처럼 특별한 계급으로서, 이 사회를 해체하는 것이 바로 프롤레타리아트다."43)

따라서 모든 위대함, 인간적인 것, 인간 보편적인 것은 또한—이것들은 철학이 요구하는 것인데—인간존재의 소외된 형태—그 극복은 단지 프롤레타리아트의 지양을 통해 도달하게 되는 현실적 인간 사회의 창조를 위한 전제가 되는데—에 대한 비판의 중요한 결론이 된다. 그러나 프롤레타리아트는 철학의 실현 없이는 스스로를 지양, 즉 해방할 수 없다. 철학적인 것은 맑스에 있어 심오하게 인간적인 것인 바, 그 실현을 위해 철학적 영역을 초월하게 하는 물질적 힘(Gewalt)이 필요하게 된다. 왜냐하면 "비판이란 무기는 물론 무기의 비판을 대체할 수 없고 물질적 힘은 물질적 힘을 통해 전복되어야 하며, 이론 또한 그것이 대중을 휘어잡을 때만 물질적 힘이 되기 때문이다."44) 이러한 점에서 이론적인 것의 의미는 역사적 투쟁에서 본

43) Ibid., S.390.
44) Ibid., S.385.

질적이고 대체될 수 없는 것이 된다.

이러한 맑스의 사상에서 동시대적인 역사의 새로운 시기—철학의 통일, 즉 현재시기의 근본문제에 대한 해결에 있어서 철학적, 사회주의적 이론과 프롤레타리아의 통일이 시작된다. 사람들은 자신 있게 한 가지 점을 주장할 수 있다. 즉 역사적 노력은, 이러한 기초적인 근대세계의 '힘'(Gewalten)들 간에 비극적인 불일치가 생길 때 그것은 중요하고, 또 중요하게 될 것이다. 그 때문에 ;

> "철학이 프롤레타리아트 안에서 그 물질적 무기를 발견하는 것과 같이, 프롤레타리아트도 철학에서 그 정신적 무기를 발견한다……. 이러한 해방의 머리는 철학이며, 그 심장은 프롤레타리아트이다. 철학은 프롤레타리아트를 지양하지 않고는 실현될 수 없으며, 프롤레타리아트도 철학을 실현시키지 않고는 스스로를 지양할 수가 없다."45)

하지만 철학은 이러한 과제를 위한 제전제를 창출해 내지 못했다. 따라서 여전히 인간과 역사의 몇 가지 근본문제를 연구하고 완성해야만 했다. 그 후 3년간 맑스는 이러한 문제에 관한 분석에 몰두했다. 그 결과 인간과 역사에 대한 새로운 철학적 사상, 즉 이른바 유물론적 역사파악이 이루어진다.

『경제 · 철학 초고』

1844년 초 파리 체류기간 동안 맑스는 철학과 역사와 경제 영역들의 상이한 문제들을 집중적으로 연구했다. 지금까지 자신의 연구를 통해 그

---

45) Ibid., S.391.

리고 특히 『독불연보』에 국민경제학에 대한 엥겔스의 기고에 따라 맑스는 자신의 주의와 관심을 점점 더 국민경제학에 집중했다. 당시 맑스에 있어서 실천의 문제는 이미 확고부동한 것이었지만, 이러한 계기 없이는 충분히 철저하게 해명될 수 없었다. 맑스는 이 시기에 독립된 소책자에서 법, 도덕, 정치를 비판적으로 해명하고, 이에 대해 지금까지의 사변적 파악에 대한 비판뿐 아니라 종합적인 기술을 하려고 했다.

맑스는 이러한 과제를 위해 프랑스와 영국의 사회주의자들의 저작을 이용했다. 그러나 우선 그는 바이틀링(Weitling), 엥겔스, 헤스(Heß)의 저작을 언급했다. 이러한 연관에서 또한 그가 당시에 포이어바흐를 높게 평가한 것은 중요하고도 흥미롭다.[46] 지극히 중요한 『경제 · 철학 초고』를 바탕으로 맑스의 사유발전을 추구함에 있어 우리는 조금 상세하게 다음의 세 가지 문제를 다루게 될 것이다. 즉 그것은 인간, 소외, 공산주의의 문제이다. 왜냐하면 이 저작은 인간사유의 총체적 복합성과 깊이를 제시하고 후에 「포이어바흐에 대한 테제」와 『독일 이데올로기』에서 중요한 최종 정식화에 이르는 모든 이론적 전제들을 포함하기 때문이다.

이미 헤겔에 대한 장에서 본 바와 같이, 맑스는 인간을 자기의식으로 본 헤겔사상에 대한 비판으로 시작하여, 이에 대해 대상적, 감성적, 자연적, 현실적 존재로서의 인간에 대한 포이어바흐의 사상을 대립시킨다. 그

46) “적극적으로 인간주의적이고 자연주의적 비판은 비로소 포이어바흐로부터 연유된다. 헤겔의 『정신현상학』과 『논리학』(이 안에 실제로 이론적인 혁명이 포함되어 있다.) 이후에 유일한 포이어바흐의 저작의 영향은 조용하면 조용할수록, 그만큼 더 확실하고, 심오하고, 방대하며, 지속적으로 된다.”(MEW, Erg.-Bd. 1, S.468.). 이 저작에서 맑스가 헤겔의 사변적 변증법에 대한 비판을 우리는 헤겔 철학을 기술하는 데서 간략히 언급했다. 이 『초고』는 처음에 『신성가족』의 예비작업으로서 러시아어로 출간되었다(*im Archiv K. Marx and F. Engels*, Bd. 3, Moskau, 1927). 『초고』의 전체부분은 MEGA(*Marx-Engels Gesamtausgabe*) Abt. I, Bd. 3(Berlin 1932)으로 독일어로 먼저 출간되었다.

러면서도 이미 지금까지 인용된 그의 저작들에서 그의 분석과 파악들은 포이어바흐의 일면적인 인간학적 사상을 극복하려는 것이 엿보인다. 『경제·철학 초고』에서 맑스의 파악은 이제 보다 근본적인 논증을 하고 있다.

"인간은 자연적 존재일 뿐만 아니라 인간적인 자연 존재이다. 즉 자기 자신에 대해서 존재하는 본질 따라서 유적 존재(Gattungswesen)인 바, 인간은 자신의 유적 본질을 그의 존재에서 뿐만 아니라 그 지식에서도 확증하고 실행해야 한다. 그러므로 인간적 대상들은 직접적으로 제공되는 자연적 대상이 아니며 인간적 감각도 직접적으로 존재하는 것이 아니다. 인간적인 감성(각)은 대상적이며, 그것은 인간적 대상성이다. 객관적 자연이나 주관적 자연은 직접적으로 인간의 본질에 적합하게 존재하지 않는다. 그리고 모든 자연적인 것이 형성되어야 하는 것처럼, 인간 또한 그의 형성행위, 즉 역사를 갖고 있는데, 이것은 인간에 있어 의식적이고 그래서 의식을 갖고 있는 형성으로서 자신을 지양하는 형성행위이다. 역사는 인간의 참된 자연사이다."[47]

유적 본질로서의 인간의 본질은 어디에 있는가? 그것은 바로 그의 자유로운 의식적 활동과, 그의 생산에 있다. "그러나 생산적 삶은 유적 삶(Gattungsleben)이다. 그것은 삶을 생산하는 삶이다. 종(種, Species)의 모든 특징, 즉 유적 특징은 일종의 삶의 활동에 있다. 그리고 자유로운 의식적 활동은 인간의 유적 특징이다."[48]

맑스는 자신있게 아래의 사실을 계속 주장했다. 즉 동물은 직접적으로 그의 생명 활동과 하나이다. 동물은 이러한 활동과 구분되지 않는다.—반면에 인간은 의식적인 삶의 활동성을 가지고 있다. 왜냐하면 인간은 그의

47) K. Marx, *Ökonomisch-philosophische Manuskripte*, MEW, Erg.-Bd. 1, S.579.
48) Ibid., S.516.

삶의 활동성 자체를 그의 욕구와 의식의 대상으로 만들기 때문이다. 대상적 세계의 실천적 생산, 무기적 자연에 대한 가공은 의식적 유적 본질로서의 인간의 자기확증이다. 동물은 '생산하지'만 직접적으로 자기자신, 혹은 그 새끼를 위해 필요한 것만 생산할 뿐이다. 동물은 일면적으로 생산한다.

"반면에 인간은 보편적으로(universell) 생산한다. 동물은 직접적, 육체적, 욕구의 지배 아래서만 생산하는 반면 인간 자신은 육체적 욕구와는 자유롭게 생산한다. 즉 그는 그 욕구로부터 자유로워야만 비로소 진지하게 생산한다. 동물은 다만 자기자신만을 생산하지만, 인간은 전체 자연을 재생산한다. 동물의 생산물은 직접적으로 그 물리적 육체에 속한다. 그 반면 인간은 그의 산물과 자유롭게 대립한다. 동물은 단지 그것이 속해있는 종(Species)의 기준과 욕구에 따라 형성하지만, 반면에 인간은 모든 종의 기준에 따라 생산할 수 있고, 언제나 대상에 내재적 기준을 설정할 수 있다. 따라서 인간은 또한 미의 법칙에 따라 형성한다."[49]

그러므로 인간은 그 본질상 자유롭고 보편적인, 요컨대 전면적 본질이다. 그는 그가 전면적인 방식으로 현실을 점유하는 것과 마찬가지로 현실에 대해 전면적인 방식으로 관계한다. 그 '본질력'(Wesenskräfte)의 발전은 이러한 계기와 결합된다. 그리고 그 발전은 이러한 계기로부터 출현한다. 인간은 한마디로 실천적 존재이다.

"인간은 전면적인 방식으로 그의 전면적인 본질을 점유한다. 그러므로 인간은 총체적 인간이다. 세계에 대한 그의 모든 인간적 관계, 주시, 경험, 냄새맡음, 미각,

49) Ibid., S.516. 이러한 생각에 『자본론』 제3권에 서술된 맑스의 자유의 왕국과 필연의 왕국에 대한 개념들을 보충할 수 있다.

느낌, 사유, 직관, 지각, 바람, 활동성, 사랑 요컨대 그 형식에 있어 직접적으로 공통된 기관으로서의 개인성의 모든 기관은 그 대상적 관계나 혹은 대상에 대한 그의 관계에서 대상을 동화시킨다. 인간적 현실의 점유, 대상에 대한 그 태도는 인간적 현실을 실증(實證)한다. 따라서 이러한 점유는, 인간의 본질규정과 활동성이 다양한 것과 마찬가지로 다양하다. 즉 이것은 인간적 작용과 인간적 고난을 말하는데, 이것은 고난이—인간적으로 파악될 때—인간의 자기향유이기 때문이다."[50]

맑스는 세계에 대한 이러한 전면적인 관계에, 사유재산의 세계 내에서의 일면성과 편협성을 대립시킨다. 사유재산의 세계에서 대상은 우리가 그것을 가지고, 점유할 때, 또한 대상이 우리를 위해 자본으로서 존재할 때, 그리고 우리가 그 대상을 직접적으로 소비할 때, 비로소 우리의 것이 된다. 따라서 사유재산의 지양은 동시에 모든 인간의 감각과 특성의 완전한 해방의 전제가 된다. 그러나 이러한 해방은 바로 아래의 사실, 즉 이러한 감각과 특성이, 주체적일 뿐 아니라 객관적으로 인간적으로 됨으로써 이루어질 수 있다.

"눈이 인간적 눈으로 된 것은, 그 대상이 사회적, 인간적, 그리고 인간을 위한 인간으로부터 기인하는 대상이 되는 것과 같다. 따라서 감각은 직접적으로 그것[감각]의 실천에 있어 이론가가 된다(감각이 실천을 하는 데 있어 그 이론적 기반이다—역주)."[51]

대상과 감각의 발전은 동시발생적(simultan)이고, 역사적 과정인 바, 이에 따라 자연과 현실 일반에 대한 인간의 실천적 관계는 인간적 대상으로

---

50) Ibid., S.539.
51) Ibid., S.540.

서의 대상에 대한 생산이 된다. 음악은 인간의 음악적 감각을 일깨우는 것이지만 음악을 모르는 귀에 대해서는 의미가 없기 때문에 음악은 그 귀에 대해 대상일 수 없다.

"왜냐하면 오관뿐만 아니라 이른바 정신적 감각, 실천적 감각(의지, 사랑 등) 한마디로 인간적 감각 곧 감각의 인간성을 비로소 그의 대상의 존재를 통해, 인간화된 자연(vermenschlichte Natur)을 통해 생성된다. 오관의 형성은 지금까지의 전반적 세계사의 노동이다. 자연 그대로의 실제적 욕구에 사로잡혀 있는 감각은 단지 편협한 감각만을 갖는다. 굶주려 지친 인간에게는 음식물의 인간적 형식이 존재하지 않고, 단지 음식물로서의 그 추상적 존재만이 존재한다……. 그러므로 인간본질의 대상화는 이론적일 뿐만 아니라 실천적 관점에서도, 인간의 지각을 인간적으로 만들 뿐만 아니라 인간적이고 자연적인 본질의 모든 부를 위해 이에 상응하는 인간적 감각을 창출해 낸다."[52]

따라서 인간의 역사 속에서 생성되는 자연은 인간의 현실적 자연이다. 그 때문에 자연은, 그것이 산업을 통해서 그런 것처럼—비록 소외된 형태에서 일지라도—진정한 인간학적 자연이 된다. 산업의 역사, 자연에 대한 대상적, 감각적 변형의 역사는 인간 본질력의 열려진 책, 즉 감각적으로 제시되는 인간의 심리학이다. 따라서 "역사 자체는 또한 자연이 인간에로 생성되어 가는 자연사의 (인간화되는—역자) 현실적 부분이다."[53] 바로 그 때문에 아래의 사실이 타당하다.

52) Ibid., S.541~542. 이러한 맑스의 생각에는 포이어바흐에 대한 1, 5, 9테제의 의미가 포함되어 있다.
53) Ibid., S.544.

"……사회주의적 인간에 있어 이른바 전체 세계사는 인간의 노동을 통한 인간의 산출, 또는 인간을 위한 자연의 생성 이외의 다른 것이 아니므로, 인간은 자기 자신을 통한 그의 출생에 관해, 즉 그의 발생과정에 관해 직관적이고 반박할 수 없는 증거를 갖는다."[54]

맑스는 이러한 모든 사유로써 지금까지의 관념론뿐만 아니라 지금까지의 유물론의 틀을 극복한다. 그는 근본적인 철학적 문제들에 대한 관조적 입장과 그런 방식의 해결을 극복하고 주체-객체관계의 문제를 본질적으로 다르게 개념화한다. 맑스에 있어 객체는 인간적 객체가 되고, 자연은 인간화된 자연이며 이것을 매개하는 것은 인간의 실천이다. 그 때문에 맑스는 아래와 같이 확증할 수 있었다.

"그러므로 사회적 성격은 모든 운동의 일반적 성격이다. 사회 자체가 인간으로서의 인간을 생산하는 것과 같이, 사회도 인간에 의해 생산된다. 내용과 마찬가지로 활동성과 향유 역시 사회적 존재방식에 따른 사회적 활동성과 사회적 향유이다. 자연의 인간적 본질은 우선 사회적 인간에 대해서 존재한다. 왜냐하면 여기서 비로소 자연을 인간현실의 삶의 요소와 같이 타자에 대한 그의 현존재로서, 그의 현존재에 대한 타자의 현존재로서 인간과 유대를 맺고 있는 것이다. 여기서 자연은 비로소 인간의 현존재의 고유한 토대로서 존재한다. 이리하여 비로소 자연적 현존재는 비로소 그 인간적 현존재이며, 자연은 인간에 대해 인간적인 것으로 된다. 그러므로 사회는 자연과 함께 인간의 완성된 본질성이며, 진정한 자연의 회복이며, 완성된 인간의 자연주의이며, 완성된 자연의 인간주의이다."[55]

54) Ibid., S.546.
55) Ibid., S.537~538.

이리하여 주체-객체-자연-인간 등의 관계에 대한 형이상학적 경직성과 비변증법적 성격은 그 현존하는 가상을 벗어 버리게 된다. 따라서 인식의 문제를 인간실천과 고립시켜 다루려는 모든 시도는 다만 언급된 영역의 분리나 혹은 동일화(Identifikation)의 실패할 수밖에 없는 결과일 뿐이다. 맑스는 계속해서,

"사람들은 어떻게 주관주의와 객관주의, 유심론과 유물론, 능동성과 수동성(Leiden)이 사회적 상태에서 비로소 그 대립과 그러한 대립적 현존을 상실하게 되는가를 보게 된다. 사람들은 어떻게 이론적 대립들 자체에 대한 해결이 다만 실천적 방식에서 그리고 인간의 실천적 에너지를 통해서만 가능하게 되고, 또한 그 해결은 결코 인식의 과제가 아니라 철학이 해결할 수 없는 현실적인 삶의 과제가 되는지를 보게 된다. 왜냐하면 철학이란 이러한 과제를 다만 이론적인 과제로 파악하는 데 그치기 때문이다."[56]

여기에서 모든 모순과 역사의 과제는 이론적, 철학적으로 해결할 수 있고, 해야 한다는 사실을 전제하는 철학적 입장에 대한 비판이 명백하게 표현된다. 주지하다시피 여기에서 맑스와 헤스의 비판이 서로 일치한다. 그러나 맑스의 비판이 훨씬 더 급진적(근본적)이다. 그는 이론과 실천의 결합을 지적할 뿐만 아니라 인간의 역사적 존재를 인간 실천의 총체로 파악한다. 그래서 이른바 사유적, 이론적, 이데올로기적 영역은 이러한 총체의 구성적 계기일 뿐 아니라, 이 총체성을 떠나서는 이해될 수가 없다. 이러한 입장은 다음과 같은 생각에서 중요하게 정식화된다.

56) ibid., S.542. 여기서 포이어바흐에 대한 2, 8번 테제의 의미가 해명된다.

"어떻게 이론적 수수께끼의 해결이 실천의 과제가 되며 그 해결이 실천적으로 매개되는가, 또한 어떻게 진실한 실천이 현실적, 실제적(positiv) 이론의 조건이 되는가 하는 것은 예컨대 물신숭배(Fetischismus)에서 나타난다. 물신숭배자의 감각적 의식은 희랍인들의 의식과는 다른데, 이것은 그의 감각적 현존이 다르기 때문이다. 자연에 대한 인간적 감각이 자연의 인간적 감각이고 또한 인간의 자연적 감각이 여전히 인간의 고유한 노동에 의해 생산되지 않는 한, 감각과 정신의 추상적 적대관계는 필연적이다."57)

이러한 문제 외에도 맑스는 초기 저작들에서 인간을 욕구적 존재로 보고 인간의 문제를 발전시켰는데, 이것은 인간과 역사에 관한 철학에 있어 특히 중요한 것이다. 인간은, 지금까지 언급된 것에서 추론해 볼 때, 완결되고, 일정한 본질적 힘(Wesenskräften), 감정, 의견, 욕구들을 지닌 '완결된' 존재가 아니다. 자신의 고유한 세계를 인간적으로 산출하는 것은 그 자체로서 직접적인 육체적 욕구를 훨씬 압도하는 것이며—이 안에서 그의 고유한 세계는 바로 인간적 세계가 된다.—이러한 산출은 동시에 또한 새로운 욕구를 창출한다. 인간이 자신의 역사에서 그 예술사적 실천을 통해 음악적 귀를 창조했듯이 그는 또한 인간 존재의 포기할 수 없는 매개물인 음악, 예술 등에 대한 욕구를 감지한다. 인간 본질의 풍부함은 욕구의 풍부함에서 형성되는 것이다.

"사람들은 어떻게 부유한 인간과 부유한 인간적 욕구가 국민경제학인 부(Reichtum)와 빈곤을 대신해서 등장하는지를 보게 된다. 부유한 인간은 곧 인간의 삶의 표현(Lebensäußerung)의 총체성을 욕구하는 인간이다. 인간에게 있어 그의 고유한

57) Ibid., S.552~553.

실현은 내적 필연성으로, 결핍(Not)으로 존재한다. 인간의 부뿐만 아니라 빈곤 역시 —사회주의의 전제 아래서—인간적인 따라서 사회적인 의미를 갖는다. 그것은 인간으로 하여금 가장 거대한 부, 즉 타자를 욕구로서 느끼게 하는 수동적인 유대이다. 나의 대상적 본질의 지배, 나의 본질적 활동성의 감각적 분출은 열정(Leidenschaft)인 바, 여기에서 이것은 나의 본질의 활동성이 된다."58)

맑스의 이러한 인간해방과 공산주의에 대한 이해는 상당한 중요성을 지닌다. 그러나 맑스적 의미에 있어 이러한 문제와 그에 대한 해결을 이해하기 위해서는 맑스의 소외론을 알 필요가 있다.

우리는 이미 인간의 본질규정들 가운데 하나가 자유로운 의식적 활동이며, 또한 그의 종(種)적 삶은 생산적 삶인 것을 알고 있다. 따라서 자유는 단지 인식된 필연성이 아니라 오히려 인간존재의 본질적 구성물(Konstituen)로 파악된다.59)

인간의 자유로운 의식적 활동, 곧 실천은 대상적, 감각적 본질의 활동인 바, 그것은 현실에 대한 실천적 파악에서 인간의 고유한 본질적 힘

58) Ibid., S.544.

59) '노동의 지양' 욕구에 대한 오늘날의 토론에서 사람들은 맑스가 이미 『초고』에서 노동과 생산의 차이를 구분지었다고 강조한다.—비록 맑스가 이 차이를 일관성있게 곳곳에서 수행하지 않았더라도—그러나 많은 절에서 노동은 소외된 생산으로서, 소외 내부에 있는 활동성으로서, 사유재산의 본질로서 파악되고 있다. 몇 가지 예를 들어보면 아래와 같다. "노동이 사유재산의 본질로서 파악될 때 비로소 사람들은 국민경제학적 운동 자체를 그 현실적인 피규정성에서 간파할 수 있게 된다"(S. 557). "노동은 다만 외화의 내부에서 인간적 활동성의 표현 즉 삶의 표현으로서의 삶의 표현을 나타내기 때문에, 노동의 분업 또한 인간의 활동성을 실제적인 유적 활동성이나 유적 본질로서의 인간의 활동성으로 규정되는 소외된, 또는 외화된 정립 이외의 다른 것일 수가 없다"(S.557). "노동의 분업과 교환이 사유재산에 기인되는 사실은 노동이 사유재산의 본질이라는 주장과 다르지 않다……"(S.561). 후기 저작에서 맑스는 '노동의 해방' 등과 같은 정식화를 사용한다.

(Wesenskräfte)을 대상화(Vergegenständlichung) 한다. 그러나 또한 이러한 대상화 역시 대상화 일반으로서가 아니라 그 특수한 역사적 형태로 존재한다. 사회적 관계인 생산관계는, 사유재산 사회에서 특히 고도로 발전된 근대 자본주의 사회에서 가장 기만적이고 왜곡된 형태, 즉 자기소외된 형태로 나타난다. 맑스는 근대사회를 분석하는 데 있어 '현재의 국민(정치)경제학적 사실'에서 출발한다.

"노동자는 그가 부(富)를 더 많이 생산하면 할수록, 또 그의 생산의 힘과 범위가 증대되면 될수록, 노동자는 그만큼 더욱더 가난해진다. 노동자는 그가 더 많은 상품을 만들면 만들수록, 그는 그만큼 더 저렴한 상품이 되어 버린다. 사물화된 상품세계(Sachenwelt)의 가치증식이 곧바로 인간세계의 가치절하를 가져온다. 노동은 상품만을 생산하는 것이 아니라 자기자신(노동)을 생산하고 그리하여 노동일반이 상품을 생산하는 단계에서 노동자를 상품으로 생산한다.

이러한 사실은 곧바로 아래의 사실을 표현한다. 즉 노동이 생산하는 대상, 다시 말해 그 생산물은 노동에 대해 소원한 본질로서, 즉 생산자로부터 독립된 힘으로 그에 대립한다. 노동의 생산물은 자신을 대상으로 고정시키고 사물로 만드는 노동인 바 그것은 노동의 대상화이다. 이러한 국민경제학적 상황에서 노동의 실현은 노동자의 저지된 실현(Entwirklichung)으로, 대상화는 대상에 대한 상실과 예속으로, 동화(전유, Aneignung)는 소외(Entfremdung)와 외화(Entäußerung)로 나타난다."[60]

노동자는 그의 활동을 통해 자신을 대상화하지만 이러한 대상화는 대상의 상실, 즉 소외로 나타난다. 대상에 대한 동화, 곧 전유는 소외로 나타난다. 즉 노동자가 대상들을 더 많이 생산할수록 그는 그만큼 덜 소유하

60) Ibid., S.511~512. 맑스가 '소외'와 '외화'라는 용어에 대해 여기서 거의 동의어로 사용하고 있음을 주목해야 한다.

게 되고, 보다 더 그의 생산물에 지배된다. 맑스에 따르면 노동자가 자신의 노동 생산물에 대해 낯설고 소원한 대상으로 관계한다는 규정에 모든 귀결들이 놓여 있게 된다.

"왜냐하면 그것은 다음의 전제에 따르면 분명하기 때문이다. 즉 노동자는 자신이 노동을 하면 할수록 그만큼 더 낯설고 대상적인 세계—노동자가 자신에 대립된 것으로 만들어 내는—는 더욱더 강해지고, 노동자 자신, 즉 그의 내적 세계는 더욱더 가난해지며, 그 세계는 그만큼 덜 고유하게 노동자에 속하게 된다. 그것은 종교에서도 마찬가지이다. 인간이 신을 설정하면 할수록, 자기자신을 덜 유지하게 된다. 노동자는 자신의 삶을 대상에 정립한다. 그러므로 이러한 활동이 커지면 커질수록, 노동자는 그만큼 더 비대상적 존재가 된다. 그의 노동의 산물은 이제 그가 아니다. 이러한 생산물이 커지면 커질수록 그 자신은 그만큼 더 작아진다. 그의 산물로부터의 노동자의 소외는 대상에 대한 그의 노동이 외적 존재가 될 뿐만 아니라 그의 노동이 그의 외부에 그로부터 독립되어 소원하게 존재하고 그에 대립되는 자립적인 힘이 된다는 의미를 갖는다. 노동자가 대상에 수여하는 삶은 적대적이고 낯설은 것으로 대립하게 된다."[61]

만일 이러한 소외가 생산 자체의 구성적 측면이 아니라면 노동의 결과는 노동자의 소외일 수가 없으므로 노동자는 자신의 고유한 산물에 대해서 낯설지 않게 관계할 수 있게 된다. 노동자는 활동적 소외인 생산행위를 해 나가면서 자기 자신을 소외시킨다. 이러한 생산의 토대는 사유재산의 체계이며, 생산자를 그의 노동의 산물과 떼어놓는 체계이다(이 체계는 낯선 영역에게 그의 산물을 마음대로 처리할 수 있는 가능성을 준다.). 따라서 자본주의에서의 노동의 특수성은 아래의 사실로 진술된다.

61) Ibid., S.512.

"노동은 노동자에게 외적인 것, 즉 그의 본질에 속하지 않은 것이다. 따라서 노동자는 그의 노동에서 자신을 긍정하지 않고 자신을 부정하며, 행복을 느끼는 것이 아니라 불행을 느낀다. 그리고 여기서 노동자는 자유로운 육체적, 정신적 에네르기를 발전시키지 못하고 그의 육체를 채찍질하고, 그의 정신을 황폐하게 한다. 노동자는 그 때문에 노동을 벗어나서야 자기 자신으로 있게 되고 노동 안에서는 자기의 밖에 있게 된다(자기를 벗어나게 된다). 노동자는 노동하지 않을 때 안정감을 얻고 편안해 하지만 그가 노동을 할 때는 안정감을 상실한다. 그 때문에 그의 노동은 자발적인 것이 아니라 강요된 노동, 즉 강제노동(Zwangsarbeit)이다. 따라서 노동은 욕구의 만족이 아니라 다만 노동 외부에 있는 욕구를 만족시키기 위한 수단일 뿐이다."62)

이러한 소원함(Fremdsein)은 외적 억압(압력)이 가해지지 않는 한 노동자가 자발적으로 노동하지 않는 데서 드러난다. 그래서 맑스는 노동자가 그의 인간적인 기능에서는 스스로를 동물로 느끼는 반면에, 다만 먹고 마시고 성행위를 하는(Zeugen) 동물적 기능이나 집, 장식품 등에서만 자기 활동성을 느낀다는 결론에 도달했다. 이리하여 동물적인 것이 인간적인 것이 되고, 인간적인 것이 동물적인 것으로 되었다. 맑스는 계속해서, 이러한 일차적 기능은 실상 진정한 인간적 기능이긴 하지만, "인간의 활동성의 [다른] 영역에서 이 기능을 추상화함으로써 그것은 동물적인 것이 된다"63)고 진술했다.

지금까지의 분석에서 맑스는 노동을 이중적 관련에서 인간활동의 소외

62) Ibid., S.514.
63) Ibid., S.515.

된 행동으로 간주한다. 즉 하나는 노동자와 그 노동의 산물—낯선 대상으로서—과, 노동자와 그에 대립되는 생산 자체 내부에 있는 행동(생산활동)에 대한 관계이다. 이러한 확증에 따라 맑스는 소외된 노동의 세 번째 특징, 즉 인간의 유적 존재에 대한 노동의 관계에 도달했다. 노동(소외된 노동으로서)은 인간에게서 고유한 인간의 활동 즉 그 유적 본질과 마찬가지로 자연을 소외시킴으로써 "유적 삶을, 개인의 삶을 유지하기 위한 수단으로 삼게 한다. 따라서, 첫째로 (소외된) 노동은 유적인 삶과 개인적인 삶을 소외시키고, 둘째로 노동은 추상작용에서 어쨌든 그 추상적이고 소외된 형식에서 후자(개인의 삶)를 전자(유적인 삶)의 목적으로 만든다."64)

그러므로 소외된 노동은 본질적으로 인간적인, 즉 유적이고 인간적인 삶과 자기활동성 및 자유로운 활동성을 그 육체적 생명보존을 위한 수단으로 격하시킨다. 이로부터 마침내 네 번째 특징이 도출된다.

"인간이 자기노동, 그의 생명활동, 그의 유적인 삶의 산물로부터 소외된 것의 직접적 귀결은 인간으로부터의 인간의 소외이다. 만일 인간이 자기 자신과 대립하고 있다면 그는 다른 인간과 대립해 있는 것이다. 인간이 자기노동에 대한 관계, 자기노동의 산물과 자기 자신에 대한 관계는 노동과 타자의 노동의 대상과 마찬가지로, 인간의 타자에 대한 관계에도 타당하다. 일반적으로 인간이 그의 유적 본질로부터 소외되어 있다는 명제는 인간 모두가 인간본질로부터 소외되어 있는 것과 마찬가지로, 타자로부터 소외되어 있다는 것을 의미한다."65)

이 모든 것은 나의 산물이 나에게 속하지 않으며, 나에게 소원하고, 나

64) Ibid., S.516.
65) Ibid., S.517~518.

아가 타자에 속한다는 것을 의미한다. 노동자의 권리 박탈에서 귀결되는 이러한 생산은 생산과 그 산물에 대해 힘을 행사하는 노동하지 않는 자들의 지배를 생산해 낸다. 소외된 노동에 대한 분석으로부터 필연적으로 소외된 노동을 통해 지속적으로 재생산된 사유재산의 존재가 뒤따르게 된다. 우리는 이러한 범주, 즉 소외된 노동과 사유재산을 매개하여 맑스가 모든 국민경제학적 범주를 발전시킬 수 있었고, 이러한 모든 범주들에 대해 이것이 이 첫 번째 기초들(소외된 노동, 사유재산—역주)의 일정한 표현임을 확증할 수 있을 것이다. 여기서 또한 우리는 완전히 새로운 과점에서 정치 경제학적 문제들을 고찰하기 위한 발판(Plattform)을 가지게 된다. 이후에 맑스는 소외된 생산과 그것의 이론적 표현에 대한 비판—정치 경제학 비판—에서 이 관점을 수용하게 된다.

맑스는 소외된 노동에 기초하고 있는 사회적 관계가 인간욕구—그러한 욕구의 발전과 마찬가지로—의 왜곡으로 끝나는 바, 그것은 인간을 비굴함과 타자의 힘에 사로잡히게 하는 것으로 본다.

"모든 인간은 타자에게 새로운 희생을 강요하고, 새로운 의존성으로 바꿔놓음으로써, 즉 새로운 방식의 향유로 경제적 몰락을 유도하기 위해, 타자에게 새로운 욕구를 창출하려고 기대한다. 모든 인간은 타자에 대해 낯설은 본질력(Wesenskraft)—그 안에서 자기의 고유한 이기적 욕구충족을 발견하기 위해—을 창출하려고 시도한다. 그 때문에 낯선 본질의 왕국은 대량의 대상들과 더불어 성장하는 바, 인간은 이 대상에 예속된다. 그리고 모든 새로운 산물은 상호적 기만과 상호적 약탈의 새로운 잠재력이다. 인간은 인간으로서 점점 더 빈곤하게 되고 그는 점점 더 적대적 본질을 점유하기 위해 돈을 필요로 하게 된다. 그리고 돈의 힘은 바로 대량의 생산으로서 전도된 관계에서 나타난다. 즉 돈의 힘이 증대하는 것처럼, 그의 욕구

(성)도 성장한다. 돈의 욕구는 그 때문에 진정한, 국민경제학에 의해 생산된 욕구이며, 또한 국민경제학이 생산하는 유일한 욕구이다.—돈의 양은 점점 더 그 유일하고 강력한 성질이 된다. 돈이 모든 본질을 그 추상작용으로 환원하는 것 같이, 돈은 양적 본질로서의 그 고유한 운동으로 환원된다. 이제 이러한 방만함과 무절제가 그 진정한 척도가 된다."[66]

그래서 우리는 한편으로 사유재산과 소외된 노동의 체계에서 욕구의 과잉과 교활함이 형성되고, 다른 한편으로 동물적 야만성과 욕구의 거친 추상적 단순성(Einfachheit)이 형성되는 것을 본다. 어쨌든 그 고유한 척도를 가지고 있는 모든 영역은 소외의 체계로 나타나며, 국민경제학의 도덕인 이득은 도덕이 요청하는 것과는 전혀 다른 것이 되고 만다.

"모든 영역이 다르고 대립된 척도, 즉 다르게는 도덕을, 또는 국민경제학을 나에게 얽매는 것은 바로 소외의 본질에 기초하고 있는 것이다. 왜냐하면 모든 것은 인간의 특정한 소외이며, 모든 것은 소외된 본질의 활동성의 특수영역을 고정시키며, 모든 것이 소외되어 다른 소외에 관계하기 때문이다."[67]

맑스는 초기 저작에서 기술된 사회, 경제적 소외 이외에도 보다 더 명백하게 정치적 소외의 문제를 그의 주된 고찰 대상으로 제기하는데, 그것은 무엇보다도 「프로이센 국왕과 사회개혁(Der König von Preußen und die Sozialreform)에 대한 비판적 주석(Randglossen)」이라는 논문과 「프로이센에 관하여」(*Von einem Preußen*)에 잘 나타나 있다. 이것은 1844년 8월 파리에 있는 독일 망명자 기관지인 『전진』(*Vorwärts*)이란 잡지에 실

66) Ibid., S.546~547.
67) Ibid., S.551.

린 것인데, 프로이센 국왕과 사회개혁에 대한 루게의 논문에 대한 비판적 답변이다.

맑스는 지속적인 사회적 빈곤의 문제를 해명하면서 루게와는 달리 국가는 결코 '국가와 사회질서' 자체 안에서 사회적 비참의 원인을 찾아내지 못할 것이라고 강조했다. 정당이 존재하는 곳에서 모든 사람들은 국가 자체에서, 국가의 정점에서 악의 원인을 찾는 것이 아니라 그 적대자, 즉 다른 당이 있다는 데서 악의 원인을 발견할 것이다.

심지어 급진적인 견해를 가지고 있는 정치가들도 악의 원인을 국가의 본질에서가 아니라 국가의 일정한 형태에서 찾으려 한다. 맑스는 "국가의 본질은 본래 어디에 있는가?"라고 질문하면서 아래와 같이 대답한다.

> "시민사회의 이러한 분열, 파렴치함, 노예제(Sklaventum)는 노예제의 시민사회가 고대국가가 기초하고 있는 자연적 토대인 것처럼, 근대국가가 기초하고 있는 자연적 토대이다. 국가의 존재와 노예제의 존재는 분리될 수 없다. 고대국가와 고대의 노예제—분명한 고전적 대립들—는 근대국가와 근대의 상업세계(Schacherwelt)—위선적인 기독교적 대립들—보다는 내적으로 서로 얽혀져 있지는 않다."68)

맑스가 계속하여 사람들이 정치에서 정치적 이해만으로는 근대 사회에 있어 인간의 문제 즉 소외의 문제를 해결할 수 없다고 보는 것은 여기서 중요한 것이 소외의 보다 근본적 현상에 있기 때문이다. 그는 이미 심오하게 공산주의의 문제를 파악하고 있었다. 보다 중요한 것은 현실적 혁명의 문제인 바, 이것은 정치적 혁명의 영역을 넘어서는 것이다. 왜냐하면

---

68) K. Marx, *Kritische Randglossen zum Artikel "Der König von Preußen und die Sozialreform. Von einem Preußen"*, MEW, Bd. 1, S.401~402.

노동자가 고립(소외)되어 있는 공동체(Gemeinwesen)는 정치적 공동체와는 전혀 다른 실재와 성격의 것이기 때문이다.

"[그의 고유한 노동(Arbeit)과 분리된] 이러한 공동체는 육체적·정신적 삶, 인간적 인륜, 인간적 활동, 인간적 향유, 인간적 본질인 삶 자체이다. 인간의 참된 공동체는 인간의 본질이다. 이러한 본질로부터의 구제할 길 없는 고립화가 정치적 공동체(Gemeinwesen)로부터의 고립화보다 더 엄청나게 전면적이고, 견딜 수 없고, 가공스러우며, 모순에 가득찬 것처럼, 또한 이러한 고립화의 지양과 그에 대한 부분적인 반동, 그리고 이 반동에 대한 봉기는, 인간이 공민(Staatsbüurger)보다 더 무한하고, 인간의 삶이 정치적 삶보다 더 무한한 것처럼, 더 무한한 것이다. 그 때문에 산업적 봉기는 부분적일 수 있지만 그 자체로 보편적 영혼을 간직한다. 정치적 봉기도 보편적일 수 있지만, 그것은 가장 거대한 형식으로 그 편협한 정신을 은폐한다."69)

따라서 이제 우리는 마지막 문제에 접근하게 된다. 우리는 그 문제에 대한 해결을 1844년의 중요한 저작, 즉『공산주의와 혁명의 문제』에서 취급하게 될 것이다.

여기서 사람들은 당시의 세계개혁을 위한 공산주의적 시도간의 차이, 공산주의와 평등주의(Egalitarismus)등의 입장—맑스가 관계하고, 비판적으로 논구한—을 염두에 두어야 한다. 맑스는 분명하게 이 모든 시도가 항상 사유재산제에 뿌리박고 있으며, 단지 사유재산제를 완성시키려는 것임을 인식했다. 물적 재산의 힘은 여전히 엄청난 것이어서 직접적인 물질적 소유가 이러한 공산주의에 있어 유일한 목적이 된다. 이러한 공산주의는

69) Ibid., S.408.

모든 것들에 의해 소유될 수 없는 모든 것을 근절하고자 한다. 즉, 그것은 인간으로서의 노동자에 대한 규정을 지양하는 것이 아니라 그 규정을 모든 인간에게 확장시킨다. 배타적인 사유재산의 형식으로서 시민사회의 결혼에 다만 여성 공유제를 대립시킬 뿐이다.

"여성공유제(Weibergemeinschaft)에 대한 이러한 사상은 여전히 전적으로 조야하고 분별없는 공산주의의 공적인 비밀이라고 얘기할 수 있다. 여성들이 결혼을 통해 일반적인 매음(Prostitution)에 빠지는 것처럼, 인간의 대상적 본질인 전체 재산의 세계도 사유재산가와의 배타적인 결혼 관계로부터 사회와의 보편적 매음의 관계로 들어서게 된다."70)

공산주의에 대한 가장 상이한 동요(Perturbationen)와 이해가 병존하는 우리 시대에 있어 이러한 맑스의 분석과 입장을 상기하는 것은 중요하다. 이미 당시에 맑스는 원리상 그가 30년 전쟁 이후에 「고타 강령」(*Gothaer Programm*) 비판에서 쓸 것을 모두 선취하고 있었다. 즉 그것은 사유재산에 관한 비판과 극복에서 생겨나는 공산주의와 사유재산의 고유한 근거로부터 성장하는 공산주의를 구별하는 것이다. 이러한 매개, 즉 역사의 필연적 전제가 되는 사유재산의 지양과 더불어 비로소 그 자체로부터 나오는 '적극적 인간주의'(positive Humanismus)가 성립한다. 그러나 사유재산에 의해 촉발되는 공산주의는 여전히 인격성 그 자체를 부정한다. 왜냐하면 이러한 공산주의는 평등의 문제를 가난과 결핍된 욕구의 관점에서 파악하기 때문이다.

---

70) K. Marx, *Ökonomisch-philosophische Manuskripte*, MEW, Erg.-Bd. 1, S.534.

"이러한 공산주의는—그것이 인간의 인격성을 전반적으로 부정함으로써—(공산주의의 부정인) 사유재산에 대한 일관성있는 표현일 뿐이다. 일반적이고, 스스로 힘을 구비한 시기(猜忌)는 그 안에서 탐욕(Habsucht)을 낳고 그것을 다른 방식으로 만족시키는 은폐된 형식이다. 모든 사유재산에 대한 그러한 사상은 적어도 보다 부유한 사유재산에 대항하여 시기나 모든 것을 공동수준으로 낮추어 평준화하려는 욕구(Nivellierungssucht)의 형태를 취하게 되고, 이것들은 심지어 경쟁의 본질을 형성하게 된다. 조야한 공산주의자는 다만 상정된 최소량(vorgestellte Minimum)에서 이러한 시기와 하향평준화(Nivellierung: 빈곤의 평균화)를 완성시킨다. 그는 일정하게 제한된 척도를 가지고 있다. 사유재산에 대한 이러한 지양이 현실적인 획득·동화(Aneignung)가 아니고, 또한 교양과 문명의 전체 세계에 대한 추상적 부정이 빈약하고 조야하며, 비욕구적 인간의 부자연스런 단순함에로 되돌아가는 것에 불과하듯이, 이러한 공산주의는 사유재산을 뛰어넘은 것이 아니라 아직 사유재산에 채 이르지도 못한 것에 불과하다."71)

이 단계에서도 공산주의는 "[소외로부터의—역주] 인간의 자기 자신에로의 복귀"72) 또는 재통합, 즉 인간의 자기소외의 지양으로 나타나지만, (조야한) 공산주의는 아직 사유재산의 본질과 욕구의 인간적 본성을 파악하지 못하기 때문에 이러한 욕구에 사로잡혀 있고, 그 욕구에 의해 감염되어 있다. 이런 과정의 본질은 맑스는 다음의 사상에서 표현한다.

"인간의 자기소외인 사유재산에 대한 적극적 지양으로서의 공산주의는 그러므로 인간을 통한, 인간을 위한 인간적 본질의 현실적 동화·획득(Aneignung)이다. 따라서 공산주의는 자기를 완전하고 의식적이며 그리고 지금까지의 발전의 모든 풍부함 내부에서 생성된 사회적 존재로, 즉 인간적 인간에로 되돌려주는 것이다. 이러한 공

71) Ibid., S.536.
72) Ibid., S.536.

산주의는 완성된 자연주의로서의 인간주의이며, 완성된 인간주의로서의 자연주의이다. 그것은 자연과 인간, 그리고 인간과 인간간의 갈등의 진정한 해결이며, 존재와 본질, 대상화와 자기확증, 자유와 필연, 개인과 유(類)간의 싸움에 대한 진정한 해결이다. 그것은 역사의 수수께끼를 풀면서 자신이 이러한 해결을 의식하는 것이다."73)

인간을 실천적 본질(존재)로 보는 맑스의 사상을 알지 못하면, 상이한 해석을 야기하는 이 본문을 비역사적이고, 공상적인 것으로 해석할 수도 있을 것이다. 그러나 이러한 해석은 결코 역사적 과정에 대한 맑스적이라고 자처하는 공식적·변증법적 견해와는 일치할 수 없다. 오히려 맑스 자신은 『초고』에서 아래의 사실을 기술함으로써 그것을 반박했다.

"공산주의는 부정의 부정으로서의 입장이다. 그러므로 그것은 현실적이고, 다음의 역사적 발전을 위해 필연적인 인간의 해방과 재획득의 계기이다. 공산주의는 곧 다가올 미래의 필연적 형태이며, 활기찬 원리이다. 그러나 공산주의 그 자체가 인간 발전의 목적—인간사회의 형태는 아니다."74)

사유재산의 지양으로서, 인간적 삶의 획득·동화로서의 공산주의는 이미 기술된 소외의 지양, 종교, 가족, 국가로부터 인간에로, 즉 사회적 현존재(Dasein)에로의 복귀를 의미한다. 종교적 소외는 다만 의식의 영역에서만 일어나고, 경제적 소외는 현실적 삶의 소외이다. 따라서 공산주의는 동시에 무신론에서 출발한다. 그러나 무신론은 여전히 하나의 추상이다. 왜냐하면 무신론의 박애(Philantropie)는 단지 추상적 박애이기 때문이다. 반

73) Ibid., S.536.
74) Ibid., S.546.

면에 공산주의의 박애는 실제적이고, 직접적으로 행위를 준비한다. 이러한 사유 안에 이미 포이어바흐에 대한 11번째 테제의 의미가 포함되어 있다. “사유재산의 사상을 지양하기 위해서는 사유된 공산주의(gedachte Kommunismus)만으로도 충분하다. 그렇지만 현실적 사유재산을 지양하기 위해서는 현실적 공산주의적 행동이 있어야 한다.”75)

이러한 의미에서 공산주의는 혁명을 필요로 하고, 이 혁명은 맑스가 루게에 대한 논문에서 썼듯이, 사회혁명인 점에서 낡은 사회를 붕괴시켜 버린다. 만일 혁명이 낡은 지배를 대체하는 데 그친다면, 그것은 정치적 혁명이다.

“현실적 사유재산을 지양하기 위해서는 거기에 현실적 공산주의적 행동이 있어야 한다. 역사는 이 행동을 가져올 것이며, 우리가 사유 속에서 이미 자기지양적인 것으로 알고 있는 이러한 운동은 현실적으로 매우 때묻고(rauhe) 번거롭고 지루한(weitläufig) 과정을 거쳐야 할 것이다. 그러나 우리가 처음부터 역사적 운동의 제한성뿐만 아니라 그 목적에서 그 운동을 능가하는 의식을 얻어내려고 한 것은 현실적 진보로서 간주해야 한다.”76)

따라서 우리는 성형적(成形的)인 방식으로 세계와 인간에 대한 새로운 천재적 사상의 성숙을 제시하는 이 저작에 대한 논구를 종결지을 수 있다. 확정적인 정식화가 주어지는 것은 아니지만 이러한 본질적 문제틀에 대한 이해의 발판(Plattform)과 틀의 윤곽은 이미 확고하게 그려져 있다. 이후의 저작들은 기초적인 사상에 대한 일관성있는 추구, 즉 전체적인 인

75) Ibid., S.553.
76) Ibid., S.553.

간의 역사적 존재에 대한 파악과 그 귀결들에 대한 보다 엄격한 정식화를 제시하게 된다.

『신성 가족』

맑스 사상의 정식화에 있어 그 완결적 과정은 다음의 저술 즉 『신성 가족』에서 시작된다. 맑스와 엥겔스는 『독불 연보』에 공동기고를 한 후—이 잡지는 이들의 현실적, 정신적 만남을 반영한다.—이 둘은 자신들이 똑같은 방식으로 그들 사유의 청년 단계를 극복하고, 거의 같은 결론에 도달했음을 인식했다. 그들의 협력과, 이후 유명하게 된 그들의 우정은 이 시기로부터 연유된다. 엥겔스가 1844년 8월 말에 독일을 여행하면서 파리에 체류했을 때, 다시금 새롭게 그들의 견해와 노력이 일치하고 있음을 확인했다. 그래서 이 둘은 지금까지 그들의 친구였지만 『독불 연보』에 의해 대표된 견해에 대항하여, 「알게마이네 짜이뚱」(Allgemeine Zeitung)에서 논쟁한 바우어와 그의 서클에 대답하기로 결정했다. 엥겔스는 이미 파리 체류기간 동안 원고의 20페이지를 작성했고, 곧 이어 영국의 노동자 계급에 대한 그의 저서를 끝마치기 위해 독일로 갔다. 원고의 주요 부분—20장의 전지(全紙) 이상이나—은 맑스가 썼는데, 이 저작의 중요한 모든 이념은 맑스에게서 기인한다. 이 저작은 1845년 2월 말 『신성 가족, 비판적 비판에 대한 비판 ; 브루노 바우어와 그 동조자들에 대항하여』라는 이름으로 출판되었다. 여기서 우리가 다룰 수 없는 일련의 흥미있고 중요한 부분들은 사변적 방법에 대한 비판, 사법철학에 대한 분석, 프랑스 유물론에 관계된다. 의심할 나위 없이 가장 중요한 의미를 갖는 것은 역사에 대한 유물론적 개념의 완결된 정식화를 지적하는 구절이다. 동시에 이 저작은 이미 『유대인 문제』에서 시작됐던 바우어와의 논쟁의 새로운 단계를 기술한다. 이 두 개의 저작 사이에는 단지 일년이란 시간만이 있었지만, 이 시기 동안 맑스는 1844년의 『초고』에서 그 해결을 본 중요한 역사적, 이론적 경험을 했다.

실천의 입장—이것은 역사적인 것의 총체성을 의미하는 바—은 『신성 가족』에서 이미 본질적으로 보다 명료하게 정식화된다. 여기서 먼저 경제적 생산에 인간의 삶과 역사를 구성하는 의미가 부여된다. 그 때문에 맑스는 인간의 삶의 이러한 물질적 계기를 통째로 간과해 버린 바우어의 사변에 반대하여 아래와 같이 기술했다.

"비판적 비판이 자연에 대한 인간의 이론적, 실천적 태도와 자연과학 그리고 산업을 역사적 운동으로부터 배제하는 한, 이 비판이 역사적 현실을 인식하는 단초가 되었다고 생각할 수 있는가? 또는 이러한 비판은 예를 들어 이러한 시기의 산업, 즉 삶 자체의 직접적인 생산양식을 인식하지 않고도 실제로 그 어떤 시기를 인식했다고 생각할 수 있는가? 물론 신학적이며, 비판적 비판을 아는 유심론적 비판은—적어도 그 상상력에 있어—다만 역사의 정치적, 문학적, 신학적 정치극을 알 뿐이다. 이러한 비판이 사유를 감각에서, 영혼을 육체에서, 자기자신을 세계로부터 분리해 버리는 것처럼, 그것은 역사를 자연과학과 산업으로부터 분리시켜 버린다. 그래서 이 비판은 지상의 거대한 물질적 생산에서가 아니라 하늘의 혼탁한 구름에서 역사의 탄생지를 찾는다."77)

여기에서부터 필연적으로 아래의 요청이, 즉 역사파악에 있어 자연과

77) F. Engels-K. Marx, *Die Heilige Familie*, MEW, Bd. 2, S.158~159.

타자에 대한 인간의 감성적 차원, 다시 말해 생산적 실천에 관계해서는 안 된다는 요청이 추론된다. 왜냐하면 이것은 지금까지 어떤 이론적 체계 안에서 당연하게 그 가치가 인정되지 않았기 때문에—그 이유는 이러한 모든 체계가 다소간 관념론적 성격을 가지고 있었기 때문인데—맑스는 이러한 새로운 체계(Novum)를 보다 강력하게 강조했다. 특히 그러한 강조는 이러한 기술이 계속되는 후기저작에서 잘 볼 수 있다.

맑스는 『신성 가족』에서 사유재산의 해체가 어떻게 합법칙적인 국민경제학적 과정인가를 제시한다. 그런데 이러한 과정은, 이것이 프롤레타리아트를 창출하는 한에서, 사유재산의 의지와 독립되며 이에 대항하는 과정이다. 그래서 한편으로 프롤레타리아트와 다른 한편으로 부(富)가 서로 대립된다. 그리고 이 대립 자체가 전체를 이루며 동시에 사유재산 세계의 두 형태가 된다.

"사유재산, 다시 말해 부로서의 사유재산은 자기 스스로를 그것의 대립인 즉 프롤레타리아트가 그 존립(사유재산의 존립)에 있어 보존되도록 강요한다. 그것은 대립의 적극적인 측면이며 자기자신 안에서 만족된 사유재산이다.

그 역으로 프롤레타리아트로서의 프롤레타리아트는 자기를 프롤레타리아트로 만드는 그 조건적 대립, 즉 사유재산을 지양하도록 강요된다. 그것은 대립의 부정적 측면이며 자기자신 안에 있는 불안, 곧 해체되고, 그 자체가 해체되는 사유재산이다……. 그러므로 대립의 내부에서 사유재산가는 보수적 당파가 되며, 프롤레타리아트는 파괴적인 당파가 된다. 전자에게서 대립을 보존하려는 행동이 나오고 후자에게서는 그것을 절멸하려는 행동이 나온다."[78]

78) Ibid., S.37.

인간이 소외되고, 상품이 되어 버리고, 타자에 의존하는, 그리고 인간이 타자에 대해 인간으로 관계하지 못하고, 사랑에 대해 사랑으로, 신뢰에 대해 신뢰로 대답하지 못하는 자본주의 사회에서는—맑스가 『초고』에서 썼듯이—"소유계급과 프롤레타리아 계급은 이러한 인간적 자기소외를 드러내게 된다."[79] 그러나 힘과 인간적 존재의 가상(假象)을 소유한 첫 번째 계급(소유계급)이 이러한 자기소외에서 편안함을 느끼는 반면, 두 번째 계급, 즉 프롤레타리아트는 이 소외에서 그들의 무력함과 '비인간적 존재의 현실'을 본다.

프롤레타리아트는 프롤레타리아트로서의 자기자신을 지양하기 위해 사유재산에 기초한 사회를 지양해야만 한다. 그들의 의식은 그들의 사회적 토대를 통해 조건지워진 것이지, 순전한 우연성이나 그 역사적 존재와 분리된 사유적 진화를 통해 조건지워진 것은 아니다. 그 때문에 ;

"이러저러한 프롤레타리아나 혹은 전체 프롤레타리아트가 당분간 목적으로 상정한 내용이 문제가 되는 것은 아니다. 바로 문제가 되는 것은 프롤레타리아트의 본질적 내용이 무엇이며, 이러한 존재에 적합하게 역사적으로 실행되어야만 하는 것이 무엇인가이다. 그 목적과, 그 역사적 행동은 오늘날의 시민사회의 전체조직과 같이, 그 고유한 삶의 상황에 있어 현저하고 파기할 수 없도록 규정된다. 여기서 대부분의 영국과 프랑스의 프롤레타리아트가 그들의 역사적 과제를 이미 의식했고, 끊임없이 이러한 의식을 매우 명료하게 완성적으로 고양시키는 데 몰두했다는 사실은 상세히 논의할 필요는 없다."[81]

---

79) Ibid., S.37.
80) Ibid., S.37.
81) Ibid., S.38.

이 저작이 출간된 직후에 프랑스 정부는 프로이센 정부의 주장에 따라 몇몇 유명한 독일의 공산주의자들과 사회주의자들, 특히 『전진』(*Vorwärts*) 잡지에 참여했던 자들에게 프랑스를 떠나도록 명령했다. 그래서 맑스도 이주해야만 했고 그는 2월초에 벨기에로 갔다. 2월 1일 하이네에게 보낸 편지에서 우리는 맑스가 2월 3일 월요일에 프랑스를 떠났고, 그와 이별했던 사람들 중에서 하이네가 가장 슬퍼했던 것을 알 수 있다.82)

그래서 맑스의 생애에 있어 새로운 시기가 시작한다. 이 시기는 구체적 정치적 행동의 시작과 마찬가지로 유물론적 역사개념의 완성을 통해 특징지워진다. 엥겔스는 여전히 독일에 당분간 체류했다. 맑스의 추방기간 동안 엥겔스는 곧바로 영국에서의 노동자 계급에 대한 저작을 종결지웠는데, 이 책은 중요한 이론적, 실천적 경험들을 담고 있다.

프리드리히 엥겔스(1843~1845)

런던 통신

영국에 도착함으로써, 엥겔스에게는 새로운 시기가 시작된다. 낙후한 독일에 비해 영국은 엥겔스에게 하나의 계시였다. 자신의 청년기의 인간주

82) 맑스는 하이네에게 출판인 레스케(Leske)가 다름슈타트(Darmstadt)에서 계간지(라인 연지)를 발행할 의도가 있다고 전했다. 그리고 하이네가 엥겔스, 헤스, 헤르벡, 융, 맑스 곁에서 공동기고자가 되어주기를 제안했다. 그래서 맑스는 자신의 편지를 아래와 같은 말로 끝맺었다. "여기에 있는 사람들 가운데 당신이 빠져있는 것은 나에게 매우 슬픈 일입니다. 나는 기꺼이 당신과 합류하길 원합니다."(MEW, Bd. 27, S.434).

의적 인간해방에 대한 열정으로부터 그는 영국에서 이 해방을 위한 구체적이고, 극렬한 투쟁의 형태들을 발견했다. 30년에 걸친 선거법 개정을 위한 영국 부르주아지의 투쟁과 특히 당시 지배계급에 대항한 노동자 운동과 영국의 차티스트 운동(Chartismus)의 첫 번째 역사적 싸움은 엥겔스에게 인간주의를 위한 투쟁의 실제적 기반을 제시했다. 독일에 비해 본질적으로 발전한 영국사회에 직면하여—이 사회에서는 개별계급의 이해가 상이한 당파들의 존립 안에서 명백하게 표현되었는데—엥겔스는 금세 자신의 청년헤겔주의적 입장이 그가 추구하는 것에 대해 불충분함을 통찰했다. 확실히 맑스와 헤스와의 만남은—엥겔스가 영국으로 오기 직전에—엥겔스로 하여금 자기의식의 철학적 사변의 미몽에서 깨어나도록 했다.

이미 엥겔스는 1842년 12월 9일 「라인신문」에 대한 그의 첫 번째 기고에서 영국에서의 혁명적 문제를 제기했고 당파의 문제에 주의를 기울였다. 비록 이 논문에서도 여전히 지금까지의 철학적 입장의 영향이 있기는 하지만, 엥겔스는 사람들은 영국에서 "적어도 지배체제에 투쟁하는 정당들, 즉 휘그당(Whigs)과 토리당(Tories) 아래서 원칙투쟁이 아니라 단지 물질적 이해의 분쟁을 알게 된다"고 확정했다.[83)]

엥겔스는 즉시 영국경제에 관한 분석에 착수했고, 산업은 국가를 부유하게 하지만, 아무 것도 소유하지 못하고 거대한 경제공황과 무역위기를 통해 매일매일의 빵을 잃어버리는 계급을 산출할 수밖에 없다는 사실을 통찰하기에 이르렀다. 그는 영국의 프롤레타리아트가 자신들의 힘에 대한 의식을 얻게 되기까지는 다만 시간문제일 뿐이라고 추론했다.

엥겔스가 영국에 도착하기 직전 여름에 차티스트들은 스트라이크를 통

83) F. Engels, Die innern Krisen, MEW, Bd. 1, S.457.

해 그들의 「헌장」(*Charta*)을 실현하고자 했다. 정부는 단호하게 대처했고 그 시도는 좌절되었다. 만일 우리가 지배계급의 이러한 냉혹함에 대해 이 시기에 잘 알려져 있던 프롤레타리아트의 비참을 덧붙인다면, 엥겔스의 결론, 즉 이러한 상황에서 혁명이 평화로운 방법으로는 불가능하다는 사실을 이해할 수 있을 것이다. 한 편지에서 그는 쓰길 ;

"거기에서 생겨나는 유용함은 무산자를 위해 존속한다. 그것은 혁명이 평화로운 길로는 불가능하다는 의식이며, 또한 기존의 비자연적인 관계에 대한 폭력적인 전복과 고상한 산업 귀족정치에 대한 급진적인[철저한] 붕괴만이 프롤레타리아트의 물질적 상황을 개선할 수 있다는 의식이기도 하다. 여전히 영국인들에 고유한 법률에 대한 존경 때문에, 프롤레타리아트는 폭력적인 혁명을 억제했다. 그러나 앞에서 기술된 영국의 상황으로 볼 때, 조만간에 일반적인 프롤레타리아트의 실업이 또 발생할 것은 분명하다. 그리고 기아에 대한 두려움은 법률에 대한 두려움보다 더 강해질 것이다. 이러한 혁명은 영국에서 피할 수 없다. 영국에서 발생하는 모든 것들을 판단해 볼 때, 원리가 아니라 이해관계가 이 혁명을 불붙이고 수행해 나갈 것이다. 이해로부터 비로소 원리들이 발전할 것이다. 즉 혁명은 정치적이 아니라 사회적인 것이 될 것이다."[84]

엥겔스는 또다시 같은 문제를 같은 달의 다른 기사에서 다룬다. 여기서 그는 비슷한 귀결을 끄집어 낸다. 그러나 잊어서는 안될 것은 이 시기에 맑스는 「라인신문」의 편집장으로서 지금까지의 철학적 관점을 포기했다는 사실이다. 맑스의 이론적 관심은 보다 강력하게 사회적인 것으로 전향했다.[85]

---

84) Ibid., S.460.

85) 12월 「라인 신문」에 아래의 기사가 실렸다. *Englische nsicht über die innern*

엥겔스는 영국의 현실과의 첫 번째 접촉 이후에—그 본질적인 문제를 재빨리 파악하면서—오로지 정치-경제적 및 사회적 이론과 마찬가지로 사회-정치적 상황에 대한 연구와 분석에 몰두했다. 엥겔스는 물질적 이해에 관한 투쟁이 사회발전의 주요동인—이러한 동인은 계급투쟁에서 그 정치적 표현을 발견하는데—이라는 사실을 통찰했기 때문에, 곧바로 사변의 관념론적인 영역을 탈피했다. 그래서 엥겔스는 1843년 초를 자신이 유물론으로 이행해 간 시기로 기입할 수 있었다. 새로운 관점은 이미 5월에 「스위스의 공화주의자」를 위한 편지에서 분명하게 표현된다.

엥겔스는 5월 16일 편지에서 먼저 영국에서 일고 있는 조용하고도 확실한 사회주의 발전을 확증했다. 정당들과 당정책은 계급 구조에 의존한다.

"잘 알려진 대로 영국의 정당들은 사회적 계층과 계급에 일치한다. 토리당은 귀족과, 맹신적이며 엄격한 영국교회의 정통적인 분파에 일치하며, 휘그당은 제조업자, 상인, 비국교도 등 전반적으로 보다 높은 중류계급으로 구성된다. 보다 낮은 중류계급은 이른바 '과격파'를 형성하고 마침내 차티스트 운동은 노동자, 즉 프롤레타리아트 안에서 그 힘을 갖게 된다."86)

당시 엥겔스는 사회의 계급구조에 대한 정당정치의 의존성을 명백하게 의식하고 있었다. 그의 견해에 따르면 사회주의는 완결된 정당을 제시하지 않고, 대부분 보다 낮은 중산계급과 프롤레타리아트로 보충된다. 그래

Krisen(8, Dez. 1842), *Stellung der politischen Partei*(24, Dez. 1842), *Lage der arbeitenden Klasse in England*(25, Dez. 1842), *Die Korngesetze*(27, Dez. 1842).

86) F. Engels, 런던에서 보내는 편지, MEW, Bd. 1, S.468.

서 같은 편지에서 엥겔스는 "그래서 영국은 진귀한 사실, 즉 사회에서 한 계급이 깊게 뿌리박혀 있고, 그 계급이 일상적인 의미에 있어 '무교육자' 일수록, 그들이 보다 진보에 가깝게 다가가고, 보다 미래지향적으로 된다"는 사실을 기술했다.[87]

엥겔스는 6월 9일의 편지에서 영국의 사회주의자들과 그들의 과격성, 그리고 그들의 실천적 능력 및 무신론과 그들의 회합 등을 상세히 제시한다. 이제 그는 당시 계급들 가운데 가장 비참한 계급으로 선회한다. 이 순간부터 그는 이들의 해방을 위해 자신의 모든 재능을 쏟아 붓는다.

엥겔스는 당시 유럽국가에 영국의 사회구조를 소개한 것처럼, 11월에 오웬(Owen)의 신문인 영국을 위한 「새로운 도덕 세계」(*The New Moral World*)에 대륙에서의 사회개혁의 진전에 대한 기사를 썼다. 여기에서 그는 프랑스, 독일, 그리고 스위스에서의 사회정치적 상황과 사회주의에 대해 보고했다. 동시에 그는 독일에서의 공산주의는 다만 독일철학의 발전의 필연적인 귀결임을 확증했다.[88]

「국민경제학 비판 개요」와 「영국의 상황」

엥겔스의 이론적 견해는 다음의 저작에서 가장 잘 표현되고 있다. 맑스가 이 저작을 후에 '정치 · 경제 비판에 대한 천재적인 초안'으로 언급한

87) Ibid., S.468.

88) 엥겔스의 *Progress of Social Reform on the Continent* 기사는 「새로운 도덕세계」(*The new Moral World*)에 1843년 11월 4일~8일에 걸쳐 실렸다. 엥겔스는 이 시기에 차티스트 잡지 *The Northern Star*의 편집자이자 차티스트 운동의 좌파 지도자인 줄리안 하니(Julian Harney)를 알고 있었다. 그래서 이 기사는 약간 생략된 채로 같은 달 *Northern Star*에 실렸다(*Deutsche Fassung*, MEW. Bd, 1, S.480ff).

것은 정당하다. 엥겔스는 이 저작을 칼라일(Carlyle)에 대한 기사와 함께 맑스·루게 잡지인 『독불 연보』에 발표했다.

이 중요한 첫 번째 논문인 「국민경제학 비판 개요」에서 엥겔스는 이 시기에 맑스의 사상과 일치되는 관점을 받아들였다. 그런데 이러한 관점은 지금까지의 철학에 대한 비판적 관계를—관념론적일 뿐 아니라 유물론적으로—표현한다.

"18세기, 즉 혁명의 세기는 경제를 혁명화했다. 그러나 이 세기의 모든 혁명이 일면적이고 대립적인 것처럼, 또한 추상적 유물론이 추상적 유심론에, 공화제가 군주제에, 사회적 계약이 신권에 대립되어 있던 것처럼, 경제적 혁명 또한 대립을 넘어서지 못했다. 전제들은 도처에 존속했다. 유물론은 인간을 경멸하고 굴종시키는 기독교에 대해 공격하지 않았고, 다만 기독교의 하나님 대신에 자연을 절대적인 것으로서 인간에게 대립시켰을 뿐이다. 정치는 즉자대자적인(au und für sich) 국가의 전제[헤겔의 변증법적 운동구조에 따르면 즉자(an sich)→대자(für sich)→즉자대자(an und für sich)의 원환 구조의 운동을 통해 절대정신이 자기완결되는 것은 국가로 체계화된다. 그러므로 국가는 즉자대자적 존재가 된다.—역주]를 검증하려고 생각지도 않았다. 경제학은 사유재산의 정당성을 문제시할 수도 없었다.[89]

추상적인 유심론에 대해 다만 추상적 유물론만, 기독교의 하나님에 대해 절대적인 것으로서의 자연만을 대립시켰다는 비판적인 평가는 매우 중요하다. 이것은 엥겔스가 지금까지의 모든 유물론에 결여되어 있는 유물론의 또 다른 인간주의적 차원에 대한 요구를 인식했음을 지적해 준다. 그 때문에 근대국가의 전제들과, 사유재산의 합법성—정치경제학은 이것들

89) F. Engels, *Umrisse zu einer Kritik der Nationalökonomie*, Mew, Bd. 1, S.500.

을 영원하고 절대적인 범주처럼 다루었다.—이 연구되어야만 한다. 엥겔스는 바로 이 저작에서 그 두 번째 과제에 몰두했다. 즉 그는 사유재산의 범주로부터 자본주의의 다른 모든 본질적인 범주를 끌어냈다.

먼저 그는 사유재산의 그 다음 결과는 결국 합법화된 속임수가 되는 상업임을 제시했다. 상업에는 노동가치가 종속되어 있는 경쟁이 뒤따른다. 사유재산에 기초한 생산에서 노동의 소외가 나타난다.

> "노동, 생산에 있어 주요내용, '부의 원천', 자유로운 인간적 활동을 국민경제학자는 파악하지 못했다. 자본이 이미 노동에서 분리된 것처럼, 이제 또 다시 노동은 이중적으로 분열된다. 즉 노동의 산물은 노동에 대해 임금으로 대립되며, 노동과 분리된다. 그리고 흔히 그런 것처럼 그것은 또 다시 경쟁을 통해 결정된다. 왜냐하면 우리가 이미 보았듯이 생산에 대해 노동의 몫을 정할 확고한 척도는 존재하지 않기 때문이다. 우리가 사유재산을 지양한다면, 자연스럽지 못한 이러한 분리는 사라질 것이다. 노동은 그 고유한 임금이며, 이전의 양도된 노동임금의 진정한 의미가 드러나게 된다. 즉 그것이 사물(물건, 물품)의 생산비용을 결정하는 노동의 의미이다."[90]

엥겔스는 독점을 사회조직 안에서의 사유재산의 계속적인 귀결로 이해했다. 그리고 독점과 경쟁의 귀결은 위기이다. 엥겔스는 맬더스(Malthus)의 이론을 매우 신랄하게 비판한 후—왜냐하면 이 이론은 "최종적으로 사유재산이 인간을 어떻게 상품으로 만드는지를 제시하기 때문이다. 그러므로 상품의 생산과 절멸은 다만 수요에만 의존한다."—엥겔스는 계속해서 제시한 현상들로부터 자본의 집중화를 끌어내고, 아래의 사실을 해명했다. 즉 이 모든 것은—그것이 사회적 전복에 이르지 않더라도—필연적으로 세계를 백만장자와

90) Ibid., S.512.

가난한 자로 분리시켜 버릴 것이다.

엥겔스는 자본주의의 이러한 모순 해결책을 생산의 합리적인 조직에서 보았다. 만일 생산자가, 수요자가 필요로 하는 것을 알고, 생산이 개별적인 생산자들 사이에서 의미있게 분리된 것처럼 조직된다면, 사람들은 경쟁의 변동과, 그 귀결, 위기를 제거할 수 있을 것이다.

"유적 의식이 없이 산산조각으로 분열된 원자가 아니라 인간으로서 의식있게 생산하라. 그러면 너희들은 이 모든 인위적이고 견고하지 않은 대립들을 극복하게 될 것이다. 그러나 너희들이 지금과 같이 무의식적이고, 생각없이, 우연의 지배에 내맡겨진 방식으로 생산을 계속하는 한, 상업의 공황은 존속하게 된다. 뒤이어 발생하는 모든 공황은 앞에 발생한 것보다 일반적이며 악성적이다. 그리고 그것은 다량의 중소 자본가들을 가난하게 하고, 단지 노동에 의해 살아가는 다량의 계급을 비례적으로 증가시킬 것이다.—그러므로 그것은 고용된 노동과 대중을, 즉 우리 경제학자들의 주요문제를 순식간에 급증시키고, 결국은 경제학자들의 추상적 이론이 꿈도 꿀 수 없는 사회혁명을 초래할 것이다."92)

또한 엥겔스는 다른 논문인 「영국의 상황」에서도 비슷한 결론에 도달했다. 동시에 이 논문에서 엥겔스가 당시 상황에 대한 이해와 연구를 위해 독일철학을 얼마나 중요하게 간주했는지 명백하게 드러난다. 사회주의자들은 영국인들이다. 즉 그것은 이들이 인간이어야 한다는 점에서 그러한 것이다. 그들은 대륙의 철학적 발전으로부터 다만 유물론을 알 뿐이다. 독일철학은 그들과 완전히 낯설다. 그리고 이 사실은 독일철학의 엄청난 결함이다. 그러나 영국의 사회주의자들은 바로 그들이 국민경제학적인 차

91) Ibid., S.520.
92) Ibid., S.515.

이를 극복하려고 시도함으로써 이러한 간격을 메꾸려고 노력했다.

"모든 사회철학은, 그것이 여전히 몇몇 명제들을 그 최종결과로서 수립하고 모리슨의 환약(Morrisonspillen)을 제시하는 한, 매우 불완전하다. 우리에게 매우 필요한 것은 노골적인 결과가 아니라 오히려 연구이다. 결과는 발전이 없이는 무의미하다. 이미 우리는 이 사실을 헤겔 이래로 알고 있다. 그리고 결과는 만일 그 결과가 그것만으로 고착되고, 다시 그 이상의 발전을 위한 전제로 되지 못한다면 무용한 것보다 더 불량하다."93)

그러므로 우리가 보는 바와 같이, 엥겔스의 청년 헤겔주의적 시기는 거의 2년도 되지 못했다. 이제 그는 자각적 공산주의자로서 그 시대의 근본문제와 마주한다. 이러한 과제를 위해 그의 지금까지의 철학적 입장과 제한된 유물론적 입장—이러한 입장은 추상적 유심론에 다른 절대적인 것, 즉 자연을 대립시켰다.—은 매우 불충분했다. 여기서 우리는 맑스가 포이어바흐의 경구에 즈음하여, 루게에게 보낸 편지에서 진술한 것과 매우 비슷한 파악을 직면한다. 따라서 같은 잡지에서 그들의 기고가 서로를 보다 밀접하게 묶어 주고 일생동안 결합시켜 준 것은 놀라운 일이 아니다. 그래서 엥겔스의 전기작가인 마이어(G. Mayer)가 아래와 같은 결론을 내린 것은 정당하다.

"'젖비린내 나는 방자한 청년'으로서 엥겔스가 고삐 풀린 프라이엔의 서클에서 그의 미친 듯한 본질에 몰두한 것은 2년도 못 된다. 거기서 엥겔스를 만난 보다 진지한 사람들이 『독불 연보』에서 엥겔스의 독창적인 기고를 보았을 때, 확실히 얼굴들

93) F. Engels, *Die Lage Englands*, MEW, Bd. 1, S.538.

을 기이하게 찡그렸을 것이다. 영리한 베를린의 의사인 율리우스 발데크(Julius Waldeck)는 당시에 리니스 베르즈에 사는 그의 사촌인 요한 야코비(Johann Jacoby)에게 아래와 같이 썼다. '지난해에 비해 엥겔스의 사유와 문체의 성숙과 용감성을 주시한다면, 엥겔스는 스스로에게 진정한 기적을 성취했다고 할 수 있다.' 통찰력이 있는 관찰자는 자기를 속이지 않게 된다. 더욱이 그의 라인주적 기질이 비록 불손할지 모르지만 이 젊은이는 이제 대장부가 되었다. 자신의 삶의 길을 확고하게 선택하고, 이어 그가 속해 있던 과제를 인식한 사람으로서 엥겔스는 보다 위대한 자를 향해 나갔다. 이 사람은 엥겔스에게 필수적인 투쟁동지가 되었고, 삶의 동행자가 되었으며, 게다가 그의 운명이 되었다."[94)]

엥겔스는 8월에서 10월까지 파리의 『전진』에 실린 기사에서 영국의 사회적, 정치적 상황에 대한 분석을 계속해 나갔다. 이 작업에서 본질적으로 맑스-루게 잡지에 대한 기고에서와 똑같은 견해가 표현된다. 여전히 한번 더 사람들은 다음과 같은 확증을 보게 된다. 즉 18세기의 철학은 추상적 주체와의 투쟁 속에서 또 다른 일면성으로 빠져들었다. 주체성에 객체성이, 정신에 자연이, 유심론에 유물론이, 추상적 개인에 추상적 보편성, 즉 실체(Substanz)가 대립되었다.[95)]

혁명에 관한 한, 엥겔스는 같은 기사에서 아래의 견해를 대변했다. 즉 영국에서의 혁명은 사회적 혁명이 되며, 그 때문에 모든 다른 혁명에 비해 보다 포괄적이고 심오할 것이다. 사회 혁명은 진정한 혁명이다. 철학적, 정치적 혁명은 사회 혁명의 일부분이다. 그러나 이러한 사회적 혁명은 영국에서 이미 거의 1세기 동안이나 지속되었는데, 이제 그것은 심각

94) G. Mayer, *Friedrich Engels I*, Den Haag 1934, S.171.
95) 첫 번째 기사를 참조할 것. *Die Lage Englands*, vom 31. 8. 1844.

한 위기에 봉착했다. 왜냐하면 봉건주의의 붕괴 이후에 정치적 자유와 이해, 그리고 사유재산과 사회적 의존성에 기초한 새로운 사회가 이루어졌기 때문이다.

"인간은 인간의 노예가 되기를 그치고는, 사물(Sache)의 노예가 되어 버렸다. 인간적 관계의 유통은 완성되었다. 근대의 부정한 장사의 세계(Schacherwelt)에의 예속, 완성되고 성취된, 보편적 판매(Verkäuflichkeit)는 봉건시대의 예속보다 더 비인간적이며 포괄적이다. 매음제도는 제일 악법(jus primae noctis)보다 더 비도덕적이고 야만적이다."96)

영국에 다가온 위기는 이러한 새로운 대립의 결과이다. 그러나 영국의 전체 발전에 있어 가장 중요한 결과는 민주주의의 문제를 새로운 토대에서 제기하는 프롤레타리아트의 형성이었다. 엥겔스가 그의 런던발(發) 보고의 결론에서 질문한 것은, 바로 그것이 어떠한 민주주의인가 하는 것이다.

"그것은 군주제와 봉건제가 서로 대립적이었던 프랑스 혁명의 민주주의가 아니라 중산계급과 소유가 서로 대립된 민주주의이다. 이것은 선행하는 모든 발전을 제시한다. 중산계급과 소유가 지배한다. 가난한 자는 법률의 보호를 받지 못하며, 억압받고, 착취당한다. 헌법은 이들을 거절하고, 법률은 이들을 학대한다. 영국에서 귀족정치에 대항하는 민주주의의 투쟁은 부자에 대한 가난한 자의 투쟁이다 .영국에 직면한 민주주의는 사회적 민주주의이다.

그러나 순수 민주주의는 사회적 악을 치유할 능력이 없다. 민주주의적 평등은 환영일 뿐이며, 부자에 대한 가난한 자의 투쟁은 민주주의나 정치일반의 토대 위에서

96) *Die Lage Englands* (4. Sept. 1844), MEW, Bd. 1, S.557.

는 중지될 수가 없다. 또한 이러한 단계는 하나의 이행기에 불과하고, 즉 여전히 시도될 수 있는, 최종적이고 순수하게 정치적인 수단에 불과하다. 이러한 수단으로부터 곧바로 새로운 요소, 다시 말해 모든 정치적 제도를 넘어서는 원리가 발견되어야만 한다.

이 원리는 바로 사회주의의 원리이다."[97]

이미 언급한 바와 같이 엥겔스는 9월말 독일로 되돌아왔다. 도중에 그는 9월초까지 파리에 있는 맑스의 집에서 머물렀다. 공산주의자 연맹사에 대한 후기의 기술에서 엥겔스는 아래와 같이 썼다. "내가 1844년 여름 파리에 있는 맑스를 방문했을 때, 모든 이론적 영역에서 우리는 분명하고 완전한 일치를 보았다. 그때부터 우리의 공동작업은 시작됐다."[98]

엥겔스는 그들의 첫 번째 공동저작인 『신성가족』의 20페이지를 쓰고 난 후 독일로 떠났다. 맑스에게 보낸 편지에서 우리는 엥겔스가 즉시 영국 노동자 계급에 대한 그의 마무리 작업에 몰두하고, 그의 고향에서 행동적으로 공산주의적 선전에 헌신한 것을 보게 된다. 당시 독일의 상황에 대한 그의 평가는 너무나 낙관적이었다. 엥겔스는 도처에서 공산주의자를 보았다. 심지어 바르멘의 경감도 엥겔스의 생각에 따르면 공산주의자였다. 그가 공산주의 회합을 조직했지만, 곧 바로 경찰과 충돌할 수밖에 없게 된 것은 자명한 일이었다.

1844년 11월 19일 편지에서 우리는 엥겔스가 출판인 비간트(Wigand)로부터 슈티르너의 책 『유일자와 그의 소유』(*Der Einzelne und sein Eigentum*)의 견본을 받았을 때, 그의 첫인상이 1845년 1월 맑스의 답장의 편

97) *Die Lage Englands* (19. Oktober. 1844), MEW, Bd. 1, S.592.
98) F. Engels, *Zur Geschichte des Bundes der Kommunisten*, MEW, Bd. 21, S.212.

지를 받기 전까지는 호의적이었음을 알게 된다. 이 편지에서 엥겔스는 포이어바흐의 인간 개념에 대한 슈티르너의 비판에 동감한다고 썼다. 왜냐하면 [포이어바흐에게서] 인간은 여전히 하나님으로부터 연역되며, 추상의 거룩한 가상으로 고수되기 때문이다. 우리는 이 문제를 다만 구체적이고 경험적인 자아(Ich)에서 출발함으로써 접근해 갈 수 있다.

"우리는 자아, 다시 말해 경험적이고 살아 있는 개인으로부터 출발해야 한다. 그 이유는 슈티르너와 같이 개인에 뿌리박혀 있기 위해서가 아니라, 거기서부터 우리를 '인간'으로 고양시키기 위해서이다. '인간'은 경험적 인간에서 자신의 기반을 갖지 않는 한, 항상 유령의 모습이 되어 버린다. 요컨대 우리의 사유와 특히 우리의 '인간'이 진정한 것이 되려면, 경험론과 유물론으로부터 출발해야만 한다. 우리는 일반적인 것을 자기 자체로부터나 헤겔적 분위기로부터가 아니라 개별적인 것으로부터 추론해야 한다."99)

더 나아가 우리는 편지에서 '인간'과 그 비슷한 추상에 대해 말하는 것과 또는 신학과 조잡한 유물론에 대항하여 기술하는 것이, 엥겔스에게 매우 고역이었음을 추측할 수 있다. 그러나 본질적으로 살아 있는 사물과 역사적 발전, 그 결과에 대한 연구는 그를 크게 기쁘게 했다. 1845년 1월 20일, 2월 22일, 3월 17일의 보낸 편지는, 그가 4월 1일부터 『사회규범』(*Gesellschaftsspiegel*) 잡지를 같이 발행하려고 했던 헤스에 대해서뿐만 아니라 슈티르너의 책에 대한 맑스의 평가를 함께 공유했음을 보여준다. 계속해서 사람들은 이 편지에서 '프라이엔' 그룹이 붕괴하고, 포이어바흐에게 협력을 부탁했으며 가장 중요한 사회주의 작가총서가 설립되

99) F. Engels, 1844년 11월 19일자 맑스에게 보내는 편지, MEW, Bd. 27, S.12.

고, 공산주의 선전에 몰두하려고 했음을 보게 된다.

또한 이 편지는 엥겔스가 당시에 그의 실존적 갈등 때문에 고통을 당하고 있었음을 보여 준다. 한편으로 그는 부르주아적 삶을 사는 그의 가족을 고려하면서 다른 한편으로 공산주의 선전에 몰두했다. 이런 이유 때문에 그는 기회를 놓치지 않고, 맑스를 만나기 위해 브뤼셀로 가야만 했다.

『영국의 노동계급의 상황』

5월 말—엥겔스는 벨기에로 여행을 했다.—이 시기에 그의 가장 중요한 저작인 『영국의 노동계급의 상황』이 출간되었다. 이것은 사회학의 영역에서 선구자적인 작업일 뿐만 아니라 새로 획득된 엥겔스의 이론적 관점을 지적한다. 이것은 엥겔스와 맑스가 공동으로 도달한 역사의 새로운 개념이 한 나라의 상황에 적용된 것이다. 엥겔스는 영국 사회의 개혁을 본질적으로 피륙기계와 방직기계의 고안으로 시작된 산업혁명에 연결시켰다. 엥겔스는 기계적 발견을, 예를 들어 제니의 방적기의 발전과 이 과정의 결과들을 관찰하면서, 아래의 결론에 도달했다. 즉 이러한 생산수단의 전개는 곧바로 프롤레타리아트의 형성과 마찬가지로 급증한 생산, 시장의 요구, 임금상승, 농업노동의 포기 등의 원인이 되었다. 직조공과 지주계급은 서서히 소멸했고, 이 계급은 오로지 임금에 의해 연명해 가는 순전한 직조공 계급으로 바뀌었다.

"그 후 매년 간 개선된 이러한 발견물들로 인해, 영국 산업의 주요부문에 있어 수공업에 대한 기계노동의 승리는 결정적이었다. 그리고 영국산업의 전체 역사는 그때부터 어떻게 수공업자가 기계를 통해 현재의 지위에서 다른 지위로 옮겨 갔는지를 보도한다. 이것의 결과는 한편으로 모든 제조품 가격의 급격한 하락이며, 상업과 산업의 번영—그리고 거의 모든 보호받지 못하는 외국시장의 정복 및 자본과 국민재산의 급격한 증대이다. 다른 한편으로 그것은 보다 급격한 프롤레타리아트의 증대와, 모든 소유와 노동자 계급을 위한 확실한 임금의 파괴이며 또한 풍기문란과 정치적 소요 및 영국의 소유자에게 지극히 혐오스런 사실들—이것을 우리는 다음의 장에서 관찰하게 된다.—이다. 이미 우리가 앞에서 본 바와 같이, 하층 계급의 사회적 상황에서 유일하게 제니 방적기와 같이 별 도움이 되지 않는 기계가 초래한 변혁을 주시한다면, 사람들은 정교하게 완성된 기계류의 완전한 협력체계가 미친 작용에 대해서 더 이상 놀랄 필요가 없을 것이다. 이러한 체계는 우리로부터 순수원료를 받고 다시 우리에게 완성된 원료를 되돌려 준다."100)

엥겔스는 당시 영국의 노동자 계급의 상당수가 살았던 무자비한 상황을 기술하면서, 프롤레타리아트의 무력함을 지적했다. 총체적인 생산수단은 부르주아지의 손에 있었다. 프롤레타리아트들은 법률적으로나, 실제적으로 자신에게 생계수단을 허용하는 부르주아지의 노예이다. 그러나 이때에도 프롤레타리아트들의 노동은 다만 '등가'(Äquivalent)로 계산될 뿐이다.

"심지어 부르주아지는,—마치 성숙한 인간이 자기와 계약을 체결한 것처럼—자유롭고 비강제적인 동의로 프롤레타리아트가 자유로운 의지에 따라 행동하는 것 같은 인상을 준다. 이것은 바로 프롤레타리아트에게는 아래의 조건, 즉 부르주아지가 자신에 대해 서명하거나, 아니면 굶어죽게 하거나 얼어죽게 하는, 또는 벌거벗은 채 야생동물들과 같이 노숙하도록 하는 권리를 허용하는 조건 이외에 다른 선택이란 있을 수 없는 아름다운 자유이다! 또한 그것은 노동의 총금액을 부르주아지의 수중

100) F. Engels, *Die Lage der arbeitenden Klasse in England*, MEW, Bd. 2, S.242.

에 있게 하는 아름다운 '등가'이다!"101)

엥겔스는 자본주의의 무질서한 생산에서의 위기의 필연성과 마찬가지로, 상대적인 경쟁을 초래하는 프롤레타리아트의 산업예비군의 필연성에 대해서도 기술했다. 이 모든 것은 계급투쟁을 유발한다. 실제로 이러한 투쟁은 단지 자유경쟁의 원리의 일관된 수행일 뿐이다. 부르주아지가 물질적 권력, 소유, 정치적 국가를 이러한 투쟁에서 마음대로 처리할 수 있게 된다면, 프롤레타리아트에게 남는 것은 다만 투쟁수단으로서의 그들의 계급조직일 뿐이다.

또한 엥겔스는 영국에서의 사회주의 문제를 취급한다. 이러한 사회주의는 공장 소유자 오웬(Owen)에게서 유래하였는데, 부르주아지와 프롤레타리아트간의 대립을 취급하지 않고 오히려 부르주아지를 고려하면서 동시에 프롤레타리아트를 관대히 다루었다.

> "여기서 그들(사회주의자들)은 끊임없이 하층계급의 풍기문란에 대해 개탄했다. 이들은 사회질서의 이러한 해체에 있어 진보의 계기에 대해서는 매우 맹목적이었다. 그리고 그들은 사적 이해와 위선이라는 풍기문란이 소유계급 사이에서 훨씬 더 악성적이었음을 고려하지 않았다. 그들은 역사적 발전을 인정하지 않았고, 그 때문에 목적에 이르기까지—여기서 정치는 자체상 해체되어 버리는데—정치를 수행하지도 않고, 곧바로 국가를 공산주의 상태로 이전시키고자 했다."102)

노동운동이 두 개의 진영, 즉 차티스트주의자와 사회주의자로 분열된

101) Ibid., S.307.
102) Ibid., S.452.

것에 관해, 엥겔스는 다음과 같이 말했다. 즉 전자는 시대에 뒤떨어지지만 진정한 프롤레타리아트이며, 이와 반대로 후자는 교육을 받고 선견지명이 있지만 노동자 계급과 보다 밀접한 결합이 없다. 단지 노동자 계급과 사회주의와의 연합만이 완전한 승리의 보증이 될 수 있다.

공산주의는 프롤레타리아트에게 그의 미래에 대해 과학적 인식을 허용하는 이론이다. 자본주의의 모순된 상태는—자본주의적 계급이 통찰력이 없고 비양보적이기 때문에—오로지 폭력적 혁명을 통해 해결될 수 있다.

"혁명은 도래해야만 한다. 이제 사태의 평화적 해결을 기대하기에는 너무 늦었다. 그러나……동일한 상황에서……즉, 프롤레타리아트가 사회주의적 공산주의적 계기들을 자체상 수용하는 바로 그 동일한 상황에서, 혁명은 유혈과 복수와 분노를 감소시킬 것이다. 공산주의는 원리상 부르주아지와 프롤레타리아트간의 불화를 극복한다. 그리고 공산주의는 이러한 불화를 다만 현재에 대한 그 역사적 의미 안에서만 승인하지, 미래를 위해 정당한 것으로는 승인하지 않는다. 공산주의는 곧바로 이러한 불화를 지양하길 원한다. 그 때문에 불화가 존속하는 한, 공산주의는 그 억압자에 대한 프롤레타리아트의 격분이 필연적이며, 단초적인 노동운동의 가장 중요한 지렛대로서 승인한다. 그러나 공산주의는 이러한 격분을 넘어선다. 왜냐하면 바로 공산주의는 인류의 문제이지, 순전히 노동자의 문제만은 아니기 때문이다."103)

4월 초 엥겔스가 벨기에로 갔을 때, 그는 맑스가 역사에 대한 본질적으로 새로운 사상을 발전시켰음을 확인할 수 있었다. 만일 우리가 『파리 초고』와 「신성가족」의 분석을 상기하고, 맑스가 이 시기에 그의 독창적인

103) Ibid., S.505. 엥겔스는 후에 이 책의 독일어 재판 서문에서(1892) 평하길, 이러한 정식화는 추상적으로 간주되는 것이 옳으며 실제로 유용하기보다는 오히려 해롭다고 했다. 왜냐하면 지배계급이 이러한 해방에 저항을 하게 될 경우, 노동자 계급은 어쩔 수 없이 사회전복 자체를 기도할 수밖에 없기 때문이다.

「포이어바흐에 관한 테제」의 초안을 작성한 것을 생각한다면, 이후 엥겔스가 공산주의자 연맹사에 대한 기술에서 한 논평은 우리에게 보다 명료하고 자명하게 될 것이다.

"우리가 1845년 봄에 브뤼셀에서 다시 만났을 때, 맑스는 앞서 말한 토대를 기초로 이미 그의 유물론적 역사이론의 주된 특징을 완성하여 발전시켰다. 그 때 우리는 새로 획득된 견해를 매우 세밀하게 다양한 방향으로 완성시키는 데 몰두했다.

사람들이 보는 바와 같이, 역사과학을 변혁하는 이러한 발견은 본질상 맑스의 작품이며, 나는 거기에 단지 극히 적은 부분에만 참가했다. 그러나 이 저작은 동시대의 노동운동에 직접적인 중요성을 가졌다. 프랑스인과 독일인에게 있어서의 공산주의와 영국사람들의 차티스트 운동은 이제 더 이상 어떤 우연적인 것으로 보이지 않는다. 그것은 또한 같은 정도로 존재할 수도 없을 것이다. 이 운동들은 이제 근대의 피억압 계급, 즉 프롤레타리아트의 운동으로 기술되며, 다소간 지배계급, 즉 부르주아지에 대항하는 그들의 역사적이고 필연적인 투쟁의 발전된 형태로서 기술된다. 그것은 계급투쟁의 형식으로 나타나지만 모든 초기의 계급투쟁들과는 다음과 같은 사실을 통해 구별된다. 즉 오늘날 피억압 계급인 프롤레타리아트는 전체 사회를 계급분열과 계급투쟁으로부터 동시적으로 해방시키지 않고는 그들의 해방을 수행할 수 없다. 그리고 공산주의는 이제 더 이상 가능한 한 완전한 사회이상이라는 환상을 매개로 한 안출(Ausheckung)에 불과한 것이 아니라 자연, 조건, 그리고 여기서 생겨나는 프롤레타리아트에 의해 인도된 투쟁의 일반적 목적에 대한 통찰이다."[104]

이후 직접적으로 이어지는 맑스와 엥겔스의 생애의 시기는 그들의 고유한 이론적 관점에 대한 결정적인 확증의 시기였다.

---

104) F. Engels, *Zur Geschichte des Bundes der Kommunisten*, MEW, Bd. 21, S.212.

칼 맑스와 프리드리히 엥겔스

「포이어바흐에 관한 테제」

이미 언급된 대로 「포이어바흐에 관한 테제」는 맑스의 이론적인 발전에 있어 고유한 경계를 이룬다. 극도로 응축된 사유과정의 완결인 이 테제는—그것의 사상적인 깊이, 형식적인 간결성 그리고 이론적인 성과 때문에—모든 철학적인 문헌 가운데 유일무이한 문서로 꼽힌다. 이렇게 되기까지에 그것은 또한 당시 유럽의 현실에서 제기되었던 많은 역사적이고 실존적인 문제들에 답하기 위해, 내적인 성숙과 간난을 거친 오랜 탐구 기간을 요했다.

맑스는 이 테제 속에 또 한 번 압축되어 있는, 새로운 사상(Konzeption)의 근본요소들을 이미 1844년 중에 간취했다. 테제의 모든 본질적인 계기들은 이미 1844년 초고에서 이미 예견되고 있다. 따라서 이제 맑스의 사상적인 발전을 개관하기 위해 테제에 대한 세밀한 설명을 할 필요는 없다. 더욱이 간결한 해석에 그친다면, 이미 초고와 이 시기의 다른 저술의 분석에서 말하여졌던 것들 이상의 어떤 것도 말해질 수 없다. 이러한 몇 가지 문제들은 『독일 이데올로기』와의 연관 속에서 더 상세하게 다루어질 것이다.105)

105) 우리는 여기에서 에른스트 블로흐의 저작 『희망의 원리』에서 수행된, 테제에 대한 탁월한 해석에 주목하게 될 것이다.

우리는 첫 번째 그리고 다섯 번째 테제에서 간결 명료하게 표현되고 있는 것, 즉 인간은 본질적으로 실천적 존재라고 하는 근본사상을 이미 초고의 분석에서 접했다. 맑스에 있어서 사유가 현실적인가 비현실적인가 하는 사유의 진리성과 마찬가지로, 이러한 실천에 대한 의식은 인간의 삶을 실천적으로 형상화하는 데서부터 도출될 수 있다는 것이 당연한 논리적 귀결이었다. 두 번째와 여덟 번째 테제는 사유와 실천의 본질적 연관을 강조하고 있으며, 실천으로부터 유리된 사유가 현실적인가 아니면 비현실적인가 하는 물음들은 공리공론(Scholastic)이라고 폭로된다.

인간은 그가 실천적인 존재인 한, 또한 능동적인 존재이기도 하다. 따라서 그는 단순히 상황의 산물일 뿐만 아니라, 또한 이 상황을 생산하는 주체이기도 하다. 상황의 변화와 인간활동 사이의 일치가 바로 혁명적 실천이다(세 번째 테제). 이미 초고에서 나타난 바와 같이 맑스는 인간의 본질에 대한 형이상학적이고 추상적인 이해를 극복하고 그것을 본질적으로 역사적인 것으로 파악한다. 따라서 수미일관하게 네 번째, 여섯 번째, 그리고 일곱 번째 테제에서 종교는 인간의 본질과 관계된 것이 아니라, 특정한 사회관계의 표현, 즉 세계 자체의 분열성과 모순성의 결과로 이해된다. 그 자체가 모순된 존재에 대한 극복은 인간생존의 필수요건이며, 따라서 인간적 사회 혹은 사회적 인간성이 새로운 유물론의 입장이 된다(열 번째 테제).

부르주아 세계에 대한 변혁, 극복은 단지 사상, 이념, 추상의 문제가 아니라, 실천적 변혁, 즉 바로 혁명적 실천의 문제이다(열한 번째 테제).

이미 말한 바대로 맑스의 테제에 대한 이런 간략한 고찰은 이 유명한 사상에 대한 근본적인 해석이 될 수 없고, 단지 1844년의 저술들과의 밀접한 관련만을 다시 언급하는 것에 불과하다. 그 저술들—특히 『경제 · 철학 초고』—속에서 테제의 의미와 내용이 근본적으로 선취되어 있다. 이제 테제를 전체적으로 인용하는 것이 적절하다고 생각된다. 왜냐하면 그 속에서 맑스의 많은 사상과 예측의 함축적이고 고전적인 전형이 발견되기 때문이다.106)

포이어바흐에 관한 테제

"1. 지금까지의 모든 유물론(포이어바흐의 유물론을 포함해서)의 주된 결점은 대상, 현실, 감성이 단지 객체 내지는 직관의 형태로만 파악되었다는 것이다. 그것은 감성적인 인간의 활동, 즉 실천으로 파악되지 않았으며, 주체적으로 파악되지 않았다. 따라서 활동적인 측면은 유물론과 대립해서 관념론에 의해—이것은 당연히 현실적이고 감성적인 활동 그 자체를 알고 있지 않다.—추상적으로 발전되었다. 포이어바흐는 감성적인, 즉 사유객체와 현실적으로 구별되는 객체를 파악하려고 한다. 하지만 그는 바로 인간의 활동이 대상적 활동임을 파악하지 못하고 있다. 따라서 그는 『기독교의 본질』에서 오직 이론적인 태도만을 진정한 인간의 태도로 간주하고, 그 반면에 실천은 단지 그것의 오염된 유대교적인 현상형태의 면으로만 파악하고 경직화되었다. 그러므로 그는 혁명적인, 즉 실천적이고 비판적인 활동의 의미를 이해하지 못하고 있다.*

2. 대상적인 진리가 인간의 사유에 귀속되느냐 아니냐 하는 문제는 이론의 문제가 아니라, 실천의 문제이다. 실천을 통해서 인간은 그의 사유의 진리, 즉 그의 사유의 현실성과 위력, 현세성(現世性)을 증명해야 한다. 실천으로부터 유리된 사유가 현실적인가 아니면 비현실적인가에 대한 논쟁은 순전히 공리공론적인 물음이다.

---

106) 우리는 원전이 상대적으로 지나치게 교정되어 있는, 엥겔스에 의해 감수된 제 1판(1888, MEW, Bd. 3, S.533~535)을 인용하지 않고, 모스크바의 초고 편집본을 인용한다.

3. 환경의 변화와 교육에 관한 유물론의 교설은 환경이 인간에 의해 변화되며 교육자가 바로 교육되어야 한다는 점을 망각하고 있다. 따라서 그 교설은 사회를 두 부분—이것 가운데서 한 부분이 다른 부분보다 우월하다.—으로 나누어 검사해야 한다.

환경의 변화와 인간의 활동의 합치는 오직 혁명적 실천으로만 파악될 수 있고, 합리적으로 이해될 수 있다.

4. 포이어바흐는 종교적인 자기 소외, 즉 세계가 종교적인 세계와 세속적인 세계로 이중화되었다는 사실로부터 출발한다. 그의 업적은 종교적 세계는 세속에 기초하고 있다는 사실을 밝힘으로써 그것을 해체시켰다는 점에 있다. 그러나 그 세속적인 기초가 그것 자체로부터 떨어져 나와 독립된 나라로 뜬구름 속에서 세워진다는 사실은, 오직 이 세속적인 기초의 자기분열과 자기모순으로부터 설명될 수 있다. 그러므로 이것 자체는 그 자체에 있어 모순을 안고 있는 것으로 이해되어야 할 뿐 아니라, 또한 실천적 혁명에 의해 해결되어야 한다. 따라서 예를 들어 세속적인 가문이 성스러운 가문의 비밀이었다는 사실이 폭로됨에 따라, 이제 세속적인 가족 자체가 이론적으로 그리고 실천적으로 절멸되어야만 하는 것이다.

5. 포이어바흐는 추상적인 사유에 만족하지 않고, 직관(Anschauung)을 주장하지만, 그는 감성을 실천적인 인간의 감성적 활동으로 파악하지는 않는다.

6. 포이어바흐는 종교의 본질을 인간의 본질로 해체시킨다. 그러나 인간의 본질은 개체적인 개인에 내재하는 추상물이 아니다. 현실적으로 그것은 사회적 관계의 총체(ensemble)이다.

포이어바흐는 이 실제적인 본질을 비판하지 않았기 때문에 다음과 같이 할 수밖에 없었다.

1) [실제적인 본질을] 역사적인 흐름으로부터 추상화시키고, 종교심을 독립적인 것으로 고정시키고, 그리고 추상적인—유리된—인간적 개인을 전제한다.

2) 따라서 그 본질은 단지 유(Gattung)로서, 즉 많은 개인들을 자연적으로 연결하는 내적이고 말없는 일반성으로 파악될 수밖에 없었다.

7. 따라서 포이어바흐는 '종교심' 자체가 사회적 산물이라는 것을 그리고 그가 분석한 추상적 개인이 특정한 사회형태에 속한다는 사실을 보지 못한다.

8. 모든 사회적인 삶은 본질적으로 실천적이다. 신비주의 이론을 유발시키는 모든 신비들은 인간의 실천과 이 실천에 대한 개념적 파악에서 그 합리적인 해답을 찾을 수 있다.

9. 직관적 유물론, 즉 감성을 실천적 활동으로 파악하지 않는 유물론이 도달하는 최고의 것은 부르주아 사회 내에서의 개별적 개인들의 직관이다.

10. 과거의 유물론의 입장은 부르주아 사회에 기초하고 있고, 새로운 유물론의 입장은 인간적 사회, 혹은 사회적 인간을 지향한다.

11. 철학자는 [이제까지는] 세계를 단지 다양하게 해석해 왔다.[그러나 이제부터] 중요한 것은 세계를 변혁하는 것이다."107)

이 테제는 처음에 엥겔스의 저서 『루드비히 포이어바흐와 고전 독일철학의 종언』의 초판의 부록으로서 1888년에 발간되었다. 서문에서 엥겔스는 다음과 같이 특색있게 언급하고 있다. "이것은 차후에 완성시키기 위해 재빨리 써내려간 메모이며, 출판하려고 결정했던 것이 아니다 .그러나 그것은 새로운 세계관의 독창적인 핵심이 침전되어 있는 최초의 기록으로서 더없이 중요한 것이다."108)

포이어바흐에 관한 테제에 대해서 엥겔스가 이렇게 특징을 부여한 것은, 그의 입장을 맑스의 입장과 완전히 대립된 것으로 보려고 하는 특정

---

* 포이어바흐는 인간의 구체적인 실천을 저속하고 본능적이며 탐욕적인 인간 행위로만 보았고, 자연과 사회의 억압으로부터 해방되기 위한 인간의 현실 변혁적 활동으로 보지 못했다. 그래서 그는 이론도 실천을 위한 이론이 아니라, 물욕적인 현세를 떠나, 저 하늘의 별이나 관조하는 그런 것으로 여겼다(—역주).

107) K. Marx, *Thesen über Feuerbach*, MEW, Bd. 3, S.5~7.

108) F. Engels, *Ludwig Feuerbach und der Ausgang der klassischen deutschen Philosophie*, MEW, Bd. 21, S.264.

한 해석들에 문제가 있음을 보여주고 있기 때문에 흥미롭다. 하지만 이것으로부터 엥겔스가 맑스의 『경제 · 철학 초고』를 그 당시에 모르고 있었으며, 따라서 테제를 새로운 세계관의 첫 번째 기록으로 여겼다는 것이 드러난다. 하여튼 「포이어바흐에 관한 테제」는 인류사상의 발전에 있어 유일무이한 고전적인 기록이며, 앞으로도 계속 그러할 것이다.

『독일 이데올로기』

벨기에에서의 체류는 맑스와 엥겔스의 이론적이고 정치적인 영향에 있어 중요한 시기라 하겠다. 맑스는 정치경제학에 대한 집중적인 연구를 계속했으며, 레스케와 함께 정치와 국민경제학에 대한 비판을 쓰기로 합의했다. 그럼에도 불구하고 9월 초에 맑스와 엥겔스는 『비간트의 계간지』(1845, 3호)의 최신호를 떠맡았다. 그것에는 브루노 바우어와 막스 슈티르너가 그들을 논박하는 글이 게재되었다. 그들은 즉시 응답하기로 결정했으며, 그에 따라 「라이프치히 종교재판」이 생겨났다. 1846년 말 연구 중 그들은 [내용을] 근본적으로 수정하고, 또한 포이어바흐와 '진정한' 사회주의에 대해서 일부를 덧붙이기로 합의했다. 1846년 5월에 이르러 이로부터 이 시기의 가장 중요한 저서가 만들어졌다. 이것이 바로 『독일 이데올로기—그 대표자들인 포이어바흐, B. 바우어, 슈티르너를 통한 최근 독일 철학에 대한, 그리고 다양한 예언자들을 보유하고 있는 독일 사회주의에 대한 비판』이다.

맑스와 엥겔스는 서문에서 이 저작의 목표와 의의를 단지 의식의 영역 속에서의 비판으로서만 머물렀던 최근 독일 철학의 근본적인 오류를 비판적으로 논증하는 것이라고 공표한다. "이 철학자들 가운데 어느 누구도 독일철학과 독일 현실과의 연관에 대해서, 그들의 비판과 그들 자신의 물질적 환경과의 연관에 대해 염두에 두지 않았다."109)

맑스와 엥겔스는 청년헤겔학파의 자기의식과 비판적 비판의 구상에—당시 이미 완성[진척]된 한에서—그들 자신의 독창적인 입장을 대립시켰다. 그것은 우리가 임의적인 전제로부터 출발할 수 없고, 특정한 삶의 조건이 항상 미리 주어져 있지만 동시에 그것을 자신의 대상적 활동을 통해 항상 새롭게 창조하는, 현실적인 인간으로부터 출발해야 한다는 것이다. 따라서 전인류역사의 최초의 전제는 살아 있는 인간적 개인들의 실존이므로 최초로 확립되어야 할 사실은 그를 둘러싸고 있는 자연과 특수하게 관계하고 있는, 이 개인의 육체적인 조직이다.

> "우리는 의식, 종교 등등을 통해 인간을 동물로부터 구별할 수 있다. 인간이 그의 생활자료*를 생산하기 시작하자마자, 인간은 스스로 자기 자신을 동물들과 구분하기 시작한다. 이것은 그의 육체적인 조직에 의해 제한된 단계이다. 인간은 그의 생활자료를 생산함으로써, 그는 간접적으로 그의 물질적인 삶 자체를 생산한다."110)

---

109) K. Marx-F. Engels, *Die deutsche Ideologie*, MEW, Bd. 3, S.20.
110) Ibid., S. 21
* 이 말의 원어는 Lebensmittel인데, 이것의 직접적인 의미는 생활을 유지하기 위한 수단, 즉 식량을 비롯한 생필품 전반을 뜻한다. 따라서 Lebensmittel은 의식주 전체에 해당한다. 여기서 Lebensmittel을 식량으로만 이해하는 것은 옳지 않다. 또한 그것을 생산수단으로 이해하는 것도 옳지 않다. 그러나 문제의 핵심은 Lebensmittel이 무엇이냐가 아니라, 인간만이 그것을 생산한다는 데 있다. 선사시대의 인간은 생활자료 그 자체의 구성물만으로 보면 동물과 별 구별이 없었을 것이다. 그럼에도 불구하고, 다른 동물들이 그 욕구에 합당한 자연대상물을 거의 있는 그대로 이용하는 데 반해, 인간은 그 대상을 자신에 맞춰 변형시켜 가공해 낸다는 데 결정적 차이가 있다.—역주

인간을 실천적 존재로 보는 것은 이러한 모든 고찰에 기초한다. 이러한 조망으로부터 비로소 다음의 분석들이—인간의 생산, 이 실천의 요소로서의 생산수단, 삶을 이렇게 실천적으로 형성함으로써 발생하는 제관계, 또한 이 생산에 대한 의식의 분석—이해될 수 있다.

"인간이 그의 생활자료(Lebensmittel)를 생산하는 방식은 우선적으로 기존의 생활자료와 재생산될 생활자료의 성질 자체에 의존한다. 이 생산방식은 그것이 단순히 개인의 물리적인 생존의 재생산이라고 일면적으로 고찰되어서는 안 된다. 그것은 오히려 이 개인의 활동의 특정한 방식이며, 그의 삶을 표출하는 특정한 방식, 즉 그의 특정한 생활방식이다. 개인은 그의 삶을 표출함으로써 존재한다. 따라서 그가 무엇이냐 하는 것은 그의 생산, 즉 그가 무엇을 생산하느냐 하는 것뿐만 아니라, 그가 어떻게 생산하느냐 하는 것과도 일치한다. 그러므로 개인이 무엇이냐 하는 것은 그의 생산의 물질적 조건에 의존한다."[111]

인간의 삶, 인간의 생산, 그리고 이 생산에 근거하여 발생한 여러 관계—무엇이 생산되는가에 의해서뿐만 아니라, 어떻게 생산되는가에 의해서도 결정되는 생산에 근거한 생산관계—이것이 바로 순수 추상화를 통해서 이런 저런 관계, 형식 또는 물질적이거나 관념적인 관계 형식들이 추출되어 나올 수 있는 총체성이다. 사회적 존재가 그것의 모든 측면들을 결정하며, 또한 (이미 그 자체가 항상 이 존재에 대한 의식일 뿐인) 의식도 결정한다.

"관념, 표상, 의식의 생산은 우선 인간의 물질적인 활동과 물질적인 교류인 실생활의 언어와 직접적으로 연루되어 있다. 인간의 표상, 사유, 정신적인 교류는 여기

---

111) Ibid., S.21.

에서는[실생활에서는] 여전히 그의 물질적인 관계의 직접적인 유출로 여겨진다. 한 민족의 정치, 법, 도덕, 종교, 형이상학 등의 언어 속에서 드러나고 있는 정신적인 생산도 이와 마찬가지다. 인간은 그의 표상, 관념 등의 생산자이다. 그러나 이 인간이란 그들의 생산력과 폭넓게 형성된, 그것에 상응하는 교류의 특정한 발전에 의해 제한되는 현실적이고 실행하는 인간이다. 의식(Bewußtsein)은 의식된 존재(bewußte Sein) 이외의 어떤 다른 것일 수가 없으며, 인간의 존재란 그의 현실적인 삶의 과정이다. 완전한 이데올로기 속에서 인간과 그들의 관계가 바늘구멍 사진기에서처럼 머리로 거꾸로 선 것처럼 보인다면, 이 현상은, 대상들이 그것의 직접적인 물리적인 과정으로부터 망막 위에 서는 거꾸로 서 있는 것과 마찬가지로, 그것들[인간과 그들의 관계]의 역사적인 삶의 과정으로부터 발생한 것이다."112)

맑스와 엥겔스는 사유와 존재의 관계 문제에 대한 그들의 근본입장을 이 사상 속에서, 그들의 후기 저작들과 언급 속에서 종종 보이는 것보다 더 깊이 있고 더 적합하게 명시했다. 그 이후의 몇몇 언급들이 많은 맑스주의자로 하여금, 현실은 오로지 인간에 의해 변화되는 자연과 관계해야 하는 사회적 관계라는 사실을 염두에 두지 않은 채, 의식을 단지 현실의 묘사로서 파악하게끔 하였다. 이로부터 토대와 상부구조에 대한 근본적으로 기계적인 이해가 생겨났다. 이러한 이해에 따라 이 관계 전체는 두 부분으로 분해되었다. 그러나 맑스와 엥겔스의 견해의 의미와 내용을 극명하게 보여 주고 있는 위에서 인용된 사상은 이 관계가 이처럼 양분된 것일 수 없다는 것을 입증해 준다.

인간은 그의 물질적인 생산뿐만 아니라, 이 생산의 결과로부터 생겨나는 모든 관계들도 발전시킨다. 그러나 인간의 모든 실천은 이 실천에 대

112) Ibid., S.26.

한 사유를 전제하고 필요로 한다. 즉 그것은 그것 자체와 이 활동 내에서의 인간의 위치에 대한 특정한 사상, 이해와 이념의 형성을 전제한다.

"따라서 도덕, 종교, 형이상학 그리고 여타의 이데올로기와 이것들에 상응하는 의식형태들은 더 이상 자립성의 가상을 유지하지 못한다. 그것들은 그 자체로는 역사도 갖지 못하고, 발전할 수도 없으며, 도리어 물질적 생산과 물질적 교류를 발전시키는 인간이 그들의 이러한 현실과 함께 또한 그들의 사유와 그들의 사유의 산물들을 변화시키는 것이다. 의식이 삶을 결정하는 것이 아니라, 삶이 의식을 결정한다. 첫 번째 고찰방식[의식이 삶을 결정하는 것으로 보는 방식]에서는 살아 있는 개별자가 [그 의식에 따라 보고] 그 의식으로부터 출발하게 되지만, 두 번째, [삶이 의식을 결정하는 것으로 보는 방식], 즉 현실적인 삶에 부합하는 고찰방식에서는 바로 현실적으로 살아 있는 개인들로부터 출발하게 되며, 따라서 의식은 단지 그 개인들의 의식으로 간주된다."[113)]

물론 이러한 고찰방식에 전제가 없는 것은 아니다. 그렇지만 그것의 전제는 현실적인 전제, 즉 특정한 조건하에서 경험적으로 밝혀질 수 있고 현실적으로 삶을 영위해 나가고 있는 인간들, 바로 이런 인간이다. "이 활동적인 삶의 과정이 명백하게 드러나자마자, 역사는 아직 추상적인 경험론자에 있어서처럼 단지 죽은 사람들의 집합이기를 멈추며, 관념론자에 있어서처럼 상상적인 주체의 상상적인 행위이기를 멈춘다."

113) Ibid., S.26~27.

* 이는 역사의 시작은 생활자료의 생산에 있을 뿐만 아니라, 이미 그때에 인간들 상호간의 연관(관계)도 존재하고 있다는 것을 뜻한다. 역사의 시초에 인간들이 고립적으로 생산했던 것이 아니라, 이미 서로 관계를 맺고 있었으며, 따라서 사회적이었다는 것을 의미한다. 그러므로 이도 또한 역사의 유물론적인 전제가 되는 것이다. 또한 여기에서 교류(Verkehr)는 생산관계(Produktionsverhältnis)의 초기적 표현이다.—역주

그러므로 최초의 역사적 행위는 일차적인 욕구(먹고, 마시고, 주거하고, 옷을 입는 등등)의 충족을 위한 수단의 생산이며, 이것이 동시에, 항상 다시 새로운 것으로 채워져야 하는 전역사의 근본전제인 것이다. 욕구의 충족은 새로운 욕구를 일깨운다. 다음의 전제는 마지막으로 성의 상호 관계 속에서, 남자와 여자의 관계 속에서, 가족의 형성 속에서 찾아진다. 이리하여 욕구와 생산방식에 의해 제약되는 인간들 상호간의 유물론적인 연관이 역사의 처음부터 있었다고 언급되고 있다.* 이 연관은, 항시 새로운 형태를 갖게 되며, 따라서 인간을 묶는 특정한 종교적 내지 정치적 결합 없이도 '역사'를 이루는 연관이다. 인간은 설령 신비적인 형태라 하더라도, 늘 어떤 방식으로든 그의 관계들을 의식한다. 그러나 의식은 '순수한 의식'이 아니다!

"'정신'은 유동하는 공기층, 음향, 즉 간단히 말해서 언어의 형태로 나타나는 물질에 '붙잡혀 있어야' 하는 저주를 타고났다. 언어는 의식만큼이나 오래된 것이다.— 언어는 실천적이며, 다른 사람들을 위해서 존재할 뿐만 아니라, 또한 나 자신을 위해서도 존재하는 현실적인 의식이다. 이러한 언어는 의식과 마찬가지로 다른 사람과의 교류의 필요성에서 생겨났다. 의식은 관계가 존재하는 곳에서 나에 대해 현존하게 된다. 동물은 아무 것과도 관계하지 않으며, 따라서 일반적으로 의식이 없다. 동물의 다른 동물과의 관계는 관계로서 존재하지 않는다. 따라서 의식은 처음부터 사회적 산물이며, 일반적으로 인간이 존재하는 한 그것도 남아 있을 것이다."114)

의식은 우선적으로 인간의 가장 인접한 감각적인 환경과 그와 다른 사람과 사물 사이의 한정된 연관에 대한 의식이다. 그러나 그것은 또한 그

114) Ibid., S. 30~31.

에게 소원하고 도달할 수 없는 힘으로서 대립하고 있는 자연에 대한 의식이기도 하다. 자연종교의 현존이 그러한 관계에 대한 증거이다.115)

이러한 인간의 출발은 사회적인 삶 자체가 그러하듯이, 물론 늘 여전히 동물적이다. 그러다가 생산의 개선과 확대를 통해 노동분업이 이루어진다. 그러나 실제적인 노동분업은 정신적 노동과 육체적 노동으로의 분업을 통해 비로소 실현된다.

"이 순간부터 의식은 자신을 기존의 실천에 대한 의식과 다른 것이라고 생각할 수 있으며, 현실적인 것을 표상하지 않고도, 현실적으로 어떤 것을 표상한다고 생각할 수 있다. 이 순간부터 의식은 세계로부터 해방되어, '순수한' 이론, 신학, 철학, 도덕 등등으로 넘어설 수 있다. 그러나 이 이론, 신학, 철학, 도덕 등이 현존하는 제관계와 모순되는 것조차도, 현존하는 사회적 관계가 현존하는 생산력과 모순됨으로써만 일어날 수 있다. 게다가 이것은 제관계의 특정한 국가적인 범위에서도, 그 모순이 이 국가적인 테두리에서가 아니라, 국가적인 의식과 다른 국가의 실천 사이에서, 즉 한 국가의 국가적 의식과 일반적 의식 사이에서 발생함으로써, 일어날 수 있다."116)

노동분업은 따라서 향유와 노동, 생산과 소비가 각기 상이한 개인들에게 주어짐으로써 그들 사이에 모순이 일어나게 한다. 맑스와 엥겔스는 노

115) 이 문제와 관련하여 맑스와 엥겔스는 다음과 같이 썼다. "이 자연종교 내지는 자연과의 이러한 특정 관계는 사회형태에 의해 제약되며, 그리고 그 반대이기도 하다. 어디에서나처럼 여기에서도 자연과 인간의 동일성은, 인간과 자연의 한정된 관계가 그들 상호간의 한정된 관계를 제약하며, 그들 상호간의 한정된 관계가 그들과 자연의 한정된 관계를 제약한다는 식으로 나타난다. 왜냐하면 자연은 거의 역사적으로 변형될 수 없는, 반면에 인간이 그의 주변의 개인들과 연결되어야 한다는 필연성의 의식이, 그가 일반적으로 사회 내에서 살아 나간다는 것에 대한 의식의 출발이기 때문이다."(Ibid., S.31).

116) Ibid., S.31~32.

동분업의 지양 속에서 그 해결점을 본다. 노동분업을 통해서 질적으로 양적으로 불평등한 배분, 재산이 주어진다. 따라서 결국 노동분업으로부터 발생하는 것은 — 맑스가 그것을 이해하고 있는 바대로 — 사회가 자연발생적으로 발전하고, 또한 그에 따라서 개인적 이해와 일반적 이해 사이에 불화가 발생하는 한, 본래적인 인간의 행동은 인간으로부터 멀어져 그에게 대립된 소원한 힘이 된다는 것이다. 이리하여 인간은 그 힘을 지배하는 대신에 소원한 힘이 인간을 억압하게 된다.

"요컨대, 노동이 분할되기 시작함에 따라, 모든 사람은 그에게 강제적으로 부과되어 그가 빠져나올 수 없는, 일정하게 한정된 활동영역을 갖게 된다. 즉, 그는 사냥꾼, 어부, 혹은 목동이거나 혹은 비판적인 비평가가 된다. 그리고 생활수단을 잃지 않으려면 그는 계속해서 그 일에 남아 있어야만 한다. 이와 달리 모든 사람이 배타적인 활동영역을 갖지 않고, 좋아하는 모든 분야를 연마할 수 있는 공산주의 사회에서는, 사회가 일반적인 생산을 규제함에 따라, 내가 오늘은 이것을, 내일은 저것을, 다시 말해서 만일 내가 흥미만 있다면 사냥꾼, 어부, 목동, 혹은 비평가가 되지 않고서도, 아침에는 사냥하고, 오후에는 고기잡고, 저녁에는 양을 몰고, 식사 후에는 비평하는 것을 가능케 해준다."117)

이 말이 소박하게 들릴지도 모르지만, 그것은 위대한 이념을 포함하고 있다. 사유재산이 발달된 사회는, 대립된 경쟁과 역사적으로 완전히 비이성적인 일련의 욕구를 강요함으로써, 인간을 분업화된 노동의 좁은 영역에 강제로 밀어 넣고, 전문화를 통해 그를 단순화시켜 버린다. 이에 대해 맑스는 인간을 그의 다재다능한 가능성의 전인적 존재로서 이해한다. 오

---

117) Ibid., S.33.

늘날의 인간 상태, 즉 비창조적이며 기계적인 세분화에 대한 그의 불만족이 이 테제를 입증해 준다. 그러나 현대의 과학과 기술의 발전은 오늘날 세분화의 불가피한 필요가(이 세분화는 당연스럽게 전문화가 될 필요가 없다.) 일일노동자의 단축이란 전제하에서 인간의 여타 본성과 관심의 창조적인 계발과 결합 가능함을 보여준다.

지금까지 피력된 사상으로부터 분명하게 드러나는 것은, 소외의 개념이 그 당시 관념론에 의해 그 이름이 더럽혀졌기 때문에, 그 개념이 이 저작 속에서 거의 사용되지 않았음에도 불구하고, 맑스와 엥겔스는 여기에서 인간의 자기소외의 문제를 다루고 있다는 점이다. 특히 그들이 생산물의 경화(Konsolidation)에 대해 언급하고 있는 다음의 분석에서 이 점이 명백하게 표현되고 있다.

"사회적 활동의 이러한 자승자박, 즉 우리 자신의 생산물이 우리의 통제로는 감당할 수 없게끔 커져 우리의 기대를 좌절시키고, 우리의 계산을 무력하게 하고, 우리 위에 군림하는 물적 강제력에로 경화된 것이 지금까지의 역사발전에서의 주요 계기들 가운데 하나였다. 바로 이러한, 특수 이해와 공동 이해 사이의 모순으로부터 공동적인 이해는 현실적인 개별 이해와 전체 이해로부터 분리된 채, 국가로서 자립적인 형태를 취하게 된다……."118)

이로부터 그들은 다음과 같은 결론을 내린다. 국가 내에서의 모든 투쟁은—민주정, 귀족정, 군주정 등 사이의 투쟁—현실적인 계급투쟁의 환상적인 형태에 불과하며, 이 투쟁 속에서 승리하는 계급은 그들 자신의 이해를 일반적인 공동의 이해로 천명해야만 한다. 그럼에도 불구하고 정치적

---

118) Ibid., S.33.

지배력으로서, 개인에 대해 소원한 권력인 국가는 일련의 발전단계를 통과하는데, 이 국가는 현존하는 재산과 교양의 세계와 모순되는 재산없는 (인간) 대중이 성립될 때에만, 지양될 수 있다. 이것은 생산력의 커다란 증대와 고도의 발전을 전제한다.

고도로 발전된 생산력이 필요한 이유는 한편으로는, 공산주의를 통해서 궁핍의 일반화를 가져오기 위한 것이 아니기 때문이고 다른 한편으로는 그러한 발전을 통해서 인간 상호간의 보편적인 교류가 확립되기 때문이다. 즉 경험적으로 보편적인 개인이 발양된다. "공산주의는 경험적으로는 오직 유력한 민중의 행동으로서만 '단번에' 그리고 동시에 가능하다. 따라서 공산주의의 경험적인 실현은 생산력의 보편적인 발전과 그와 연관된 세계교류(Weltverkehr)를 전제한다."[119] 그리고 계속해서,

> "공산주의는 우리에게 있어서는, 이루어져야 할 상태나 현실이 추구해야만 하는 이상이 아니다. 우리는 공산주의를 지금의 상태를 지양하는 현실적인 운동이라고 부른다……. 따라서 프롤레타리아트는, 공산주의와 그것의 행동이 일반적으로 단지 세계사적으로 현존할 수 있듯이, 오직 세계사적으로만 현존할 수 있다. 프롤레타리아트는 개인의 세계사적인 현존, 즉 세계사와 직접적으로 결합된 개인의 현존이다."[120]

지금까지의 역사를 통해 경험적으로 다음과 같이 밝혀졌다. 개인을 위한 생산의 세계생산에로의 확대는 그것에 소원한 힘의 지배를 의미하는데, 이것은 최종적으로는 세계시장으로 밝혀진다. 이것은 공산주의혁명을 통해 부정되며, 모든 개인의 해방은 역사가 세계사가 되는 정도에 따라

119) Ibid., S.35.
120) Ibid., S.35~36.

실현된다. 개인들은 이와 같은 방식으로만 그들이 처한 시기의 국가적 지방적 한계로부터 해방되며, 전세계의 생산(정신적인 것도 포함해서)과 실제적인 관계를 맺게 되어, 전반적인 세계생산을 이용할 수 있는 가능성을 보유하게 된다. 그렇지만, 오직 보편적인 교류 내에서 성립하는 총체적으로 발전된 생산력에 대한 이와 같은 전유는 그 자체가 보편적인 성격을 갖고 있어야 한다. 그리고 이 전유는 이 생산력에 상응하는 인간의 개성적인 능력의 발전과 별개의 것이 아니다.

"따라서 생산도구에 대한 총체적인 전유는 개인들 자체 내에서의 총체적인 능력의 발전이다. 이 전유는 결국 전유하는 개인들에 의해 제약된다. 현재 모든 자기활동으로부터 완전히 배제된 현재의 프롤레타리아트만이, 더 이상 국부적인 자기활동만이 아니라 총체적인 생산력의 전유와 그와 함께 확립된 총체적인 능력의 발전에서 성립하는, 그들의 완전한 자기활동을 관철시킬 수 있다. 과거의 모든 혁명적인 전유는 국부적이었다. 그래서 제한된 생산도구와 제한된 교류에 기인하며 자기활동이 국부적이었던 개인들은, 이러한 제한된 생산도구를 전유했으며, 따라서 새로운 한계에 머무를 수밖에 없었다. 그들의 생산도구는 그들의 소유가 되었지만, 그들 스스로는 노동분업과 그들 자신의 생산도구에 예속되었다. 지금까지의 모든 전유에 있어서 개인들의 집단은 전적으로 생산도구에 예속되었다. 그러나 프롤레타리아트에게 있어서는 모든 생산도구들이 모든 개인에게 예속되고 재산은 모든 사람에게 예속되어야 한다. 현대의 보편적인 교류는, 그것이 모두에게 예속됨으로써만, 개인들에게 예속될 수 있다."[121]

그러한 과정에서 비로소 '개인의 전인에로의 발전'[122]과 노동의 자기활

121) Ibid., S.68.
122) Ibid., S.68.

동에로의 전화가 실현된다. 그러기 위해서는 물론 인간과 그들의 인식상의 커다란 변화가 필요하다. 그리고 이것은 오직 실천적인 운동, 즉 혁명 속에서만 가능한 것이다. 따라서 혁명은 "지배계급이 다른 방식으로 전복될 수 없기 때문에 필요할 뿐만 아니라, 또한 전복시키는 계급이 오직 혁명 속에서만 모든 과거의 쓰레기를 떨쳐 버리고 새로운 사회를 건설할 수 있게 되기 때문이다."123)

또한 맑스와 엥겔스가 그에 따라 국가를 정치적 소외의 형태로 이해하고 있다는 사실은, 이 저작 속에서 단지 공동체의 외관을 한 추상적 공동체에 지나지 않는 권력에 대한 지양의 필연성을 강조하고 있는 여러 테제들과 결론들에서 입증되고 있다. 이것들 가운데 한 구절에서 그들은 '지금까지의 공동체의 대용물들'에 대해 분명하게 언급하고 있다. 그것의 예가 국가이다. 국가는 개인에 비해서 보다 더 자립적이었으며, 다른 계급에 대한 한 계급의 규합으로서, 지배받는 계급들에게는 환상적인 공동체였을 뿐만 아니라, 또한 새로운 사슬이기도 했다. 이러한 연유로 해서 "프롤레타리아트는, 개인이 사회를 지금까지 통칭하여 왔던 형태인 국가에 직접적으로 대립하게 되었으며, 그들의 인격을 관철시키기 위해 국가를 전복시켜야만 한다."124)

---

123) Ibid., S.70.

124) Ibid., S.77. 여기에서 우리는 더 고려되어야 할 두 가지 사상을 더 첨가하자. "지금까지의 혁명이 노동분업 내에서 새로운 정치기구를 세워야 했다는 사실은 위에서 포이어바흐에 대해 말했던 것으로부터 도출된다. 이에 대해 노동분업을 지양하는 공산주의 혁명이 정치기구를 폐지한다는 사실은 바로 다음으로부터 도출된다……"(Ibid., S.364.). 그리고 계속해서 "그러나 이제 모든 반동적인 사회주의로부터 공산주의를 구별하는 가장 중요한 원리들 가운데 하나가, 머리, 즉 지적인 능력의 차이가 일반적으로 위, 즉 물리적 욕구의 차이를 제약하지 않는다는 인간의 본성에 근거된 경험적인 고찰로부터 성립한다. 따라서 우리의 현존하는 관계에 근거하고 있는 잘못된 명제인, '모든 사람은 능력에 따라'는, 그것

프롤레타리아트가 지배계급인 부르주아지와 그들의 사회질서와 투쟁하면서, 동시에 지배적인 사상일 뿐만 아니라, 현존하는 물질적 관계를 관념적으로 표현하는 지배계급의 사상에 대해서 투쟁한다는 것은 자명한 일이다. 맑스와 엥겔스는 계급과 이데올로기의 관계를 설명하면서 그것을 다음과 같이 전형적으로 정식화하고 있다.

"모든 시대에 있어서 지배계급의 사상이 지배적인 사상이다. 즉 사회의 지배적인 물질적인 힘을 장악한 계급이 동시에 지배적인, 정신적인 힘도 장악한다. 그럼으로써 물질적 생산수단을 마음대로 처리하는 계급은 정신적 생산수단도 마음대로 지배할 수 있으며, 따라서 정신적 생산수단을 결여하고 있는 계급들의 사상이 평균적으로 그들에 예속하게 된다. 지배적인 사상은 지배적인 물질적 관계의 관념적인 표현, 즉 사상으로 파악된 물질적 관계에 지나지 않는다. 따라서 그것은 바로 한 계급을 지배계급으로 만드는 관계 속에서 그들의 지배사상이 된다. 또한 지배계급을 이루는 개인들은 특히 의식을 가지며, 따라서 사유한다. 그러므로 그들이 계급으로서 지배하고 역사시대의 모든 영역을 규정하는 한, 그들은 전범위에 걸쳐 이렇게 할 것이며, 따라서 무엇보다도 사유하는 자로서, 사상의 생산자로서 지배하고, 그의 시대의 사상의 생산과 소비를 규제한다. 따라서 그들의 사상이 그의 시대의 지배사상이 된다."125)

그럼에도 불구하고 노동분업은 또한 지배계급의 내부에서도 표출된다. 그래서 일부는 성격상 이 계급의 사상가로 나타나고, 반면에 다른 일부는 사상과 환상을 생산하기 위한 시간이라곤 거의 없는 실천적인 부분을 형

이 좁은 의미에서의 향유에 관계되는 한, 모든 사람은 필요에 따라라는 명제로 수정되어야 한다. 다시 말해서 활동, 노동에 있어서의 상이성은 어떤 불평등 내지는 소유와 향유의 특권의 이유가 될 수 없다."(Ibid., S.528.).

125) Ibid., S.46.

성한다.

이 지배계급 내부에서 큰 대립이 나타날 수 있다. 그러나 계급 전체가 위태롭게 되는 실제적인 투쟁이 일어나자마자 이 적대성은 사라진다. "그리고 그때 또한 지배적인 사상이 재배계급의 사상이 아니고, 이 계급의 힘과 다른 힘이 갖는 것처럼 보이는 가상도 사라진다."126)

따라서 우리는 인간과 역사에 대한 새로운 사상이 유물론적 변증법과 유물론적 역사관의 모든 근본요소가 『독일 이데올로기』에서 완결되어 있음을 알 수 있다. 그리고 더욱이 지금까지의 언급은 맑스뿐만 아니라 엥겔스의 사상도 바로 1844년의 『초고』, 「포이어바흐에 관한 테제」와 『독일 이데올로기』에서 아주 깊고, 포괄적이며, 일관되게 표현되고 있다는 것을 입증해 준다. 나는 게다가 그들의 사상이 완숙하게 되고, 그들이 그 당시의 많은 사상가들이 풀려고 했던 문제들을 변증법적으로 파악하려고 극도로 노력했던 시기의 이 저작들 속에서, 그들의 근본입장을 후기에서보다 더 탄력적이고 복합적으로, 그리고 그들의 기본의도에 더 잘 부합되게 표현하고 있다고 본다. 후기에, 그들은 그 성과들을 더 명확하고 더 대중적으로 제시하려고 의도했다.

예를 들어 '토대와 상부구조', '인간의 머리 속으로 옮겨진 물질 세계로서의 관념 세계', '모사로서의 의식' 등과 같은 후기의 공식적인 표현들은, 그들 두 사람 특히 맑스가 인간과 역사의 본질에 대한 본래의 탐구에서 발견했던 입장들에 대해 가장 적절한 표현이라고 하기는 어렵다.

또한 『독일 이데올로기』에서는 모든 새로운 사상들을 종합하려는 시도가 발견된다. 이것을 후기 『정치경제학 비판』(1859)의 서문에 나오는 이

126) Ibid., S.47.

것보다 더 잘 알려져 있는 구절과 비교하기 위해 여기에서 인용해 보자.

"따라서 이 역사관이 근거하는 것은, 현실적인 생산과정을—직접적 삶의 물질적인 생산으로부터 출발하여—설명하는 것, 그리고 이 생산방식과 연관되어 있으며 그것에 의해 산출된 교류형태인, 다양한 단계를 갖는 부르주아 사회를 전역사의 기초로 파악하는 것, 그리고 그것[부르주아 사회]을 그 작용에 있어 국가로서 설명할 뿐만 아니라, 모든 다양한 이론적인 결과들과 의식의 형태들, 즉 종교, 철학, 도덕 등등을 그것[부르주아 사회]으로부터 설명하는 것, 그리고 그것의 성립과정을 그것들로부터 추적하는 것이다. 이렇게 함으로써 이제 당연히 사태의 본질이 총체적으로(그리고 따라서 이러한 다양한 측면들 상호간의 상호작용도 또한) 설명될 수 있게 된다. 그것[유물론적 역사관]은 관념론적 역사관처럼 모든 시대 속에서 하나의 범주를 추구하는 것이 아니라, 지속적으로 현실적인 역사의 지반에 확고하게 서 있으며, 이념으로부터 역사를 설명하지 않고, 물질적 실천으로부터 이념의 형성을 설명한다. 그리하여 그것은, 모든 의식의 형태와 산물이 정신적인 비판, 즉 '자기의식'으로의 해소 내지는 '도깨비', '유령'(Sparren) 등을 통해 해체되는 것이 아니라, 관념론적인 속임수가 발생한 실재적인 사회적 제관계를 실천적으로 전복함으로써만 해체될 수 있다는 결론에 이른다. 요컨대 그 결론은 비판이 아니라, 혁명이 역사, 또는 종교, 철학, 그리고 여타의 이론의 추동력이라는 것이다. 그것[유물론적 역사관]이 입증해 주는 것은, 역사는 정신의 정신으로서의 '자기의식'으로 해소됨으로써 종결되는 것이 아니라, 역사에는 매 단계마다 물질적인 결과, 총생산력, 그리고 역사적으로 창조된 자연과의 관계, 개인들 상호간의 관계가 기본적으로 존재한다는 것이다. 그리고 이러한 것들은 각 세대마다 그 선행하는 세대로부터 전승되어, 새 세대의 생산력, 자본과 환경에 특수한 성격을 부여한다는 것이다. 그래서 이러한 것들[생산력, 자본과 환경]은 한편으로는 새 세대에 의해 변형되기는 하지만, 다른 한편으로는 그것[새 세대]에 고유한 생활조건을 지정하고, 그것에 특정한 발전형태를 부여한다. 따라서 요약컨대 유물론적 역사관은 인간이 상황을 만드는 것과 마찬가지로 상황이 인간을 만든다는 것을 입증한다. 모든 개인과 모든 세대에게 그들에 앞서 주어져 있는, 총생산력, 자본 그리고 사회적 교류형태가 바로 철학자들이 '실체', '인간의 본질'로 생각했던 것, 그리고 그들이 신격화하고 투쟁했던 것의 실재적인 기반이다. 그리고 그것들이 이 철학자들이 '자기의식' 그리고 '유일자'를 내세워 반란을 일으켰지만, 이를 통해서 조금도 방해받지 않고 인류의 발전에 작용하고 영향을 주었던 실재적인 기반이다. 여러 세대에 걸쳐 미리 주어져 있는 이러한 생활조건들이 또한, 시대적으로 역사 속에서 반복되고 있는 혁명적 진동이 현존하는 모든 것의 토대를 전복시킬 만큼 충분히 강한가 그렇지 않은가를 결정한다. 그리고 총체적 전복의 물질적인 요소들, 즉 한편으로는 현존하는 생산력과, 다른 한편으로는 기존 사회의 개별적 조건들에 대해서뿐만 아니라, 종래의 '삶의 생산' 자체, 그것[사회]이 기반으로 하고 있는 '활동전체'에 대해서 혁명을 일으키는, 혁명대중의 형성이 현존하지 않는다면, 이 전복의 이념이 이미 수백 번 주장되건 말건간에, 그것은 실천적 발전과는 무관하다. 이것은 공산주의의 역사가 이미 증명해 주고 있다."127)

『철학의 빈곤』

1846년 말에 맑스와 프루동은 결정적으로 결별하고 만다. 이 결별에

---

127) Ibid., S.37~39. 맑스와 엥겔스는 『독일 이데올로기』를 대략 1846년 여름까지 썼다. 1846년 5월초에 그들은 최초 원고의 대부분의 초고를 그들의 동료인 J. 바이데마이어에게 우송했다. 그는 부유한 사회주의자인 율리우스 리이어와 루돌프 렘펠을 돕고 있었다. 그들은 그 저작을 발간할 수도 있었지만, '진정한 사회주의'의 대표자로서 그들은, 진정한 사회주의와 부르주아 사상의 대표자들인 바우어, 루게, 포이어바흐 그리고 슈티르너에 대한 맑스와 엥겔스의 날카로운 비판에 동의하지 않았고, 따라서 출판을 거절했다. 그 저작은 이 세기에 와서야 비로소 발행되었다. 포이어바흐에 관한 제1부는 라자노프의 『맑스-엥겔스 문집』(1926) 속에, 전권은 MEGA(1932) 속에 발행되었다. 가장 최근의 자료는 베르트 안드레아스와 볼프강 묑케가 서문을 쓴 사회주의의 문집 8권(1968)을 보라.

관한 최초의 기록은 1846년 12월 28일 러시아 평론가인 아넨코프에게 보낸 유명한 편지이다. 이 편지에서 맑스는 그의 역사관의 틀과 그의 지금까지의 탐구내용을 간단히 요약하고 있다. 또한 이 편지는 어떤 면에 있어서는 맑스가 이미 그 해말에 글로써 공격하기 시작한, 프루동에 대한 일종의 비판의 서두라 할 수 있다. 이 편지의 기본사상은 다음과 같다. 사회는 인간의 대립적인 상호작용의 산물이며, 이러한 인간은 이러저러한 사회형태를 자유롭게 선택하지 못한다. 생산력 발전의 특정 단계로부터 우리는 교환과 소비의 특정한형태를 도출해 낼 수 있다. 생산, 교환, 소비의 각 발전단계로부터, 특정한 가족, 계층 내지는 계급 조직을 갖춘, 그에 상응한 사회질서가 형성된다. 한 마디로 말해서[생산교환소비의 수준에] 상응한 정치질서를 갖춘 특정한 시민사회가 형성된다.

따라서 인간은 그들의 생산력의 선택에 있어서도 자유롭지 못하다. 왜냐하면 인류역사는 모든 세대가 이전 세대의 생산력의 바탕 위에 성립되기 때문이다.

"인간의 사회사는 그들이 의식하든 안하든, 항상 그들의 개별적인 발전의 역사이다. 그들의 물질적인 제관계가 그들의 모든 제관계의 토대이다. 그런데 이 물질적인 제관계는 그들의 물질적이고 개별적인 활동이 실현되는 필연적인 형태와 다른 것이 아니다."128)

인간이 생산하고, 소비하고, 교환하는 경제 형태들은 일시적이고 역사적인 형태들이다. 경제적인 범주들은 이러한 현실적인 관계들이 추체일

128) K. Marx, 1846년 12월 28일 P.W. 아넨코프에게 보낸 편지, MEW, Bd. 4, S.548~549.

뿐이지, 프루동과 부르주아 경제학자들이 이해하고 있는 것처럼 영원한 것이 아니다. 왜냐하면 인간은 그들의 생산력에 알맞은 (그들의) 사회적 관계를 생산해 내기 때문이다. 이 사회적 관계 속에서 그들은 베와 아마포를 생산하는 것이다.

"프루동 씨는 인간이 그들의 물질적인 생산력에 상응하여 사회적 관계도 생산하며, 또 이러한 사회적 관계들의 관념적 표현인 이념과 범주도 생산한다는 것을 거의 이해하지 못했다. 따라서 범주들은 그것들이 표현하고 있는 제관계와 마찬가지로 영원하지 않다."129)

따라서 1846년은 맑스와 엥겔스가 역사와 세계에 대한 그들의 새로운 사상을 이미 근본적으로 완성한 해라고 할 수 있다. 유물사관과 유물변증법은 이러한 발전의 원숙하고 탁월한 결실이며, 의심할 바 없이 인류 사상사에 있어 신기원을 이룩한 성과이다.

그러한 성과를 가능케 했던, 다방면의 역사적이고 이념적인 영향과 전제들은 이미 입증되었다. 그러나 분명히 강조할 점은, 실천과 이 실천의 중요한 계기들 가운데 하나인 생산에 관한 일관된 유물론적인 파악은 현대 사회의 기본 모순인 '노동'과 '자본'의 반정립[대립] 속에서 극명하게 드러나고 있는 역사발전의 수준을 전제하고 있다는 점이다.

'감성적 활동', 생산적 실천, 즉 노동의 대상화를 통해 자신의 물리적 생존뿐만 아니라, 또한 자기 시대의 '시민사회'와 이것의 '부'의 생존도 지탱하는, 그러한 계급의 현존이 두말할 나위 없이 감성적 활동의, 즉 역사적 발전의 기초로서의 현실적 감성적 변혁을 전면적으로 파악하기 위한

129) Ibid., S.554.

역사적인 조건이다.

『신성가족』에 뒤이은 기간에 『철학의 빈곤』(1847년 7월)만이 발표되었기 때문에, 새로운 입장은 오직 이 저작으로부터만(그리고 후에는 『선언』으로부터) 알려질 수 있다. 그런데 우리는 여기에서 맑스와 엥겔스의 견해에 대한 결정적인 정식을 발견한다.

이미 그 당시 맑스는 그의 이론적이고 경제학적인 연구의 일부를 정치경제학의 비판에 쏟고 있었다. 왜냐하면 역사에 대한 그의 전체 사상 속에서 경제가 중요한 역할을 하기 때문이었다. 이미 성과가 이루어진 이 연구의 최초의 결실은 프루동의 『빈곤의 철학』에 대한 대답이다. 파리에서 수많은 밤을 매우 다채로운 문제들, 특히 헤겔철학에 대한 토론으로 함께 지새웠던, 진정어린 한때의 좋은 동료들은 이론적이고 사회적인 문제들에 대한 그들의 견해에 따라 점점 더 사이가 멀어져 갔다. 그런 가운데 맑스는 프루동에게 변증법의 본질을 더 잘 이해시키려고 노력했다.

프루동은 부르주아 국가 내에서의 개량을 표방하는 쁘띠 부르주아 사회주의자로 머물렀다. 따라서 결별은 불가피했다. 그러나 맑스의 저서는 프루동에 대한 답변 때문이 아니라, 그가 정치-경제적 문제들을 분석한 새로운 이론적 입장 때문에 가치가 있다. 이 저술은 그 근본의도에 있어 새로운 과학의 정초가 아니라, 기존 현실과 사회-경제 체제의 옹호를 표현하고 있는 정치경제학에 대한 비판이다.

현대의 이러한 생산양식, 즉 자본주의적 생산양식을 이해하기 위해서는 우선적으로, 상품, 가치, 그리고 잉여가치의 생산의 결과인 자본축적의 문제가 분석되어야 한다. 맑스는 그의 분석을 부르주아 정치경제학의 고전적인 성과를 이룩한 스미드와 리카도 그리고 그들의 노동가치론으로부터 출발한다.[130] 이 이론에 따르면 노동이 가치의 원천이며, 그 기준은 시간이다. 생산물의 상대적 가치는 대상의 생산에 소모된 노동시간에 의해 결정된다. 그리고 가격은 상대적 가치에 대한 상품의 화폐적 표현이다.[131] 맑스는 가치의 여러 종류에 관한 문제를 더 자세하게 탐구하지 않고, 노동을 마찬가지로 상품으로 파악한다. 이후 50년대에 들어서서야 그는 아주 중요한 결론에 이른다. 즉 자본가는 노동이 아니라 노동력을 구매하며, 단순히 생존에 필요할 만큼만 지불한다. 따라서 여기에서 자본주의적 생산의 근본법칙인 잉여가치를 이해하고 설명할 수 있는 열쇠가 발견되었다.

맑스를 이전의 모든 정치경제학의 이론가들과 본질적으로 구별시키는 것은, 그의 새로운 역사관이다. 스미스와 리카도가 그들의 가치이론으로 인간본성에 상응하는 자연적이고 영원한 사회의 법칙을 정식화하고, 그에 따라 자본주의를 비역사적인 현상으로 이해했던 반면, 맑스는 이 모든 이론을 새롭고 전혀 다른 기초 위에 세웠다.

"그 경제학자들은 이상한 방식을 취한다. 그들에게는 단지 두 종류의 제도, 즉 인위적 제도와 자연적 제도밖에 존재하지 않는다. 봉건주의적 제도는 인위적인 제도이고, 부르주아의 제도는 자연적 제도이다. 그들은 이 점에서 종교를 두 종류로 구분하는 신학자들과 같다. 즉 그들 자신의 종교는 신의 계시인 데 반해, 그들의 종교가 아닌 다른 모든 종교는 인간의 날조에 불과하다. 경제학자들이 현존하는 제관계—부르주아적 생산관계—를 자연적인 것이라고 말한다면, 그들은 그럼으로써 부의 산출과 생산력의 발전이 자연법칙에 따른 관계라는 것을 이해시키고자 하는 것

130) 맑스가 정치경제학을 비판했을 때, 스미드와 리카도에 대해서는 5장에서 더 자세히 언급되고 있다.
131) K. Marx, *Misère de la Philosophie*, Paris 1947, 2장 *La valeur consituée ou la valeur synthétique*.

이다. 따라서 이 관계 자체는 시대의 영향을 받지 않는 자연법칙이다. 영원한 법칙들이 항상 사회를 지배해 왔다. 그리고 그러한 법칙에 따라 역사가 존재해 왔지만 이제 더 이상 그러한 역사는 존재하지 않는다. 그러한 역사는—봉건제가 존속했고 또한 이 봉건제의 생산관계가 부르주아 생산관계와 완전히 다른 것이기 때문에—존재해 왔다(봉건제적 생산양식은 하나의 특정한 역사적 형태이다.—역주). 그러나 이에 반해 경제학자들은 부르주아 사회의 생산관계를 자연적이고 영원한 것으로 인식하려 한다."132)

맑스는 자신이 1844년 파리에서 앞서 언급된 논의 과정중에 헤겔의 관념론 철학을 전염시켰던 프루동의 예에서, 그러한 사변의 비과학적, 관념론적, 신비적인 특징을 밝혔다. 철학적 범주로부터 세계를 연역하는 것은 경제적 범주로부터 역사를 연역하는 것과 마찬가지로 오류이다.

"경제적 범주는 단지 사회적 생산관계의 이론적 표현, 즉 추상화일 뿐이다. 프루동은 진정한 철학자로서 사물을 거꾸로 세우고 현실적인 관계들을 인류의 비인격적인 이성—프루동이 다시 우리에게 말한 바대로—의 맹아 속에서 잠자고 있었던 원리 내지는 범주의 육화(肉化)로만 본다.

경제학자인 프루동은 인간이 특정한 생산관계하에서 베, 아마포, 명주를 제조한다는 사실을 아주 잘 이해했다. 그러나 그가 이해하지 못했던 것은, 이 특정의 사회관계가 베, 아마포와 마찬가지로 인간의 산물이라는 사실이다. 인간은 새로운 생산력을 획득함으로써 그들의 생산방식을 변화시키고, 그리고 생계를 이어나가는 방식인 생산방식을 변화시킴으로써 그들의 모든 사회관계를 변화시킨다. 손절구는 봉건영주의 사회를 초래했고, 증기제분기는 산업자본가 사회를 초래했다.

그리고 물질적 생산력에 따라 사회관계를 만드는 바로 그 사람들이 또한 그들의

---

132) K. Marx, *Das Elend der Philosophie*, MEW, Bd. 4, S.139~140.

사회관계에 따라 원칙, 이념, 범주도 만들어 낸다.

따라서 이 이념, 이 범주는 그것이 표현하고 있는 관계와 마찬가지로 영원하지 못하다. 그들은 역사적이고, 소멸하며, 일시적인 산물이다."133)

이러한 사상으로부터 필연적으로 다른 정치-경제적 귀결들뿐만 아니라 역사적 귀결들도 도출된다. 맑스가 모든 생산수단 밑에서 억압받는 혁명적 계급에 가장 위대한 창조력을 부여했을 때, 그는 기존의 생산관계에 대한 그들의 투쟁 속에서 현대 역사의 근본적인 모순을 보았음에 틀림없다. 이로부터 그는 억압받는 계급의 해방이 이 모순을 해결하고 새로운 사회관계를 창조하기 위한 필연적인 전제조건이라는 사실을 도출한다. 이 저작은 다음의 문장으로 결론을 맺고 있다.

"억압받는 계급은 계급대립에 기초한 모든 사회의 존립조건이다. 따라서 억압받는 계급의 해방은 필연적으로 새로운 사회의 창조를 포함한다. 억압받는 계급이 해방될 수 있으려면, 이미 획득된 생산력과 현재 통용되고 있는 사회제도가 더 이상 병존할 수 없는 단계에 도달되어야 한다. 모든 생산도구 중에서 가장 큰 생산력은 바로 혁명계급 자신이다. 혁명의 기본요건인 계급이 조직되기 위해서는 낡은 사회의 싹 속에서 일반적으로 성장할 수 있는 모든 생산력의 성장이 우선적으로 완료되어 있어야 한다.

이는 낡은 사회가 전복된 후에, 새로운 정치적인 폭력을 더 강하게 휘두르는 새로운 계급의 지배가 존재하게 된다는 것을 뜻하는가? 아니다.

노동자 계급이 해방될 조건은, 제3신분이 해방되어 부르주아의 질서를 이룬 조건이 바로 모든 신분의 철폐였던 것과 마찬가지로, 모든 계급의 철폐이다.

노동자 계급은 그들이 성장해 감에 따라 낡은 부르주아 사회를, 계급과 계급의

133) Ibid., S.130.

대립을 배척하는 결사(結社, Assiziation)로 대체시킬 것이다. 그리고 더 이상 정치적인 폭력은 존재하지 않게 될 것이다. 왜냐하면 정치적인 폭력이란 바로 부르주아 사회에서의 계급지배의 공식적인 표현이기 때문이다.

그런데 프롤레타리아트와 부르주아지 사이의 대립은 계급에 대한 계급의 투쟁, 가장 강하게 표현하면, 총체적 혁명을 의미하는 투쟁이다. 그런데 계급대립에 근거하고 있는 사회가 극도의 모순으로 치달아, 인간과 인간의 충돌을 궁극적인 해결책으로 가져오게 된다는 데에 놀랄 필요가 있을 것인가?

사회운동이 정치운동을 배제한다고 할 수 없다. 동시에 사회운동이 되지 않는 정치운동이란 있을 수 없다.

물체[즉 사회]가 어떤 계급이나 어떤 계급대립도 존재하지 않는 질서에 도달할 때에만, 사회적인 진화는 정치적인 혁명이기를 그치게 될 것이다. 그때까지는 새로운 사회의 건설이 목전에 임박했을 때, 사회과학이 할 마지막 말은 항상 다음과 같을 것이다.

'투쟁이냐 아니면 죽음이냐 ; 유혈전쟁이냐 아니면 무이냐. 이처럼 이 문제는 가차없는 것이다.' 조르쥬 상드"134)

결과적으로 역사와 구체적인 사회적 사건들에 대한 이러한 이해로부터 능동적인 사회적, 정치적 참여로 나아가야 한다는 것은 자명하다. 따라서 맑스와 엥겔스는 1846년 2월에 이미 브뤼셀에서 가장 긴밀한 동지들이 집합된 「공산당 연락위원회」(das kommunistische Korrespondenz-Komitee : 1845년부터 1853년까지 존속했던 런던의 국제 온건파 혁명집단. 이것은 G. J.하비와 다른 인민헌장주의자들에 의해 창설되었으며, 대륙으로부터의 망명가들의 지지를 받았다. 형제민주주의는 극좌로부터 온건한 견해에 걸친 광범한 입장들을 인정했지만, 급진사회주의자들이 가장 우세했다. 이들은 '모든 인민은 형제다'라는 모

---

134) Ibid., S.181~182.

토를 채택했으며, 노동자 계급의 국제적 통일과 연대를 위해 노력했다. 형제민주주의는 맑스와 엥겔스의 주의를 끌었다. 이들은 형제민주주의자들의 생각과 행동을 투쟁적이고 혁명적인 방향으로 끌어 올리려고 애썼다.)를 창설했다. 그들은 빌헬름 볼프, 조세프 바이데마이어, 에드가 베스트팔렌, 루이스 하일버그, 세바스찬 짜일러, 필리페 기조였으며, 여기에 바이틀링도 끼어 있었다. 맑스와 엥겔스 그리고 벨기에 사회주의자인 기조가 그 단체를 지도했다. 그들은 위원회의 연락망을 모든 독일 도시들에로 확장하고 또 독일, 프랑스, 영국의 사회주의자들간의 접촉과 연계를 세우려고 했다.

프랑스 사회주의자들과의 교섭에서 만족할 만한 성과는 없었다. 그 반면에 G. 하니가 지도하고 있는 차티스트(인민헌장주의자) 좌익과의 교섭은 잘 진행되었다. 그럼에도 불구하고 하니는 그들과 런던에 있는 독일인 공산주의연맹인 '의인(義人)동맹'을 결합시킬 것을 요구했다. 왜냐하면 그때 의인동맹이 이미 인민헌장주의자들과 함께 '형제 민주주의자' 협회에 가입해 있었기 때문이었다. 요구가 받아들여지지 않는 한 하니는 어떤 새로운 연맹에도 가입하려 하지 않았다. 샤프너와 몰의 지도하에 있던 '의인동맹'은 이미 맑스와 엥겔스에게 가입을 요청했었지만, 이들은 연맹의 공상주의적 성격 때문에 그것을 거절했다. 그럼에도 불구하고 런던 시기의 연맹은 그것의 성숙기였다. 그래서 그것은 점차 맑스와 엥겔스의 혁명이념에 찬성하게 되었다. 그 둘이 연락위원회를 창설할 것을 연맹에 질의했을 때, 샤퍼는 이것이 이미 일어나고 있으며 그는 국제적인 협력을 필연적인 것으로 여긴다고 회답했다.

이러한 상황에서 맑스와 엥겔스는 그들이 비과학적인 것으로 여기고, 사회주의 자체에 해가 되는 것으로 여겼던 특정한 이념을 갖는 사회주의

운동과 대결해야만 했다. 1846년 3월 30일에 개최된 브뤼셀 위원회에서 처음으로 바이틀링과 대립하게 되었고, 그해 5월에 마침내 결별하게 되었다. 그럼에도 불구하고 많은 잡지들을 지원하고 있었던 '진정한' 사회주의자들이 바이틀링을 지지했다. 독일 공산주의운동의 명예를 훼손시켰던, 미국에서의 헤르만 전쟁의 선동을 기화로 1846년에 '진정한' 사회주의자들에 대한 투쟁은 첨예화되었다. 1846년 5월 11일에 위원회는 브뤼셀에서 맑스와 엥겔스에 의해 작성된 전쟁에 반대하는 질의문을 채택했다. 독일로부터 온 바이데마이어의 편지로부터 거기에서도 관계가 상당히 심각할 정도로 팽팽해졌음을 추측할 수 있다. 왜냐하면 '진정한' 사회주의의 신봉자들이 바우어, 슈티르너와 루게의 견해에 대한 비판에 동의하지 않았기 때문이다.

다른 한편으로 맑스와 엥겔스와 런던에서의 '의인동맹'과의 관계는 더욱더 친밀해졌다. 몰이 봄에 브뤼셀에서 맑스를, 파리에서 엥겔스를 방문했을 때, 그들은 그의 청탁을 받아들여 동맹에 가입했다.

런던에서의 독일 공산주의자들과의 협력으로부터, 19세기에 과학적·정치적 신문 가운데서 가장 대중적이며, 유려한 글의 하나인 『공산당 선언』이 발표되었다.

제3장
선언–혁명–망명

「공산당 선언」

'의인동맹'에 가입한 후에 맑스와 엥겔스는 또한 같은 해에 동맹회의에 참가했다. 1847년 6월에 제1차 회의가 런던에서 개최되었다. W.볼프는 브뤼셀 지역을, 엥겔스는 파리 지역을 대표했다. 엥겔스는 후일 동맹은 아직도 남아 있는 음모 시기의 낡은 신비적인 이름들을 모조리 팽개쳐 버렸다고 기록하고 있다. 동맹은 지역권, 지도권(指導圈), 중앙본부, 그리고 회의로 조직되었으며, 이제부터는 '공산주의동맹'으로 불리게 되었다.[1] 강령의 제1절에는 "동맹의 목적은 부르주아지의 전복, 프롤레타리아트의 지배, 계급대립에 근거하고 있는 낡은 부르주아 사회의 지양, 그리고 계급 없고 사유 재산 없는 새로운 사회의 건설이다"[2]라고 선언하고 있다.

동맹의 제2차 회의는 같은 해 11월 29일부터 12월 8일까지 거행되었다. 물론 맑스도 거기에 참가했다. 긴 논쟁 속에서 그는 역사, 혁명, 그리고 프롤레타리아트의 목표에 대한 그의 새로운 견해를 피력하고 옹호했

---

1) F. Engels, *Zur Geschichte des Bundes der Kommunisten*, MEW, Bd. 21, S.215.
2) *Statuten des Bundes der Kommunisten*, MEW, Bd. 4, S.596. Artikel. Ⅰ.

다. 회의는 그의 견해를 만장일치로 채택했다. 이에 따라 맑스와 엥겔스에게 선언문의 작성이 위임되었다.

이미 제1차 회의 후에 동맹의 중앙본부에 의해 작성된 「공산주의 신조선언」(*Kommunistischen Glaubensbekennitnis*)의 초안에 만족하지 않았던 엥겔스는, 나중에 『공산주의의 원리』라고 불리우게 된 자신의 테제를 완성했다. 그와 동시에 그는 제2차 회의가 개최되기 전인 월말에 맑스에게 다음과 같이 쓰고 있다.

"신조선언을 좀 생각해 보시오. 나는 문답 형식을 빼고, 그것을 공산주의 선언(Manifest)이라는 명칭으로 부르는 것이 가장 낫다고 생각하오. 그 속에서 역사가 어느 정도 언급되어야 하기 때문에 이전의 형식은 적당치 않소. 내가 만든 이 선언을 동봉하오. 그것은 단순히 이야기식이지만, 급히 서둘러 많이 교정한 것이오. 나는 공산주의란 무엇인가로부터 시작하여, 그 다음으로 프롤레타리아트의 성립사, 과거 노동자와의 차이, 프롤레타리아트와 부르주아지의 대립의 발견, 공황, 결론을 이야기했소. 그 사이에 제반 부수사항을 넣고 마지막으로 대중에게 필요할 정도로 공산주의자의 당정치에 대해 썼소."3)

이 『원리』에 나타난 입장이 『선언』에서 더 잘 그리고 더 명확하게 표현되고 있지만, 이 글로부터 우리 세기에 자주 토론되었던 엥겔스의 몇가지 사상들을 인용하는 것은 흥미있는 일이다. 사유재산의 지양이 평화적인 방법으로 가능할 것인가 하는 문제에 대해 엥겔스는 다음과 같이 대답한다.

---

3) F. Engels, 1847년 11월 23~24일에 맑스에게 보낸 편지, MEW, Bd. 27, S.107.

"그럴 수 있다면 더할 나위 없이 좋은 일이다. 그리고 공산주의자는 분명히 그에 반대하지 않을 것이다. 공산주의자는 모든 맹세가 무용할 뿐만 아니라, 게다가 해롭기까지 하다는 것을 너무도 잘 알고 있다. 그들은 혁명이 의도적이고 자의적으로 일어나는 것이 아니라, 언제 어디서나 개별 정당과 전체 계급의 의지나 지도와는 전혀 무관하다는 것을 너무도 잘 알고 있다. 그러나 그들은 또한 프롤레타리아트의 성장이 거의 모든 문명국가에서 폭력에 의해 억압받고 있으며, 이에 따라 공산주의자의 적들에 의해 혁명에 모든 힘이 경주되고 있다는 사실도 알고 있다. 만일 이렇게 되어 억압받는 프롤레타리아트가 마침내 혁명에 내몰리게 된다면, 그때 우리 공산주의자는 지금처럼 말만으로가 아니라 행동으로 프롤레타리아트의 형세를 옹호할 것이다."[4]

이에 덧붙여 반드시 강조되어야 할 것은, 엥겔스가 이 『원리』에서, 사유재산은 혁명에 의해 일격에 지양될 수 없으며, 프롤레타리아트는 민주적인 국가헌법을 세워야 하고 직접적으로 혹은 간접적으로 프롤레타리아트의 정치적 지배를 유도해야만 한다는 견해를 대변하고 있다는 사실이다. 끝으로 그는—이미 『독일 이데올로기』에서 대변되고 있듯이—프롤레타리아 혁명은 보편적인 성격을 가지며, 따라서 그것은 고도로 성장한 대개의 국가들에서 동시에 발발한 것이라고 표현하고 있다.

"따라서 공산주의혁명은 단지 국가적 규모가 아니라, 모든 문명국가들, 즉 적어도 영국, 미국, 프랑스와 독일에서 동시에 일어나게 될 것이다. 그것은 이 나라들 각각에서 그 가운데 어느 나라가 더 성장된 산업, 더 큰 부, 더 거대한 생산력을 소유하느냐에 따라 더 신속히 혹은 서서히 발전하게 될 것이다. 따라서 독일에서 그것은 가장 느리고 가장 어렵게 진행될 것이며, 영국에서는 가장 신속하게 그리고

4) F. Engles, *Grundsätze des Kommunismus*, MEW, Bd. 4, S.372.

가장 용이하게 진행될 것이다. 그것은 다른 나라들에도 대단한 영향을 주어 그것의 지금까지의 성장방식을 완전히 변화시키고, 매우 촉진시킬 것이다. 그것은 보편적인 혁명이며 따라서 보편적인 영토를 갖게 될 것이다."[5]

이 사상은 유럽과 아메리카의 국가들의 경제적인 발전에 대해 그 당시 가능했던 이해로부터 도출된 논리적인 결론이었다. 그 당시에는 그러한 전제들은 어느 모로 보나 전적으로 정당하며, 맑스는 그 당시(따라서 1847년경)뿐만 아니라, 70년대에도 이 견해에 동조하고 있었다. 그러나 역사의 변증법은—그것의 결정적 계기인 인간에게—이번에도 또한 우리 세기의 많은 맑스주의자들이 맑스주의에 대한 그들의 기계론적인 해석을 가지고서는 이해할 수 없을 정도로, 복잡하고 예측 불가능한 것임이 입증되었다.

이것이, 간단히 말해서, 『선언』의 전사(前史)였다. 1848년 초에 맑스와 엥겔스는 이 저술을 끝마치고, 그 원고를 런던에 보냈다. 그것은 거기에서 그 해 2월에 『공산당 선언』으로 발표되었다. 세계문학에 있어 가장 미려한 작품의 하나이며, 과학적이고 정치적인 산문들 가운데서 탁월한 문서인 이 선언은 그것이 맑스와 엥겔스가 역사, 자본주의와 혁명에 대한 그들의 견해를 체계적으로 개진한 최초로 발표된 저술이기에 그 당시 더욱더 의미가 있었다.

맑스와 엥겔스는 "지금까지의 모든 사회의 역사는 계급투쟁의 역사다"[6]라는 말로 그들의 이념을 제시하기 시작한다. 그리고 곧 자본주의의

---

5) Ibid., S.374~375.
6) K. Marx-F. Engels, *Manifest des Kommunistischen Partei*, MEW, Bd. 4, S.462. 엥겔스는 이것을 후에 1888년의 영어판에서 상세하게 설명하고 있다. 그는 여기에서 이는 오직 기록을 통해 전해 내려온 역사에만 해당된다고 언급했다.

시대에 대해 말한다. 부르주아지의 시대는 그것이 계급대립을 단순화시켰다는 점에서 특이하다. 전 사회는 늘 더 큰 두 진영, 더 큰 두 계급으로 분열되었다.

"부르주아지가 지배하게 된 곳에서는 모든 봉건적, 가부장적, 목가적 관계가 파괴된다. 그들은 인간을 그의 타고난 상전(上典)에 매어 놓은 잡다한 봉건적인 속박을 무자비하게 끊어 버리고, 오직 이해관계만을, 아무런 정(情)도 없는 '현금 지불'의 관계만을 인간과 인간 사이의 끈으로 남겨 놓았다. 그들은 광신적으로 종교심에 빠져 있고, 기사도 정신으로 충만해 있고, 고루한 비애감에 젖어 있던 성스러운 경외자를 개인주의적 타산의 얼음처럼 차가운 물속에 빠져 죽게 했다. 그들은 인간의 품위를 교환가치로 해체시키고, 정당하게 보장받고, 정당하게 획득된 양도될 수 없는 자유를 단 하나의 양심없는 무역의 자유로 대체해 버렸다. 한 마디로 그들은 종교적이고, 정치적인 환상으로 은폐되어 있던 착취를, 공개적이고 몰염치하고 직접적이며 노골적인 착취로 대체시켰다.

부르주아지는 가족관계로부터 정(情)의 너울을 벗겨 내어 그것을 순수한 금전관계로 환원시켰다."[7]

지금까지의 계급들과는 달리 부르주아지는 생산수단을 지속적으로 혁명화하지 않고서는 생존할 수 없다. 그들은 세계시장의 착취를 통해 모든 나라의 생산과 소비에 세계적인 성격을 부여했다. 그들은 국가적 한계와 자급자족을 허물고 개개 국가들의 정신적인 산물들을 [세계적인] 공동재산으로 만들었다. 그 밖에 자본주의 생산방식이 가져온 제결과인 경쟁, 시장 쟁탈전, 공황 등등에 대한 기술은 다음 문장으로 끝난다.

---

7) Ibid., S.464~465.

"부르주아적인 관계들은 그것들에 의해 산출된 부를 담기에는 너무 협소하게 되었다.— 부르주아지는 이 위기를 무엇을 통해서 극복하는가? 한편으로는 일단의 생산력을 불가피하게 파기함으로써, 다른 한편으로는 새로운 시장의 정복과 기존 시장의 더 철저한 착취를 통해서 이 위기를 극복하려 한다. 따라서 어떤 꼴이 되는가? 그럼으로써 그들은 더 전면적이고 더 격렬한 공황을 맞게 되며, 공황을 예방할 수단을 감퇴시키게 된다.

부르주아지가 봉건주의를 쓰러뜨렸던 무기들이 이제는 부르주아지 자신을 겨눈다.

그러나 부르주아지는 그들을 죽음으로 몰고 갈 무기들을 단련해 낼 뿐만 아니라, 이 무기들을 사용할 사람들인 현대의 노동자, 즉 프롤레타리아를 양성해 낸다."[8)]

저자들은 프롤레타리아트의 성장에 있어서 중요 단계들인 그들의 최초의 조직의 성립, 부르주아 사회 내에서의 해방과 분열을 위한 투쟁의 출발을 간단히 묘사한 후에 —이미 앞의 저술들 속에서 했던 것과 마찬가지로— 프롤레타리아트는 지금까지 그들 자신의 소유방식과 또 그와 함께 지금까지의 모든 소유방식을 지양할 때에만 사회적 생산력에 대한 지배권을 장악할 수 있다는 확증으로 끝을 맺는다.

제2장에서 맑스와 엥겔스는 공산주의자와 프롤레타리아트가 갖는 과제에 대해 문제를 제기한다.

"공산주의당은 다른 노동자 정당에 대해 어떤 독자적인 정당이 아니다. 그들은 전프롤레타리아트의 이해로부터 분리된 어떤 이해도 갖지 않는다."[9)]

8) Ibid., S.468.
9) Ibid., S.474.

"공산주의당이 여타의 프롤레타리아 당과 구별되는 점은, 한편으로는 프롤레타리아트의 다양한 국가적인 투쟁에서, 국가적 차원과 독립된 프롤레타리아트 전체의 보편적인 이해를 부각시키고 그것을 관철시킨다는 데에, 또 한편으로는 프롤레타리아트와 부르주아지 사이의 투쟁이 거쳐 가는 다양한 발전 단계마다에서 항상 전체 운동의 이해를 대변한다는 데에 있다."10)

공산주의자는 다른 프롤레타리아 당과 마찬가지로, 일차적으로 프롤레타리아트를 부르주아지의 지배를 폐지시키고 자신들의 정치적 지배를 확립하는 계급으로 조직하고자 한다. 부르주아지에 대한 강제몰수는 지금까지의 소유관계의 지양을 의미한다. 부르주아지는 공산주의자가 사유재산의 지양을 요구한다는 점에 격분한다. 그러나 재산은 자본주의 하에서 살고 있는 대다수의 사람들(프롤레타리아트—역주)에게서는 이미 오래전에 지양되었다. 부르주아지는 그러한 방식으로는 보편적인 나태, 보편적인 태만의 상태가 야기될 것이라고 반대한다. 그러나 그들은 자본주의 사회에선 가장 많이 일하는 사람들이 가장 적게 벌기 때문에 자본주의가 이미 오래 전에 멸망했어야 한다는 사실을 전혀 고려하지 않는다.

부르주아지가 재산, 도덕, 아내, 그리고 가족 등에 대해 말할 때, 그들은 이런 모든 범주들이 부르주아적인 생산과 소유관계에 의해 산출된 단지 역사적인 범주들이라는 사실을 보지 못한다. 이는 부르주아지의 법이 규칙으로 변형된 부르주아 계급의 의사일 뿐이며, 그 내용은 이 계급의 물질적 생활조건에 따라 주어진 것이라는 사실과 마찬가지다. 맑스와 엥겔스는 계속해서 말하길, 공산주의자는 조국, 국민, 국가를 지양해야 한다고 비난받고 있다고 한다. 그러나,

10) Ibid., S.474.

"노동자에게는 조국이 없다. 사람들은 그들에게 없는 것을 그들에게서 뺏을 수 없다. 프롤레타리아트는 우선적으로 정치적 지배권을 쟁취하여 국가적인 계급으로 올라서고 자신을 국가로 구성해야 하기 때문에, 비록 부르주아지의 의미에서는 결코 아니지만, 그들 모두가 여전히 국가적이다.

민족의 국가적인 격리와 대립은 이미 부르주아지의 발전과 함께, 자유무역, 세계시장의 발전과 함께, 그리고 산업생산과 이것에 상응하여 생활관계가 같아짐에 따라 점점 사라지고 있다.

프롤레타리아트의 지배는 그것을 더욱더 사라지게 할 것이다. 적어도 문명화된 국가들에서의 연합된 행동이 그들의 해방될 최초의 조건들 중 하나이다. 한 개인에 대한 다른 개인의 착취가 지양되는 정도에 따라 한 국가에 대한 다른 국가의 착취가 지양된다. 국가 내에서의 계급대립과 국가간의 절대적인 대립은 상응한다."11)

다음으로 공산주의는 그것이 영원한 진리, 즉 종교와 도덕을 지양하며, 따라서 모든 사회체제에 보편적인 영원한 진리가 존재한다는 사실을 부인한다고 비난받는다. 이 비난이 결국 무엇이 의미하게 되는가를 맑스와 엥겔스는 묻는다.

"지금까지의 전역사는 각 시대마다 다양한 모습을 띠었던 계급대립 속에서 움직여 왔다. 그러나 그것이 어떤 형태를 띠었더라도, 지나간 모든 시대에서 사회의 한 부분에 대한 다른 부분의 착취는 보편적인 사실이다. 따라서 모든 시대의 사회적 의식은 극도의 다양성과 상이성에도 불구하고 특정의 보편적인 형태 내에서, 즉 오직 계급대립이 완전히 소멸함으로써만 완전하게 해소될 의식형태 내에서 운동한다는 사실은 놀랄 일이 못 된다.

---

11) Ibid., S.479.

공산주의혁명은 전승되어 온 소유관계와의 가장 급진적인(근본적인) 결별이다. 따라서 그것이 발전해 가면서 전승되어 온 이념들과도 가장 급진적으로 결별하게 된다는 것도 놀랄 일이 못 된다."[12]

맑스와 엥겔스는 프롤레타리아 혁명을 일차적으로는 프롤레타리아트가 지배계급으로 등장하는 것으로 이해한다. 이 정치적 지배권을 프롤레타리아트는 부르주아지로부터 점차 모든 자본을 빼앗아 모든 생산수단을 집중시키고 있는 생산력을 가능한 한 빨리 증대시키는 데 이용한다. 이것은 우선적으로 오직 재산권과 부르주아적인 생산관계에 전체적으로 관여함으로써만 일어날 수 있다. 물론 그 방식들은 각 나라마다 다르다는 것은 당연하다.

정치권력은 실제로는 '한 계급이 다른 계급을 억압하기 위해 장악한 조직된 권력'이다. 그러나 차후의 발전에 있어서는 계급대립이 사라지고 생산이 연대된 개인들의 수중에 집중되기 때문에, "공권력은 정치적 성격을 상실한다."[13]

인간 사이의 관계에 대한 정치적이고 폭력적인 표현이며, 소외의 특정한 형태인 국가를 극복하고 지양해야 한다는 생각은 그 당시의 모든 저작에 시종 일관되어 있으며, 이것은 나중에 와서야 국가의 소멸이라는 분명하고 결정적인 형태를 갖게 된다.

우리가 이미 1844년 초고에 나오는 초기 공산주의에 대한 맑스의 비판으로부터 알고 있듯이, 새로운 공산주의적인 개인의 연대는 공동체 내에서 개인의 익사가 아니라, 그 반대로 모든 개인의 자유로운 발전을 바탕

---

12) Ibid., S.480~481.
13) Ibid., S.482.

으로 하는 자유로운 공동체의 현존을 의미한다. “계급과 계급 대립으로 이루어져 있는 낡은 부르주아 사회 대신에 모든 개인의 자유로운 발전을 모든 것의 자유로운 발전의 조건으로 삼는 연대사회가 출현한다.”[14]

선언의 제3장에서는 그 시대의 다양한 사회주의 사상들에 대한 뛰어난 비판이 가해지고, 제4장에서 집필자들은 다른 반대 분파들에 대한 공산주의자의 입장을 확정한다. “그들은 현재 당면하고 있는 노동자 계급의 목적과 이해의 성취를 위해 투쟁하지만, 동시에 그들은 현재의 운동 속에서 운동의 미래를 대변한다.”[15] 따라서 그들은 모든 진보적인 운동을 지원하며, 따라서 봉건주의에 대항하는 부르주아지의 투쟁도 지원한다. 그러나 노동자 계급에게 부르주아지와 프롤레타리아트는 서로 대립된 목표를 갖고 있다는 사실을 전달해 주는 것을 막지는 않는다. 선언의 집필자들은 “한 마디로 공산주의자는 어디에서나 기존의 사회적이고 정치적인 상황에 대항하는 모든 혁명운동을 지원한다.”[16] 게다가 그들은—이것은 그 자체로 특징적일 뿐 아니라, 공산당의 빈번한 실천에 대립되기 때문에 맑스주의 역사에 있어 중요한데—“공산주의는 궁극적으로 어디에서나 모든 나라의 민주주의 정당의 결합과 상호이해를 위해 일한다.”[17]고 강조한다.

맑스와 엥겔스는 “만국의 노동자여 단결하라!”는 투쟁 구호로써 선언을 끝마치고 있다. 이 슬로건은 오늘날까지 종종 단지 종이 위에 죽은 문자로 남아 있기도 하지만, 그럼에도 불구하고 새로운 역사적 공동체의 형성을 위한 전제이다.

---

14) Ibid., S.482.
15) Ibid., S.492.
16) Ibid., S.493.
17) Ibid., S.493.

혁명과 망명

선언은 진정한 폭풍의 예고였다. 혁명은 처음으로 프랑스에서, 그러고 나서 독일에서 '공산주의자 동맹'의 당면한 새롭고 구체적인 역사적 과업이 되었다. 점차 동맹의 회원들은, 이미 부르주아 혁명에 대립되는 프롤레타리아 혁명과 함께 배태되어 있던 부르주아 혁명을 지원하기 위해서 독일로 몰려들었다. 맑스는 쾰른에서 「신(新)라인신문」의 편집장이 되었다. 엥겔스도 편집인의 하나였다. 그러나 그는 후에 빌리히 부대에 부관으로 입대해서 승리한 혁명의 마지막 전투에 적극 참여했다.

혁명 중에 맑스는 독일 민주주의의 극좌익을 대변했다. 그는 독일 부르주아지의 나약성을 날카롭게 비판하고 혁명적 민주주의 독재를 변호했다. 이 때문에 그는 '좌파'인 고트샤크와 그의 추종자들과 투쟁했다. 이들은 부르주아지와의 어떤 동맹도 인정하지 않고, 혁명의 프롤레타리아적인 성격만을 부여하려 했다.—그들은 혁명이 아직 부르주아적인 성격을 뚜렷하게 가질 수도 없었던 때에도 그러했다.

그럼에도 불구하고 우유부단한 독일 부르주아지가 하나 둘씩 그들의 위치를 상실하고, 1849년 봄 프랑크푸르트 국민의회가 일을 중지했을 때, 맑스와 엥겔스는 부르주아 민주주의자들과 결별했다. 슐레지엔의 채무에 대해 쓴 볼프의 기사와, 임금과 자본에 대해 쓴 맑스의 기사는 신문이 이제부터 누구의 이해를 대변하는가를 분명히 보여준다.

마침내 러시아가 혁명을 궁극적으로 진압하기 위해 헝가리를 침공했을 때 신문은(1849년 5월 18일자) 독일 반동세력에 의해 폐간되었다. 붉은 색으로 인쇄된 마지막 호에는 프라일리히라트의 고별사와 다음과 같은 노동자에 보내는 격문이 실렸다. 「신라인신문」의 "편집자들은 작별에 즈음하여 여러분들이 신문에 보여 준 호의에 감사드립니다. 우리 신문의 최후의 말은 언제 어디서나 '노동자 계급의 해방!'이 될 것입니다."[18]

여기에서 이 신문에 게재되었던 엥겔스의 기사 몇 편에 대해 언급하는 것이 흥미있을 것이다. 엥겔스는 그 기사에서 '역사적인 민족'과 '비역사적인 민족'에 대해 주장했다. 그리고 이 주장에 맑스도 그 당시 동의했으리라는 것은 의심의 여지가 없다. 「민주적인 범슬라브주의」(1849), 「게르만족과 슬라브족」(1849), 「독일과 범슬라브주의」(1849)와 몇 편의 다른 기사에서 엥겔스는 특히 슬라브 민족의 일부는 아무 역사적인 미래도 없으며, 그들은 유럽의 '역사적' 민족들의 혁명 이후에 이들에 의해 쉽게 동화될 것이라는 견해를 피력했다.

이 자리에서 그러한 견해의 근원을 더 자세하게 추적하는 것은 불필요하다. 역사적으로 '위대한 민족'과 그들의 역사적 역할을 주장한 헤겔 사상의 영향의 잔재가 분명하게 발견된다. 그럼에도 불구하고 몇몇 민족들에 대해 엥겔스가 그런 매서운 판단을 내리게 된 동기는 당시의 혁명의 문제와, 그 민족들과 이 혁명과의 관계였다. 오스트리아 내의 슬라브족의 일부와 러시아의 주도 세력들이 혁명에 부정적인 태도를 취하고, 동시에 혁명을 진압함으로써 반혁명적으로 작용했을 때, 엥겔스는 러시아의 짜리즘을 진보적인 운동에 대단히 위험한 것으로 보고, 이 민족들의 대다수가 민족성을 상실한 것으로 간단히 판결을 내렸던 것이다.

---

18) K. Marx-F. Engels, *An die Arbeiter Kölns*, MEW, Bd.6, S.519. 맑스와 엥겔스의 정치적인 발전을 위해서는 푀르더(H. Förder)의 상세한 연구인 *Marx und Engels am Vorabend der Revolution*, Berlin 1960을 볼 것.

역사는 그 당시의 맑스와 엥겔스의 사상들을 근본적으로 반박했고 역사의 과정은 인간 이성이 예견할 수 있는 것보다 더 복잡하다는 사실을 새롭게 보여 주었다. 역사는 또한 그것의 여러 계기들 가운데 하나로부터—비록 이것이 매우 중요한 것이라 하더라도—어떤 단정적인 판단—특히 한 민족 전체에 대해서—이 내려져서는 안 된다는 사실도 보여 주었다. 역사는 눈부신 발전을 통해서 최근에 엥겔스적 의미에서의 '혁명적'이고 '역사적인' 민족이 아니라, '반혁명적'이고 '비역사적인' 민족이 역사적으로 새로운 길을 내디뎠다는 것을 분명히 보여 주었다. 엥겔스는, 그와 맑스가 이전에 주장했던 능동주의적인 사상에 입각해 볼 때, 허용될 수 있는 것보다 더 결정론적으로 역사를 해석하려는 성향이 있었다. 그러면서도 엥겔스는 한 민족이 역사의 한 시기에 그것에 객관적으로 주어져 있는 기회를 항상 모두 이용하는 것은 아니라는 사실을 전제하지 않았다.

하여튼 그럼에도 불구하고 확실한 것은, 만일 엥겔스가 우리 세기의 혁명적 사건을 같이 체험할 수 있었더라면, 그가 그것을 거의 예감하지도 못했지만 그럼에도 불구하고 그의 사상을 통해 그것의 길을 밝혀주었던 그곳에서나마, 그의 혁명적 정신과 감격은 새 역사의 탄생을 열광적으로 환호했을 것이다.

혁명의 패배 후에 많은 독일 공산주의자들은 '공산주의자 동맹'을 신속히 재건하고 새롭게 활기를 돋우기 위해서 다시 영국으로 옮겨 갔다. 맑스와 엥겔스는 「1850년 3월에 동맹에 보내는 중앙의 요구」를 썼다. 이것은 여러 나라로 배포되었다. 이 글의 범위는 작았지만 매우 유명하게 되었다. 저자들은 프롤레타리아트에게 현대 부르주아 혁명의 성격, 부르주아지의 양면성(Ambivalenz), 그리고 이 상황에서 프롤레타리아트가 취해야 할 방책(方策)에 대해 설명한다. 자유민주주의적인 부르주아지가 상대적으로 진보적이라는 점을 고려하여, 프롤레타리아트는 반동세력에 대항하여 이들과 일시적으로 제휴한다. 그러나 부르주아지의 목적은 그들의 방책을 관철하기 위해 혁명을 조속히 끝내는 것인 반면에, 우리의 관심과 우리의 과제는,

"모든 크고 작은 소유계급의 지배권이 축출되고, 국가권력을 프롤레타리아트가 장악하고, 단지 일국에서뿐만 아니라 전세계의 모든 주도적인 국가에서 프롤레타리아트의 연합이 이루어져서 프롤레타리아트간의 경쟁이 이 국가들에서 종식되고 적어도 중요한 생산력이 프롤레타리아트의 수중에 집중될 때까지, 즉 이 날이 올 때까지 혁명을 영구화하는 것이다. 우리의 문제는 사유재산의 변경이 아니라, 오직 그것의 근절이며, 계급대립의 은폐가 아니라, 계급의 지양이며, 기존 사회의 개선이 아니라, 새로운 사회의 건설이다."[19]

맑스와 엥겔스는 프롤레타리아트가 부르주아 혁명의 진행중에 그리고 그 후에 내세워야 할 요구사항들을 강조하고, 노동자와 농촌 프롤레타리아트의 동맹을 변호하고, 독일 노동계급의 보다 완만한 혁명적 발전의 가능성과, 그러나 동시에 프랑스 노동계급의 신속한 승리도 고려하면서 마지막으로 노동자에게 호소한다.

"자신의 계급적인 이해관계를 전파하고, 자신의 독자적인 정당을 가능한 한 신속히 결성하며, 프롤레타리아 당의 독립적인 조직을 교란시키려는 민주주의적인 쁘띠 부르주아지의 기만적인 문구에 한시도 현혹되지 않도록 함으로써, 노동자는 스스로 그들

19) K. Marx-F. Engels, *Ansprache der Zentralbehörde an den Bund vom März* 1850, MEW, Bd.7, S.248.

의 궁극적인 승리를 위하여 진력해야 한다. 그들의 전투구호는 영구혁명이다."[20]

이 글도 또한 계급관계, 변이(變移), 적대, 결정적 투쟁의 전역사적 시기가 예견되고 있는, 맑스와 엥겔스의 천재적 종합의 한 예다. 영구혁명—이는 후에 매우 다양하게 해석된 문제다.—이 여기에서 처음으로 극명하게 강조되었다. 혁명의 신속한 재건에 대한 당시의 신념에 대해 고려하지 않고, 맑스와 엥겔스는 영구혁명을 부르주아 민주주의적인 혁명으로부터 사회주의혁명으로의 진전의 필연성으로, 즉 프롤레타리아트가 혁명을 계속 수행해서 마침내 프롤레타리아 독재에 도달할 준비를 갖출 수 있는 것으로 올바르게 이해하고 있다.

'공산주의자 동맹'을 구축하려고 노력하면서, 맑스와 엥겔스는 「신 라인 신문」을 창간하기 위해 일한다. 이것은 '정치경제 평론'으로서 여기에 맑스는 「1848년부터 1850년까지의 프랑스에서의 계급투쟁」이란 그의 유명한 저작을 발표했고, 엥겔스는 「독일 농민전쟁」이라는 글을 발표했다. 프랑스사에 특히 정통했던 맑스는 그때부터 2월(Brumarie) 18일에 이르는 일 년 후까지 그의 새로운 생각을 구체적인 시대사적 사건들—그와 한 치도 역사적인 거리차가 없었던 사건들—에 적용할 수 있는 기회를 가졌다.

맑스는 이 과제를 탁월하게 해결했다. 그의 분석은 프랑스 혁명의 경제적 배경과 계급구조를 보여준다. 그것은 부르주아지와 쁘띠 부르주아지 출신의 혁명 영웅들이 얼굴에 쓰고 있던 가면을 벗겨 낸다. 그들은 노동자를 학살한 유혈의 6월—대학살의 주도자들이었다. 동시에 맑스는 L. 블랑과 같은 쁘띠 부르주아적이고 공상적인 설교가들, 프루동, 그리고 부르

20) Ibid., S.254.

주아 생산양식을 사회주의적으로 개량해야 한다고 주장하는 사람들의 정체가 반동적이며 어리석은 것이라고 폭로한다. 통일적인 프롤레타리아 당이 조직되고, 이들에 의해 혁명이 최종적으로 수행되어야 한다는 이전의 입장으로부터 일관되게 맑스가 이 글에서 결정적으로 내린 결론은, 이미 선언에서 천명되었듯이, 프롤레타리아 혁명에 있어 가장 중요한 계기는 노동자 계급이 반드시 생산수단을 전유해야 한다는 것이다.

"노동의 권리란 부르주아적인 의미에 있어서는 모순이며, 비참하고 헛된 소망이다. 노동의 권리를 위해서는 먼저 자본을 지배해야 하고, 자본을 지배하기 위해서는 생산수단을 전유해야 한다. 즉 그것은 단결된 노동자 계급에 의해 장악되어야 한다. 이렇게 해야만 임노동, 자본 그리고 이것의 상호관계가 지양된다."21)

이리하여 맑스는 처음으로 혁명적 공산주의가 갖추어야 할 요건을 정식화했다. 이 요건에 의해 혁명적 공산주의는 새로운 사회의 조직에 대한 다른 모든 사회주의 이념들과 근본적으로 구별되었다. 이 결론 외에도 맑스는 엥겔스와 함께 당시의 모든 경제적이고 정치적인 운동을 더 상세하게 분석하고 난 후에, 어떤 새로운 혁명도 임박해 있지 않고, 새로운 위기가 없이는 혁명은 가능하지도 않다고 결론내렸다.

신문의 마지막 호인 1850년 5~6월호의 평론에서 맑스와 엥겔스는 이 입장을 자세히 해설한다. 그들은 이 때문에 빌리히, 샤퍼, 레만과 헤어졌다. 이들이 무비판적으로 혁명의 '창도'(객관적 조건이 없이는 혁명이 일어날 수 없는데, 혁명이 일어날 것이라 믿고 혁명을 일으키기 위해 동분서주했기 때문에

21) K. Marx, *Die Klassenkämpfe in Frankreich von 1848 bis 1850*, MEW, Bd.7, S.42.

'창도'라고 한 것—역주)를 꿈꿔, 가장 필요한 사전 준비를 위해 돈을 모으고, 아메리카로부터 여신(與信)을 기대하고 있는 동안, 맑스는 혁명이 일어날 수 있는 모든 조건과 가능성을 과학적으로 분석하는 데에 온 정열을 쏟았다.

동맹의 여섯 회원들은 1950년 11월 15일에 개최된 중앙 이사회에서 빌리히 일파를 혁명적 낭만성으로 단죄했다. 동맹을 구하기 위해서 동맹의 본부가 회원의 다수에 의해 쾰른으로 옮겨졌다. 이것은 1852년 말의 그 유명한 쾰른 재판 이후에 마침내 해체되었다.[22)]

그 시기에 엥겔스는 재정적인 어려움 때문에 맨체스터로 갔다. 거기에서 그는 아버지의 '에르멘과 엥겔스 회사'의 고용인으로 일했다. 맑스는 런던에 남아서, 착수한 경제학 연구를 계속했으며, 자신과 가족을 부양하기 위하여 여러 신문에서 일했다(그는 일 년 이상을 「뉴욕 트리뷴」지의 기고인으로 일했다.).

루이 보나파르트의 쿠데타 후에 맑스는 이 사태를 매우 명확하게 분석하고 설명한 유명한 글인 「루이 보나파르트의 브뤼메르 18일」을 썼다. 그 전에 이 사태는 많은 사람들에 의해 천차만별로 해석되었었다.

이 글은 이론적인 점에서 우리에게 중요하다. 왜냐하면 여기에서 처음으로 맑스가 부르주아 국가기구를 혁명 중에 붕괴시킬 필요성을 역설하고 있기 때문이다. "현대 사회가 필요로 하는 국가의 중앙집권화는, 봉건제에 대항해서 단련되었던 군사적·관료주의적 행정기구의 잔재들을 바탕으로 해서 일어난다."[23)]

---

22) 이 문제에 대해서는 K. Marx, *Enthüllungen über den Kommunisten-Prozeß zu Köln*(1853)을 볼 것.

23) K. Marx, *Der achtzehnte Brumaire des Louis Bonaparte*, MEW, Bd.8,

경제적 계기가 다른 모든 계기들, 이념, 행위 등등을 결정하며, 그에 반해 이데올로기와 개인은 아무런 능동적인 역할도 할 수 없다고 주장한다고 후에 맑스주의는 비판받았다. 이 모든 비판을 반박하기 위해서 이 글을 언급하는 것으로도 충분하다. 여기에서 맑스는 역사적 생기(生起)의 흐름을 아주 복잡하고 포괄적으로 파악해서 그것을 맑스주의적으로 설명했다. 맑스는 경제적 계기의 의미도, 인간적, 개인적 계기의 의미도 경시하지 않았다.

"인간은 그 자신의 역사를 만든다. 그러나 그는 그것을 자유로운 소재들을 가지고 만들거나, 자기 마음대로 지배할 수 있는 환경하에서 만드는 것이 아니라, 직접적으로 처해 있고, (외부로부터) 주어지고, 전승된 환경하에서 만드는 것이다. 모든 죽은 자의 전통이 악령처럼 산 자의 뇌리를 짓누른다."[24]

엥겔스가 성의를 다하여 도왔음에도 불구하고 이 몇 해 동안 맑스의 생활 형편은 몹시 어려웠다. 이 어려운 처지에도 불구하고 그는 50년대 말에 그의 주저서인 『자본론』의 프롤레고메나(서두)를 끝마쳤다. 이 글인 「정치경제학의 비판을 위하여」는 나름의 고유한 이론적인 가치를 갖는다. 이것은 특히 그 서문을 통해 ―맑스가 몇 페이지에 걸쳐 역사와 그것의 발전에 대한

S.204. 제1판(뉴욕 1852)에는 이 구절이 다르게 쓰여 있다. 맑스는 결어에서 프롤레타리아트에게 그들의 실재적인 동맹 세력에 주의를 환기시켰다. "국가기구의 와해가 중앙집권을 위태롭게 하지는 않을 것이다. 관료제는 그것에 대립하는 봉건제와 아직도 결부되어 있는 수준 낮고 잔인한 중앙집권 형태다. 나폴레옹의 복고정책에 대한 절망감으로 인해 프랑스 농민은 분할지에 대한 신앙을 떨쳐 버리고, 이 분할지에 기초한 국가기구를 전복시켜, 프롤레타리아 혁명은 바로 이 합창대를 얻게 된다. 이 합창대 없이 프롤레타리아트만의 독창은 모든 농업국가에서는 장송곡이 되어 버릴 것이다."(Ibid., S.204, Fn.).

24) Ibid., S.115.

그의 기본사상을 요약했던—유명하게 되었다. 종종 인용되는 이 독창적인 종합명제는 맑스주의의 역사상 매우 중심적인 의의를 갖는 고로, 이제 여기에서 그것을 전부 음미해 보아야 한다.

"인간이 그의 삶을 사회적으로 생산할 때, 그는 특정의, 필연적인, 그리고 그의 의지와 독립된 관계에 들어가게 된다. 즉 그는 그의 물질적 생산력의 일정한 발전 단계에 상응하는 생산관계에 들어가게 된다. 이 생산관계 전체가 사회의 경제구조, 즉 그 위에 법적이고 정치적인 상부구조가 구축되고, 거기에 특정의 사회적 의식형태가 상응하는, 실재적인 토대를 형성한다. 물질적 삶의 생산방식이 사회적, 정치적 그리고 정신적인 생활과정을 일반적으로 제약한다. 인간의 의식이 그의 존재를 결정하는 것이 아니라 반대로 그의 사회적 존재가 그의 의식을 결정한다. 사회의 물질적 생산력이 특정한 발전 단계에 이르면, 그것은 현존하는 생산력, 혹은 그것의 법적인 표현에 불과한 소유관계와 모순에 빠진다. 생산력을 발전시키는 형태에서 이 관계는 그것의 굴레로 바뀐다. 그리하여 사회 혁명의 시기가 도래하게 된다. 경제적인 기초가 변화함에 따라 거대한 전상부구조가 서서히 혹은 신속하게 전복된다. 이러한 전복을 고찰할 때는 항상, 물질적이며 자연과학적으로 충실히 입증될 수 있는, 경제적 생산조건의 전복과 정치적, 종교적, 예술적, 혹은 철학적, 간단히 말해서 이데올로기의 형태가 구별되어야 한다. 이 이데올로기의 형태 내에서 인간은 이 갈등을 의식하며, 투쟁하게 된다. 한 개인이 무엇이냐 하는 것이 그가 자신을 무엇이라고 생각하는 데에 따라 평가되지 않는 것처럼, 그러한 전복의 시기는 그것에 대한 의식으로부터 평가될 수 없고, 오히려 이 의식은 물질적 삶의 모순으로부터, 즉 사회적 생산력과 생산관계간의 현존하는 갈등으로부터 설명되어야 한다. 사회구성체는 모든 생산력이 충분히 발전되기 전에는 결코 무너지지 아니하며, 더 고차적인 새로운 생산관계는, 그것의 물질적 현존 조건이 낡은 사회의 태내에서 부화되기 전에는 결코 나타나지 않는다. 따라서 인간은 항상 자신이 풀 수 있는 과제만 제기한다. 왜냐하면 좀 더 자세히 고찰해 보면, 과제 자체가 그것을 해결한 물질적 조건이 이미 현존하거나, 또는 적어도 생성되는 과정 속에서 파악되는 곳에서만 발생한다는 점이 늘 발견되기 때문이다. 대체적으로 볼 때 아시아적 생산양식, 고대적 생산양식, 중세적 생산양식, 그리고 경제적 사회구성체의 진보적 시기라 할 수 있는 현대 부르주아 생산양식이 있다. 부르주아 생산관계가 사회적 생산과정의 마지막 적대적 형태이다. 물론 개인간의 적대라는 의미에서가 아니라, 개인들의 사회적 생활조건으로부터 일어난 적대라는 의미에서 적대적이다. 그러나 부르주아 사회의 태내에서 발전한 생산력이 동시에 이 적대를 해결할 물질적 토대를 창출한다. 따라서 이 사회구성체와 함께 인간 사회의 전사(前史)가 막을 내린다."[25]

내가 이미 『독일 이데올로기』와 연관하여 언급했던 대로, 맑스의 근본적인 역사관에 대한 이러한 탁월한 종합명제가 그에게는 전혀 생소한 방식으로, 즉 기계론적 유물론의 의미에서 설명되었다. 우리가 나중에, 특히 제2인터내셔널과 스탈린주의의 시기와 관련하여 보게 될 것이지만, 『정치경제학 비판』의 서문에 포함되어 있는 이른바 토대-상부구조 관계에 대한 상설(詳說)과, 의식을 결정하는 사회적 존재에 대한 문장이 완전히 문자 그대로 파악되었다.

주체와 객체의 관계 문제에 대한 전통적인 취급으로부터 출발해서 많은 이 명제들이 단순히 모사론의 특수한 경우로 설명되었고, 이리하여 맑스를 어느 정도 기계적 결정론의 정신 속에서 이해하게 되었다. 여기에다 그리 잘 짜여지지 않고, 주로 단순하게 공식화된 명제—"그것은 나에게 있어서는 반대로 관념적인 것은 인간 머릿속에 이전되고 번역된 물질에 불과하다."[26]

25) K. Marx, *Zur Kritik der politischen Ökonomie*(정치경제학비판), MEW, Bd.13, S.8~9.
26) K. Marx, *Nachwort zur zweiten Auflage des Kapitals*(『자본론』, 제2판의 후기), Bd.23, S.27.

—를 『자본론』 제2판의 후기로부터 가져다 덧붙이게 되면 맑스 자신이 우연히 그의 유물론을 더 고전적인 유물론으로 파악하는 데 일조했음을 알 수 있다. 우리가 1844~1847년의 저술에서 알게 되고, 또한 이 문제들에 있어 그가 특히 강조했었던 입장과 분석을 고려해야만, 이 언급과 맑스의 근본 의도를 우리는 올바르게 해석할 수 있다.

이 글(1859)이 발표되고 난 직후에 칼 포크트와의 논쟁이 일어났고, 이 논쟁은 맑스로 하여금 「포크트 씨」(1861)란 반박하는 글을 쓰게끔 했다.[27)]

이 시기에 독일 노동자 계급에 역사에 있어 중요한 한 사건이 일어났다. 페르디난트 라살레[28)]가 주지하다시피 노동자를 선동하기 시작하여,

---

27) 이 저술의 평가에 있어 메링과 라자노프는 일치하지 않는다. 라자노프는 그 차이를 다음과 같이 기술하고 있다. "메링은 망명자들 사이에서 헤쳐 나온 충돌을 완전히 간과했다. 그는 이렇게, 겉으로는 개인들 간의 문제로 보이는 것들 뒤에 프롤레타리아 당과 다른 모든 부르주아 당 사이의 깊은 대립이 은폐되어 있다는 것을 알아차리지 못했다. 그리고 프롤레타리아 당 내에서조차, 라살레의 경우가 보여 주듯이 위험스런 동요가 일어나고 있다는 것을 알아차리지 못했다. 메링은 포크트를 논박하는 책 속에서 라살레와 그의 동지들의 모든 주장이 비판되고 있다는 것마저도 전혀 알아차리지 못했다."(D. Rajazanov, *Marx i Engels*, Beograd 1952, S.141).

28) 페르디난트 라살레(1825~1864)는 다재다능한 인물이었다. 그는 법학자이며 헤라클레이토스에 대한 거대한 연구(*Die Philosophie Herakleitos' des Dunklen von Ephesos*, 1858)와 드라마 *Franz von Sickingen*(1859)의 저자이며, 법학적이고 경제학적인 저작인 *Das System der erworbenen Rechte*(1860)와 *Herr Bastiat-Schulze von Delitzsch, oder Kapital und Arbeit*(1864)의 저자며, 혁명 후 최초의 노동자연합의 창건자다. 그러나 다른 한편 그는 자만심이 강했고, 정책에 원칙이 없었다. 그는 생애 말에 자본주의를 극복하는 길이라고 확신하여 프로이센 국가와 비스마르크와 협상하기 시작했다. 그의 너무 이른 죽음(권총결투에 의한)이 이 계획에 의해 그의 인품과 그의 업적이 되는 저술들의 명예가 하락되는 것을 막아 주었다.

K. F. 브록슈미트(*Die deutsche Sozialdemokratie bis zum Fall des Sozialistengesetzes*, Stuttgart 1929)는 라살레가 사회민주당에 미친 영향을 강조했다. 브록슈미트에 따르면 라살레는 근본적으로 '급진적 민주주의자'였다. "라살레의 사

'전독일노동자동맹'을 창설했다. 그의 선동은 몇 가지 근본요구와 주장에 근거하는데, 특히 보통선거권의 요구와 '임금철칙'(ehernes Lohngesetz : 임금은 항상 최저생계비 수준에서 진동한다는 이론으로, 그 이유는 노동조합이나 정치적 노동운동을 통해 임금이 인상되더라도, 곧 노동의 공급이 증가—노동자의 다산소사에 의해—하게 되어 다시 낮아지게 되며, 그 역도 성립하기 때문이라고 한다. 기원은 맬더스에 의한 것이며, 리카도를 거쳐 라살레에 의해 노동운동의 이론으로 이용되었다. 그 후 이 이론은 고전적 맑스주의자들에 의해, 노동자 계급이 최저생계비 수준을 넘어서는 유일한 희망은 공산주의뿐이라고 주장하는 데 사용되었으나, 나중에 자본주의의 발전과 함께 그릇된 것으로 부정되었다.—역주)의 주장에 근거하고 있다. 임금철칙이란 라살레가 주장한 바대로 일정한 최고액 이상으로 임금이 인상되는 것은 가능하지 않다는 것이다.

프로이센 국가에 의존한 '현실정치', 이론적으로 그릇된 입장과 허풍 때문에 그는 그와 친근했던 맑스와 반목하게 되었다.29)

그럼에도 불구하고 그 당시에 라살레의 활동은 큰 의미가 있었다. 그러나 그가 이론적인 면에서 헤겔의 사변성을 극복할 수도 없었고, 정치적인 면에서 노동자 계급의 이해에 입각하여 민주주의적인 개혁을 수행함에 있

회주의는 민주주의의 사상적인 귀결이며, 여전히 순수 이론에 불과하다."(S.11). "라살레에 있어서의 혁명의 개념은 부르주아 혁명의 경험으로부터 나온 관념론적이고 경직된 추상화다"(S.15). "자연력과 마찬가지 방식으로 관철되는 원리의 승리로서 혁명을 이해하는 것은 그 본질상 결정론적이고 기계론적이다"(S.16). 따라서 브록슈미트의 주장은, 라살레가 독일 사회민주당의 이데올로기와 실천에 끼친 영향은 일반적으로 인정되는 것보다 훨씬 크고 결정적이었다는 것이다.

29) 맑스는 쿠겔만에게 보낸 한 편지에서 그와 라살레의 관계를 묘사하길, "그가 광분하는 동안 우리 사이는 중지되었다. 1. 나의 글 등을 염치없이 표절하고, 거기에다 거들먹거리며 자화자찬하는 허풍 때문에, 2. 내가 그의 정치적인 전략을 비방했기 때문에, 3. 내가 이미 그가 광분하기에 앞서 여기 런던에서, '프로이센 국가'의 직접적인 사회주의적인 장악은 터무니없는 것이라고 상세하게 설명하고, '증명'해 주었기 때문에 그렇다."((K. Marx, 1865.2.23에 쿠겔만에게 보낸 편지, MEW, Bd31, S.451).

어 전제주의적인 프로이센 국가의 역할에 대해 품었던 그의 환상이 필연적으로 개량주의로 귀결되었고, 그리고 더 나아가 혁명적 노동자 계급의 신망을 떨어뜨리게 될 수밖에 없었다는 사실을 결코 잊어서는 안 된다. 그렇긴 하나 바로 이 견해가 후에 사회민주당을 지배하게 되었고, 그 정책은 맑스보다는 라살레에게 편향되었다는 것은 틀림없다고 말할 수 있다.

제1인터내셔널(국제노동자협회)

1864년 9월 28일에 런던에서 제1차 국제노동자협회, 이른바 제1인터내셔널이 창립되었다. 이는 세계사적인 의의가 있는 사건이었다.

제1인터내셔널은 노동자 계급 스스로의 작품이었다. 그럼에도 불구하고 그것이 공상주의와 실용주의를 극복한 성과는 맑스의 공로다. 맑스는 이것을 그의 이론적인 사상을 실현하기 위해서뿐만 아니라, 현대사의 본질적인 과제를 해결하기 위해 유일하게 가능한 실천적인 도구로 보고, 처음부터 이것의 창립에 전력을 쏟았다.

인터내셔널의 규약과 강령을 작성하는 데서부터 이미 첫 번째 난관이 나타났다. 공동작성자(L. 볼프, 웨스톤, 르 루베즈 등)들이 상이한 사회주의적 견해들을 주장했기 때문이었다. 맑스주의는 그 당시에 노동운동과 사회주의자 내에서 일반적인 지배적 이론으로 부상되어 있지 않았다. 아직 어떤 강력한 정치적 대중조차도 갖지 못했던 노동자 계급 내에서는 블랑키, 프루동과 바쿠닌의 견해와 같은 다양한 공상적 사회주의적인 유파들이 우세했다.[30]

---

30) A. 블랑키(1805~1881), J. 프루동(1809~1865), 바쿠닌(1814~1876)의 견해

맑스는 1864년의 그 유명한 「국제노동자협회 개회사」로 이 난관에 대응했다. 이 개회사를 통해 그는—자신의 입장을 포기함이 없이—모든 유파를 노동운동 내에 집결시키고 통일시키는 데에 성공했다. 그는 맨체스터에 머물고 있는 엥겔스에게 이렇게 써 보냈다.

"우리의 견해가 노동운동의 현재의 입장에서 수렴될 수 있는 형태로 일을 끌어가기란 것은 매우 힘들었다. 이 사람들은 브라이트와 코브덴과의 이삼 주에 걸친 회합에서 투표권을 굳게 믿지 않을 것이다. 다시 깨어난 운동이 옛날의 과감한 발언을 허용할 때까지 시간이 필요했다. Nötig fortiter in re, suaviter in modo(실제에 있어서는 강하게, 형식에 있어서는 온화하게)."31)

제1인터내셔널에서 맑스의 정책은 오늘날에도—노동운동이 통일적이지 못하고 많은 견해와 문제들에 큰 편차가 있고, 사회주의가 그 투쟁과 이행의 결정적 시기에 접어든—많은 사람들에게 국제적 단결의 모범으로 이용되어야 한다. 많은 민족들이 민족적 예속과 식민지 지배로부터 해방되고, 저개발국가의 생활수준을 선진산업국의 수준으로 향상시켜야 할 문제에 여전히 당

와 학설에 대해서 우리는 이미 블랑키가 전술상의 오류가 없었다면 프랑스 혁명운동에서 가장 빛나는 인물로 꼽힌다고 언급했었다. 그는 부르주아 지배는 선발된 소수의 혁명집단을 이용하여 폭력적으로 전복되어야 한다고 주장했으며, 또한 이를 실행했다. 『사회 비판』(*Critique sociale*, 1885)은 그의 주저이다. 쁘띠부르주아 사회주의자인 J. 프루동은 이미 언급된 저서 외에도, 후에는 주로 *Solution du problème social*(사회문제의 해결, 1848), *La banque d`échange*(교환은행, 1848), *Banque de peuple*(인민은행, 1848), *Philosophie du progrès*(진보의 철학, 1853)이란 저술들을 통해 영향을 미쳤다. 무정부주의의 전형적인 대표자인 M. 바쿠닌은 부르주아 국가와 국가 일반을 때려 부술 것을 목적으로 삼고, 폭력조직에만 애를 썼다. 그는 대중적인 프롤레타리아 조직을 두려워했으며, 인터내셔널을 그의 도구로 만들려 했다. 그의 주저는 *Cosudarstvennost i revoljucija*(국가와 무정부, 1873)다.

31) K. Marx, 1864년 11월 4일 엥겔스에게 보낸 편지, MEW, Bd.31, S.16.

면하고 있고, 그리고 마지막으로 인간 자신이 자기 스스로 삶을 영위해 나가도록 해야 할 문제에 당면하고 있는 오늘날이나 그 당시나, 많은 전술과 강령의 차이를 이성적으로 극복할 필요성이 절실히 요청되는 것이다.

사회주의의 본질에 대한 당시의 다양한 견해가 맑스를 혼란시킬 수는 없었다. 그는 노동자 계급의 상황과 그들을 해방하는 방식들을 설명하고 생생하게 제시하면서 수차에 걸친 협회의 대회에 노동자 계급을 위해 열성적으로 참가했다. 게다가 그는 강령, 규약, 연설문과 수많은 보고서를 작성함으로써 노동자 계급의 성장과 투쟁에 대한 그의 견해를 개진하고, 이와 같은 식으로 프롤레타리아트를 가르치고, 그들의 투쟁을 유물론적으로 해석하고 이해시키기 위해서 온갖 수고와 시간을 쏟는 것을 마다하지 않았다. 그래서 그는 1871년 9월 런던 회의에서 비로소 의결된 협회의 규약에 다음과 같은 구절의 삽입을 통과시켰다.

"노동계급의 해방은 노동계급 스스로에 의해 이루어져야 한다.

노동계급의 해방투쟁은 계급적 특권과 독점을 위한 투쟁이 아니라, 평등한 권리와 의무, 그리고 모든 계급의 철폐를 위한 투쟁이다.

노동자의 노동수단, 즉 생활 원천의 전유자에의 경제적인 예속이 모든 형태의 굴종의 근거다.—즉 그것은 사회적 빈곤, 정신적 성장 부진과 정치적 종속의 근거다.

노동계급의 경제적 해방이 따라서 궁극목적이며, 모든 정치적 운동은 그 수단으로서 그에 속해야 한다.

이 목적을 추구했던 이제까지의 모든 시도는 자국의 여러 노동 분야의 통일의 결여, 그리고 제국가의 노동계급들 간의 형제적 동맹의 부재 때문에 실패했다……."[32]

---

32) K. Marx, *Allgemeine Statuten und Werwaltungs-Verordnungen der Interna-*

그리고 1872년 9월의 보충조항 7a속에서 다시 맑스와 엥겔스가 이미 초기에 노동자 계급에게 대면시켰던 근본원칙 중 하나가 강조되었다.

"7a항 : 유산계급의 총체적인 힘과의 투쟁에 있어 프롤레타리아트는 그들 스스로가 모든 과거의 유산계급에 의해 형성된 정당에 대항하는 독자적인 정치적 정당을 구성할 때에만 계급으로서 행동할 수 있다.

프롤레타리아 정당의 결성은 사회혁명의 승리와 그것의 최고 목표인 계급의 지양을 달성하기 위해서 필수불가결하다."33)

『선언』과 몇 개의 편지에 제시되어 있는, 맑스와 엥겔스의 몇몇 입장이 결코 노동자 계급의 독자적인 정당을 조직할 필요성을 주장하고 있지 않다고 해석될 여지가 있음에도 불구하고, 위에 인용된 구절들은 오늘날조차도 여전히 몇몇 사회주의자에게서 그 경향이 보여지고 있는 바와 같은 해석이 부적절한 것임을 분명히 입증해 준다.

인터내셔널에서 맑스가 행한 그 밖의 이론적인 요소들 가운데 특히 육체노동과 정신노동의 문제와, 종종 많은 사회주의자들(프루동주의자, 그 후에는 수정주의자 등도 포함된다.)의 이념적이고 실천적인 주관심사였던 협동의 문제에 대한 그의 견해가 강조될 만하다. 1866년 9월 8일 제네바에서의 「중앙평의회의 대표를 위한 교시」에서 맑스는 ;

"우리는 아이와 청소년들까지 사회적 생산의 거대한 공장으로 끌어들이고 있는 현

---

tionalen Arbeiterassoziation, MEW, Bd.17, S.440.

33) K. Marx-F.Engels, *Resolution des allgemeinen Kongresses zu Haag vom 2. bis 7. September* 1872, MEW, Bd.18, S.149.

대 산업의 경향을, 비록 이것이 자본지배하에서 끔찍한 방식으로 실현되고 있음에도 불구하고, 진보적이고, 건전하고, 정당한 경향이라고 본다. 합리적인 사회 상황에서 모든 아이는 9살에 생산적 노동자가 되어야 한다. 이는 노동할 수 있는 성인이 보편적인 자연법칙, 즉 먹을 수 있기 위해서 일하며, 그것도 단지 머리뿐만 아니라 손으로도 일해야 한다는 자연법칙으로부터 벗어날 수 없는 것과 마찬가지다."34)

맑스의 이 말에는 인간해방의 문제에 대한 그의 많은 이론적인 숙고 가운데 하나가 투영되어 있다. 이 과정이 인간 생산과 생산력의 거대한 고양에 따라 거쳐 나가는 여러 단계들을 무시한다면, 이 문제는 오직 근본적인 노동분업, 즉 정신노동과 육체노동의 분업을 지양함으로써만 해결될 수 있다. 인간이 어떻게 구체적인 것을 실현하느냐 하는 것은—특히 원자력과 전자공학의 발전이 열어 놓은 이 시대의 상황과 관련해서—실천적이고 기술적 문제이다. 이 문제의 해결을 위해서는 자본주의 사회구조에 대한 변혁이 필요하다. 어쨌든 인간 본성은 그 풍부한 가능성 가운데 단지 하나가 부분적으로 표출되는 것보다는 훨씬 더 풍부하고 복잡하며, 이런 인간 본성의 총체적인 발전이 단지 하나의 노동 형태에만 일생 동안 매여 있음으로써 방해된다는 사실은 이론적으로 명백하다. 맑스는 협동을 현대사회를 변화시킬 힘의 하나로 이해하며, 생산자들의 자유롭고 동등한 통합의 가능성과 필연성 속에서 중요한 역사적 전망을 간취한다. 계속해서 「교시」에서 말하기를 ;

"그러나 월급노예 개인이 사적인 노력을 통해 발전시킬 수 있는 왜소한 형태에

34) K. Marx, *Instruktionen für die Delegierten des Zentralrats*, 1866. 9.8. MEW, Bd16, S.193.

만 제한되고 만다면, 협동체계는 결코 자본주의 사회를 변형시킬 수 없다. 사회적 생산을 자유로운 협동노동의 포괄적이고 조화로운 체계로 전환시키기 위해서는 일반적인 사회의 변혁, 즉 사회의 일반적인 조건의 변혁이 필요하다. 이것은 사회의 조직화된 지배력인 국가권력이 자본가와 지주의 수중에서 생산자 자신의 손으로 이전됨으로써만 실현될 수 있다."[35]

역사 발전을 통해 맑스의 이 견해는 타당한 것으로 입증되었다. 왜냐하면 부르주아지의 사회관계가 존속하는 한, 노동자 계급의 경제적 가능성은 늘 부르주아지의 그것에 뒤질 것이기 때문이다. 최악의 경우에는 부르주아지는 국가기구를 사용한다. 이것은 자본주의적인 이해관계가 위태롭게 되자마자 즉시 발동하게 된다. 이 사실은 결국 모든 계급지배는 그 본질상 지배계급의 독재임을 분명히 해준다.

「교시」에서 맑스는 사회주의와 민족문제의 관계, 그리고 사회주의와 조합운동의 관계에 대해 명확한 방향을 제시했다. 평의회에서 민족은 '고루한 편견'이며, 그것은 소집단, 코뮨으로 분해되어야 하며, 그러고 나서 국가가 아니라 연방으로 통일되어야 한다고 주장했던 프랑스인들과는 달리, 맑스는 민족은 사람이 지양할 수도 무시할 수도 없는 필연적인 형성체라고 설명하고, 모든 '모범민족'(Musternation)에 반대하는 민족자결(Selbstbestimmung)을 변호했다.[36]

---

35) Ibid., S.195~196.

36) 맑스는 이 토론과 관련해서 엥겔스에게 다음과 같이 쓰고 있다. "민족성을 철폐시킨 우리의 라파르그 동지 등은 청중의 9/10가 알아듣지 못하는 언어인 '불어로' 기조연설을 했다고 내가 연설을 시작했을 때, 영국인들은 매우 웃었소. 계속해서 나는 전혀 무의식적으로 그는 민족성의 부정을 프랑스 모범민족에로의 흡수로 이해하고 있는 듯하다고 비꼬았소."(Marx an Engels, 1866. 6. 20. MEW, Bd.31, S.229.). 얼마 후에 맑스는 아일랜드 문제와 관련하여 "다른 민족을 속

조합운동의 의의와 필요성에 대한 당시의 논쟁에서 맑스의 의견은 오늘날 현재의 생산방식이 존속하는 한, 노동조합원의 과업인 임금과 노동시간을 위한 투쟁이 없을 수 없다는 것이었다.

"반대로 그것은 노동조합의 창립과 결집을 통해 모든 국가에 보편화되어야 한다. 한편으로 노동조합은 중세의 자치도시와 길드가 부르주아지에게 그리했듯이, 의식되지도 않은 채 노동자 계급의 중앙조직이 되었다. 만일 노동조합이 자본과 노동 사이의 게릴라전을 위해 필요하다면, 그것은 임노동과 자본 지배의 체계 자체를 폐지하기 위한 조직적인 힘보다 훨씬 더 중요하다."37)

인터내셔널 내부에서의 가장 날카로운 논쟁은 이 시기에 있어 맑스주의자와 푸르동주의자 사이에서 벌어졌다. 1868년 9월 6일에서 13일까지 브뤼셀에서 진행된 대회에서 프루동주의자와의 종국적인 결별이 일어났다. 그들의 쁘띠 부르주아적인 입장은 더 이상 유지될 수 없었다. 이는 톨레인과 푸리보어가 지배하는 우익의 노동운동으로부터의 분리를 초래했다. 이에 반해 발레인이 이끄는 좌익은 보다 맑스의 견해에 접근했다. 이 대회에서 몇 년 전에 출판된 맑스의 『자본론』을 노동자의 필독서로 권장하는 데 합의했다.

인터내셔널은 이때 더욱 빈번히 지배체제와 갈등에 빠졌으며, 내부적으로는 바쿠닌과 그의 추종자들과 어려운 논쟁에 직면했다. 많은 노동운동이 인터내셔널을 지원했다. 그것과 관계가 없었던 소수의 세력의 하나가

박하고 있는 민족은 자기 쇠사슬을 만들고 있는 것이다"라고 했다(K. Marx, '*Konfidentielle Mitteilung*, MEW, Bd.16, S.417).

37) K. Marx, *Instruktionen für die Delegierten*…; MEW, Bd.16, S.197.

라살레의 노동자동맹이었다. 이것은 라살레가 죽은 후 슈바이처에 의해 영도되고 있었다. 그럼에도 불구하고 1869년 베벨과 리프크네히트가 아이제나하에서 새로운 독일 사회민주주의 노동당을 창립했다. 이는 즉시 인터내셔널에 가입했다.

새로운 당은 비스마르크가 프러시아의 영도 아래 독일 통일의 계획을 성취하려고 애쓰던 시기에 성립되었다. 그를 위해 비스마르크는 오스트리아에 승리한 후에도(1866) 그와 유사한 성과를 몇 가지 더 필요로 했다. 나폴레옹 3세도 그의 제국의 불안정한 기초를 공고히 하기 위해서 그런 성과를 필요로 했다. 비스마르크의 음모가 그 결실을 맺어서, 1870년에 전쟁이 터졌다. 세당(Sedan)의 패배가 곧 뒤따랐다.

맑스는 전쟁이 발발하자 그것의 발전과 결말을 고려함도 없이 즉시, 나폴레옹 3세의 제2제국이 희극으로 시작되었듯이 희극으로 끝나고 말 것이라고 썼다.

제4장
정치경제학 비판

역사적, 이론적 전제조건

맑스의 '경제학적' 주저는 오늘날도 여전히 그의 모든 저작과 마찬가지로 맑스주의자들 사이에 첨예한 대립을 야기시키고 있다. 그 이유들 가운데 하나는 그의 통일적인 사상을 많은 특수한 분야로 분해시키려고 한 데에 있다. 이리하여 맑스 사상의 통일성과 전체성이—이것이 없이는 맑스가 그의 주저들 속에 제시하려고 했던 모든 것이 이해될 수 없다.—상실하게 된다. '부르주아 사회의 해부'가 그 사회의 경제에서 발견될 수 있다는 결론에 도달하자, 맑스는 계속해서 문제의 이 측면에 특별히 주목했다. 그러나 또한 이때에 그는 사회의 해부만을 염두에 둔 것이 아니라, 부르주아 사회를 전체적으로 그리고 이를 넘어 이 사회를 인간의 계급사의 결정적인 한 단계로 파악하고자 했다. 이런 연유로 해서 맑스의 경제학 연구는 전 정치경제사, 그의 인간관과 역사관, 그리고 마지막으로 세계변혁을 위한 혁명적 계획과 밀접하게 연결되어 있다. 그의 혁명적 계획에 따르면, 인간의 소외가 매우 총체적으로 되어 이 소외를 지양하기 위한 물질적 정신적인 전제가 바로 이 소외 자체 내에 존재한다.

맑스 저작의 이런 개별 요소들을 모두 등한시하면 맑스의 의도에 대한 일면적인 해석이나 왜곡된 견해에 빠지게 되며 나아가서는 『정치경제학 비판』이란 부제에 대해서도 오해하게 된다. 비판은 잘못된 견해의 불충분한 점과 그 개선점을 지적한다는 의미에서의 비판이 아니라, 더 폭넓은 역사적 의미에서의 비판이다. 즉 이 비판은 본질적으로 부르주아 사회의 이론과 학문에 대한 변증법적인 극복이다. 이 비판의 일차적인 의도는 이론의 기초로서의 사회 자체의 극복이다. 이런 이유로 해서 맑스의 경제적인 저술은 역사관과 인간관을 철학적이고 이론적으로 새롭게 구성했던 이 전단계와 밀접하게 연결되어 있는 것이다. 이러한 새로운 역사관과 인간관이 없이는 그의 이 저술은 이해될 수 없다. 또 마찬가지로 이 저술은 고전적 정치경제학의 저술들에서 행해진 부르주아 사회에 대한 이론적 분석과 밀접하게 연결되어 있다.

그러나 맑스와 그의 부르주아 선행자와의 차이는, 바로 그로 하여금 경제적 제관계의 특수한 문제들을 단지 부르주아 사회이론을 옹호하는 데에만 치중했던 그들보다 더 깊이 있고 더 수미일관되게 해결하게끔 한 인간과 역사에 대한 새로운 사상에 있다.1)

경제적 제관계에 대한 숙고, 그리고 경제적 근본범주에 대한 탐구는 근대사에 있어서 경제적으로 여타의 것을 압도했던 나라인 영국에서의 주된

1) 따라서 맑스의 견해를 이해하기 위해서는 『초고』로부터 『독일 이데올로기』와 『철학의 빈곤』을 거쳐 『국민경제학강요』(1857~58)와 『자본론』에로 이어지는 그의 구상과 사상적인 발전을 분석하는 것이 중요하다. 지금까지 특히 『강요』의 분석이 등한시되었기 때문에 전체의 중요한 일부가 결여되었다. 최근에 이 문제에 대한 몇몇 가치있는 연구들이 나왔다. K. Korsch, *Karl Marx*, 1938 ; Ernst Mandel, *La formation de la pensée économique de Karl Marx*, Paris 1967 ; Roman Rosdolsky, *Zur Entstehungsgeschichte des Marxchen Kapital*, Frankfurt a.M./Wien 1968.

경향이었으며, 그래서 그것이 체계적으로 취급되었다. 봉건주의의 맹아 속에서의 부르주아 사회의 발전, 그리고 특히 산업혁명의 시기는 부르주아 경제학자들에게 경제의 근본문제(가치, 축적, 이윤 등)와 그것의 해결을 노동가치론에서 추구하게끔 했다. W. 페티(W. Petty)로부터 J. 스튜어트(J. Stuart)와 캔틸론(R. Cantillon)을 거치는 동안, 인간간의 관계에 대한 이와 같은 불투명하고 혼란된 영역이 예비적으로 정리되고 이론적으로 발전되어, 아담 스미스(Adam Smith, 1723~1790)에 의해 독창적인 탐구와 종합으로 이어졌다. 그는 그의 성과를 백과사전적인 저술인 『국부(國富)의 본성과 원인에 대한 탐구』(1776)로 정리했다.

스미스는 이 저작에서 완전히 논리정연하지는 않지만, 노동가치론을 새로운 경제체계를 이해하기 위한 기초로 발전시켰으며, 동시에 노동분업의 발전이 곧 경제발전과 국부를 보장한다고 하였다. 스미스는 역사적으로 상승해 나가는 사회의 이론가였으며, 따라서 다른 대표자들과 마찬가지로 이 상승하는 사회가 인간의 모든 본질적인 문제들을 해결해 줄 것이라고 보았다. 사회에 대한 스미스의 견해는 그 당시 지배적이던 자연법 철학에 기초하고 있었다. 경제사상사의 권위자인 E. 롤은 당시의 부르주아 경제학파(고전경제학파와 중농학파)와 관련하여 다음과 같이 평가하고 있다.

"이 학파들은, 큰 차이에도 불구하고, 하나의 통일된 사상의 흐름에 속한다는 것이 우리의 견해다. 그 사상의 본질은 인간적 창조에 대해 자연적 창조를 강조하는 데 있다. 이 사상은 내적인 자연 질서(이 질서가 어떻게 정의되느냐는 상관없이)가 현존하며, 이 질서는 모든 다른 인위적인 질서보다 우월하다는 믿음을 밑에 깔고 있다. 이것은, 현명한 사회조직에 필요한 것은 오로지 그 조직을 가능한 한 이 자연 질서의 규정에 일치시키는 것이라고 주장한다. 사상은 각 시기마다 다른 영향을 주었으며, 따라서 이 사상의 대표자들에 의해 주장되는 정책도 되돌아보면 모순적인 것처럼 보인다. 하여튼 그들의 일반적인 특징은 그들이 근거하고 있는 원칙인, 인위적인 법에 대한 자연법의 우위에 있다."2)

스미스도 자연적 질서의 우위와 인위적인 제도의 불완전성을 강조했다. 이런 이유로 스미스에 따르면 개인이 자연적 질서에 적응하도록 그들에게 자유로운 기업활동이 허락되어야 한다. 신흥 부르주아지가 더욱 더 많은 경제적 자유와 더욱더 적은 사회제도의 간섭을 요구했던 시기에 스미스는 바로 그러한 열망을 대변하는 이론가였으며, 따라서 잘 알려져 있는 바대로 자유방임주의 정책의 이론가였다.

따라서 사회질서가 그 제도 때문에 문란케 된다면, 사회의 제용무에 대한 국가의 개입도 마땅히 제한되어야 한다. 오늘날의 국가자본주의의 변호자들에게 사유재산의 자유나 경쟁의 자유와 같은 범주들이 역사적으로 얼마나 상대적인 것인가를 보여주기 위해서는, 그들에게 그들의 위대한 이념적 선행자들을 상기시켜 주는 것만으로도 족하다. 그럼에도 불구하고 이 사유재산과 기업경영의 자유에 기초하여 인간의 자유와 인격의 개념이 구성되었다. 그리고 발전된 자본주의사회가 그를 잇는 역사적 단계인 사회주의사회의 전제가 되듯이, 부르주아적인 인격 자유의 역사적인 실현은 사회주의에서 인격이 더 자유로워지기 위한 근본전제의 하나가 된다. 이러한 전제가 지금까지 결여되었던 곳에서는 현 사회주의에서의 왜곡된 자유관이 발생한다. 그러나 많은 그의 동시대인들과 마찬가지로 스미스에게도 자본주의적 생산체계와 그로부터 파생하는 범주들은 영원한 자연의 산

2) Eric Roll, *Povijest ekonomske misli(Die Geschichte des ökonomischen Denkens)*, Zagreb 1956, S.114~115.

물이었다.

이 견해는 가장 중요한 부르주아 이론가인 데이비드 리카도(Ricardo David, 1772~1823)의 경제분석에도 그 밑바탕이 되고 있다. 그의 주저『국민경제와 과세의 원리에 대하여』(1871)는 영국에서 산업혁명이 대체적으로 끝나고 혁명적인 대결 뒤에 특히 산업부르주아지가 역사의 주도세력으로 등장했던 때에 나타났다. 리카도는 임금노동에 근거한 보다 발전된 자본주의적 관계에서 노동가치론을 통일적으로 정초했음에도 불구하고, 그 역시 그의 위대한 선행자와 마찬가지로 자본주의사회는 자연적이며 따라서 영원한 사회라는 환상에서 벗어나지 못했다. 노동이 가치의 원천이라는 스미스의 견해에 의거하여 그는 다음과 같이 추론하고 있다.

> "인간의 근면에 의해 임의적으로 증가될 수 없는 그러한 물건들을 제외하면, 이것이 실제적으로 모든 물건의 교환가치의 기초라는 것은 국민경제학에서 가장 중요한 이론이다. 왜냐하면 가치라는 단어와 연결된 무규정적인 이념들로부터 전적으로 그 과학의 모든 오류와 의견차가 발생하기 때문이다.
>
> 재화 속에 체현된 노동량이 그것의 교환가치를 결정한다면, 재화에 소모되는 노동량의 정대는 재화의 가치를 상승시키고, 노동량의 감소는 그 가치를 감소시키게 된다."3)

리카도에 와서 부르주아 정치경제사상은 최고의 이론적 수준에 도달했으며, 맑스는 자본주의체계의 경제적 기능에 대해서 리카도의 정밀한 분석으로부터 대부분의 착안점을 얻을 수 있었다. 그러나 시스몬디(Sismondi, 1773~1842)가 당시 강의했던 자본주의체계에 대한 예리한 비판도 간과되

---

3) David Ricardo, *Wert, Rente, Lohn, Profit*, Frankfurt a.M. 1946, S.19.

어서는 안 된다. 경쟁과, 노동으로부터 소유권의 분리에 기인하여 과잉생산과 공황이 발생하며, 그 때문에 노동자는 자본가에게 전적으로 의존하게 된다. 따라서 필요가 아니라 자본이 생산을 결정한다는 사실이 이미 그 당시에 잘 알려져 있던 자본주의적 생산방식의 여러 병리의 원인이었다. 시스몬디의 비판은 의심할 바 없이 자본주의의 정곡을 찌르는 것이었으며, 당시의 사회주의자들에게 영향을 미친 것은 두말할 필요가 없다. 그러나 그의 결론은 보수적인 데에 그쳤다. 그 때문에 맑스와 엥겔스는 후에 『공산당 선언』에서 그를 쁘띠 부르주아적 사회주의자로 비판했다.

당시 영국의 경제학자들인 W. 톰슨, J. 그레이, J. F. 브레이와 Th. 호지스킨의 주장들도 그 의의가 컸다. 그들은 리카도의 분석으로부터 사회주의적인 결론을 도출해 내었고 잉여가치론의 몇몇 요소들을 끄집어내었으며, 영국 공리주의를 사유재산을 폐지하라는 사회주의적인 요구로 발전시켰다. 그들 중에서 특히 토마스 호지스킨(Th. Hodgskin, 1787~1869)이 주목할 만하다. 왜냐하면 그에게서 이미 특정한 사회적 관계로서의 자본에 대한 분석이 발견되기 때문이다. 그의 결론은 물론 주로 당시의 영국과 프랑스 사회주의자들의 견해를 따르고 있다.

좁은 의미에서나 넓은 의미에서나 경제적인 문제들과 관련해서, 맑스는 그의 분석을 위해 부르주아 경제사상의 고전적 이론가들과 그것의 사회주의 비판가들의 풍부한 자료들을 이용할 수 있었다.

방법에 대한 몇 가지 언급

맑스가 그의 모든 선행자들과 달리 그의 관심을 집중시켰던 것은 정치

-경제적 문제들이었다. 이는 맑스가 이미 우리가 본 바대로, 당시 가장 유력했던 유럽사상과의 창조적 대화 속에서 그의 역사적 변증법의 개념을 발전시켰던 풍부하고 밀도있던 시기 이후였다. 역사 특히 부르주아 사회의 변증법에 대한 그의 개념은 여타의 철학자나 경제학자와 그를 본질적으로 구분짓는 이론적인 기준이었다. 이미 프루동에 대한 논박을 간략하게 설명할 때, 우리는 프루동뿐만 아니라 다른 경제학자들의 두 가지 근본적인 결점을 언급했었다. 첫 번째는 부르주아적인 관계를 자연적인, 즉 영원한 관계로 인정했던 오류, 즉 역사적인 것을 자연적인 것으로 대체한 방법상의 오류와 관계된 것이다. 두 번째로 맑스는 생산관계뿐만 아니라 이 관계와 이해와 목적을 인식하려는 이념과 범주들도 인간의 작품이며, 따라서 범주와 이념은 단지 역사적인 산물로 간주될 수 있을 뿐이지 결코 영원한 산물로 간주될 수 없다고 제시한다.

이와 유사하게 후에 맑스는 중요한 『강요』[4]의 서장에서 18세기의 이데올로기와 그 후의 경제학자들의 머릿속에는 자유로운 개인이 이상으로서 떠다녔다고 언급하고 있다. "그 개인은 역사의 결과로서가 아니라 역사의 출발점으로서의 이상이었다. 왜냐하면 인간본성은 역사적으로 형성되는 것이 아니라, 자연에 의해 부여되는 것이라는 그들의(잘못된—역주) 사상에 따라, 자유로운 개인은 자연적인 개인이기 때문이다."[5]

또 맑스는 체계적인 분석과 서술방법(die Methode der Darstellung)의 문제에 대하여 언급했다. 우리는 이로부터 그의 변증법적 사유를 일별해

4) 이 저서의 제목은 *Grundrisse der Kritik der politischen Ökonomie*(1857~1858), Ausgabe Moskau, erster Band 1939, Zweiter Band 1941 ; zweite Ausgabe(영인) in einem Band, Berlin 1953 이다. 이것은 다음부터 『강요』로 인용된다.

5) K. Marx, *Grundrisse*, l.c., S.5~6.

볼 수 있다. 그는 우선 실재적이고 구체적인 것으로부터 시작하는 것이 가장 올바른 것처럼 보인다고 말한다. 따라서 경제학에서는 사회적 생산 행위의 기초이며 주체가 되는 인구로 시작하는 것이 올바른 것처럼 보인다. 그러나 예컨대 거기에 계급이 간과된다면, 이 범주가 추상체라는 사실이 곧 드러난다. 더구나 이 계급은 다시 노동분업, 교환, 가격 등을 전제한다. 따라서 분석의 결과로 보여지는 것은, 근원적인 추상체는 늘 그보다 더 단순한 규정들이 복합된 것이라는 사실이다. 이와 반대로 우리가 이러한 단순한 규정들로부터 출발해서 인구의 범주에 도달한다면, 이제 우리는 더 이상 전체에 대한 혼란된 표상을 갖지 않을뿐더러, 제규정과 제관계들의 풍부한 전체성을 갖게 된다. 이 두 번째 길이 맑스에게는 유일하게 정당하고 과학적인 길이었다. 왜냐하면 그 길은 한편으로는 숨겨져 있던 일반자와 특수자의 통일체로서의 구체자의 변증법을 밝혀내고, 다른 한편으로는 그 길은, 구체자는 사상적이고 추상적인 집약과정의 결과라는, 헤겔의 환상의 가상을 벗겨 버리기 때문이다.

"구체적인 것은 그것이 많은 규정들의 총괄, 즉 다양한 것의 통일체이기 때문에 구체적이다. 따라서 사고 속에서 그것은 집약의 과정으로서, 결과로서 나타나지, 그것이 직관과 표상의 출발점이라고 해서 현실적인 출발점으로 나타나는 것은 아니다. 첫 번째 길에서는 충만한 표상이 추상적인 것으로 달아나 버린다. 두 번째 길에서는 추상적인 규정들이 사유과정 속에서 추상적인 것의 재생산을 가져온다. 따라서 헤겔은 실재하는 것을 자기 스스로 총괄하고, 자기 스스로 심화되며, 스스로 운동하는 사유의 결과로 파악하는 환상에 빠졌다. 그 반면 추상적인 것으로부터 구체적인 것으로 상승하는 방법만이 구체적인 것을 동화시켜 그것을 정신적인 구체자로 재생산하는 사유방식이다. 그러나 그 길은 구체자 자체를 형성하는 길은 아니다. 예를 들어 가장 단순한 경제적 범주인 교환가치는 인구, 특정한 관계 속에서 생산하는 인구를 전제로 한다. 그리고 또 일정한 종류의 가족, 단체, 혹은 국가를 전제로 한다. 그것은 이미 주어져 있는 구체적이고, 생동적인 전체의 추상적이고, 일면적인 관계로서만 존재할 수 있다."6)

맑스는 이 어려움을 또한 외견상 가장 단순한 범주인 '노동'의 예에서 지적했다. 그는 이 범주가 인간이—어떤 사회에서도—생산자로 나타나는 가장 단순하고 원초적인 관계에 대한 추상적 표현에 불과하다는 의견이 전적으로 옳지는 않다고 본다. 우리가 노동방식들의 무차별성을 고려해 볼 때, 현실적으로 노동방식 전체를 전제하는 것이, 다른 것보다 그것이 더 우월하다는 것을 의미하는 것은 아니다. 이 무차별성은 개인이 쉽게 그의 노동을 변경하는 사회형태에 조응한다. 왜냐하면 노동은 여기에선(이러한 사회 형태에선) 부의 창조의 일반적인 수단이 되어 버리고, 동시에 더 이상 개인의 특수성을 규정하는 것으로 여겨지지 않기 때문이다. 이와 같은 상태는 현대의 사회형태에 특징적인 것이기 때문에, 이러한 가장 단순한 추상체는 이 현대사회 형태에 대해서만 실제적으로 바르고 타당한 범주로 입증될 수 있을 뿐이다.

---

6) Ibid., S.21~22. 게다가 맑스는 『자본론』 2판의 후기에서 방법에 관한 그의 근본적인 입장을 아주 극명하게 규정했다. "신비적인 형태로 쓴 변증법이 현존하는 것을 밝혀 주는 것처럼 여겨지고, 그것이 독일의 시류(時流)가 되었다. 합리적인 형태의 변증법은 부르주아지와 그들의 편협한 대변가들에게는 격분과 공포이다. 왜냐하면 그것은 현존하는 것의 긍정적인 이해 속에서도 그것의 부정, 즉 그것의 필연적인 붕괴에 대한 이해도 함께 포함하고 있으며, 모든 생성된 형태를 운동의 흐름 속에서, 따라서 이행의 측면에서 파악하기 때문에 어떤 것도 그것 앞에서 우쭐대도록 허용하지 아니하기 때문에 본질적으로 비판적이고 혁명적이다."(K. Marx, Nachwort zur zweiten auflage des *Kapital*, MEW, Bd.23, S.27~28.).

"부르주아 사회는 가장 발달되고 가장 다양한 역사적 생산 조직체이다. 따라서 이 관계들을 표현하고 있는 범주들—이것들은 그 사회구조를 이해하게 한다—은 동시에 모든 지나간 사회형태의 구조와 생산관계를 통찰할 수 있게 한다. 부르주아 사회는 이 지나간 사회형태의 잔해와 요소들로 건설되었다. 그 잔해와 요소들 가운데 일부 아직 극복되지 않은 잔재들이 그 속에서 쓸려다니고 있으며, 단지 전조(前兆)만 보이던 것이 아주 중요한 것으로 발전되기도 했다. 인간 해부에 원숭이 해부의 열쇠가 들어 있다. 그에 반해 저등동물에 들어 있는 고등동물의 전조는 고등동물 자체가 알려질 때에만 이해될 수 있다. 따라서 부르주아 경제가 고대경제 등의 열쇠가 된다. 그러나 모든 역사적인 차이를 혼동하고 모든 사회형태 속에서 부르주아적인 것만을 보는 그런 류의 경제학자들에게는 이것이 불가능할 수밖에 없다. 지대를 이해하면, 우리는 공납과 1/10세 등을 이해할 수 있다. 그러나 우리는 그것들을 동일시해서는 안 된다."7)

모든 역사사회과학에 있어서와 마찬가지로 경제적인 범주에 있어서도 항상 분명히 해 두어야 할 것은 주제가—이 경우는 부르주아 사회인데—실재적일 뿐만 아니라 머리속에도 주어진다는 사실이다. 그러므로 범주는 이 사회의 현존형태(종종은 단지 그 현존의 개별적인 측면)를 표현하기 때문에, 부르주아 사회 자체가 언급되는 과학적 시각에 의해서 비로소 시작되는 것은 아니다. 모든 생산과 생존의 원천이 토지와 관계되기 때문에 지대와 토지소유로부터 시작하는 것이 가장 자연스러운 것처럼 보이기도 한다. 그러나 이보다 더 잘못된 것은 없다. 지대는 자본 없이 이해될 수 없지만, 이에 반해 자본은 지대 없이도 이해될 수 있다.

---

7) K. Marx, *Grundrisse*, l. c., S.25~26.

"자본은 부르주아 사회에서 모든 것을 지배하는 경제적 힘이다. 그것이 출발점과 종착점이 되어야 하며, 토지소유보다 앞서 전개되어야 한다. 그 둘이 제각기 고찰된 후에 그것의 상호관계가 고찰되어야 한다.

따라서 경제적 범주를 그것이 역사적으로 지배적이었던 순서에 따라 나열하는 것은 불가능할 뿐만 아니라 잘못된 것이다. 오히려 그것의 배열순서는 그것이 현대 부르주아 사회 내에서 갖는 관계에 의해 결정된다. 그리고 이 순서는 그것이 자연적으로 나타난 순서와 정확히 정반대가 된다……."[8)]

자 본

자본이 자본주의의 중심범주가 된다면, 바로 이 범주에 관한 견해에서 맑스의 이론적 입장과 부르주아 경제학의(고전적이거나 변호하는) 입장 사이에 본질적인 차이가 있다. 맑스의 자본에 대한 개념과 이로부터 도출되는 제개념들 속에 그의 저작과 그의 역사적 비판의 이론적인 기초가 포함되어 있다는 것은 결코 지나친 말이 아니다. 맑스는 『강요』에서—사회에는 자본과 생산물 사이에 아무 차이도 존재하지 않으며, 이 차이는 순전히 주관적인 것이라고 주장했던 프루동에게 다시 돌아와서—이 범주의 개념화에 있어서 무엇이 중요한 것인가를 분명하게 제시했다.

"생산물과 자본의 차이는 자본으로서의 생산물이 한 역사적인 사회형태에 속하는 특정한 관계를 표현하고 있다는 사실에 있다. 사회의 관점에서 본 상술된 고찰은, 사회관계(부르주아 사회의 관계)를 표현하고 있는 그 차이를 간과하고 있다는 것을 의미할 뿐이다. 사회는 개인들로부터 형성되는 것이 아니라 관계의 총화, 즉

8) Ibid., S.27~28.

개인들이 그 속에서 서로 맺고 있는 관계의 총화를 표현한다."9)

맑스는 이런 이유로 만일 사회주의자들이 자본만이 필요하며, 자본가는 필요 없다고 말한다면, 이는 전적으로 그릇된 것이라고 설명하고 있다. 왜냐하면 그들은 자본 속에는 특정한 사회적 관계, 즉 자유로운 노동과 이것의 구매자와의 관계가 포함되어 있다는 것을 간과하기 때문이다. 자본은 한 자본가로부터 다른 자본가에게로 이전될 수 있다. 그러나 한 자본가가 그의 자본을 상실할 때, 그는 더 이상 자본가가 아니다. 그러므로 자본은 개별적이고 특정한 자본가들과 분리될 수 있음에도 불구하고 자본가로서 노동자와 대립하고 있는 자본가와는 분리될 수 없다.

"따라서 자본가와 임금노동자의 생산이 자본의 가치증식과정의 주요생산물이다. 단지 생산된 물건만을 중시했던 기존의 경제학은 이것을 완전히 망각하고 있다. 이 과정 속에서 대상화된 노동이 동시에 노동자의 비대상화(Nichtgegen-standlichkeit)로서 노동자에 대립된 주체성의 대상화로, 즉 그와 소원한 의지의 소유로 정립됨으로써, 자본이 필연적으로 또한 자본가를 만들어 내는 것이다. 따라서 자본은 필요하지만, 자본가는 필요하지 않다는 몇몇 사회주의자의 사상은 완전히 그릇된 것이다. 노동의 객관적 조건들은—그리고 이 조건들은 바로 노동 자체의 산물이다—그것(노동)에 대립된 인격성을 전제한다는 의미가 자본의 개념 속에 들어 있다. 다시 말해서 노동의 산물이 노동자에게 소원한 인격성의 소유로 된다는 의미가 포함되어 있다. 자본의 개념 속에는 자본가가 포함되어 있다. 그렇지만 이 오류는 고대에 있어서의 자본에 대해서, 예를 들어 로마와 그리스의 자본가에 대해서 말하는 모든 문헌학자들의 오류보다 크지는 않다. 이것은 노동이 로마와 그리스에선 자유로웠다는 것을 달리 표현하는 것에 불과하며, 바로 이 점이 그들이 애써 주장하고 싶었던 것

9) Ibid., S.176.

이다(그리스와 로마 사회에서는 자본가가 있었지만, 노동의 소외가 없었다고 함으로써, 자본의 존재가 반드시 노동의 소외를 가져오지 않았다고 주장하려 했다는 것 -역주). 우리가 지금 아메리카의 플랜테이션 소유자를 자본가라고 부를 뿐만 아니라, 실제로 그들이 자본가인 것은 그들이 이례(異例)로서 자유로운 노동에 의거하고 있는 세계 시장 내에서 존재하고 있다는 사실에 근거하고 있다."[10]

맑스는 그의 주저에서도 이러한 근본적인 구별을 자명한 것으로 고수하고 있지만, 여기에서 그는 자연이 한편으로 화폐와 상품의 소유자를, 다른 한편으로 자기 자신의 노동력만을 소유하는 사람들을 산출해 내는 것은 아니라는 점을 강조하고 있다. 이 관계는 자연적인 것도 아니며, 모든 역사시기에 공통적일 정도로 역사적인 것도 아니다.

"자본에 있어서는 사정이 다르다. 그것의 역사적인 현존조건은 결코 상품과 화폐의 순환과 더불어 존재하지 않았다. 그것은 생산과 생활수단의 소유자가 시장에서 노동력을 판매하는 자유노동자를 만나는 곳에서만 성립된다. 이 [자본이라고 하는] 하나의 역사적 조건이 한 시대의 세계역사의 문을 열었다. 자본은 따라서 그 발생부터 사회적 생산과정의 한 시대를 포고했다."[11]

그러므로 자본은 특정한 사회관계로서 특정한 생산방식과 그로부터 결과하는 모든 현상들의 기초가 된다. 이 관계의 직접적인 표현이 상품 생산이며 모든 상품이 사용가치와 교환가치의 성질을 갖기 때문에, 현대 자본주의사회의 기능을 이해하기 위해서는 상품의 가치인 사용가치와 교환가치에 대한 분석이 필요하다. 왜냐하면 부르주아 사회의 사회적 연관이

10) Ibid., S.412.
11) K. Marx, *Kapital I*, MEW, Bd. 23, S.184.

교환가치 속에 표현되기 때문이다. 이 교환가치는 모든 개별성과 고유성이 부정된 일반적인 형태를 띤다.

이 상태는 개인이 가족 혹은 씨족의 내부에서 자연으로부터 직접적으로 재생산하는 그런 상태와는 전혀 다르다고 말한다. 여기에서는 그의 생산활동과 그 생산의 몫은 노동과 생산물의 특정한 형태에 의존한다. 그리고 이것에 의하여 그와 다른 사람들과의 관계가 결정된다.[12]

이에 반해 가치의 생산은 맑스가 이미 1844년의 초고에서 분명하게 강조했던 몇 가지의 특징적인 현상을 초래한다. 그와 똑같은 분석이 『강요』에서 뿐만 아니라 또한 『자본론』에서도 반복되고 있다. 이것이 그의 이론적인 통일성을 설명해 준다. 바로 이 소외현상에서 맑스는 경제적이고 정치적인 관계에 대한 비판과 역사적 극복의 본질적인 이유를 보았다.

소외 현상과 상품의 물신숭배

1844년의 초고에서 보여지고 있는 휴머니즘과 소외의 문제에 대한 맑스의 끈질긴 주장이 헤겔주의에 젖어 있던 청년기의 과실일 뿐이라는 대다수의, 특히 교조적 맑스주의자들의 견해가 얼마나 피상적이며 그릇된 것인가는 『강요』와 『자본론』에서 보여지는 분석의 근본의도에서 잘 밝혀진다. 그것의 근본의도는 비인간적인 관계, 즉 보편적인 물상화와 신비화를 계속 반복하고 있는 경제적 기계론과 그것의 한계를 폭로하고 설명하는 데 있다. 나아가 근본의도는 새로운 인간적인 사회관계를 세우려는 유일한 목적으로 이 관계를 극복하는 길을 제시하는 데 있다. 그러므로 맑

---

12) K. Marx, *Grundrisse*, S.74~75.

스가 이 비인간적인 관계의 총화를 의미하는 범주인 소외범주에서부터 다시 시작하고 있음은 자명하다 하겠다.

따라서 이미 초고에서 발견되는 사상과 분석이 『강요』에서 반복되고 있다. 상품의 생산을 본질적인 특징으로 하는 사회는 필연적으로 인간이 인격으로서가 아니라 단지 물건으로 여겨지는 소외된 관계를 생산한다.

"생산물의 사회적 형태, 그리고 생산에서 개인들이 차지하는 몫과 마찬가지로 활동의 사회적 성격이 여기에서는 그 개인에 소원한 것, 사물적인 것으로 나타난다. 즉 개인들은 그들 상호간의 관계가 아니라, 그들과 무관하게 성립되고, 서로 아무런 상관도 없는 개인들의 불유쾌한 접합으로부터 발생하는 관계에 예속되는 것으로 나타난다. 모든 개인들의 생존조건인 활동과 생산물의 일반적인 교환, 즉 그것들 상호간의 연관이 그들에게는 소원하고 무관한 것, 즉 사물로 나타난다. 교환가치 속에서 인격의 사회관계가 사물의 사회관계로 변질된다. 다시 말해 인간적 능력이 사물적 능력으로 변질된다."13)

---

13) K. Marx, *Grundrisse*, S.75. 수많은 구절들 중에서 여기에도 그 하나가 언급되고 있다. "그것은 노동산물과 같은 것으로 현상한다. 그리하여 산 노동에 자립적으로 대립하는 현존방식을 갖는 낯선 소유로서의 그 산물이 스스로 존립하는 가치와 같은 것으로 현상하게 된다. 그리고 노동산물, 즉 대상화된 노동이 산 노동 자체로부터 영혼을 부여받아, 이제는 낯선 힘으로 그 산 노동에 대립하게 된다. 따라서 노동의 관점에서 볼 때, 노동은 생산과정 속에서 활동하는 것으로 여겨진다. 그리고 그것은 그 실현태를 객관적 조건 속에서 낯선 실재물에 자신을 팔아넘기고 따라서 스스로는 비실체적이고 그저 욕구충족적인 노동능력으로서 그것에서부터 소외되어, 그것 아닌 다른 것에 귀속되는 실재물에 대립하게 되는 것으로 여겨진다. 그리하여 노동은 그 소유의 현실태를 자신을 위한 존재로서가 아니라 타자를 위한 단순 존재로 정립하게 되며, 또한 단순한 타자존재 혹은 자신에 대립한 타자의 존재로서 정립하게 된다. 이 실현과정이 마찬가지로 노동의 전개과정이다. 노동은 자신을 객관화한다. 그러나 그것은 그 객관성을 자기의 비존재(부정)로, 즉 자신의 비존재(부정)인 자본의 존재로 정립한다."(Ibid., S.357~358.)

계속해서 맑스는 개인의 생산물 혹은 활동을 교환가치의 형태로 반드시 전환시켜야만 하는 이 물화된 형태 속에서 그들의 사회적 위력을 주장할 수 있다는 사실이, 한편으로 개인들은 한층 더 사회 속에서 사회를 위하여 생산하게 되고, 다른 한편으로 그들의 생산이 직접적으로 사회적인 것이 되는 것은 아님을 입증해 준다고 강조한다. 이런 이유 때문에 교환가치를 토대로 해서는 몇몇 개량주의자들의 주장처럼 개인들이 연합하여 그들의 총생산을 통제할 수는 없는 것이다.

전인적으로 계발된 개인들의 사회를 실현하려는 노력이 항상 맑스의 핵심문제였다. 그래서 그는 늘, 인간이 현재와 같은 일면성을 극복할 것인가, 또는 이러한 역사적 한계와 함께 새롭고 역사적으로 심화되어 가는 과정들을 위한 전제조건도 고려되어야 하는가를 물었다. 그렇게 전반적으로 계발된 개인들은 자연의 산물이 아니라, 역사의 산물이다. 그들에 있어서 상호간의 관계는 그들 자신의 공동 통제하에 있게 된다.

"이러한 개성을 가능케 하는 능력을 계발하는 수준과 그 폭은 교환가치에 기초한 생산을 그 기본전제로 할 수밖에 없다. 그러나 그렇다손 치더라도 이 생산은 개인이 그 자신과 다른 사람으로부터의 소외를 일반적으로 생산하지만 그러면서도 그의 관계와 능력의 보편성과 전인성을 가일층 더 생산해 내는 그런 생산이다. 개인은 이전의 발전 단계에서 더 풍부했던 것처럼 보인다. 왜냐하면 그때까지는 아직 그는 정말 그의 모든 관계를 풍부하게 하려고 억지로 애를 쓰지 않아도 되었으며, 그와 무관한 사회적인 세력과 관계들에 스스로 맞설 만한 힘이 있었기 때문이다. 그러한 본래의 풍부성을 그리워하는 것이 우스운 일이듯이, 이제는 이처럼 텅 빈 상태로 지내야만 한다고 믿는 것도 우스운 일이다."[14]

14) Ibid., S.79~80.

간단히 말해 자본은 소외된 관계를 의미한다. 맑스가 이미 14년 전 초고에서 썼던 소외 현상이 비록 그 글 이전의 글들에서처럼 체계적으로 개진되지는 않았더라도, 그것은 이 글(『강요』)에서도 전제가 되고 있다. 따라서 자본은 두 개의 적대적인 극(極)이 대립해 있는 특정한 사회관계를 형성한다. 그 한쪽은 자신의 노동력을 자유로이 처분할 수 있는 노동자이고, 다른 한쪽은 그 노동력을 구입하여 가치, 즉 궁극적으로는 잉여가치를 생산하려는 목적만 달성하기 위해 화폐수단과 생산수단을 마음대로 사용하는 자본가이다. 맑스는 이 본질적인 관계를 비판적으로, 나아가 혁명적으로 극복하기 위해서, 그것을 다시 거론했다. 왜냐하면 그것이 부르주아 문명의 모든 제반현상들의 기초이기 때문이다. 그러므로 맑스의 『자본론』 전체를 통해 소외의 개념은 그 밑바탕에 흐르고 있다. 그것은 노동자가 그의 창조적인 힘을 아무리 쏟아 넣어도 결코 풍요로워질 수 없는 사회체제를 분석하고 있다. "노동자의 노동이 창조적인 힘이 자본의 힘, 소원한 힘으로 되어 자신에 대립함으로써……그는 오히려 빈곤하게 될 수밖에 없다."[15]

이것과 똑같은 문제가 『자본론』의 상품물신주의의 분석에서 다루어지고 있다. 맑스는 상품이 된 사물에 숨겨져 있는 비밀스런 성격에 대해서 묻고, 화폐와 그것에 대한 지배의 성격에 대해서 묻는다. 그리고 그는 이 성격이 바로 상품형태를 띠는 생산물 자체로부터 발생한다고 밝힌다.

"그러므로 상품 형태의 비밀은 바로 다음에 있다. 상품은 인간 자신의 노동의 사

---

15) Ibid., S.214.

회적 성격을 노동생산물 자체가 갖는 대상적 성격으로, 즉 이 사물이 자연적으로 갖고 있는 사회적인 성질로 인간의 머릿속에 반영시키며, 따라서 생산자들이 총노동이 갖는 사회관계(노동을 통한 생산자들의 상호관계)도 또한 그들 외부에 현존하는 대상들의 사회관계로 반영시킨다. 이러한 오류를 통해서 노동생산물이 상품, 감각적이면서 동시에 초감각적인 또는 사회적인 사물인 상품이 된다."16)

따라서 맑스에 의하면 상품 세계의 물신적 성격은 상품을 생산하는 노동이 갖는 특수한 사회적 성격으로부터 발생한다. 생산자는 그의 사적 노동의 생산물을 교환함으로써 비로소 사회적인 접촉을 하게 되며, 이를 통해 그의 노동에 특수한 표징이 부여된다. 이런 이유로 해서 그들에게는 그들의 사적 노동의 사회적 관계가 "그들의 노동 자체 내에서의 인간의 직접적인 사회적 관계로 나타나지 않고, 오히려 인격간의 사물적 관계와 사물간의 사회적 관계로 나타나게 된다."17)

교환의 영역 속에서 노동생산물이 그것의 사용가치와 무관한 상품의 성격을 획득함으로써 사적 노동이 생산자에게 이중적인 의미를 갖게 된다. 사적 노동은 한편으로 특정한 사회적 욕구를 충족시켜야 하며, 다른 한편으로 동시에 그것이 모든 다른 종류의 사적 노동과 교환될 수 있어야 한다. 상이한 노동간의 동일성은 그것들간의 비동일성을 추상함으로써만,

---

16) K. Marx, *Kapital I*, MEW, Bd. 23, S.86. 맑스는 물신성의 개념을 어느 정도 부연설명하고 있다. "여기에서 인간들에게 마술적인 사물관계 형태로서 여겨지고 있는 것은 실은 인간 자신들간의 특정한 사회적 관계일 뿐이다. 따라서 한 비유를 들기 위해서 우리는 종교세계란 구름지대로 가보면 된다. 여기에서는 인간 머리의 산물이 독립적인 생명을 부여받게 되어, 인간 사이에서 인간과 관계를 맺는 자립적 형태로 여겨진다. 상품세계에서는 인간 손의 산물이 그렇게 된다. 나는 이를, 노동산물이 상품으로 생산되고 따라서 상품생산과 결합되자마자 노동산물에 씌워지는 물신성이라고 부른다."(Ibid., S.86~87).
17) Ibid., S.87.

즉 추상적 노동으로 이해되는 인간 노동력의 소모라는 일반적 특성으로 환원됨으로써(상품에 대상화된 동일한 노동량은 동일한 교환가치를 갖는다고 여긴다. 여기에서 노동은 구체적 유용노동이 아니라 추상적 인간 노동이다.) 성립될 수 있다.

"따라서 인간이 그들의 노동생산물을 가치로서 서로 관계지우는 이유는 그들이 이 사물을 동일한 인간노동에 씌워져 있는 단순히 사물적인 외피로 간주하기 때문이 아니다. 오히려 그 반대다. 그들은 다종다양한 생산물들을 교환속에서 가치로서 서로 동일하게 취급함으로써, 서로 상이한 그들의 노동을 동일한 인간노동으로 취급하는 것이다. 그들은 이것을 알지도(의식하지도) 못하면서 그렇게 하고 있다."18)

상품가치의 화폐적 표현은 이 정체를 폭로하는 대신에 오히려 사적 노동의 사회적 성격을 더욱 더 은폐시킨다. 그러므로 만일 한 생산자가 그의 상품을 다른 상품과 교환한다면, 교환하는 사람들에게는 그들의 사적 노동과 사회적 총노동과의 관계가 이러한 신비화된 형태로 나타난다.

생산형태가 바뀌면 이 신비주의는 사라진다. 따라서 예컨대 자본주의적 생산형태와 다른 봉건주의적 생산방식에서는, 공개적으로 드러나 있는 인격적인 예속관계 때문에, 현실과 다른 환상적인 형태를 띨 필요가 없다.

---

18) Ibid., S.88. 그리고 계속해서 "그들(가치교환자)의 사회적 운동이 그들에게는 사물운동의 형태로 여겨진다. 그들이 이 사물을 통제하는 대신에, 그것에 의해 그들이 통제된다. 상품생산이 완전하게 발전되고 나서야 그 경험으로부터 상호독립적으로 행해지지만 사회적 노동분업의 자연발생적인 한 고리로서 완전히 상호의존적인 사적 노동은 점차 그것이 사회적으로 차지하는 비율로 환산된다는 과학적 통찰이 생겨났다. 그 이유는 머리 위에서 집이 무너져 내릴 때 중력의 법칙이 작용하듯이, 우연적이며 늘 동요하는 사적 노동의 생산물의 교환관계 속에서 그것을 생산하는데 필요한 사회적 노동시간이 규제적인 자연법칙으로 지배적으로 관철되기 때문이다."(Ibid., S.89).

"그러므로 여기에서 사람들이 하고 있는 분장(Charaktermask)이 벗겨짐에 따라, 노동 속에서 이루어지는 인격관의 사회적 관계는 필경 그들 자신의 인격적 관계로 나타나게 되며, 사물, 즉 노동생산물의 사회적 관계로 치장되지 않는다."19)

맑스는 그 예로서 공동의 생산수단으로 일하는 자유로운 인간들의 자유로운 연합체를 들고 있다. 여기에서는 생산물 모두가 사회적 생산물이 된다. 이 생산물의 일부는 다시 생산물로 사용되고, 그 나머지는 연합체의 구성원들에 의해 그들이 생활하기 위한 생필품으로 소비된다. 다만, 이 경우에도 분배 규칙을 설정하기 위해 일정한 기준이 필요하다. 따라서 여기에서도 노동시간이 개별 생산자들이 일한 데 따라 분배해 주기 위한 기준으로 제시될 수 있다. 그러나 이 경우에는 인간들 상호간에 그리고 인간과 그의 노동과 또 그의 노동생산물과 맺어지는 사회적 관계는 (어떤 분장에 가리워지지 않고) 명료하고 간단하다.

"과거의 사회적 생산조직체들은 부르주아의 생산조직체보다 훨씬 간단하고 명료하다. 그러나 그것들은 아직 다른 사람과 연결되어 있는 자연스런 유적 연관의 탯줄을 끊지 못한 미성숙한 개인들에 근거했거나, 아니면 직접적인 주인과 노예의 관계에 근거하고 있었다. 노동 생산력이 낮은 발전단계에 있었다는 것이 그것들의 제약이었으며, 또한 그에 조응하여 사람들은 물질적 생존을 유지하기 위한 과정에 속박될 수밖에 없어서 인간들 서로간의 관계와 인간과 자연간의 관계도 속박의 관계였다. 이러한 현실적인 속박이 관념적으로 다시 고대의 자연종교와 민속종교에 반영되었다."20)

---

19) Ibid., S.91~92.

20) Ibid., S.93~94. 맑스는 또한—상품의 가치를 통해 결정되는—이러한 상품생

이로부터 이러한 문제들은 맑스에게 중요했으며, 그것이 인간의 관계가 사물의 관계로 되어버린 사회에 대한 그의 비판의 핵심이자 기초가 되었다는 것이 분명해진다. 인간관계가 사물화된 관계 속에서는 상품물신주의뿐만 아니라, 이 현상의 다른 측면인 인간의 보편적 물상화가 지배적이게 된다. 그러한 관계의 귀결은 사회적 관계로서의 자본이 인간에 대립해 더욱더 거대한 고리가 되어, 인간을 자본, 독점체, 국가, 민족 등의 구조들의 단순한 객체로 전환시킨다는 것이다. 오직 이와 같은 철학적 토대에서만, 이미 강조되었던 바대로, 우리는 맑스의 모든 다음의 분석이 갖는 의미뿐만 아니라, 더 나아가 그의 역사적이고 사회적인 비판의 의미도 간취할 수 있으며, 40년대의 그의 저작들, 이후의 『강요』 그리고 『자본론』 사이의 본질적인 내적 관계를 알 수 있다. 그리고 맑스는 상품물신주의의 현상 속에서 현대사회가 도착된 이유를 보았듯이, 『강요』에서도 그의 분석의 역점이 대상화의 문제에 있는 것이 아니라, 소외(Entfremdung)와 외화(Entäußerung)=소외된 존재, 외화된 존재, 탈화된 존재(Veräußertsein)의 문제에 있음을 강조한다. 다시 말해 그의 역점은 노동자가 아니라 자본에 속한 엄청난 대상적인 힘이 살아 있는 노동을 억누르고 있다는 사실에 있는 것이다.

"그러나 분명히 이 전도된 과정은 단지 역사적인 필연성, 즉 특정한 역사적인 시

산관계를 인간의 이데올로기적 세계와도 연관지웠다. "상품, 따라서 가치를 생산하며 이 사물적 형태 속에서 사적 노동을 동일한 인간노동으로 서로 관계지우는, 보편적 생산관계가 성립되어 있는 상품생산자 사회에서는, 추상적 인간으로 제사지내는, 다시 말해 신교, 이신론 등등의 부르주아적으로 발전된 기독교가 이에 상응하는 종교형태가 된다."(Ibid., S.93.).

발점 내지는 토대로부터 생산력이 발전하는 데서 나타나는 필연성일 뿐이며 결코 생산의 절대적 필연성이 아니다. 오히려 그 과정은 소멸될 과정이며, 이 과정의 결과와 (내재적인) 목표는 이 과정의 형태와 마찬가지로 이 토대마저도 지양하는 것이다. 부르주아 경제학자들은 사회 역사적인 발전의 특정한 단계로부터 주어지는 관념에 갇혀 있다. 그래서 그들에게는 노동의 사회적 힘의 대상화가 갖는 필연성이, 살아 있는 노동에 대한 그것(사회적 힘)의 소외의 필연성과 분리될 수 없는 것처럼 여겨진다. 단지 개별적이라든가 혹은 단지 내적으로 혹은 단지 외적으로 보편적이라는 살아 있는 노동이 갖는 직접적인 성격을 지양함으로써, 그리고 개인의 활동을 직접적으로 일반적이거나 사회적인 것으로 만듦으로써, 생산의 대상적인 계기에서 소외의 형태가 떨어져 나가게 된다. 이렇게 되면 생산의 사회적 계기는 소유로서, 유기적인 사회조직으로서 정립된다. 이 사회조직내에서 이제는 개인들이 개별자로서 그러나 사회적인 개별자로서 재생산된다."[21]

맑스가 인간이 해방되고, 물상화되고 물신화된 현존상태를 극복하기 위한 전망을 제시했던 『강요』와 『자본론』의 구절들로 넘어가기에 앞서서, 우선 『정치경제학 비판』으로부터 언급되고 있는 몇몇 문제를 고찰해 보자. 만일 맑스가 이 문제를 해명하는 데 본질적으로 공헌하지 않았더라면, 우리는 자본주의적 생산방식의 기능을 이해할 수 없었으며, 그것의 역사적인 한계도 인식할 수 없었을 것이다.

가치와 잉여가치

맑스가 가치문제를 해결할 때 일차적으로 리카도의 노동가치론에 의거하고 있다는 사실은 이미 언급되었다. 그럼에도 불구하고 리카도는 인간

---

21) K. Marx, *Grundrisse*, l.c., S.716.

노동의 다양한 성격에 대해 궁극적인 해답을 주지 않았다. 이 인간노동이 사용가치나 교환가치로 현상하는 가치를 산출하는 원천이다. 더구나 리카도는 잉여가치나 노동자 계급의 착취가 발생하는 메커니즘에 대해서도 설명하지 않았다.

맑스의 가치론은 이미 1859년의 『정치경제학 비판』에 포함되어 있다. 그는 여기에서 다음과 같이 적고 있다.

"1온스의 금, 1톤의 철, 1쿼터의 밀, 그리고 20자의 생사는 동일한 크기의 교환가치를 갖는다. 그것들의 사용가치의 질적 차이가 사상된 등가물로서 그것들은 동일한 노동의 똑같은 부피를 표현한다. 그것들 속에 똑같이 대상화되어 있는 노동 자체는 동형적이고, 무차별적이고, 단순한 노동이다. 다시 말해 산소가 철의 녹이나, 대기 속이나, 포도즙이나, 아니면 인간의 피 속에 있든지, 어디에서나 같은 산소인 것과 마찬가지로, 노동이 금, 철, 밀, 생사 등 어느 것으로 나타나든지 간에 노동은 매한가지의 노동이다. 그러나 금을 캐고, 광산으로부터 철을 채굴하고, 밀을 경작하고, 명주를 잣는 것은 질적으로 서로 다른 노동방식이다. 실제적으로 사용가치의 상이성으로 나타나는 것은 그 과정상에 있어서는 사용가치를 산출하는 활동의 상이성으로 나타난다. 노동이 사용가치를 갖는 특수한 재료들에 대해 무관하듯이, 교환가치를 정립하는 노동은 따라서 노동 자체의 특수한 형태와도 무관하다. 상이한 사용가치는 결국 상이한 개인들의 활동의 산물이며, 따라서 개인들의 상이한 노동의 결과다. 그러나 그것은 교환가치로서는 동일하고 무차별적인 노동, 즉 노동하는 사람의 개별성이 해소된 노동을 표현한다. 교환가치를 정립하는 노동은 따라서 추상적인 일반노동이다."[22]

따라서 교환가치 속에 나타나 있는 바대로의 노동은 근육, 신경, 뇌 등

22) K. Marx, *Zur Kiritk der politischen Ökonomie*, MEW, Bd.13, S.17~18.

의 일정한 소모로 이루어지는 일반적인 인간노동이다. 바로 이러한 하나의 단순하고 질적 차이가 없는 노동이 각각의 국가와 시대에 따라 상이한 성격을 갖게 된 것이다. 동시에 그것은 모든 복합노동의 기본요소다. 왜냐하면 복합노동이란 단지 단순노동의 합이기 때문이다.

우리가 이미 보았던 대로, 세계에서 생산되는 모든 가치가 인간노동으로부터 발생한다는 것은 맑스에게는 분명하고 부정할 수 없는 것이다. 그러나 바로 이 점에서 부르주아 정치경제학이 해결할 수 없는 어려움이 비롯된다. 모든 가치가 인간노동에서 유래하는 것이라면, 자본가가 자유로이 처리할 수 있는 잉여가치는 어디에서 유래하는가?

이 잉여는 교환과정에서 발생할 수 없다. 왜냐하면 만일 한 사람이 상품을 그 가치 이상으로 판매하면, 다른 사람이 손해를 보기 때문이다. 따라서 가치의 총합은 동일하다. 그럼에도 불구하고 자본가가 노동에 그 대가를 완전하게 지불한다는 이제까지의 정치경제학의 전제가 타당하다면, 자본가가 노동자에게 노동의 모든 대가를 지불했음에도 불구하고, 어떻게 자본가의 수중에 잉여가치가 집적되는가 하는 문제가 다시금 제기된다.

자본주의적 생산방식과 정치경제학의 이 실마리는 맑스에 의해 최초로 해결되었다. 그는 이것에 앞절들에서 언급된 분석들을 이용했다. 맑스는 자본가가 시장에서 노동을 구매하지 않고 가치를 생산하는 상품인 노동력을 구매한다고 증명했다. 물상화된 관계의 특성이 여기에서 극명하게 드러난다. 화폐소유자는 노동력의 시세가치에 따라 지불하고서, 규정된 노동시간 동안 노동력을 사용할 권리를 갖는다. 그러나 노동력의 가치와 그것의 착취는 완전히 별개의 것이다. 노동과정과 생산과정 속에서 언제든지 입증되고 있듯이, 노동자가 그의 노동력의 시세가치를 생산하는 데는 하루 노동시간의 일부만을 노동하는 것으로도 충분하다. 이는 노동자가 20시간 동안 생명을 유지하는 데는 단지 하루 노동시간의 일부만이 필요하다는 것을 의미한다.

"따라서 노동력의 가치와 노동과정 내에서의 노동력의 가치증식은 완전히 별개의 것이다. 자본가가 노동력을 구입했을 때, 그는 이 가치차이에 주목한다……. 화폐소유자는 노동력의 시세가치를 지불했다 .따라서 그에게 그것의 하룻동안의 사용, 즉 일일 노동이 귀속된다."[23)]

따라서 노동자는 시세가치를 대가로 받고 그의 노동력을 시장에서 판매한다. 그러나 그가 그의 생명, 즉 그의 노동력을 유지할 수 있는 만큼의 가치를 생산하는 데는 노동시간의 일부(반나절이라고 하자)로도 충분하다. 그는 실제로 일일 노동시간의 남은 부분을 자본가를 위해서 무보수로 노동한다. 바로 이러한 일일 노동시간의 지불되지 않은 부분에서 노동자가 창출한 가치부분을 자본가는 잉여가치로서 저유하게 되는 것이다.

맑스는 『자본론』에서 자본이 잉여가치를 만들어 내는 것이 아니라고 밝힌다. 왜냐하면 잉여가치는, 사회 일부가 생산수단을 독점한 사회에서는 언제나 존재했었기 때문이다. 그러나 고대사회에서 압도적인 것은 생산물의 교환가치가 아니라 사용가치이다. 그래서 생산 자체의 성격으로부터는 무제한적인 잉여가치에 대한 욕구가 발생하지 않는다.

"따라서 고대에도 자립적인 화폐형태를 갖는 교환가치를 획득할 필요가 있는 곳에서는 금과 은의 생산에서의 초과노동은 엄청난 것이었다. 죽을 때까지 강제노동

---

23) K. Marx, *Kapital I*, l.c., S.208.

하는 것이 여기에서는 초과노동의 공인된 형태였다. 이는 디오도루스 시쿨루스(Diodorus Siculus: 그리스 역사기술가—역주)를 읽어보기만 해도 알 수 있다. 그러나 이것은 고대세계에서는 예외였다. 그러나 노예노동과 부역노동 등의 낮은 형태 속에서 생산활동을 하던 민족들이, 외국에로의 생산품의 수출에 대한 관심을 두드러지게 발전시키는 자본주의적 생산양식에 의해 지배되는 세계시장으로 편입되자마자, 노예제와 농노제 등의 야만적인 공포에 초과노동의 문명화된 공포가 부가되었다. 따라서 미국남부의 흑인노동은 생산이 주로 직접적인 자급을 목표로 했던 한에 있어서는 온건한 가부장적인 성격을 유지했다. 그러나 면화수출이 남부 각주의 주된 관심이 됨에 따라서, 흑인의 초과노동이 도처에서 7년 정도 일하면 죽어버릴 정도로 행해졌다. 그래서 초과노동은 철저한 타산의 한 요소가 되었다. 이제 필요한 것은 더 이상 흑인으로부터 일정량의 유용생산물을 얻어내는 것이 아니다. 이제는 잉여가치 자체의 생산에 흑인이 필요했다. 이는 강제노동, 예를 들면 도나우 공작령의 강제노동과 유사하다."24)

자본 축적

이리하여 잉여가치와 그것의 모든 다양한 형태가 발생하는 비밀이 밝혀졌다. 동시에 자본 축적과 이 축적을 가능케 하는 생산요소들을 해명하는 기초가 마련되었다. 맑스는 그 다음의 분석에서, 자본주의가 여타의 경제체제와 구별되는 것은, 바로 자본가가 잉여가치의 일부를 자신의 개인적

---

24) Ibid., S.250. 맑스는 그만큼 집중적으로 이 문제들을 『자본론』 3권에서도 다루고 있다. "예를 들어 그의 평균적인 일일 생계비가 6시간의 평균 노동의 가치에 해당된다면, 그는 자신을 위해 평균적으로 하루에 6시간 일해야 한다. 그의 노동력의 실재적인 가치에서 이러한 신체적인 최저와 편차가 생긴다. 그것은 기후와 사회적 발전의 정도에 따라 다르다. 그것은 신체적 욕구뿐 아니라, 제2의 본성이 된, 역사적으로 계발된 사회적 욕구에도 의존한다."(Marx, *Kapital III*, MEW, Bd.25, S.866).

인 욕구를 위해 사용하지 않고 주로 새로운 생산을 위해 사용한다는 데에 있다고 밝힌다. 잉여가치의 일부가 새로운 생산수단의 창출과 가변자본(노동력)의 부양에 쓰인다.

"여기에서 노동력이 구매되는 것은 노동력의 사용이나 이것의 생산물을 통해 구매자의 개인적인 욕구를 충족시키기 위한 것이 아니다. 그의 목적은 자본의 가치증식, 즉 상품생산이다. 상품은 그가 지불하는 것보다 더 많은 노동을 보존하고 있다. 즉 그것은 노동력 구매자가 아무 비용도 들이지 않는데도 상품 판매를 통해 실현되는 가치부분을 포함하고 있다. 잉여가치의 생산 내지는 흑자를 위한 장부사기가 이 생산양식의 절대적 법칙이다."25)

맑스는 자본형성을 설명하면서 사회 내에서 물질적 부를 창출하는 당사자인 노동자 계급에 대한 착취의 원인도 과학적으로 설명했다. 그리고 그는 자본주의적 축적에 대한 그의 분석에서, 노동자 계급이 미래를 위한 투쟁의 지침으로 사용할 결론을 도출해 냈다.

계속해서 그는 자본의 유기적 구성이 증가한다고 밝힌다. 즉 자본의 가변부분(노동력)이 아니라 고정부분이 증식되고, 결과적으로 노동력의 일부는 늘 남아 돌아서 프롤레타리아 산업예비군이 된다. 이것의 주된 원인은 자본주의적 경쟁이다. 왜냐하면 모든 자본가는 더 적은 가치를 들여 더 많은 가치를 생산하려 하는데, 그는 일차적으로 동일한 시간에 더 많은 상품의 생산을 가능케 해주는 기계를 개선함으로써 그것을 성취할 수 있게 하기 때문이다. 그러면서 개선된 기계는 그것을 사용하는 데에 훨씬 적은 노동력을 필요로 하고, 또 그것 자체가 많은 노동자를 대체함으로써

25) K. Marx, *Kapital I*, S.647.

노동자 계급의 일부를 '남아 돌게' 한다.

"가변자본 부분의 상대적 감소는 총자본이 성장함에 따라 이것의 성장보다 더 급속하게 가속되고, 다른 한편으로 그 감소는 거꾸로 가변자본 내지는 고용수단의 증가인 노동인구의 더 급속한 절대적 증가로 나타난다. 자본주의적 축적은 도리어 그리고 더욱이 그 힘과 확대범위에 비례해서 상대적인, 즉 평균적인 자본의 가치증식욕구를 초과하는 잉여노동인구 내지는 초과노동인구를 생산한다."26)

상대적 과잉인구의 생산은 생산과정 자체의 기술적 혁신보다 훨씬 빠르게 진전된다. 생산과정에 고용된 노동자 계급은 이런 식으로 해서 비고용 노동자 계급에 의해 끊임없이 위협받으며, 자본가는 이와 같은 상황을 가일층 더 큰 착취를 위해 이용한다. 맑스는 1866년까지 일어난 사실들에 기초한 이와 같은 분석을 다음과 같이 단정함으로써 끝맺는다.

"사회적인 부, 즉 기능하는 자본과, 이것의 성장범위와 힘이 커지면 커질수록, 그리고 이에 따라 프롤레타리아트의 절대수와 그 노동의 생산력도 커지면 커질수록 산업예비군도 점점 더 거대해진다. 자유로이 처분될 수 있는 노동력이 자본의 팽창력과 동일한 원인에 의해 발전된다. 따라서 산업예비군의 비례적인 수가 부의 잠재력과 함께 성장한다. 그러나 이 예비군이 현역 노동자 군대에 비해서 늘어날수록, 공고해진 잉여인구의 규모는 더욱더 커진다. 이들에게는 빈곤이 노동고통과 반비례한다. 결국 노동자 계급의 나사로층(문둥이, 거지—역주)과 산업예비군이 커지면 커질수록, 사회적으로 대중빈곤의 규모가 더욱 커진다. 이것이 자본주의적 축적의 절대적이고 일반적인 법칙이다. 이것은 모든 다른 법칙들처럼 다양한 상황에 따라 변형된 형태로 실현된다. 그러나 이에 대한 분석은 여기에서 다루어질 것이 못 된다."27)

---

26) Ibid., S.658.

자본주의적 축적의 일반법칙에 대한 문제는 사회민주당의 여러 계열 내에서 격렬한 토론과 논쟁을 야기시켰다. 베벨, 베른슈타인, 카우츠키 등은 맑스에 있어서 이 법칙은 원래 노동자 계급의 절대적 빈곤화가 아니라 단지 상대적 빈곤화만을 의미했다고 주장했다. 그리고 부하린은 식민지 등의 희생에 의해 노동자 계급의 상태가 개선되었다고 지적했다.

하여튼 이 문제는 최근의 제국주의 시대와도 관련이 되는 만큼 철저하게 맑스주의적으로 탐구되어야 했다. 맑스는 지난 세기 60년대의 노동자 계급과 자본주의사회의 발전에 대한 분석으로부터 결론을 이끌어냈으며, 그때 그는 인용된 주장들을 필생의 실천을 통해 완전하게 증명했다. 이에 반해 노동자 계급의 상태가 그 이후로 많은 선진 자본주의 국가에서는 호전되었다는 사실은 오늘날 더 이상 이론(異論)의 여지가 없다. 아메리카와 프랑스의 노동자 계급의 생활수준이 계속해서 악화되고 있다는 모르조프(Morzov), 글레저만(Gleserman), 레온티에프(Leontijev) 등과 같은 현재의 러시아 경제학자들이 제시한 증거들은 임금의 분석을 기초로 한 궤변이다.

다음으로 제기될 문제는 자본주의의 발전이 맑스의 정연한 결론을 반박했는가 아닌가 하는 것이다. 고정자본이 증식되고 '잉여' 노동자 인구가 항상 존속한다는 맑스의 확증은 오늘날까지 여전히 타당하다. 자본주의적 축적의 일반법칙도 현재의 조건하에서 여전히 작용하고 있다. 그러나 맑스 스스로는 그 당시 다른 법칙과 마찬가지로 이 법칙을 변형시켜 버리는 모든 상황을 분석하지 않았다. 그럼에도 불구하고 인용문의 결론 속에서

27) Ibid., S.673~674.

덧붙여 말한 것으로부터, 그가 그러한 변형을 완전히 의식하고 있었음이 명백히 드러난다. 어쨌든 비록 다른 생산자에게 손해를 입히는 방식일지라도, 이 법칙의 작용을 현저히 완화시키는 상황이 실제적으로 존재하고 있다는 것은 의심할 수 없다.

여러 정당과 노동조합의 선을 넘어선 노동자들의 조직적 투쟁과 임금, 나아진 생활조건, 그리고 실업자 사회부조 등을 위한 투쟁이 (가장 순수하고 강렬한 형태로 실현되고자 하는) 그 법칙을 변형시켰다는 점도 간과될 수 없다.

이 문제를 분석하기 위해서는 주로 식민지에 대한 착취에 의한 자본의 확장과 초과이윤의 획득이란 그 다음 전제도 경시되어서는 안 된다. 이제 이런 식으로 각각의 자본주의국가들에서의 노동자 계급의 생활조건이 개선될 수 있었다면, 식민지와 반식민지의 노동자 계급의 생활조건은 최저수준 이하로 저하되었다는 것은 반박의 여지가 없다.

다른 한편으로 값싼 상품의 생산증대가 특권적인 자본주의 국가의 소비자의 생활수준을 향상시키는 데 기여했다. 그러나 이와 동시에 자본주의적 생산방식의 체계는 개별자본들간의 경쟁과 다툼에 의해, 자본의 집적과 집중에 의해, 생산증대에 의해, 과잉생산과 대량의 '과잉' 인구에 의해 빠져들 수밖에 없는 모순들을, 오늘날에는 결코 정상적이거나 사회적으로 유익하다고 할 수 없는 방식으로, 즉 전쟁을 통해 해결한다는 사실도 잊어서는 안 된다.

따라서 전혀 인간답지 못한 수단이 자본주의적 사회질서의 '안전과 정상유지'를 위해 반드시 사용되지 않으면 안 된다.

몇몇 조건들에 대한 이와 같은 간단한 고찰만으로도 그 법칙을 '변형시키'는 다수의 상황이 존재하며, 그래서 특정국가의 자본주의 발전조건이 타국가의 조건들과 다를 수 있기 때문에 각 국가들이 제각기 분석되어야 했었던 이유를 잘 알 수 있다. (우리가 오늘날도 매우 잘 볼 수 있는) 바로 위의 문제와 직결되어 있는 또 하나의 사실이 망각되어서는 안 된다. 그것은 맑스가 『자본론』 제1권에서 지적했던 자본주의적 축적의 역사적 경향이다. 자본주의적 생산양식은 자본의 본원적 축적으로부터, 즉 자신의 노동에 의해 획득된 사유재산(농지와 소수공업자 등의 재산)의 대량적이고, 극도로 몰염치하고, 무자비한 강탈로부터 태동했다. 그러고 나서 자본주의적 생산양식이 이 토대 위에서 발달하면서, 상호 경쟁의 법칙과 자본의 집적과 집중의 법칙이 작용하기 시작했다. 강탈의 대상이 자본가 자체가 되어 버렸다.

"[맑스는 결론짓기를] 이 강탈은 자본주의적 생산 자체에 내재하는 법칙의 작용을 통해, 즉 자본의 집중을 통해 수행된다. 각각의 자본가가 다른 자본가들을 죽음에로 내몬다. 이러한 집중, 즉 소수 자본가에 의한 다수의 강탈과 나란히, 더 고도화된 노동과저의 협동형태, 과학의 의식적인 기술적 이용, 토지의 계획적인 이용, 노동수단을 오직 공동으로만 사용될 수 있는 노동수단에로의 전화, [생산수단을] 조합된 사회적 노동의 생산수단으로 사용함으로써 발생하는 모든 생산수단의 경제화, 모든 민족의 세계시장망으로의 흡수 등으로 자본주의적 지배의 국제적 성격이 발전한다. 이런 변화과정의 모든 장점을 탈취하고 독점하는 자본세도가의 수가 감소해 감에 따라서 대중의 빈곤, 억압, 종속, 타락, 착취가 증가하고 점점 수지가 불어나지만, 자본주의적 생산과정 자체의 메카니즘을 통해 단련된 통일되고 조직된 노동자 계급의 적개심 또한 성장한다. 자본독점은 그와 함께, 그리고 그 아래서 꽃피웠던 생산양식에 대한 질곡이 된다. 생산수단의 집중과 노동의 사회화가 자본주의적 외피와 양립할 수 없는 지점에 다다른다. 마침내 그것은 터져 버린다. 자본주의적 사유재산의 최후의 종이 울린다. 마침내 강탈자가 강탈당한다.

자본주의적 생산양식으로부터 발생한 자본주의적인 전유양식인 자본주의적인 사적 소유가 자기 노동에 기초한 개인적 사적 소유의 최초의 부정이다. 그러나 자본주의적 생산은 자연적인 필연성으로 그것 자신의 부정을 산출한다. 이것이 부정의 부정이다. 이것은 사유재산을 다시 재생시키지 않고, 다만 자본주의시대의 성과인 협동과 토지와 노동 자체에 의해 생산된 생산수단의 공동소유를 기초로 하여 개인적 재산을 소생시킨다."[28)]

바로 이것이 『자본론』에 쓰여 있는 유명한 예언적 구절의 내용이다. 제국주의의 최근의 역사는 맑스가 완전하게 예견할 수는 없었지만 우리의 의견상 그의 근본입장과 어긋나지 않는 자본주의적 발전의 몇 가지 특질을 보여준다. 맑스가, 경쟁의 법칙과 자본의 집적과 집중의 법칙이 영세하고 약한 자본가들의 강탈을 초래할 것으로 증명한 것은 전적으로 옳다. 이 과정은 분명히 오늘날에도 여전히 진행되고 있다.

만일 우리가 자본주의의 최근의 발전을 고찰해 본다면, 우리는 '자본독점'이 바로 선진국에서 생산양식의 질곡이 되고 있다는 사실을 볼 수 있다. 그리고 이것은, 자본주의가 그 나라를 휩쓸고 있는 대공황 동안의 주기적인 대중빈곤의 문제를 (단지 생산양식의 질곡의 표현일 뿐인) 전쟁의 세계적 참사의 문제와 마찬가지로 해결할 수 없다는 것을 의미한다.

자본주의의 그 밖의 제 모순과 제 과정

낡은 형태의 자본주의는 금세기에 와서는 이 문제들을 해결할 수 없는

28) Ibid., S.790~791.

것으로 입증되었다. 공교롭게 선진 자본주의국가에서 노동자 계급도 권력을 인수하는 데 성공하지 못했다. 그런 상황 속에서 국가기구가 (역사에서 이미 종종 일어났던 바대로) 더 큰 역할을 하기 시작한다. 그것은 생산과정 자체에 더 강력하게 관여함으로써 이 모순들을 무마시키려고 한다. 생산과정에의 이러한 관여는 개인자본을 제한함으로써 전 생산분야에 걸친 강탈과 국유화 이외에는 다른 방도가 없다. 따라서 낡은 형태의 자본주의는 지양되고 다음의 발전단계인, 그 구조상 이미 사회주의의 직접적인 입구를 의미하는 국가자본주의에 도달했다.29)

두말할 것도 없이 낡은 형태는 그 새로운 형태에 저항했다. 그러나 낡은 자본주의가 그것에 기초해서는 사회의 문제를 해결할 수 없다는 사실도 마찬가지로 의심의 여지가 없다.

우리는 선진 자본주의국가 내에서 일어나고 있는 상황을 보기만 해도 이 과정이 일상적인 현실임을 인식할 수 있다. 그러나 국가는 (만일 우리가 자본주의의 영역에만 한정한다면) 강권적인 간섭을 통해 [이 과정의] 진전을 완화시키고 이 상황으로부터의 일시적인 탈출구를 발견할 수 있을 뿐이다.

자본주의의 국가자본주의에로의 이행과정은, 현재의 역사적인 시점에 있어서 노동자 계급이 아직 권력을 장악할 수 없는 모든 국가의 합법칙적인 진로다. 국가자본주의는 사회주의를 위한 마지막 도약대다.

다른 한편 여기에서 이 과정을 특정 국가에서 단축시킬 수 있게 하는 국제적인 역사적 조건을 간과해서는 안 된다. 왜냐하면 그 조건이 국가자

29) 이 문제를 특히 러시아 맑스주의자(레닌과 부하린)와 오스트리아 맑스주의자가 인지했다. 물론 그들이 이 현상에 상이한 의미를 부여했지만 그들은 어쨌든 그 현상에 주목했으며 그 당시 도달된 발전단계에 관련하여 그것을 분석했다. 스탈린의 교조주의는 레닌과 부하린 이후의 과정을 완전히 무시했으며, 이는 이론적으로 뿐만 아니라, 실천적으로도 부정적인 결과를 가져왔다.

본주의에 대한 프롤레타리아트의 직접적인 혁명적 행동을 촉진시킬 수 있기 때문이다.

따라서 자본주의적 축적의 역사적 경향은 현재의 발전단계에서—참으로 경향으로서—이 경향에 대한 맑스의 생각이 참된 것임을 입증해 주는 특정한 변형을 보여 준다. 발전의 경향은 특정한 사회적 구조로부터 발생하는 발전의 방향이다. 물론 이는 현재 역사의 복잡한 발전 속에서 모든 요소, 조건, 작용과 우연들을 예상하는 것이 불가능하기 때문에 이론적으로는 예견될 수 없는 다양한 가능성, 단계와 구간을 전제한다.

상술된 과정의 불가피성이 다른 더 구체적인 측면들과 나란히 제시되어 있는 『자본론』 제 3권에서 맑스는 이윤과 이윤율에 대한 분석을 통해 그의 학설을 계속해서 완성하고 확고하게 해명했다. 우리가 이미 보았듯이, 그는 자본의 유기적 구성이 고정자본에 유리하게 변화한다는 사실, 즉 자본주의에서는 고정자본(생산수단, 기계, 원료 등)이 가변자본(노동력)보다 더 빠르게 성장한다는 사실을 밝힌다. 그러나 유기적 구성이 자본주의적 생산의 발전의 필연성에 의해 제약되어 이같은 방식으로 변화함으로써, 자본가들에게 가장 중요한 이윤율이 하락한다. 이윤율은 총자본과 잉여가치의 관계를 표현하는데, 잉여가치는 고정자본에 비해서 축소된 노동력에 의해 생산되기 때문에, 이윤율 하락은 자본주의적 생산양식의 일반적인 현상이며 법칙이다.

맑스는 이 법칙에 역작용하여 이것을 완화시키고 변형시키는 작용을 하는 많은 영향들도 언급한다. 그래서 그는 이것을 경향적인 이윤율저하의 법칙이라고 부른다.

이윤, 이자 내지는 지대로 실현되는 잉여가치를 더 많이 획득하기 위해서 자본가는 생산 내에서 그의 자본의 양을 확대해야 한다. 자본의 지속적인 성장은 노동력의 희생으로 이루어지기 때문에(상대적으로 고정자본이 더 많이 확대되기 때문에), 그것은 끊임없는 이윤율저하의 경향을 가져온다. 자본가는 주로 총자본의 양을 확대함으로써 이를 보정한다. 그래서 그는 낮은 이윤율에도 불구하고 더 큰 양의 총이윤을 획득한다.

"그러므로 노동의 사회적 생산력의 동일한 발전은 자본주의적 생산양식의 진보 속에서 한편으로는 계속적인 이윤율 저하의 경향으로 표현되고, 다른 한편으로는 전유된 잉여가치나 이윤의 절대량의 지속적인 성장으로 표현된다. 따라서 전체적으로 가변자본과 이윤의 상대적 감소와, 그 둘의 절대적 증가가 서로 조응한다. 이미 보여진 바대로 이러한 양면적인 작용은 이윤이 저하되는 속도보다 더 빠른 속도로 총자본이 성장한다는 것으로 제시될 수 있을 뿐이다. 고정자본이 더 높게 구성되거나 혹은 상대적으로 더 강력하게 증가할 때 절대적으로 늘어난 가변자본을 이용하기 위해서는 총자본이 그 높은 구성도에 따라 증가해야 할 뿐만 아니라 그 속도도 더 빨라져야 한다. 이로부터 자본주의적 생산양식이 더욱 발전할수록, 똑같은 혹은 더 증가된 노동력을 고용하기 위해서는 더욱더 많은 양의 자본을 필요로 한다는 결론이 나온다. 따라서 상승하는 노동생산력은 자본주의적인 기초에서는 필연적으로 영구히 과잉 노동자 인구를 산출한다. 가변자본이 과거의 1/2 대신에 총자본의 1/6로 된다면, 동일한 노동력을 고용하기 위해서는 총자본이 세 배로 늘어나야 한다. 노동력이 두 배로 고용되면 총자본은 여섯 배로 늘어나야 한다."[30)]

그러므로 자본가는 이윤액수를 곱하여 이윤율저하를 보정하기 위해 총자본을 확대하지 않을 수 없다. 그러나 자본과 생산의 증가는 우리가 자본주의적 축적의 일반법칙과 역사적 경향을 해설하면서 배웠던 그 결과들

30) K. Marx, *Kapital III*, Bd.25, S.233.

을 가져온다. 따라서 그것은 과잉생산, 영세자본의 몰락, 공황 등을 가져오며, 동시에 자본주의는 내적 발전의 강제에 의하여 사회의 안정된 발전을 보장할 수 없다는 사실이 명백해진다. 자본주의적 생산양식의 자극제로서의 이윤율이 저하됨으로써, 그것은 새로운 독립적인 자본의 창출을 방해하며, 과잉생산, 공황과 자본주의의 여타의 폐해를 가져온다. 맑스는 계속해서, 자본주의를 절대적인 생산양식으로 여겼던 몇몇 부르주아 정치경제학자들(예를 들어 리카도)도 매우 잘 알고 있었듯이, 이 생산양식은 여기에서 그 한계를 드러낸다고 지적한다.

"그러나 중요한 것은 저하되는 이윤율에 대한 공포 속에서 자본주의적 생산양식이, 생산력이 발전함에 따라 부의 생산 자체와는 전혀 무관한 한계에 직면한다는 느낌이다. 그리고 이 고질적인 한계가 자본주의적 생산양식의 제약성과 역사적·이행적 성격을 증명한다. 즉 그것은 자본주의적 생산양식이 부의 생산을 위해 절대적인 생산양식인 것이 아니라, 오히려 어느 단계에서 부의 발전과 충돌하게 된다는 사실을 증명해 준다."[31]

그래서 맑스는 자본주의적 생산양식을 다음과 같이 특징지웠다.

"첫째, 그것은 그것의 생산물을 상품으로 생산한다. 물론 상품을 생산한다는 것이 그것과 다른 생산양식과의 차이는 아니다. 하지만 상품이라는 것이 자본주의적 생산물의 지배적이고 주요한 성격이라는 점이 다르다…….

둘째, 자본주의적 생산양식의 특색은, 잉여가치 생산이 생산의 직접적인 목적과 주요 동기가 된다는 것이다. 자본은 본질적으로 자본을 생산하지만, 그것이 잉여가치를 생산하는 한에서만 그러하다."[32]

---

31) Ibid., S.252.

우리는 여기에서 정치경제학적 사상의 영역에서 이룩한 맑스의 평생의 업적을 모두 강조할 생각은 없다. 단지 그가 자본의 재생산과 확대재생산의 문제와 지대(차액지대와 절대지대)론도 전체적으로 발전시켰다는 것만을 강조해 두고자 한다. 이것은 자본주의를 이해함에 있어 특히 중요하기도 하지만, 동시에 사회주의를 연구하는 데에도 필수불가결한 이론적인 기초가 된다.

임금관계의 극복과 자유의 문제

우리가 보았던 바대로, 맑스는 그이 삶이 다할 때까지 자본주의적 생산양식의 모순과 비인간성이, 오로지 각양각색의 현대인간의 소외 형태의 근원이 되고 있는 이 사회적 관계의 극복과 지양을 통해서만 해결될 수 있다고 굳게 확신했다. 그가 말년에 더 정밀하고 깊이 있는 통찰에 의거하여 이 문제들 가운데 몇 가지가 어느 정도 더 실재적인 것임을 알았을 때에도, 그는 여전히 임금노동의 극복의 전망을, 따라서 경제적 소외를 극복하려는 전망을 고수했으며, 『강요』에서 뿐만 아니라 『자본론』에서도 전인적이고 자유로운 인격의 도야는 그의 중심사상이었다. 따라서 우리는 이 저작의 여러 구절 속에서 인격의 해방에 대한 깊은 생각과 견해들을 발견할 수 있다. 이것이 부르주아 경제와 그것의 이론적 표현인 정치경제학에 대한 맑스의 비판적 태도가 이끌어낸 논리적이고 인간적인 귀결이다.

그는 『강요』에서, 오늘날에도 부르주아 사회의 옹호자들이 즐겨 인용하

32) Ibid., S.886~888.

고 있는, 자유경쟁이 인간자유의 발전을 위한 동의어라는 주장에 관한 연구에 몰두했다. 여기에서는 국한된 기초(즉, 자본의 지배)에서만의 자유로운 발전이 중시되고 있기 때문에, 이 생각은 부당할 뿐만 아니라 역겹기까지 하다. 맑스는 결코 그 역사적 중요성을 과소평가하지는 않았지만, 이런 류의 개인적 자유를 개인적 자유의 지양으로 여겼으며, 인간으로부터 독립적인 사물적 위력의 형태, 즉 강력한 사물의 형태를 띠는 사회적 조건 밑에로 개인이 예속되는 것으로 보았다. 그리고 "자유로운 경쟁이 곧 생산력 발전의 최후 형태이고 인간자유의 최후형태라는 주장은, 중간계급의 지배가 세계사의 끝이라는 것을 의미할 뿐이다. 이는 물론 엊그저께 벼락부자가 된 사람에게나 기분좋게 들릴 생각이다."[33]

이 관계는 다양한 형태의 소외와 또한 현실생활에 대한 신비화를 발생시킨다. 맑스는 여기에서 종교를 사회적 관계의 가장 독특한 신비화된 형태로 보고, 이에 대해 자신의 생산물을 의식적으로 통제하는 '자유롭고 사회화된 인간'을 표현하는 '선명한(투명한) 이성적 관계'의 조직화를 변호하고 있다. 그 사상은 그에게는 생산수단에 대한 사적 소유의 지양을 의미할 뿐만 아니라, 특정한 사회집단이 다른 집단들을 위압할 힘을 갖도록 도와줄 수 있는 모든 관계들의 지양도 의미한다. 왜냐하면 그의 비판은 고전적인 자본주의적 관계와 마찬가지로 '신비한 안개 베일'을 치고 있는 모든 국가주의적인 관계에도 해당되기 때문이다.

"현실세계의 종교적인 투영은, 일반적으로 실제적인 일상생활의 관계들이 인간들에게 그들 상호간의 그리고 인간과 자연 사이의 선명한 이성적 관계를 평상적으로

---

33) K. Marx, *Grundrisse*, S.545.

제시해 줄 때에만 사라질 수 있다. 사회적인 생활과정, 즉 물질적 생산과정의 형태는 그것이 자유롭게 사회화된 인간의 생산물로서 그들의 의식적인 계획적 통제하에 놓일 때에만 그 신비한 안개 베일을 벗겨 버린다. 그럼에도 불구하고 이를 위해서는 사회의 물질적 기초, 다시 말해 결국은 길고 고통스런 발전사의 자연발생적인 생산물일 수밖에 없는 일련의 물질적 존재조건이 요구된다."[34)]

맑스는 과학과 기술의 발전이 노동분업과 특정 활동의 구속으로부터의 인간해방의 조건을 실현하기 위해 얼마나 중요한가를 이미 알고 있었다. 부의 창출마저도 그때는 노동시간에 의존하지 않게 될 것이다.

"그러나 거대산업이 발전되는 정도에 따라, 현실적인 부의 창조는 노동시간에 가동되는 동력기의 힘보다 노동시간과 사용된 노동의 양에 덜 의존하게 된다. 그리고 이 동력기 자체는 다시—그 강력한 효율성은—그것을 생산하는 데 소요되는 직접적인 노동시간과는 아무 관계도 없고, 오히려 일반적인 과학의 수준과 기술의 진보, 혹은 과학의 생산에의 응용에 의존한다(과학, 특히 자연과학과 동시에 모든 다른 과학의 발전 자체는 다시 물질적 생산의 발전에 관계된다)."[35)]

그러므로 노동은 이전처럼 생산과정 내에 포함되지 않게 된다. 노동자는 노동과정의 주근무자가 되는 대신에 생산과정 옆에서 왔다갔다 감독만 하면 된다. 기계제 산업의 이와 같은 포괄적인 발전의 상황에서는 직접적인 노동이나 노동시간이 부의 생산의 기초가 되는 것이 아니라, 인간에 의한, 인간의 자연에 대한 이해와 그것의 지배에 의한 자신의 일반적인 생산력의 전유, 한 마디로 말해서 사회적 개인의 발전이 사회적 부의 기

34) K. Marx, *Kapital I*, S.94.
35) K. Marx, *Grundrisse*, S.592.

초가 된다.

"현재의 부가 의존하고 있는 타인 노동시간의 강탈은 이렇게 새롭고 가장 발전되고, 바로 거대산업에 의해 창출된 토대에 비해 볼 때 비참한 토대라 하지 않을 수 없다. 직접적 형태의 노동이 부의 주원천이 되기를 그치자마자 노동시간이 그 척도가 되지 않게 되고 따라서 더 이상 교환가치가 사용가치의 척도가 되지 않게 된다. 대중의 초과노동은 일반적인 부의 발전조건이기를 그쳤으며, 소수의 비노동도 일반적인 인간 지력의 발전조건이기를 그치게 되었다. 이와 함께 교환가치에 근거한 생산이 붕괴되고, 직접적인 물질적 생산과정도 궁핍강제와 대립성의 형태를 벗어던진다. 개성이 자유로이 계발되게 되고, 잉여노동시간을 벌기 위해 필요노동시간이 감축되는 것이 아니라 일반적으로 사회의 필요노동시간이 최소로 단축됨에 따라, 자유로워진 시간과 마련되어 있는 여러 수단을 통해 개인의 예술적이고 학문적인 것 등등의 교양이 가능케 된다."36)

여기에서 우리는 많은 사람들이 사회주의에 대해 이해하기 어려웠고 지금도 어려운, 과학이 미래의 가장 강력한 생산력이 될 것이라는 사실을 맑스가 이미 그 당시에 인식하고 있었다는 것을 잘 알 수 있다. 왜냐하면 맑스가 썼던 대로 자연은 기계, 기관차, 전신 등등을 생산하지 못한다. 그것들은 인간의 손에 의해 창조된 인간 뇌의 기관, 즉 대상화된 과학이다. 따라서 이미 고정자본의 발달이 얼마나 놀라울 정도로 일반적인 사회적인 지식이 직접적 생산력으로 전화되었는가를 보여준다. 그리고 이 거대하고 강력한 생산과정 속에서 인간의 해방을 위한 조건들이 발견될 수 있다.

이 언급과 맑스의 다른 언급들은—우리는 분명히 이 문제들을 다루고 있는

---

36) Ibid., S.593.

구절들을 모두 나열할 수는 없다.—비로소 우리에게 정치경제학 비판으로서의 그의 경제학적인 연구와 『자본론』의 의미를 드러내 준다. 덧붙일 것은 맑스의 변증법에 대해서는 맑스가 그때그때의 단편적인 언급들로부터는 제대로 파악될 수 없고, 부르주아 자본주의사회, 그것의 경제적인 구조와 변증법적인 관계에 대한 누구도 따를 수 없는 (뛰어난) 분석 전체로부터, 또한 이 특정한 사회의 총체성을 형성하고 있는 그 모든 계기들로부터 가장 잘, 그리고 가장 포괄적으로 파악될 수 있다는 사실이다.

이렇게 이해할 때 맑스가 『자본론』 마지막 권에서 반복하고 있듯이, 자본주의적 생산과정은, 특수한 역사적-경제적 생산관계내에서 일어나는 특정한 형태의 사회적 생산과정으로 볼 수 있을 뿐이다. 지나간 모든 생산형태와 마찬가지로 자본주의적 생산형태 역시 특정한 물질적 조건에 매여 있다.[37] 그리고 자본가는 단지 인간화된 자본에 불과하다. 그는 생산과정 속에서 단지 자본의 대행자(담당자)로서 기능한다. 이에 반해 자본은, 잉여노동이 등가로 보상되지 않고 노동자로부터 탈취되어, 항상 그의 노동이 강제노동이 되어 버리는 적대적인 사회관계가 된다. 맑스에 의하면 잉여노동, 즉 주어진 욕구의 한도를 초과한 노동은 늘 존재하기 마련이다. 그러나 자본주의적 사회체제와 여타 계급체제에서 잉여노동은 적대적인 성격을 가지며 그 뒷면에는 사회 일부의 안락이 숨어 있다. 자본주의의 문명화된 측면의 하나는 자본이 잉여노동을 다른 사회구성체와는 상이하게, 더군다나 더 효율적인 방식으로 강제한다는 데에 있다. 이는 사회의 일부가 다른 부분의 희생 위에서 사회적 발전을 강제하고 독점화하려는 욕구를 극도로 과다하게 만든다. 동시에 자본은 더 발전된 사회형태가 "이 잉

37) *Kapital III*, S.826 참조.

여노동을 물질적인 노동에 일반적으로 투여되는 시간의 대폭적인 축소로 연결시키는 것"38)을 가능케 하는 관계들을 위한 물질적인 수단도 창출한다. 따라서 맑스에 의하면 자유는 이 물질적 생산영역을 넘어선 곳에 있다.

"사실상 자유의 나라는 노동이 필요와 외적인 합목적성에 의해 규정되기를 그치는 곳에서 비로소 시작된다. 그러므로 이 나라는 성질상 본래의 물질적 생산영역을 초극한 곳에 있다. 원시인이 그의 욕구를 만족시키고 생명을 유지하고 재생산하기 위해서 자연과 분투해야 하듯이, 문명인도 그리해야 하며, 어떤 사회형태 내에서 그리고 어떤 가능한 생산양식 하에서도 그렇게 해야 한다. 문명의 발달과 함께 이 자연필연성의 나라도 욕구 때문에 점차 확대된다. 그러나 동시에 이것을 만족시키는 생산력도 점점 확대된다. 이 영역에서의 자유는 사회화된 인간, 연합된 생산자가 맹목적 힘으로서의 자연에 의해 지배되지 않고, 자연과의 신진대사(상호작용)를 합리적으로 제어하여 그들 공동의 통제하에 두는 데에서만, 즉 그것을 가장 적은 힘의 소모로 인간본성에 가장 어울리고 적합한 조건 하에서 수행하는 데에서만 가능할 수 있다. 그러나 이는 늘 필연성의 나라에 머무를 수밖에 없다. 그것을 초극한 곳에서 스스로를 자기 목적으로 여기는 인간의 자기발전, 즉 진정한 자유의 나라가 시작된다. 그러나 이 나라는 필연성의 나라를 토대로 하여서만 꽃피울 수 있다. 노동시간의 단축이 근본조건이다."39)

노동이란 범주가 맑스의 해석에 있어 우리에게 잉여가치를 창출하는 생산관계의 본질을 드러내 보여주는 범주로 이해된다면, 맑스의 분석과 입장으로부터 노동 자체의 지양이 필연적으로 도출될 수 있다. 그러나 노동

38) Ibid., S.827.
39) Ibid., S.828.

이란 범주가 현실, 특히 자연에 대한 인간의 더 근본적인 관계의 표현으로, 즉 물질적인 생존조건을 창출하는 관계를 표현하는 것으로 이해된다면, 노동의 지양이란 정녕 어리석은 말일 뿐이다(그러므로 노동의 지양이 아니라 소외된 노동의 지양이 정확한 말이다—역주). 필연성의 영역으로서의 물질적 생산의 영역은 맑스에게는 여전히 인간 생존의 필요조건이다. 그렇기 때문에 그것이 어느 정도로 부자유의 영역, 자유를 부정하는 영역으로 남아 있어야만 하느냐는 물론 [노동착취에 의한 부자유의 문제와는] 별개의 문제다.

그러나 맑스가 이 영역을 추상적으로 자유로운 시간(안락)의 영역에 대립시키지 않았고, 이것을 단순한 오락으로 여기지도 않았다는 것은 확실하다. 왜냐하면 노동시간의 절감은 자유로운 시간, 즉 '개인의 완전한 계발을 위한 시간'의 증가를 의미하기 때문이다. 맑스에 의하면 이 시간이 다시 더 거대한 생산력으로 생산과정에서 작용하게 된다.

"게다가 직접적 노동시간 자체가 자유로운 시간과 추상적으로 대립될 수 없다는 것은—부르주아 경제학에서는 대립으로 나타난다.—자명하다. 분배가 아니라 생산양식 자체를 더 고차적 형태로 지양하는 것을 궁극목표로 주장한 업적을 남긴 푸리에가 원하듯이, 노동이 오락이 될 수는 없다. 자유로운 시간—이는 여가시간일 뿐만 아니라 더 높은 활동을 위한 시간이다.—은 당연히 그것을 향유하는 사람을 다른 주체로 변화시키고 이 다른 주체가 된 그는 다음에 또 직접적인 생산과정에 참여한다."40)

이 영역에 대한 추상적인 분리는 분명히 일면적이고 그릇된 결론을 초

40) K. Marx, *Grundrisse*, S.599.

래케 한다. 그럼에도 불구하고 인간의 역사적 실천의 두 영역은 남게 된다. 왜냐하면 오늘날 우리는 그것의 명백한 차이를 무시해도 될 만큼 충분히 포착할 수 있는 요소들을 아직도 갖고 있지 않기 때문이다.

맑스는 40년대부터 그의 생애가 다할 때까지 경제적인 문제들과 그의 필생의 저작에 몰두했다. 그럼에도 불구하고 그는 그의 저작을 생시에 발간하지 못했다. 2권과 3권은 엥겔스가 처음으로 발행했다. 그는 1894년까지 그 작업을 했다. 4권으로 예정되었던 방대한 초고는 마지막으로 카우츠키가 『잉여가치론』이란 제목으로 발간했다(1905~1910).

지금까지 언급된 모든 이유로부터 맑스의 주저가 지금까지의 과학체계 내에서의 어떤 부문에 속할 수 없다는 것이 자명해진다. 그것을 단지 정치경제학적 연구로만 분류하는 것은 그것을 단지 철학적인 저서나, 사회학적인 저서나 아니면 그 외의 저서로 여기는 것과 마찬가지로 잘못이다. 맑스의 근본의도는 우리가 보았듯이 부르주아 사회의 구조, 그것의 합법칙성, 그것이 기능하는 경향, 그것의 발전, 그리고 그것의 한계에 대한 분석이었다. 그것을 위한 전제가 새로운 인간관과 역사관이었다. 이 새로운 사상을 통해 그는 사회적 문제를 다루는 데에 있어 모든 다른 과학자들과, 심지어는 바로 사회주의자들과도 구분된다. 바로 그렇기 때문에 맑스의 주저는 본질적으로 비판적 저서이며 동시에 그의 변증법의 가장 탁월한 모범이다.

그가 이 저술에 쏟은 지대한 정성은 헛되지 않았다. 그것은 새로운 사회세력으로서 과학적 사상의 가장 위대한 승리를 의미한다. 그것은 현대의 사회체제 내에서 그것의 피할 수 없는 한계, 합법칙성과 발전경향을 폭로하고, 그와 동시에 — 그것에 고유한 변증법적인 관점에 따라 — 모든 실증적 현존재 속에서 그것의 내적인 부정을 발견해 내는 사회주의사상의 생명력과 능력을 입증했다.

제5장
맑스와 엥겔스의 만년
(1870~1895)

프랑스의 내전

루이 보나파르트의 광포가 어디까지 이르렀나는 이미 잘 알려져 있다. 그것은 황제마저 포로가 되었던 진정 패러디(Parodie)였다.

파리에서는 새로운 공화주의적인 '국민방위의 정부'가 들어섰다. 그러나 프러시아 군대가 도시를 포위했다. 이런 곤경 속에서 맑스는 프랑스 노동자 계급에게 보내는 「독불전쟁에 대한 두 번째 전언」을 썼다.

"이미 적이 거의 파리의 문을 두드리고 있는 지금, 신정부를 전복하려는 모든 기도는 정녕 어리석은 짓이라 하겠습니다. 프랑스 노동자는 시민으로서의 자신의 의무를 다하여야 합니다. 그러나 프랑스 농민들이 제1제국에 대한 국민적인 기억 때문에 기만당했듯이, 1792년의 국민적인 기억에 휩쓸려서는 안 됩니다. 프랑스 노동자는 과거를 반복해서는 안 되고, 미래를 건설해야만 합니다. 그들은 자신의 계급조직을 완벽하게 건설할 수 있게 하는 공화주의적인 자유를 보장해 주는 수단들을 조용히 그리고 단호하게 이용하기만 하면 됩니다. 이는 그들에게 프랑스의 재탄생과 우리의 공통과제인 프롤레타리아트의 해방을 위한 새롭고 막강한 힘을 부여해 줄 것입니다. 그들의 역량과 지혜에 공화국의 운명이 걸려 있습니다."1)

그러나 그 사건은 훨씬 더 극적이었다. 티에르가 신정부의 이름으로 혁명적 국민군을 무장해제시키고 몽마르트에 있는 그들의 대포를 탈취하려 했을 때, 정부군은 국민 그리고 국민군과 한 형제가 되었으며 1871년 3월 18일 코뮨(commune)을 선포했다.

파리 코뮨군의 경탄할 만한 의연성과 창조적 정신은 맑스에게는 그가 행한 이전의 이론적 통찰의 확증이었으며 동시의 차후의 결론과 예상을 위한 기초가 되었다. 특히 그는 처음의 주저에도 불구하고 이 역사적이고 혁명적인 기정 사실을 환영하고 지원했다. "이 파리인들은 얼마나 유연하고, 얼마나 역사적인 창의성을 갖고 있으며, 얼마나 희생정신이 강한가!" 라고 그는 그 사건이 진행되고 있는 동안 쿠겔만에게 썼다.

"외국의 적들에 의해서라기보다 내부의 배반에 의해 6개월 동안 더욱 비참하게 굶주리고 황폐화된 후에도, 그들은 프로이센의 총칼 아래서, 마치 프랑스와 독일 사이에 아무런 전쟁도 없으며 적이 파리 문전까지 아직도 이르지 않은 듯이, 떨쳐 일어났다! 역사상 그 위대성에 있어 이에 버금갈 만한 예는 결코 없을 것이다! 만일 그들이 패하더라도 그들의 '선량함' 이외에 다른 잘못은 없다. 처음에 비노이가, 그 다음으로 일부 반동적인 파리 국민군이 패퇴한 후에, 바로 베르사이유로 진격할 필요가 있었다. 그러나 그들은 양심상의 주저 때문에 호기를 놓쳤다. 사람들은, 장난이 심한 난장이 티에르가 파리의 무장해제를 기도함으로써 이미 내전을 개시했음에도 불구하고, 마치 그렇지 않은 것처럼 내전을 개시하려 하지 않았다! 두 번째 잘못은 중앙위원회가 코뮨에게 자리를 넘겨 주기 위해 너무 일찍 권력을 포기했다는 것이다. 이 또한 너무 '고결한' 세심성이다! 비록 낡은 사회의 늑대, 돼지와 천한 개들

1) K. Marx, *Zweite Adresse über den Deutsch-Französischen Krieg*, MEW, Bd. 17, S.277~278.

앞에서 패할지라도, 어쨌든, 현재의 파리 봉기는 파리의 6월 폭동 이후 우리 당의 가장 영광된 행적이다. 병영, 교회, 시골 토지귀족 그리고 특히 편협한 쁘띠 부르주아 속물들의 악취를 풍기는 서로 마의 유복자란 가면을 쓰고 있는 신성로마제국의 하늘에 대한 굴종을 파리의 이 하늘에 대한 반란과 비교해 보라."[2)]

파리 프롤레타리아트의 이 영웅적인 나날들을 분석하면서 맑스는 가장 중요한 초점인 코뮨의 의미와 성격에 모든 관심을 기울였다. 특히 프랑스 내전에 대한 그의 유명한 글들을 위한 첫 번째와 두 번째의 기본 구상에서 그는 봉건왕정으로부터 부르주아 공화국 시대까지의 국가의 본질을 연구하고 있다. 그는 국가란 늘 계급지배의 기본적인 정치적 기초와 도구였다고 결론 내리고, 이로부터 다음과 같은 사실을 도출했다.

"노동자 계급은 기존의 국가기구를 쉽게 장악할 수 없으며, 그들 자신의 목적을 위해 그것을 가동시킬 수도 없다.[2a)]

모든 기관을 갖춘—체계적이고 위계적인 노동분업의 계획에 따라 마련된 상비군, 경찰, 관료, 성직자, 재판관과 기관지—중앙집권화된 국가권력은 절대왕정의 시대로부터 유래한다. 이때에 국가권력은 성립하고 있는 부르주아 사회의 편에서 봉건주의에 대한 투쟁의 가열한 무기로서의 역할을 했었다."[3)]

여기에서 기록해 둘 사실은 지금까지의 모든 사회주의 혁명들은 혁명과

2) K. Marx, 1871년 4월 12일 쿠겔만에게 보낸 편지, MEW, Bd.23, S.205~206.
2a) '프랑스 내전'에 대한 두 번째 구상에서는 다음의 문장이 계속 이어지고 있다. "그들의 노예화의 정치적 도구는 그들의 해방의 정치적 도구로 사용될 수 없다."(Marx, *Zweiter Entwurf zum Bürgerkrieg in Frankreich*, MEW, Bd.17, S.592.).
3) K. Marx, *Der Bürgerkrieg in Frankreich*, MEW, Bd.17, S.336.

국가의 관계에 있어서 이 기본사상이 정당함을 입증해 왔다는 것이다. 그럼에도 불구하고 그것들은(지금까지의 혁명들) — 이후에 그 시대의 맑스주의의 분석을 통해 해명되어야 할 이유들로 인하여 —가장 중요한 과제 중의 하나인 전혀 새로운 생산관계와 사회관계의 창출을 통한 국가조직의 극복의 과제를 성취하지 못했다. 이는 실제적으로는 전통적인 위계적 지배 형태의 지양을 의미하게 될 것이다. 맑스는 코뮨의 참된 비밀이, "그것은 본질상 노동자 계급의 정부이고 유산계급에 대한 신생계급의 투쟁의 결과였으며, 궁극적으로 노동의 경제적 해방의 가능성이 발견된 정치 형태였다"고 본다.[4] 이 글의 처음 구상에서 맑스는 지금까지의 모든 국가 형태의 본질을 제시하면서 더 단호하게 끝맺고 있다.

> "코뮨은 사회의 초자연적인 사생아인 국가 자체에 대한 혁명이었다. 그것은 민중에 의한, 민중의 참다운 사회생활의 재생이었다. 그것은 국가권력을 하나의 지배계급으로부터 또 다른 지배계급으로 이전시키기 위한 혁명이 아니라 이 혐오스런 계급지배의 기구 자체를 깨부수기 위한 혁명이었다."[5]

코뮨은 1843년 이래로 맑스와 엥겔스의 모든 분석에 시종일관 되어 있던 사상의 구현이었다. 관료적, 정당적 그리고 의회적 위계를 갖는 국가는 인간의 자기소외된 정치 형태다. 특정한 계급 목적을 위한 사회의 특별한 조직과 지배 형태로서 그것은 사회주의에서도 아주 용의하게 생산자 위에 군림하는 새로운 권력으로 변질될 수 있다. 그렇기 때문에 국가는

---

4) Ibid., S.342.
5) K. Marx, *Erster Entwurf zum Bürgerkrieg in Frankreich*, MEW, Bd.17, S.541.

사회주의 혁명을 통해 지양되어야 한다. 이러한 정치적 소외 형태의 극복을 맑스는 파리 코뮨이 개시했던 바로 그 체계 속에서 보았다.

"파리 코뮨이 프랑스의 모든 거대한 산업 중심지들에게 그 모범이 되어야 했다는 것은 분명하다. 파리와 2급의 중심지들에 일단 코뮨적인 사회질서가 도입되자마자, 낡은 중앙집권적인 정부도 각 지방에 생산자의 자치를 허용해야 했을 것이다."6)

여기에서 처음으로 20세기에 노동자 계급의 의식분자와 사회주의 세력의 투쟁의 상징이 된 생산자 자치관리(혹은 자기통치)의 이념, 즉 노동자 평의회의 이념이 피력되었다. 진정 현대 유럽사의 가장 창조적인 시기가 바로 이 이념의 증거였다. 소비에트 러시아에서 발원해서 독일, 오스트리아, 이탈리아와 헝가리 노동자평의회를 거쳐, 스탈린주의적인 관료주의적 국가주의와 유고슬라비아의 자치관리적 사회주의와의 역사적인 투쟁에 이르기까지, 지금까지의 모든 사회공동체와 근본적으로 상이한 새로운 사회공동체를 건설하는 것이 사회주의권의 근본적인 노력이었으며, 지금도 그러하다. 이러한 관점에서 맑스가 강조했던 코뮨의 그 밖의 여러 성격들이 중요하다.

"코뮨은 파리의 여러 지역들 내에서 보통선거를 통해 선출된 시평의회로 구성되었다. 그들은 인민에게 책임을 지며 인민에 의해 언제라도 파면될 수 있었다. 그 대다수는 말할 필요도 없이 노동자나 인정된 노동자 계급의 대표자들로 구성되었다. 코뮨은 의회적인 단체가 아니라 입법과 함께 집행도 하는 단체였다. 지금까지의 국가통치의 도구였던 경찰은 즉각 모든 정치적 속성을 버리고 인민에게 책임을 지며

6) K. Marx, *Der Bürgerkrieg in Frankreich*, l.c., S.339.

인민에 대해 언제라도 파면될 수 있는 코뮨의 도구로 변화되었다. 다른 모든 행정 부서의 관리들도 마찬가지였다. 코뮨의 위원들을 위시해서 누구든지 노동임금을 받기 위해서 공적 근무를 해야만 했다. 국가 고관들의 기득권과 지위 유지비는 이 고관들과 함께 사라졌다. 공무원들은 더 이상 중앙정부의 정상배(政商輩)들의 사유재산이 아니다. 도시행정뿐 아니라 지금까지 국가에 의해 행사되었던 모든 주도권이 코뮨의 수중으로 이전되었다."7)

이 주장들의 몇 가지는, '특히 '노동임금'의 주장과 코뮨 근무자의 '항시적인 파면 가능성'은 지금까지의 역사적인 여건에서도 너무 이상적인 것으로 판명되었다. 사회주의적 관료제는 새로운 사회주의 국가에서 사회주의의 가장 중요한 역할자와 보증인으로 간주되었기 때문에, 도리어 맑스의 주장으로부터 크게 벗어난 데 대해 변명조차 하려 하지 않았다. 그러나 이러한 지금까지의 경험과 무관하게 이 모든 주장들은 사회주의에로의 전환과정의 본질적인 요소다. 맑스는 코뮨에서도 모든 것이 단번에 실현될 수 없다는 것을 잘 알고 있었다.

"노동자 계급은 코뮨으로부터 기적을 바라지 않았다. 그들은 민중의 결의를 통해서 도입할 확고하고 완성된 이상향을 갖고 있지 않았다. 그들은 그들 자신의 해방과, 그리고 이것과 함께 현재의 사회가 경제적 발전을 통해 추구할 수밖에 없는 더 높은 생활 형태를 성취하기 위해서 그들 노동자 계급이 긴 투쟁 즉 인간과 환경이 완전히

---

7) Ibid., S.339. 맑스는 첫 번째 구상에서 다음과 같이 적고 있다. "국가의 일반적인 위계질서를 폐지하고 거만한 민중의 지배자를 언제라도 파면할 수 있는 근무자로 대체되며, 허위책임은 실제책임으로 대체된다. 왜냐하면 그들은 계속해서 공공의 통제하에서 일하기 때문이다. 숙련노동자들과 마찬가지로 그들에게도 월 12파운드, 연간 최고액이 240파운드를 넘지 않게 지불된다. 이 액수는 매우 학식 있는 권위자인 헉슬리 교수에 따르면 런던 교육위원회에 근무하는 사람이 만족하는 액수의 1/5를 조금 넘는 금액이다."(Marx, Erster Enfwurf…, S.544).

변화되는 수많은 역사적 과정을 겪어야만 한다는 것을 잘 알고 있었다. 그들은 당장 실현할 이상을 갖고 있지 않았다. 그들은 붕괴하고 있는 부르주아 사회 속에서 이미 태동하고 있었던 자유로운 신사회를 건설할 터전만을 갖고 있었다."[8)]

프랑스 프롤레타리아트가 고군분투하여 역사적으로 새로운 인간관계를 이룩했던 눈부신 혁명적 사건으로부터 맑스도 눈부신 혁명적 결론을 이끌어 내었다. 동시에 그는 유럽의 모든 반동적인 중상모략에 대해 단호히 프랑스 프롤레타리아트의 편에 섰다. 「국제노동자협회 일반평의회 연설문」으로 준비되었던 그의 글은 이 영웅적 행동에 관한 이론적으로나 인간적으로 가장 가치 있는 글이다. 그것은 다음과 같이 결론을 맺고 있다.

"코뮨을 이룩한 노동자들의 파리는 새로운 사회의 영광된 선구로서 영원히 가려질 것이다. 그 순교자들은 노동자 계급의 가슴속에 길이 간직되었다. 그 학살자들은 역사를 이미 모든 목사의 기도로도 풀지 못하는 형틀에 못박아 버렸다."[9)]

파리 코뮨 실패 후의 유럽 정세는 노동운동의 쇠퇴로 특징지워진다. 비스마르크의 부르주아적 봉건국가는 베벨과 리프크네히트를 대역죄로 고소했고, 비스마르크의 전쟁과 정책에 대항했다는 죄목으로 징역형을 선고했다. 영국의 노동조합은 점점 더 경제투쟁으로 나아갔고, 프랑스 노동계급

8) Ibid., S.343.
9) Ibid., S.362.
9a) 맑스와 엥겔스의 글 *L'Alliance de la Démocratie Socialiste et l'Association Internationale des Travailleurs* (London und Hamburg 1873)과 엥겔스의 기고 *Die Bakunisten an der Arbeit*(1873년 여름에 스페인에서 일어난 봉기에 대해 쓴 글)을 볼 것. 이것은 1873년 10월 31일부터 11월 2일과 5일까지 *Der Volksstaat*에 게재되었다.

의 전위대는 대대적으로 처형되었다. 인터내셔널의 일반평의회에서마저 충돌이 일어났다. 평의회 회원인 B. 루크라프트와 G. 오드거가 맑스의 「연설」에 찬성하지 않고 인터내셔널을 떠났다. 동시에 바쿠닌도 일반평의회와 맑스에게 공격을 퍼부었으며, 그 결과로 바쿠닌주의의 문제가 1871년 9월에 열린 런던 회의에서 주요 의제가 되었다.

노동계급의 조직적 투쟁을 무시하고 혁명 후 모든 구가기구와 국가 자체의 폐지의 필연성과 '무정부'의 건설을 선언했던 무정부주의 사상은 이 회의에서 다시 패배를 맛보았다. 그 때문에 양쪽은 다음 대회를 위해 만전의 준비를 했다. 이 대회는 1872년 9월 헤이그에서 개최되었으며 다시 한 번 맑스의 입장을 확인했다. 그리고 바쿠닌이 인터내셔널 내의 그의 불법적 '동맹'을 해체하지 않았기 때문에, 그와 구일라움은 인터내셔널로부터 제명되었다.[9a)]

맑스와 바쿠닌 사이의 논쟁은 원래 이론적인 성질의 것이었지만, 이것은 사회주의 세력의 투쟁을 위한 풍부한 실천적인 결과를 가져왔다. 메링은 이 문제들에 대한 (그렇지 않으면 탁월했을) 그의 논문에서 썼듯이, 이 논쟁에서는 야망과 체면이 중요한 것이 아니라, '노동과 자본' 간의 당대의 거대한 투쟁이 핵심문제가 된다는 것을 알지 못했다. 이 투쟁이 어떻게 수행되어야 하며, 최초의 승리 후에 무엇을 해야만 하는가? 이것이 바로 사회투쟁의 성패, 속도와 성격이 걸려 있는 중심문제다. 맑스는 노동자 계급의 조직화된 대중적인 정치적, 경제적 투쟁과, 이 투쟁의 결과로서의 사회혁명과 혁명의 성과를 수호하고 사회주의를 실현하기 위해 절대적으로 필요한 정치적 도구로서의 새로운 국가의 건설에 중점을 두었다. 이에 반해 바쿠닌은 소수 음모집단의 구성, 봉기의 관철, 그리고 혁명 성공 후의 기구로서의 국가의 폐지를 그 해결책으로 보았다. 첫 번째 입장은 노동자 대중을 혁명적 사업에 끌어들여, 이후의 결정적 투쟁을 위해 그들을 행동화하고 교육시키는 것이다. 이에 대해 두 번째 입장은 대중을 수동화하고 그렇게 함으로써 과업의 가장 어려운 부분을 위해 대비할 수 없게 한다. 다시 말해 이 입장으로서는 대중은 기술관료적인 지식인이나 국가관료가 아니라 생산하고 노동하는 인간의 자치관리에 토대를 두어야 하는 새로운 사회주의적 관계 조직 내에서 사회적 기능의 분담을 위해 대비하지 못한다. 따라서 이는 이론적으로 실천적으로 중대한 문제다.

이 문제 외에도 또 다른 점이 맑스주의의 이론적인 측면을 이해하기 위해 중요하다. 맑스가 1872년 9월 8일 암스테르담에서 개최된 대회가 끝난 직후에 행하고 「자유」에 9월 15일 속기된 원고내용으로 발표했던 연설에서, 그는 매우 논쟁적인 문제를 거론했다. 이는 사회주의를 향한 무장혁명인가 아니면 평화적 길인가 하는 문제였다. 이것은 이전에 양자택일로서 비변증법적으로 제기되었었다. 그는 말하길,

"그러나 우리는 이 목표(사회주의의 실현)에 도달하기 위한 길이 어디에서나 같다고 주장하지 않는다.

우리는 여러 국가들의 제도, 관습과 전통을 고려해야 한다는 것을 알고 있으며, 우리는 아메리카나 영국과 같이, 그리고 우리가 그 제도를 더 잘 알기만 한다면 반드시 나는 네덜란드도 첨가할 것인데, 노동자가 평화적인 방법으로 그 목표에 도달할 수 있는 나라들이 있다는 사실을 부인하지 않는다. 그렇다손 치더라도 우리는 또한 대륙의 대부분의 나라에서는 우리 혁명의 지렛대는 폭력이어야 한다는 사실도 인정해야 한다. 노동의 지배를 건설하기 위해 우리는 언젠가는 바로 폭력에 호소해야 할 것이다."10)

이 얼마나 뛰어난 견해인가! 사회주의와 맑스주의의 발전에 있어 무장혁명이냐 개량이냐 하는 대립이 얼마나 종종 제기되었는가! 그리고 맑스 시대 이래로 수정주의를 거쳐 현대의 교조주의와 스탈린주의에 이르기까지 얼마나 자주 비변증법적으로 양자택일적인 해결책을 결정했었는가! 오늘날에 있어서도 국제적 노동운동에 얼마나 많은 미숙함이 있었는가! 아직도 이 대립이 배제되지 못하고 있는데, 각 나라는—그 발전단계, 내적 역량과 모순의 상황, 전통과 의식의 여건에 따라서—자국에 더 적합한 길을 취해야 하며, 한 나라에서도 특수한 역사적인 위상에 따라 다른 길이 선택될 수도 있다는 점이 통찰되지 못하고 있다. 사회주의운동은 사회관계에 대한 변화와 사회주의 실현을 위한 정치투쟁에 있어 이 가능성 중 그 어느 것도 배제할 수 없다. 따라서 특정 국가에서 혁명세력이 무장혁명에 대해서만 대비한다면, 이는 일면적이고 기회주의적으로 개량과 개선 그리고 민주주의적인 방법만을 조장하는 것과 마찬가지로 해악스런 결과를 낳을 수 있다. 역사에서 우리는 이 사실을 금세기에 이미 몇 번씩이나 분명하게 보아 왔다.

위에서 언급된 사건들이 동시에 제1인터내셔널의 마지막 위업이 되었다. 유럽과 노동운도오가 인터내셔널 자체에 미친 이 사건의 반작용 때문에 일반평의회가 유럽 국가 내에 남아 있기가 어렵게 되었다. 아메리카는 그로부터 아무런 여파도 받지 않았고 따라서 거기에서 강력한 노동운동이 성장했다. 일반평의회를 뉴욕으로 이전하자는 제의가 수락되었다. 인터내셔널은 일반평의회가 더 이상 통일적인 조직이 아니라는 사실을 절감하게

10) K. Mark, *Rade über den Haager Kongreß*, MEW, Bd.18, S.160.

되었던 1876년까지 몇 년 더 존속했다.

인터내셔널은 그 파업을 명예롭게 완수했다. 후에 노동운동의 조직에 있어 새로운 과업을 떠맡은 수많은 혁명 열사들이 이것을 계승했다. 그리고 그들은 성장하는 계급투쟁을 위해 매우 중요한 많은 이론적인 문제들에 대한 답을 가르쳐 준 칼 맑스와 같은 인물을 계승하는 행운을 가졌다. 제1인터내셔널 덕분에 노동자 계급은, 비록 오늘날까지도 여전히 노동자 계급의 행동의 확고하고 영원한 기초가 되지는 않았을지라도, 그들의 국제적 성격과 국제적 단결을 의식하게 되었다.11)

『고타강령 비판』

이제 다음 시기에서도—이것이 맑스가 활동한 마지막 시기이다.—맑스주의 이론에 있어 중요한 몇 가지 사건이 일어났다. 특히 엥겔스의 노력은 맑스주의에 많은 가치 있는 기여를 한다. 그는 1870년대 마침내 런던에 정착했으며 더욱더 인터내셔널에서 맑스를 대표했다. 그리고 독일 노동운동의 라살레파와 아이제나하파의 통합과 관련하여 중요한 이론적 문서들이 나왔다. 전자의 상황은 눈에 띄게 악화되었다. 그 때문에 그들은 마찬가지로 통합을 위해 노력했던 후자들과 통합을 원했다. 고타(1875년 2월)에서의 통합대회에서 새 강령이 의결되었다. 맑스와 엥겔스는 베벨과 리프

11) 언급된 맑스의 연설 중에서 참된 계기인 한 구절이 더 인용되는 것이 좋겠다. "여러분! 인터내셔널의 근본원칙인 단결을 생각해 보십시오. 우리가 이 생명과 같은 원칙을 모든 나라의 전 노동자들에게 확고한 기초로 제시할 때에만, 우리는 우리가 설정했던 궁극목표에 도달하게 될 것입니다. 혁명은 연대적이어야 한다는 것이 파리 코뮨이 우리에게 가르쳐 주는 위대한 모범입니다. 그것은 베를린, 마드리드 등등의 모든 중심지에서 파리 프롤레타리아트의 강력한 봉기에 버금가는 큰 혁명운동이 일어나지 못했기 때문에 실패했습니다."(Ibid., S.161).

크네히트의 지나친 양보와 과다한 용인 때문에 '배척받아야 할, 당의 도덕을 해치는 강령'이 되었다고 평가했다. "실제적인 운동의 진일보는 한 타스의 강령보다 더 중요하다"[12]고 맑스는 브라케에게 보낸 편지와 강령에 대한 그의 난외 주석에서 이론적으로 매우 중요한 몇 가지 사상을 언급했다. 맑스는 그 밖의 다른 어느 곳에서보다 여기에서 사회주의와 공산주의에 대해서, 즉 공산주의의 제1발전 단계와 제2발전 단계에 대한 그의 견해를 가장 핵심적이고 정확하게 서술했다.

나의 의견으로는 고타강령 비판을 분석함에 있어 맑스가 공산주의 사회의 발전은 가장 진보한 자본주의 국가에서의 프롤레타리아 혁명 내지는 사회주의운동 일반의 승리의 결과가 될 것이라고 전제했다는 사실이 간과되어서는 안 된다. 요컨대 이 전제로부터 외부로부터의 경제적이고 군사적인 억압 없이, 그리고 무장하기 위한 막대한 소모 없이 평온한 발전의 가능성이 도출될 것이다. 왜냐하면 그 전제에는 불필요한 군대제도의 폐지도 속해 있기 때문이다.

따라서 맑스는 그의 난외 주석에서—'합법적인 참여', '떼이지 않은 노동소득' 등과 관련한 라살레의 편견에 대해 반박하면서—그런 사회조직의 방해없는 발전을 전제하고 있다. 이 단계에서 그 사회조직은 이미 상품생산을 지양했으며, 그렇기 때문에 노동도 더 이상 가치로 나타날 수 없다.

"생산수단의 공동소유에 근거한 공동사회 내에서 생산자는 그의 생산물을 교환하지 않는다. 마찬가지로 여기에서는 생산물에 소모된 노동도 이 생산물의 가치, 즉 생산물에 의해 흘린 물적 속성으로 나타나지 않는다. 왜냐하면 지금의 자본주의 사

12) K. Marx, 1875년 5월 5일자 브라케에게 보내는 편지, MEW, Bd.34, S.137 (또한 Bd.19, S.13).

회에 대립해서 개인 노동이 더 이상 우회적인 길을 통하지 않고, 직접적으로 총노동의 요소로 존재하기 때문이다. 따라서 오늘날에도 그 애매성 때문에 비난받고 있는 '노동소득'이란 말은 의미를 잃게 된다."[13]

그러나 그 사회는 독자적인 토대로부터 발전하지 않고 자본주의로부터 발생하기 때문에 한층 부정성과 한계성에 묶여 있게 된다.

"여기에서 우리에게 문제가 되는 것은, 독자적 토대에서 발전하지 않고, 거꾸로 자본주의 사회로부터 발생하는 공산주의 사회다. 따라서 그 사회는 경제적, 윤리적, 정신적인 모든 관계에 있어, 그것이 태동하는 낡은 사회의 모태에 매여 있다. 그에 따라 개별 생산자는—공제한 후에—그가 공제한 것을 정확하게 되돌려 받는다. 그가 공제했던 것은 그의 개인적 노동량이다. 예컨대 사회의 노동시간은 개인 노동시간의 총계이다. 개별 생산자의 개별 노동시간은 사회적 노동시간 중에 그에 의해 투여된 부분, 즉 그의 참여분이다. 그는 사회로부터 그가 얼마만큼 일을 했다는 [공동기금을 위한 공제 후에] 확인증을 받는다. 그리고 그는 이 확인증을 갖고 비축되어 있는 사회적인 소비품에서 그가 일한 만큼을 꺼내 온다. 그가 사회에 어떤 형태로 부가한 것과 똑같은 노동량을 그는 다른 형태로 되돌려 받는다.

여기에서도 분명히 상품교환이 등가교환(Austausch Gleichwertiger)인 한, 이것을 지배하는 것과 똑같은 원칙이 통용된다. 내용과 형식이 변하는데, 왜냐하면 변화된 여건 속에서 어느 누구도 그의 노동 외에는 줄 수 있는 것이 없고, 다른 한편으로 개인적인 소비품 외에는 어떤 것도 개인의 소유로 이전될 수 없기 때문이다. 그러나 개별 생산자들에게 소비품을 분배하는 데에는 상품의 등가교환에서와 마찬가지로 한 형태의 노동이 다른 형태의 같은 양의 노동과 교환했다는 원칙이 통용된다.

비록 상품교환에서는 등가교환이 단지 평균적으로만 현존하고 개별적인 경우에는 현존하지 않는 반면, [여기에서는] 원칙과 실제가 더 이상 서로 다투지 않는 것

13) K. Marx, *Kritik des Gothaer Programms*, MEW, Bd.19, S.19-20.

이긴 하지만 여기에서 평등권은—원칙상 부르주아적 권리와 동일하다.

이런 진보에도 불구하고 이 평등권은 늘 부르주아적인 한계에 얽매여 있기 마련이다. 생산자의 권리는 그의 노동투여에 비례한다. 공평성은 노동이 동일한 척도에 따라 측정된다는 데에 있다. 그러나 사람에 따라서는 육체적으로나 정신적으로 우월하고 따라서 같은 시간에 더 많은 노동을 투여할 수 있거나 아니면 더 많은 시간 동안 일할 수 있다. 따라서 측정되는 노동은 길이와 강도에 따라 결정되어야 하며, 만일 그렇지 않으면 그것은 척도가 될 수 없다.

이 평등권은 불평등한 노동을 위한 불평등 권리가 된다. 그것은 계급 차이를 인정하지 않는다. 왜냐하면 모든 사람은 다른 사람들과 마찬가지로 단지 노동자일 뿐이기 때문이다. 그러나 그것은 개인적으로 타고난 내심 동등치 않은 능력과 노동자의 업적을 자연적 특권으로서 인정하고 있다. 따라서 그것은 모든 권리들과 마찬가지로 내용상 불평등 권리다….

그러나 이런 오해는 공산주의사회의 첫 번째 단계에서는 불가피하다. 왜냐하면 그것은 오랜 산고 끝에 자본주의 사회에서 발생했기 때문이다. 이 단계에서의 권리가 경제적 형태와 이에 의해 제약되는 사회의 문화발전보다 더 클 수는 없다."[14]

이것이 본질적으로 사회주의의 발전에 있어서의 모순성의 개괄이다. 이것은 결코 행정정책을 통해 지양될 수 없고, 단지 완화될 수 있을 뿐이며, 더 강화되어서는 안 되는 것이다. 경제구조가 아직 노동분업의 지양을 가능케 하지 못하고 있는 한, 그리고 이 사회가 단지 부르주아적인 권리뿐만 아니라 종종 부르주아적인 관계도 생성하는 한, 이 모순의 단계가 극복되었고 사회가 직접적으로 공산주의에 들어섰다고 하는 행정상의 선언은 맑스를 전적으로 잘못 이해했다는 사실을 보여 줄 뿐이다. 왜냐하면,

14) Ibid., S.20~21.

"공산주의 사회의 더 고차적인 단계에서, 즉 개인들의 노동분업하의 노예적인 예속과 함께 정신노동과 육체노동의 대립이 사라지고 난 후에, 노동이 단지 생활수단일 뿐 아니라 그 자체가 최우선의 삶의 욕망이 되고 난 후에, 개인의 전인적인 성장과 함께 그의 생산력도 성장하고 모든 공동재산의 원천이 흘러 넘치게 된 후에야 비로소 편협한 부르주아적 지평이 완전히 극복되고, (사회가) '능력에 따라 일하고, 필요에 따라 분배한다'는 기치를 내세울 수 있게 될 것이다."[15]

「고타강령」에 표현되어 있으며 맑스뿐 아니라 엥겔스도 몇몇 편지에서 신랄하게 비판했던 이론적인 미숙이 이때가지는 별로 큰 영향을 미치지 않았다. 그것은 제2인터내셔널의 시기 전반에 걸쳐 종종 강력하게 표출되었으며, 그 중에서도 그것의 이론적이 부분, 특히 철학적인 부분이 가장 취약했다고 할 수 있다.

비슷한 시기인 1875년에 오이겐 뒤링 — 대학 사강사이자 맑스 『자본론』에 대한 최초의 비판자 가운데 한 사람 —의 출현으로 이 약점이 분명하게 드러나기 시작했다. 뒤링은 당시의 주도적인 정치경제학, 철학, 사회주의, 그리고 여타의 모든 과학 분야를 평가했으며, 헤겔과 변증법 일반을 신랄하게 비판했다. 이것은 대학생들과 심지어 많은 사회민주주의자까지 사로잡았다. 1875년에야 비로소 그들 중 몇 사람, 특히 리프크네히트가, 뒤링의 입장이 혼란스러울 뿐 아니라 그릇되다고 지적하고 엥겔스에게 그 답변을 청했다. 엥겔스는 자연과학의 문제점들에 대해 깊이 연구하고 있다가 부득불 뒤링을 논박하게 되었다[16](그 원고들은 후에 한데 묶여 『자연변증법』이란 제목으로 1925년에 출판되었다.). 뒤링에 대한 기사의 발표와 관련하여 몇

15) Ibid., S.21.
16) 예를 들어 엥겔스의 1876년 5월 28일 맑스에게 보낸 편지를 볼 것.

몇 사회민주주의자들은(특히 모스트) 1877년의 고타 대회에서, 이 기사는 독자들에게 별 흥미가 없다고 주장하며 그것을 당기관지에 싣는 것을 말렸다. 베벨이 그 기사는 분량 때문에 신문이 아니라 「전진」의 학문 부록으로 발행하자고 협상제의를 함으로써 이 상황을 구제했다. 이 기사가 1878년 『오이겐 뒤링 씨의 과학혁명』(『반뒤링론』으로 알려진)이란 책으로 간행되었다. 이 책은—맑스주의 문헌의 가장 풍부한 것 중 하나인—반박할 의도로 쓰여졌다. 이것은 철학적이고 사회학적이고 경제학적인 문제들에 대한 체계적인 분석은 아니다. 그럼에도 불구하고 그리고 그 불충분함에도 불구하고, 그것은 맑스주의의 근본 견해와 입장에 대한 일종의 개요였으며, 대부분의 나라에서 맑스주의의 대중화에 큰 기여를 했다.

우리는 이 글을—『가족, 사유재산과 국가의 기원』과 『루드비히 포이어바흐』의 후기 저술들과 마찬가지로—맑스주의의 철학적이고 사회학적인 사상을 체계화하려는 노력의 결과로 보아서는 안 된다(그러나 종종 이런 일이 빚어지고 있다.). 엥겔스는 『반뒤링론』에서 부분적으로 그에게 외부로부터 억지로 떠맡겨진 문제들을 반박을 통해 해결하려 했다. 그리고 맑스의 유고의 정리(『자본론』의 2권과 3권의 발행)와 같은 다른 일련의 정치적인 과제에 몰두했을 때에도 그는 후기 저술들에서와 마찬가지로 세계와 사회에 관한 맑스의 견해의 근본원칙만을 제시하려 했다. 어떤 문제들은 다소간 무시되었고, 어떤 문제들은 단지 불충분하거나 일면적으로만 다루어졌다. 메링, 블로흐와 슈미트[17]에게 보낸 마지막 편지에서 엥겔스는 이 문제들에

17) 특히 1890년 9월 17일 J. 블로흐에게 보낸 편지, 1890년 10월 17일 C. 슈미트에게 보낸 편지, 1893년 7월 14일 F. 메링에게 보낸 편지, 그리고 1894년 1월 15일 H. 슈타르겐베르크에게 보낸 편지를 볼 것. 그의 생애의 마지막 시기에 쓴 편지들 가운데 특히 카우츠키와 하크니스 양에게 보낸 편지 속에서 엥겔스는

대해 분명하게 전달하고 있다. 맑스와 같은 정신적인 위대성을 갖지 못했던 엥겔스는 이론적인 견지에서는 하등 주목할 만한 것이 없는 구체적인 상황 때문에—오히려 맑스주의 사상의 대중화가 중요했다.— 특정 문제들을 더욱 단순화된 형태로 개진할 수밖에 없었다. 이런 모든 것들이, 특히 이 저술들에 있어서는 한 걸음 더 나아가, 특정한 일면성들을 극복하고 맑스주의의 문제들을 인류의 전 역사적, 과학적, 그리고 철학적인 발전에 맞추어 심화시키고 풍부하게 하라고 엥겔스 스스로가 우리에게 주었던 지시를 지켜야 한다는 것이 옳음을 말해 준다. 진정 이런 노력을 통해서만 엥겔스의 저술들은 맑스의 저술들과 나란히 세계와 인간에 대한 새로운 맑스주의 사상의 확고부동한 원전이 될 수 있다.

이 시기에 특히 1878년에 독일 사회민주당은 사회주의운동자체를 해체시키려 하는 비스마르크의 사회주의 진압법에 의해 큰 시련을 겪었다. 당은 이 조치에 대비하지 않았었기 때문에 분열되었다. 이때에 베른슈타인, 회흐베르크와 쉬람 등의 무리가, 자신들은 비합법적인 운동과 계급투쟁에 반대한다고 선언함으로써 기회주의적인 입장을 관철시키려 했다. 맑스는 베벨, 리프크네히트, 브라케 등에게 보낸 '회람서신'에서 소위 '세명의 취리히 사람'의 견해를 단호하게 공박했다. 그들은 '끈질긴 선전을 통한 부르주아의 꼬임'에 반대했으며, 모든 화해정책에도 반대했고, "만일 당의 지도부가 여하간 그런 사람들의 수중에 들어가게 되면 당은 기력을 잃게

예술의 문제들에 대한 그의 견해와 예컨대 사실주의와 같은 예술사조에 대한 그의 견해들도 피력했다. 이 편지들은 맑스와 엥겔스가 1859년부터(라살레의 지겨운 드라마와 관련하여) 라살레에게 쓴 편지들과 나란히 예술에 대한 그들의 견해를 연구하는 데에 있어 중요한 원전자료들로 여겨진다. 이 문제에 대한 루카치의 연구 외에도 P. 데메츠의 『맑스, 엥겔스, 그리고 문학』(Stuttgart 1959)을 볼 것.

되고 프롤레타리아트의 결단력은 끝장나 버리고 만다"[18]고 예언적으로 결론을 내렸다.

이 세 명 중 하나인 베른슈타인이 20년 뒤에 등장한 '수정주의자의 중심인물이 되었다는 것'과 바로 그런 인물들이 제2인터내셔널을 영광되지 못한 종말로 이끌었다는 사실이 망각되어서는 안 된다.

*　　*　　*

맑스의 생애가 얼마 남지 않았다. 1881년 말에 혁명과 망명의 수많은 우여곡절 속에서도 언제나 진실되고 현숙한 동반자였던 그의 아내 예니가 죽었다. 1883년 초에 마지막 운명의 종이 그 뒤를 따라왔으니 그의 딸 예니가 죽었고, 새로운 인간적인 사회관계의 지칠 줄 모르는 개척자이며 그 시대의 철학과 과학에서 가장 뛰어난 천재적 인물인 맑스는 과로, 투쟁, 체념과 질병에 몸이 쇠잔해져 1883년 3월 14일 그의 서재에서 영면했다.

맑스가 죽은 후에 당시 사회주의운동에 있어 가장 위대한 경험을 쌓았고 이론적으로 모든 방면에 걸쳐 탁월했던 엥겔스가 사회주의의 지도적 인물이 되었다. 그의 생애의 마지막에 그에게는 여전히 할 일이 많이 남아 있었다. 우선 맑스가 발표할 수 없었던 『자본론』 2권과 3권을 간행하는 힘든 일이 남아 있었다. 엥겔스는 이 힘든 과제를 그의 모든 다른 의무들과 함께 몸을 돌보지 않고 해나갔다. 2권은 1885년에, 3권은 1894년에 발행되었다. 게다가 그는 혁명운동 지도자들의 모든 연락을 거의 도맡

18) K. Marx-F. Engels, 1879년 9월 17/18일자 베벨, 리프크네히트, 브라케 및 기타 사람들에게 보낸 편지, MEW, Bd.34, S.407.

아 해야 했으며, 새로운 기사와 신판의 서문을 썼으며 유명한 그의 저서인 『가족, 사유재산과 국가의 기원』(1884)과 『루드비히 포이어바흐와 독일 고전철학의 종말』(1886)을 집필했다.

여기에서 훗날 수정주의자들에게 혁명의 문제에 대한 엥겔스의 견해를 담고 있는 중요한 전거로 여겨졌으며 동시에 그들 자신의 입장을 옹호하는 논증으로 사용했던 엥겔스의 한 저술을 간단하게 고찰해 보자. 그것은 바로 엥겔스가 죽기 직전인 1895년 3월에 쓰여졌고 그래서 그의 이론적인 경전으로 불리웠던 맑스의 『1848년부터 1850년까지의 프랑스에서의 계급투쟁』의 서론이다.

공교롭게 베른슈타인은 엥겔스가 권력쟁취의 수단으로 혁명을 버리고 의회주의의 길을 합목적적인 것으로 선언했다고 주장했다. 엥겔스가 이 서론에서 '온건'하라는 리프크네히트의 청을 참작했음에도 불구하고 그의 견해는 본질적으로 맑스의 견해로부터 벗어나지 않았다. 그는 단지 현대의 바리케이트전(방어적이고 수동적이기 때문에)은 상당히 환상적임을 깨닫게 하고, 당시 큰 성과가 있었던 의회주의적 투쟁의 중요성을 부각시켰던, 한정된 역사적 경험만을 지적했을 뿐이었다. 그는 결코 혁명을 단념하지 않았다.

따라서 수정주의자들에 의해서 가리워진 근본문제가 이 자리에서 해명되어야 한다. 바리케이트를 친 시가전은 아직 혁명이 아니다. 혁명은 공격, 권력장악, 사회적 관계의 변혁이다. 엥겔스는 이런 맥락에서 다음과 같이 결론을 내리고 있다.

"시가전에 대해 어떠한 환상을 가져서도 안 된다. 두 부대 사이에서의 승리처럼 시가전에서 군대와 싸워 승리한다는 것은 현실적으로 매우 드문 일이다. 그러나 반란자들은 드문 만큼 그것을 기도했다. 그들에게 있어서 시가전의 중요성은, 전쟁을 수행하고 있는 두 나라 군대 사이의 전투에서는 전혀 작용하지 않거나, 혹은 거의 미미하게 작용하는 도덕적 영향을 통해 군대를 약화시키는 데에 있다. 만일 그것이 성공하면 군대 내지 사령관이 당황하게 되어 봉기가 승리한다…….

그러므로 고전적인 시가전의 시대에서도 바리케이트는 실질적이라기보다는 도덕적인 역할로 작용했다. 그것은 군대의 전열을 와해시키는 수단이었다. 이것이 성공할 때까지 견디어 내면 승리했고, 그렇지 않으면 진압되었다."[19]

엥겔스는 노동자 계급이 군대, 전쟁기술과 무기기술이 크게 진보한 결과로 처하게 된 새로운 상황을 바르게 평가했다. 근본적으로 그는 혁명이 소수 정예집단에 의해 이루어질 수 없다고 그와 맑스가 늘 강조했던 것을 서론에서 다시 반복했을 뿐이었다.

"사회조직의 완전한 변형이 당면과제로 되어 있는 곳에서는 대중 스스로가 기꺼이 동참해야 하며, 무엇이 문제되고 있으며, 무엇을 위해 그들이 몸과 생명을 바쳐 싸워야 하는가를 먼저 알고 있어야 한다. 지난 50년 동안의 역사가 그것을 우리에게 가르쳐 주었다. 그러나 대중이 무엇을 해야 하는가를 이해하기 위해서는 길고 오랜 노력이 필요했으며, 바로 이 노력을 지금 바로 우리가 행하고 있는 것이다. 우리는 지금 적을 자포자기하게 할 만큼 좋은 성과를 거두고 있다."[20]

엥겔스는 그러한 노력과 의회투쟁의 유용성과 효용성에 대한 어떤 환상에도 빠지지 않았다. 오히려 그는 현정부체제를 능가할 때까지 사회주의

---

19) F. Engels, *Einleitung zu Marx' Klassenkämpfe in Frankreich*, MEW, Bd.22, S.519~512.
20) Ibid., S.523.

세력의 성장을 간단없이 지속시켜 매일매일 강화되는 이러한 역량축적을 전위투쟁에 소모하지 않고 그것을 "결정적 시기까지 온전하게 보존하는 것이 주요과제"[21]라고 강조했다. 그렇다고 하여 이 결정적 시기가 대동단결의 축제가 될 것이라고 전제하지 않고, 오히려 모든 세력들이 만반의 태세를 갖추고 있어야 할 계급투쟁의 결정적 순간이라고 보았다. "혁명권이 일반적으로 유일하게 현실적인 역사적 권리이며, 모든 현대국가가 예외없이 의거하는 유일한 권리다."[22] 이 말로써 엥겔스는 또 한번 이 문제에 대한 그의 근본 태도를 분명히 했다.

그가 죽기 직전 그가 매우 나이가 많이 들었을 때에도 엥겔스는 인간과 그 역사적 성취에 대한 분석과 평가에 있어, 명확함과 날카로움을 보여주었다. 1895년 8월 5일에 이 현대 공산주의의 위대한 인물이 서거했다.

---

21) Ibid., S.524.
22) Ibid., S.524.

제6장
엥겔스의 이론적 사상

기본입장

이제 엥겔스의 만년 시기에 있어서의 그의 이론적 사상을 연구하는 것이 중요하다. 철학적 견해를 고려해 볼 때, 이 시기의 개별적 저작들(『반뒤링론』, 『자연 변증법』에서 『포이어바흐』 등에 이르기까지)을 특별히 고려하는 것은 여기에서 목표로 하는 종합적 기술에는 불필요하다. 왜냐하면 우선 이 저작에서 엥겔스의 사상과 입지점은 — 상이한 정식화를 도외시하더라도 — 본질상 동일하기 때문이다. 다른 한편으로 우리는 이 저작들에서 철학적 문제들에 대한 상이한 해석들과 또한 상이한 논쟁들을 유발하는 정식화와 문제제기들이 있음을 보게 될 것이다.[1)]

엥겔스가 오직 마지못해 뒤링(Dühring)과의 논쟁에 휘말릴 수밖에 없었던 1870년대에 그는 특히 변증법의 문제를 고려하면서 집중적으로 자연과학에 몰두했다. 그래서 엥겔스는 자신의 과제를 뒤링의 공격에 대해 변증법을 옹호하고 동시에 새로운 철학의 원리들을 해명하는 것으로 보았

---

1) 이러한 기술들 가운데 몇 가지 부분은 특별한 언급 없이 나의 저작 *Friedrich Engels-čovjek i djelo* (Mensch und Werk), Philosophie Nr. 2,(1966)를 사용했다.

다. 이러한 철학의 원리들은 지금까지의 관념론뿐만 아니라 지금까지의 유물론, 즉 당시 유행하던 저 천박한 유물론과는 구별되는 것이었다. 어쨌든 이러한 과제는 한 개인에게는 힘겨웠을 뿐만 아니라 거의 해결 불가능한 것이었다.

모든 자연철학을 쓸모없는 것으로 만들어 버린 폭발적인 자연과학의 발달에 직면하여, 어떻게 역사적 운동에 대한 헤겔과 맑스의 기술에 따라 철학적 작업을 계속해 나가야 하는가? 어떻게 사람들은 일관성 있는 모든 철학적 의도를 확실하게 포괄할 수 있으며 — 이것은 관념적인 것과 물질적인 것, 자연과 정신, 주체와 객체, 원리들의 단일성(Einheitlichkeit)과 복수성(Pluralität) 등에 관한 문제들을 회피할 수 없는데 — 또 어떻게 하면 인간과 역사에 대한 맑스의 철학적 사상이 그러한 철학에 있어 기초적이고 통합적인 부분이 될 수 있도록 복잡한 정신적인 시도를 결론적으로 완성할 수 있는가?

엥겔스는 결코 이러한 과제를 성취하지도 못했고 또한 성취할 수도 없었다. 그는 다만 일련의 단편들을 남겨 놓았을 뿐이다. 우리는 이 단편에서 엥겔스의 사고가 목표했던 바를 짐작할 수 있을 뿐이다. 그러나 우리는 동시에 이러한 과제 역시 맑스와 엥겔스의 추종자들로부터 오늘에 이르기까지 체계적이고 포괄적으로 극복되지 못했음을 덧붙여야 할 것이다. 그러므로 우리가 새로운 길을 닦아 놓은 저 사람(엥겔스)에 대해 비판하길 원한다면, 우리는 자신에 대해서 보다 더 비판적이어야만 한다.

엥겔스는 철학적 질문에 관한 모든 근본적인 논구에 있어 헤겔에 대한 입장을 표명했을 뿐 아니라 헤겔의 숙고를 지향했었다. 헤겔은 주체·객체 관계, 모든 존재자의 변증법적 성격의 문제를 그의 관념론적인 동일철학의 틀 안에서 해결했다. 엥겔스는 물론, 헤겔의 관념론적 사변에 대해 역사적으로 수행된 비판의 표지 아래서, 위에서 언급된 전제로부터 출발했다. 만일 주체와 객체간의 불일치가 존재하지 않는다면, 그리고 이러한 관계가—후에 보듯이—본질적으로 실천을 통해 결정된다면, 이 경우에 있어 모든 유물론을 특징 짓는 기초적이고 본질적인 원리는 그 물질성이 세계의 원리가 되어야 한다는 것이다.

"세계의 통일성은 비록 그것이 그 통일성의 전제라 할지라도, 그 존재에 있지는 않다. 왜냐하면 그것(존재)이 하나가 될 수 있기 전에, 분명히 그것은 먼저 존재해야만 하기 때문이다. 존재는 일반적으로 우리의 역사 영역이 종결되는 경계로부터 시작되는 공개된 질문이다. 세계의 현실적인 통일은 그 물질성에 있고, 이 사실은 몇 가지 요술쟁이의 주문(Taschenspielerphrasen)을 통해서가 아니라 철학과 자연과학의 길고 지리한 발전을 통해서 입증되었다."[2]

물질의 존재방법과 방식은 운동이다. 모든 정지, 모든 균형은 다만 상대적일 뿐이고, 그것은 이러저러한 일정한 운동의 형식에 대한 관계 안에서만 의미가 있다. "가장 일반적인 의미에 있어 운동은—이러한 의미에서 운동은 존재방식, 물질에 내재하는 속성으로 파악되는 바—우주 안에서 발생하는 변화와 과정—단순한 위치 변화에서 사유에 이르기까지—을 [그 안에] 포함한다."[3]

엥겔스는 물질과 운동에 대한 기계론적 파악을 피하기 위해 명시적으로 다음의 사실을 특히 강조했다. "물질에 적용될 수 있는 운동은 변화일 뿐이다."[4] 이로부터 아래의 결론, 즉 상이한 운동 형식들을 가장 단순한 형

2) F. Engels, *Herrn Eugen Dührings Umwälzung der Wissenschaft*, MEW, Bd. 20, S.41(이후로는 『반뒤링론』으로 약칭함).
3) F. Engels, *Dialektik der Natur*, MEW, Bd. 20, S.354.

식으로, 다시 말해 기계적 운동으로 환원할 수 없다는 사실이 추론된다. 왜냐하면 변화 일반은 운동들과 변화들—무기물에서부터 사회적, 정신적인 변화들에 이르기까지—의 모든 수다성(數多性)을 포함하기 때문이다. 그러므로 이러한 입장은 질적으로 상이한 운동 형식들을 전제한다. 그러나 모든 이러한 변화들 자체는 가장 간단한 운동형식, 즉 위치 변화를 포함한다.

"이 사실이 보다 높은 운동형식들 모두가 반드시 현실적이고 기계적인(외부적이거나 분자적인) 운동과 연결되어 있지 않아야 한다는 것은 아니다. 보다 높은 운동형식들이 동시에 또 다른 형식들을 생산하는 것과 꼭 마찬가지로, 화학적 운동은 열과 전기의 변화 없이는, 또한 유기적인 삶은 기계적, 분자적, 화학적, 열역학적, 전기적 변화 없이는 가능하지 않다. 그러나 이러한 부차적 형식의 존재가 그때그때의 주요 형식의 본질을 고갈시키지는 않는다. 우리는 확실히 사유를 언젠가 실험적으로 머릿속에 있는 분자와 화학적 운동으로 '환원' 시킬 수 있을 것이다. 그러나 그렇다고 해서 사유의 본질이 고갈되는가?"[5]

엥겔스는 운동을 변화 자체로 이해하기 때문에, 운동의 파괴될 수 없음(Unzerstörbarkeit)은 양적으로뿐만 아니라 질적으로 이해되어야 한다. 따라서 물질의 운동이 파괴될 수 없음은 또한 물질의 능력을 의미하는데, 그 능력이란 하나의 형태에서 다른 형태로 바뀔 수 없고, 또 질적으로 상이한 고유한 존재 형태들을 산출하는 것을 말한다.[6]

4) Ibid., S.513.
5) Ibid., S.513.
6) 『자연변증법』에 대한 구상에서 엥겔스는 다음과 같이 기록했다. "무시간적이고 무한정한 전체적인 존재로서 물질이 일회적으로, 그리고 그 영원성에 비해 소멸해 버릴 수밖에 없는 짤막한 시간에 자기운동을 구별하고, 이것을 통해 이러한 운동의 모든 풍부함을 전개할 수 있다면, 또한 물질이 언제나 순수 위치이동(Ortsveränderung)에만 영원히 제한된다면, 이것은 아래의 사실을 주장하는 것

엥겔스는 물질과 운동의 객관성이라는 관점에서 시간과 공간을 모든 물질적인 존재의 기본형식으로 이해했다. "시간 외부에 있는 존재는 공간 외부에 있는 존재와 마찬가지로 무의미하다."7) 그러므로 공간과 시간이 운동하는 물질의 기능이라면, 필연적으로 물질과 운동이 없는 공간과 시간은 다만 현실성에 상응하지 않는 인간의 추상에 불과하다는 것이 도출된다. 시간과 공간을 운동하는 물질과 결합시킴으로써 시간과 공간의 상대성과 마찬가지로 그 영원성과 무한성이 논리적으로 도출된다.8)

실천의 원리

엥겔스에게 있어서, 물질성에 기초한 세계의 통일은 주체와 객체의 실천적, 변증법적 관계의 가능성을 위한 기본 전제이다. 이것은 존재자의

과 같게 될 것이다. 즉, 물질은 죽음을 면치 못하고, 운동은 무상한 것이 되어 버린다. 그러므로 운동이 파괴될 수 없음(Unzerstörbarkeit)은 순전히 양적으로가 아니라 질적으로 파악되어야 한다."(Ibid., S.325).

7) F. Engels, *Anti-Dühring*, l.c., S.48.

8) 『반뒤링론』에서 엥겔스는 아래와 같이 썼다. "시간 속에서의 영원함, 공간 속에서의 무한함은 이미 처음부터, 그리고 글자 그대로 어떠한 측면에서도, 즉 전방에서나 후방에서, 또는 위에서나 아래서, 혹은 우측이나 좌측에서도 끝을 가지고 있지 않다는 데 그 본질이 있다. 이러한 무한함은 하나의 무한계열과는 전혀 다른 것이다. 왜냐하면 이러한 무한계열은 처음부터 항상 1번(Eins), 즉 첫 번째 순서에서 시작하기 때문이다. 우리가 이러한 순서(계열)관념을 대상에 적용할 수 없는 이유는 이러한 관념을 공간에 적용할 때 바로 나타난다. 공간으로 전이된 무한계열이란 일정한 점에 의해 일정한 방향으로 무한하게 그어진 선에 불과하다. 그럴 경우 공간의 무한함이 단지 멀어져 가는 것으로만 표현되는가? 이와는 정반대이다. 한 점 가운데 있는 여섯 개의 측면(여기서 말하는 여섯 개의 측면은 바로 앞에서 언급된 측면들, 즉 전방, 후방, 위쪽, 아래쪽, 우측, 좌측을 말한다.—역주)은 그어진 선에 세겹으로 대립된 방향에 있는 공간의 차원들을 파악하기 위해 존재한다. 그래서 우리는 이러한 여섯 가지 차원을 가지게 된다."(Ibid., S.46).

상이한 계기들로서만 나타난다. 주체와 객체간의 이러한 관계는 존재적 관계의 특수한 경우로 이해된다. 이에 따라 주체는 원칙적으로 객체와 대립되지 않고 또한 동일시될 수도 없다.

이러한 관계의 본질적인 차원, 즉 실천적·역사적 차원은 당시의 엥겔스에 관한 정식에는 빠져 버리고, 반대로 반영에 관한 인식론적 사상이 더욱 전면에 부각된다. 이러한 해석은 후에 논란의 여지가 없는 진정한 맑스주의의 견해로 확장되고 만다. 이리하여 이 문제에 대한 특수한 맑스주의적 취급과 해결은 완전히 배제된다.

엥겔스의 정식화의 애매함과 모순은—그가 이런 문제에 착수한—그의 기술에서 계속적으로 나타난다. 어쨌든 엥겔스가 맑스와 함께 『독일 이데올로기』에서 대변한 입장을 엥겔스는 포기하지 않았다. 왜냐하면 그렇게 했다면 그것은 본질적으로 철학적 기여에 대한 포기를 의미하기 때문이다. 그래서 여기에 또한 엥겔스가 주·객 관계의 설명에서 출발하는 근본적인 입장, 즉 실천의 원리가 있다. 아무리 엥겔스가 자신의 저작의 일정한 장(章)에서 실천의 범주를 정의한다고 해도—이러한 범주는 결코 상세하게 분석되지 않았다.[9)] —여전히 엥겔스는 맑스의 정신에 따라 그것을 강조한다.

"철학과 마찬가지로 자연과학은 사유에 미치는 인간 활동의 영향을 지금까지 완전히 등한시했다. 따라서 일면적으로 자연만을, 또 일면적으로 사유만을 알게 된다. 그러나 바로 인간을 통한 자연의 변혁은—자연 자체만이 아니라—인간 사고의 가

---

9) 그래서 엥겔스는 루드비히 포이어바흐에 대한 그의 저작에서 단지 부수적으로만, 따라서 매우 불충분하게 실천을 실험과 산업으로서 해명했다. "다른 모든 고루한 철학과 마찬가지로 이러한 것에 대한 가장 적절한 반박은 실천, 즉 실험과 산업이다."(Engels, *Ludwig Feuerbach und der Ausgang der Klassischen deutschen Philosophie*, MEW, Bd. 21, S.276).

장 본질적이고, 가장 가까운 토대이다. 인간이 자연을 변혁하는 법을 배워 감에 따라 인간의 예지는 그만큼 성장한다. 역사에 대한 자연주의적 파악은 일면적인데, 예를 들어 드라퍼(Draper)와 그 밖의 다른 자연과학자들에게 있어서는 마치 자연만이 인간에게 영향을 미치고, 자연조건만이 도처에서 그 역사적 발전을 전적으로 제약하는 것처럼 파악된다. 그리고 이러한 파악은 인간 역시 자연에 반작용하고, 그것을 변혁시키고, 새로운 생계조건들을 조달한다는 사실을 망각해 버린다. 게르만 민족이 이주해 왔던 시기의 독일의 '자연'은 지금 아무것도 남아 있지 않다. 지구의 표면, 풍토, 식물계, 동물계, 인간 자신들은 엄청나게 변했고, 모든 것은 인간의 활동을 통해 변화되었다. 반면에 이러한 시기에 인간의 참여가 없었다면 독일에 있어 자연의 변화는 지극히 사소했을 것이다."10)

엥겔스는 인간의 기원에 대해 말할 때에도, 자연 변증법에 대한 기록에서와 동일한 사유에서 출발한다. 그는 정치경제학의 테제, 즉 노동은 부(富)의 원천임을 이용하지만 동시에 아래의 사실을 보충한다. "노동은 바로 자연 곁에 있는 바, 자연은 노동에 원료—노동은 이것을 부로 변화시킨다.—를 제공한다. 그러나 노동은 여전히 자연보다 무한하다. 노동은 모든 인간적인 삶의 첫 번째 기본조건이며, 그것은 우리가 어떤 의미에서는 '노동은 인간 자체를 만든다'고 말할 수 있는 정도이다."11)

엥겔스는 자연에 대한 인간의 지각을—이것은 또한 현실성의 새로운 성질과 특징에 대한 인식을 의미하는데—명시적으로 인간 실천의 발전과 관련지웠다.

"여타의 유기체에 대해서, 손의 발달이 직접적이고 증명 가능한 반응이 보다 중요하다. 이미 언급된 바와 같이 우리의 유인원 조상은 모여 살기를 좋아했다. 인간,

---

10) F. Engels, *Dialektik der Natur*, S.498~499.
11) Ibid., S.444.

즉 모든 동물 가운데 가장 모여 살기를 좋아하는 동물을 비사회적인 제2의 조상들로부터 도출해 내는 것은 명백히 불가능하다. 손의 발달, 즉 노동으로 시작되는 자연에 대한 지배는 모든 새로운 진보를 통해 인간의 시야를 확대했다. 인간은 자연 대상들에서 계속 새롭고 지금까지 알려지지 않은 특성을 발견했다. 다른 한편으로 노동의 발달(형성)은 필연적으로 사회의 각 구성부분들(Glieder)을 보다 밀접하게 서로 연결시키고, 상호부조와 공동 작업의 기회를 증대시켰으며, 이러한 공동작업의 유용성에 관한 의식을 모든 개인들에게 명백히 하는 데 기여했다. 요컨대 생성되는 인간은 그들이 서로에게 말할 수 있는 어떤 것을 가질 정도로 발전했다. 욕구는 자체의 기관을 산출해 왔다. 원인(猿人)의 발달되지 않은 후두는 계속 상승하는 변형 · 변이(Modulation)를 통해 느리지만 확실하게 형성되어 왔고, 입이라는 기관은 서서히 타자에 대해 명료하게 분절된 문자를 발음하기 시작했다."12)

여기서 엥겔스는 자연에 대한 감각적 변형을 이해함으로써, 인간 발전의 토대를 실천에서 찾아낸다. 즉 인간의 본질적 토대는 인간의 물질적 존재뿐 아니라 그 정신적 능력에 있다. 비록 여기서 노동의 범주가 전적으로 실천의 범주와 동일시될 수 없을지라도, 맑스와 엥겔스가 수십 년 전 그렇게 한 것처럼, 엥겔스는 이제 실천의 본질적인 계기와 자연적 현실성에 대한 감각적 변형에서 인간 발전의 토대, 주체와 객관적 실재간의 기초적인 결합 및 이러한 상황에 대한 인식을 위한 토대를 파악한다. 엥겔스의 고찰은 아래의 확증에서 그 정점에 이른다.

"요컨대 동물은 외적인 자연만을 이용한다. 그리고 이러한 자연의 변화를 단순히 그 존재를 통해서 성취한다. 인간은 변혁을 통해 자연을 자신의 목적에 따라 이용하고, 자연을 지배한다. 이것이 인간과 그 밖의 다른 동물들과의 궁극적이고 본질적

12) Ibid., S.446~447.

인 차이이다. 그리고 이러한 차이를 생기게 하는 것은 노동이다."[13]

인식의 특성에 관하여

엥겔스가 반영론을 수립했다는 사실과 이미 지금까지 언급된 것으로 볼 때, 엥겔스는 결코 관조적인 유물론적 이론가가 아님을 알 수 있다. 그러나 우리가 주로 인용하게 될 『자연 변증법』은 위에서 언급된 1848년까지의 초기 저작과 마찬가지로(무엇보다도 맑스의 『경제 · 철학 초고』와 공동저작 『독일 이데올로기』) 1820년대까지는 알려지지 않은 채 있었다. 그래서 철학적 문제들에 관하여 이 시기의 두 개의 다른 엥겔스의 저작들이 보다 중요하다. 이러한 관점에서는 특히 뒤링(Dühring)에 대한 논쟁이 의미가 있다. 그 논쟁은 사실 철학적 문제들의 체계적 연역이라기보다 뒤링의 공격과 견해에 대해 변증법적 방법을 옹호하고 제시한 것이다. 그러한 대립에는 많은 것이 불명료하고 완성되지 않은 채로 남아있다. 이 후에 이처럼 완성되지 않은 몇 가지 입장은 많은 맑스주의자들에 의해 반영론의 단순화된 형식으로 수용되었다.

예를 들어 의식과 사유는 무엇이며, 이들은 어디서 유래하는가라는 질문에 대해 엥겔스는 다음과 같이 답변했다. 즉 "그것은 인간 두뇌의 산물이며, 인간 자신은 자신의 환경 안에서 그리고 그 환경과 더불어 발전하는 자연의 산물이다. 그렇다면 여기서 최종 심급인 인간 두뇌의 생산물은 자연생산물이고, 그 밖의 자연의 연관성에 모순되는 것이 아니라 상응한다는 사실은 자명하게 이해된다."[14]

---

13) Ibid., S.452.

14) F. Engels, *Anti-Dühring*, S.33.

만일 우리가 지금까지 맑스와 엥겔스에 있어 실천의 문제에 대해 언급된 것과, 엥겔스가 『반뒤링론』을 썼던 시기에 자연 변증법의 문제에 대한 기록에서 기입한 모든 것을 포함하지 않는다면, 여기서 엥겔스는 결국 매우 불충분하게 남아 있는 고전적 유물론적 입장만을 변호하게 된다. 엥겔스는 현실을 우위에 두는 이러한 고전적 유물론적 입장을 강조하면서 다음과 같이 상세히 설명한다.

"논리적 도식은 다만 사고 형식에만 관련될 수 있는데, 여기서 문제가 되는 것은 단지 존재, 즉 외부 세계의 형식들일 뿐이다. 그리고 이러한 형식들은 결코 자신으로부터가 아니라 단지 외부세계로부터만 창조하고 추론해 낼 수 있다. 그러나 이렇게 함으로써 모든 관계는 전도된다. 원리들은 연구의 출발점이 아니라 그 최종 결과이다. 이 원리들은 자연과 인간사에 적용되는 것이 아니라 이들로부터 추상화된다. 자연과 인간 왕국이 원리들을 따르는 것이 아니라, 원리들이 자연과 역사에 일치되는 한에서만 옳은 것이 된다."15)

이러한 견해로부터 맑스 이전의 반영론을 쉽사리 추론해 낼 수 있다. 그리고 이 이론을 통해 전체 문제들은 속류화되어 버렸다. 또한 엥겔스는 자신의 후기 저작의 다른 부분에서 그러한 결론을 일으킬 소지를 남긴다. 포이어바흐에 대한 저술에서 그는 다음과 같이 썼다. "그러나 개념의 변증법 자체는 다만 현실세계의 변증법적 운동이 의식적으로 반영될 것일 뿐이다. 따라서 거꾸로 서 있는 헤겔의 변증법은 그것이 딛고 있는 머리로부터 다시 발로 세워져야 한다."16)

---

15) Ibid., S.33.
16) F. Engels, *Ludwig Feuerbach und der Ausgang der klassischen deutschen Philosophie*, MEW, Bd.21, S.293.

이러한 구상적(具象的)인 표현 방식을 근거로(『자본론』 제2판 서문에서 헤겔에 대한 맑스의 은유와 비슷하게), 이후에 특히 제2인터내셔널의 주요 대표자들과 스탈린주의자들은 변증법의 중심 내용을 매우 간단하고 편리하게 이해해 버렸다. 즉 맑스주의는 바로 전도된 헤겔과 다른 어떤 것이 아니다. 총체적 현실성의 토대로서의 헤겔의 절대이념은 오로지 변증법적으로 계속 발전하는 물질에 대해서 대체되어야 한다. 그러면 문제는 해결될 것이다. 그러한 견해의 대변자들은 그것으로부터 18세기의 '변증법화된' 유물론이 생겨났음에 결코 주목하지 않는다.

어쨌든 이러한 문제는, 만일 사람들이 일관성 있게 맑스의 의미를 따른다면, 보다 심오하고 복합적이고 어려운 것처럼 보인다. 실천의 입장은 관조성의 입장을 극복할 뿐 아니라 그것을 넘어서서 본질적인 역사적 차원을 참여시킨다. 이 차원은 엥겔스가 그의 이러한 저작에서는 거의 강조하지는 않았지만 또 완전히 등한시한 것도 아니다. 그가 예를 들어 『자연변증법』에서 필연성의 문제와 범주에 대해 언급할 때, 그의 비판은 관념론과 마찬가지로 경험론과 관조적 유물론에 대한 것이기도 하다. 그는 이 문제에 대한 전통적인 경험적, 유물론적 해결은 흄의 회의론을 완전히 정당화하기 때문에 결코 현실적인 세계의 범주와, 관계로서의 필연성의 존재를 입증할 수 없다고 본다. 그러나 엥겔스는 인간은 외부세계에 대한 관찰뿐 아니라 일정한 운동, 심지어 자연에서 나타나지 않는 그런 운동도 산출한다고 설명한다. 인간은 미리 이런 운동에 일정한 방향과 연장(延長)을 부여할 수 있다.

"인간의 활동을 통해 인과성 개념이 정초되는 바, 그것은 한 운동이 다른 운동의 원인이라는 관념이다. 어떤 자연 현상들의 규칙적인 연속만이 인과성 개념을 산출할 수 있다. 열과 빛은 태양과 함께 온다. 그러나 이 점을 증명할 수는 없다. 규칙적인 후진(post hoc)에 의해 전진(propter hoc)을 결코 논증할 수 없다는 점에서 흄의 회의론은 옳다. 하지만 인간의 활동성이 인과관계, 인과성을 시험한다."[17]

계속해서 엥겔스는 보다 단호하게 "그러나 필연성에 대한 증명은 인간의 활동인 실험에, 노동에 주어져 있다. 내가 후건을 만들 수 있다면, 그것으로 전건을 확인할 수 있을 것이다."[18]

또한 우리는 이 같은 일련의 사고방식을, 사회주의 발전에 대한 저작의 영어판을 위한 이후 서문에서 찾아낼 수 있다. 엥겔스는 불가지론을 비판적으로 연구하면서, 바로 이러한 견해는 순수 논증의 방식으로 매우 어렵게 극복될 수 있다고 강조했다.

"그러나 인간이 논증하기 이전에 인간은 행위한다. '태초에 행위가 있었다'. 인간의 행위는 인간의 똑똑함(Klugtuerei)이 그것을 알기 전에 이미 어려움을 해결했다. 푸딩(pudding)에 대한 증명은 먹는 것이다. 우리가 이러한 사물들을 그 성질(속성)에 따라 자각하고 그때그때 이 사물들을 고유하게 사용하게 되면, 우리는 그것의 옳음과 그름에 대해 우리의 감각과 지각으로 오류 없는 시험을 하는 것이다. 이러한 지각이 옳지 않다면, 그러면 사물의 유용성에 대한 우리의 판단은 옳지 않은 것이다. 그리고 그러한 것을 사용하게 되면 우리의 시도는 실패할 것이다. 그러나 만일 우리가 목적에 도달하게 되고, 사물이 그 사물에 관한 우리의 관념에 상응하고, 그 사물이 우리가 그것을 사용하려는 목적에로 인도한다는 사실을 안다면, 이것은 이러한 경계 내에서 사물과 그 특성에 관한 우리의 지각이 우리 외부에 존재하는

17) F. Engels, *Dialektik der Natur*, S.497~498.
18) Ibid., S.497.

현실성에 일치한다는 실증적인 증명이 된다."[19]

계속되는 본문에서 엥겔스는 불가지론적 테제, 즉 물자체는 인식될 수 없다는 것을 다룬다. 그는 헤겔—그가 곧이어 인용한—과 마찬가지로 이러한 입장을 부정한다. 만일 우리가 사물의 모든 특성을 안다면 우리는 물자체를 아는 것이 된다. 따라서 엥겔스에 있어 칸트의 물자체는 단번에 해결되어 버린다. 왜냐하면 모든 본질은 표현되어야만 하기 때문에 우리는 이러한 가장 명백한 계기와 특성을 통해 사물 자체의 본질을 파악할 수 있게 된다. 만일 우리가 사물을 그 마지막 요소에 이르기까지 해부할 수 있고 그것을 이러한 부분요소들로부터 다시 통합할 수 있다면, 우리는 이러한 사물의 본질을 남김없이 아는 것이다. 엥겔스는 이 사실을 주로 화학적 분석과 종합의 예로 제시했다.

그러므로 그가 자신과 맑스의 초기 입장에 충실하게 현실에 대한 인간의 실천적 태도를 근본적이고 일차적인 관계로 파악하려한 만큼, 그가 일관성 있게 사유와 인식을 역사의 산물, 즉 역사적으로 파악하려는 것은 필연이다.

"모든 시기의 이론적 사유, 그러므로 우리들의 사유도 역사적인 산물인 바, 그것은 너무도 상이한 시기에 매우 상이한 형식과 함께 매우 상이한 내용을 취한다. 그러므로 사유의 학문은 다른 모든 것과 마찬가지로, 역사적 학문, 인간 사유의 역사적 발전에 관한 학문이다. 그리고 이것은 또한 경험적 영역에 사유를 실천적으로 적용하는 데 중요하다. 왜냐하면 무엇보다도 사유법칙의 이론은 결코 단번에 형성

---

19) F. Engels, Einleitung zur englischen Ausgabe (1892) von *Die Entwicklung des Sozialismus von der Utopie zur Wissenschaft*, MEW, Bd. 19, S.530.

된 '영원한 진리'—속류 오성이 이것을 논리학이라는 말에서 생각하듯이—가 아니기 때문이다. 형식논리 자체는 아리스토텔레스 이래로 오늘날까지 격렬한 토론의 영역으로 남아 있다. 그리고 변증법은 이제까지 아리스토텔레스와 헤겔 두 사상가에 의해 보다 정확히 논구되어 왔다. 바로 변증법은 오늘날 자연과학을 위해 가장 중요한 사고형식이다. 왜냐하면 변증법만이 자연 안에 나타나는 발전과정에 관해, 전체적이고 거대한 연관성에 대해, 한 연구 영역에서 다른 영역에로의 이행을 위해 유비(類比)와 설명 방법을 제공하기 때문이다."20)

변증법의 문제

지금까지 기술된 것으로부터 사람들은 이미 엥겔스가 변증법을 '역사적 변증법'으로서, 단지 인간적 · 역사적 실천의 구성적 계기로서 기초지우려고 했을 뿐 아니라, 오히려 여기서 전적으로 변증법을 모든 존재하는 것들의 운동과 발전 방식으로, 동시에 연구와 사유의 방법으로 파악한 헤겔

---

20) F. Engels, *Dialektik der Natur*, S.330~331. 『반뒤링론』에서 엥겔스는 우리 사유의 역사적 성격을 정확하게 지적했다. "인류 발전의 그 어떤 시점에서 그러한 최종적이고 종결적인 세계연관의 자체가, 보다 정신적이고 역사적인 것과 마찬가지로 물리적으로 완성된다면, 인간의 인식의 왕국은 종결될 것이며, 계속적인 미래의 역사적 발전은 사회가 그러한 체계에 일치하여 설정되는 순간 끊어져 버릴 것이다.—그렇다면 이 사실들은 불합리하고 완전히 모순될 것이다. 따라서 인간은 자신이 모순과 마주 서 있음을 알게 된다. 즉, 한편으로 인간은 세계의 체계를 그 총체 연관에서 빠짐없이 인식하지만, 다른 한편으로 세계체제의 본성과 자기의 고유한 본성에 따라 이러한 과제를 결코 완전히 해결할 수 없게 된다. 그러나 이러한 모순은 두 가지 요인들, 즉 세계와 인간의 본성에만 있는 것이 아니라 총체적 지성의 진보에 있어 주요한 지렛대이기도 하다. 또한 그것은 매일매일 지속적으로 인류의 무한한 진보적인 발전에서—예를 들어 수학적 과제가 무한수열이나 분수에서 해결이 되듯이—해결된다. 세계체제에 대한 모든 사유의 모사는 실제적이며, 또한 그것은 역사적 토대를 통해 객관적으로, 사유하는 사람의 신체 및 정신 상태를 통해 주관적으로 제한된다."(Anti-Dühring, S.34~35).

의 길을 간 것을 알 수 있다. 그러므로 만일 역사에서 뿐만 아니라 자연에서도 발전이 존재한다는 것이 전적으로 확실하다면, 발전에 대한 가장 발전된 이론으로서의 변증법은 모든 존재자 자체에 대해 타당해야 한다. 만일 우리가 여기서 사유와 현실간에 불일치가 존재할 수 없다는 역사적 경험과 같은 전제에서 출발한다면, 일정한 변증법적 현실구조는 우리 사유의 변증법적 구조에 상응해야 한다. 만일 불일치가 존재한다면, 이 경우에 있어 실천 자체는 불가능하다고 설명할 수 없게 될 것이다.

이것은 의심할 여지없이 엥겔스가 변증법을 인간 역사의 영역에 한정하지 않은 본질적 전제였다.

"그러므로 변증법의 법칙은 바로 인간사회에서와 마찬가지로 자연의 역사로부터 추상할 것이다. 이 법칙은 바로 인간 사유 자체와 마찬가지로 역사적 발전의 두 가지 국면의 가장 일반적 법칙과 다른 것이 아니다. 즉 이 법칙은 요점적으로 다음의 세 가지로 환원된다. 즉 ;

- 양에서 질로의 전화와 그 역의 법칙
- 대립물의 상호침투의 법칙
- 부정의 부정의 법칙

이 세 법칙 모두는 헤겔의 관념론적 방식에 의해, 순수 사유법칙으로 발전된 것이다. 첫째 법칙은 『논리학』의 첫 번째 부분인 존재론에서, 두 번째 법칙은 그의 논리학의 전체 두 번째 장과 가장 중요한 부분을 채우고 있는 본질론에 해당하고 마지막으로 세 번째 법칙은 전체계의 구성을 위한 기본법칙으로 나타난다. 이러한 법칙이 자연과 역사로부터 추론되어 자연과 역사의 사용법칙으로서 강요되지(aufoktroyiert) 않는다는 것은 오류이다. 그리고 거기서부터 완전히 강요적이고 종종 소름끼치는 구성이 생겨난다. 즉 세계는, 그것이 원하든 원하지 않든 간에, 그 자체가 단지 인간사유의 일정한 발전단계의 산물에 불과한 하나의 사유체계에 따라야 한다. 우리가 사실(Sache)에로 되돌아간다면, 모든 것은 단순해지고, 관념론적 철학에 있어 지극히 비밀스럽게 서 있는 변증법적 법칙은 즉각 단순하고 명백해질 것이다."21)

여기서부터 철학의 본질과 의미에 대한 엥겔스의 파악이 뒤따른다. 여기서 우리는 여전히 아래의 사실을 덧붙여야 한다. 즉 엥겔스는 의심할 여지없이 당시 변증법에 대한 공격과 마찬가지로 당시 부르주아 철학의 방법론적 토론의 영향을 받았다. 그것은 동시에(앞서 언급된 이론적인 것과 병행하여) 엥겔스가 철학의 문제틀을 논리적이고 변증법적인 문제틀로 환원시킨 것에 대한 근거이기도 했다. 여기서 논리적 문제틀은 전통적인 형식논리적인 것을 변증법적 문제틀로 포함한다.

이러한 고려에서 엥겔스는 철학이 개별 학문의 영역에서 점점 더 배제되고, 이러한 부분적인 영역들이 실증적 제학문에 지배적인 것으로 되었다는 사상에 의해 주도된다. 그 때문에 엥겔스는 다음의 사실을 추론해 냈다.

"모든 개별 학문에, 사물과 그리고 사물에 대한 지식의 전체 연관에서 그 입장을 명백히 해야 하는 요청이 주어질 때, 전체 연관 내의 모든 특수한 학문은 무용해진다. 지금까지 모든 철학으로부터 여전히 독립적으로 존속해 있던 것은 사유와 그 법칙에 관한 학설인 바, 그것은 형식논리와 변증법이다. 모든 다른 것은 자연과 역사에 관한 실증적 학문으로 해체된다."22)

---

21) F. Engels, *Dialektik der Natur*, S.348.

22) F. Engels, *Anti-Dühuring*, S.24, 포이어바흐에 대한 저작에서 엥겔스는 비슷한 결론을 내렸다. "이러한 파악은, 자연에 대한 변증법적 파악이 모든 자연철학을 불가능하고 불필요하게 했듯이, 역사의 영역에 있어서도 마찬가지로 철학을 끝장나게 했다. 도처에서 문제가 되는 것은 더 이상 연관들을 머릿속에서 사유하는 것이 아니라 실제로 이 연관들을 밝혀 내는 것이다. 자연과 역사로부터 밀

철학에 대한 이러한 제한은 철학과 맑스주의의 계속적 발전에 있어 부당한 것으로 입증되었다. 엥겔스가 이러한 정도로 변증법의 문제에—그가 이해한 바와 같이—특별한 관심을 보인 것은 단지 철학적 상황을 고려해 볼 때에만 이해될 수 있다. 한편으로 뷔흐너(Büchner), 포크트(Vogt), 뒤링(Dühring)과 그 밖의 다른 사람들의 속류 맑스주의적, 진화론적 사상은 공중(公衆)에게 뿐만 아니라 사회민주주의에 매우 큰 영향을 미쳤다. 다른 한편으로 시민사회의 관념론적 철학에서 선험론적 방법의 부활은 신칸트주의와 더불어 시작된다. 그러나 이와는 달리 변증법은 맑스와 엥겔스가 지금까지의 철학발전에 있어 지극히 혁명적 결과를 찾아 낸 방법이었다. 헤겔은 이들에게 있어—특히 그 시대의 시민철학의 측면에서 몇몇 반성되지 않고, 격이 낮은 공격 이후에—가장 심오하고 보편적으로 변증법의 형식들을 발전시킨 사상가였다.[23]

여기서 엥겔스는—그가 이후에 자신의 독자적이 견해를 개괄한 바와 같이—모든 존재자들의 변증법적 성격(Dialektizatät)에 대해 앞에서 언급한 관점에서 출발한다. 그렇게 함으로써 그는 결국 변증법의 보편성을 승인한

려나간 철학에 대해 이제 남아 있는 것이라곤 다만 순수사유의 왕국일 뿐이다. 그것은 사유과정 자체의 법칙에 관한 교리 즉, 논리와 변증법이다."(Ludwig Feuerbach…, l.c., S.306).

23) 맑스는 항상 이 사실을 강조했다. 1868년 3월 6일자 쿠겔만(Kugelmann)에게 보낸 편지에서 맑스는 아래와 같이 썼다. "그(뒤링)는 나의 발전방법이 헤겔적인 것이 아님을 잘 알고 있다. 왜냐하면 나는 유물론자이고 헤겔은 관념론자이기 때문이다. 헤겔의 변증법은 다만 그 신비의 형식을 벗겨 내는 한에서만, 모든 변증법의 근본형식이 된다. 이것이 바로 나의 방법과 구분된다."(MEW, Bd. 32, S.538). 마찬가지로 맑스는 단호하게 『자본론』 제2판 후기에서 아래와 같이 해명했다. "헤겔의 손에서 변증법이 신비화(Mystifikation)되었다 하더라도, 헤겔이 일차적으로 변증법의 일반적 운동 형식을 포괄적이고 의식적 방식으로 서술했다는 사실은 결코 간과될 수 없다."(Marx, *Kapital I*, MEW, Bd. 23, S.27).

다. 또한 그의 정식화는 이번에도 철학적 문제들에 대해 존재론적으로 해석하도록 함으로써 그 이후에 불충분한 교육을 받은 추종자들이 스탈린주의에서처럼 변증법적 유물론을 속류화시킬 가능성을 마련했다.

"우리는 현실적인 사물을 절대적 개념의 특정단계를 반영하는 것으로 보는 대신에, 우리 머릿속의 관념들을 현실적 사물이 반영된 것으로, 즉 유물론적으로 파악했다. 따라서 변증법은 외적 세계와 마찬가지로 인간 사고운동의 일반법칙들에 대한 과학으로 환원된다. 이 두 가지 법칙은 인간의 머리가 이 법칙을 의식적으로 사용할 수 있는 한, 동일한 내용이 달리 표현된 것이다. 그 반면에 이 법칙은 자연에서 그리고 지금까지 대부분의 인간 역사에서 무의식적인 방식과 외적 필연성의 형식으로, 그리고 가시적인 우연성들의 무한한 계열로 관찰되어 왔다."24)

엥겔스는 이러한 변증법적 '법칙'을 『반뒤링론』과 『자연 변증법』에 대한 요약에서 보다 구체적으로 다룬다. 특히 『반뒤링론』에서 일차적으로 문제가 된 것은 이 법칙 일반이 의미하는 것을 해명하는 것이었기 때문에, 이론적으로 어떤 새로운 것을 덧붙이지 않고 변증법적 과정에 관한 교리를 유물론적 방식으로 해석했다. 우리는 이러한 해석이 이론적인 관점에서 볼 때 매우 불충분하다고 할 수 있다.

뒤링이 불합리한 것으로 간주해 버린 대립과 모순의 문제에 관하여 엥겔스는 논쟁적으로 해명했다. 만일 우리가 사물을 그 상대적인 정지의 관점에서 다른 사물과 분리시켜 관찰한다면, 우리는 그 안에서 어떠한 모순도 발견하지 못한다. 그리고 그러한 목적에는 상투적인 형이상학적 사유방식이 알맞다.

24) F. Engels, *Ludwig Feuerbach*……, l.c., S.292~293.

"그러나 우리가 사물을 그 운동과 변화와 삶에서 또한 서로에 대한 상호작용의 관점에서 관찰하게 되면 사정은 완전히 달라진다. 이 경우 우리는 즉시 모순에 빠지게 된다. 운동 자체는 모순이다. 이미 단순한 기계적 위치 이동조차도 아래의 사실을 통해서만 수행될 수 있다. 즉 한 물체는 동일한 시간의 계기에 한 위치에 그리고 동시에 다른 위치에 있으면서, 동일한 위치에 있으면서 있지 않는 것이다. 그리고 이러한 모순의 끊임없는 정립과 동시적인 해결이 바로 운동이다."[25]

다른 예와 마찬가지로 엥겔스는 여기에서도 주로 헤겔적 사유를 따른다. 그래서 그는 아래의 사실을 인용한다. 즉 우리는 이러한 대립의 양극으로서의 긍정적인 것과 부정적인 것에 있어, 이러한 대립성뿐만 아니라 비분리성 및 삼투를 발견하거나, 원인과 결과의 표상은, 그것이 개별적인 경우에 적용될 때에만 타당성을 갖는다는 사실을 발견한다.

"그러나 우리가 개별적인 경우를 세계 전체와의 일반적 연관에서 관찰하는 것처럼, 그것은 원인과 결과가 끊임없이 그 자리—지금 혹은 여기의 결과가 저기 혹은 그때의 원인이 되고 그 역도 마찬가지가 되는—를 교체하는 보편적 상호작용에 대한 직관에서 일치되고 해체된다.

이 모든 경과와 사고방법들은 형이상학적 틀(엥겔스는 운동하는 것을 정적인 것으로 파악하고, 상호작용하는 것을 분리시켜 고립·고정시키는 사고방식을 형이상학적이라고 본다–역주)에는 적합하지 않다. 그러나 이것과는 달리 앞에서 언급한 경과들과 마찬가지로, 그 고유한 취급방식에 대한 확증은 사물과 그것의 개념적 반영들을 본질적으로 그 연관과 연쇄에서, 그리고 그 운동과 발생과 소멸로 파악하는 변증법에 타당하다. 자연은 변증법의 (실험적이며 그) 증거이다. 우리는 근대 자연

---

25) F. Engels, *Anti-Dühring*, S.112.

과학에 있어 아래의 사실을 언급해야 한다. 즉 변증법은 이러한 증거를 위해 매우 풍부하고 매일매일 쌓여진 자료를 제공하고, 궁극적으로 자연에는 형이상학적인 것이 아니라 변증법적인 것이 발생함을 입증했다."26)

부정의 부정의 문제에 관한 한 — 이것은 또한 헤겔에 있어 가장 사변적인 문제로 남아 있는데 — 엥겔스는 자신의 방식에 맡게 이것을 보다 깊이 분석하고자 하지 않는다. 그는 오히려 몇 가지 예를 드는 것으로 충분하다고 본다. 그러나 심오한 이론적 노력 없이 실례를 드는 데에 제한하는 것은 쉽사리 문제를 단순화할 뿐 아니라 그것을 속류화하는 데로 이끈다. 이것의 한 예를 보면, 하나는,

"보리씨의 예로 들어 보자. 수억 개의 보리씨들은 가루로 빻아지고, 끓여서, 증발되고 소모되어 버린다. 그러나 그러한 보리씨가 그것을 위한 정상적인 조건들을 발견하고, 유리한 토양에 뿌려진다면, 열과 수분의 영향 아래서 그 씨앗에는 고유한 변화가 일어나고 발아하게 된다. 씨앗 그 자체는 소멸되고, 부정된다. 그 자리에는 씨앗에서 생겨난 식물, 즉 씨앗의 부정이 자라게 된다. 그러나 이러한 식물의 정상적인 삶의 진행은 무엇인가? 그것은 성장하고, 꽃을 피우고 열매 맺고, 마침내 또 다시 보리씨들을 생산한다. 보리씨가 성장하게 되면 줄기는 말라 죽게 되고 줄기는 부정되는 것이다. 이러한 부정의 결과로서 우리는 되풀이하여 처음의 보리씨를 얻게 되는데 그러나 이것은 단순한 것이 아니라 10배, 20배, 30배의 씨앗이 된다."27)

---

26) Ibid., S.21~22. 엥겔스는 『자연 변증법』에 대한 메모에서 아래와 같이 썼다. "변증법 즉 이른바 객관적 변증법은 모든 자연을 지배한다. 그리고 이른바 주관적 변증법, 즉 변증법적 사유는 다만 자연 속에서 스스로를 타당하게 만드는 대립들의 운동의 반영에 불과하다. 이 대립들은 서로간의 지속적인 모순과 최종적인 소멸을 거쳐 각자 보다 높은 형식에로의 이행, 즉 흡인력과 반발력에서 바로 자연의 삶을 조건 짓는다. 자력에서 양극성은 시작된다……."(*Dialektik der Natur*, S.481).

여기서 특별히 부정의 부정의 문제가 해명된 것은 아니지만, 이 문제를 이해하기 위해서 헤겔의 설명을 파악하는 것이 보다 좋을 것이라고 해서는 안 된다. 그러나 엥겔스의 변증법의 법칙에 부여한 중요성을 이해하기 위해 여기서 그의 의견들 가운데 한 가지를 인용할 필요가 있다. 뒤링의 주장을 비판하면서, 엥겔스는 맑스의 확증, 즉 이러한 법칙들—이러한 법칙들은 맑스에 있어 필연성의 특징을 갖는다—에 따라 진행되는 역사적 과정들에 있어서 이 과정들이 필연적으로 법칙에 따라 발생하는 것을 의미하지는 않는다고 강조했다.

"그러므로 맑스는 과정(Vorgang)을 부정의 부정으로 기술함으로써, 그는 이것을 통해 과정을 역사적으로, 필연적인 것으로 입증하려고 생각하지 않았다. 도리어 그 반대이다. 맑스는 과정이 사실상 부분적으로는 발생했지만 부분적으로는 여전히 발생해야만 하는 것임을 역사적으로 입증하고 난 후에 그는 덧붙여 그것을 일정한 변증법적 법칙에 따라 수행되는 과정으로 기술했다. 이것이 전부이다. 그러므로 뒤링이 부정의 부정은 여기서 산파역—이것을 통해 미래는 과거의 태반에서 해방되는데—을 수행해야 한다고 주장한다면, 그것은 뒤링의 순전한 왜곡이다…."[28]

엥겔스는 양에서 질에로의 전환의 변증법적 법칙을 일상적으로 자연과학의 실례에서, 특히 그가 성분의 양적 변화를 통해 야기된 질적 변화의 과학으로 언급한 화학의 예에서 설명한다. 이러한 법칙의 본질을 그는 아래와 같이 정식화한다.

---

27) F. Engels, *Anti-Dühring*, S.126.
28) Ibid., S.125.

"우리의 목적을 위해 우리는 이것을 다음과 같이 표현할 수 있다. 즉 자연에서 질적인 변화는 오직 물질이나 운동의(이른바 에너지) 첨가나 양적인 제거를 통해서, 모든 개별적인 경우에 확정적인 방식으로 일어날 수 있다. 자연에 있어서 모든 질적인 차이는 상이한 화학적 합성이나 운동(에너지)의 상이한 양이나 형태들, 혹은 이 두 가지 모두의 작용에 기인한다. 그러므로 각각의 물질이나 운동의 제거(Hinwegnahme) 내지 공급 없이, 즉 해당 물체의 양적 변화 없이 질이 변화된다는 것은 불가능하다. 그러므로 신비에 쌓인 헤겔의 명제는 이러한 형식에서는 전적으로 합리적일 뿐만 아니라 심지어 매우 분명하게 밝혀진다."[29]

우리는 여기서 더 이상 물리학과 화학의 영역에서의 실례에 대해 설명하지는 않을 것이다. 그러나 한 번 더 강조해 둘 것은 이러한 문제를 취급하는 데 있어 특히 『반뒤링론』에서 엥겔스에게 중요했던 것은, 헤겔이 완성하고 맑스가 시민사회의 구체적 분석을 통해 사용했던 변증법의 몇 가지 원리와 법칙들의 의미와 내용에 주목하는 일 뿐만 아니라, 또한 변증법에 대한 뒤링의 비판과 과소평가에 대항하는 것이었다. 그러므로 이러한 문제틀의 체계적, 복합적 전개는 엥겔스의 의도와는 무관했다. 그러나 이것은 분명히 그의 논구의 중대한 약점을 의미한다. 왜냐하면 그의 분석은 전적으로 이 문제틀의 의미와 그 해명을 가능케 하는 본질적, 인간학적-역사적 차원, 역사적 상황의 복합성, 인간의 역사적 실천의 측면을 결여하고 있기 때문이다. 그 결과 엥겔스의 분석이 특히 문자 그대로, 비창조적으로 수용되고, 오늘날까지 그의 추종자들에 의해 영지주의적(gnoseologistisch), 존재론적으로 해석되고 있는 것이다.

---

29) Ibid., S.349.

몇 가지 논리적 문제들

『자연 변증법』에 대한 메모에서 엥겔스는 재차 헤겔의 개념과 입장에서 출발하면서, 몇 가지 특수한 논리적 문제들을 다룬다. 동일성의 형식 논리적 원리에 대한 헤겔의 날카로운 비판은 잘 알려져 있다. 엥겔스는 헤겔의 분석에 따라 아래의 사실을 전제한다. 즉 추상적 동일성은 측정 크기가 작고 시기적으로 짧은 일상적인 삶에서만 충분할 수 있다. 그러나 자연과학은 동일성이 상이성을 그 자체 안에 포함하고 있음을 개별적으로 입증했다.

"……모든 개별 부분뿐만 아니라 총괄적인 자연과학을 위해 추상적 동일성만으로는 불충분하다. 그리고 비록 이 동일성이 전반적으로 그리고 대부분 실제적으로 제거한다 할지라도, 여전히 그것이 머릿속에서 이론적으로 남아 있어서 대부분의 자연과학자들은 동일성과 차이를 각 극들이 서로 상호작용하고, 그 차이가 동일성으로 파악되는 것으로 생각하는 대신, 화해될 수 없는 대립으로 생각한다."30)

엥겔스는 또한 형식논리학적 판단론과 대립되는 헤겔의 개념화를 수용한다. 이것에 따르면 모든 판단은 일반적인 것과 특수한 것의 통일, 그러므로 대립들의 통일이기 때문에, 그것은 현실 자체에서 일정한 변증법적 관계를 표현한다.

"동일성이 차이를 그 자체 안에 내포한다는 사실은, 술어와 주어가 필연적으로

30) Ibid., S.485.

서로 다른 모든 명제에서 명백해진다. 백합은 식물이다. 장미는 빨갛다. 여기에는 주어나 술어 안에 또는 술어나 주어에 의해 표현되지 않는 어떤 것이 있다. 헤겔(Enzyklopädie, I, S.231)—자기(와의) 동일성(Identität mitsich)이 다른 모든 것과의 차이에 의해 보충되어야 한다는 것은 자명하다."[31]

인간의 경험과 학문의 발전의 예에서 엥겔스는 어느 정도로 헤겔의 판단의 분류가 형식 논리적인 분류보다 더 옳다고 본다. 연결과 내적 관계가 없는, 판단을 열거하는 형식 논리적 취급방식과는 달리 헤겔은 판단을 연역해 낸다. 병렬(Koordination) 대신에 종속관계(Subordination)가, 즉 낮은 형식에서 보다 높은 형식에로의 발전이 있다. 이제 엥겔스는 헤겔의 분류—정재판단, 반성판단, 필연성 및 개념판단—가 그 역사적 논리와 증명을 가지고 있음을 제시하려고 한다. 그래서 엥겔스는 '마찰은 열을 만들어 낸다'와 같은 개별적 경험과 개별적 판단들이 수세기 동안의 과학적 경험을 통해, '마찰에 의해 모든 기계적 운동을 열로 바뀔 수 있다'는 특별판단이 될 수 있음을 예로 든다. 이러한 공리(Theorem)가 마이어(Mayer), 쥴(Joule), 콜딩(Colding)을 통해 수립되어 온 직후에, 마이어는 이러한 반성판단을 개념판단으로 고양시킬 수 있었다. "모든 운동형식은 모든 경우의 일정한 조건 아래서 직접 간접으로 운동의 모든 다른 형식으로 바뀔 수 있고 또한 그래야 한다."

"그러므로 헤겔에 있어, 판단 자체에 대한 사고형식의 발전으로 나타나는 것이 우리에게는 경험적 토대에 기인하는 이론적 지식—운동 일반의 본성에 관한—의 발전으로 대립된다. 그러나 그것은, 사고법칙과 자연법칙이 올바르게만 인식된다면,

31) Ibid., S.484.

필연적으로 서로 일치함을 제시한다.

우리는 첫 번째 판단을 개별성(Einzelheit) 판단으로 파악할 수 있다. 개별화된 사실—즉 마찰은 열을 만든다.—은 기록되어 있다. 두 번째 판단은 특수성(Besonderheit) 판단이다. 운동의 특수형식, 즉 기계적 운동은 [그것 나름의] 특성을 제시하는데, 그 특성은 특수한 상황(마찰을 통하는) 아래서는 또 다른 특수한 운동 형식, 즉 열로 전이해 간다. 세 번째 판단은 일반성의 판단이다. 모든 운동 형식은 스스로를 모든 다른 운동 형식으로 전이할 수 있고, 또한 반드시 그렇게 되어야 함을 입증한다.

이러한 형식과 더불어 법칙에 대한 마지막 표현을 얻게 된다. 우리는 새로운 발견을 통해 이 법칙에 새로운 전거, 새롭고 보다 풍부한 내용을 줄 수 있다. 그러나 여기서 밝혀진 것처럼 우리는 법칙 자체에 그 이상 어떤 것도 첨가할 수는 없었다. 그 일반성에서, 형식과 내용의—이 둘에 일반적으로—확장(Erweiterung)은 가능하지 않다. 그것은 절대적 자연법칙이다."[32]

일반적으로 형식적인 것으로 간주되는 과학의 구체적 문제에 대한 해결에 있어, 엥겔스의 이러한 예는 현실에 대한 인간의 실천적 관계가 어느 정도로 그 해결에 결정적인가를 보여 준다. 우리 사고의 형식들, 논리적 도식과 원리들은 어쨌든 인간 실천의 역사적 발전의 산물이며, 수백 년간의 오랜 경험과 실천적 확증의 정식화이며, 모든 인간적인 것과 마찬가지로 역사적이다.

필연성과 자유

32) Ibid., S.493.

필연성과 우연성의 문제들과 마찬가지로, 필연성과 자유의 문제틀에 대해서도 엥겔스는 이 저작에서 주로 헤겔의 정신에 따라 해결하려고 시도했다. 유물론과 같은 결정론적 사상에서는 당연히 자유에 관해 말할 수 없을뿐더러, 동시에 사람들은 필연적인 사건, 모든 것을 포괄하는 필연성의 지배에 관한 사상에 묶여 버린다. 엥겔스는 필연성을—헤겔에 따라—단지 일반적인 것, 합법칙적인 것을 표현하는 것으로 이해하면서, 이러한 일반적인 것은 오로지 개별적인 것, 즉 개별적 대상들과 현상들을 통해 존재하고 작용한다고 전제했다. 그 때문에 또한 일반적인 것은 현상의 계기들과 일치하는 한에서 존재하는 바, 그 계기는 이러한 일반적인 것(그러므로 필연적이지 않게)의 절대적 표현이거나 대상들과 현상들의 일정한 방식의 존재에 대해 본질적이지가 않다. 개별적 성질들은 종(Art)의 특징이 아니라, 그것은 개별적인 것 각각에 따라 변화될 수 있는 것이어서, 종의 발전에 따르는 필연적인 것이 아니라 무한하게 상이한 것이다. 헤겔은 이러한 입장을 다음과 같이 정식화했다. “우리는 그것에 따라 우연적인 것을 존재하거나(존재할 수도) 존재하지 않는 것으로(존재하지 않을 수도 있는), 또는 그렇게 존재하거나 달리 존재할 수도 있는 것으로 아니면, 그 존재나 비존재, 그 상재(相在)와 타재(他在)가 그 자체가 아니라 타자(Anderem)에 기초하고 있는 그런 것으로 간주한다.”33)

33) G.W.F. Hegel, *Enzyklopädie der philosophischen Wissenschaften* I, S.145, Zusatz, *Werke in zwanzig Bändem*, Bd. 8, Frankfurt 1970, S.285. 엥겔스가 완두 씨앗을 예로 들어 아래의 사실을 결론지었다면, 그도 같은 생각을 대변한다. 즉 “일정한 토양에 서로 병렬해 있는 다양한 유기물과 무기물의 종(種)과 개체들이 비록 파기될 수 없는 필연성에 기초한다고 주장될지라도, 이러한 다양성 자체는 개별적인 종(種)과 개체에는 우연한 것이다.”(*Dialektik der Natur*, S.488).

이러한 개념화에 따라 우연한 현상들은 개별적인 것의 발전에 있어 비본질적인 것이 된다. 그러나 어떤 우연한 현상들은 종의 발전에 지배적일 수도 있다. 그 경우 이것은 필연적이고 본질적이다. 전체 다윈주의(Darwinismus)는 우연한 것에서 필연적인 것에로의 이러한 이행에 기초하고 있다. 엥겔스는 명확하게 이 사실을 정리하기를,

"다윈은 그의 획기적인 작업을 가장 널리 퍼져 존재하는 우연성에 기초하여 시작한다. 그것은 바로 개별적인 종의 내부에 있는 개체들의 무한한 우연적 상이성인 바, 그것은 종적 성격의 발현에 이르기까지 고양되고, 그 다음 것의 원인이 되며, 또한 그것은 이러한 것들의 [모두 증명되는 것이 아니라] 최소한의 경우에서만 입증될 뿐이다. 또한 이 상이성은 다윈으로 하여금 지금까지의 생물학에 있어서의 모든 합법칙성의 토대와, 지금까지의 형이상학적 경직과 비가변성(Unveränderlichkeit)에 기초한 종의 개념을 의문시하도록 강요한다."34)

이러한 견해 외에도 다음의 사실이 전제된다. 즉 개별적인 성질과 우연성들은 일차적으로 외적인 원인들에 의해 결정된다. 또 문제가 되는 것은, 우리가 일정한 우연들의 결정인자(Determinanten)를 어느 정도로 알고 있을 때, 우리가 이것을 어느 정도로 결정할 수 있는가이다. 거기서 사람들은 재차 '결정'과 '필연성'의 개념이 동일하지 않다는 것을 알 수 있다. 필연성은 판에 박힌(gewöhnlich) 발생과 같은 결정 형식의 하나로서, 결국 우연성이기도 하다.

우리는 필연성과 자유의 문제에 관하여, 특히 『초고』의 분석에서도, 맑스의 개념이 하나의 '모순'을 내포하고 있음을 보게 된다. 그는 한편으로

---

34) F. Engels, *Dialektik der Natur*, S.489.

는 자유로운 본질, 창조자로서의 인간의 원리를, 다른 한편으로는 자연적, 자연사적 발전의 결정으로 보고 있다.

이러한 모순—대부분 철학적 노력에 타당한 기본적인 어려움—은 일종의 대립(성)을 나타내는 바, 그것은 사물의 유동과 인간적 현존재 자체에 주어져 있는 것처럼 보인다. 인간의 자유 문제에 대한 결정론자와 비결정론자 간의 몇백 년 동안 지속되어 온 토론들은 이러한 문제의 해결을 위한 영구한 노력을 보여 준다. 맑스의 해결은 스피노자에서 헤겔에 이르는 자유의 개념화를 뛰어넘어, 계속적으로 인간의 이러한 수수께끼의 해명을 위해 기여해 왔다.

엥겔스는 그의 마지막 저작에서, 인간의 자유를 그의 본질이라고 논증한 맑스의 초기 분석을 추종한 것이 아니라—이것을 근거로 이 문제의 해결을 위한 보다 폭넓고 심오한 토대가 얻어진다.—오히려 문제의 해결을 필연성과 자유의 관계에로 환원시킴으로써 협소한 헤겔적 개념틀에 따랐다.

이러한 제한된 개념화에 따르면, 인간은 통제될 수 없는 발전의 산물이거나, 그의 상이한 종류의 활동에 있어 필연성의 도구인 것이 아니라, 오히려 이러한 필연성을 인식하고 그 토대를 필연성에로 지향함으로써, 그가 예속되어 있는 힘과 사건 모두를 스스로 이용하는 존재이다. 인간의 자유의 등급은 그때그때의 필연성에 대한 인간의 통찰의 등급에 의존한다.

엥겔스는 『반뒤링론』에서 이것을 다음과 같이 표현했다.

"자유는 자연법칙과 거리가 있는 몽상적인 독립성에 있는 것이 아니라, 이 법칙에 대한 인식에 있다. 다시 말해 그것은 주어진 가능성을 이 법칙에 따라 계획에 맞게 일정한 목적을 위해 사용하는 것이다. 이것은 인간의 육체적, 정신적 현존재

자체를 지배하는 법칙뿐만 아니라, 외적 자연의 법칙에 관해서도 타당하다.—이렇게 법칙을 둘로 나누는 것은 기껏해야 관념에서나 가능할 뿐이지 현실에서까지 가능한 것은 아니다. 따라서 의지의 자유는 사실에 대한 인식(Sachkennitnis)을 결정할 수 있는 능력 이외에 다른 것이 아니다. 그러므로 인간의 판단이 일정한 논점과 관련하여 자유로우면 자유로울수록 그만큼 더, 이러한 판단의 내용은 보다 큰 필연성으로 결정될 것이다. 반면에 상이하고 모순된 수많은 결정 가능성들을 겉보기에 임의적으로 선택하는 무지에 기초한 불확실성은 그 때문에 그 부자유와, 지배해야 할 대상에 의한 그 예속성을 입증한다. 그러므로 자유의 본질은 우리 자신과 외적 자연을 지배하는 자연의 필연성에 대한 인식에 기초한 지배에 있다. 따라서 자유는 필연적으로 역사적 발전의 산물이다. 동물계와 구별되는 최초의 인간들은 모든 본질적인 면에 있어 동물과 마찬가지로 자유롭지 못했다. 그러나 문화상의 모든 진보는 자유에로의 진보였다."[35)]

그러므로 자유는 역사적 범주이며, 모든 역사적인 것과 같이 역사적 발전의 산물이다. 인간이 예속된 이러한 법칙을 점점 더 많이 인식함으로써 인간의 자기 행동은 점점 자유롭게 된다. 인간의 사회적, 정신적 삶에 대한 결정인자(Determinanten)를 찾아냄으로써 인간은 점점 더 그가 예속된 이러한 제한과 강요로부터 자유롭게 된다. 왜냐하면 인간의 부자유는 사회·경제적 영역뿐만 아니라 이데올로기적 영역에 주어져 있기 때문에, 따라서 소외의 다양한 형태에 사로잡혀 있는 인간은 자기 자유의 가능성이나 자기 삶의 현실적 결정인자를 의식할 수 없게 된다.

이데올로기, 도덕, 종교

35) F. Engels, *Anti-Dühring*, S.106.

『독일 이데올로기』의 기본사상과 출발점을 기술해 보면, 맑스와 엥겔스가 항상 구체적 인간 및 역사—경제적 관계들과 무관한, 역사의식과 이데올로기의 자율성이 존재할 수 없음을 강조한 것을 알 수 있다. 바로 이런 사실이 이해되지 않았기 때문에, 이데올로기적 과정은 특별한 특징을 갖게 된다.

이데올로기적 과정의 특징은 이데올로그들이 세상을 '거꾸로' 보았다는 데 있다. 그들은 관념적 과정이 근본적이고 본질적이며, 역사 발전의 올바른 귀결을 결정한다고 생각했다. 모든 이데올로그들은 다만 이전 시기의 사유세계에 대해서만 언급함으로써, 자신들의 독자적인 사고에서 시대 자체를 결정하는 창조적 힘을 볼 수 있으리라고 믿었다. 심지어 그들은 신앙을 역사와 인간의 절대진리로 간주한다. 결국 이들은 노동을 정신적인 것과 육체적인 것으로 분리시킴으로써, 인간의 의식을 현실적으로 존립하는 관계들에 관한 의식, 실천, 그리고 현실적인 역사적 가능성들의 의식과 전혀 무관한 것으로 보는, 잘못된 전망에 이르게 된다.

이데올로그들은 자신들이 일정한 사회적 관계들에 뿌리박고 있음을 알지 못한다. 즉, 그들은 '이념'의 이름으로 새로운 사회적 관계를 위해 투쟁하는데, 이 관계가, 단지 사회적 생산양식과 모순들을 극복해야 할 새로운 관계에 놓여 있는 모순들에 대한 인식된 현실임을 이해하지 못한다.

이데올로그들에 있어서 모든 것은 관념의 영역에서 일어난다. 이런 근거에서 모든 이데올로그들은 자기들 영역에서, 즉 구체적으로 철학, 법, 도덕, 정치 등에서 절대진리를 발견하고 결정하려는 과제를 갖는다. 죽기 직전 엥겔스는 메링(F. Mehring)에게 편지하길,

"이데올로기는 이른바 사상가의 의식에서 수행되는 과정이지만, 이것은 허위의식에 불과하다. 그들은 자신들을 움직이는 본래의 추동력을 의식하지 못한다. 그렇지 않다면 그것은 이데올로기적 과정일 수 없다. 그러므로 사상가는 그때 그때마다 뚜렷이 잘못된 추동력을 상정한다. 그것은 사유과정이기 때문에 사상가는 그의 형식과 내용을 순수사유, 즉 자기의 독자적인 사고나 아니면 선배 사상가들의 사고에서 추론해 낸다. 그들은 순수한 사상의 자료를 연구한다. 그들은 이것을 검증하지도 않은 채, 그것을 사고에 의해 생산된 것으로 여김으로써, 더 이상 사고와는 거리가 먼 독자적인 근원에서부터 이것을 연구하지 않는다. 사상가에게 있어 이 사실은 자명하다. 왜냐하면 그에게 있어 모든 행동은 사고를 통해 매개되기 때문에, 그 행동은 최후의 심급인 사유에 기초하기 때문이다.—이것은 무엇보다도 대부분의 사람들을 현혹시키는 모든 특별한 영역 특히 국가체제, 법체계, 이데올로기적 관념들이 갖고 있는 독자적인 역사이기도 하다. 만일 루터와 캘빈이 공식적인 가톨릭 종교를, 헤겔이 피히테와 칸트를, 루소가 간접적으로 공화제의 사회계약과 함께 입헌적인 몽테스키외를 '극복' 했다면, 그것은 신학, 철학, 법학의 내부에 있는 사건이고 또한 이런 사고 영역의 역사에 있어 한 단계를 기술하지만, 그 역사 자체는 결코 사고의 영역에서 유래하는 사건은 아니다."[36]

이런 계기들은 모든 영역에서 계속 추론해 낼 수 있다. 모든 시대의 이데올로기적 사고는 이런 계기들에 대해 절대적이지만, 인간의 총체적 발전에 있어서는 단지 상대적일 뿐이다. 한 사회의 사회, 경제적, 실천적 한계들은 또한 그 이론적 한계이기도 하다. 뒤따르는 인간 실천의 모든 단계는 새로운 가능성들과 과제들 앞에 이론과 의식을 제기한다.

인간의 삶은 항상 서로 상이한 측면들의 변증법적 관계를 이루며, 여기

---

36) F. Engels, Brief an F. Mehring von 14. Juli 1893, MEW, Bd.39, S.97.

서 경제적 측면은 가장 중요한 의미를 갖는다. 이러한 영향력들의 총체(Ensemble)에서 이념과 일정한 시대의 이데올로기가 사회적 과정에 미치는 영향은 결코 간과될 수 없다. 역사는 모든 노력, 이해(利害), 이념, 전제들을 가지고 있는 인간에 의해 만들어진다. 따라서 이러한 전체 이데올로기적 복합성은 역사 자체에 대한 필연적 구성물이 된다. 역사는 새로운 것에 대한 열정이나, 이 새로운 것이 새로운 사회적 관계와 자유와 가능성들을 가져오리라는 신념이나 지식이 없이는, 거의 불가능하다. 이 모든 것은 인간의 머리로 들어와 가장 상이한 이념들로 형성된다. 청년 맑스가 썼듯이, 이념들이 대중을 휘어잡을 때 물질적인 힘이 된다.

이런 이유에서 엥겔스는 특히 몇몇 맑스주의자와 사회주의자들에게 보낸 편지에서 자신의 견해를 경제 결정론적으로 비판하고 해석하는 것과 구분하고자 했다.

"이데올로그들의 어리석은 생각 역시 이런 것에 관련되어 있다. 우리는 역사에서 역할을 수행하는 상이한 이데올로기적 영역들을 독자적인 역사적 발전으로 인정하지 않기 때문에, 그것의 모든 역사적 영향도 인정할 수 없다. 그것은 여기서 서로 고정된 채 대립되어 있는 양극, 즉 상호작용에 대한 전적인 망각으로서 원인과 결과라는 천박한 비변증법적 관념에 기초한다. 역사적 계기가 일단 다른 원인들, 그러나 궁극적으로는 경제적 원인을 통해 세계 안에 설정되고 반작용하게 되면, 이러한 계기 또한 자기의 환경과 고유한 원인들에도 반작용할 수 있다는 사실을 이데올로그들은 흔히 간과해 버린다."37)

37) Ibid., S.98. 엥겔스도 이러한 계기를 슈미트(C. Schmidt)에게 보낸 편지에서 강조했다. "법적 원리로서의 경제적 관계의 반영은 필연적으로 머리로 세워진 것이다. 이러한 반영은 행위자에게 의식됨이 없이 생겨난다. 법학자는 선험적 원리들—이것들은 단지 경제적 반영에 불과하다.—을 수행할 수 있다고 생각한

이와 같은 의미에서 엥겔스는 도덕과 종교의 이데올로기적 성격에 관해 언급했다. 도덕문제의 중심은 항상 어떤 사회계급과 계층들에 속해 있는 이데올로그들의 이해에 놓여 있다. 왜냐하면 인간관계의 문제는 본질적으로 이들의 도움으로 해결되기 때문이다. 그러므로 많은 철학자들은 자신들의 윤리적 체계 안에서 그들 철학의 목적과 목표를 보았다. 이들은 인간의 운명적 물음, 즉 선함, 인간성, 인륜성 일반에 대한 물음을 해결해야 했다. 그러므로 여기에서 이러한 윤리적 이론들의 이데올로기적 성격이 명백히 드러난다. 또한 그 안에서 철학자의 사회적 입장과 철학적 의도들이 가장 잘 표현될 수 있다. 왜냐하면 [엥겔스가 말하길] 도덕적 관계란 사회적 관계이며, 다른 모든 관계와 마찬가지로 사회 · 경제적 상태와 관계들을 통해 결정되기 때문이다. 그러므로 계급사회는 통일적이고 윤리적인 이해를 가질 수 없다. 왜냐하면 계급관계와 계급체제는 특히 한 사회에서 일정한 특권을 누리는 계층, 곧 지배계층을 위해 선의 개념을 보존(설정)하기 때문이다. 이처럼 상이한 집단들과 계급들에 있어서 인간성, 착취, 우정, 적대감, 요컨대 선과 악에 대한 생각들은 서로 달라질 수 있다. 『반뒤링론』에서 엥겔스는 아래와 같이 주장했다.

"지금까지의 모든 도덕이론은 궁극적으로 그때 그때의 경제적 사회 토대의 산물이다. 지금까지의 사회가 계급대립에 의해 움직여 온 것처럼, 도덕도 항상 계급도덕이었다. 이것은 지배와 지배계급의 이해를 정당화했거나 아니면 피지배계급이 충분

다. 그래서 모든 것은 머리로 서게 된다. 이러한 것을 구성하는 역전은—우리가 이데올로기적인 견해라고 부르는데—그것이 인식되지 않는 한 그 편에서 다시 경제적 토대에 반응하고, 일정한 경계 내에서 이 경제적 토대를 변경시킬 수 있음이 자명한 것으로 여겨진다."(1890.10.27 MEW, Bd. 37, S.491~492).

히 강력한 힘을 가지게 되었을 때, 지배계급에 대한 이들의 저항과 피억압자들의 미래의 이해를 대변했다. 인간 의식의 다른 모든 부문과 마찬가지로 도덕에서도 전반적으로 진보가 있었음을 의심할 수 없다. 그러나 우리는 여전히 계급도덕을 넘어설 수 없다. 계급대립과 그것에 대한 기억을 넘어서는 현실적인 인간의 도덕은 계급대립을 극복할 뿐 아니라 삶의 실천에 있어서 계급대립을 잊어버린 사회의 단계에서야 비로소 가능해진다."[38]

이와 유사하게 엥겔스는 이데올로기적 의식의 또 다른 형식들을 해석한다. 그는 포이어바흐에 대한 논문에서 보다 높은 등급의 이데올로기들에 관해 언급한다. 이러한 이데올로기들은 그 경제적 토대와 유리되어 있고 철학과 종교의 형식을 취한다.

"여기에서 관념과 물질적 존재조건들의 결합은 점점 더 혼란스럽게 되고 그 매개고리를 통해 모호하게 되어 버린다. 그러나 이러한 결합은 여전히 존재한다."[39]

엥겔스는 여기에서 맑스의 초기 개념들에 따르고 있다. 사람들은 종교현상의 뿌리를 사회 자체 안에서 (자연에 대한 인간의 대립과 같이) 그리고 인간에 의한 그 내적 모순의 극복에서 추구해야 한다. 이데올로기적 형태의 하나로서 종교는 역사의 일정한 시기에서 생겨난 인간사고의 필연적 산물이다.

---

38) F. Engels, *Anti-Dühring*, S.87~88. 같은 연관성에서 그것은 다음을 의미한다. "그러나 우리가 근대 사회의 세 가지 계급들 즉, 봉건귀족, 부르주아지, 프롤레타리아트가 자신의 특수한 도덕을 가지고 있다면, 우리는 여기서부터 아래의 결론을 끄집어 낼 수 있게 된다. 즉 인간은—의식적이든 무의식적이든—그의 도덕적 견해를 그것이 기초하고 있는 실제적 관계로부터, 다시 말해 그 토대가 생산되고 교환되는 경제적 관계로부터 최종적으로 창출한다."(Ibid., S.87.).
39) F. Engels, *Ludwig Feuerbach*……, S.302.

원시 공동체에서 종교는 유일한 이데올로기적 형식이었다. 이것은 인간에게 불가사의하고 미지의 힘으로 대립하는, 자연에 대한 인간의 무력함 때문에 생겨난다(이 사실은 오늘날에도 여전히 이러한 미숙한 발전단계에 있는 사회들에서도 마찬가지이다.). 생산력의 미약한 발전은 자연지배의 미약한 단계, 즉 자연적 사실, 자연법칙, 자연현상들에 대한 인식의 결핍에 상응한다.[40] 자연지배의 미약한 단계, 유례가 없는 미증유의 자연적 사건들, 힘들 그리고 우발적 사건들에 대한 의존성, 미지의 것에 대한 끊임없는 공포는 이러한 발전단계에 사는 인간들에게 (현실적인 경제, 기술, 과학적 저개발과 열등함 때문에) 다양한 이데올로기적—이런 경우에 종교적 마술적—보상을 전제한다.

"그러나 자연적인 힘들과 병행하여 사회적 힘들도 곧바로 인간에게 낯설고 처음부터 설명하기 어려운 작용과 힘으로 나타난다. 이 힘들은 자연적인 힘 자체와 마찬가지로 명백히 자연적 필연성으로 인간을 지배한다. 환상적 형태들은(여기서는 처음부터 단지 비밀스런 자연의 힘들만 반영되는데) 사회적 속성을 가지게 되고, 역사적 힘의 대변자가 된다."[41]

---

40) 슈미트에게 보낸 편지에서 엥겔스는 이 문제를 지적했다. "이제 여전히 해결되지 않고 있는 이데올로기적 영역인 종교와 철학에 관한 한, 이것들은 전(前)역사적이며 역사적 시기에 의해 발견되고 수용된 것들의 존속이다. 오늘날 우리는 이것을 부조리한 것으로 언급할 수도 있다. 자연과 인간 자체의 본성 그리고 정신과 마력 등에 관한 이렇게 다양한 잘못된 관념들은 대개는 부정적으로만 경제적인 것에 기초한다. 전(前) 역사적 시기의 낮은 경제적 발전은 보충적으로, 또는 이따금 조건과 원인 자체로서 자연에 대한 허위관념을 갖는다. 비록 경제적 욕구가 진보적인 자연인식의 주요 동기였고, 또 항상 그래왔으며, 사람들이 이 모든 원시적인 부조리에 대해 그 경제적인 원인을 추구하길 원했다 할지라도, 그것은 분명히 장식적인 것에 불과했다."(MEW, Bd.37, S.492.)

41) F. Engels, *Anti-Dühring*, S.294.

그러므로 이런 원시종교들은 성격상 본질적으로 이후의 발전단계(계급사회)에서의 종교들과는 구분된다. 만일 지배종교들이 특히(다른 종족들에게 그 종교적 개념들을 자신들의 지배를 확정하는 수단으로 강요한) 승리한 종족들이나 그 이후의 계급의 종교라면, 피억압 계층들에서 가장 상이한 종류의 종교적 관념들이 발생한다. 이 종교적 관념들은 피억압 대중에게 무거운 짐을 덜어 주는 기능을 가지며, 그들에게 보다 아름답고 — 비록 불확실하기는 하지만 — 피안의 삶에 대한 희망과 믿음을 부여한다. 이러한 사회계층의 종교적 관념들은 그 실제적 상황과 현실적 소망에 상응한다. 만일 이 관념들이 기존질서에 직접적인 위험이 될 정도로 대중을 휘어잡고 있다면, 지배계급은 이러한 이해를 자기의 것으로 만들어, 그것을 계급적이고 불평등한 사회체제에 동조시킨다.

이러한 모순과 사회적 적대관계 그리고 불확실성들은 종교 현상들이 발생하는 사회적 토대이며, 이것은 이런 상태가 극복될 때까지 여전히 존속된다.

"그러나 우리는 흔히 오늘날 시민사회에서 인간들에 의해 형성된 경제적 관계와 생산수단이, 완전히 낯선 힘으로 인간들을 지배하는 것을 본다. 그러므로 종교적 반성 행위의 실제적 토대는 종교적 반영 자체와 더불어 끊임없이 유지된다. 시민경제가 이런 낯선 지배의 인과적인 연과성에 대해 어떤 통찰을 할 수 있다 하더라도 그것은 사실상 어떤 것도 변혁시킬 수 없다. 시민경제는 위기 전반을 지지할 수 없고, 개별 자본가들은 손실, 막중한 부채, 파산으로부터 보호할 수 없으며, 또한 개별 노동자들을 실업과 빈곤에서 보호해 줄 수도 없다. 그러므로 여전히 아래의 사실에 대해 이야기할 수 있다. 즉 인간은 생각하고, 신(이러한 신은 자본주의 생산양식의 낯선 지배를 의미한다)은 인도한다. 순수인식은—비록 그것이 시민 경제학보다 더 포괄적이고 심오하다고 해도―사회지배에 사회적 힘들을 종속시키기에는 충분치 못하다. 거기에는 무엇보다도 사회적 행동이 속해 있다. 이런 행동이 수행되고, 사회가 전체 생산수단의 점유와 잘 계획된 조절을 통해 압제로부터 자기자신과 그 모든 구성원들을 해방시킨다면(이런 압제 안에서 이들은 현재 자기들이 생산하지만, 그러나 압도적으로 낯선 힘으로 그들에게 대립해 있는 생산수단에 의해 유지된다), 그리고 인간이 더 이상 순수하게 사고하는 것이 아니라 통제한다면, 이제 종교에 반영되는 궁극적이고 낯선 힘은 비로소 사라지게 된다. 그리고 종교적 반영 자체도 그것이 더 이상 아무것도 반영하지 않는다는 소박한 이유 때문에 사라져 버리게 된다."[42]

유물론적 역사관

맑스와 엥겔스의 역사관은 단순한 형태로 뿐만 아니라 매우 일면적으로 수용되었다. 그 이유들 가운데 하나는 의심할 여지없이 저자 자신들이 이 개념들에 대해 체계적이고 상세한 기술을 하지 않았다는 데 있다. 우리가 이미 지적한 것처럼, 그것은 사람들이 기본적인 철학적 경험에 대한 결핍 때문에, 맑스와 엥겔스의 일정한 입장을 변증법적이라기보다는 기계론적으로 이해해 버리기 때문이다. 이러저러한 일정한 '요인'들을 젖혀 두고 역사를 (뭉뚱그려) 전체로만 파악하는 총체성의 관점은 당시 해석들의 기본적인 결함일 뿐 아니라 오늘날에 이르기까지도 여전히 맑스주의의 이해에 대한 결함으로 남아 있다.

이런 상황에서 엥겔스는 그의 가장 가까웠던 친구들과 협력자들에게, 항상 맑스와 자신의 이론을 모든 문제들을 손쉽게 해결해 버리는 도그마나 또는 마법의 지팡이로 이해하지 않도록 되풀이하여 충고했다. 그래서

42) Ibid., S.295.

엥겔스는 슈미트(C. Schmidt)에게 다음과 같이 썼다.

"독일에서 '유물론적'이라는 단어는 많은 젊은 작가들에게 일반적으로 단순한 상투어로 사용되고 있다. 사람들은 이 단어에 대한 사려 깊은 연구도 없이 모든 것에 이 말을 붙이고 나서, 일들이 해결된 것으로 여기곤 한다. 그러나 우리의 역사 이해는 무엇보다도 역사 연구에 있어 안내의 역할을 하는 것이지 헤겔 학파를 구성하기 위한 지렛대가 아니다. 모든 역사는 새롭게 연구되어야 한다. 상이한 사회구성체들의 생활조건은, 사람들이 사회구성체에 부합하는 정치적, 사법적, 미학적, 철학적, 종교적……견지들을 거기서 추론하기 전에, 개별적으로 연구되어야 한다."43)

엥겔스는 계속해서 쓰길 지금까지 이런 영역은 거의 연구되지 않았다고 했다. 많은 사람들에게 사적 유물론이라는 상투어는 상대적으로 역사에 대한 결핍된 지식을 체계적으로 적절히 구성하는 데 도움이 되지 않았다. 오히려 맑스와 엥겔스의 이러한 개념은, 다른 편에서—이후도 마찬가지지만—대부분 상부구조는 그 토대에 대한 일정한 반영이라는 변증법적 '부가물'을 첨부한, 경제적 유물론으로 이해되었다. 그러나 대부분의 경우에 이러한 부가물조차도 빠지게 되어 전체 개념은 한층 더 일면적으로 이해되어 버렸다. 이런 이유로 엥겔스는 자주 그의 편지에서 맑스와 자신은 사회발전을 위한 경제적 생산과 경제적 관계의 의미를 발견했기 때문이 아니라, 오히려 그들이 이러한 발견을 통해 역사적 사건의 총체성을 기본적인 것으로 이해하고 파악할 수 있었기 때문에 그 창시자가 되었음을 강조할 수밖에 없었다. 엥겔스는 블로흐(J. Bloch)에게 편지하길 ;

---

43) F. Engels, Brief an C. Schmidt vom 5. August 1890, MEW, Bd. 37, S.436~437.

"유물론적 역사관에 따르면 역사의 궁극적(최종적 심급 Instanz)에서의 결정적인 계기는 현실적인 삶의 생산과 그 재생산이다. 맑스와 나는 결코 그 이상을 주장한 적이 없다. 만일 누군가가 그것을 경제적 계기가 유일하게 결정적인 것으로 왜곡해 버린다면, 그 사람은 이러한 명제를 무의미하고 추상적이고 불합리한 문구로 만들어 버리게 될 것이다. 경제적 기초는 토대이다. 그러나 상부구조의 상이한 계기들 —계급투쟁의 정치적 형태들과 그 귀결들(투쟁에서 승리한 지배계급에 의해 확정된 헌법들)—법의 형식들, 그리고, 심지어 참여자들의 두뇌에서 모든 이런 현실적 투쟁들에 대한 반영 및 정치적, 법적, 철학적, 이론, 종교관 그리고 이러한 종교관의 교리체계에로의 계속적 발전은 또한 역사적 투쟁들의 과정에 영향을 미치며, 많은 경우에 있어 그 형식에 압도적인 영향을 미친다. 이것은 바로 이 모든 계기들의 상호작용이다. 그 안에서 결국 수많은 우연성(즉 우리가 이것을 존재하지 않거나 등한시해 버릴 정도로, 내적 연관성이 유리되어 있거나 입증될 수 없는 사물과 사건들의 우연성)을 통해 경제적 운동은 필연적인 것으로 수행된다. 그렇지 않을 경우에 임의적인 역사 시기에 대한 이론의 적용은 단순한 일차 방정식의 해답보다 쉬워질 것이다."44)

---

44) F. Engels, Brief an J. Bloch vom 21. September 1890, MEW, Bd. 37, S.463. 보르기우스(W. Borgius)에게 보낸 편지에서 엥겔스는 재차 그것을 강조한다. "정치, 법률, 철학, 종교, 문학, 예술 등의 발전은 경제발전에 기인한다. 그러나 이 모든 것들은 또한 서로에게 반작용하며, 경제적 토대에도 반작용한다. 경제적 토대만이 원인이고 활동적이고, 다른 모든 것이 단지 수동적 작용만 하는 것은 아니다. 오히려 최종적으로(in letzter Instanz : 최종 층위에서) 존재하는 것은 끊임없이 관철되는 경제적 필연성의 기초 토대에 대한 상호작용이다. 예를 들어 국가는 보호무역과 자유무역을 통해 유익하게 또는 불리하게 국고(國庫)에 영향을 미쳤다. 심지어 1648년~1830년에 걸쳐 독일 경제의 비참한 상황으로 기인한 독일 소시민의 치명적인 몰락은 먼저 경건주의에서, 그 다음은 감상성(Sentimentalität)과 비굴한 영주와 귀족에의 예속으로 나타나는데, 이것은 경제적 작용 없이는 생각할 수 없다. 이러한 것들은 재건에 가장 큰 장애물이었다. 그러나 혁명전쟁과 나폴레옹전쟁이 이러한 만성적인 비차함을 급성적으로 만듦으로써, 비로소 동요되기 시작했다. 그러므로 이러 저러한 실례에서 사람들이 상정해야 할 것은 경제적 상황의 자동적 작용이 아니라, 인간이 역사 자체를 만든다는 사실에 있다. 그러나 그것은 인간을 조건 짓는 기존의 환경 안에서 그

엥겔스는 슈타르켄부르크(Starkenburg)에게 보낸 편지에서도, 자신과 맑스는 경제적 관계들을 항상 인간의 사회역사의 '결정적' 토대로 간주하지 유일한 토대로 간주하지 않았다고 강조한다. 맑스와 엥겔스는 경제적 관계들 아래서 인간들이 자신의 생계수단을 생산하고 그 산물들을 교환하는 방법과 방식을 이해했다.

"그러므로 생산과 운송의 총체 기술은 함께 포함되어 있다……. 더욱이 경제적 관계 아래서 '지리적 기초' (geographische Grundlage)—이 토대 위에서 경제적 관계가 수행되는데—와 실제로 이전 경제적 발전단계에서 전승된 잔여물들이 포함된다. 그리고 이러한 잔여물들은 흔히 전통이나 관습적으로, 다시 말해 자연적으로 이러한 사회 형식을 둘러싸고 있는 환경을 통해 끊임없이 보존된다."45)

슈타르켄부르크의 견해, 즉 기술은 전적으로 제과학의 입장에 의존한다는 것에 대해, 엥겔스는 과학은 상당한 정도로 기술의 입장과 욕구에 의존한다고 다변했다. 사회적 욕구는 수많은 대학들보다 더 강력히 작용한다.

따라서 역사는 일차적으로—물론 일정한 자연적, 보다 역사적인 조건하에서—인간의 작업으로 이해되어야 한다. 바로 이 점에서 사회의 발전과 자연의 발전 사이에는 본질적인 차이가 존재한다. 자연에는 다만 무의식적이고, 맹목적인 힘만이 작용하고 또한 그 작용에서도 일반적으로 타당한

리고 미리 발견된 실제적 상황의 토대 위에서만 그러하다. 여기에서 경제적 작용은, 비록 그것이 그 외의 정치적, 이데올로기적 작용에 의해 영향을 받는다 할지라도, 최종적으로 결정적인 것이 되며, 일반적으로 이해될 수 있는 그 안내 역할을 한다."(1894.1.25. 편지 MEW, Bd. 39, S.206).

45) F. Engels, 앞의 편지.

법칙만이 드러날 뿐이다. 왜냐하면 "우리는 우리의 역사 자체를 먼저 매우 일정한 전제와 조건 아래서 만들기 때문이다." 이러한 전제와 조건 아래서 오로지 경제적인 것이 결정적인 것이다. 그러나 정치적인 것과, 실제로 인간의 머리에서 배회하는 전통 또한, 비록 결정적이지는 않지만, 일정한 역할을 한다.46) 엥겔스는 이와 비슷한 것을 포이어바흐에 대한 저작에서도 기술했다.

"사회사 안에서 행동하는 자는 의식이 있고 숙고나 격정에 이끌려 행동하며, 또한 일정한 목적을 위해 노력하는 인간이다. 의식적인 의도나 의도된 목적이 없이는 아무것도 발생하지 않는다. 그러나 이러한 차이가 — 인간이 특히 개별적 시기와 사건의 연구를 위해 그렇게 중요한 것처럼 — 역사진행이 내적인 일반법칙을 통해 지배된다는 사실을 결코 변화시킬 수는 없다. 왜냐하면 여기서도 표면적으로는 의식적으로 의도된 모든 개인의 목적에도 불구하고, 전반적으로 눈에 두드러지는 우연성이 지배적이기 때문이다. 의도된 것은 매우 드물게 발생할 뿐이다. 대부분의 경우에 의도된 수많은 목적은 서로 교차하거나 대립되고 또한 이 목적 자체는 처음부터 수행될 수 없거나 그 실행 수단이 불충분하게 되어 버린다. 그래서 개별 의지와 개별 행동의 수많은 충돌은 역사적 영역에서 하나의 상태를 유발하는데 이 상태는 완전히 무의식적인 자연에서 지배적인 것과 유비가 된다. 행동의 목적은 의도된 것이지만, 실제로 행동으로부터 나오는 결과는 의도된 것이 아니다. 또한 이 결과가 우선 의도된 목적에 상응하는 것처럼 보일 경우, 그것은 결국 의도된 결과와는 전적으로 다른 것이 되고 만다. 어쨌든 역사적인 사건은 전반적으로 우연성에 의해 지배되는 것처럼 보인다. 그러나 우연성의 표면 위에서 놀이가 진행될 경우, 우연성도 항상 내적으로 숨겨진 법칙에 지배된다. 그러므로 이러한 법칙을 발견하는 것이 중요해진다."47)

---

46) F. Engels, 1890.9.21. Bloch에게 보낸 편지, MEW, Bd. 37, S.463.

이러한 엥겔스의 평가로부터 역사적 문제틀에 대한 이해의 골격이 파악될 수 있다. 물론 여기에서도 일련의 문제들이 여전히 해명되지 않은 채로 남아 있다. 그러나 엥겔스는, 그가 루드비히 포이어바흐에 대한 저작에서 해명한 것처럼, 단지 맑스의 역사관의 일반적인 윤곽을 그리려고 했을 뿐이다. 이러한 파악은 역사 자체에서 검증되어야 하며, 그것은—엥겔스가 의도한 것처럼—다른 저작들에서도 충분하게 나타난다.

프랑스 역사의 다양한 문제와 사건에 대한 맑스의 저작과 병행하여, 엥겔스의 저작들 가운데 가장 중요한 것 가운데 하나는 가족, 사유재산, 국가에 대한 연구이다. 엥겔스는 모간(Morgan)의 탁월한 연구와 이 저작에 대한 맑스의 평가로부터 출발하면서, 가족의 발전에 대한 특별한 고려를 통해 가장 낮은 단계에서 문명에까지 이르는 인류의 발전을 모사하려고 시도했다. 가장 독창적인 관점은 의심할 나위 없이 국가 발전에 관한 엥겔스의 파악, 다시 말해 국가 일반에 관한 그의 사상이라고 볼 수 있다.

국가의 발생과 소멸

---

47) F. Engels, *Ludwig Feuerbach*……, S.296~297. 보르기우스에게 보낸 편지 가운데 일부분을 첨가해 보자. "인간이 역사 자체를 만드는 것은 사실이지만, 지금까지 총체적인 계획에 따라, 총체적 의지를 가지고, 일정하게 주어진 한정된 사회에서 그렇게 하지는 못했다. 인간의 노력들은 서로 교차했고, 이 때문에 이러한 모든 사회 속에서 필연성이 지배했는데, 이러한 필연성을 보충해 준 그 출현 형식은 우연성이었다. 여기서 모든 우연성을 통해 수행되는 필연성은 마침내 경제적인 것이 된다. 그러므로 이른바 위대한 사람들이 여기에서 다루어진다. 일정한 시기에 이러저러한 사람이 기존의 나라에서 출현하는 것은 물론 순전히 우연이지만 우리가 그를 말살해 버린다면, 그 대체에 대한 의문이 생기게 된다. 이러한 대체는 간신히(tant bien que mal) 허용되지만 이 대체는 끊임없이 지속된다."(Engels, l.c., S.206).

엥겔스는 국가 문제의 해명을 위해—그 발생뿐만 아니라 그 발전에 대한 전망의 문제를 위해—위대한 기여를 했다. 이미 문화와 문명의 영역에서 수많은 문제들을 논구하면서 드러나는 엥겔스의 특별한 역사적 의미는 귀족사회(Gentilgesellschaft, 아테네)와, 그 몰락에 대한 분석을 새로운 사회적 조직(국가)의 형성을 통해 수행한 데서 나타난다. 엥겔스는—생산발전의 결과로 인해—그리스 종족과 그 몰락의 역사에서, 부의 차이와 종족 자체 내부에 있는 차이로부터 아래의 사실을 추론했다.

“그러므로 우리는 영웅 시대의 희랍적 제도에서 구귀족조직이 여전히 생생한 힘을 발휘하고 있었음을 본다. 그러나 동시에 우리는 그 파괴의 단초를 본다. 즉 그것은 자식들의 재산상속에 대한 아버지의 권리와—이것을 통해 가정에서 재산축적이 비호되었고, 가정은 종족에 영향력을 행사하게 되었다.—세습귀족과 왕권에 대한 첫 번째 맹아를 싹트게 함으로써, 재산의 차이를 헌법에 소급시킨 것, 그리고 노예제였다.—이것은 우선 다만 전쟁포로들에 대한 것이었지만 고유한 종족집단과 심지어 귀족집단의 노예화에 대한 전망을 열어놓았다. —정규적인 영리의 토대로서 종족간의 오랜 전쟁은 가축과 노예와 재화를 획득하기 위해 이미 영토와 호수에 대한 조직적인 약탈로 타락해 갔다. 요컨대 재산은 최고의 선으로 칭송되고 존중되었으며, 낡은 귀족조직은 강압적인 재산약탈을 정당화하기 위한 수단으로 남용되었다. 그러나 여전히 한 가지가 결여되어 있었다. 즉, 그것은 귀족조직의 공산주의적 전통에 대항하여 새롭게 취득된 개인의 재산을 보증해 주는 제도인데, 그것은 이전에 하찮을 것 없는 것으로 여겨진 사유재산을 신성하게 만들었고, 이러한 신성함을 모든 인간사회의 최고의 목적으로 해명했을 뿐만 아니라 점차로 발전하는 재산취득의 새로운 형태들, 다시 말해 끊임없이 가속되는 재산증가에, 일반적인 사회적 승인의 인장을 갖추어 주었다. 또한 그 제도는 다가올 계급사회의 분열뿐만 아니라, 비소유계급을 착취하고 지배하는 소유계급의 권리를 영원한 것으로 인정해 버렸다.

그런데 이제 이러한 제도가 마침내 도래했다. 즉, 국가가 만들어진 것이다."[48]

엥겔스는 맑스와 함께 이 문제에 관한 기본적인 해답을 주었다. 일정한 사회, 정치적 조직으로서의 국가는 역사적 산물이며, 그것은 분업의 일정한 형태와 계급사회의 분할로부터 기인한다. 엥겔스는 사회계층과, '역사적 필연성'으로서의 국가에 대한 시민적 우상숭배를 매개로 그의 심오한 역사적, 곧 변증법적 의미를 통해 동시대적인 진행의 경향과 국가의 종언을 예견하고 선취했다. 그는 1870년대에 이미 명백하게 근대사회의 경제적 과정 —주식회사와 국가재산을 만들어 내는 경향을 보이는—이 계급으로서의 부르주아지를 점점 더 불필요하게 만들 것으로 보았다.[49] 이미 당시에도 그는 국가자본주의—임노동과 자본관계를 지양하지 않고 오히려 이것을 첨예하게 몰아감으로써 역사적 분쟁을 해결하지 못하게 하는—의 단초를 직시했다. 그러나 국가자본주의는 "자체 안에 형식적 수단, 즉 해결의 계기를 숨기고 있다."[50]

---

48) F. Engels, *Der Ursprung der Familie, des Privateigentums und des Staates*, MEW, Bd. 21, S. 105~106.

49) 『반뒤링론』에서 엥겔스는 이러한 결론을 끄집어냈다. "위기 때문에 부르주아지가 근대 생산력을 폭넓게 지배할 수 없다면, 주식회사와 국가재산에 있어서의 거대한 생산시설과 교통시설의 변화는 이러한 목적을 위해 부르주아지의 불필요성을 제시한다. 자본가들의 모든 사회적 기능들은 이제 고용 종업원에 의해 간과되어 버린다. 자본가는 소득횡령, 주권(株券) 발행, 증권거래소의 투기 이외에 더 이상 사회적 활동을 하지 못하고, 그러한 것에서 상이한 자본가들은 서로 그들의 자본을 뺏는다. 자본주의적 생산양식이 먼저 노동자를 억압했다면, 이제 그것은 자본가를 억압하게 되며, 노동자와 마찬가지로 자본가를—일차적으로 산업예비군은 아닐지라도—쓸모없는 과잉인구로 추방해 버린다."(*Anti-Dühring*, S.259~260).

50) F. Engels, *Anti-Dühring*, S.260.

엥겔스는 부르주아지와 프롤레타리아트간의 역사적 분쟁에 대한 현실적 해결과, 동시대의 거대한 분업과 임금관계의 극복, 한 마디로 경제·정치적 소외의 극복은, 오로지 "생산방식, 전유방식, 교환방식이 생산수단의 사회적 성격에 일치"하는 데 있다고 보았다.51) 이미 70년대 당시에 그는 이 유명한 구절을 작성했는데, 그것은 혁명적 힘을 위한 이정표일 뿐 아니라 근대 분쟁에 대한 천재적 예견을 보여 준다. 따라서 여기서 그 구절을 완전히 재현해 보는 것이 필요할 것이다.

"자본주의 생산양식은 점점 대다수의 인구를 프롤레타리아트로 변화시킴으로써, 이러한 전복이 몰락의 형벌로 수행되도록 강요하는 힘을 창출할 것이다. 자본주의적 생산양식은 국가 재산에서 점점 거대하고 사회화된 생산수단의 변화로 나감으로써, 그것 자체가 이러한 전복을 수행해 나가는 길을 제시한다. 프롤레타리아트는 국가권력을 장악하고 생산수단을 우선 국가재산으로 변화시킨다. 그리하여 프롤레타리아트는 프롤레타리아트로서의 자기자신을 고양하고, 모든 계급의 차이와 계급의 대립을 지양한다. 그래서 프롤레타리아트는 국가로서의 국가를 지양한다. 지금까지 계급대립에 기초해서 움직여 온 사회는 국가를 필요로 했다. 국가는 그 외적 생산조건들을 유지하기 위해, 특히 기존의 생산양식을 통해 주어진 억압의 조건들 안에서(노예제, 농노제나 예속농, 임노동) 피착취 계급에 대한 억압적 진압을 위해 매번 사용된 착취계급의 조직이었다. 국가는 모든 사회의 공식적인 대표기구였으며 가시적인 법인단체에서 이러한 사회를 총괄한다. 그러나 이 사실은, 국가가 이러한 계급의 국가라는 점에서만 그러할 것이다. 이러한 계급국가는 자체상 그 시대에서 전체사회를 대표한다. 즉, 고대에는 국가가 노예소유적인 공민의 국가였고, 중세에는 봉건귀족의 국가였으며, 우리 시대에는 부르주아지의 국가이다. 결국 국가는 사실상 전체사회의 대표기구가 됨으로써 [이제는] 무용한 것이 된다. 억압 속에서 사회계

51) Ibid., S.260.

급의 유지가 더 이상 존재하지 않게 되고, 계급지배와 지금까지의 생산의 무질서에 기초한 개체생존을 위한 투쟁 및 거기에서 생겨난 충돌과 횡포가 제거되게 되면, 특수한 억압적인 힘인 국가는 더 이상 필요하지 않게 된다. 국가가 현실적으로 모든 사회의 대표기구로서 등장하게 되는 그 첫 번째 행동—사회라는 명목으로 생산수단의 전유—이 동시에 국가로서의 그 최종적, 자립적 행동이다. 국가권력의 사회적 관계에 대한 간섭은 특정영역에서 다른 쓸모없는 영역으로, 그 다음에는 저절로 마비돼 버린다. 인격에 대한 통치의 자리에 물적 지배와 생산과정에 대한 지배가 대신하여 나타난다(국가 사멸후 정치제도는 과거처럼 인간 위에 군림하는 것이 아니라 사물과 생산을 조절 · 통제하게 된다.—역주). 국가는 '폐지되는 것'(abgeschafft)이 아니라 소멸된다(abstrirbt). 따라서 여기에서 '자유국민국가'에 관한 구절은 그 일시적이고 선동적인 자격에 의해서 뿐만 아니라 그 최종적인 학문적 불충분함에 의해 측정될 수 있다. 어쨌든 여기서 국가는 오늘 내일에 걸쳐 폐지될 것이라는 이른바 무정부주의자들의 요구 또한 측정될 수 있다."[52)]

일정한 사회주의 단계에서, 즉 모든 것을 포괄하는 정치적 심급인 국가관료 정치의 독점지배가 존속한 스탈린주의에서—그러므로 급진적이고 변형된 국가사회주의의 국면에서—국가 소멸에 관한 엥겔스의 사상이 걸림돌이 된 것은 결코 놀라운 일이 아니다. 스탈린은 당시 러시아 상황에서 레닌

52) Ibid., S.261~262. 반 파텐(van Patten)에게 보낸 편지에서 엥겔스는 자신의 관점을 아래와 같이 정식화했다. "무정부주의자들은 내용(Sache)을, 머리를 발로 해서 거꾸로 본다. 그들은 프롤레타리아 혁명이 국가의 정치적 조직을 제거함으로써 시작되어야 한다고 해명한다. 그러나 승리한 프롤레타리아트가 완성한 유일한 조직은 바로 국가였다. 국가는 그 새로운 기능을 성취할 수 있기 전에, 변혁을 필요로 한다. 그러나 이 순간에 국가를 파괴하는 것은 바로 유일한 기구를 파괴하는 것만 같다. 이 기구를 매개로 승리한 프롤레타리아트는 그가 정복한 힘을 타당하게 만들고, 그의 자본주의적 적대자를 억누름으로써, 이러한 사회의 경제적 혁명을 수행할 수 있게 된다. 이러한 혁명이 없이는 모든 승리는 파리 코뮨 이후와 비슷하게 패배와 노동자 계급의 대량학살로 끝장나게 된다."(Engels, an Philipp van Patten, 18. April 1883, MEW, Bd. 36, S.11~12).

—러시아 혁명의 최고 권위자—을 직접적으로 비판하는 것은 적합지 않다고 보았다. 그래서 스탈린은 엥겔스를 공격함으로써 레닌을 간접적으로 비판했다. 그러나 스탈린은 그렇게 함으로써 엥겔스 사상의 본질적인 특징, 즉 사회주의에 대한 그의 사상과, 오늘날의 세계에서 인간과 그 지위 문제에 대한 그의 견해에 직면했다.

엥겔스는 이렇게 심오한 역사진행을 위해 선한 의지, 선한 소원뿐만 아니라 일정한 물질적 조건과 사회 경제적 구조의 발전의 일정한 단계가 필요하다는 견해를 취했다. 그 이유는 국가의 소멸을 초래하는 계급의 폐지가 또한 현실적으로 가능해지기 위한 것이었다.

"그러므로 그것은 생산 발전의 정점을 전제하며, 생산수단과 생산물의 전유를 전제하고, 따라서 특별한 사회계급에 의한 정치적 지배와 교양과 정신적 지도의 독점이 쓸데없게 되어 버릴 뿐만 아니라 경제적, 정치적, 지적으로 발전의 장애물이 된다. 이제 이러한 점에 도달했다."53)

더욱이 엥겔스는 여기에 아래의 사상을 덧붙였다.

"그것으로는 충분치가 않다. 생산수단의 사회적 전유는 기존의 인위적인 생산의 억제일 뿐만 아니라, 생산력과 생산물의—오늘날 피할 수 없는 생산의 동반자이며, 위기의 정점에 도달해 있는—적극적인 낭비와 유린을 제거한다. 더욱이 이러한 사회적 전유는 기존의 지배계급과 그 정치적 대표자들의 어리석은 사치, 낭비를 제거함으로써 대량의 생산수단과 생산물을 전체를 위해 자유롭게 설정한다. 이제 비로소 사회적 생산을 매개로, 모든 사회적 구성원에 생활을 보장하는 가능성—물질적으로 완전히 충분하고, 매일 매일 보다 풍요롭게 될 뿐 아니라, 이러한 사회적 구성

53) F. Engels, *Anti-Dühring*, S.263.

원에 그 육체적, 정신적 소질에 대해 완전히 자유로운 교육과 실행을 보장해 주는 —이 존재하게 되었다. 그것이 눈앞에 와 있다."54)

사회주의 혁명으로 불려지는 역사적 과정의 기초적 방향은 계급과 국가의 존재 극복과 마찬가지로 지금까지의 분업의 극복이다. 엥겔스는 매우 정확하게 제시하길, 모든 생산수단의 국유화는 국가로서의 국가의 마지막 현실적 행동이라고 했다. 이러한 계기로부터 국가가 소멸될 수밖에 없는 운명이 새겨진다.

다른 구절에서 명백히 알 수 있는 것처럼, 여기에서도 노동자 계급이 부르주아지의 힘을 극복하고 새로운 사회의 조직을 시작할 수 있기 위해,55) 여전히 국가를 필요로 하는가라는 문제는 엥겔스에게 결코 논의의 여지가 없다. 그러나 레닌이 후에 자주 강조했듯이, 그것은 소멸 속에서 파악된 국가를 말한다. 맑스와 엥겔스가—모든 다른 위대한 맑스주의자들도 마찬가지로—이러한 계급적, 정치적 제도의 강력함에서 사회주의적 발전의 의미를 주시했다는 사상은 전적으로 낯설다. 그들은 일관되게 국가의

54) Ibid., S.263~264.

55) 엥겔스는 앞에서 인용된 편지(판 파텐에게 보낸)에서 이 사실을 매우 훌륭하게 표현했다. "1845년 이래로 맑스와 나는 미래의 프롤레타리아 혁명의 최종적인 귀결들 가운데 하나는 국가라는 이름으로 표시되는 정치적 조직의 점차적인 붕괴이며 마침내는 소멸—다시 말해 옛부터 그 주요 목적이 무장폭력과 부유한 소수를 통해 다수의 노동자에 대한 경제적 억압을 확고히 해줬던 조직의 소멸—이라는 데 견해를 같이 했다. 부유한 소수의 소멸과 더불어 무장억압과 국가권력의 필연성도 소멸된다. 이것과 보다 중요한 미래의 사회혁명의 또 다른 목적을 획득하기 위해 맑스와 나는 노동자 계급이 우선 국가의 조직화된 정치적 권력을 소유하고, 이것을 바탕으로 자본가 계급이 저항을 물리치고, 사회를 새롭게 조직해야 한다는 데 대해 항상 의견을 같이 했다. 그리고 이 사실은 이미 1847년 『공산당 선언』 제2장의 결론에서 확증되었다."(Engels an van Patten, vom 18. April 1883, S.11).

계급적 성격에 관한 그들의 주장을 고수하였고 새로운 인간주의의 탄생 가능성을 오로지 사회주의 혁명에서만 보았을 뿐이다. 하나의 계급으로서 부르주아지에 대한 역사적 부정을 통해 적절한 정치적 조직의 존립에 대한 욕구는 소멸된다. 이러한 조직에 대해 노동하는 인간은 자본가들과 마찬가지로 임금관계에서 소외된다.

이러한 독창적인 선취는 오늘날 실현되었다. 심지어 사람들은 이러한 역사적 요구의 실현이 우리의 모든 시기를 형성한다고 주장할 수 있다. 그러나 또한 이러한 실현이 매우 어렵게만 관철될 수 있었고, 수많은 후퇴(Rückfälle)와 패배를 당해야만 했던 것은 결코 놀라운 일이 아니다. 그것은 파리 코뮨의 전사(戰士)들의 영웅적인 시도의 길로부터 레닌의 소비에트와 독일, 오스트리아, 이탈리아의 노동자위원회를 거쳐 이제 유고슬라비아의 실천 그룹에서 비로소 지속적이고, 역사적으로 유력한 그것의 실현을 발견하기까지 그럴 수밖에 없었다.

엥겔스에 따르면 인간은 그의 역사적 실천을 합리적으로 파악할 수 있고, 그렇게 함으로써 또한 합리적으로 그것을 지배할 수 있다. 그것은 바로 인간이 자신의 생산의 시대착오적 성격과 무질서—이것은 최종적으로 간과할 수 없는 상황 앞에서 인간을 항상 반복적으로 무력하게 만들어 버린다.—를 극복할 수 있다는 것을 의미한다. 이러한 문제에 대해 가장 인상 깊은 구절의 하나는 뒤링에 대한 엥겔스의 논쟁 가운데 있다.

"사회를 통한 생산수단의 점유로 말미암아 상품생산이 제거되었기 때문에 생산자에 대한 생산물의 지배도 제거되었다. 사회적 생산 내부에 있는 무질서는 계획적이고 의식적인 조직을 통해 대체된다. 개체 생존을 위한 투쟁은 끝났다. 비로소 인간은—확실한 의미에서—궁극적으로 동물계와 구별되며, 동물적인 생존조건으로부터 현실적으로 인간적인 생존조건으로 들어선다. 지금까지 인간을 지배했던, 인간을 둘러싼 삶의 조건들의 범위는 이제 처음으로 의식적이고, 현실적인 자연의 주인인 인간의 지배와 통제하에 들어오게 되는데 이것은 인간은 자신들의 고유한 사회화의 주인이 되었기 때문이다. 지금까지 인간에 대해 낯설고, 그를 지배한 자연법칙으로 대립해 있던 인간들 자신의 고유한 사회적 행동의 법칙은 사물에 대해 충분한 인식을 가지고 있는 인간에 의해 통제되고 지배된다. 지금까지 인간에게 자연과 역사에 의해 강요된 것으로서 대립해 있던 인간의 고유한 사회화는 이제 인간 자신의 고유하고, 자유로운 행동이 된다. 지금까지 역사를 지배했던 객관적이고, 낯선 세력들은 인간 자신의 통제 아래로 들어온다. 여기서부터 비로소 인간은 완전히 의식하면서 그들의 역사를 만들게 되며, 여기서부터 비로소 인간에 의해 움직여진 사회적 원인들은 중요하게 되고, 끊임없이 상승하는 정도로 인간들이 원하는 작용을 하게 된다. 그것은 필연성의 왕국으로부터 자유의 왕국에로의 인간의 도약이다."[56]

우리가 보는 바와 같이, 여기에서의 강조점은 '사회적 전유'와 자신의 생산을 의식적으로 조직하는 인간에게 주어지지, 더 이상 국가나 그 어떠한 다른 정치적 심급에 주어지지 않는다. 이러한 엥겔스의 테제는 오늘날 사회주의에서뿐만 아니라 자본주의, 즉 고도산업기술사회의 발전을 통해서도 확증된다. 이러한 기술사회는 더 이상 공급과 수요의 맹목적 법칙과, 자유자본주의 시기의 비간섭이라는 낡은 정책에 경제적 운동의 힘을 제공할 수 없다.

우리가 지금까지의 경험으로 알고 있듯이, 사회주의는 여전히 상품생산의 국면에 서 있다. 사회주의는 오늘날 경제적 발전의 단계와, 현대국제적인 위상에 있어 여전히 이러한 상품생산의 국면을 능가할 수 없다. 그

56) F. Engels, *Anti-Dühring*, S.264.

러나 오늘날에 이르기까지 자본주의에 동반되는 대재난에 대항하는 사회주의적 혁명을 이루기 위해서 사회주의 안에서 상품생산의 무질서를 조정하고, 방향을 제시하며, 정리하는(koordinierend) 계획이 수행되어야 한다.

물론 우리는 여기서 중심적이고, 결정적인 문제에 직면한다. 만일 우리가 지금까지 설명해 온 엥겔스의 사상의 정신에 따라 이 문제를 이해하려면, 이에 대한 해결은 다만 다음을 의미할 것이다. 즉 사회주의는 국가의 소멸과정 속에서 계획 기관을 국가적(그러므로 정치적) 기관으로부터 사회적 기관으로 변화시켜야만 할 것이다. 그리고 점점 더 그들의 내적 관계를 조정하는 것은 사회이지 국가여서는 안 된다. 이러한 조정을 위해, 점점 의식화된 관리를 위해, 가능한 모든 모순과 갈등을 합리적으로 해결하기 위해 사회는 복합적이고, 과학적으로 가능한 사회적 기관, 위원회, 제도 또는 이와 비슷한 조직을 발전시켜야만 한다. 그리고 이러한 것들은 이미 기존의 과학적 분석과 정보의 엄청난 가능성의 도움으로, 고유한 과정을 공동결정하는 데 있어서 본질적인 요소가 되어야 할 것이다.

엥겔스는 이러한 사회주의적 과정을 위해 자유로운 의사소통 이외의 다른 지성적 의사소통을 생각하지 않았다. 만일 그와 맑스 자신이 부르주아 세계에서 그들의 공산주의적, 유물론적 견해를 자유롭게 진술할 수 있었다면, 그들 보기에 자신들의 사회주의적 기관측으로부터의 검열이란 전혀 당치않은 발상이었다. 엥겔스는 생의 말년에 1891년 2월 23일자로 카우츠키에게 보낸 편지에서 말하길, 『신시대』지에 맑스의 「고타강령 비판」을 실은 것은 필연적이고 유용한 것이었다고 밝혔다. 당이 진보를 원한다면, 이러한 자기비판을 체험해야만 했다. 게다가 엥겔스는 모순적인 관점을 고려하면서 다음과 같이 평했다.

"사람들이 『신시대』(*New Zeit*)지를 검열해야 한다는 소리가 당파 안에서 높아진 것은 매우 좋은 일이다. 그것은 사회주의자 탄압법의 당파적 독재가(실제로 이것은 필연적이었고, 탁월하게 시행되었다) 여전히 배회하는 것인가 아니면 이전의 엄격했던 슈바이처(Schweitzer)의 조직에 대한 회상인가? 사실, 비스마르크의 사회주의자 탄압법으로부터 해방된 이후에 독일의 사회주의적 학문을, 사회민주주의적 정당 관청 자체에 의해 생산되고 수행된 새로운 사회주의자 탄압법 아래 예속시킨 것은 빛나는 착상이었다. 더욱이 나무들이 하늘로 자라지 않도록 배려되었다."[57]

---

57) F. Engels, Brief an Kautsky vom 23. Februar 1891, MEW, Bd. 38, S.41. 다른 자료 이외에도 이 문제에 대해 트리어(Gerson Trier)에게 보낸 매우 교훈적인 편지가 있다. 여기서 인용되는 편지는 트리어(Trier)가 덴마크 사회민주당으로부터 제명당할 즈음에 쓰여졌다. "이제 호베드베스티렐젠의 처리방식이 당신과 당신의 친구들에게 관계되는 한, 반대파에 대한 당으로부터의 그러한 즉결 제명은 물론 1840~1851년간의 비밀결사에서도 있었습니다. 당은 비밀조직을 피할 수 없었습니다. 이러한 비밀조직은 보다 확대되었고, 영국의 물리적 세력인 차티스트주의자들에서도 그것은 충분히 오코너(O'Connor)의 독재 아래서 발생했습니다. 그러나 차티스트주의자들은 이미 그 이름이 언급해 주는 바와 같이, 직접적으로 부수기 위해 조직된 당이었습니다. 그래서 독재 아래 있어야 했습니다. 제명은 군사적인 조처입니다. 이와는 달리 평화시에서도 나는 슈바이처의 '엄격한 조직'에서 J.B.의 라살레주의자에게서 이와 비슷한 임의적인 처리를 알고 있습니다. 그것은 슈바이처(Schweitzer)가 경찰과의 의심스런 접촉 때문에 그에게 필요했던 것입니다. 그래서 그것은 단지 일반 독일 노동자연맹(Allgemeine Deutschen Arbeitervereins)의 해체를 촉진시켰을 따름입니다. 오늘날 기존의 사회주의 노동자당들 가운데 어떠한 당에서도—로젠베르크(Herr Rosenberg)가 미국에서 행복하게 자기 자신의 혐의를 벗긴 후에—덴마크의 모범에 따라 자기들 고유의 정당의 품속에서 성장하는 반대당을 처리하려는 것은 거의 생각지도 못합니다. 자기 정당의 품속에서 보다 적절하고 과격한 방침들이 발전하고, 서로 투쟁하는 것은 모든 당의 생명이며 번영인 것입니다. 보다 과격한 파를 즉석에서 제거하는 자는 그것 때문에 그 파의 성장을 촉진할 뿐입니다. 노동자 운동은 기존 사회에 대한 가장 날카로운 비판, 즉 그 삶의 요소로서의 비판에 기인합니다. 어떻게 노동자 운동이 비판 자체를 피할 수 있고, 토론을 금지하길 원할 수 있습니까? 그렇다면 우리는 다른 편들로부터의 자유로운 발언을, 우리의 고유한 파에서 제거해 버리기 위해 요구합니까? 당신이 이 편지를 완전히 공개하고 싶다면, 나는 이에 아무런 반대도 하지 않겠습니다."(Engels, 1889.12.18. G. Trier에게 보낸 편지, MEW, Bd. 37, S.327~328).

사회주의 발전에 있어 별로 좋지 않은 많은 경험을 겪고 나서 최종적으로 아래의 사실을 강조할 필요가 있다. 즉 엥겔스는 그의 모든 삶과 최후의 행동에 이르기까지 모든 기만과 우상숭배에 저항했다. 그는 유언하길, 죽은 후에 자신의 육체를 화장하고, 유골함을 그가 휴식기간 중에 기꺼이 머물곤 했던 이스트번(Eastburn) 동쪽에 수장해 줄 것을 부탁했다. 그는 너무도 위대한 인물이었다. 그래서 그는 사람들이 자신과 맑스에 대해 개인숭배에 빠질지도 모른다는 생각을 참을 수가 없었다.

맑스의 가장 가까운 협력자이며 친구였던 엥겔스의 이름은 인간과 역사와 현대 사회주의적 과정에 대한 새롭고 획기적인 관점의 성립에 연결된다. 사람들은 그의 다면적인 인격성에 적합하게, 다만 다면적으로만 비판하고 그의 인격에 관해 말할 수 있을 것이다. 그가 박학한 사람으로서 또한 약점을 가지고 있었고, 일면적인 견해를 대변했고, 조속한 결론을 끌어낸 것은 이해할 수 있다.

그는 모든 사상가들에 대해 생각했던 것을 자신에 대해서도 확실히 말할 수 있었을 것이다. 즉 그가 한편으로, 인간과 역사의 총체적 발전이 그때 그때의 단계를 통해 규정되고 제한된다고 본 것은 객관적이었지만 다른 한편으로, 모든 개인에게 가능성이 주어져 있다고 본 점에서는 주관적이었다. 엥겔스는 인간과 역사에 대해 중요한 사실을 언급할 수 있었던, 지나간 세기의 매우 드문 개인에 속한다. 끊임없이 급증하는 분열과, 인격이 전문화되어 가는 세기에 엥겔스는 르네상스적 인간으로서, 철학자로서, 사상가로서 남아있다. 비록 전문가는 아닐지라도, 그는 분명히 무수한 인간의 정신과 인간의 창조의 영역에서 탁월하게 활동했다. 그래서 그는

—내가 생각하기에—점점 더 거대하게 전문화되어 가는 현대세계에서, 그러한 보편적인 인격의 유용성을 지적했으리라. 이러한 전문화는 심각하게 인격의 총체성뿐만 아니라 필수적인 의사소통을 위협한다. 이러한 특성을 통해 엥겔스는—맑스와 마찬가지로—바로 인류의 가장 본질적이며 지성적인 욕구인 철학가와 사상가의 모범이었고, 여전히 그러한 인물로 존재하게 될 것이다. 결국 그는 자신의 지적, 도덕적 능력의 폭넓음을 통해 인간의 편에 설 수 있었고, 심오한 그의 정신을 통해 모두를 능가했던 유일한 인물이었다.

이들은 근대의 진보적이고 사회주의적인 세력들에 빛나는 사상과 혁명적 전망뿐만 아니라, 유럽의 인간주의적 전통의 모든 전제들과 유럽 문화의 폭을 매개하였다. 이것 없이는 동시대의 사회주의를 사회적, 문화적 르네상스로 생각할 수 없을 것이다.

1948년의 독일혁명

제2부

제 1,2 인터내셔널 시기의 맑스주의

제1장
독일, 프랑스, 이탈리아의 맑스주의

A. 독일 맑스주의의 시초

노동운동과 사회주의운동에 맑스와 엥겔스의 사상이 침투하기 시작한 것은 제1인터내셔널의 시대에 들어와서였다. 잊어서는 안 될 것은, 몇 가지 초기 저작이 이미 망각되었기 때문에 80년대에 들어서기까지는 그들의 철학적 견해에 대해 별로 알려진 것이 없었고, 그 밖의 저작들은 서랍에 처박혀 '쥐들에게 갉아 먹히고' 있었거나 또는 전혀 출판할 생각을 하지 않고 있었다. 뒤링에 대한 글과 나중에 포이어바흐에 대한 글을 통해 비로소 몇 가지 근본적인 철학적 사상이 표현되었지만, 그것도 상이한 해석을 가능케 하는 방식으로 표현된 것에 불과했다. 반면에 사회학적 견해와 비판적 경제학적 견해는 진작부터 『선언』과 맑스의 경제학적 저술을 통해—비교적 느린 속도로나마—광범한 영향을 미치고 있었다. 실천적인 정치투쟁이 최선의 혁명세력을 필요로 하고 있었기 때문에 이 시대가 맑스의 입장에서 보편적 사상이나 그 사상의 몇 가지 요소를 더욱 발전시킬 괄목할 만한 이론을 전혀 내놓지 못했다는 것은 놀라운 일이 아니다.

“독일에서는 아직도 라살레, F. A. 랑게, 세플레 등의 영향이 강했고, 이들 중의 몇몇은 사회적 삶에 다원주의적 사상을 적용하는 기미마저 있었다. 70년대에는 W. 리프크네히트가 가장 탁월한 이론가의 한 사람으로 여겨졌지만 주지하다시피 결코 독창적 사상가는 아니었다. 그리고 베벨은 1874년 『인민국가』에서 국민경제와 사회경제에 대한 뒤링의 강좌를 마치 위대한 사회주의 이론가를 다루고 있다는 듯이 평가했다.”[1)]

요제프 디츠겐(Joseph Dietzgen, 1828~1888)

그런데 이 시대에 독학자인 요제프 디츠겐이 흥미로운 철학적 인물로 등장했다.[2)] 그는 체계적인 교육을 받지 않고, 처음에는 포이어바흐의 영

---

1) 이 시기에 대해서는 이미 언급된 저작들 외에도 다음과 같은 보다 새로운 연구서들이 탁월하다 : Karl Friedrich Brockschmidt, *Die deutsche Sozialdemokratie bis zum Fall des Sozialistengesetzes*(1929), Wolfgang Abendroth, *Ausftieg und Krise der deutschen Sozialdemokratie*(1964), Hans-Josef Steinberg, *Sozialismus und deutsche Sozialdemokratie*(*Zer Ideologie der Partei vor dem ersten Weltkrieg*, 1967) ; 19세기 마지막 십 년 간에 대해서는 : Gerhard A. Ritter, *Die Arbeiterbewegung im Wilhelminischen Reich*(*Die Sozialdemokratische Partei und die freien Gewerkschaften*, 1890~1900)(1959, 2판 1963); 노동운동의 일반적 역사에 대한 새로운 책들로는 : W. Abendroth, *Sozialgeschichte der europäischen Arbeiterbewegung*(1965), 그리고 인터내셔널의 포괄적인 역사로는 사회주의 인터내셔널의 서기를 지낸 Julius Braunthal Hofmann의 축약된 서술인 *Ideengeschichte der sozialen Bewegung des 19. und 20. Jahrhunderts*(1962, 제2권 1968). 그리고 Georges Haupt의 *La Deuxième Internationale* 1899 bis 1914, Paris-La haye 1964가 있다. 최근 동독에서 공동 필진에 의해 나온, 독일 노동운동에 대한 가장 포괄적인 저작은 *Geschichte der deutschen Arbeiterbewegung* Ⅰ-Ⅷ(1966)이 있는데 이는 노동운동의 시초부터 1960년대초까지 다룬 것이다.

2) 1828년 쾰른 근처의 블랑켄부르크에서 태어났다. 그의 부친은 부유한 피혁업자였다. 두 번에 걸친 미국 체류 후에 그는 1864년 제혁공장의 기술지배인으로 페트로그라드에 왔다. 1869년 독일로 돌아가 최초의 저서 *Das Wesen der men-*

향 아래서, 그리고 나중에는 맑스와 엥겔스의 영향을 받으면서 독자적으로 유물변증법의 기본원리들을 연구했다. 따라서 그는 이 시기에 변증법적 관점과 유물론적 관점에서 철학적 문제를 다룬 얼마 되지 않은 사상가 중에 속한다. 그의 저술에서 그는 매우 보기 드문 철학적 재능을 보였다. 물론 이 재능은 그의 불충분한 교육 때문에 분명한 한계를 갖고 있었다.

디츠겐은 줄곧 자연의 보편적 연관에 대한 문제와 모든 현상의 통일성을 강조했다.[3] 그가 현상은 그 자체로서 고립되어 있는 것이 아니며, 자연은 완료된 사물의 체계가 아니라 과정으로 이해되어야 한다는 것을 철저하게 변증법적으로 파악한 것은 사실이지만, 주체와 객체, 정신과 물질 간의 관계에 대한 근본의 문제에 있어 정확성을 결하고 있었기 때문에 철저한 유물론자에서 스피노자주의로 퇴행하게 되었다. 디츠겐은 자신의 저작 중 여러 군데에서 "사유는 뇌의 활동이며 이는 보행이 다리의 활동인 것과 같다."[4]라는 관점에 서 있었지만 이 관계를 다른 곳에서 다음과 같

schlichen Kopfarbeit(1869)를 출판한다. 1884년 세 번째의 미국 여행을 하면서 뉴욕에서 당기관지 *Der Sozialist*지의 편집을 맡는다. 1886년 시카고에 있는 아들에게 가서 같은 해에 *Streifzüge eines Sozialisten in das Gebiet der Erkenntnistheorie*를, 그리고 1887년에 *Das Acquisit der Phiosophie*를 출간한다. 논리학에 관해 아들에게 보낸 편지는 아들에 의해 출판되었다. 디츠겐은 1888년 시카고에서 사망했다. 그는 맑스의 친구였다. 디츠겐과 디츠겐주의에 관해 유고슬라비아어로 쓰여진 연구서를 B. Sesić가 *Dijalekitički materijalizam Josepha Dietzgena*(*Der dialektische Materialismus Joseph Dietzgens*), Belgrad 1957로 출판했다.

3) 디츠겐은 이러한 기본관점을 종종 다음과 같이 상론했다. "만물은 크며, 만물은 작다. 만물은 공간적이며 시간적이다. 만물은 원인이며 결과이다. 만물은 전체이며 분할되어 있다. 왜냐하면 만물이란 만물의 총체이기 때문이며, 만물 안에 만물이 포함되어 있기 때문이며, 만물은 서로 유사하고 결합되어 있고 관련되어 있기 때문이다. 무한히 많은 상대성으로 이루어지는 내용을 가진 절대자로서의 만물이라는 개념, 현상에서 변색되는 보편적 진리로서의 만물 개념은 개념과학의 토대이다."(*Die acquisit der Philosophie*, Stuttgart 1903, S.80~81).

4) J. Dietzgen, *Das Wesen der menschlichen Kopfarbeit*, Hamburg 1869, S.17.

은 방식으로 해소시켜 버렸다.

"관념론자들은 관념에 열중하며 옛 유물론자들은 물질에 열중한다. 양자 모두 몽상가들이며 따라서 형이상학자들이다. 양자는 지나치게 구별에 열중하는 것이다. 이 두 당파 중 어느 한쪽도 자연의 통일성, 유일성, 일반성, 보편성 등을 의식하지 못하고 있다. 자연은 물질적인 것도 정신적인 것도 아니며 물질적인 동시에 정신적인 것이다."5)

이 문제를 다룬 자신의 마지막 저술에서도 디츠겐은 여러 철학적 문제에 대해 근본적으로 변증법적이고 유물론적인 자신의 견해에도 불구하고 다음과 같이 말하고 있다.

"골수 관념론자들은 모든 사물이 사상이라고 주장하는 반면 우리들은 사유물(思惟物)과 물질적 사물이 한 종류의 두 가지 양식이라는 점을 설득시키고자 한다. 우리들은, 이 종류가 공통된 본성을 갖기 때문에 그리고 건전한 논리라는 목적을 위해서 이 종류에 특수명사뿐 아니라 공통된 명사나 일반명사를 부여해야만 한다. 이러한 인식이 얻어진다면 관념론자와 유물론자간의 논쟁은 말싸움에 불과한 것이 된다."6)

이러한 원칙적 결함 외에도 디츠겐의 철학적 저작은 특히 빈번한 반복, 피상성, 혼돈으로 가득 차 있기 때문에 그의 철학적 사유의 수준은 상당한 정도로 맑스와 엥겔스의 수준에 비해 보다 떨어진다. 디츠겐이 확신하

---

5) J. Dietzgen, *Streifzüge eines Sozialisten in das Gebiet der Erkenntnistheorie*, Sämtl. Schriften, Wiesbaden 1911, Bd. 2, S.203.
6) J. Dietzgen, *Das Acquisit der Philosophie*, Stuttgart 1903, S.76.

는 바에 따르면 "보편적인 자연적 본성과 절대적 진리는 동일하며"[7] 이러한 절대적 진리에 대한 지식은 "우리에게 내재되어 있고, 그 지식은 의식과 함께 주어져 있다."[8]

그러나 이러한 불확실성과 부정확함에도 불구하고 디츠겐은 현실의 몇 가지 본질적인 변증법적 유물론적 계기를 파악했고 매우 적절한 언급을 했다. 특히 그는 다음과 같은 근본적인 변증법적 테제들을 도출해 냈다. "모든 원인은 결과를 낳으며, 모든 결과를 원인은 낳는다."[9] 무의미한 모순 외에도 의미 있는 모순이 존재한다. 즉 "정지해 있는 운동과 운동 속의 정지—이는 모든 모순들을 매개시킬 수 있게 해주는 매개적 모순이다."[10] 그리고 디츠겐은 비록 사유의 문제에 있어 보편과 특수의 변증법을 일면적이고 추상적으로 다루기는 했어도 그 변증법을 매우 명확하게 인식하고 있었다. 더욱이 그는 우리 인식의 변증법적 성격을 강조했고 레닌에게 영향을 준 분명한 몇 가지 테제를 제시했다.

"어떤 사물도, 어떤 원자도 완전히 인식될 수는 없다. 모든 것은 다 파헤쳐질 수 없는 비밀을 갖고 있다. 그것은 마치 소멸해버릴 수도 파괴될 수도 없는 것과 같다. 그럼에도 불구하고 우리는 나날이 사물에 대해 보다 잘 알게 되며, 우리의 정신을 거부하는 것이 존재하지 않는다는 것을 알고 있다. 인간 정신이 신비를 파헤치는 데 있어 그렇게 무제한하고, 새로운 해명에 있어 그렇게 무진장하기 때문에 인간 정신은 개별적으로나 보편적으로나 무진장함과 완전한 인식의 불가능성에 무제한적

7) J. Dietzgen, *Streifzüge eines Sozialisten in das Gebiet der Erkenntnistheorie*, l. c., S.193.
8) Ibid., S.195.
9) J. Dietzgen, *Das Wesen der menschlichen Kopfarbeit*, l.c., S.67.
10) J. Dietzgen, *Das Acquisit der Philosophie*, l.c., S.106.

으로 그리고 개방적으로 직면하는 것이다."[11]

매우 정당하게도 디츠겐은 관념론을 절대적 오류가 아니라 일면적인 것, 특정 문제에 있어 지나치게 일방적인 것으로 규정하는 사상을 이미 갖고 있었으며 또한 우리의 인식에 있어 보편성과 필연성에 대한 명석한 고찰도 갖고 있었다.

"정신의 모든 자율성을 거부하고, 경험을 통해서 원인을 발견하려는 유물론자들은 인과관계가 가정하는 필연성과 보편성이 경험적으로는 불가능하다는 사실에 봉착한다. 반면에 관념론자들에게는 경험될 수 없는 원인을 오성이 탐구한다 해도 그 탐구는 선천적인 것이 아니라 후천적인 것에 불과하며 경험적으로 주어진 결과에 입각해서만 이루어질 수 있다는 것을 알려 주어야 한다. 진정 비감각적인 추상적 보편성을 발견하는 것은 정신뿐이다.―그러나 그것은 주어진 일단의 감각적 현상 안에서만 가능하다."[12]

여기서 알 수 있듯이 디츠겐은 매우 예리하게, 인간의 인식을 해명하기 위해서는 속류 경험론이 불충분하다는 것을 언급했으며 또한 관념론의 오류가 경험을 부정하는 데 있음도 언급했다.

이처럼 디츠겐의 저작은 통일적이거나 무모순적이지 못하다. 본질적으로는 탁월한 언명을 많이 남긴 변증법적 유물론자이지만 유물변증법의 많은 문제를 파악하지 못했고 자신의 유물론에 있어 종종 피상적이고 불철저했다. 물론 이 모든 특성에도 불구하고 그는 맑스주의의 발전에 있어

---

11) J. Dietzgen, *Streifzüge eines Sozialisten in das Gebiet der Erkenntnistheorie*, l. c., S.227.

12) J. Dietzgen, *Das Wesen der menschlichen Kopfarbeit*, l.c., S.75~76.

뛰어난 인물이었다. 그러나 그는 변증법적 사유에 있어 맑스와 엥겔스에 비견될 만한 철학자는 결코 아니었다. 그런데도 그가 죽은 후 10년 동안인 수정주의의 시대에 디츠겐의 철학은 맑스와 엥겔스의 철학보다 심오하고 포괄적이고 올바른 것으로서 맑스와 엥겔스의 철학에 대립시키려는 시도가 행해졌다. 소위 '디츠겐주의'의 선봉에는 우선 그의 아들인 E. 디츠겐, 네덜란드 맑스주의자인 A. 파너케크, E. 운터만, O. J. 헬리폰트, 디츠겐의 저작을 러시아어로 번역한 P. G. 다우게, H. 롤랑 홀스트 등이 있다.[13]

이들은 모두 디츠겐이 그 이전의 누구보다도 변증법을 심화시켰고 명료화시켰다는 주장을 내세웠다. 따라서 맑스주의자들은 맑스나 엥겔스보다 인식론적 측면과 자연변증법적 측면을 향상시키고 심화시킨, 따라서 철학적인 과학적 사회주의의 토대가 되어야 할 디츠겐의 철학에 입각해서 과학적 사회주의를 인식론적이고 자연변증법적으로 수정시켜야 한다고 주장하였다.

근본적으로 이들이 디츠겐에서 대체적으로 강조하는 것은 철저한 유물론으로부터의 일탈이었다. 다시 말해서 정신과 물질의 관계를 보다 상위의 통일체가 갖는 상당한 양태라는 의미로 잘못 해소시켜 버리는 것이었다. 따라서 이들은 당연히 유물론과 관념론의 대립이 별로 중요하지 않은

---

13) 오이겐 디츠겐은 *Neue Zeit*지에 이 문제에 관한 몇 편의 논문을 게재했고 그 외에도 *Dietzgenbrevier*(1915)와 *Materialismus und Idealismus? Ein Lösungsversuch gemäß J. Dietzgens Erkenntnislehre*(1921) 등의 책도 출판했다. A. Pannekoek도 *Neue Zeit*지(1903~04)에 사적 유물론과 종교에 대하여 썼다. E. Untermann은 포괄적인 책, *Die logischen Mängel des engeren Marxismus* (1910)를, 그리고 H. Roland-Holst는 *Joseph Dietzgens Philosophie gemeinverständlich erläutert in ihrer Bedeutung für das Proletariat*(1910)을 출간했다.

것이며 모든 의미를 상실한다는 결론에 도달했다.

지금까지 디츠겐주의의 옹호 시도 중 가장 포괄적인 것은 에른스트 운터만이 700페이지의 두꺼운 책인 『편협한 맑스주의의 논리적 결함』에서 행한 것이다. 이 책은 원래 플레하노프에 대한 반론으로 의도된 것이지만 동시에 메링, 카우츠키 등등을 대상으로 한 것이기도 하다. 그 전체 반론은 지루하고 불확실한 것이며 J. 디츠겐의 잘 알려진 통찰력에 미치지 못하는 것이었다. 그의 관점의 본질적인 면은 운터만 자신의 정식화를 빌면 다음과 같이 요약될 수 있다.

"우리의 방법은 확대된 맑스주의이다. 우리가 편협한 맑스주의와 구별해서 그렇게 부르는 까닭은 이미 시사했듯이 원래의 맑스주의는 자연적 일원론에로의 모든 경향에도 불구하고 우선적으로는 사회변증법, 사회과학이기 때문이다. 반면에 우리의 변증법은 사회발전을 포함하는 것으로 우선적으로 세계변증법, 세계과학이다. 우리들에 있어 '제3자, 보다 고차적인 것'은 헤겔에 있어서처럼 '개념'이 아니며 플레하노프의 말에서 나타나듯이 편협한 맑스주의에서 주장되는 '국민의 경제적 상황'도 아니고, 자연적 세계 연관 전체, 현실적 세계 전체이다."[14)]

이러한 디츠겐의 중요성의 증대와 새로운 노선—디츠겐주의—의 정초에 대해 20세기 초에 J. 메링, 플레하노프 그리고 레닌이 동시에 저항했다. 이들은 요제프 디츠겐의 위대성과 재능, 그리고 본질적으로는 그의 유물론과 변증법을 인정해 주면서도 정당하게 그의 철학이 그 수준에서, 그리고 정확성, 깊이, 보편성 등의 결여 때문에 맑스와 엥겔스의 저술보다 뒤떨어진다는 점과 디츠겐의 사상이 맑스와 엥겔스의 저술을 보다 풍부하게

14) E. Untermann, *Die logischen Mängel des engeren Marxismus*, München 1910, S.15.

하기는 했으나 이들의 철학을 보완하거나 대체할 수 있을 정도는 아니라는 점을 명확히 했다. 레닌은 『유물론과 경험비판론』에서 '디츠겐주의'를 혼란되고 반동적 철학에 한 걸음 후퇴한 것이라 규정했고 동시에 디츠겐의 위대한 점에 토대를 두지 않고 그의 취약한 면에 토대를 두고서 하나의 색다른 노선을 창조하려는 시도라고 규정했다.15)

맑스주의는 19세기의 마지막 20년간 거대한 비약을 경험했다. 맑스 자신도 유럽 대륙에서 이 비약의 시초를 경험했다. 즉 그는 독일 사회민주주의, 특히 베벨과 리프크네히트를 충고와 활동을 통해 도왔으며 그 외에도 라파르그와 게드와 함께 자신이 죽기 3년 전인 1880년 프랑스 노동당의 강령 작성에 영향을 미쳤다.

B. 프랑스의 맑스주의

이 시기에 서부 유럽과 중부 유럽에서 자본주의는 급속히 발전했다. 산업혁명은 19세기 중엽 이래로 강력히 진행되었고 그와 병행해서 프롤레

15) "전체적으로 평가할 때에 디츠겐은 그다지 심한 비난을 받을 인물이 아니다. 그는 결코 독창성이나 유물론과 구별되는 특수한 철학을 주장한 적이 없는 90%의 유물론자였다. 그는 항상 맑스를 노선의 대변자라 불렀다. ……디츠겐은 맑스주의자였고 오이겐 디츠겐과—유감스럽지만—P. 다우겐이 '자연일원론' '디츠겐주의' 등을 날조했을 때 그들은 디츠겐을 욕되게 한 것이다. 변증법적 유물론과 구별되는 '디츠겐주의'는 하나의 혼돈이며 반동철학에로의 일보이며 요제프 디츠겐(변증법적 유물론을 나름대로 발견했던 이 노동자 철학자에게는 많은 위대성이 있다!)의 위대성에서가 아니라 그의 약점에서 하나의 노선을 창조하려는 시도이다."(W. I. Lenin, *Materialismus und Empiriokritizismus*, Moskau 1947, S.260~261.)

타리아트도 강화되고 조직되었다.

그 동안에 프랑스는 이미 코뮨의 와해 이후에 6월과 피로 물들은 5월의 일요일을 경험했다. 혁명적 열광에 따라 여우언한 자기희생, 영웅주의, 인간성의 귀결이자 새로운 세계와 새로운 인간의 탄생을 알리는 상징으로 남게 된 일련의 뛰어난 혁명가들을 배출했다. 즉 F. 부나로티, A. 블랑키, L. 발랭, G. 플루랑, Ch. 들렉뤼즈, T. 페레, R. 리조, 루이자 미셸 등 다수의 알려진, 또는 알려지지 않은, 프랑스의 혁명적 사회주의 운동의 투사들을 배출했다.

폴 라파르그(Paul Lafargue, 1842~1911)

이렇게 강력한 운동의 품 안에서 프랑스 맑스주의의 이론적으로 가장 강력한 인물인 폴 라파르그가 성장했다. 그는 정치활동의 초기에는 프루동주의와 실증주의의 영향 아래 있었고, 자신의 혁명적 활동 때문에 의학도인 그는 프랑스의 어느 대학에도 들어갈 수 없었다. 1865년에 그는 런던에서 맑스를 알게 되었다. 맑스와의 대화는 활동적인 정신과 활기 있는 성격인 그에게 역사적 운동에 대한 새로운 인식 지평을 열어주었고 그의 사상적 발전에 깊은 단절을 초래했다. 1866년 라파르그는 인터내셔널 총평의회의 일원이 되었고 2년 후 맑스의 딸 라우라와 혼인했다. 그는 보르도에 코뮨이 성립했을 때 혁명적 사건에 신속히 가담했고 코뮨의 와해 이후 망명했다.

파리 코뮨의 붕괴 이후 몇 해 지나지 않아 자본주의와 프롤레타리아화의 강력한 진전에 의해 생디칼리즘으로 조직된 노동자들이 발생한다. 이들의 제1차 회의는 파리(1876년)에서 개최되었다. 그로부터 3년 후 블랑키가 사면되고 코뮨 가담자들이 추방에서 풀려나 돌아왔다. 노동운동은 프랑스 노동당의 유능한 조직가이자 창립자인 쥴르 게드(Jules Guedsdes, 1845~1922)의 지도 아래서 새로운 발전단계에 들어갔다. 『평등』 지의 편집장이자 맑스주의에 토대를 둔 여러 논문과 주석서의 저자인 그는 이 시기에 주로 사회주의와 노동자의 계급투쟁에 대한 맑스주의적 견해를 보급하는 데 기여했다.16)

게드와 라파르그는 1880년 프랑스 노동당의 강령 건으로 런던에 있는 맑스를 방문했다. 이 강령은 맑스가 거의 글자 하나하나 구술시킨 것으로 같은 해 르아브르에서 채택되었다. 그러나 2년 후에 가서 이 강령은 생에티엔느의 회의에서 폐기되었다. 1879년 마르세이유 회의에서 시작된 집산주의자와 기회주의자간의 내부투쟁 —그 당시에는 집산주의자가 승리했었다. —때문에 1882년에는 P. 브루스(Bróusses), J. 알레마나(Allemannas), B. 말롱(Mallons)의 지도 아래 있는 기회주의자들과 개량주의자들(소위 가능주의자들), 즉 통합 사회주의자들이 떨어져 나갔다.

따라서 라파르그의 이론적 저작은 바로 프랑스와 유럽 일반의 노동운동 안에서 근본적인 이론적, 강령적, 전술적 문제들이 해명되던 시기에 속한다. 이미 1893년에 독립사회주의자들(밀레랑, 비비아니, 브리앙, 죠레)이 독자적 정당을 창당했고 1898년 밀레랑(Millerand)이 부르주아 정부에 입각(入閣)한 것을 염두에 둔다면 이 사회주의 운동의 복잡한 상황이 분명

16) Guesdes의 주저로는 *Essai de catéchisme socialiste*(1878), *Collectivisme et socialisme*(1879), *Etat morale et politique de classe*(1901) 등이 있다. 전시에 Guesdes는 부르주아 정부의 장관이 되었고 그로써 자신의 이전 견해를 버렸다.

해질 것이다. 바로 이 점에 근본적으로 지금까지도 지속되고 있는 일련의 논쟁이 그 근원을 두고 있다. 드레퓌스 사건이 끝난 후 조레(Jaurès)의 영향 아래서 통일 사회주의 정당이 창당되었다(1905). 이 당은 그의 강력한 지도 안에서 대단한 세력을 얻었다.17)

라파르그는 분명히 이 시기에 이론적 영역에서 가장 중요하고 독창적인 인물이다. 그의 강점은 무엇보다도 논문과 논쟁에 있었다. 물론 그가 맑스주의 이론의 근본적인 진리를 풍부하게 한 것은 아니지만 실천과 정신의 여러 영역에 그 이론을 적용하는 데 있어 항상 독창적이고, 재치가 있고 통찰력을 가졌었다. 부르주아 사회비판에서 시작해서 사회주의운동의 내부 논쟁에서 나온 비판적 논문을 거쳐 재산, 종교, 언어, 다원주의, 트러스트, 거래소 등의 문제와 유물론적 역사관에 대한 여러 가지 이론적 저술에 이르기까지 이 모든 분야에서 라파르그는 전체 맑스주의 운동에서 최고의 이론적 기고가이자 논쟁가의 한 사람이었다.

그의 여러 논문 중 특히 주목을 끄는 것은 「나태할 권리」(1883), 「칼 맑스의 경제적 유물론」(1885), 「혁명 직후」(1887), 「공산주의와 경제적 진화」(1892), 「혁명 전후의 프랑스어」(1894), 「관념론적 역사관과 유물론적

---

17) J. Jaurès(1859~1914)는 모든 면에서 사회주의의 위대한 인물이며 철학 교수였으며 많은 역사적, 정치적 저술의 필자였고 *Humanité*지의 창간인이었다. 이론적으로는 맑스주의에 입각하기보다 관념론과 진화론을 주장했다. 그에 따르면 사회주의란 법의 이념을 실현하는 것이었다. 그러므로 그는 계급투쟁의 이론에서도 단호한 합법주의자였다. 평화와 우호적 독불관계의 위대한 투사이자 휴머니스트였던 그는 이 시기의 프랑스 사회주의의 가장 중요한 인물이었다. 반전론자로서 그는 전쟁 발발 직전에 광신적 민주주의자에 의해 살해되었다. Jaurès에 관해서는 Ch. Rappoport의 두꺼운 전기를 보라. 주저로는 *De la Réalité du monde sensibile*(1891), *Affaire Dreyfus*(1898), *L'Action socialiste*(1899), *Etudes socialistes*(1902), *L'Histoire socialiste de la République Francaise 1789~1900*(1901~08) 등이 있다.

역사관」(1895), 「재산의 발생과 발전」(1895), 「칼 맑스의 경제적 결정론」(1909) 등이 있다.

라파르그는 일정한 문제복합체를 상세하게 분석하고 체계화시킬 수 있는 체계적 정신의 소유자가 아니었다. 그의 독창적인 변증법적 사유는 도처에서 저자의 명석함을 감지할 수 있을 정도로 탁월한 우아함을 갖고 일련의 분야와 현상을 가볍게 다루었다. 그러나 몇 군데서 발견되는 그의 일면성, 불철저성, 심지어는 낭만주의에도 불구하고 라파르그는 일관성 있는 맑스주의 이론가라 할 수 있다. 맑스의 방법을 그렇게 능란하게 삶과 과학의 여러 영역에 적용할 줄 알았던 사람은 거의 없었다. 여기서는 단지 현대에 독창적 해석을 통해서 또는 적어도 새로운 통찰을 통해서 부각된 몇 구절만을 지적하겠다.

맑스의 경제적 유물론에 대한 그의 유명한 논문에서 라파르그는 예를 들어 매우 정확하게 자연적 환경과 인간간의 변증법적 상호관계를 규정하고 있다. 이 관계에서 그는 맑스주의적 인간 파악에 본질적으로 중요한 점을 자세히 포착한다.

"인간은 자신의 활동을 통해 그가 살고 있는 자연적 환경만을 변형시키는 것이 아니라 그에게 허용되는 한에서, 즉 자신의 유기체를 자연적 환경의 영향에서 전적으로 보호하는 것이 아니라면 적어도 이 영향을 현저히 약화시킬 수 있는 한에서 인공적 또는 사회적 환경을 모든 점에서 창조한다. 이 인공적 환경은 자연적 환경이 부여한 것처럼 다시 인간에게 작용한다. 농산물과 가축처럼 인간도 두 가지 환경의 영향 아래 있다."18)

18) P. Lafargue, *Le déterminisme économique de Karl Marx*, Paris 1909, S.132.

이처럼 라파르그는 개별적인 문화적 환경과 그 환경들의 현현간의 유사성에 대한 이해를 위해 중요한 계기를 인식하고 있다. 이러한 이해는 오직 사회구조에 대한 올바른 맑스주의적 분석에 입각해서만 도달될 수 있는 것이다.

"인간이 점진적으로 만들어 낸 인공적 혹은 사회적 환경은 가공의 정도와 복잡도에 따라 구별된다. 따라서 어떤 인종이 그 환경을 만들어 냈든 그리고 그 지리적 상황이 어떠하든 간에 가공도와 복잡도가 같은 환경들은 상당한 유사성을 나타낸다. 더욱이 인간은 유사하지 않은 자연적 환경의 영향을 받으면서도 유사한 문화적 환경의 영향 아래 있을 수 있다. 이런 경우 인종적 차이는 감소되고 이들간에 동일한 욕구, 동일한 관심, 동일한 열정, 동일한 심성이 발전하게 된다. 그 밖에도 예를 들어 동일한 지리적 범위에 존재하는 것과 같은 유사한 자연적 환경은 그안에 사는 동식물을 균등화시키는 영향을 행사한다. 그 동식물들은 유사한 동식물 분포를 나타낸다. 유사한 인공적 환경은 인종을 균등화하는 경향을 가지며 인종간의 유사하지 않은 자연적 환경을 변화시킨다."19)

이러한 고찰에 입각해서 라파르그는 기독교의 발생을 포괄하는 영혼 신앙의 발생과 이 신앙의 발전 문제에 대해 흥미로운 분석을 제공한다. 그가 영혼이라는 관념의 발생원인을 반성적 계기에 환원시킴으로써(꿈의 해석 등) 문제를 단순화시킨 것은 사실이지만 영혼, 지옥, 천국, 신 등의 개념의 진화에 관한 그의 언급은 여러 가지 측면에서 독창적인 것이다. 라파르그는 분명하게, 씨족의 해체와 함께 사후의 공동체류지에 대한 표상

19) P. Lafargue, Ibid.,

이 쇠퇴하는 과정과 고대세계의 계급투쟁이 발달함에 따라 사후의 형벌에 대한 사상이 출현하는 과정을 증명하고 있다.

"……사후의 형벌이라는 사상은……부르주아 민주주의가 영혼을 다시 도입한 이후에야 재차 고개를 쳐들기 시작했다. ……그러나 영혼이 재출현하는 과정에서 사후의 형벌은 개인적 복수라는 자신의 성격을 상실하고, 대신에 보편적 속죄, 계급적 복수, 모든 공개적 보복의 성격을 취한다. 개인적 복수가 보편적 속죄로 변형되는 것은 개인주의가 사회적 관계에 통용되는 것과 때를 같이 한다. 왜냐하면 고대 도시의 한계를 벗어난 계급투쟁이 인간을 서로 적대적인 두 진영으로 결집시키기 때문이다."[20]

라파르그는 고대 종교, 비교(秘敎), 철학이 당대까지 이룬 발전의 결과이자 혼합인 기독교에 대한 분석에서 기독교의 이원론적 성격을 분명하게 인식한다.

"기독교는 아무런 새로운 것도 제시하지 않았다. 기독교는 나름의 무미건조함이나 조잡한 미신조차도 고안하지 않았다. 그러나 기독교는 신비교나 오르페우스교가 갖지 못했던, 당대의 인민대중의 지적, 정서적 욕구와 정열을 만족시켜 주는 비할 바 없는 기술을 갖고 있었다. 즉 기독교는 부자에 대한 가난한 자의 증오를 나누어 가졌지만, 운명의 불공정함, 지위와 분배의 불평등함 등에 대한 보상과 유덕함에 대한 보답이 미래의 삶에서야 이루어질 것이라 미룸으로써 부자들을 안심시킬 수 있었다. 기독교의 선동적 입장에도 불구하고 처음부터 소유계급을 위한 안전판이었다."[21]

---

20) P. Lafargue, *Ursprung und Entwicklung des Begriffs der Seela, Ergänzungshefte zur Neuen Zeit*, Nr. 6, 1909, S.39.
21) Ibid., S.52.

라파르그가 부르주아지의 필연적인 종교성과 프롤레타리아트의 무신론을 사회의 경제구조 안에 있는 그때그때의 상황과 처지에만 입각해서 증명하려고 한 이 분석의 일면성, 특히 너무 기계론적인 관점이 보이기는 하지만 지금까지 언급한 분석은 그의 사고가 갖는 원칙적인 개방성과 독창성을 보여 주고 있다.

라파르그는 부르주아 사회의 개별적 계기들에 대한 연구에서 매우 명민하게 그 사회의 몇몇 현상과 전형적 특징을 확립하고 있다. 그는 과학에 대한 부르주아지의 양면적 관계를 올바르게 파악하고 있다. 부르주아지에게는 기술적 과학의 발전이 마음에 드는 것이기 때문에 그들은 이 부분에서는 그 과학에 필수적인 결정론을 허용한다. 그러나 이러한 자유는 이데올로기적 문제와 사회관계의 성격 자체를 파고 드는 사회과학의 영역에서는 제한된다.22)

맑스가 초기 저작에서 약간의 분석을 통해 그리고 상품의 물신성에 대한 후기의 연구를 통해 간파했듯이 라파르그도 부르주아 세계의 이데올로기적 구조의 궁극적 요인을 간파한다. 라파르그는 마치 자연에 대한 무지가 야만인을 감싸고 있듯이 사회질서에 대한 무지가 부르주아를 감싸고

22) "철학적 결정론이 자연과학에서 지배적인 까닭은 부르주아지가 자신들이 열렬히 알고자 하는 자연력의 작용을 학자들이 마음껏 연구하도록 허락하기 때문이며, 부르주아지가 이 힘을 자신의 부의 생산에 이용할 줄 알기 때문이다. 그러나 그들이 사회에서 차지하는 위치 때문에 그들은 경제학자, 철학자, 도덕학자, 역사가, 사회학자, 정치학자 등에게 그와 같은 자유를 보장해 줄 수 없다. 그러므로 부르주아지들은 철학적 결정론을 사회적 세계에 대한 과학에 이전시킬 수 없다. 유사한 이유에서 한 때 카톨릭 교회도 자연에 대한 자유로운 연구를 금했었고 결국 자연과학을 한다는 것은 어쩔 수 없이 자신들의 사회적 지배를 전복시키는 것이었다."(*Le déterminisme économique de Karl Marx*, l.c., S.214).

있다고 주장한다. 그것의 원인과 법칙이 인간에게 알려져 있지 않은 자연적, 사회적 사건의 전체는 모든 것이 우연에 달려 있다는 미신적이고 신비적인 신앙을 인간에게 심어 준다.

"그 밖의 일상적인 경제현상들은 부르주아지의 정신에, 아무런 물질적 근거도 없고 모든 물질에서 분리된 어떤 신비적 힘에 대한 믿음을 심어 놓는다. 한 가지 예만 들어 보자. 화폐의 가상은 사회적인 힘을 체현하고 있는데, 이 힘은 물질적인 것과 거의 관련이 없기 때문에 부르주아지의 뇌리에 물질로부터 독립해서 존재하는 힘에 대한 믿음을 환기시킨다. 그것을 위해 인간을 비하시켜서는 안 될 것인 이 지폐 조각은 아무런 고유한 마술적 힘도 갖지 못하지만 그것을 소유하는 자에게는 현실 중 최고의 것과 문명화된 세계에서 인간이 원할 수 있는 최대의 것을 제공해 준다. 즉 빵, 술, 집, 토지, 말, 여자, 위신, 명성 등 그리고 감각의 만족과 정신의 충족을 제공한다. 신(神)이라도 그 이상은 할 수 없을 것이다. 부르주아지의 삶은 신비주의로 가득 차 있다."[23]

라파르그가 대가들의 유명한 테제들을 단순히 바꾸어 말한 것에 불과하다 해도 그는 유능하고도 재치있게 그것을 해냈다.[24] 그는 열려진 정신과 교양과 보편적인 이론적 관심 등을 지닌 맑스주의자였다. 그는 또한

23) P. Lafargue, Ibid., S.220.

24) 예를 들자면 그가 『선언』에서 부르주아 사회의 성격에 대한 유명한 구절을 다음과 같이 해석한 경우가 그렇다. "이처럼 노동의 결실로 이루어진 영리활동은 사회를 거대한 시장으로 변모시켰다. 그곳에서는 인간활동의 산물뿐 아니라 인간마저도 판매된다. 육체노동자는 그의 체력 때문에 구매되며 정신노동자는 그의 오성적 능력 때문에 구매된다—즉 그들이 기술자, 화학자, 농부이기 때문에, 조직이나 지도의 능력을 갖기 때문에 구매된다. 공산주의적 생산과 개인주의적 소유간의 모순은 인간을 비하시켜 그들을 상품화시키고 이미 말했듯이 사회를 소매점으로 만든다."(*Der Kommunismus und die ökonomische Entwicklung*, Berlin 1894, S.14~15).

언어에 대한 맑스주의적 연구를 최초로 시도했다고 볼 수도 있다. 그는 추상적 개념이 구체적 개념에서 성립한다는 것을 인식한 데 그치지 않고[25] 언어와 혁명에 대한 연구에서 매혹적인 방식으로 언어와 문체와 개념이 사회적 운동과 변화에 입각해서 진화되고 변형됨을 분석했다. 라파르그의 기본 테제는 다음 글에 나타난 사상으로 요약될 수 있다.

"인간 본질의 모든 변화와 그 본질이 전개되는 환경의 모든 변화는 언어에서 나타난다. 농촌생활에서 도시생활로의 이행과 같은 일상성에서의 변화나 정치적 사건 등은 언어에 그 흔적을 남긴다. 급속한 정치적, 사회적 발전을 이루는 민족은 그들의 언어방식도 급속히 변화시킨다. 반면에 역사라고 할 만한 것이 없는 민족은 옛 언어에 밀착되어 있다. 라블레(Rabelais)의 불어는 그가 죽은 지 100년 후에는 겨우 학자들만이 이해할 수 있었다. 반면에 노르웨이어, 스웨덴어, 덴마크어의 모어(母語)인 아일랜드어는 거의 완전히 순수한 형태로 아일랜드에 보존되어 있다."[26]

라파르그는 위고, 도데, 졸라에 대한 문학비평적인 글에서도 부르주아 문화의 의미와 구조를 해명하는 혁명적 학자로 나타난다. 예술의 사회학적 해석에 입각해서, 물론 철저히 맑스주의적인 의미에서 그는 자신의 스

25) 그래서 그는 역사파악에 있어 관념론과 유물론에 대한 글에서 이렇게 말했다. "언어에 관해 말하는 한 본인은 우리의 문제와 관련된 한 가지 현상에 주목하고 싶다. 우리에게 추상적인 의미를 갖는 모든 단어들은 처음에 그것을 만든 원시인들에게 구체적인 의미를 갖고 있었다. 예를 들어 그리스어의 nomos가 법이라는 추상적 의미를 갖기 이전에 그 말은 목장, 체류지를 의미했다. 불어의 droit라는 말이 현재는 정의와 같은 의미이지만 원래는 구부러지거나 비뚤어지지 않은 대상을 나타내는 것이었다. 그렇다면 이러한 언어현상에 입각해서 구체적인 것이 인간의 머리에 추상적인 것을 환기시킨다는 결론을 내려서는 안 되는 것일까?"(*Idealizam i materijalizam u shvačanju historije*[*Idealismus und Materialismus in der Geschichtsauffassung*], in : *Izbor iz djela*, Zagreb 1957, S.224).

26) P. Lafargue, *Die französische Sprache vor und nach der Revolution, Ergänzungshefte zur Neuen Zeit*, Nr. 15, Stuttgart 1912, S.2.

승과 마찬가지로 '사회적 환경' 안의 계급 분화라는 계기를 인식했다. 이는 사회학적 해석에 매우 중요한 것이다. 작가는 자신이 벗어날 수 없는 사회적 환경에 필연적으로 결부되어 있다.

"천재적 예술가의 뇌는 위고(Hugo)가 생각했듯이 '신적인 술잔'이 아니라 현재의 사실, 감정, 사고, 그리고 과거의 기억 등이 아무런 질서 없이 퇴적되는 요술 그릇이다. 이 그릇 안에서 이 다양한 요소들이 만나 서로 섞이고 융합되고 얽혀서 산문, 조각, 운문이 나오는 것이다. 이러한 뇌의 발효에서 탄생한 작품은 그 특성에 있어, 그 예술 작품의 형성에 참여한 여러 요소들보다 풍부하다. 이는 마치 합금이 그 합금을 구성하는 금속들과는 다른 특성을 갖는 것과 같다."27)

다른 구절에서도 그의 견해에는 기계론적 특색, 추상성, 낭만주의 등이 나타나고 있으며 이러한 계기들을 극복하지 못했다. 라파르그는 모든 사건과 현상에 극도로 민감하게 반응했으며 이 시기의 맑스주의의 발전에 있어 1급 두뇌의 한 사람이었다. 그는 트러스트, 독점, 금융 자본의 출현과 기능을 최초로 지적한 사람의 하나라는 공적이 있으며 — 「혁명 직후」라는 논문에서 — 스탈린주의 시대의 사회주의에서 완전히 망각되었던 맑스주의의 기본이념, 즉 국가 고사론과 사회적 자주관리의 이념을 부각시킨 공적이 있다. 이러한 분석에서 그의 혁명적 상상력이 그를 부추겼고 많은 경우 구체적 조치의 예측에 있어 지나쳤던 바가 없지는 않으나 혁명 이후 시기에 대한 그의 전망은 본질적으로 맑스와 엥겔스의 견해에 일치한다. 즉 국가는 계급지배의 도구이며 따라서 새로운 혁명정부는 사회주의적으

27) P. Lafargue, *Porijeklo romantizma(Der Ursprung des Romantismus)*, in: *Književne kritike*, Beograd 1949, S.82.

로 조직된 프롤레타리아 대중에 입각한 것인 이상 부르주아적 기구를 해체시키고 새로운 질서를 위한 최초의 토대를 놓아야만 한다.

"거의 모든 자본주의 국가에서 이미 실행되고 있듯이 국가가 계속해서 체신과 전신을 소유하고 지폐를 발행하고 철도를 관리하는 것에 대신하여, 또 라살레가 원한 것처럼 국가가 방직업과 방적업을 소유하고 공장의 감독자로 머무르는 데 대신하여, 혁명정부는 노동자가 스스로 자신의 주인, 기업가, 감독자가 되도록 작용해야 한다.

혁명권력은 집배원이나 전신국, 철도, 탄광의 피고용자, 주물 공장에서 일하는 노동자, 그 감독, 직무규정, 노동관계, 가격 등을 제정하기 위해 존속되는 것이 아니다. 오히려 이 노동자들은 자신들끼리 구성될 것이며 스스로가 자신들의 작업장의 기술자, 관리자를 선정하고 소득도 자신들끼리 분배할 것이다. 필자가 여기서 소득에 대해 말하는 이유는 혁명 직후에는 노동에 대한 자본주의적 임금 지불이 잔존할 것이기 때문이다. 그러나 미래에는 노동자가 임금이나 개인적 소득을 취하지 않고 모든 사회적 부가 동등하게 이용되는 공산주의 사회를 예측한다. 혁명 직후에 국가는 혁명권력을 사용해서 생산수단을 생산자에게 인도할 것이며 개인 경영자의 책무에 대한 조치, 즉 경영자에게 속하는 공로를 변상하는 조치와 기술설비의 상각, 개수, 개선에 대한 공제조치를 규정하고 조사하는 특별위원회에 위임될 것이다. 이 총액은 사회적 소유가 되어야 하며 그렇게 해서 모든 사회구성원을 위한 식료품, 주거, 의복을 확보해야 한다."[28)]

이미 언급했듯이 라파르그에게는 혁명적 낭만주의 정신에 입각한 불완전한 구절이나 일정한 기계주의적 해석이 존재하며 현대에서의 전쟁의 불가능성과 같은 예에서 볼 수 있는 잘못된 추론도 발견된다. 그러나 그러

---

28) P. Lafargue, *Neposredno poslije revolucije*(*Unmittelbar nach der Revolution*), in: *Izbor iz djela*, l. c., S.400~401.

한 약점에도 불구하고 죽을 때까지 일관성 있게 전장에 서서 새로운 인간을 위한 투쟁의 최전선에 임하고—매우 드문 경우인데—맑스주의를 창조적으로 적용하고 풍요롭게 할 줄 알았던 위대한 이론가이자 혁명가의 모습이 흐려지지 않았다.

조르쥬 소렐(Goerges Sorel, 1847~1922)

이 시기에는 특히 프랑스에서—독일의 수정주의의 발전과 병행해서—혁명적 생디칼리즘이라 불리우는 맑스주의상의 일탈이 발생한다. 생디칼리즘의 가장 중요한 이론가로서는 펠루티에(Pelloutier)와 조르쥬 소렐이 있다. 당시까지의 사회주의 운동에 대한 관찰, 특히 파리 코뮨과 밀레랑의 입각에 대한 경험은 소렐로 하여금 펠루티에의 사상에 접하도록 했고, 그것을 무정부주의와 몇 가지 공통점을 갖는 자신의 체계로 더욱 발전시키게끔 했다.

소렐은 90년대초에 맑스주의로 전향하여 라파르그, G. 드비예(Deville), A. 보네(Bonnet) 등과 함께 『신기원』 지(誌), 『사회변동』 지에서 활동했다. 그는 이미 이 시기에 이탈리아 사회주의자와 맑스주의자 등과 친밀한 접촉을 하고 있었기 때문에 소렐을 통해 『사회변동』 지에는 안토니오 라브리올라(Antonio Labriola), 아르투로 라브리올라(Arturo Labriola), B. 크로체(Croce) 등에 관한 많은 연구와 논문이 실렸다. 그러나 얼마 되지 않아 프랑스 맑스주의자들뿐 아니라 이탈리아 맑스주의자들간에도 분열이 일어났다. 소렐은 프랑스 사회주의 그리고 이 사회주의의 의회 내 투쟁, 몇몇 사회주의자와 부르주아 정부간의 협력 등에 대한 경험을 토대로 이러한 정치의 모든 이론적 정당화에서 맑스주의의 본질이 흐려지게 되었다고 확신하게 되었다. 그는 당시의 모든 맑스주의자와 사회주의자에 대항해서 비판적으로, 맑스주의라 불리우는 것에서 그 주요핵심을 구출해 내어야 한다는 주장을 내세우기 시작했다. 소렐은 역사적 운동의 구조와 법칙성에 대해 특히 심오한 연구자는 아니었고 분명 정치사상가였다. 결국 그의 저작에서는 맑스주의의 많은 것이 남아 있지 않게 되었고 정통에 대항해 투쟁하면서 새로운 정통에 빠져버렸다. 그러나 그의 시도 자체와 몇 가지 문제에 대한 그의 통찰은—이러한 문제는 오늘날에도 관련된 것인데—흥미있는 것이다.

소렐은 당시의 사회주의 운동에 대한 거부에서 사회주의의 근본적 오류가 의회주의와 휴머니즘을 신봉하는 데 있다고 믿었다. 특히 많은 지도적 지식인들이 그러한 정치적 전술을 채택한다는 점에 비추어서 그는 의회주의뿐 아니라 혁명적 노동운동에서의 지식인의 헤게모니와 지도적 역할에 단호하게 반대했다.[29] 소렐의 견해에 따르면 맑스가 부르주아의 정당적 관점을 극복하고 계급의 문제와 중요성을 지적한 것은 맑스의 가장 위대한 공헌이다. 이로부터 소렐은 다음과 같은 결론을 내렸다. "사회주의의 모든 미래는 노동조합의 자율적 발전에 달려 있다."[30] 그리고 또한 노동자 계급의 미래가 계급투쟁의 개념과 실천에 의존한다는 노동계급의 인식에 달려 있다. 그러므로 맑스주의에 있어 본질적인 것은 부르주아 정당의

---

29) 그러므로 그는 조레의 가장 신랄한 비판자였으며 1910년의 한 논문에서 이렇게 썼다. "이 뛰어난 대중의 지도자가 수행한 노력은 도덕적 부활이라는 허구의 어린애 장난으로 판명되었다."(*Mes raisons du syndikalisme*, in *Matériaux d'une théorie du prolétariat*, Paris 1919, S.284~285).

30) G. Sorel, *Avenir socialiste des syndicats*, in *Matériaux d'une théorie du prolétariat*, S.133.

모든 특색을 그대로 갖게 될 것이 뻔한 새로운 정당을 조직하는 것이 아니라 노동자 계급에 참여하는 것이다.

"맑스주의는 노동자 계급을 그들이 투쟁을 준비하면서 주인 없이도 유지할 수 있도록 수단을 발견케 하는 길로 인도해야 한다. 맑스주의는 노동자 계급이 부르주아지를 모범으로 삼을 필요가 없다는 것을 확신시켜야 한다. 반면에 맑스주의는 정당—그것이 아무리 혁명적인 정당이라 해도—과 혼동되어서는 안 된다. 왜냐하면 정당은 부르주아 정당에서처럼 투표를 고려해서 입장을 취하지 않을 수 없으며 필요에 따라 유사한 투표권 집단과 타협하지 않을 수 없기 때문이다. 그러나 맑스주의는 충실하게 절대적 혁명에 대한 고려만으로 채워진다."[31]

이런 이유에서 소위 혁명적 생디칼리스트 운동인 소렐의 '새 학파'는 새로운 정당을 조직하려는 방향으로 가지 않고 운동의 본질 자체를 파악하려 했다. 이 학파는 유토피아주의와 블랑키주의에서 유래되는 모든 상투어를 전적으로 거부하고 맑스주의적인 특성이 없는 모든 것에서 전통적인 맑스주의를 추출하여 그 핵심을 보존하려고 생각했다.[32]

소렐은 정당이 토대로서의 계급과, 일종의 국가조직을 세우려는 목적을 가진 지도적 인자들을 분열시킨다는 이유에서 모든 유형의 당에 부정적 태도를 취하면서 혁명적 조합에서 계급으로 조직되어 혁명권력을 지향하는 프롤레타리아트에 호소했다. 이 프롤레타리아트는 혁명적 전복의 원동력일 뿐 아니라 도덕적 심판자로서 도덕적 쇄신을 낳을 것으로 기대되었다.

31) G. Sorel, *Die Auflösung des Marxismus*, Jena 1930, S.64.
32) Ibid., S.66 참조.

"그리고 프롤레타리아트의 폭력은 단순히 미래의 혁명을 확보할 수 있는 것에 그치지 않고 인간성의 이상 때문에 마비된 유럽 국가들을 다스려 옛날의 힘을 재발견케 해줄 유일한 수단으로 여겨진다. 이 폭력은 자본주의로 하여금 자신의 실질적 역할에만 부심케 하여 자본주의가 이전에 갖고 있던 호전적인 특성을 다시 부여받게 만든다. 확고하게 조직되어 증대되는 노동자 계급은 자본가 계급으로 하여금 산업투쟁에서 자신의 열망을 보존하도록 압력을 가할 수 있다. 정복욕에 가득 차고 부유한 시민계급에 대항하여 몇몇 혁명적인 프롤레타리아트가 일어선다면 자본주의 사회는 자신의 역사적인 완성점에 도달할 것이다.

이렇게 해서 프롤레타리아트의 폭력은 맑스주의의 본질적 요인이 된다. 한 가지 점을 부언하자면 프롤레타리아트의 폭력이 적절한 방식으로 수행되는 경우 그 폭력의 영향은 의회주의적 사회주의를 억압하여 결국 의회주의가 더 이상은 노동자 계급의 주인이나 질서의 보호자 노릇을 하지 못하게 할 것이다."[33]

소렐에 있어 프롤레타리아트의 폭력은 문명의 기본적인 이익에 봉사하는 계급투쟁의 순수하고도 근본적인 표현이다. 아마도 이 폭력은 직접적인 물질적 장점을 얻기에 가장 적합한 방법은 아닐 테지만 "세계를 야만으로부터 구원할 수는 있다."[34] 소렐은 이처럼 폭력의 문제를 가장 중요한 윤리적 문제로 여겼다.[35]

소렐은 이 혁명적 폭력의 원동력을 총파업이라고 보았다. 그에 따르면 혁명적 생디칼리즘은 총파업에서 전체 사회주의의 의미를 인식한다. 그가

---

33) G. Sorel, *Über die Gewalt*, Innsbruck 1928, S.95.
34) Ibid., S.103.
35) 폭력에 관한 이 책의 말미에서 Sorel은 그의 관점을 요약했다. "사회주의는 폭력에 높은 도덕적 가치를 부여하며 폭력을 통해 사회주의는 현대세계를 구원한다."(Ibid., S.311).

생디칼리즘적인 구상에서 프루동의 영향을 받았다면, 최종적 전복으로서의 총파업 개념—이는 부분적 파업의 결론이자 최종목적이다.—을, 분화되지 않은 전체성으로서 창조적 진화라는 베르그송의 사상에서 확증했다고 여겼다. 총파업이란 ;

"사회주의가 전적으로 완결되는 신화이다. 즉 사회주의가 근대사회에 대해 취하는 여러 가지 선전포고에 대응하는 모든 정서를 불가피하게 불러일으킬 수 있는 일련의 이미지이다. 파업은 프롤레타리아트 안에 가장 고귀하고 심오하고 역동적인 정서를 낳는다."36)

프롤레타리아 계급의 통일적 행동으로서의 총파업은 국가, 정부, 실권자를 대체하는 의회주의적, 당내적 투쟁으로 종결되는 것이 아니라 소수에 의한 다수의 모든 지배와 모든 국가를 파괴시킴으로써 종결된다. 그러므로 소렐은 권력(force)과 폭력(violence)간의 용어적 구별을 행하여 "권력의 목적이 소수가 지배하는 일정한 사회질서의 조직을 이루는 것인 반면 폭력은 바로 이러한 조직의 파괴를 목적으로 추구하는 것이다"37)고 말한다.

소렐이 보기에 사회주의자들의 근본적 오류 중 하나는 노동자가 부르주아 국가를 파괴하고 난 후에 새로운 국가를 조직하기 위해서, 즉 자신들이 인민을 위해서 그리고 자본주의에 반대해서 투쟁한다고 열렬히 약속했던 자들에게 권력을 주기 위해서 노동자가 모든 것을 포기해야 한다는 사상이다.

---

36) Ibid., S.143~144.
37) Ibid., S.204.

"'새 학파'는 전혀 다르게 판단한다. 즉 새 학파는 프롤레타리아트의 역사적 사명이 시민계급의 모방에 있다는 사상을 받아들일 수 없다. 새 학파는 그저 지배자를 바꾸는 것에 불과하고 또 이데올로그, 정치가, 투기꾼 등에게 만족을 주고 모든 국가 숭배자와 국가 이용자들을 만족시키는 것과 같은 사소하고 의심스러운 성과를 얻기 위해서 자본주의를 파멸시키는 그러한 대단한 혁명을 수행한다고는 도저히 생각할 수 없다."[38]

따라서 소렐은 이행기에 있어 당과 국가의 역할에 대한 맑스주의적 견해에 대립해서 국가의 직접적 소멸이라는 전형적인 무정부주의적 사상을 주장한다. 여기서 그는 이론적으로나 실천적으로 매우 어려운 문제의 하나인, 소유자 없는 작업장의 자유생산자 상태로의 이행문제를 배제하고 있다.[39]

이러한 사상을 통해, 공언된 정치지향적 사상가인 소렐은 프랑스 특히 이탈리아에서 수많은 추종자를 갖고 있는 무정부주의적 생디칼리즘 운동의 이론적 지도자가 되었다. 그가 정통에 대해 매우 비판적이긴 했으나 결국 소렐은 역사적 운동의 문제를 보다 깊이 있게 파악하는 데 실패했고 많은 언급을 통해 그에게 맑스의 역사적 사상이 상당할 정도로 낯선 것이었음을 증명했다. 그러므로 맑스가 헤겔주의적인 진보사상에 빠져 '신비스러운 세계정신의 힘의 작용에'[40] 너무 많이 신뢰했다고 하는 소렐의 맑스 비판은 결코 문제의 핵심에 도달하지 못한 것이다. 그 자신의 사상은 전형적으로 경험주의적이다.

---

38) Ibid., S.211~212.
39) Ibid., 그리고 S.290~300도 보라.
40) G. Sorel, *Les illusions du progrès*, Paris 1921(3판), S.373.

"맑스는 사회의 메커니즘 안에서 경험적 자료가 아니라 신비스러운 역사적 힘의 작용을 보았다. 따라서 과거에 대한 과학적 연구가 세계정신의 근대적 작용방식을 발견하고 나면 더 이상 탐구될 가치가 있는 것은 존재하지 않는다는 것이다.—물론 이 경우 그러한 작용방식의 지속성을 확인한 것은 아니다."41)

유물론적이고 변증법적인 현실파악에 대한 보다 심오한 통찰의 결여는 소렐의 전저작에서 나타난다. 소렐의 저작은 여러 가지 영향이 절충적으로 혼합된 것이다. 프루동의 상호주의적이고 생디칼리즘적인 사상, 계급투쟁과 자유생산자의 결사에 대한 맑스의 견해, 유기적 전체로서의 베르그송적 진화, 민주주의와 평범에 대한 니체의 비판—이 모든 계기들이 소렐의 저작에 포함되어 있으며 바로 그 때문에 시기에 따라 이 계기들이 상이한 영향을 끼쳤다. 말년에 소렐은 레닌과 볼세비키 혁명에 열광했다. 그러나 그 혁명은 바로 소렐의 사상에 대립되는 이론적, 정치적 사상의 결과였던 것이다.42)

소렐의 저작에 대해 두지 않을 수 없는 제한을 무시한다면 그리고 그가 그의 이론적 관점의 상당 부분을 유지하지 못했다 하더라도 그가 계급적 계기를 부각시켰고 노동당과 계급의 분리를 경고했던 사실이 중요한 것임은 인정해야 한다. 또한 그는 사회주의 정당이 의회적 투쟁에 빠져 그 투쟁의 메카니즘에 의해 결국 부르주아 사회의 한 정당으로 변모되는 위험도 올바르게 인식했다. 이 두 가지 사실은 자본주의와 사회주의의 발전과정에서 확인된 것이다. 마찬가지로 총파업 개념에 대한 소렐의 주장도 자

41) Ibid., S.375.
42) *Les illusions du progrès*, Paris 1921(3판), S.382~384와 레닌을 위한 변호가 첨부된 *Rèflexions sur la violence*의 4판을 보라.

신의 정통 맑스주의를 자랑하던 여러 사람보다 훨씬 노동자 계급의 의식과 행동 가능성을 신뢰했음을 보여 주는 것이다.

펠루티에와 소렐의 영향 아래서 금세기초에 이미 어떤 유형으로든 정당 안에서 조직된 프롤레타리아트의 계급운동에 대립하는 생디칼리즘 운동이 형성되기 시작했다. 생디칼리스트 국제회의가 1907년 4월 3일 파리에서 개최되었다. 이 회의에는 그 당시 가장 유명했던 생디칼리즘 대표자들인 위베르 라가르델, 빅토 그리펠, 아르투로 라브리올라, 로베르트 미헬스, 보리스 크리체브스키 등이 참가했다. 그 대회의 보고내용이 수록된 팜플렛에서 소렐의 관점과의 동일성을 찾아볼 수 있다. 아르투로 라브리올라는 생디칼리즘의 본질은 다음과 같이 몇 가지 요점으로 표현했다.

1. 본질적으로 정치적 장치인 정당은 계급과는 다른 것이다.

2. 사회주의의 발전은 의회주의적, 민주주의적 방식과는 다르게 진행된다.[43]

---

43) *Syndicalisme et socialisme*, Paris 1903, S.13~14. H. Lagardelle는 이를 다음과 같은 방식으로 표현했다. "만일 계급투쟁이 사회주의의 전부라면 사회주의 전체가 생디칼리즘에 속한다고 말할 수 있다."(Ibid., S.3). Arturo Labriola도 마찬가지로 맑스에 관한 책에서 소렐의 정신에 따라, 사회주의 정당이 맑스주의를 대표하며 계급에 봉사하기보다는 계급 위에 존재한다고 말했다. 즉 경제가 아니라 국가가 주관심사로 되는 것이다. 사회주의와 국가주의를 혼동함으로써 사회주의 정당 자체가 이미 국가주의적이 되었다는 것이다(S.249~256을 보라). "그러므로 노동자와 자본가간의 대립은 노동자와 국가간의 새로운 대립으로 대체될 것을 예상할 수 있다. 계급투쟁은 개인적 자본가들의 공장에서 끝나지 않고 전 사회조직 즉 생산자가 동시에 작업장의 소유주이자 주인이 되지 못한 곳에서 계속되는 것이다."(*Karl Marx, l'économiste, le socialiste*, Paris 1923, S.260). 동일한 생디칼리즘적 분위기에서 로베르트 미헬스(Robert Michels)는 관료화 경향과 과두제 경향 그리고 근대정당의 과정에 대한 책인 *Zur Soziologie des Parteiwesens in der modernen Demokratie*(Leipzig 1910)을 썼다. 생디칼리즘 운동, 특히 F. 펠루티에와 V. 그뤼엘에 관해서는 Edouard Dolléans 의 노동운동사인 *Histoire du Mouvement Ouvrier*, Bd. I, II(Paris 1939) 중 제2권을 보라. 그리고 Eugen Naef의 *Zur Geschichte des französischen Syndikalismus*,

이 점에 실제로 생디칼리즘 전체가 함축되어 있다. 그리고 바로 민주주의와 의회주의에 대한 비판을 통해서 소렐의 몇 가지 기본사상과 달리 라가르델, 미헬스 등은 파시즘에 기여했다.

C. 이탈리아의 맑스주의

이탈리아의 혁명적 노동운동은 제1인터내셔널의 시대부터 시작된다. 바쿠닌주의의 영향 아래서 빈번한 박해를 받던 운동이 점차로 공고해지면서 세기말경에는 맑스주의의 영향이 강화되었을 뿐 아니라 통일적인 사회주의 정당의 창당을 맞게 된다(1892년 제네바 회의에서). 이 정당은 이탈리아 사회당으로 불리우게 된다. 그러나 곧 맑스주의와 무정부주의적 생디칼리즘의 영향 아래서 극우파(L. 비솔라티, I. 보노미, 카네파)와 무정부주의적 생디칼리스트(아르투로 라브리올라, N. 페리), 중도파(F. 투라티, 트레베스) 등으로 분열된다. 무솔리니는 자신의 추종자들과 함께 좌파를 이루었고 전쟁 발발기에 참전 주장과 이탈리아 제국주의와의 협력 때문에 당에서 축출되었다.44)

안토니오 라브리올라(Antonio Labriola, 1843~1904)

Zürich 1953, S.43~83도 보라.

44) 금세기초 이래의 이탈리아 맑스주의의 역사에 관해서는 R. Michels가 *Geschichte des Marxismus in Italien* (1907, 광범한 문헌목록이 수록되어 있다)에서 서술했다.

프랑스 노동운동과 프랑스 맑스주의가 라파르그를 배출했듯이 이탈리아는 안토니오 라브리올라를 배출했다. 그는 로마에서 대학교수로 있으면서 칸트의 선험철학에서 헤르바르트를 거쳐 헤겔에 당도했다. 90년대초에 이미 일찍부터 사회주의에 경도되었던 그는 맑스주의를 알게 되고 자신의 관념론적인 과거와 결별하여 가장 보편적이고 학식 많은 맑스주의 이론가의 한 사람이 되었다. 맑스주의자로서의 라브리올라는 특히 『공산당 선언을 기념하여』(1895), 『사적 유물론에 관하여』(1896), 『사회주의와 철학』(G. 소렐에 보낸 편지, 1898), 그리고 『한 시대에서 다른 시대로』(1925) 등을 저술했다.

라브리올라에 대해 말하는 것은 엥겔스가 자신의 편지에서 라브리올라를 지칭해서 말했듯이 '엄격한 맑스주의자'에 대해 말하는 것이다. 유물론적 역사관에 대한 그의 논문들은 사적 유물론의 관점에서 역사문제에 대해 행한 다면적이고 독창적인 고찰이라는 점에서 탁월한 것이다. 이 논문들을 통해 라브리올라는 이탈리아의 사회주의적 독자층에 맑스주의를 인식시키는 데 많은 기여를 했다.

맑스주의자를 포함한 모든 과학에 대해 라브리올라는 제2인터내셔널의 많은 맑스주의자들과 마찬가지로 유일하게 가능한 맑스주의적 관점을 취했다. 앞서 보았듯이 엥겔스는(1891년 2월 23일자 카우츠키에게 보내는 편지) 『신시대』지에 대한 검열을 요구하는 주장에 대하여 반어적으로 단정하기를 독일의 사회주의 과학이 비스마르크의 사회주의법에서 해방된 이후에 사회주의자들에 반대하고 당의 지도에서조차 벗어난 새로운 법률에 또 다시 종속된다는 것은 멋진 생각이라고 말했다. 이러한 의미에서 라브리올라도 다음과 같이 말했다.

"본인은 어느 정도 그리고 현상황에서 당의 정치노선에 관한 모든 것에 대해서는 동지들이 엄격할 권리, 심지어는 전제적일 권리조차 인정한다. 그러나 동지들이 자신들이 동지라는 이유만으로 과학의 문제에 있어 권위를 행사하려 하고 심판자로 행세하려는 것은 거부한다. 과학의 문제는 표결로 해결될 수 없는 것이며 이른바 미래사회에서도 결코 그럴 수는 없다."[45)]

분명 라브리올라는 사적 유물론의 본질적 문제에 정통했을 뿐만 아니라 역사운동의 이러한 일반이론을 적용하는 데 있어서도 어떤 의미에서는 몇 가지 중요한 결절점을 인식하고 있었다. 이러한 결절점이 인식되지 않았다면 역사적 복합체에 대해 결실 있는 유물론적 분석은 불가능했을지도 모른다.

이 시기에 신칸트주의와 유사하게, 칸트의 철학과 맑스의 철학을 결과적으로 결합시키려는 신칸트주의적 '맑스주의'에서도 나타난 윤리적 사회주의냐 과학적 사회주의냐 하는 문제에 관한 논쟁에서 라브리올라는 단호하게 근본적인 윤리적 문제는 그 본질에 있어 정치적 문제임을 주장했다.

"윤리와 관념론은 과학적 사상이 프롤레타리아트의 이익에 봉사케 하는 데서 성립한다. 이러한 윤리가 대체적으로 기발하고 신경질적인 감상주의자들에게 충분치 못한 것이라면 차라리 스펜서(Spencer) 사제로부터 이타주의를 표절하는 것이 나을 것이다. 그러면 감상주의자들에게 하찮고도 실체가 없는 정의를 제공해 줄 것이다. 그들이 그러한 정의에 만족할지는 모르지만."[46)]

---

45) Antonio Labriola, *Discorrendo di socialismo e di filosofia*, Bari 1953, S.94.
46) Antonio Labriola, *Zum Gedächtnis des Kommunistischen Manifestes*, Lei-

라브리올라는 특히 요인 이론을 신랄하게 비판했다. 그는 강조하기를 이 이론은 역사적 복합체의 개별적 계기만을 인식하면서도 개별적 계기 안에서 역사발전의 이해를 위한 열쇠가 존재한다고 믿는 경험론자들의 견해라고 말했다. 반대로 '사회는 뒤엉켜 있는 전체'47)이며 이 전체는 형성된 것이며 또한 계속 변화해 가는 것이다. 한편으로는 경제형식을 고찰하고 다른 한편으로는 이를테면 법률, 정치, 관습을 고찰하는 것으로 충분하다고 생각하는 자들은 사물을 단지 추상적으로 탐구하는 것이다. 역사는 사회적 유기체로서 파악되어야 한다.

"우리의 눈앞에는 통일적인 사회적 삶의 전체가 있다. 경제는 발전과정 안에서 해체되어 마찬가지로 많은 형태론적 단계 안에서 나타난다. 이 단계들에서 경제는 다른 모든 것에 대한 하부구조로 작용한다. 무엇보다도 중요한 것은 우리의 반대자들이 생각하듯이 소위 경제적 요인을 추상적으로 고립시켜 나머지 전체에 확대시키는 것이 아니라 경제를 역사적으로 이해하고 경제의 변화를 통해 다른 변화를 설명하는 것이다."48)

이 분석에서 라브리올라는 모든 사회 현상에 대한 맑스주의적 연구에 본질적으로 중요한 계기를 독창적으로 부각시켰다. 첫째, 사회적 역사적 인과결정론의 영역 또는 규정자와 피규정자의 영역에서 제관계는 결코 한눈에 분명하게 나타나는 것이 아니며 개인심리학의 주관적 결정론의 영역에서는 더욱더 불분명하다는 것이다. 둘째로, 이 후자의 영역에서 중요한

pzig 1909, S.34.
47) Ibid., S.34.
48) Ibid., S.39.

것은 복잡한 역사적 현상을 경제적 범주로 번역하는 것이 아니라 궁극적으로 모든 역사적 사실을 근저에 있는 경제구조를 통해 설명하는 것일 뿐이다.49) 그리고 셋째로 ;

"근저에 있는 경제구조에서 시작해서 일정한 역사 시기의 전체에 도달하기 위해 우리는 다들 적절한 용어가 없기 때문에 사회심리라고 부를 수 있는 개념과 인식의 복합체의 도움을 필요로 한다. 사회심리로 본인이 염두에 두는 것은 사회적 영혼과 같은 환상적 존재도 아니며 개인의 의식과 그 물질관계, 규정 가능한 관계에서 독립된 자신의 법칙에 따라 실현되고 사회적 삶에서 표현되는 것 같은 소위 집합정신도 아니다…… 대부분의 경우 기술적(記述的)이기 때문에 결코 추상적 규칙에도 환원시킬 수 없는 이 사회심리는 역사가, 연설가, 예술가, 소설가 및 모든 종류의 이데올로그들이 지금까지 자신들의 작업의 독점적 대상이라 여겨 왔고 또 지금까지 그렇게 이해하고 있는 것이다. 그때그때 주어진 사회적 조건 안에서 특정한 인간의식을 나타내는 이 심리에 선동가, 연설가, 이념 전파자들이 입각하고 있다. 우리는 이 심리가 일정한 사회조건의 결실이자 파생물이며 결과임을 알고 있다. 즉 일정한 상황에 있는 일정한 계급이 자신이 충족시키는 기능을 통해, 자신이 처해 있는 불가피성을 통해, 자신이 행사하는 권력을 통해 이룬 결과이다. 그리고 이 계급, 기능, 불가피성, 권력은 다시 일정한 생산형식과 생필품 분배형식 즉 일정한 경계구조를 전제한다. 그 본성상 항상 외적 상황에 의해 제약되는 이 사회심리는 소위 인간정신의 추상적이고 보편적인 과정의 표현이 아니다. 사회심리는 항상 특정조건의 특정한 형성물이다."50)

---

49) A. Labriola, *Essais sur la conception matérialiste de l'histoire*, Paris 1897, S.135.

50) Ibid., S.135~137. "그 외에도 부산물(예를 들어 예술과 종교)을 그러한 부산물이 이념화시키고 있는 사회관계로 환원시키려는 모든 시도에서 우리는 변형이 실현되는 매체인 사회심리에 정통해야 한다. 사회심리 안에 우리가 여러 가지 표현으로, 즉 이집트 세계, 그리스적 의식, 르네상스의 정신, 지배적 이념, 민족

맑스주의자를 요인 이론으로 환원시키려는 즉 경제적 요인에로 환원시키려는 자들의 일면성에 대해 라브리올라가 지적했던 것과 마찬가지로 그는 맑스주의를 다양한 분과로 분류하려는 마자릭(Masaryk)의 시도에 대한 그의 비판에서 자신이 맑스주의를 통일된 이론으로 파악함을 강조했다.[51] 바로 그 때문에 그에게는 맑스주의와 다윈주의의 혼동이나 맑스주의에 대한 속류적인 해석은 이해될 수 없었다. 19세기말 생물학주의적 사회학에서 특히 과시되었던 인류 발전에 대한 다윈주의적 해석에 대해 라브리올라는 다음과 같이 썼다.

"인간이 도구를 만들고 정교화시키고 이 도구로 인위적 환경을 만들 수 있는 한, 그리고 이 환경이 다시 나름의 복합적 결과로 인간에게 영향을 미쳐서 인간의 현재 상황과 점진적 변형을 통해 환경이 인간발전의 기회와 조건이 되는 한 역사는 인간의 산물이다. 따라서 이러한 인간의 산물인 역사를 단순한 생존 경쟁으로 환원시킬 근거는 전혀 없다. 생존경쟁이 물론 동물의 기관을 완벽하게 만들어 가고 변화시켜 일정한 상황 아래서 그리고 일정한 방식으로 새로운 기관의 형성과 발전을 낳기는 하지만 인류의 역사적 과정의 특징인 완성을 추구하는 지속적이고 전통적인 운동을

심리 등으로 사회나 계급에 부여하는 관계 전체의 존재이유가 놓여 있다. 이 관계가 형성되어 인간이 일정한 사유구성물, 일정한 신앙, 상상의 양식에 익숙해지면 전통적으로 전승된 이데올로기는 스스로를 결정화(結晶化)시키는 경향이 있다. 그러므로 이데올로기는 새로운 곳에 대립하는 힘으로 나타나며, 이 저항을 말과 글로, 불관용으로, 논쟁과 박해로 표현함으로써 동시에 새로운 사회조건과 낡은 사회조건간의 투쟁은 이념간의 투쟁이라는 형식을 취한다."(Ibid., S.260).

51) *A propos de la crise du Marxisme, in Essais sur la Conception matérialiste de l'histoire*, Paris 1928, S.290을 보라. 1899년에 출판된 이 논문은 맑스주의의 위기에 관한 Th. Masaryk의 견해를 반박한 것이며 마자릭이 *Die philosophischen und soziologischen Grundlagen das Marxismus, Studien zur sozialen Frage*, Wien 1899에서 제시한 맑스주의의 위기설을 논박한 것이다.

낳지는 못한다. 우리의 이론을 다윈주의와 혼동해서는 안 되며 우리의 이론 안에는 어떠한 새로운 형태의 숙명론—신비적이든 신화적이든 또는 비유적이든 간에—을 위한 여지도 없다. 왜냐하면 역사가 무엇보다도 기술의 발전에 기인하는 것이 참이라면, 즉 도구의 점진적 고안이 노동의 점진적 분화를 낳고 또 그에 따라 불평등—이 불평등이 어느 정도 안정된 전체를 이루는 것이 사회유기체의 특성인데—이 생긴 것이 참이라면 그와 마찬가지로 이러한 도구의 고안은 동시에 우리가 심리학적 추상을 통해 고립시켜 상상, 지성, 이성, 사유 등으로 부르는 내면적 삶의 조건과 형식의 원인이자 결과라는 것도 참이다. 인간은 점차로 다양한 사회적 환경, 즉 독립적이 되어 가는 인공적 영역을 만들어 냄으로써 동시에 자기자신을 만들어 낸다. 이데올로그들이 다양한 상상적 결합과 논리적 구축을 통해 인간 정신의 진보에 대해 표상할 수 있는 진정한 핵심, 구체적 근거, 실증적 토대는 바로 이 사실에 있는 것이다."52)

여기 인용된 모든 사상은 그 당시의 많은 맑스주의자, 그리고 가장 대중적인 맑스주의자들보다도 사건의 변증법적 성격에 대해 훨씬 깊은 감수성을 보여주고 있는 것이다. 라브리올라에게는 있는 것, 즉 공언된 재능뿐 아니라 독일 고전철학, 특히 헤겔의 철학에 대한 인식이 그들에게는 결여되어 있었다. 이러한 인식 없이는 맑스와 엥겔스의 사상의 전체적 복합성에 돌입할 수 없는 것이다.

그럼에도 불구하고 라브리올라에게서도 어느 정도의 일면성이 발견된다. 물론 그는 이 일면성을 계속 주장하지는 않았다. 예를 들어 그에게서 우리는 미래의 무계급 사회에서는 모든 종류의 우연성이 사라질 것으로 가정하는, 미래 역사의 결정성과 인간 계획의 합리성에 대한 해석을 보게

52) A. Labriola, *Essais sur la conception matérialiste de l'histoire*, Paris 1897, S.146. 사적 유물론에 대한 속류적인 경제적 해석에 대해서는 S.242f.를 보라.

된다. 그는 그의 유명한 논문에서 이 미래의 사회에서는 "규제된 생산이 지금까지의 역사에서 우발적 사건이나 재난의 다양한 원인으로 여겨졌던 모든 우연성을 삶에서 제거시킬 것이다. 물론 이는 현재나 과거가 아니라 미래에서 그러할 것이다"[53]라고 썼다.

라브리올라는 분명히 역사적 사상가였고 이 점에서 그는 자신이 높이 평가한 엥겔스와 상당한 유사성을 갖고 있었다. 크로체의 제안에 따라 『사회주의와 철학에 대한 논의』로 출간된, G. 소렐에게 보낸 편지에서 그는 엥겔스의 저작, 특히 『반뒤링론』에 대한 전면적인 열광을 표현했고 그 책에서 '젊은 지식인들을 위한 정신적 처방'을 보았다.[54] 그는 그의 관심이 우선적으로 인간과 역사였다는 사실을 "사적 유물론은 어떤 의미에서 맑스주의 전체이다"[55]라는 단언, 그리고 맑스주의 철학 즉 사적 유물론은 '실천의 철학'[56]이라는 단언으로 강조했다.

이러한 그의 추구로 라브리올라는 이탈리아 맑스주의에 있어 유물론적 역사관에 깊이 있게 정통한 드문 사상가 중 한 사람임을 입증했다. 그의 전체 과학적, 철학적 사상은 그러한 역사관으로 점철되어 있다. 라브리올라의 저작은 의심할 바 없이 이탈리아 맑스주의의 가장 귀중한 원천이며 그 이후의 맑스주의자들 특히 A. 그람시(Antonio Gramsci)에게 현저한 영향을 미쳤다.[57]

---

53) Ibid., S.184~185.

54) A. Labriola, *Discorrendo di socialismo e di filosofia*, Bari 1953, S.52.

55) Ibid., S.14.

56) Ibid., S.58~59. 사적 유물론에 대한 글에서 그는 이렇게 말했다. "이번 2세기에 걸친 엄청난 경제적, 정치적 혁명의 시기는 두 가지 사상을 성숙시켰다 : 역사적 사실에 그 과정이 지속적으로 내재되어 있다는 것과 유물론이 근본적으로 사회혁명에 대한 객관적 이론이라는 것이다."(*Essais sur la conception matérialiste*⋯, S.192).

제2장
독일의 맑스주의와 수정주의

비스마르크는 사회주의탄압법의 공포(公布) 이후에도 사회주의의 확대를 막을 수 없었다. 불법적 정당은 더욱더 많은 추종자를 획득해 갔다. 동시에 국민자본은 급격히 증대되어 단기간내에 독일은 가장 발전된 산업국가로 여겨지게 되었고 그 때문에 제국주의적 세계분할에서 필연적으로 일정한 영역을 점하게 되었다.

이 시기에 파리에서 제2인터내셔널이 발족되었다. 만국박람회에 즈음하여 파리에서는 동시에 두 개의 사회주의 노동자대회가 개최되었다. 하나는 가능주의자들이 소집한 것이며 다른 하나는 맑스주의자들에 의한 것이었다. 전자의 경우는 아무런 주목할 만한 결과 없이 끝났고 후자의 대회에서 제2인터내셔널이 발족되었다(1889). 이는 원칙적으로 모든 문제에 있어 맑스주의적 관점을 대표했다. 흥미로운 것은 1900년까지 인터내셔널이 지속적인 중앙을 갖지 않았다는 사실이다. 인터내셔널의 각 지부는 자율성을 갖고 있었고 나름대로 가장 적절하다고 판단된 방식으로 총회의 결정을 수행한다는 의무만을 갖고 있었다. 1900년에 가서야 사회주의 인

---

57) Labriola 외에도 보다 젊은 A. Poggi가 맑스주의자로 등장했다. 그는 Baraton, F. Weiß, Crespi 등과 함께 *Critica sociale*이라는 책에서 맑스주의의 관념론적 수정을 시도했다. 초기의 B. Croce의 이론적 저술도 Labriola 영향 아래 있었다.

터내셔널의 사무국이 브뤼셀에 세워졌지만 이것도 인터내셔널의 집행기관은 아니었다[사무국장은 E. 판더펠데(Vandervelde)였고 서기는 G. 위즈망이었다].

이는 한편으로는 상이하게 시작되고 다기한 혁명운동과 과정을 권위적으로 중앙에서 통제할 수는 없다는 엥겔스의 관점을 반영한 것이며, 다른 한편으로는 엥겔스가 맑스와 마찬가지로 언제나 완료되어 있는 유일하게 올바른 해결책을 가진 이의없는 권위자로 처사할 의도를 전혀 갖지 않았다는 사실을 반영한 것이다. 엥겔스와 맑스는 오히려 역사적 운동의 내재적 경향을 실천시키려는 사회주의자들의 어렵고도 보편적인 투쟁에서 진정한 동지와 조언자로서 활동하려 했다.

이미 언급했듯이 독일의 사회민주주의는 사회주의탄압법의 시대에 더욱 강력해졌다. 80년대 말에 사회민주주의는 투표에서 10% 이상의 득표율을 올렸다. 그것은 후보자들이 당에 의해서가 아니라 개별적 선거구의 선거위원회에 의해서 추천되어서 불법적인 사회민주당의 많은 당원들이 입후보할 수 있었기 때문이었다. 국민자유당과 보수당이 사회주의법의 시효연장에 대해 의견일치를 보지 못했기 때문에 이 법은 1890년 1월 25일 재승인을 얻지 못하고 동년 10월 1일에 폐지되었다. 당은 80년대 말에 투표해서 50만표를 얻었고 1890년 2월에는 150만표를 얻었다. 이런 상황에서 사회민주당은 1881년 10월 14일에서 20일까지의 에르푸르트 대회에서 카우츠키(Kautsky)와 베른슈타인(Bernstein)이 작성한 유명한 강령을 제안했다. 그 밖에도 또 다른 두 가지 초안이 있었다. 하나는 아우어(Auer), 베벨(Bebel), 리프크네히트(Liebknecht)가 소속된 위원회의 초안이었고 다른 하나는 마그데부르거 반대파(파울 캄프마이어Kampffmeyer)의 초안이었다. 그러나 카우츠키와 베른슈타인의 초안이 승리를 거두었다.

에르푸르트 강령은 그 안에 사회민주당의 대부분이 취한 이후의 수정주의적, 개량주의적, 통합주의적 정책의 토대 중 많은 것이 포함되어 있다고 여겨졌기 때문에 특별히 비판의 대상이 된다. 그러나 당의 정책은 본질적으로 이 강령에 의존하지 않았다. 왜냐하면 이 강령은 매우 상이한 종류의 당활동을 위한 가능성을 제공했기 때문이다. 실제로 굴복정책은 나중에 언급되겠지만 여러 다른 상황에 제약된 것이었다.

카우츠키가 초안한 강령의 제1부는 보다 원칙적인 성격의 것이며 베른슈타인에 의한 제2부는 당의 직접적 과업에 관한 것이다. 제1부에서는 부르주아 사회의 경제발전이 어떻게 생산수단의 독점화로 귀결되어 소생산자의 위축과 몰락을 가져오고 노동자가 재산없는 프롤레타리아트로 변화되는가가 상론되어 있다. 프롤레타리아트에게 이러한 발전은 몰락에 처한 중산계급—소시민과 농부—에 대해서와 마찬가지로 자신의 생존에 있어 불안의 증대이며 결국 빈곤, 수탈, 착취에로 몰고 간다. 계급적대는 더욱 첨예화되고 특히 자본주의 체제의 불가피한 위기를 통해 강화된다. 이러한 상황은 오직 생산수단, 토지, 탄광, 천연자원, 도구, 기계, 유통수단 등에 대한 자본주의적 사적 소유를 사회적 소유로 변화시키고 상품생산을 사회의 이익을 위해 그리고 사회의 이익에 의해 관리되는 사회주의적 생산으로 변화시킴으로써만 변혁될 수 있다. 그런데 이는 오직 노동자 계급 스스로의 활동에 의할 수밖에 없다.

"자본주의적 착취에 대한 노동자 계급의 투쟁은 필연적으로 정치적 투쟁이다. 정치적 권리를 갖지 못한 노동자 계급은 자신의 경제투쟁을 수행할 수 없고 경제적 조직을 발전시킬 수 없다. 노동자 계급은 정치적 권력을 장악하지 않고는 생산력을 모든 사람의 소유로 이행시킬 수 없다.

노동자 계급의 이러한 투쟁을 의식적이고 통일적으로 형성된 자신의 자연필연적 목적에 지향시키는 것—바로 이것이 사회민주당의 과제이다."[1]

자본주의적 생산관계가 지배하는 모든 나라에서 노동자 계급의 이익은 동일하므로 사회민주당은 세계 모든 나라의 계급의식을 가진 노동자와 연대를 취한다. 그러므로 사회민주당은 어떤 새로운 특권을 위해 싸우는 것이 아니라 계급사회, 계급 일반의 지양을 위해서 그리고 성(性)과 인종에 따른 차별이 없는 만인의 동등한 권리와 의무를 위해서 싸운다. 사회민주당은 모든 착취와 억압에 반대한다. 설령 그러한 착취와 억압이 한 계급, 한 정당, 한 성(性) 또는 한 인종에 대한 것이라 해도 그러하다.

이러한 원칙에서 출발해서 제2부에서는 사회민주주의의 직접적 요구가 서술된다. 특히 20세부터의 보통선거권과 평등선거와 국가, 주, 시에서의 인민에 의한 직접적 입법, 기존의 군대를 대체하는 인민방위와, 전쟁과 평화에 대한 국민대표의 결정, 모든 국제분쟁의 법적 해결, 언론자유와 집회의 자유, 여성의 동등한 권리, 개인적 관심사로서의 종교의 인정, 교회적 종교적 목적에 대한 공적 수단의 축소, 세속적 학교와 보편적인 교육의무, 자유로운 초등학교, 자유로운 법의 보호와 건강의 보호, 진보적 조세, 마지막으로 효력있는 국가적, 국제적 노동입법 등이다.

물론 이 강령이 생산수단의 사회화 요구, 즉 자본주의적 생산수단의 지양요구를 제기하지 않았고 마찬가지로 이 강령이 노동자의 투쟁을 정치적 투쟁으로 규정하지 않았고 정권장악을 목적으로 제시하지도 않았음은 사

1) K. Kautsky, *Das Erfurter Programm, In seinem grundsätzlichen Teil erläutert*, Hannover 1964, S.255.

실이다. 그런데 또 하나의 특징은 이미 이 당시의 구절에서나 행동에서 하나의 경향으로 나타났고 이는 나중에 결국 법의 테두리를 넘지 않으려는 노력으로 표현되었다. 그래서 예를 들면 에르푸르트 강령에는 행정부가 특권을 갖고 있는 군주제적이고 국가주의적인 구조의 필연적 지양이 명확히 언급되어 있지 않으며 또한 각 계급의 권리, 그리고 혁명과 프롤레타리아 독재에 대한 노동자 계급이 권리도 명시되어 있지 않다. 직접적 행위의 지침이자 대회의 요구로 여겨졌던 강령의 제2부는 어찌 됐든간에 거의 강령 사체로 여겨졌다. 왜냐하면 제1부의 몇몇 테제를 제외하고는 2부가 개량주의적 활동의 충분한 토대를 제공했기 때문이다. 따라서 이 강령은 이미 자체 안에 분열의 씨앗을 잉태하고 있었던 것이며 실제로 20년 후 이 분열은 독일 사회민주주의에서 나타났던 것이다.

혁명투쟁 그 자체를 주장하고 맑스와 엥겔스에 거의 입각해 있는 혁명운동의 지도자 중에는 W. 리프크네히트와 A. 베벨이 있었다.

빌헬름 리프크네히트(Wilhelm Liebknecht, 1826~1900)는 이론적으로는 대단한 인물은 아니지만 독일과 유럽의 노동운동에 대한 수년에 걸친 활동을 통해 대단한 업적을 남겼다. 그는 1848년 혁명의 적극적 가담자였고 후에 런던 망명시기에 맑스와 절친한 친구였으며 그 이후에는 베벨과 함께 노동당을 창당했고 베벨과 함께 독일제국회의에서 이 당의 대표로 활동했다.

리프크네히트는 그 외에도『전진』지(誌)의 편집장을 역임하기도 했다. 그는 일생 동안 수많은 논문과 글을 남겼다. 그 중에는「아는 것이 힘이다. —힘은 아는 것이다.」(1872),「농촌문제」(1876),「프랑스 혁명사」(1890),「로버트 오웬」(1892),「칼 맑스에 대한 회고」(1890) 등이 있다.

W. 리프크네히트는 진정한 호민관이었으며 베벨과 함께 19세기 독일의 사회민주주의 운동의 가장 중요한 인물 중의 한 사람이었다.

아우구스트 베벨(August Bebel, 1840~1913)

리프크네히트보다 영향력 있는 정치가인 아우구스트 베벨은 모든 면에서 독일 사회민주주의의 가장 탁월한 정치적 지도자였으며 뛰어난 연설가이자 철두철미한 혁명가였다. 『1874~1876의 제국주의와 지방회의의 의회활동』외에 『기독교와 사회주의』(1872), 『샤를르 푸리에』(1888), 『사회민주주의와 보통선거권』(1895), 『회고록』(1910~1914) 등을 저술했으며 또한 노동운동에 관한 책으로서 가장 많이 읽힌 『여성과 사회주의』(1883)을 썼다. 베벨은 이 책에서 풍부한 자료에 입각해서 여성해방 문제에 대해 사회주의자의 기본적 관점을 발전시켰고 여성이 사회에서 종속된 역할을 취하게 만드는 우선적인 사회적 원인을 밝혔다. 이 책을 통해 당은 독일에서 처음으로 여성의 정치적, 사회적 미성숙을 철저히 지양하자는 요구를 제기했다.

수정주의가 등장하자 베벨은 베른슈타인의 테제의 단호히 반대하면서 베른슈타인이 경제적 정치적 계기에 관해서 그 주장을 유지할 수 없음을 밝혔다. 베벨이 이론적 정신의 소유자도 아니고 맑스주의 이론을 보다 발전시키지도 않았지만 적어도 스탈린주의 시대에 맑스와 엥겔스의 근본적 관점과 의도에 반해 관철된 몇몇 견해에 대한 그의 사상을 살펴볼 필요가 있다.

첫째, 베벨은 맑스의 궁핍화 이론과 소위 개별적 자본의 감소 테제에 관한 베른슈타인의 비판이 유지될 수 없는 것임을 분명히 하고 그와 전적으로 대립되는 맑스의 주장을 지적했다. "당연히 이 점에서 다시 밝혀지는 것은 노동자 계급에 대한 지속적 억압에로의 자본주의의 경향은 반작용을 불러 일으켜서 노동자가 스스로를 조직하고 공동투쟁에서 부르주아지로 하여금 양보를 하도록 강요하게 된다는 사실이다."[2)]

베벨은 따라서 맑스의 분석과 일치할 뿐 아니라 더 나아가 노동자 계급의 상황개선에 진력하는 근대사회 자체의 발전과 일치되는 관점을 취했던 것이다.

> "대부분의 노동자의 상황이 개선되었고 이전 상황과 비교해 보아 처지가 절대적으로는 호전되었음이 사실이다. 그러나 이러한 개선을 이전 상황과 현상황간의 지배계급의 처지와 비교해 본다면 이 개선이 상대적으로 개선된 것인지는 단적으로 긍정할 수는 없는 문제이다."[3)]

물론 스탈린주의적 사상도 전국민이 진보한다 해도 노동자 계급은 빈궁화한다는 관점을 독단적으로 고집하는 특징이 있다.

베벨이 이 논의에서 정당하게 논박한 두 번째 사항은 사회주의자간의 사상의 자유문제였다. 이단규명과 독단주의에 대한 몇몇 수정주의자들의 논란이 있은 뒤 베벨은 유일하게 가능한 관점에서 이 문제에 대해 어떻게 권력투쟁시기와 성공적 혁명 이후의 시기에 사회주의운동이 결실을 거둘

---

2) A. Bebel, *Napadi na osnovne poglede i taktičko stajalište partije*(*Angriffe auf die Grundansichten und den taktischen Standpunkt der Partei*) in dem Sammelband *Marksizam i revizionizam* (*Marxismus und Revisionismus*), Zagreb 1958, S.364(크로아티아 어에서 재번역된 것).

3) Ibid., S.367.

수 있을 거신지에 대한 견해를 표명했다.

“이단규명은 우리가 독단을 갖는다는 것을 전제한다. 그러나 아무런 독단도 갖지 않는 당이 있다면 그것은 사회민주당이며 독단주의에 단호히 투쟁하는 사람이 있다면 그것은 맑스와 엥겔스이다. 그런데 이 두 사람이 현재 어떤 측에 의해 독단주의의 대표자로 주장되고 있다. 그들의 강령에 따라 기존 국가와 사회질서에 대한 최초의 요구에서 사상의 자유에 대한 모든 제한을 철폐하라고 요구하고 있는 당이, 기존사회에 요구하는 것을 동지들에게 허용하지 않는다면 희귀한 자기모순에 빠지게 될 것이다. 비판의 권리는 결코 왈가왈부할 수 없는 요청이다. 비판이 우리의 마음에 들지 않을 수 있다. 비판은 언제나 불쾌한 것이다. 왜냐하면 인간이나 당은 자신의 견해를 하루 아침에 바꿀 수 없기 때문이다. 한 개인이나 대중이 자신의 판단을 수정하려면 상당히 많은 상황을 거쳐야만 한다. 비판의 자유는 우리의 삶의 원리이며 우리가 살아 숨쉬는 공기이다.”[4]

그러나 제3인터내셔널의 시기에 이러한 맑스주의, 맑스주의 운동, 사회주의의 기본전제가 얼마나 반박되고 비난받았던가! 정치적 중앙의 관점이 모든 정치적, 과학적, 심지어 예술적 문제에 있어 반박할 수 없는 결정으로 이해되어야 한다는 견해가 사상의 자유, 인격의 자유에 대한 ‘증명’으로 여겨졌고 더욱이 맑스주의자의 당파적 관점이 최고로 표현된 것이라 주장되었다—즉 자신의 활동을 통해 미래의 인격의 자유를 낳을 그런 사람들의 관점이라고 주장되었던 것이다!

폭력혁명만이 사회주의를 향한 유일하게 가능한 길이라고 주장한다면 이는 바로 맑스, 엥겔스, 베벨 그리고 모든 위대한 혁명적 인물—레닌을 포함해서—들이 주장한 것과 정반대되는 것을 말하는 것이다. 베벨은 베

---

4) Ibid., S.338.

른슈타인의 기회주의에 반대해서 혁명에 대한 변증법적 견해를 주장했다.

"우리 당에 자신의 목적을 보다 좋고 손쉬우며 간단한 방식으로 성취할 수 있다고 믿으면서 혁명을 행하려 하는 사람이 있다면 그것은 넌센스이다. 혁명을 야기시키는 것은 혁명가가 아니라 항상 그리고 어디서든지 반동분자들이다. 이미 위대한 괴테는 에커만에게 이렇게 말했다. 혁명이 일어난다면 그것은 정부의 탓이다. 그리고 이러한 주장을 한 작가를 본인은 수십 명 댈 수 있다. 그 중에는 로마사를 쓴 몸젠(Mommsen)도 있다. 그는 로마사에서 고전적으로 이렇게 단언했다. 정부에게 시민다수의 이익에 관련된 과제를 해결할 능력이 없다고 판명되면 혁명에 대한 권리가 성립하며 이는 봉기를 일으키는 자들의 탓이 아니라 그러한 폭력을 야기시킨 자들의 탓이다. 그리고 동지들이여, 독일의 시민계급도 이러한 원리에 따라 실행했다."[5)]

베벨의 이러한 논쟁과 함께 우리는 이미 유럽 특히 독일의 사회민주주의 발전의 새로운 단계에 돌입한다. 19세기 말은 이론적으로나 실천적으로 상당한 영향을 미친 수정주의의 성립시기이다.

이 현상의 원인은 매우 다면적이다. 자본주의는 19세기 후반과 20세기 초에 비교적 안정된 상승기를 거치게 된다. 노동자 계급은 특히 독일에서 두드러진 성과를 이룰 수 있었다. 노동자 계급은 보다 강화되고 프롤레타리아트의 투쟁은 점점 대중적이 되는 동시에 당은 더욱더 의회주의적 투쟁의 규칙에 종속되게 된다. 이 거대한 합법적 정당은 이미 전문적인 지도층을 갖고 있었고 수많은 의원과 자신의 신문을 갖고 있었으며 더욱이 상당한 노조위원을 지니고 있었다. 그러면서 이 당은 분명히 새로운 속성

---

5) Ibid., S.377.

을 띠게 되었다. 전체 당관료와 노조관료들은 "더 이상 노동운동을 위해서 뿐만 아니라 노동운동에 의해서도 존립하고 있었다."[6] 모든 관료제처럼 이 관료제도 자신의 정책적 결과가 미미한 것에 머무는 한이 있어도 조직의 보다 나은 기능에만 열중하게 되었다. "그러나 운동의 조직은 그들에 있어 활동을 위한 지렛대이기를 그치고 그 자체가 목적이 되어 버렸다. 모르는 사이에 그들의 생각에 수단과 목적이 뒤바뀌어 버린 것이다. 이 관료층이 보기에 '법의 테두리'를 벗어나고 운동의 합법성을 위태롭게 할 수 있거나 확보된 통로를 위험에 빠지게 할 대중의 모든 활동성은 우려의 대상이 되었다."[7]

이 모든 상황—그리고 대개는 이런 상황에서 사람들은 혁명가가 되거나 소시민이 되어 버린다.—이 오랜 기간 동안 비교적 안정되고 물질적 관점에서 견딜 만한 삶을 유지했고 의회주의적인 성과를 낳았고 이에 따라 필연적

6) W. Abendroth, *Sozialgeschichte der europäischen Arbeiterbewegung*, Frankfurt 1965, S.71.

7) Ibid., S.71. 아벤트로트(Abendroth)는 독일 사회민주주의에 관한 자신의 책에서 세기 초부터 보다 확실한 모습을 갖추기 시작한 이 과정을 다음과 같이 특징지었다. "이제 통합이데올로기의 실질적 주장자들이 탄생했다. 그것은 당관료(당의 의회대표와 함께)로 성립된 사회계층이었다. 이들은 당을 기존 존재방식에 따라 행정적으로 이끌어 가려는 데 관심이 있었고 이러한 과제 안에서 보수적으로 생각했다. 그들은 당시의 자신들의 상황을 넘어서려 하지 않았고 넘어설 수도 없었다. 따라서 당연히 이 계층에게는(물론 주관적인 이기적 동기에서가 아니라 책임의식에서) 그들이 원래 갖고 있었던 생각보다는 제도가 훨씬 중요했고 또 중요해지지 않을 수 없었다. 다른 한편으로 그들은 조직내에서 민주적 토론의 테두리를 규정하는 권력을 갖기 시작했다."(W. Abendroth, *Aufstieg und Krise der deutschen Sozialdemokratie*, Frankfurt 1964, S.39~40). 브록슈미트(Brockschmidt)에 따르면 독일 사회민주주의에서 수정주의가 개량주의적 정책의 적절한 표현이었을 뿐만 아니라 그 당시의 사회민주주의는 "그 전체성격으로 미루어 소시민적이었다고 말할 수 있다."(*Die deutsche Sozialdemokratie bis zum Fall des Sozialistengesetzes*, S.107). Georges Haupt *La Deuxième Internationale* 1889~1914, Paris-La Haye 1964도 참조할 것.

으로 지도되는 계층과 담당자들의 심리가 영향을 받아 개량주의적 환상 안에서 그러한 심리가 강화되었다. 통합정책의 실질적 수행자들은 이처럼 바로 혁명적 정당의 태내에서 발생한 것이다. 이 정당은 그러면서도 계속해서 대표자들을 통해 그들의 깃발에 계급투쟁과 혁명의 구호를 쓰고 있었다.8)

이러한 정책의 주장자들은 19세기 말에 그들이 등장할 무렵 혁명투쟁을 의회투쟁으로 대체해야 하고 혁명정당에서 개량정당으로 탈바꿈해야 한다고 요구하기 시작했다. 앞으로 보게 되듯이 이 정책이 그 당시 사회민주주의의 뛰어난 인물들의 대부분에 의해 강력한 저항을 받기는 했으나 이 정책의 대변자들은 이미 언급한 20세기 초 10년간의 과정에 입각해서, 당면한 위기를 관료적-통합주의적 정책을 통해서가 아니라 혁명적 정책을 통해서만 해결할 수 있음을 인식하고 또 느끼고 있던 사회민주주의자

8) 흥미로운 것은 예리한 조레(Jaurés)가 드레스덴(1903년 8월)에서의 독일 사회민주주의 대회에 상정되었던, 수정주의자들의 개량주의를 비난하는 결정에 관해 1904년 8월의 국제대회에서 베벨(Bebel)과 논전을 벌이면서 연립정부에 입각한 사회주의자들에 대한 지지를 거부하고 독일의 미래이자 진보적 세계의 가장 고귀하고 존경스러운 정당으로서의 독일 사회민주당에 전폭적인 승인을 표명하면서도 그들의 정치적 무능을 매우 날카롭게 지적했다는 사실이다. 조레는 묻기를 구체적 행위에 비추어 볼 때 소위 정치적 힘과 실질적 힘 사이에 끔찍한 대립이 존재하고 있지는 않은가? 라고 했다. 그리고 이 무능은 선거에서 거둔 힘이 커지면 커질수록 역시 더욱 커가는 것 같다. 조레는 그 원인을 독일에 혁명적 전통이 부재하는 것과 관련시켰다. 즉 당과 노동자 계급은 보통선거권을 바리케이트를 통해 얻은 것이 아니라 위로부터 받은 것이다. 이러한 권리를 스스로 획득한 사람들로부터 이 권리를 다시 빼앗는 것은 그것을 그저 받은 사람에게서 빼앗는 것보다 어렵다. 여기서 그는 작센의 '붉은 왕국'을 지적한다. 이러한 무능의 두 번째 원인은 그의 견해에 따르면 독일이 항상 반동적 군주제에 의해 지배되었고 여기서 의회란 왕의 통치를 마음대로 거부할 수 있는 결정이 그저 희망에 불과하고 실행력을 갖지 못한 이상 반쪽짜리 의회이거나 전혀 의회가 아니라는 것이다(J. Braunthal, *Geschichte der Internationale*, Bd.1, Hannover 1961. S.284~290을 보라).

들을 압도하게 되었다.

근대사회의 구조, 그 연간과 발전경향의 복잡성, 부분적 목적의 실현을 위한 다면적 가능성,—이러한 부분적 목적의 실현은 실질적이고 근본적인 운동경향을 철저히 은폐시킬 수 있다.— 이 모든 것들이 그 당시 그리고 현재도 객관적으로 목적설정과 투쟁방법에 대한 이견을 가능케 하는 데 일조했던 것들이다. 물론 누군가가 보다 개량주의적으로 지향된 견해에 기우는가는 객관적 요인에만 달린 것이 아니라 기존사회의 주관적 상황, 개별적 전통, 특성, 그리고 적절한 시기에 근본적인 것과 부수적인 것, 역사적 운동의 지렛대와 창백한 완화제를 분명하게 구분할 수 있는 능력에도 달려 있는 것이다. 이 능력은 위대한 혁명가의 특성인 동시에 혁명가를 기타 정치행동가와 구별하는 것이기도 하다.

어떤 유럽국가도 사회주의운동 내부의 이러한 논쟁과 원칙적 분열에서 벗어나지는 못했다. 프랑스의 가능주의자들과 조레주의자, 이탈리아의 비솔라티스(Bissolatis) 우파와 무솔리니 좌파, 영국의 페비언주의자와 노동당[9], 독일의 베른슈타인 추종자, 러시아의 베르자예프(Berdjajew), 스트루베(Struve), 투간 바라노브스키(Tugan-Baranowski) 등은 자본주의 발달의 압도적인 유사한 조건과 사회주의운동의 내부모순과 구조를 표현한

9) 페비언 사회주의협회는 웹(S. Webb)과 B.웹 등을 필두로 하는 일단의 지식인에 의해 1883년에 발족되었다. 여기에는 쇼오(B. Shaw)와 M.G.웰즈도 포함되어 있었다. 영국의 부르주아 사회주의와 자유주의를 결합시키려는 그들의 본질적으로 개량주의적인 시도는 어떤 의미에서 영국의 벤담주의와 다윈주의, 스펜서의 진화론, 근대 사회주의를 종합시킨 것이었다. 노동운동의 한 지류인 페비언주의자들은 항상 비교적 소수의 폐쇄적 집단으로서 개량주의정책과 노동당의 견해에 상당한 영향력을 갖고 있었다. 영국의 사회주의자 힌데만(H. Hyndeman), 벨포트 박스(Belfort-Bax), 모리스(W. Morris) 등도 나중에 그와 유사한 현저하게 수정주의적인 입장으로 넘어갔다. 하디(Keir Hardi), 맥도날드(R. MacDonald) 등의 지도자가 이끌던 당시의 노동운동도 그와 같은 운명을 밟게 된다.

것들이다. 지금까지 언급된 사회주의와 그 실현에 관한 테제를 주장하는 것은 곧 맑스주의의 철학적, 사회학적 사상과 상치되는 것임은 두말할 필요가 없다. 맑스주의 안에 독특하게 지양된, 즉 보존되는 동시에 극복되어 버린 헤겔적 계기 대신에 거의 모든 수정주의자들은 칸트로의 복귀를 주장했다. 즉 맑스의 철학과 칸트의 철학을 결합시키려 했다.

칸트로 돌아가자는 이러한 표어는 그 당시 부르주아 철학에서도 지배적인 관심사였다. 칸트가 19세기 후반의 부르주아 세계에서는 이상적인 철학자였다고 말하는 것은 과장이 아니다. 부르주아적 인간은 시민사회의 격동적이고 낙관적인 팽창 안에서 몇십 년 후에 커다란 사회의 동요를 거치고 나서 겪게 될, 고독한 실존의 내면적 위기와 그 사회의 난관을 아직은 모르고 있었다. 부르주아적 인간은 대개의 경우 19세기 후반에 이루어진 부르주아 질서의 승리(물론 타협으로 얻어진 것이지만)와 상대적 안정화에 대응하는 감정에 빠져 있었다. 그의 '자아', 그의 자기의식은 1848년의 수치스러운 경험에서 거의 회복되었고 이러한 자기의식을 진지한 회의의 대상으로 삼아 유럽 시민계급의 부단한 상승에 대한 믿음을 포기할 아무런 객관적 이유도 없었다.

사회주의와 그 이데올로기에 반대하고 있었지만 시민계급은 아직도 자신들의 선조가 충실히 믿어 왔던 휴머니즘의 위대한 이상과 완전히 결별한 것은 아니었다. 그러나 그들의 휴머니즘적 사고의 개화는 더 이상 헤겔철학의 전개노선에 따라 이루어질 수 없었다. 왜냐하면 헤겔은 곧장 맑스로 이어지기 때문이었다. 반면의 헤겔의 완결된 체계 이후에 변증법의 일관된 발전은 더 이상 관념론적 토대 위에서는 불가능했다. 변증법을 유물론적으로 정초한다는 것은 부르주아 철학의 진영을 버리고 자신의 사회적 토대를 부정함을 뜻했다.

우리가 일정하게 부르주아적이라 부르는 사상의 전형적이고 본질적인 특징은 그것이 시민사회와 그 사회적, 이념적 지평에 대한 부정을 이론적으로 표현하지 못하는 점에 있다. 따라서 이러한 사상은 기껏해야 계급적 대관계를 경감시키고 '중립적' 요소로서 그것에 해방적 사명을 귀속시킨 바 국가의 역할을 강화시키는 것에 그친다. 이러한 경향은 동시에 정치·경제의 평면에서 소위 강단사회주의자—A. 바그너(Wagner), G. 슈몰러(Schmoller), L. 브렌타노(Brentano) 등—에게서 나타나는데 이들은 근본적으로 국가주의와 개량주의의 이념적 대변자였다.

이 모든 이유를 고려한다면 60년대에 리프만(Liebmann)의 외침이 "헤겔로 돌아가자"가 아니라 단지 "칸트로 돌아가자"였음은 수긍이 된다. 칸트하면 떠오르는 것이 주관성과 이상적인 것이다. 물론 사회적 요구도 있었다. 그 당시 철학조류의 대다수에 있어 칸트 철학은 유일한 과학적 토대이며 '철학이 경험한 가장 중요한 변화'[10]였다. 신칸트주의의 바덴(Baden)학파를 창시한 자가 열렬하게 썼듯이 칸트는 그의 이후에 '아무런 새로운 것도 생기지 않은'[11] 그러한 철학자로 여겨졌다.

수정주의의 발전은 특히 신칸트주의의 마르부르크(Marburg)학파에 의해 영향을 받았다. 이 학파의 창시자인 코헨(Cohen)은 사회주의가 오직 윤리학의 관념론 위에 정초되는 경우에만 권리를 가진다는 견해를 주장했다. 사회주의의 원리는 유물론적으로가 아니라 오직 윤리적 관념론 위에서만 정초될 수 있으며 따라서 칸트는 그의 윤리학과 정언명법을 통해 독

10) W. Windelband, *Was ist Philosophie*, in: *Präludien I*, Tübingen 1911, S.22.
11) W. Windelband, *Kritischen oder genetische Methode*, in: *Präludien II*, Tübingen 1911, S.100.

일 사회주의의 진정한 창시자라는 것이다. 이러한 결론은 세계의 합법칙성이 선험적 의식의 합법칙성이고 따라서 사회의 합법칙성은 사회적 현실에서 도출될 수 있는 것이 아니라 오직 의식 자체로부터만 도출될 수 있다는 선험적 관념론의 관점을(나토르프Natorp) 생각해 보면 완전히 논리적인 것이다. 나토르프의 추종자인 슈타믈러(R. Stammler), 슈타우딩거(F. Staudinger), 포어랜더(K. Vorländer) 등은 칸트주의의 선험적 원리에 입각해서 칸트와 맑스를 결합시키려 했다. 물론 이 경우 그들은 맑스를 관념론화 시켰다.[12)]

물론 이들 중 몇몇은 사회주의의 정신 안에 인간성을 정초시켜 칸트 철학과 맑스 철학의 종합을 이루려는 진지한 의도를 갖고 있었음을 부인할 수는 없다. 그러나 이들은 그것을 철학적이고 관념적인 입장에서 시도한 것인데 그 입장은 객관적이고 역사적인 경향이자 근대사의 모순의 불가피한 결과인 사회주의와 인간의 능동적 활동성은 단적으로 부정하는 것이었

12) H. Cohen은 이러한 자신의 사상을 Lange의 *Geschichte des Materialismus*에 대한 글인 *Einleitung mit Kritischen Nachtrag*(1896)과 *Ethik des reinem Willens*(1904)에서 설명했다. 그리고 나토르프(P. Natorp)는 *Sozialpädagogik, Theorie der Willensbildung auf der Grundlage der Gemeinschaft*(1899)와 *Sozialidealismus*(1920)에서, 슈타믈러(R. Stammler)는 그의 주저인 *Wirtschaft und Recht nach materialistischer Geschichtsauffassung*(1896)과 *Sozialismus und Christentum*(1920)에서 표명했다. 이 마지막 책에서 슈타믈러는 기독교에 훨씬 더 많은 중요성을 부여했다. 우리가 나중에 보게 되겠지만 슈타우딩거(F. Staudinger)는 특히 소비자 조합에 대한 개량주의적 테제를 사회주의에 이르는 최선의 길로 주장했다. 신칸트주의-맑스주의자간의 문제에 대한 쓸만한 조망과 분석은 포어랜드(K. Vorländer)가 *Kant und Marx*(1911)에서 제공하고 있다. 대표적인 신칸트주의자이자 마르부르크 학파의 계승자인 그는 이러한 관점에서 칸트의 견해와 맑스의 견해를 결합시키려 했고 특히 윤리문제와 사회정치문제에 있어 그러했다. 그는 앞서 언급된 책 외에도 *Kant und der Sozialismus*(1900), *Marx, Engels und Lassalle als Philosophen*(1920), *Von Machiavelli bis Lenin*(1926) 그리고 칸트(1911)와 맑스(1929)의 전기 등을 출간했다. 이 마지막 책은 맑스의 인간성에 대한 깊은 외경심에서 쓰여진 것이다.

고 따라서 필연적으로 구체적인 혁명적 사회주의의 실천마저 부정해 버렸다.

근본적으로 이러한 시도는 수정주의를 위한 사회적, 이념적 출발점이기도 하다.

수정주의의 시작은 이미 뮌헨에서 폴마르스(G. Vollmars)가 행한 「엘도라도 연설」과 플레하노프(Plechanow)의 『유물론사논집』에 대한 콘라드 슈미트(Contrad Schmidt)의 저술, 그리고 칸트에 관한 크론베르크(M. Kronberg)의 저서(1897)과 기타 논문 등에 나타나고 있다. 이 책들에서 다양한 방식으로 강조된 것은 칸트가 과학적, 비판적 철학의 보다 위대한 대표자이므로 헤겔을 거부하고 맑스주의를 칸트의 사상을 통해 기름지게 해야 한다는 것이었다.

루드비히 볼트만(Ludwig Woltman, 1871~1907)

위에서 언급된 것과 유사한 관점을 루드비히 볼트만도 제기했다. 『도덕적 의식의 체계』(1898), 『다윈의 이론과 사회주의』(1899), 특히 『사적 유물론』(1907) 등의 책에서 그는 칸트, 맑스, 다윈의 종합을 추구했다. 마지막 책에 대해 그는 그 책이 칸트로의 복귀를 나타내는 것이며 과학적 사유에 대한 맑스의 견해는 헤겔보다는 칸트와 일치한다고 말했다.

"맑스주의의 본질과 역사에 대한 보다 심오한 통찰은 또한 나에게 과학적 방법의 문제에 있어 맑스와 칸트가 맑스와 헤겔보다 훨씬 가깝다는 확신과 두 사상체계의 접근이 처음 보기보다는 훨씬 용이하고도 결실있게 수행된다는 확신을 주었다. 일반적으로 헤겔 철학에 대한 맑스의 비판적 태도는 근본적으로 칸트 이론에로의 복귀를 의미한다. 물론 맑스는 이러한 원리적 관련성을 분명하게 의식하지는 못했다."13)

이처럼 볼트만에게 있어 헤겔에 대한 맑스의 비판은 근본적으로 칸트로의 복귀와 같은 의미였다. 즉 맑스주의에서 헤겔 철학에 대해서는 그저 외면적인 서술방식만이 있는 반면 내적인 사고과정은 철저하게 칸트적이라는 것이다.

"그런데 본 연구에서 나온 또 하나의 결론은 칸트주의와 맑스주의가 지금까지 가정했던 것보다 훨씬 가깝다는 것과 헤겔 철학에 관한 것이 맑스의 사상체계에서는 무관한 것에 그치고 따라서 나머지는 거의 외적인 서술방식에만 관련된 것임에 반해 내적인 사고운동은 철저히 칸트적이고 자연과학적인 방법에 의해 수행되었다는 것이다."14)

볼트만은 실제로 사회적, 윤리적 문제에 대한 칸트적 해결과 맑스적 해결을 완벽하게 혼합시켰다. 그는 칸트적 관점과 맑스적 관점이 이론적으로 혼동불가능한 것임을 통찰하지 못했고 또 칸트의 관념론적 이원론에 대한 헤겔의 비판의 본질을 이해하지 못했기 때문에 인간과 역사에 대한

---

13) L. Woltmann, *Der historische Materialismus*, Düsseldorf 1900, S.196~297.

14) Ibid., S.321. 이와 동일한 사상은 1년 먼저 출간된 책인 *Die Darwinsche Theorie und der Sozialismus*에도 나타난다. 이 책에는 그 당시의 아카데믹한 철학과 이러한 견해의 결합이 특히 분명하게 나타나 있다. "왜냐하면 필자는 헤겔철학에서 현대 사회주의로 이전된 논리적 수단이 더 이상 충분치 않으며 사회주의가 과학적 힘을 얻으려면 이미 아카데믹한 철학이 오래 전에 했던 것처럼 자신의 정신적 전제인 칸트로 되돌아가야 한다고 생각하기 때문이다."(L. Wolfmann, *Die Darwinsche Theorie und der Sozialismus, Düsseldorf* 1899, S.3).

맑스의 해석이 제공한 새로운 이론적 차원을 전혀 파악할 수 없었다.

볼트만은 이 경우 항상 자신이 어떤 일이 있어도 맑스주의를 포기하지 않을 것이며 칸트의 윤리학이 사회주의 사회에 대한 이론에 우선적으로 중요성을 갖기 때문에 비판주의와 맑스주의의 결합은 불가피한 것이라는 생각이었다. 부르주아 철학의 신칸트주의와 사회주의의 윤리적 정초가 그에게 영향을 주었듯이, 이 시기의 사회민주주의 이론가들에게도 강력한 영향을 끼쳤다.

에두아르트 베른슈타인(Eduard Bernstein, 1850~1832)

자신들의 견해를 알리기 위해 수정주의자들은 독일 사회민주당 기관지인 『신시대』에 대립해 『사회주의 월간지』라는 잡지를 창간했다. 이 잡지에는 이미 언급된 사람들 외에 E. 다비드(E. David), W. 하이네(W. Heine), P. 캄프마이어(P. Kampffmeyer), K. 아이스너(K. Eisner)와 오스트리아 맑스주의자 다수가 모여들었다. 그러나 이 운동이 그 공식적 명칭을 얻게 된 것은 제2인터내셔널의 지도자의 한 사람이자 엥겔스의 친구이며 『사회민주주의자』라는 잡지의 편집자인 에두아르트 베른슈타인에 의해서였다. 1896년과 1898년 사이에 『신시대』 지에 「사회주의의 문제」라는 제목으로 게재된 논문들에서[그 직후에 이 논문들은 그의 추종자들의 권유에 따라『사회주의의 전제와 사회민주주의의 과제』(1889)라는 단행본에 수록되었다.] 그는 이 운동에 철학적, 사회학적, 경제학적, 정치적인 면에서 일관된 표현을 제공했다.

베른슈타인의 의도는 모든 점에서 이론적으로 불가능한 것이었따. 특히 맑스와 엥겔스의 사상의 토대를 이루는 철학적 주제에 있어 그러했다. 신칸트주의자들처럼 베른슈타인도 사회주의가 현실적인 역사과정의 결과가 아니라 윤리적 요청임을 증명하려 했고 유물론과 변증법을 잘못 규정했으며 맑스의 오류가 변증법에 그 뿌리를 두고 있다고 생각했다.

잘못된 전제에서 출발한 베른슈타인은 단정하기를 "유물론자가 된다는 것은 모든 사건의 필연성을 주장한다는 것을 의미한다. 물질의 운동은 유물론에 따르면 일정한 법칙의 필연성에 따라 이루어진다. 필연적 결과를 갖지 않은 원인은 없으며, 물질적 원인을 갖지 않은 사건은 없다."15)—그리고 그는 맑스주의의 창시자들이 후에 사상, 의식, 의지에 커다란 비중을 둠으로써 자신들의 견해를 수정했음을 증명하려 했다. 이로부터 그는 제멋대로 결론을 이끌어냈다. 즉 그들의 초기로 돌아가 그들의 전체 사상에 일원론적 해석을 제공하는 것은 불가능하다는 것이다. 그는 '결정성'과 '필연성'의 두 개념을 구별하지 않았기 때문에 다음과 같은 결론에 도달했다. "철학적 또는 자연과학적 유물론은 결정론적이지만 맑스주의적 역사관은 그렇지 않다. 이 역사관은 국민생활의 경제적 토대가 그 생활에 무제한적인 규정력을 행사한다고 보지 않는다."16)

이러한 해석에서 베른슈타인은 결정성이 절대적 피련성이나 숙명성을 결코 의미하지 않음을 간과했다. 그는 항상 결정성에 입각해서 변증법, 맑스 역사관의 본질적 요소, 그것이 현재의 역사운동에 대해 갖는 결과 등을 싸잡아 비난했다.

그의 견해에 있어 역사과정에 대한 엄밀한 과학적 분석을 방해하는 것

15) E. Bernstein, *Die Voraussetzungen des Sozialismus und Aufgaben der Sozialdemokratie*, Dtuttgart 1899, S.4.
16) Ibid., S.14.

으로 여겨진 두 번째 요소를 그는 헤겔의 변증법에 있다고 보았다. "변증법은 맑스주의 이론에 있어 배반적인 것이며 사물에 대한 모든 성과있는 고찰을 방해하는 함정이다."17)

과장없이 말해서, 베른슈타인은 헤겔에 관해 부르주아 철학과 이데올로기에 나타나고 있던 시대정신을 따르려고 애썼던 것이다. 많은 철학자들이 헤겔을 긍정적으로 평가하기는 했지만 그것은 그의 체계와 장엄함과 아름다움 때문이거나 그의 면밀한 분석 때문이었다. 이들은 모두 헤겔철학의 정신인 그의 변증법을 비판했다. 헤겔의 변증법적 방법에 이들은 일치단결해서 칸트의 비판적 방법을 대립시켰다. 그러므로 베른슈타인에게도 맑스와 엥겔스의 관점에 내재된 이른바 애매성과 모순성의 근원은 헤겔의 변증법에 있다는 것이었다.

"엥겔스의 특성과 상응하지 않는 이러한 애매성은 결국 헤겔로부터 물려받은 변증법에 그 뿌리를 두고 있다. '긍정은 긍정이고 부정은 부정이다'가 아닌 변증법의 '긍정은 부정이고 부정은 긍정이다'와 대립물의 상호침투, 양에서 질로의 전화, 그 외에 변증법적 아름다움이라는 것이, 인식된 변화범위에 관한 충분한 설명을 방해했다."18)

물론 맑스주의의 발전에 있어 어떤 단계도 변증법에 대한 도식적 파악에 있어 속류화와 천편일률화를 면하지는 못했다. 그러나—현재나 그 당시나—그에 대한 책임은 변증법에 있는 것이 아니라 헤겔과 맑스에 대한 충분한 지식없이 변증법을 공허한 상투어나 모든 문제의 해결을 위한 도

17) Ibid., S.26.
18) Ibid., S.25.

식으로 사용하는 자들에게 있는 것이다. 이런 자들이나 이런 자들에 대한 반대자(그리고 베른슈타인)는 변증법이 지금까지의 가장 심오한 통찰이며(사유를 포함해서) 사물의 운동에 대한 인식이며, 선천주의적-선험적 방법이나 어떤 분석적 방법(이 방법은 모든 방법의 필수요소에 불과하다.)에 의해 대체되거나 수정될 수 없는 방법임을 알지 못했다. 베른슈타인이 개혁이냐 아니면 비개혁 즉 혁명이냐의 딜레마에서 자신의 형식논리적 절차에 따라 단지 한 가지 가능성만을 이끌어 냈고 그것도 전자의 결론을 이끌어 냈음은 놀랄 일이 아니다. 그리고 그는 맑스에게서나 엥겔스에 있어 두 생각이 모두 있었음을 알고 있었기 때문에 그는 그들이 불철저했고 모순적이었다고 결론지었다. 그는 소위 맑스의 이론에 나타나는 이러한 '타협'이나 '이원론'이 기술적인 변증법적 도식의 결과가 아니라 역사적 실천의 '이원론'이 현실적으로 나타난 이론적 표현임을 통찰하지 못했다.

"본인의 견해에 따르면 단지 한 의견은 옳고 다른 의견은 절대적으로 거짓이라고 말하는 것은 불가능하다. 나에 있어서는 오히려 그 장(章)은 본질적인 맑스의 저작 전체를 관통하고 있고 또 보다 미숙한 방식으로 다른 구절에도 표현되어 있는 이원론을 예시하는 것 같다. 이 이원론은 그 저작이 과학적 탐구이지만 또한 명료하게 파악되기 훨씬 이전에 굳어져 버린 테제를 증명하려는 탐구이기 때문에 발생한 것이다. 즉 발전과정을 통해 도달되어야 할 결과를 미리부터 확인하는 도식이 그 저작 안에 자리잡고 있기 때문에 생긴 것이다. 이런 점에서 공산당 선언에로 되돌아가 보면 맑스 체계에 내재해 있는 실질적인 유토피아주의의 잔재를 확인할 수 있다."19)

19) Ibid., S.177. 이에 대한 룩셈부르크(R. Luxemburg)의 답변은 옳은 것이었다. "그러나 맑스의 '이원론'이란 사회주의적 미래와 자본주의적 현재, 자본과 노동, 부르주아지와 프롤레타리아트의 이원론 이외의 것이 아니다. 그 이원론은 부르

이로써 베른슈타인은 일방적으로 개량주의를 천명하게 되었다. 그리고 그가 "맑스와 엥겔스의 위대함이 이룩한 것은 헤겔의 변증법 덕분이 아니라 헤겔의 변증법에도 불구하고 이룩된 것이다."[20]라는 견해를 갖고 있었다면 우리는 그 자신에 대해서는 이렇게 말할 수 있다. 그에 있어 모든 일면성은 현실변증법의 깊은 의미를 이해하지 못한 데서 기인하는 것이다.

물론 베른슈타인의 몇 가지 사항에 있어, 특히 그 당시의 경제문제에 관해 잘 파악했고 노동자 계급의 절대적 궁핍화 테제나 중소기업과 재산가의 절대적 감소 테제에 대립되는 견해를 제시했던 점을 부정할 수는 없다. 그러나 이 관점은 일정한 일면적 과장에 대한 반대로서만 의미를 지닐 수 있다. 베벨, 카우츠키 등은 맑스가 그러한 테제를 주장한 적이 없으며 따라서 베른슈타인은 헛수고를 한 것에 불과하다고 지적했다.

그런데 이러한 사실에 대응시켜 혁명투쟁의 전술에 대한 맑스주의적 결론을 이끌어 내는 대신 베른슈타인은 그것을, 자본주의가 부의 축적과 조직화를 통해 자신의 근본악, 즉 경제위기를 회피할 수 있게 되었음을 증명하는 데 사용했다.

"예측된 외적 사건이 보편적 위기를 야기시키지 않는다면—그런데 이 점은 늘상 확인되고 있는 바이다.—순수한 경제적 근거에서 그러한 위기의 즉각적 도래를 이끌어 낼 설득력있는 이유는 존재하지 않는다. 지방적 혹은 국지적 불황은 불가피한 것이며 현재의 세계시장의 조직과 확대 그리고 특히 식료품생산의 거대한 확장에 있어 보편적 불황이란 존재하지 않는다. 식료품생산의 확장현상은 우리의 문제에 있어 특

주아 사회에 존재하는 이원론인 부르주아적 계급대립의 기념비적인 과학적 반영이다."(R. Luxemburg, *Sozialreform oder Revolution?*, Leipzig 1899, S.40).

20) E. Bernstein, Ibid., S.36.

히 중요하다. 아마도 이것보다 더 기업위기의 경감이나 위기심화의 방지에 기여한 것은 없을 것이다. 이 현상은 지대와 식료품 가격의 인하만큼의 기여를 했다."[21]

이러한 추론이 어느 정도 현실상황에 대한 견고한 분석에 입각해 있고 베른슈타인이 맑스의 '관념론'과 '타협의도'를 어느 정도 극복한 것인지는 그이 비판자들 특히 룩셈부르크(R. Luxemburg)에 의해서 그리고 역사적 실제 자체에 의해서 충분하게 지적되었다.

베른슈타인이 그 당시의 노조대표자와 협력주의자들의 정신적 분위기 안에서 사회주의의 발전을 위해 노조와 소비자 조합의 중요성을 강조한 것은 당연한 일이었다.[22] 이러한 생각은 자연히 개량에 대한 요구로 귀결되었고 반면에 혁명은 우리가 숨쉬는 자연적 권리를 포기하는 경우에 가서야 존재하기를 그치는 불문법에 머문다는 것이다. 이 점을 인식하기 시작하는 사람의 수가 베른슈타인의 생각에는 점점 불어간다는 것이다. "사회민주주의가 현실적으로 낡아버린 구호에서 벗어날 용기를 갖고 현재 현실적으로 존재하고 있는 것, 즉 민주적-사회주의적 개량정당이 되려고 한다면 사회민주주의의 영향력은 현재보다 월등하게 될 것이다."[23]

---

21) Ibid., S.82.

22) 노조간부와 조합간부들의 개량주의적 실천이 어느 정도로 사회주의 운동과 사회민주주의의 본질을 변질시켰는지는 이미 강조한 바 있다. 리터(G. Ritter)는 이를, '수정주의'란 단지 다양한 개량주의적 실천의 빈약한 반영에 불과하다는 주장으로 표현했다. 그의 견해에 따르면 당의 성격을 결정한 것은 시펠(Schippel), 베른슈타인(Bernstein), 하이네(Heine), 칼베어(Calwer), 힐데브란트(Hildebrand) 등이 아니라 폴마르(Vollmar), 아우어(Auer), 클로스(Kloss), 레기엔(Legien), 에베르트(Ebert), 샤이데만(Scheidemann) 등이다. Sozialistischen Monatsheften지의 아카데믹한 수정주의자들이 아니라 지방행정가, 노동서기, 노조지도자, 국회의원 등이라는 것이다(Gerhard A. Ritter, *Die Arbeiterbewegung im Wilhelminischen Reich, Berlin Dahlem* 1963, S.187을 보라).

23) E. Bernstein, *Die Voraussetzungen des Sozialismus und die Aufgaben der*

이 모든 테제로부터 논리적으로 밝혀지는 것은 베른슈타인이 사회주의를 도잇대의 역사적 투쟁의 필연적 결과로 보지 않고 단지 인간본질의 인간적 활동에서 유래된 도덕적 요청으로 간주했다는 것이다. R. 룩셈부르크의 비판에 대한 답변으로 그는 이렇게 단언했다.

"그녀의 증명과정이 약간의 소름끼치는 논리적 비약을 나타내고 있고 완전히 자의적으로 관념론과 유토피아주의를 동일시하는 데로 귀결되고 있기는 하지만 내가 실제로 사회주의의 승리를 '내재적인 경제적 필연성'에 달린 것으로 보지 않고 오히려 사회주의에 유물론적 토대를 제공하는 것이 가능하지도 않고 필요하지도 않다고 여긴다는 점은 그녀의 논지가 올바르게 지적한 것이다."[24]

그 밖에도 베른슈타인은 독일이 선진공업국이 되고 사회민주당이 20만 명의 당원을 헤아리던 당시에 역설적이게도 노동자 계급이 아직은 권력을 인수받을 정도로 성숙하지 못했다고 생각했다. 물론 우리는 노동자가 노동운동의 초기처럼 빈궁하지도 않고 또 편견과 약점에서 벗어나지 못했다는 것을 부정하지는 않는다.[25] 실제로 여러 결함과 난점이 있음이 사실이었다. 그러나 그로부터 권력장악이 아직은 이르다는 결론을, 그것도 세

Sozialdemokratie, ibid., S.165. 개량에 대한 그의 기본적 견해와 함께 플라톤적 설명에 그치고 있는 사변적 권리로서의 혁명에 대한 테제는 다음과 같다. "소위 혁명권은 없앨 수 없는 것이다. 이는 순수한 사변적 진리이며 어떠한 헌법도 항목화시킬 수 없고 세계의 어느 법전도 금지시킬 수 없는 것이다. 그것에 대한 금지는 우리가 숨쉴 권리를 포기하며 자연법칙이 우리를 죽게 만드는 경우에만 가능하다. 이처럼 명문화될 수 없지만 이미 규정되어 있는 권리는 우리가 개량에 입각한다고 해서 손상되는 것은 아니다. 이는 마치 우리가 우리의 인격 및 재산상의 분쟁에 관한 법률을 제정한다고 해서 정당방위권이 폐지되는 것이 아닌 것과 같다."(Ibid., S.165).

24) Ibid., S.179.

25) Ibid., S.185를 볼 것.

계에서 가장 발전된 산업국가 중의 하나인 독일에서 이끌어낸다는 것은 혁명세력을 무력화시킴을 의미한다.

몇 가지 올바른 언급을 제외한다면 베른슈타인은 모든 본질적인 문제에서 틀렸다. 그에게는 이론적 능력이 결여되어 있었기 때문에 단기적인 기간에만 특정한, 분명한 개별적 과정 앞에서 이 과정의 일반노선을 인식할 수 없었다. 철학과 맑스주의의 이론적인 근본문제에는 불분명한 채로 그는 도처에서 단지 그 자신을 결국 이론적 무능, 피상성, 개량주의로 이끌고 간 난점과 착종만을 보았다. 그 당시 이러한 견해에 대립하던 모든 맑스주의자들은 옳았다. 그 중 중요한 인물은 R. 룩셈부르크, 플레하노프, 메링, 베벨, 카우츠키 등이 있다.

물론 헤겔 변증법에 대한 베른슈타인의 비판은 다른 철학 체계 특히 맑스주의를 수정한다고 주장된 칸트 철학 체계로의 복귀를 뜻했다. 베른슈타인 자신은 물론 그의 저술에서 철학적 문제를 칸트 철학의 관점에서 다루지는 않았다. 그러나 결국 그의 추종자들은 부르주아 철학에 지배적이었던 신칸트주의적 조류와 일치해서 그 길을 밟았다. 볼트만과 슈미트에서 바우어(Bauer)와 아들러(Adler)를 거치는 동안 이제 보게 되겠지만 이 과정은 지속되어 결국 금세기의 30년대까지 이르게 된다.

베른슈타인이 맑스주의의 핵심을 거부하여 결국 혁명, 프롤레타리아 독재 및 국가의 소멸에 대한 모든 문제를 부정하는 데로 귀결되었다는 사실은 우리가 이 시기에 자본주의의 보편적 위기가 준비되었다는 사실을 고려한다면 혁명적 실천에 파괴적인 영향을 끼쳤음이 분명해진다. 베른슈타인은, 전쟁채권에 동의하고 볼셰비키 혁명을 비난한 다른 사회민주주의자와 함께 민주주의를 옹호하고 '블랑키주의'를 거부함으로써 사회주의정책

과 조직의 전례없는 파탄에 일조했고 독일에서의 반혁명의 승리를 용이케 했다.26)

독일의 수정주의—특히 베른슈타인—가 국제적 중요성을 갖게 된 것은 제2인터내셔널에서 독일의 사회민주주의가 지도적 역할을 하고 있었기 때문이었다. 그러므로 독일의 수정주의의 등장에 다른 나라의 맑스주의자들, 즉 라파르그, 플레하노프, R. 룩셈부르크, 파네쾨크 등이 반응한 것은 놀랄 일이 아니다. 독일의 맑스주의자 중에는 베벨 외에도 이 시기의 중요한 두 대표자인 F. 메링과 K. 카우츠키가 있다.

프란츠 슈타우딩거(Franz Staudinger, 1949~1921)

---

26) 베른슈타인의 방법과 관점을 설명하고 변호하려는 현대의 여러 저자 중에는 P. 게이(Peter Gay), *Das Dilemma des demokratischen Sozialismus*(영어 원본 New York 1952)가 있다. 게이는 사회주의의 근본적 딜레마가 민주적 방식이나 폭력이냐 하는 양자택일—전형적인 비변증법적 양자택일. 각각의 가능성은 전적인 추상화에 불과하다.—이라는 견해를 갖고 있다. 이러한 견해 때문에 베른슈타인, 카우츠키 그 밖의 동지들이 독일혁명과 볼셰비키 러시아에 대해 비맑스주의적이고 비역사적인 평가를 하지 않을 수 없었다. 게이가 결국 수정주의의 몇 가지 측면을 재수정해야 한다고, 그 철학적 토대(왜냐하면 전쟁과 대공황으로 그들의 낙관주의가 동요되었으므로)와 그리고 근본적으로 민주적-의회적인지 아닌지가 불분명한 그 전술이 수정되어야 한다고 생각했을 때 그는 이미 오래 전에 충족되어 버린 요구를 천명하고 있는 것이다. 이와 유사한 추상적-민주적 사회주의의 입장에서 쓰여진 것으로는 피에르 앙젤(Pierre Angel)의 광범위한 글인 *Eduard Bernstein et l'Evolution du Sozialisme Allemand*, Paris 1961이 있다.

베른슈타인은 나중에도 당시의 사회주의 신문과 책에서 주장했던 자신의 기본 원칙에 충실했다. *Der Revisionismus in der Sozialdemokratie*(Amsterdam 1909)와 *Die Arbeiterbewegung*(1910) 등에서 그는 계급투쟁의 권리와 윤리에 대해 논했다. 이 외에 그는 점차 역사적, 자서전적 저작을 내놓게 되었다. *Die Geschichte der Berliner Arbeiterbewegung*(Ⅰ-Ⅲ, Berlin 1907~1910), *Aus den Jahren meines Exils*(Berlin 1917), *Sozialdemokratische Lehrjahre*(Berlin 1928).

독일 사회민주주의의 중요한 이론가들의 주요사상을 서술하기 전에 먼저 이 시기의 이론적 대결과 논쟁에서 상당히 뛰어난 역할을 했던 프란츠 슈타우딩거의 이론적 사상을 간단히 조명해 보는 것이 필요하다. 근본적으로는 그도 맑스주의의 신칸트주의적 조류에 속한다. 자유의 법칙에 대한 그의 방대한 첫 저작에서부터—그는 여기서 다른 누구보다도 칸트에게서 자신의 스승을 발견했다고 분명하게 말했다.27)—이후의 윤리학과 정치학에 대한 저작28) 그리고 『신시대』와 『사회주의 월간지』에 실린 다양한 논문에 이르기까지 슈타우딩거는 맑스의 유물론적 역사파악이 올바르기는 하나 불충분하다는 견해를 피력했다. 즉 맑스주의는 사회적 과정을 결정되고 인과적인 것으로 설명하면서 그 과학적 방법으로 몇 가지 오류를 시정할 수 있었지만 기존 사회의 계획적 변혁을 요구하면서 그에 대한 기준을 이러한 인과적 과정 안에서 발견하지 못했기 때문에 이성의 원리에서 찾지 않을 수 없었다는 것이다. 그런데 바로 이 점이 맑스주의를 칸트의 비판주의에 접근시켰다는 것이다. 반면 목적지향적 행위의 법칙도 그것이 현실적 삶의 법칙에 근거하지 않은 한 공허한 도식에 그친다. 그런데 이러한 인식은 필연적으로 칸트주의자로 하여금 맑스에 인도되게 만든다.29) 그 밖에도 슈타우딩거는 칸트적인 자유주의 윤리가 과학적 사회주의의 윤리로 귀결되듯이 자유주의 역시 사회주의로 귀결된다고 생각했다. 도덕의 경제적 토대와 소비자 조합에 대한 자신의 책을 통해30) 그는 이론적 고

27) Franz Staudinger, *Die Gesetze der Freiheit*(I. Bd. : *Das Sittengesetz*), Darmstadt 1887, S.139.

28) Franz Staudinger, *Ethik und Politik*, Berlin 1899. *Kulturbrundlagen der Politik*, Jena 1914.

29) Franz Staudinger, *Ethik und Politik*, S.159.

30) Franz Staduinger, *Wirtschaftliche Grundlagen der Moral*, Darmstadt 1907,

찰에서나 실천적 활동에서 미래의 이상적 공동체의 전단계를 나타내는 것으로 간주된 소비자 조합과 조합 자체를 다루었다. 국가화된 제도는 슈타우딩거에 있어 미래 공동체의 올바른 사례가 아니며, 올바른 사례는 조직된 소비자들에 의해 통제되는, 필요를 위한 생산이었다. 이러한 사례는 이미 소비자 조합의 형식으로 주어져 있다는 것이다. 슈타우딩거의 견해에 따르면 소비자 조합은 개인을 위해서 뿐만 아니라 전국민의 경제를 위해서도 필요한 것이다. 왜냐하면 이 조합은 생산물가격의 인하에 영향을 끼치며 절약을 통해 생산의 향상수단을 제공하기 때문이다.[31] 그러나 조합의 가장 중요한 의의는 그 사회적, 도덕적 영향력에 있다는 것이다. 사회적으로 중요한 까닭은 그것이 자본에 대한 예속성으로부터 벗어나는 경향을 포함하기 때문이며[32] 도덕적으로 중요한 까닭은 소비자 조합의 성격에서 자본주의적 경쟁도덕과 대립하는 도덕이 발생하기 때문이다. 우리는 물질적 삶의 대상에 대한 생산과 배려에 우리의 삶의 대부분을 낭비하고 있는데, "그러한 배려에서 우리가 행할 수밖에 없는 행위방식은 우리의 정신적 정서적 삶에도 지울 수 없는 흔적을 남긴다. 그런데 이러한 활동이 조직된다면 인간에 대한 인간의 태도에도 영향을 주지 않을 수 없다."[33]

슈타우딩거는 소비자 조합의 역사적 발전, 그 다양한 작용 영역, 그 조직, 그 조합의 실현을 방해하는 내적, 외적 장애 등을 서술하면서 인간을 예속화시키는 자본주의적 강제와는 달리 이 조합은 노동을 수요와 소비에 종속시킴으로써 해방적 기능을 행사할 것이며 그에 따라 인간을, 그가 공

Die Konsumgenossenschaft, Leipzig 1908.

31) Franz Staudinger, *Die Konsumgenossenschaft*, S.16, 31.

32) Ibid., S.35.

33) Ibid., S.35~36.

동체(국가 및 보다 소규모의 공동체 등)로부터 얻은 속성 이외의 다른 속성에서 해방시킬 것이라고 생각했다.[34)]

슈타우딩거는 자신의 독특한 신칸트주의와 조합에 대한 사상을 정치의 문화적 기초에 대한 최후의 저작에서 체계적으로 전개시켰다. 여기서도 그의 사상은 우리가 사회적인 평등의 세계를 쟁취하기 위해서는 정치적 수단만으로는 불충분하며 맑스주의의 논리적 결론 뿐만 아니라 자유주의와 수정주의의 논리적 결론도 대중에 의한 경제력의 장악에 있다는(물론 소비자 조합 이상의 경제력 장악에 있다는) 테제가 나타난다. 소비자가 막강한 힘을 갖는 까닭은 그가 잉여가치를 실현시키기 때문이라는 것이다. 소비자가 구매하지 않는다면 생산 전체는 무용지물이 된다는 것이다.

"구매자는 잉여가치를 실현시키고 이윤을 분배하며 노동자를 고용하고 해고한다. 구매자는 자본가치와 지대를 창조하고 파괴한다. 따라서 구매자는 자본의 창조자이며 전 경제력을 손안에 쥐고 있는 것이다. 구매자는 이런 모든 것에 대해 아무것도 모르는 채 곤궁에 처하게 되면 절망적으로 몸부림친다."[35)]

비록 슈타우딩거가 이 조합만으로 소기의 목적, 즉 자본주의적 생산양식의 극복을 이룰 수 있다고 믿은 것은 아니지만[36)] 조합의 원리를 우리의 실천을 좌우할 분명한 지침으로 여긴 것은 사실이다.

---

34) Ibid., S.130.
35) Franz Staudinger, *Kulturgrundlagen der Politik*, Jena 1914, II. Bd., S.129.
36) 같은 책에서 슈타우딩거는 조합만을 고집하는 것은 다른 모든 "오직…뿐" 이라는 주장처럼 일면적이라고 썼다. "단지 강조해야 할 것은 이 조합 없이는 다른 모든 방법들이 결실을 얻을 수 있다는 것이다."(Ibid., S.157).

"이는 오늘날 최고의 문화적 요구이다. 우리가 이러한 관계를 만들어 내고 확보하려는 모든 노력을 문화정책이라 부른다면 오늘날 조합형성 없이는 그러한 지도적 문화정책이 있을 수 없음은 자명하다. 그러므로 분명히 추진력있는 문화정책적 노력의 결실은 어느 정도로 이미 존재하고 있는 현 공동체의 성장조건에 적응할 수 있느냐 하는 점에 달려 있다. 그러므로 그 조합이 상승가도에 올라서지 않는 한, 도덕과 법, 과학과 예술, 교육과 정치 등에 대한 진흥과 특히 모든 것을 포괄하는 내면적 종교성의 진흥이란 결단코 존재할 수 없는 것이다. 그러나 그에 못지 않게 강조되어야 하는 사실은 이러한 경제적 성장이 그 밖의 문화적 힘과 함께 작용하지 않는다면 불가능하다는 것이다."[37]

슈타우딩거에 따르면 조합의 발전을 통해 자주관리와 통제에 무조건적으로 필요한 중요성도 발전한다는 것이다. 왜냐하면 "민주주의는 올바른 통제로 나타나기 때문이다."[38] 그리고 궁극적으로 고유한 이성에서 유래한 자유로운 도덕, 훈육에서 나타나기 때문이다. 슈타우딩거는 이러한 모든 고려에서 계급적, 혁명적 관점을 버리고 수정주의로 치닫게 되며 그것도 계급협력이라는 유토피아적 사상에 도달하게 된다. 그 이유는 "조합은 계급투쟁이 아니라 경쟁적 투쟁 안에서 자본의 세계에 대립하는 것이기 때문이다."[39]

슈타우딩거는 이런 주장에서 튀빙겐의 복음주의 사회대회에서 조합이 계급을 공통적인 소비관심으로 통일시키고 그로써 현재의 계급분열을 지양할 것이라고 주장한 빌브란트(Wilbrandt)와 일치한다.[40]

---

37) Ibid., S.160~161.
38) Ibid., S.168.
39) Ibid., S.186.
40) 이 책의 마지막에서도 그는 같은 것을 주장했다. "모든 계층과 모든 당파의 국민이 경제적으로 그리고 윤리적-사회적으로 필요한 통찰과 힘을 얻을 때에만

슈타우딩거는 선의지와 행위원리에 대한 칸트의 윤리학과 인간의식의 변혁에 대한 맑스의 사상을 결합하려는 시도를 통해 이미 언급된 개량주의적 유토피아주의에 도달했다. 그는 근대의 역사적 실천의 본질이 모든 계층과 당파를 통일시키는 소비자 조합의 조직과 작용이라고 주장함으로써 근대사의 문제와 역사적 모순해결방식에 대한 본질적인 맑스의 견해를 버렸다.

프란츠 메링(Franz Mehring, 1846~1919)

맑스주의자들 중에서 뿐 아니라 학문 일반에 있어서도 프란츠 메링의 경우처럼 학식, 정신적 개방성, 절도, 혁명적 충동, 탁월한 문체 등을 한데 결합시킨 사람은 찾아보기 힘들다. 프러시아 왕조에 충성했던, 포메리아 지방출신의 관리집안에서 태어난 메링은 예나에서 철학과 문학사를 공부했고 학업을 마친 후에는 저널리즘에 투신했다. 그와 같은 처지와 시기의 많은 지식인들처럼 그는 일찍이 프러시아 토지귀족 계급과 군주제의 역사적, 문화적 시대착오성을 인식했다. 그는 시민적 민주주의와 휴머니즘의 여러 선구자들—J. 야코비(Jacoby), G. 바이스(Weiss), P. 싱거(Singer)—과 그들의 신문인 『평형』 지에 합류했다.

그들은 구매자로서 자신들의 엄청난 권력수단을 가장 빨리 응집시킬 수 있으며 자신들의 무이자 대자본의 축적과 합목적적 사용을 통해 생산자로서도 해방될 수 있다. 그렇지 않으면 그들은 즉시 더 이상 피할 수 없는 재난에 처한다.

대중이 권력을 갖는다. 그들은 그것을 쟁취할 필요가 없다. 단지 그 권력을 인수하여 조직하기만 하면 된다. 결여된 것은 통찰과 의지와 숙련뿐이다. 권력문제는 능력문제이다. 이로부터 우리의 모든 문화정책적 과제가 발생한다."(Ibid., S.246~247).

'위로부터'의 혁명, 즉 부르주아지와 토지귀족간의 타협을 귀결시킨 독일의 고유한 발전과정은 자유주의자들을 붕괴시켰다. 역사적 전망을 열어 보이는 유일한 정당은 사회민주당이었다. 비스마르크가 사회주의 탄압법으로 사회주의의 진보를 막으려 시도했으나 결국에는 굴복하고 말았다. 이러한 사건의 전 과정은 자유를 사랑하고 성실하며 지적인 메링으로 하여금 점차 사회주의로 기울게 했다. 이미 80년대 말에 그는 『신시대』 지의 기고가였고 1891년에는 편집을 맡게 되었다. 이로써 메링의 활동에 새로운 시기가 시작된다. 얼마 안 있어 메링은—독일에서뿐만 아니라—역사서술, 문학사, 철학의 영역에서 위대한 맑스주의 학자로 두각을 나타내게 된다.

메링의 강점은 이론보다는 역사에 있다. 그의 탁월한 역사감각, 문화현상에 대한 식견, 그리고 사적 유물론의 방법에 정통했다는 사실 등에 의해 그는 뛰어난 성과를 얻게 된다. 그는 프러시아 역사, 반동적 프러시아 토지귀족계급, 호헨촐레른 가(家)의 전설, 독일 사회민주당의 역사, 맑스주의의 발생, 문학사, 철학사 등을 연구했다. 이러한 주제에 대한 그의 저작들은 그 힘차고 화려한 문체 때문에 이러한 역사적 현상과 그 설명에 대한 과학적 접근을 위해 오늘날에도 가치있는 토대로 이용되고 있다.

그의 성공작 중에는 레싱(Lessing)의 인간과 중요성을 당대의 독일과 유럽의 역사적 사건의 복합체 안에서 모범적으로 맑스주의적으로 분석한 『레싱 이야기』가 있다. 다른 서구제국과 비교하여 당시 독일의 사회적, 경제적, 문화적 후진성과 그 때문에 이 시대의 문학운동 특히 레싱에 나타난 모든 모순된 속성과 특성 등이 탁월하게 요약되어 있다. 그런데 특기할 만한 점은 메링이 이 저작과, 다른 논문과 연구(쉴러, 하이네 등에 관한)에서 우선 이 시대에 이차적 중요성밖에는 없던 문학현상에 대한 설명과 그보다는 못하지만 문체적 분석을 추구했다는 사실이다. 그 밖에도 한 작품에 대한 문체적 분석을 하려면 그리고 그것이 형식적이고 형식론적인 것이 아니어야 한다면 바로 메링이 그다지도 성공적으로 수행할 수 있었던 예비작업이 불가결한 것이다.41)

그 외의 메링의 기본적 저작은 4권으로 된 광범위한 『독일 사회민주주의의 역사』(1897~1898)와 『중세 말의 독일역사』(1910~1911)가 있다. 이 저작들은 오늘날까지 이 시대에 대한 모든 과학적 연구와 평가를 위한 기본전제로 여겨지고 있다. 19세기 전반기에 대한 메링의 비범한 학식은 탁월한 분석과 서언을 포함하는 다음의 두 저술 『K. 맑스, F. 엥겔스, F. 라살레 문헌유고집』(전4권, 1902)과 『칼 맑스의 전기』(1918)라는 논문을 가능케 했다. 여기에서도 메링은 유례없을 정도로 역사적 사건의 다양성과 복잡성을 내용적으로 그리고 명확한 문체로 파악할 수 있었다.

그 밖의 여러 저술 외에도 군국주의와 전쟁에 대한 소논문들과 철학사를 꼽을 수 있다.

몇 가지 결점—물론 메링의 이러한 결점은 당대의 맑스주의 사상의 다른 지도적 대표자들보다 훨씬 적은 것이다.—에도 불구하고 메링의 문학적 저술이 맑스주의의 가장 아름다운 정신적 업적 중의 하나임은 변치 않으며, 맑스주의자들이 과학적 작업을 위해 필요한 모든 수단을 사용할 수 없었고 날마다 당장 해결하여야만 하는 새로운 문제를 낳으면서 때로는 최선의 맑스주의 사상가를 탈진케 했던 험난한 사회주의적 정치투쟁의 시기에 처해

41) 메링의 문학연구는 나중에 *Zur Literaturgeschichte*라는 제목으로 제1권(Calderon에서 Heine까지)과 제2권(Hebbel에서 Gorki까지)이 베를린에서 1930년에 전집 중에 출판되었다.

있던 시기의 기억을 생생하게 보여주고 있다.[42]

맑스주의자들이 오래 전부터 알고 있던 그의 역사적 분석에서 메링은 라살레와 바쿠닌의 인격과 활동을 잘못 평가했다. 그는 맑스와 엥겔스가 그들에 대해 갖고 있던 관점이 지나친 것이었고 따라서 그들을 어느 정도 복권시켜 주어야 한다고 생각했다. 라살레와 비스마르크의 서신왕래와 바쿠닌의 활동에 대한 보다 후기의 기록은 메링이 아니라 맑스와 엥겔스가 옳았음을 보여 주었다.

철학적 문제를 다루는 데 있어, 그리고 철학에 관해 논하는 데 있어 메링은 빈번히 일정한 사회학주의에 빠졌다. 철학을 철학자 개인이나 천재의 순수한 주관적 창조물로 보는 관념론적 견해에 대한 논쟁과, 철학과 사회구조간의 관계에 대한 탁월한 분석(예를 들어 스피노자, 칸트, 피히테, 헤겔, 19세기 후반의 부르주아 철학, 신칸트주의 등)에서 그는(그리고 이는 그 당시 사회민주주의자를 지배하던 생각이었다.) 철학을 지나치게 일방적으로 이데올로기적 표현이라고 해석했다. 그는 기본적으로 다음과 같은 관점을 고수했다.

"그러나 실제로 모든 철학은 경제적 생산과정에 그 근원을 두고 있는 민족이나

---

42) 그러므로 메링의 70회 생일(1916년)의 인사말에서 표현된 메링의 인격에 대한 평가는 정확히 옳은 것이었다. "당신은 아직도 부르주아의 이전 문화에 대한 찬양에 그치고 있는 것을 부르주아의 수중에서 구출하여 우리에게 즉 사회적으로 상속권을 박탈당한 사람들에서 돌려주었습니다. 당신의 저서와 논문들을 통해 당신은 독일의 프롤레타리아트를 고전철학, 고전문학뿐 아니라 칸트와 헤겔, 그리고 레싱, 실러, 괴테 등과 결코 뗄 수 없이 연결시켰습니다. 당신은 당신의 놀라운 펜에서 나온 구절로 우리의 노동자들에게 사회주의가 칼과 창의 문제가 아니라 문화운동이며 위대하고 성실한 세계관임을 가르쳤습니다."(R. Lindau, *Franz Mehring zu seinem 100. Geburtstag am 27. Februar 1946*, Berlin, S.11에서 재인용).

시대의 필요에서 발생한 것이다. 그러나 철학이 일단 세상에 나타나면 그 사상은 자체의 중력에 따라 움직이는 것이 아니라 그 역시 경제적 생산과정에 의해 규정된 역사발전의 수단으로 움직이는 것이다."43)

이로부터 그는 쉽사리 모든 철학의 목적을 추론해 내었다.

"달리 말하자면 철학은 계급투쟁의 이데올로기적 부수현상이며 인간이 이 투쟁을 의식하고 해결하게 되는 이데올로기적 형식의 하나이다. 계급적대가 없다면 철학도 없으며 계급적대가 사라진다면 이런 의미에서 철학도 존재하지 않게 될 것이다."44)

메링은 근본적으로 철저히 역사적 문제를 다루었다. 그는 맑스의 역사파악을 위대한 이론적 공헌으로 보았으며 비록 일면적이기는 하지만 역사에 대한 맑스의 유물론적 해석과 기타의 유물론 형태, 특히 자연과학적 유물론의 형태간의 구별을 부각시키려 했다. 맑스의 사상을 바르트의 공격과 비난에서 방어하려는 노력을 보인 사적 유물론에 대한 그의 유명한 소론에서 메링은 이렇게 썼다.

"이해할 수는 있으나 오류임에는 분명한 사실은 사적 유물론과 자연과학적 유물론을 혼동하는 것이다. 자연과학적 유물론은 인간이 자연뿐만 아니라 역사 안에서도 살며 자연과학뿐 아니라 사회과학도 존재한다는 것을 간과하고 있다. 물론 사적 유물론은 자연과학적 유물론을 포함한다. 그러나 자연과학적 유물론은 사적 유물론

43) Franz Mehring, *Demokrit und Epikur*, in : *Zur Geschichte der Philosophie*, Berlin 1931, S.42.
44) Franz Mehring, *Wesen und Zeitbedingtheit der Philosophie*, ibid., S.25. 이 논문은 원래 *John Locke* 라는 제목으로 *Neuen Zeit*지에 게재했던 것이다.

을 포함하지 않는다. 자연과학적 유물론은 인간을 의식을 갖고 행위하는 자연적 피조물로 보지만 어떻게 해서 인간의 의식이 인간사회 안에서 규정되는지를 탐구하지 않는다. 그래서 자연과학적 유물론은 역사적 영역에서는 자신의 단적인 반대물 즉 극단적 관념론으로 전화된다. 이 유물론은 역사를 만드는 위대한 인물의 정신적 마력을 믿는 것이다. 우리는 프리드리히 2세에 대한 (루드비히)뷔흐너(Büchner)의 열광과, 우스꽝스러운 사회주의자 혐오와 짝을 이루는, 헤켈(Häckel)의 비스마르크에 대한 우상숭배를 기억하고 있다. 이 유물론은 인간사회에서 오직 이념의 추진력만을 인식한다."45)

다른 면에서 메링은 일반적인 철학적 태도에 있어 자연과학적 유물론이 근본적으로는 맑스의 철학적 사상이라고 잘못 생각했다. 그래서 그는 한 논문에서 이렇게 단정했다.

"맑스와 엥겔스는 유물론을 역사적 영역에 이전시켜 그 관점을 확대·심화시키지 않은 경우에 항상 포이어바흐의 철학적 관점을 고수했다. 사실을 단적으로 분명하게 표현하자면 그들은 자연과학의 영역에서는 기계론적 유물론자였고 사회적 영역에서는 사적 유물론자였다."46)

그러나 메링의 고유한 위대함은 그가 맑스의 새로운 역사해석의 근본의도를 올바르게 이해했고(또는 '느꼈고') 이것을 이미 말했듯이 개별적인 역

45) Franz Mehring, *Über den historischen Materialismus*, ibid., S.284. 이 글은 *Lessing-Legende*의 부록으로 인쇄되었다. 엥겔스는 메링에게 보내는 그의 유명한 1893년 7월 14일자 편지에서 이에 답하였다. 즉 그는 메링이 이데올로기 영역에 대한 해석에서 약간의 과오를 범했음을 주지시켰다(엥겔스의 이론적 사상에 대한 장을 보라.).

46) Franz Mehring, *Historischer Merterialismus*(1910), Ibid., S.337. 그 때문에 메링은 윤리학에 대한 카우츠키의 책을 그렇게나 긍정적으로 평가했던 것이다. F. Mehring, *Sozialistische Ethik*(1906)을 보라.

사적 문화적 현상에 대한 구체적 탐구로 표현했다는 데에 있다. 사적 유물론에 대한 글에서도 그는 모든 사회공동체의 물질적 토대와 그 이념적 힘에 대해 말하면서 매우 구체적으로 강조하기를, 인간이 역사를 만들지만 "그들이 그 역사를 어떻게 만드는가 하는 것은 모든 경우에 있어 그들의 머리에 사물의 물질적 연관이 어느 정도 명확히 또는 어느 정도 불명확하게 그려지는가에 달려 있다."47) 메링은 계속 말하기를, 그 이유는 이념은 무에서 창조되는 것이 아니라 사회와 그 사회의 생산양식의 산물이므로 각 이념의 효력은 그것이 어느 정도 정확히 이 생산과정을 반영하느냐에 달려 있기 때문이라는 것이다. "인간정신은 인간사회의 역사적 발전 위에 있는 것이 아니라 그 안에 있는 것이다. 정신은 물적 생산에서, 그 생산과 결부되어, 그 생산과 함께 성장한다."48) 여기서 메링이 이미 우리가 『독일 이데올로기』를 언급할 때 보았던 몇 구절과 거의 유사하게 표현하고 있음을 강조할 수 있다.

역사와 사적 유물론의 문제에 대한 감각을 지닌 탁월한 이론가로서의 메링은 문화적, 역사적 현상에 대해 뛰어난 분석을 할 수 있었다는 사실은 잘 알려져 있으나 그가 개별적인 개인이나 이론이나 시대에 대한 구체적 분석에서 미미하게 표현되는 그의 모든 결점을 차치하고라도 이론이나 실천에 비맑스주의적인 수정주의적 사상을 도입하려는 모든 시도에 대해 항상 올바르게 반응했고 이러한 현상에 대한 올바른 판단을 내릴 수 있는 뛰어난 감각을 보여주었다는 점은 잘 알려져 있지 않다. 그는 베른슈타인의 수정주의에 대한 투쟁의 제1선에 섰을 뿐 아니라 독일 사회민주주의의 정치적 실천에서 나타난 '디츠겐주의'와 기회주의의 본질도 올바르게

---

47) Franz Mehring, *Über den historischer Materialismus*, l.c., S.291.
48) Ibid., S.292.

평가했다. 그는 말년에도 독일 제국주의를 비난하고 독일 사회민주주의의 기회주의를 성토하는 데 있어 룩셈부르크와 K. 리프크네히트 등과 한편에 섰다. 그로 말미암아 그는 70세의 나이에 구속되기까지 했다. 그는 그러고도 용감히 이 시기의 독일 사회주의의 유일한 실질적 혁명분파인 스파르타쿠스 단의 제1선에 섰다.

이미 말했듯이 메링의 위대한 공적은 역사, 문학사, 철학사 등의 영역이다. 루카치는 메링에 대한 뛰어난 연구에서 물론 그의 관점에 내재된 몇 가지 일면성과 비합리성을 너무 강조하고 비판하기는 했지만 메링의 일반적 성격을 다음과 같이 규정했을 때에 그는 올바른 결론을 내린 것이다.

"미학원리, 문학사, 문학비평에 대한 메링의 총괄과 그 적용이 맑스의 노선에서 심각하게 빗나간 것이고, 메링이라는 인간이 그 오류와 한계에 있어 제2인터내셔널의 지평에 갇혀 있다고 해도 메링의 단계는 뛰어넘거나 지워버릴 수는 없고 오직 비판적으로 극복할 수 있을 뿐인 단계이다. 메링의 놀라운 문학적 자질, 독일의 혁명적 전통에 대한 깊고도 생생한 연대성 등은 그의 저작을 맑스·레닌주의적 관점에서 독일문학의 문제를 해결하려는 모든 사람의 불가피한 연구대상으로 만들고 있다. 그리고 우리가 서술과정에서 재차 지적했듯이 메링의 잘못된 규정과 입장은 그의 시대의 노동운동이 갖고 있었던 잘못된 기회주의적 노선에 대해 객관적으로 정당하고 올바르게 파악된 반대에서 기인한 것이며 그것이 갖는 오류와 무관하게, 동시대의 다른 맑스주의자들에게서 찾아볼 수 있는 것보다 훨씬 뛰어난 대상고찰의 요소와 경향을 포함하는 것이다. 메링의 혁명적 행동주의, 예술에 있어 혁명적 주체성의 능동적 요소에 대한 그의 강조 등은 우리 문학이론의 중요한 발전단계이다. 이 단계의 오류는 오직 메링이 갖고 있는 중요한 긍정적 유산을 동시에 비판적으로 획득함으로써만 현실적으로 극복될 수 있다. 메링의 전체 관점과 그의 개별적 저작에 대한 철저하고도 구체적인 취급은 현대의 맑스주의적 문학이론의 중요하고 시급한 과제이다. 특히 과거에 대한 구체적 연구가 중요한 과제로 여겨지면서도 그것이 지금까지 맑스주의 이데올로기에 의해 상당히 방치되어 왔던 독일에서 그러하다. 메링의 과오에 대한 비판적 극복을 통해서만 독일문학에 대한 맑스주의적 이론과 역사가 가능하다. 그리고 제2인터내셔널의 독일지부 중 위대한 극좌인물이며, 국제적인 노동자 사회에 독일문학을—물론 문제가 없지는 않지만—매개시킨 사람인 메링은 지속적인 국제적 중요성을 지닌 역사적 인물로 남을 것이다."[49]

칼 카우츠키(Karl Kautsky, 1854~1938)

칼 카우츠키의 이름은 어떤 의미에서 제2인터내셔널의 독일 사회민주주의를 상징하는 것으로 여겨질 수 있다. 이 운동의 개화는 카우츠키의 전성기와 완전히 일치하며 이 운동의 빈곤은 독일사회주의뿐만 아니라 제2인터내셔널 전체의 공인된 이론적 지도자인 그의 패배를 나타냈다. 이 운동의 이론적 위대성과 심각한 약점은 카우츠키에게서 그 완벽한 표현을 발견했다.

그의 긴 생애 동안 카우츠키는 크고 작은 많은 저술을 썼다.[50] 그러나 이런 관련에서 우선적으로 우리의 흥미를 끄는 것은 언제나 맑스주의 사상의 발전 또는 위험에 일조한 이론적 측면—물론 이는 그 이상의 이론적 혹

49) G. Lukacs, *Franz Mehring*, in: *Beiträge zur Geschichte der Asthetik*, Berlin 1954, S.402~403. 문학적 역사적 통찰과 미학적 통찰에 대해서는 한스 코흐(Hans Koch)가 두터운 책을 썼다(*Franz Mehrings Beitrag zur marxistischen Literaturtheorie*, Berlin 1959). 여기서 그는 메링에 대한 루카치의 평가를 신랄히 비판했다. 코흐는 일반적인 반영이론과 사회주의적 리얼리즘 이론에서 출발한다.

50) Werner Blumenberg, *Karl Kautskys literarisches Werk, Eine bibliographische Übersicht*, Gravenhage 1960을 보라.

은 정치적 중요성을 가질 수 있다.—이다.

카우츠키는 이미 70년대에 사회민주주의에 가담했다. 1881년 런던에서 그는 F. 엥겔스의 개인 비서였다. 1883년에 그는 제2인터내셔널의 이론적인 기관지였던 『신시대』 지를 창간하여 1917년까지 이 신문을 주도했다. 대단한 정력으로, 그리고 다방면의 지식에 정통한 카우츠키는 맑스주의의 대중화와 많은 과학적 영역 특히 역사적, 경제적 영역에 맑스주의를 적용하는 데 있어 많은 일을 했다. 활동의 첫 시기에 나온 저술로는 『토마스 모어와 그의 유토피아』(1887), 『칼 맑스의 경제이론』(1887), 『1789년의 계급적대』(1889 : 후에 『프랑스 혁명시대의 계급적대』라는 제목으로 출간되었다.), 『에르푸르트 강령』(1892) 그리고 16세기까지 소급되는 초기 사회주의의 개별적 시대에 대한 연구로서 가치있는 성과인 『근대 사회주의의 선구자들』(1894) 등이 있다. 이 시기에 그는 유물론적 역사파악을 개별적인 역사적 시대와 현상에 적용하는 능력을 보여주었다.

카우츠키의 이론적 사상과 그 발전을 이해하기 위해서는 그가 당시의 여러 사회주의자들처럼 헤겔 변증법에 대한 연구없이 유물론과 다윈의 진화론에서 출발하여 맑스주의를 수용했음이 강조될 필요가 있다. 그래서 70년대의 카우츠키의 견해에는 종(種)의 발전에 대한 진화론적 이론이 지배적이며 그는 도덕적 행위가 동물적인 사회적 충동에서 과학적으로 설명될 수 있다는 생각에 몰두해 있었다.

물론 카우츠키는 70년대 말과 80년대 초에 점차 맑스주의를 수용하기 시작했고 맑스의 관점과 다윈의 관점을 가능한 한 상세히 구별하려 노력하기도 했다. 그러나 그는 그 당시에나 그 이후에도 진화론, 그리고 역사 발전에 대한 단순화와 피상적 해석에서 벗어나지 못했다. 헤겔과 맑스의 관계를 이해하지 못했기 때문에 그 이상은 불가능했던 것이다. 헤겔 체계, 특히 그의 변증법에 대한 반감은 이미 보았듯이 헤겔 사상과 같은 것이 갖는 복잡성을 결코 이해하지 못했던, 자체적으로 발전한 신칸트주의의 결론이었다. 물론 카우츠키가 그의 동료 수정주의자들처럼 맑스와 엥겔스에게서 발견되는 '혁명적 횡포'의 주요 책임이 헤겔에 있다고 보지는 않았지만 변증법에 대한 그의 무지와 몰이해가 그의 이론적 불충분성에 대한 가장 큰 이유였다.

이러한 후기의 혁명적 맑스주의로부터의 일탈에 있어 강조해야 할 사실은 그와 같은 관점이 카우츠키의 초기 활동에서 현저한 것은 아니었지만 이미 그 때에 이후의 계급투쟁과 사회주의적 전복에 대한 전형적인 부르주아적 해석을 위한 일정한 이론적 전제가 있었음은 사실이다.

에르푸르트 강령에 대한 그의 유명하고 대중적인 해설에서 카우츠키는 점차로 심화되는 생산력과 기존의 소유관계간의 모순을 극복하는 것이 개량만으로는 불가능하다고 강조함으로써 개량과 혁명간의 관계를 매우 정확히 해석했다.

"그러나 우리가 말하려는 것은 사회혁명 즉 생산수단에 대한 사적 소유의 지양이 자동적으로 이루어질 것이라든가 불가항력적이고 자연필연적인 발전이 인간의 행위 없이도 혁명을 이끌어 갈 것이라는 것은 아니며 또한 모든 사회개량이 불필요한 수단이며 생산력과 소유질서간의 모순 그리고 그 부수적 현상 아래서 시달리는 사람들이 주머니에 손을 넣고 그 모순이 극복될 때까지 기다리고 있는 일밖에는 남지 않았다고 말하는 것도 아니다."[51]

51) K. Kautsky, *Das Erfurter Programm, In seinem grundsätzlichen Teil erläutert*, Hannover 1964, S.101.

카우츠키는 계속 말하기를 우리가 불가항력이나 자연필연적 발전에 대해 말할 때에 우리가 당연히 가정하는 것은 인간은 죽은 꼭두각시가 아니라 인간이며 보다 나은 생활조건을 위한 투쟁에서 일정한 욕구, 욕망, 정열 등을 실현시키려는 인간이라는 점이다. 따라서 기존의 소유관계를 전복하나는 것은 다양한 형태를 취할 수 있으며 반드시 폭력이나 유혈과 결부된 것은 아니다. 이와 마찬가지로 사회혁명은 단번에 결판날 수는 없다.

"그러나 혁명이 취할 수 있는 형식이 아무리 다양하다 해도 지배적 상황에 의해 가장 억압받는 자들의 강력한 실행 없이 모르는 사이에 사회혁명이 일어날 수는 없다."[52]

이에 이어지는 구절에서도 카우츠키는 강조하기를 자본주의적 생산양식의 심각한 결과는 개량에 의해 방지될 수는 없고[53] 오직 상품생산을 지양함으로써, 즉 판매를 위한 생산을 필요를 위한 생산으로 대체함으로써만 막을 수 있다고 했다.[54] 그러나 이미 그 당시에 이 문제에 대한 카우츠키의 설명은 근대국가 안에서 사회주의적 조합의 발전을 위해 이용될 수 있는 충분한 공간을 가진 사회적 조직보다는 국가를 지향하고 있었다.[55] 다른 구절에서 카우츠키는 이 점을 다음과 같이 표현했다. "근대국가의 경제활동은 사회주의적 결사체에 이르기 위한 발전의 자연적 출발점이다."[56] 물론 그렇다고 그의 견해가 모든 국유화가 사회주의적 결사체

52) Ibid., S.103.
53) Ibid., S.106.
54) Ibid., S.110.
55) Ibid., S.115.

를 위한 일보이고 국가의 본질이 변치 않은 채 이 결사체가 일반적인 국유화에서 발생할 수 있다는 것은 아니었다.

"노동자 계급이 국가에서 지배적 계급이 되는 경우에야 비로소 국가는 자본주의적 청부인이기를 그친다. 그 때에 가서야 국가를 사회주의적 결사체로 변형시키는 것이 가능해진다."57)

우리가 변증법, 사회와 역사에 대한 파악에서 나타나는 결점과 국가와 혁명간의 관계, 당시의 사회민주주의 운동과 노조의 전체상황 등에 대한 불철저한 분석 따위를 고려해 보건대, 이러한 저술에서 그리고 카우츠키의 초기에 이미 모든 혁명적 정책에 대한 나중의 포기와 전면적인 정치적

---

56) Ibid., S.124.

57) Ibid., S.125. 나중에 혁명적 관점을 완전히 제압하게 되는, 국가와 의회주의에 대한 이러한 지향은 에르푸르트 강령에 대한 글보다 1년 나중에 나온 의회주의와 민주주의에 대한 논문에서도 현저히 나타나고 있다. 거기서 카우츠키는 분명하게 주장하기를, "아직도 대의제도가 보통선거권의 지배 아래서도 부르주아지의 지배를 강화시키며 이 지배를 전복하려면 우선 대의제도를 철폐해야 한다고 주장하는 사람은 정치적 장님일 뿐이다. 이미 현실적인 의회적 정부가 부르주아 독재의 수단이기도 하지만 프롤레타리아 독재의 수단일 수도 있다는 것이 분명해지기 시작했다. 대의제도의 철폐가 아니라 의회에 대한 행정부의 권력을 파괴하는 것, 그리고 동시에 선거권의 평등, 선거구의 적절한 분할, 비밀투표의 보장, 단기의회, 언론, 집회, 결사의 완전한 자유 등을 통해, 그 중에서도 선거권을 20세에 달한 전국민에서 확대시킴을 통해 프롤레타리아트에게 의회에 접근하는 길을 가능한 한 넓히는 것, 이것이 정권장악을 위한 투쟁에서 가장 중요한 노동자 계급의 과제 중 하나이다."(Karl Kautsky, *Parlamentarismus und Demokratie*, Stuttgart 1911, S.121 : 1 Ausgabe 1893). 그리고 "투쟁적 프롤레타리아트는 사회발전에 대한 깊은 신뢰를 갖고 있고 자신에 대한 많은 믿음을 갖고 있기 때문에 그들은 투쟁을 무서워하지 않으며 막강한 자들과의 투쟁도 마다하지 않는다. 그들은 오직 그들이 자유로이 활동할 수 있는 전장을 필요로 할 뿐이다. 민주국가가 이 전장을 제공한다. 여기서 부르주아지와 프롤레타리아트간의 최후결전이 가장 신속히 결말을 볼 수 있다."(Ibid., S.125).

실패의 징후가 발견된다는 것은 과장이 아니다.

그 밖에 이 시기에 카우츠키의 중요한 저술로는 『농촌문제』(1899)가 있다. 그는 맑스주의자로서는 최초로 그 당시 각양각색의 대립적 견해들이 난무하던, 이론적으로 실천적으로 매우 중요한 이 문제를 모든 측면에서 다루었다. 프랑크푸르트(1894)와 브레스라우(1895)의 당대회에서 이 문제에 대한 논의는 독일 사회민주주의자들간에 아무런 통일적 관점도 낳지 못했다. 수정주의자인 G. 폴마르(Vollmar)와 E. 다비드(David)는 맑스가 공업발전과 농업발전간의 본질적 차이를 간과했기 때문에 공업발전의 법칙이 집중화로 귀결되지만 농업에서는 소생산이 집중화된 대규모생산보다 우위에 선다는 것을 알지 못했다는 견해를 내세웠다. 이에 대해 카우츠키는 자신의 연구를 맑스와 엥겔스의 견해에 입각시켜 농업발전의 법칙은 맑스가 발견한 공업발전의 법칙과 구별되지 않는다는 관점을 보였다.

광범위한 자료와 철저한 분석에 입각해 카우츠키는 이 문제에 대한 이론적 기여를 의미하기도 하는 원칙적으로 중요한 몇 가지 결론에 도달한다. 우선 그는 경제발전에 있어 농업이 공업에 뒤지는 이유가 이러한 두 경제부문의 경제적 측면에 있는 것이 아니라 주로 사회적 성격에 있다는 확신에 도달했다. 즉 소규모 농민의 토지소유가 잔존한다는 것은 그러한 소유의 생동성과 경제성을 입증하는 것이 아니라 자본주의의 특수한 경제적 운동과 소유관심에서 발생할 것이라는 주장이다.

"이 모든 것에서 나오는 결론은 현재 사회에서 소토지소유가 사라지거나 대토지소유에 의해 완전히 배제되었다고는 생각할 수 없다는 점이다. 우리는 바로 토지소유의 집중이 진행되는 곳에서 분할경향도 대응해서 나타나고 이러한 경향이 커다란 장애에 봉착하면 국가와 대토지소유자들이 오히려 이 경향을 돕기조차 한다는 것을 보았다.

그러나 대토지소유의 이러한 노력이 우리에게 밝혀 주는 것은 소경작자가 대경작에 대해 일련의 경쟁력을 유지할 수 있다고 여기는 것만큼 전도된 것은 없다는 사실이다. 소경작자의 잔존은 오히려 그것이 대경작자에 대한 경쟁자이기를 그쳤다는 사실의 결과이며 또한 농업생산물—이는 소경작자 이외에 대경작자도 생산해 낸다—의 판매자로 더 이상 간주되지 않는다는 사실의 결과이다. 자본주의적 대경작이 발전하는 곳에서 소경작자는 판매자이기를 그친다. 왜냐하면 그는 판매자에서 대경작자가 '초과적으로 생산하는' 생산품의 구매자로 변화되었기 때문이다. 소경작자가 초과적으로 생산하는 상품을 대경작자가 절실하게 필요로 하는 생산물인 노동력이라는 상품뿐이다.

이러한 경향이 확립되는 곳에서 소경작자와 대경작자는 서로를 배제하지 않으며 마치 자본과 프롤레타리아트처럼 서로를 조건짓는다. 따라서 소경작자는 점점 프롤레타리아적 성격을 띠게 된다."[58]

대영농업이나 소영농업의 우위에 대한 문제에 있어 카우츠키는 자신의 분석에서 명료한 관점에 도달한다. "따라서 대영농업이 소영농업에 대해 결정적으로 우위에 있다고 말할 수 있다."[59] 그는 동시에 일정한 한계를 넘어서면 대영농의 장점이 그 규모와 거리 때문에 생기는 손실보다 완만하게 증가되어 이때부터 소유면적의 확대가 수익성을 점차 감소시키게 된다고 단정한다.[60]

---

58) K. Kautsky, *Die Agrarfrage*, Stuttgart 1902, S.163.
59) Ibid., S.130.
60) "이 한계선이 어디부터인지 일반적으로 정확히 규정하는 것은 불가능하다. 이는 여러 경영방식에 따라 달라질 것이다. 이 발전의 몇 가지 경향은 이 한계를 보다 확장시키는 경향을 갖는다. 예를 들어 증기와 전기를 동력으로 도입하는 것이나 야외철도의 도입이 그러한 방향으로 작용한다. 그에 반해 다른 경향은

농업이 점차 공업에 의존해 가고, 바로 농업생산양식의 혁명이 현대적 과학과 산업이 낳은 기술적 수단의 도움으로 이루어진다는 사실에서 카우츠키는 정당하게 이러한 과정에 의해 공업과 농업의 구별이 지양되고 농업이 불가피하게 자본주의경제의 보다 강력한 요소의 발전에 따르게 된다는 결론을 이끌어 내었다.

"원시적인 농촌경작에서 농업이 경제적으로 중요하고 지도적인 요인이었다면 현재 그 관계는 전도되었다. 자본주의적 대규모공업이 지배적이며 농업은 공업의 명령에 따라 자신의 필요를 거기에 순응시켜야 한다. 공업발전의 방향이 농업발전에 표준적인 것이 되었다. 공업이 사회주의 쪽을 향하게 되면 농업도 그럴 수밖에 없다."[61]

카우츠키는 이러한 분석에서 혁명 직후에 농민계급에 대해 사회민주주의가 갖는 관계도 도출해 낼 수 있었다. 사회주의자들은 그들이 농민계급의 퇴락을 막을 수 없으며 해체된 개인들의 재산을 유지시키는 것이 역사

그 한계를 축소시키는 방향으로 나간다. 단위면적당 인간과 가축의 노동강도가 커질수록, 그리고 비료 수확물, 기계, 중장비 등으로 부담이 점점 커질수록 경지 확대의 영향이 점차 강하게 느껴진다. 일반적으로 이윤의 고비가 되는 생산물의 최대확대치는, 경제가 집약화되고 동일한 토지면적에 더 많은 자본이 투하될수록 작아지게 된다. 그러나 이 법칙은 그때 그때의 기술적 발전에 의해 지켜지지 않기도 한다."(Ibid., S.145~146).

61) Ibid., S.294. 이 외에도 카우츠키는 농업은 자신에 방해가 되고 또 농민 프롤레타리아트의 유지를 가능케 하는 자본주의적 관계를 파괴시킬 만한 힘을 자체 내에서 발전시킬 수 없다고 단정했다. 그러나 인간사회는 통일적 유기체이므로 사회의 각 부분이 전적으로 대립된 방향으로 분리되어 발전할 수는 없다. 그리고 대규모공업이 현대사회에서 지배적인 힘이기 때문에 "이 공업은 이러한 변혁의 전제조건을 자체적으로 생산해 낼 수 없는 농업도 사회주의를 위해 이용하고 그 요구에 적응케 한다. 대규모공업은 자신의 이익, 즉 통일성, 또는 사회의 조화라는 자신의 이익 때문에 그러지 않을 수 없다."(Ibid., S.295).

적으로 불가능하다는 것을 명심해야 한다는 것이다. 공업에서의 사회주의의 경향과 실현은 농업에 방향을 제시한다는 것이다. 이 문제에 대한 엥겔스의 말에서 출발에서 카우츠키는 프롤레타리아 권력이 농민들로부터 재산을 징수해서는 안 되며 오히려 발전 중에 있는 조합체계에 자신의 최선의 전망을 두고 있는 현실적이고 유용한 노동력을 인식해야만 한다고 주장한다. 「프랑스와 독일의 농촌문제」라는 엥겔스의 논문(1894)—카우츠키는 이 글을 『자본론』에 있는 맑스의 분석에 버금가는 토대로 이용했다.—에서 엥겔스는 단정적으로 설파했다.

"첫째, 프랑스 강령의 조문은 전적으로 옳다. 즉 우리는 소농민의 불가피한 몰락을 예견한다. 그러나 결코 우리들 편에서의 간섭에 의해 그 몰락을 촉진시키려 하지는 않는다.

둘째, 마찬가지로 자명한 것은 우리가 국가권력을 장악하게 될 경우 대토지소유자들에 행해야 할 강제몰수를 소농민들에게 (유상이든 무상이든) 행할 수는 없다고 생각한다. 소농민에 대한 우리의 과제는 우선 그들의 사적 경작과 소유를 조합적 소유 쪽으로 지도하는 것인데 그것은 강제적으로가 아니라 모범을 보이고 이 목적을 위한 사회적 보조를 제공함에 의해서이다. 이 경우 물론 우리는 이제부터 그들이 분명히 알게 될 이익을 보여줄 수 있는 충분한 수단을 갖고 있다."62)

이 점은 우리가 맑스주의의 중요한 이론적 저서 중의 하나로 손꼽을 수 있는 카우츠키 저작의 핵심이기도 하다.

---

62) F. Engels, *Die Bauernfrage in Frankreich und Deutschland*, MEW, Bd.22, S.499. 우리가 이러한 통찰에 비추어 스탈린주의가 소련에서 수행했고 또 유일하게 올바른 사회주의적 원리로 주장하려 했던 집단화, 즉 농민에 대한 강제징수의 원리를 고찰해 보면 그 결론은 뻔하다.—사소하지도 않았고 유쾌하지도 않았던 역사적 경험을 도외시한다 해도 그렇다.

이 시기에 카우츠키는 철저히 맑스주의적 관점을 채용했다. 그가 베른슈타인에 대한 비판에서 예를 들어 R. 룩셈부르크처럼 단호하고 철저하지는 못했다 해도 수정주의에 대한 투쟁에 참여한 사람들에 속한다. 바로 그 직후 그는 두 가지 유명한 글을 출판했다.—하나는 윤리학의 문제에 관한 것이며 다른 하나는 기독교의 기원에 관한 것이다.

『윤리학과 유물론적 역사파악』(1906)—맑스주의 문헌에 있어 희귀한 주제이다.—은 윤리적 문제를 보다 일반적인 테두리 안에서 다룬 것이다. 그런데 카우츠키의 강점이 분명히 역사적, 사회학적, 경제적 영역에 있는 반면 이 시기의 거의 모든 맑스주의 대표자들처럼 이론적-철학적 반성에는 약했다. 제2인터내셔널의 거의 모든 이론가들과 지도자에 있어서 철학적 수준, 철학적 문제에 대한 인식, 그리고 특히 맑스주의 철학의 문제인식이 그리 높은 수준에 있지 못했다는 것은 흥미롭고도 특징적인 사실이다. 그러므로 이들은 수정주의자와의 대결에서 철학적 측면은 사디 군터(Sadi Gunter), 즉 신칸트주의자 F. 슈타우딩거에게 위임했다. 그리고 개별문제에 대한 철학적 분석을 시도하는 때에는 오스트리아 맑스주의자들이 지도적인 위치에 있던 신칸트주의적 입장에서 행해졌다.63) 이 모든 것을 고

63) 맑스의 철학적 의도에 대한 카우츠키의 매우 천박한 이해를 나타내는 예로서는 한 러시아 노동자의 편지에 대한 답변이 있을 것이다. 이는 1907년에 벌어진 맑스주의에 관한 논쟁과 관련된 것이다(F. Adler가 1909년 *Kampf*지에 게재했었다). "당신은 마하가 맑스주의자인지를 물었습니다. 그 문제는 맑스주의를 무엇으로 보는가에 달렸습니다. 저는 맑스주의를 철학이라 보지 않고 경험과학, 특정한 사회관으로 봅니다. 이러한 견해는 어떤 경우든 관념론 철학과는 결합될 수 없는 것이지만 마하의 인식론과는 결합될 수 있습니다. 저는 개인적으로 맑스의 견해와 디츠겐의 견해 사이에 아무런 본질적 차이도 발견하지 못했습니다. 그리고 마하는 디츠겐과 매우 입장이 가깝습니다."(레닌의 저서 *Materialismus und Empiriokritizismus* 1927년 독역판에 Deborin이 붙인 서문 S. XVIII에서 재인용). 같은 글에서 카우츠키는 플레하노프가 맑스의 철학을 올바르게 해석했는지에 대한 문제에 있어 "맑스는 아무런 철학도 제시하지 않았고 단지 모든 철학

려한다면 플레하노프의 중요성은 더욱 커진다. 그는 이 시대의 맑스주의자 중에 유일하게 이론적으로 C. 슈미트(Schmidt), E. 베른슈타인(Bernstein), P. 스트루베(Struve) 및 기타 수정주의자들과의 철학적 논쟁을 할 수 있는 사람이었다.

윤리현상에 대한 카우츠키의 분석은 근본적으로, 한편으로는 다윈주의의 극복을 수행하고 다른 한편으로는 다윈주의와 맑스주의의 종합을 꾀하는 시도를 나타낸다. 그는 두 가지 중 어느 것도 성공하지 못했다. 물론 그는 이 어려운 과제를 수행하면서 다윈주의와 진화론의 많은 일면성들을 사회운동에 대한 맑스주의적 견해를 통해 극복했다. 그러나 어쨌든 그의 저서는 여러 문제에서 생물학주의와 다윈주의의 색채를 띠는 것이다. 이 점에 특징적인 것은—그리고 도덕현상에 대한 다윈적, 스펜서적, 크로프트킨(Kroptkin)적 분석에도 이 특징은 나타나는데—동물의 충동적 특성과 인간의 도덕적 파악을 비변증법적으로 동일시하는 것이다. 카우츠키가 "도덕법칙은 동물적 충동이다"라고 주장하고[64] "도덕법칙은 생식충동과 같은 성격을 갖는다"[65]라고 생각했을 때 그것은 일면적인 파악이었으며 다윈주의 안에서 이루어진 것이었다.

맑스주의자로서 카우츠키는 사회의 계급분화와 그 결과를 지적했던 한—그런데 그것은 전체 사회에 대한 사회적 본능의 약화이자 한 계급내에서의 이 본능의 강화로 표현된다.—다윈주의를 넘어선 것이다. 그러나 그럼에도 불구하고 카우츠키는 윤리의 사회적 현상을 동물의 충동적 본능적 현상과 분

의 종말을 예고했지만, 플레하노프가 맑스 이론에 대해 가장 정통한 사람의 하나임을 부정할 수는 없다."(ibid., S. XIX)고 대답했다.

64) K. Kautsky, *Ethik und materialistische Geschichtsauffassung*, Stuttgart 1910, S.63.

65) Ibid., S.67.

명하고 단호하게 구별할 수 없었다. 예를 들어 이기주의와 이타주의는 동물의 충동적 현상과 엄격히 구별된다. 왜냐하면 이것들은 주어진 사회의 단계, 분화, 성격에 따른 의식형성을 통해 매우 다양한 형태를 가질 수 있기 때문이다. 이것들은 인간의 정상적 관계 안에서 생물학적 범주로서가 아니라 전적으로 사회적인 범주로서 역할을 수행한다.

카우츠키는 도덕규범에 대한 엥겔스의 사상을 매우 잘 설명했다. 즉 도덕규범은 사회적 필요에 대응하며 이데올로기와 도덕의 독립이라는 특정 현상은 그것을 발생시킨 사회적 토대로 환원된다는 것이다. 그러나 카우츠키는 도덕적 이상을 사회적 충동에서 도출할 수는 없다고 생각했다.

"도덕적 이상은 기존상태에 대한 반목을 통해 야기된 희망과 노력의 복합체에 불과하다. 이 이상은 계급투쟁의 추진력으로서, 그리고 상승하려는 계급의 힘을 기존사회에 대한 투쟁으로 결집시키고 고무시키는 수단으로서 기존사회의 전복을 위한 강력한 지렛대이다. 그러나 옛 사회를 대체한 새로운 사회상태는 도덕적 이상의 형성에 의존하지 않고 기존사회의 주어진 물질적 조건, 기술, 자연환경, 인간간의 동시대적 관계와 역사적 관계 등에 달려 있다."66)

카우츠키는 도덕적 이상을 기존상태에 대한 저항이라고 여겼다. 따라서 도덕적 이상은 목적이 아니라 사회적 생존투쟁의 힘이자 무기이다. "도덕적 이상은 계급투쟁의 특수한 상황을 위한 특수한 무기이다."67)

윤리문제에 대한 맑스주의적 설명에 대한 이러한 카우츠키의 시도는 아직도 다윈주의적 생물학주의와 진화론, 그리고 사회학주의에 결부되어 있

66) Ibid., S.138~139.
67) Ibid., S.141.

었고 또한 몇 가지 매우 중요한 윤리적 문제를 파악하지 못한 것이기는 했지만 이 영역에 대한 최초의—물론 실패하긴 했지만—맑스주의적 시도로서 주목할 만하다. 카우츠키는 이 문제에 대한 생물학주의적이고 사회학주의적인 해석을 극복하기 위해 필요한 이론적, 철학적 미세함을 결여하고 있었다.

보다 중요하고 가치 있는 것은 기독교의 기원에 대한 카우츠키의 책이다. 부르주아 역사가들이 수집해 놓은 자료와 원전자료에 입각해서 카우츠키는 제정기의 로마와 이스라엘의 역사적 상황과 계급분화와 각 계층의 상황에 대한 포괄적인 맑스주의적 분석, 그리고 초기 기독교 공동체와 그 공동체의 조직과 위계질서의 발전 등에 대한 상세한 분석을 기독교가 국교로 인정되는 때까지 수행했다. 그의 연구결과는 다음과 같은 테제이다.

"우리는 기독교가 자신의 근본적 본질과 정반대되는 것으로 변하는 순간 승리를 거둔 것을 보았다. 즉 기독교에서 프롤레타리아트가 승리한 것이 아니라 프롤레타리아트를 착취하고 지배하는 성직자 계급이 승리한 것이다. 기독교는 변혁적 세력으로서 승리한 것이 아니라 보수적 세력 즉 억압과 착취의 새로운 지주로서 승리한 것이다. 기독교는 황제의 권력, 노예제, 대중의 무산성(無産性), 소수의 손에로 부의 집중 등을 철폐하지 않은 것에 그치지 않고 오히려 강화시켰다. 기독교의 조직체인 교회는 자신의 본래 목적을 포기하고 그와 반대되는 것을 옹호함으로써 승리했다."68)

그 당시에 매우 중요한 문제였던 혁명문제에 대한 그의 견해를 카우츠키는 「권력에의 길」(1909)에서 진술했다. 이 글의 기본사상은 다음과 같다. "우리는 어떤 대가를 치르고서라도 합법칙적 인간이나 혁명가가 되겠

68) K. Kautsky, *Der Ursprung des Christentums*, Stuttgart 1919, S.496.

다는 주장을 하는 것이 아니다. 우리는 역사적 상황을 자의적으로 만들 수 없고 오직 우리의 전술을 그 상황에 적응시켜야 함을 알고 있다."69)
카우츠키는 논하기를, 유럽의 프롤레타리아트는 결정적인 권력투쟁의 시기에 들어섰으며 조만간 권력관계를 프롤레타리아트에 유리하게끔 변화시킬 것이다. 그러므로 사회민주주의는 점점 부패해가는 부르주아 정당의 블럭 정책과 제휴해서는 안 된다. 사회민주주의가 아직 실질적 정치권력을 장악하지 못하는 한 사회민주주의는 오직 "부르주아 정당에 자신의 정치권력을 팔아 버리는 대가를 치르고만 국가권력에 참여할 수 있다. 계급으로서 프롤레타리아트는 결코 정권을 얻을 수 없고 기껏해야 판매거래를 체결한 의원만이 얻을 수 있다."70)

그러나 이미 레닌이 『국가와 혁명』에서 지적했듯이, 카우츠키는 여기에서도 혁명 이후의 국가에 관해서, 즉 혁명적 활동의 중심문제에 관해서는 언급을 회피했다. 이 문제에 대한 카우츠키와의 논쟁에서 파네쾨크(Pannekoek)가 옳았던 것이다. 카우츠키는 이전의 국가기구의 파괴라는 생각을 결코 받아들일 수 없었다. 그러고 바로 이러한 생각이 나중에 그의 협력의 토대가 되었고 또 민주주의와 프롤레타리아 독재 간의 대립에 대한 그의 기본사상의 토대가 되었다.

이 글이 쓰여진 시기에 독일 사회민주주의와 인터내셔널에 보다 심화된 분열이 일어났다. 수정주의의 분화는 더욱 분명하게 수정주의적으로 되어갔고 노조 지도자들과 함께 점차 부르주아 정치에 가담했다. 카우츠키를 필두로 하는 중도파도 그 전술에서 점차 기회주의와 개량주의로 기울었다.

69) K. Kautsky, *Der Weg zur Macht* 3판, Berlin 1920, S.65.
70) Ibid., S.111.

이는 특히 총파업에 관한 인터내셔널의 확대토론에서 노정되었다. 이미 90년대 초에 네덜란드 사회주의자 도멜라 뉘벤뉘스(Domela Nieuvenhuis)가 전쟁에 대해 노동자 계급의 총파업으로 맞서야 한다고 제안했을 때에 이 문제는 실천적 이론적 측면에서 논의대상이 되었었다.

전적인 혁명시대의 서막인 1905년의 러시아의 대중파업을 논외로 하더라도 1893년과 1902년의 벨기에에서의 노동자 총파업, 동년 스웨덴의 총파업 그리고 1903년 네덜란드, 1904년 탈리아에서의 총파업은 사회주의 정당에 이 문제에 대해 분명한 관점을 취할 것을 강요했다. 그러나 이 주제는 인터내셔널의 몇 차례에 걸친 대회를 거치면서 계속 지연되었고 나중에(1904) 암스테르담에서 이 문제에 대한 특별위원회가 구성될 때까지 시간을 끌게 되었다. 위원회의 대다수는, 총파업과 대중파업을 구별하는 앙리에트 롤랑-홀스트(Henriette Roland-Holst)의 제안을 지지했고 노동자 계급투쟁의 불가결한 수단으로서의 대중파업에 관한 테제가 대회에서 표결에 부쳐졌다. 이 제안은 다수결로 채택되었다.71)

---

71) H. 롤랑 홀스트(Henriette Roland-Holst)는 또한 총파업에 대한 보다 긴 논문을 출간했다(*Generalstreik und Sozialdemokratie*, Dresden 1905). 이 책에서 그녀는 이미 언급된 관점을 주장했다. 일년 후 베른슈타인의 책 *Der Streik*(Frankfurt 1906)이 나왔다. 이 책은 정치적 파업이 정치투쟁에 알맞은 형식일 수 있다는 가능성의 여지를 두면서도 그것이 현실적인 정치적 민주주의에서는 불필요해진다고 주장한다. 그 직후에 엘스베트 게오르기(Elsbeth Georgie)의 아카데믹한 논문 *Theorie und Praxis des Generalstreiks in der modernen Arbeiterbewegung*, Jena 1908이 나왔고 그 다음에 얼마 있어 카우츠키의 책 *Der Politische Massenstreik, Ein Beitrag zur Geschichte der Massenstreikdiskussion innerhalb der deutschen Sozialdemokratie*, Berlin 1914가 나왔다. 이 논쟁이 얼마나 대중적으로 영향이 컸던가는 주지하다시피 서로 나른 도선을 가진 대략 50여 명의 사회주의자들이 그 논쟁에 참여했다는 사실을 보면 알 수 있다. 이 중에는 이미 언급된 사람과 나중에 다루게 될 인물들 외에는 특히 헤르만 고르터(Hermann Gorter), 힐퍼딩(R. Hilferding), 아리스티드 브리안트(Aristide Briand), 가브리엘 데비에(Gabriel Deville), 빌헬름 콜프(Wilhelm Kolb),

그러나 독일 노조는 1905년 5월에 쾰른에서 열린 대회에서 대중파업의 테제를 거부했고 예나 대회(1905)와 만하임 대회(1906)에서 독일 사회민주주의가 내린 결정, 즉 대중파업을 단지 노동자 계급의 기본권이 위협받는 경우에만 제한되는 방어수단이라 규정한 것은 실제로 당이 노조와 친노조적 당관료의 개량주의적 정책에 굴복한 것을 뜻했다.

그러나 식민지 문제에 있어서는 수정주의적 견해가 독일 사회민주주의 계열에 보다 강한 위세를 떨쳤다. 몇몇 대회에서 천명되었던 분명히 반식민지적 관점을 옹호하는 사람은 거의 없게 되었고 '보다 현실적인' 식민지정책에 대한 요구가 팽배하게 되었다. 이는 근본적으로 지배집단의 식민지정책을, 그 잔인한 수법에 전적으로 동의하지는 않으면서도 변호하는 것이었다. 이 문제에서 베른슈타인과 그와 의견을 같이 하는 많은 동지들—막스 쉬펠(Max Schippel), 구스타프 노스케(Gustav Noske), 게르하르트 힐데브란트(Gerhard Hilderbrand) 등—은 영국의 페이비언주의자들과 공동전선을 이루었다. 버나드 쇼우(Bernard Shaw)는 이들과 유사한 견해를 페비언주의와 군주제에 대해 이렇게 표명한 바 있다. 즉 페비언주의자는 영국에 의한 남아프리카 공화국의 병합을 지지한다고.72)

페르디난트 퇴니스(Ferdinand Tönnies), 필립포 투라티(Filippo Turati) 등이 거명될 수 있다.

72) 이 문제에 대해서는 Stuttgart(1907년 8월)의 인터내셔널 대회에서도 논의되었다. 베른슈타인, 다비드(David), 반콜(Val Kol), 램지(Ramsay), 맥도날드 등의 수정주의적 관점은 채택되지 않았고 대회는 자본주의적 식민정책을 신랄히 비난하는 결의를 채택했다. 그 이유는 그 정책이 식민지국민의 노예화와 전멸을 야기하며 자본주의 사회가 주장하는 문명화란 자신의 정복욕과 착취욕을 은폐하는 외투쪼가리에 지나지 않기 때문이라는 것이었다. 사회주의 사회만이 만국민에게 그들의 문화를 완전히 발전시킬 수 있게 해준다. 언급된 사회주의자들 외에도 이 문제에 대해서는 K. 카우츠키(*Sozialismus und Kolonialpolitik*, Berlin 1907), A. 파네쾨크, G. 르드부(G. Ledebour), 파르부스(Parvus), 노스케(G. Noske), G.

독일 사회민주주의의 중도파와 우파의 이러한 발전에 근거해서 좌파가 분리되어 나갔다. 로자 룩셈부르크, 프란츠 메링, 칼 리프크네히트, 클라라 체트킨(Clara Zetkin) 등은 전시에 혁명적인 스파르타쿠스 단(Spartakusbund)을 창단했다.

1914년 8월 4일 독일제국의회의 모든 사회민주당 의원들은 전쟁공채를 지지하는 표결을 했다.[73]

전전(戰前)과 전시의 상황은 사회민주주의에 극히 중요한 몇 가지 문제를 제기했다. 전시중의 입장, 권력장악의 방법, 혁명 이후의 사회주의 국가의 조직 등이 그것이다.

첫째 문제에 대해 제2인터내셔널은 참패를 당했다.[74] 나머지 두 문제에 관해서는 카우츠키를 정점으로 하는 사회민주주의자들이 혁명적 맑스주의의 실천을 버리고 지금까지도 사회민주주의에 특징적인 것으로 남아 있는 개량주의와 민주주의를 천명했다. 그리고 1918년 유럽의 프롤레타리아트가 실제로 혁명에 임박했을 때 카우츠키는 프롤레타리아트를 무력화시키는 몇 가지 글을 출판했으며 그 글에서 그는 분명히 변질적인 에베르트-샤이데만(Ebert-Scheidemann)의 부르주아지와의 연합을 지지했다.

힐데브란트 등이 글을 썼다.

73) 약 14명의 구성원 중 리프크네히트(K. Liebknecht), 르드부(Ledebour), 하제(Hasse), 렌쉬(Lensch) 등은 그에 반대했으나 결국에는 당의 원칙에 굴복했다. 독일정부가 10월에 두 번째로 공채발행을 청원했을 때 리프크네히트만이 그에 반대했다.

74) 이러한 굴복과 이 문제에 대한 혁명적 입장의 와해를 비난하는 소리가 1915년 9월 짐머발트(Zimmerwald)회의와 1916년 4월 스위스의 키엔탈(Kienthal)에서 일어났다. 여기서 레닌, 지노비에프, 라덱 지도하에 있는 볼셰비키는 그 회의가 부르주아적 평화 구호에 반대하고 내전을 지지할 것을 요구했다. 이는 동시에 공식적 사회민주주의의 기회주의에 대립한 좌익 혁명세력의 결집을 위한 일보이기도 했다.

이 사회민주주의와 부르주아지의 연합이 독일의 가장 혁명적 인물들을 배제시켰기 때문에 카우츠키는 혼란된 자유주의적 부르주아 민주주의를 그 시대의 핵심문제로 부각시키는 것이 필요하다고 여겼다. 그와 동시에 그는 볼셰비키의 모든 역사적 활동을 비난했다.

"따라서 우리는 민주주의 없는 사회주의는 생각할 수 없다. 우리는 현대의 사회주의를 생산의 사회적 조직화로서뿐 아니라 사회의 민주적 조직화로서도 이해한다. 그러므로 사회주의는 민주주의와 불가분하게 결합되어 있다. 민주주의가 없다면 사회주의도 없다."75)

카우츠키는 사회주의와 특히 민주주의의 개념에 대한 맑스주의적 분석 대신에, 즉 그 계급적 내용을 밝히는 대신에 그저 이 개념들에 대한 형식주의와 형식적 법적 규정에 머물렀다. 이로 말미암아 자연히 그는 전적으로 비혁명적인 결론에 도달했다. 카우츠키에 있어 민주주의란 "다수의 지배이며 도한 소수의 보호이다."76) 카우츠키는 여기서 그가 의미하는 민주주의가 무엇인지를 구체적으로 밝히지 않았다. 그러나 일년 후에 같은 글을 보다 상세히 손질하면서 민주주의가 무엇인지를 매우 명료하게 밝혔다. 독일에서는 독재가 불필요하다고 반대하면서 그는 이렇게 말했다. "그러므로 우리는 민주주의를 지지할 것이며 또 지지해야만 한다. 즉 50년 전부터 우리의 투쟁목표였던 보통, 평등, 직접, 비밀 선거를 지지해야 한다."77)

---

75) K. Kautsky, *Die Diktatur des Proletariats*, Wien 1918. S.5.
76) Ibid., S.15.
77) K. Kautsky, *Demokratie oder Diktatur*, Berlin 1919, S.46. 그 전망에 있어 이 글은 사회민주주의의 교리문답서로 불릴 만하다!

이것이 중도파 카우츠키의 삶의 경로가 도달한 점이다. 이미 전전에 룩셈부르크가 올바르게 보았듯이 이 경로는 그를 개량주의와 수정주의로 인도했고 그 과정에서 자유주의적-민주주의적인 사상내용을 취했다. 카우츠키는 민주주의에 대한 맑스주의적 규정에 형식적-법적, 자유주의적 규정을 대립시켰다. 모든 민주주의는 본질적으로 일정 계급의 지배이자 독재이다.—반면에 카우츠키는 민주주의를 보통선거권으로 해석했다. 이러한 사고방식의 최후 도달점은 자연히 혁명투쟁, 프롤레타리아 독재로부터의 이탈이며 또한 의회주의적 투쟁을 유일하게 가능하고 올바른 해결책으로 천명하는 것이다. 즉 민주주의 없는 사회주의를 생각할 수 없기 때문에, 그리고 민주주의란 '다수의 힘'을 의미하기 때문에 노동자 계급은 이 다수를 소유하지 못하면 권력을 장악하여 유지할 수 없다는 것이다. 그러나 노동자 계급이 다수를 장악한다 해도 그것은 투표용지를 통해서 얻게 되리라는 것이다. 프롤레타리아트는 권력을 장악하면 이 민주주의를 유지할 뿐만 아니라 확장시키게 된다. 왜냐하면 확장시킨다 해도 다수를 장악하는 한 아무 위험이 없기 때문이다. 즉 무장폭력에 의한 혁명을 포기해야 한다는 것이다.[78] 모든 문제가 정치적-법적 평면으로 전치된다. 이 경우 민주주의의 본질은 전적으로 은폐된다. 독재는 단지 '위기상황'일 뿐이다. 이 독재가 '통치형식'으로 변해버리면 이는 반대의 불법화, 선거권, 집회권, 언론자유 등의 폐지를 의미하는 것이며 그것은 더 이상 프롤레타리아

78) 이 점에서 일관되게 카우츠키는 자신의 글인 *Der Weg zur Macht* (Berlin 1920)의 3판 서문에서 다음과 같은 진단도 내리고 있다. "우리는 이점에 충실하다. 영국과 독일은 최초로 근대적이고 프롤레타리아 해방적이며 평화적인 사회주의에 도달한 국가들이다. 이 양국은 오늘날 그에 필요한 요소들을 이미 갖고 있다"(S.20). 카우츠키가 어느 정도 자신의 의회주의적 방법에 충실했는가는 역사 자체 특히 독일사가 가장 잘 증언하고 있다.

트의 독재가 아니라 일인의 혹은 한 정당의 독재일 뿐이라는 것이다. 그러한 독재 아래서 반대는 오직 하나의 선택 즉 내란을 택할 수 있을 뿐이다. 그래서 볼셰비키는 그 독재 때문에 내란에 대한 책임을 져야 한다는 것이다.[79]

맑스주의적으로 볼 때에 폭력혁명, 엄격한 독재, 반대의 폐지 등은 물론 사회주의 혁명에 유일하게 가능하고 포기할 수 없는 수단과 방법은 아니다. 혁명은 보다 '민주적'이고 심지어는 의회주의적으로 수행될 수도 있다. 그러나 카우츠키는 자국과 타국에서의 혁명적 사건이 진행되고 한 나라에서 실제로 프롤레타리아트가 권력을 장악했던 시기에 위와 같이 이해된 민주주의를 유일한 가능성이라고 주장했고 프롤레타리아 독재를 이유로 볼셰비키를 비난했다. 이는 실질적으로 맑스주의의 기본입장을 방기하고 변절자가 됨을 뜻했다.[80]

같은 시기에 카우츠키는 볼셰비키를 반박하는 글인『테러리즘과 공산주의』(1919)를 출판했다. 이 글에서 그는 파리 코뮨과 소비에트에 대한 분석을 시도하여 기본적으로 이전의 저작과 동일한 테제를 주장했다. 그는 볼셰비키가 점차 사회주의적 원리에서 멀어져 기회주의자가 됨으로써 권력에 연연하고 있다고 비난하는 과정에서[81] 3가지 도시계급의 형성을 지

---

79) K. Kautsky, *Die Diktatur des Proletariats*, S.21.을 보라.

80) 카우츠키의 이 팜플렛에 대해 레닌은 전적으로 정당하게 그리고 매우 강경하게 *Die Proletarische Revolution und der Renegat Kautsky*(1918)라는 저술로 응수했다. 이 글에서 그는 다른 여러 문제에 있어서도 카우츠키의 관념적 경향을 지적했다. 예를 들면 민주주의와 독재의 정의에 있어, 소비에트와 제헌의회에 대한 평가에 있어 그러했다. 최초의 사회주의 국가가 존재하려던 시기에, 최량의 혁명가들과 이전의 당동지들을 배제한 에베르트-샤이데만 정부의 안락의자에 앉아서 레닌과 볼셰비키에게 민주주의와 보통선거권을 지지하는 설교를 한다는 것은 나태한 짓이었다! 이는 카우츠키뿐 아니라—우리가 다른 사례에서도 곧 보게 되겠지만—사회민주주의 지도자들의 다수에게도 적용된다.

적했다. 즉 반대세력을 구성하는 이전의 자본가, 소시민, 지식인, 그리고 임금노동자, 마지막으로 관료 등이 그것이다. 카우츠키는 볼셰비키의 주요 죄목이 독재의 도입이라고 여겼다. 이는 결국 사회주의의 실현을 위한 조건이 아직 존재하지 않았기 때문에 그러한 상황의 필연적 결과로 내란이 발생했다는 테제를 지지하는 것이었다.

"이제 민주주의냐 내란이냐 하는 선택의 갈림길에 서 있다. 나는 여기서 이렇게 결론짓는다. 사회주의가 아직 민주적 토대 위에서 불가능한 것으로 증시되고 인민의 다수가 사회주의를 거부하는 곳에서 사회주의의 시대는 아직 오지 않은 것이다. 반면에 볼셰비즘은 사회주의가 어쨌든 소수에 의해 다수에 강요되어야 하고 이는 오직 독재와 내란에 의해서만 가능하다고 생각한다."82)

이 글에 대해 트로츠키는 『테러리즘과 공산주의, 카우츠키에 대한 반론』에서 카우츠키의 자유주의와 기회주의를 신랄하게 폭로하면서 첨예하게 대응했다. 이에 대해 다시 카우츠키는 『민주주의에서 국가노예로』(1921)라는 책으로 대답했다. 카우츠키는 자신의 오래된 관점을 일관성 있게 주장하면서 다음과 같이 말했다. "국가의 노예—이것이 볼셰비키적 공산주의의 절정이었다."83) 볼셰비즘은 "이론과 실천에서 공언된 반동적 특성"을 갖고 있으며 "사회주의의 역사에서 오점으로 남게" 되었다는 것이다.84)

81) K. Kautsky, *Terrorismus und Kommunismus*, Berlin 1919. "그들은 개인적으로 자기의견을 주장했지만 그들의 원칙을 희생시켰고 그로써 진정한 기회주의자임을 자인했다. 볼셰비즘은 러시아에서 지금까지 세력을 얻은 반면 사회주의는 지금도 패배를 면치 못하고 있다."(S.133).

82) K. Kautsky, *Terrorismus und Kommunismus*, S.145. 여기서도 그는 민주주의에 대해 동일한 주장을 하고 있다. "그러나 물론 보통선거권, 평등선거권에서 유래한 국민대표 없이 민주주의는 불가능하다"(S.150).

83) K. Kautsky, *Von der Domokratie zur Staatssklaverei*, Berlin 1921, S.122.

이러한 본질적인 시대적 문제와 맑스주의적 실천에 대한 카우츠키의 관점이 어느 정도 상세히 설명되어야 하는 까닭은 카우츠키가 그러한 관점을 통해 근본적으로 사회주의적 정치의 한 장(章) 전체—사회민주주의 정치—를 위한 이론적 출발점을 제공했기 때문이다. 이 운동은 노동자 계급을 사회주의를 향한 소위 '민주적 방식'에로 강요한 운동이었다. 그리고 폭력과 독재의 특권을 부르주아지에게 위임하여 부르주아지가 소수이며, 투표라는 허구를 통한 승리를 기대해도 좋다고 생각하게 만든 것이었다. 우리가 잊어서는 안 될 것은 이 새로운 사회민주주의 '이론'이 이 시대의 결정적 시기에 제기되었다는 점이다. 즉 국내적, 국외적으로 부르주아지의 간섭에 대항한 볼셰비키의 영웅적 투쟁시기에 제기되었다는 점이다. 카우츠키는, 그들의 국제적, 국내적 과제를 수행해야 한다고 생각한 공산주의자들에 대해 이론적으로 대립하는 것이 시의 적절하다고 여긴 것에 그치지 않고 그루지야 지방을 직접 방문하여 소비에트 권력에 맞서 싸우고 있는 멘셰비키와 자유주의자를 지지했다.[85)]

그 외에도 카우츠키는 이 시기의 몇 가지 소론에서 사회에 대한 자신의 견해를 요약해서 제시하려 했다. 그리고 『유물론적 역사관』[86)]에서 그는

84) Ibid., S.127과 S.128.

85) 독일 사회민주주의자들은 이 모든 공적을 기리기 위해 카우츠키의 70회 생일에 논문집 *Der lebendige Marxismus*, Jena 1924를 출판했다. 이 책에서 그들은 그 당시를 맑스주의의 제4기라고 명명했다. M. 아들러, O. 바우어, 크라놀트(A. Kranold), 옌센(O. Jenssen), 카우츠키의 아들 등이 기고했다. 또한 힐퍼딩도 *Die Gesellschaft*라는 잡지의 별책을 카우츠키의 생일에 출판했는데 여기서 그는 카우츠키를 '맑스 이론의 수호자이자 확장자'라고 불렀다. M. 아들러, K. 포어랜더, 부댕(L. Boudin), 세르노프(V. Cernow), 베른슈타인(E. Bernstein), 단(Th. Dan), 니콜라예프(B. Nikolajew) 등이 기고했다.

86) 제1판(1927년), 제2판(1929년) 이 두권은 1700면에 달하기 때문에 그것이 다룬 모든 문제를 이 자리에서 논하는 것은 불가능하다. 어쨌든 이 책은 주제가 광범한 책이다. 즉 카우츠키는 계급과 국가 등에 대한 사회학의 고전적 문제 외

자신의 전체 이론적 활동의 체계를 제시했다. 우리는 이 저작들이 일반적으로 그 주제와 문제설정에 있어 맑스주의에 대한 일반적인 사회학적 파악을 나타내는 현재까지 가장 포괄적인 시도라고 말할 수 있을 것이다. 이론적 측면에서 보자면 이 책은 특히 맑스주의의 철학적 문제에 있어 깊이를 결여한 것이었다. 카우츠키는 자신의 이론적 경력을 다윈주의의 표지 아래서 시작했었고 다윈주의에서 결코 벗어나지 못했다. 따라서 이 책에서도, 윤리학에 관한 글에서와 마찬가지로 맑스주의적 변증법은 다윈주의적 진화론과 기타 그 이후의 다른 사상—예를 들어 국가성립에 있어 폭력의 역할에 관한 굼플로비츠(Gumplowitz)의 이론—과 얽혀 있다. 분명히 카우츠키는 레닌과 볼셰비키의 개념에 대립해서 노골적으로 제시한 관점에서 일관되게 국가와 혁명에 대한 그 시대의 문제점을 서술했다.

반면에 이 책은 매우 광범한 분야를 포괄하며 풍부한 역사적, 사회학적, 인류학적 문제를 전개시켰고 일련의 쓸만한 고찰을 포함하고 있기는 하다. 그러나 이론적 측면에서 그 책은 철저히 비맑스주의적이며 여러 가지 방식으로 절충주의적이고 기계론적이다. 적어도 몇 가지 기본적 특성에 있어서는 전체 저술에 나타나고 있는 이러한 이론적 혼돈을 지적해야 한다. 카우츠키는 맑스주의 철학과 사회학간의 관계를 분명하게 하지 않았다. 그는 유물론적 역사관이 그 본질상 어떠한 철학적 사상과도 관련이 없다고 생각했다.

에도 사회공동체의 발생과 인간본성의 문제(상속, 이기적, 사회적, 성적 존재로서의 인간, 자연에의 적응, 인종, 기술, 경제, 역사의 의미, 사회 안의 개인, 역사에 있어 의지와 과학 등)을 설명하려 했다. 여기에서는 단지 이 책에 대한 매우 일반적인 평가만을 시도할 것이다.

"그런 한 우리는 유물론적 역사관이 유물론 철학과 무관하다고 말할 수 있다. 유물론적 역사관은 변증법적 유물론의 방법을 사용하는 모든 세계관과 결합될 수 있으며 아니면 적어도 그러한 세계관과 양립 불가능한 모순에 빠지지는 않는다."87)

변증법적 유물론의 방법을 사용하는 세계관이 존재한다는 견해 그 자체가 유물론적인 것은 아니며 단지 그 저자가 철학적인 근본문제에 정통하지 못했음을 나타낼 뿐이다. 그러므로 그는 같은 페이지에서 유물론적 역사관에 대해서 결론짓기를 "그러므로 이 역사관은 필자가 보건대 마하(Mach)와 아베나리우스(Avenarius)뿐만 아니라 기타 많은 철학과도 결합될 수 있는 것 같다."88)

변증법의 기본사상에 대해서도 카우츠키는 다윈주의적 진화론자이며 기계론자였지 변증론자가 아니었다. 그는 '자기운동'으로서의 변증법적 운동의 본질도, 그리고 과정 내재적인 변증법적 대립과 모순의 본질도 파악하지 못했다. 오히려 그는 모든 것을 개체-환경의 관계로 전환시켰다. 그러나 이는 복잡한 변증법적 관계 중의 한 계기를 나타낼 뿐이다.

"모든 적응과정의 출발점은 유기체 즉 '자아'이다. 그래서 '긍정', '정립', '테제'가 있는 것이다. 그에 대립해 환경, '비자아', 유기체의 부정, '반테제'가 등장한다. 그 결론은 대립의 지양, 부정의 부정, 적응을 통한 유기체의 새로운 긍정, '종합'이다."89)

카우츠키에 따르면 엥겔스는 운동과 발전을 개인과 그 주변세계라는 두 요인의 상호작용에서 귀결된 것으로 보지 않고 "개인이라는 한 요소의 운

87) K. Kautsky, *Die materialistische Geschichtsauffassung,* Berlin 1929, Ⅰ. Bd., S.28.
88) Ibid., S.28.
89) Ibid., S.130.

동에서 발견된 것으로 보고 반테제도 테제와 마찬가지로 동일한 개인에서 찾으려 했던" 과오를 저질렀다는 것이다.90) 국가성립에 대한 해석에서도 카우츠키는, 국가가 생산의 일정한 발전과 사회의 내적 분화에 따라 발생했다는 엥겔스의 견해를 수정하고 굼플로비츠의 '유물론적 정복이론'을 받아들여야 한다고 생각했다. 여기에서도 카우츠키는, [씨족 공동체 등이 아니라], 국가조직의 발생토대를 이루며 국가구조와 정복 같은 역사현상의 가능근거인 그 과정의 내재적 변증법을 파악하지 못했다. 이러한 카우츠키의 변증법에 대한 몰이해는 인간역사의 중요한 문제를 결정적으로 잘못 해석하게 했다.

그 밖에도 카우츠키는 현대 자본주의와 제국주의의 본질을 오해했다. 즉 그는 근본적으로 힐퍼딩(Hilferding)의 후기분석에 머물렀다. 여기서도 카우츠키는, 이미 전쟁 발발기부터 제시했었고 제국주의의 현실적 전망과 프롤레타리아트의 가차없는 계급투쟁을 흐리게 했던 초제국주의의 기회주의적 사상을 거리낌없이 드러내었다. 그가 발발기에 금융자본을 위해서는 상호투쟁과 경쟁보다는 세계의 착취를 목표로 금융자본이 국제적으로 연합하는 것이 훨씬 유리하며 이를 통해 전쟁과 황폐화가 지양되고 정권에 대한 민주적 투쟁이 가능해진다고 주장했듯이 이 책에서도 그는 다음과 같이 강조했다.

> "그런데 또한 세계대전을 경험한 금융자본이 이러한 착취영역의 확대방법이 지나치게 위험하다는 것을 알게 되는 것도 가능한 일이다. 이윤증대를 위한 이러한 노력은 전체 자본을 매우 위태롭게 할 수 있다. 따라서 초제국주의 즉 모든 나라의 금융자본가들로 이루어진 국제적 카르텔로 이행하는 것이 보다 이득이 될 것이다."91)

---

90) Ibid., S.132~133.

현대 자본주의, 국가, 프롤레타리아 혁명, 프롤레타리아 독재, 민주주의에 대한 카우츠키의 견해는 여기서도 제1차 세계대전과 우리가 언급한 그 직후에 나온 글들과 동일하다. 그에 더하여 그는 민주주의에 관해서만 추상적 관점을 제시한 것이 아니라 혁명적 세력의 투쟁 일반에 대해서조차 그러했다. 그는 현대적 상황을 부르주아 자유주의자의 눈으로 보았다. 그래서 이미 발전된 프롤레타리아트가 존재하는 나라(영국·독일)에서 필수적인 민주주의의 다수확보와 성공적인 의회주의적 투쟁의 메카니즘을 자신의 신조로 삼았고 이러한 발전을 전혀 다른 방향으로 이끌고 갈 수도 있는 다른 일련의 국내적, 국제적 요인의 등장 가능성을 추호도 보지 못했다. 그는 계급투쟁의 역동성이나 전술을 파악하는 모든 능력을 상실했던 것으로 보인다. 그러므로 그는 파시즘의 위험에 관해 전혀 비정치적인 진단을 자신있게 할 수 있었던 것이다.

"파시스트가 정치적 힘을 가지려면 상당수의 지지자를 필요로 한다.—3천 6백만의 인구를 가진 이탈리아에서는 대략 50만을 필요로 할 것이다. 독일에서라면 이러한 비율에 도달하기 위해서 거의 500만이 족히 필요하다. 그러나 산업국가에서 그런 엄청난 수의 성인 룸펜이 자본주의적 목적을 위해 동원될 수는 없다. 이탈리아에서는 이러한 비율이 파시즘에 특히 유리했다."[92]

---

91) Ibid., II. Bd, S.146. 중도파의 이러한 기회주의적 테제는 이미 레닌이 1915년 1월에 그의 글들 중 *Der Zusammenbruch der II. Internationale*(1915), *Opportunismus und der Zusammenbruch der II. Internationale*(1915년에 쓰여져 1924년에 출판되었다.)에서 폭로했다. 부하린의 책 *Die Sowjetische Ökonomie und den Imperialismus*에 붙인 서문에서 레닌은 금융자본의 연합 경향은 그러한 연합이 달성되기 이전에 자본주의가 그 반대물로 이행될 정도의 속도로 진행되고 있다고 지적했다. 이 문제는 제국주의에 대한 레닌의 분석을 다룰 때 다시 논하게 될 것이다.

이것이 독일에서 파시즘이 권력을 인수하기 4년 전의 글이라는 것은 놀라운 일이다!

카우츠키는 그런 식으로 민주주의와 계급투쟁에 대한 자유주의적인 견해를 고집했기 때문에 혼돈을 노정시키지 않을 수 없었다. 생산력의 발달과 노동자 계급의 상황개선에 의해 계급적대가 완화될 것이라는 가정은 필연적으로 사회주의를 포기케 만든다. 그는 말했다. 이때의 그는 그의 전생애에 걸친 작업이 헛된 것이었다고 말하지 않을 수 없다고 인정했다.

"그러나 위로가 될 만한 것은 있다. 왜냐하면 사회주의란 우리에게 프롤레타리아트의 완전한 해방이라는 궁극목표를 위한 수단일 뿐이기 때문이다. 오늘날 우리는 사회주의의 도래라는 이 목적을 성취할 가능성만을 보고 있는 것이다. 그러나 이 목적이 오늘날의 생산양식이 이미 성취되어 있다고 한다면 우리 사회주의자들이 지금까지 생각했던 것보다 훨씬 쉽고, 간단하고, 희생을 적게 하여 우리의 목적을 달성할 수 있다는 말이 된다."93)

이런 주장은 부르주아지의 형식적 민주주의 체계에 대한 그의 물신적 관계와 전적으로 일치되는 것이다. 이에 대해서는 주석을 달 필요가 없다.

이 저작은 사회적 사건과 문제에 대한 자신의 견해를 정리하고, 레닌이 특히 주장했던 맑스주의적 해석에 대립해서 자본주의와 사회주의의 긴급한 문제에 관한 자신의 관점을 변호하고 정초하려는 카우츠키 말년의 마지막 노력이었다. 1926년에 가서야 탈고되기는 했지만 이 저작은 그 책

92) K. Kautsky, ibid., S.477.
93) Ibid., S.563.

의 사상으로 판단컨대 전전의 사회민주주의적 수정주의의 구축물에 속한다. 이 책은 결정적인 문제에 있어 맑스주의를 이미 벗어난 것이었고 이미 언급된 저작들과 함께 사회민주주의의 교리가 되었다.

다른 많은 독일 사회주의자들처럼 카우츠키 자신도 역사와 혁명적 실천에 대한 일관된 맑스주의적 해석을 위한 몇 가지 본질적 전제를 결여하고 있었다. 이들은 혁명적 전통 대신에 모든 주어진 혁명적 상황을 파괴하기에 충분한 아카데믹한 체계, 부르주아적 고지식, 법과 국가에 대한 존중 등을 지니고 있었다. 그 외에도 이들은 프랑스 사회주의로 하여금 역사책의 영광스러운 여러 페이지를 채우게 했고 역사성의 본질에 대한 헤겔의 심오한 통찰에도 작용하면서 헤겔 이후의 철학을 거쳐 맑스의 혁명적 휴머니즘에서 그 가장 아름답고 깊은 표현을 발견한 혁명적 휴머니즘의 전망을 결여하고 있었다.

로자 룩셈부르크(Rosa Luxemburg, 1870 또는 1871~1919)

일반적으로 말해지듯이 카우츠키가 독일 사회민주주의의 이론적 힘과 실천적 무능을 구현하고 있었다면 R. 룩셈부르크는 이 사회민주주의의 시기를 가장 통일적으로 표현하면서 부정했던 인물이었다. 폭넓은 학식, 날카로운 지성, 혁명적 정신을 가진 그녀는 독일과 폴란드의 사회주의자 가운데 탁월했던 사람에 속하며 그것도 사회주의가 흥성하고 의회주의적으로 성과를 냈던 시기뿐 아니라 사회민주주의의 대다수 지도자가 군국주의와 국수주의에 무릎을 꿇던 시기에도 그런 인물이었다. 그러므로 그들이 생명과 지위를 유지했던 반면 로자는 최초의 희생자가 되었다. 그러나 그녀의 이름은 가장 위대하고 빛나는 혁명가들의 기념비에 그녀의 사상과 저작을 빛내며 기록되어 있을 것이다.94)

폴란드 혈통인 그녀는 이미 대학생 시절부터 점령된 폴란드의 사회주의 노동운동에서 활동했다. 얼마 지나지 않아 그녀는 도피해야만 했고 스위스로 가서 일단의 유명한 러시아 사회주의자들—G. 플레하노프, 악셀로드(A. Axelrod), 자수리치(Zasulic)—을 알게 되며 먼저 정치경제학을 공부하고 『폴란드의 산업발전』(1898)으로 학위를 받는다.

90년대에 로자 룩셈부르크는 L. 요기헤스(Jogiches)와 바르스키(Warsky), 미할코브스키(Michalkowsky) 등과 함께 폴란드 사회민주주의를 세운다. 이 사회민주주의는 어려운 활동조건 아래서 일군의 뛰어난 혁명적 인물들을 배출했고 대중적 활동을 수행했다. 그녀는 1897년에 독일로 가서 죽을 때까지 좌익 사회민주주의에서 대부분 활약했다. 우리가 잊어서는 안 되듯이, 그녀의 문학적 재능, 천재성, 단호함 등 때문에, 이 당시 이론이나 실천에서 맑스주의에 대한 최선의 해석가들로 인정되었던 독일 사회민주주의자들의 일선에 등장하게 된다. 그리고 그 당시 수정주의가 바로 이 운동에서 가장 급진적 형태를 취하고 있었음도 간과해서는 안 된다.

독일 사회주의자들이 수정주의에 반대해서 쓴 모든 이론적 글 중에서 로자 룩셈부르크의 글—「사회개량이냐 혁명이냐?」(1898~99)라는 제목을 갖고 있다.—이 가장 명석하고 이론적으로 가치가 있다. 첫 페이지부터, 그 제목의 물음이 갖는 비변증법적 성격을 지적하고 있다. "사회민주주의에게는

94) 로자 룩셈부르크의 인물과 활동에 대해서는 다음의 전기를 보라. Paul Fröhlich, *Rosa Luxemburg, Gedanke und Tat,* Paris 1939(3판, Frankfurt 1967), H. Roland-Holst, *Rosa Luxemburg,* Zürich 1937(제 1판은 홀랜드 어로 되어 있다. Rotterdam 1935), J. P. Nettl, *Rosa Luxemburg,* Ⅰ-Ⅱ, London 1966.

사회개량과 사회혁명간에 불가분한 연관이 존재한다. 즉 사회민주주의에 있어 사회개량투쟁은 수단이며 사회전복은 목적이다."[95]

상이한 사회적, 정치적 문제에 대한 예리한 분석을 통해 R. 룩셈부르크는 일정하게 점진적으로 사회주의를 도입할 수 있을 대상으로서의 부르주아 국가에 대한 신뢰가 단적인 개량주의적 환상임을 지적한다. 생산과정은 더욱 사회화되고 국가의 통제는 점점 커진다. 사유재산은 점차로 타인의 노동에 대한 적나라한 착취로 변모되고 국가 통제는 더욱더 계급이익에 의해 규정된다. 국가와 재산관계는 사회주의화되는 것이 아니라 보다 더 자본주의화된다. 그러므로 합법적 개량과 혁명은 다소간 우선권을 가진 방법에 그치는 것이 아니라 보다 깊은 역사적 원인에 입각해서 기능하는 계기들이다.

> "입법과 혁명은 따라서 역사라는 뷔페에서 따뜻한 소시지를 택하거나 찬 소시지를 택하듯이 임의로 선택할 수 있는 상이한 역사진보의 방법이 아니라 서로 제약하고 보완하면서도 동시에 남극과 북극처럼, 부르주아지와 프롤레타리아트처럼 서로를 배제하는 계급사회 발전의 상이한 계기들이다.
>
> 물론 그때 그때의 합법적 헌법은 혁명의 산물에 불과하다. 혁명이 계급적 역사의 정치적 창조활동이라면 입법은 사회의 정치적 존속활동이다. 법적 개량작업은 혁명과 독립된 나름의 추진력을 자체 안에 갖고 있지 못하며 그 작업은 모든 역사적 시기에 오직 노선에 따라서만 그리고 이전의 전복이 제공한 발판이 계속 작용하고 있는 한에서만 움직인다. 구체적으로 말하자면 이전의 전복을 통해 성립한 사회형태의 틀 안에서만 움직인다. 이 점이 바로 문제의 핵심이다."[96]

---

95) R. Luxemburg, *Sozialreform oder Revolution?*, Leipzig 1899, S.3.
96) Ibid., S.50.

R. 룩셈부르크는 부르주아 국가에 대해 아무런 환상도 갖지 않았다. 그녀는 국가가 결국 부르주아지의 이익뿐 아니라 노동자 계급의 이익에도 봉사하는 많은 법률과 법령을 공포하리라는 베른슈타인의 논의가 현실적 과정에 대한 잘못된 평가에 기인함을 지적했다.

"왜냐하면 다른 면에서 이러한 자본주의적 발전에 의해 국가본질이 다르게 변화하기 때문이다. 우선 현재의 국가는 지배적인 자본가 계급의 조직이다.

국가가 사회발전이라는 것을 위해 일반적 이익의 여러 기능을 위임받게 된다면 그것은 오직 이 이익과 사회발전이 지배계급의 이익과 대체로 일치하기 때문일 뿐이다."97)

사회주의가 윤리적 이상이냐 아니면 역사적 필연성이냐 하는 문제에 있어서도 R. 룩셈부르크는 유일하게 과학적인 맑스의 관점을 대변했고 이러한 측면, 즉 사회주의 실현의 근거가 자본주의사회의 경제관계에 내재한다는 발견을 프롤레타리아 계급투쟁의 가장 위대한 성과로 간주했다. 결국 그녀는 베른슈타인이 이러한 과정을 위한 경제적 조건의 존재를 부정하기 위해 사용한 모든 전제를 척결해 버렸다. 그리고 그녀는 많은 사람들이 엥겔스의 이론적 유언으로 간주하고 있는, 맑스의 『프랑스의 계급투쟁』에 부친 엥겔스의 유명한 '서문'(1894)에 나타난 그의 관점을 일관성있게 해석했다. 수정주의자들은 이 서문의 몇몇 테제에서 출발해서 이미 우리가 본 것처럼 엥겔스가 혁명을 거부하고 의회주의적 투쟁을 정권장악을 위한 방법으로 제안했음을 증명하려 했다. R. 룩셈부르크는 엥겔스가 여기에서 자본주의 국가에 대한 프롤레타리아트의 태도를 말한 것은 권력인

97) Ibid., S.24.

수의 단계에서가 아니라 자본주의 국가의 테두리 안에서였음을 지적함으로써 그러한 해석을 결정적으로 논박했다.

"프롤레타리아트에 의한 정권장악의 필연성에 대해서는 맑스도 엥겔스도 결코 의심한 적이 없다. 폭력적 변혁 즉 사회를 자본주의적 형태에서 사회주의적 형태로 이행시키는 것을 수행하기에 적합한 수단을 부르주아 의회주의의 우리라고 본 것은 전적으로 베른슈타인일 뿐이다."98)

수정주의자들은 항상 프롤레타리아트의 혁명활동을 우려시했고 그 당시 아직 수정주의적 관점을 택하지는 않은 여러 사람과 마찬가지로 '너무 이른' 혁명을 두려워했다. 그들은 혁명적 투쟁을 안타까워하면서 무력에 호소하지 말아야 한다고 생각했다. R. 룩셈부르크는 이 문제에 대한 세밀한 분석에서 너무 이른 혁명을 부탁하지도 맹세하지도 않았다. 그 이유는 다음과 같다.

"첫째, 사회를 자본주의적 질서에서 사회주의적 질서로 이행시키는 것과 같은 폭력적 전복이 단번에 즉 프롤레타리아트의 공격적 승리 단 한번으로 이루어지리라고는 생각할 수 없다. 이것이 가능하다고 가정하는 것은 바로 블랑키주의적인 견해를 드러내는 것이다. 사회주의적 전복은 길고도 강인한 투쟁을 전제한다. 이 투쟁에서 프롤레타리아트는 어쨌든 여러 차례 격퇴당할 수 있다. 그러므로 첫 번째 격퇴에서 전체 투쟁의 최종결과라는 관점을 통해 보자면 지도부에는 '너무 이르다'라는 느낌이 들지 않을 수 없는 것이다.

그러나 둘째로 국가권력의 '너무 이른' 장악을 회피할 필요가 없는데 그 이유는 프롤레타리아트의 이러한 '너무 이른' 장악 그 자체가 궁극적 승리의 정치적 조건을

98) Ibid., 54.

이루는 하나의 매우 중요한 요인이므로 궁극적 승리의 시기를 도래시키고 규정하기 때문이다. 이러한 관점에서 볼 때에 노동자 대중을 통한 너무 이른 정권장악이라는 개념 자체가 정치적 넌센스이다. 이 넌센스는 사회의 기계적 발전에서 출발한 것으로서 계급투쟁 외부에서 그리고 계급투쟁과 독립해서 규정된 계급투쟁의 승리 시기를 가정하고 있는 것이다."[99]

이 시기에 R. 룩셈부르크는 특히 1903년 이후에 러시아 사회민주주의자들간의 빈번한 논쟁에 즈음하여 프롤레타리아트의 투쟁에 대한 이러한 중요한 문제에 있어 레닌의 견해와 대립했고 그녀가 이름붙였듯이 레닌의 '극단적 중앙집중주의적' 관점을 비난했다.[100]

이러한 핵심문제에 대한 레닌과 R. 룩셈부르크간의 논쟁은 나중에 부정적으로 이용되었다. 단호하게 민주집중제의 원리에 따라 잘 조직된 당의 필요성을 주장한 레닌의 관점은 스탈린주의의 시대에 조야한 집중제로 변형된 반면 '룩셈부르크주의자'들도 다른 극단에 빠져 지나치게 대중의 자발성과 혁명적 활동을 강조하여 가장 중요한 조직적 계기를 방기했다.

그러나 근본적인 면에서 레닌과 R. 룩셈부르크의 차이는 특히 그 이후의 노동운동의 진행에서 볼 때 사람들이 즐겨 생각하듯이 그다지 큰 것은 아니었다. 레닌이 중앙위원회와 의회의 최고심급에 우선권을 둔 견고하게 훈련된 조직의 이념을 주장했던 것은 사실이며 R. 룩셈부르크가 대중운동이 사회민주주의 활동의 토대이며(이는 레닌도 분명하게 알고 있었다.) 현실

---

99) Ibid., S.55~56.

100) R. 룩셈부르크는 *Ein Schritt vorwärts, zwei Schritte zurück* 이라는 책에 나타난 레닌의 관점을 *Organisationsfragen in der russischen Sozialdemokratie* (*Die Neue Zeit,* Juli 1904)라는 논문에서 비판했다. 이에 대해 레닌은 *Ein Schritt vorwärts, zwei Schritte zurück*이라는 논문(1904년 9월에 쓰여짐)으로 답했다.

적인 혁명적 노동운동이 범하는 과오가 최선의 중앙위원회가 갖는 불가오류성보다 훨씬 생산적이고 가치있다는 견해를 가졌던 것도 사실이다.

레닌은 이 문제에 있어 특히 그 당시에 지배적이었던 노동자 계급의 투쟁조건을 올바르게 보았다. 반면에 R. 룩셈부르크가 부각시킨 그러한 지도의 관료화 위험도 경시해서는 안 된다. 실제로 레닌의 사후에 관료화가 발생했다. 그러나 그 관료화의 책임은 레닌의 원칙에 있었던 것이 아니라 전혀 다른 새로운 상황에서 그 원칙을 완고하게 고수한 자들에게 있는 것이다.

그에 반해 R. 룩셈부르크의 관점이 갖는 위험성은 명석하고 단호한 지도 없이는 결정적 순간을 놓칠 수도 있는 대중의 자발성, 창조적 역할을 과대평가한 데 있다. 그러한 순간에 강력한 간부들로 이루어진 당이 없으면 혁명이 좌절될 수 있다.—이는 실제로 몇 번 발생했었다.

R. 룩셈부르크는 1905년의 러시아 혁명 이후에 대충파업과 당에 관해 쓰면서 위와 같은 관점의 일면성을 극복하고 레닌의 올바른 관점에 접근할 수 있었다.

> "사회민주주의는 프롤레타리아트의 가장 계몽되고 계급의식을 가진 전위이다. 사회민주주의는 오합지졸의 빈민들로 '혁명적 상황'이 오기를 운명론적으로 기다릴 수는 없고 기다려서도 안 된다. 즉 저 자발적 대중운동이 하늘에서 떨어지기를 기다려서는 안 된다. 반대로 사회민주주의는 사물의 발전에 앞서 그 발전을 촉진시켜야 한다."101)

101) R. Luxemburg, *Massenstreik, Partei und Gewerkschaften,* Hamburg 1906. S.46. in : *Ausgewählte Reden und Schriften,* Berlin 1951, Bd. Ⅰ, S.46. 마찬가지로 그녀의 유명한 6월 팜플렛에서도 "인간이 자신의 그림자를 뛰어 넘지 못하듯이 우리도 역사적 과정을 뛰어넘을 수는 없다. 단지 우리는 그

같은 글에서 로자 룩셈부르크는 대중파업에 대해 두드러지게 맑스주의적인 설명을 제시한다. 그녀는 우리가 대중파업을 간단히 명령할 수 있다는 환상에도 빠지지 않고 또 유혈에 대한 의회주의적 탄식에도 동조하지 않으며 오히려 대중파업을 유효한 투쟁의 장기간에 걸친 혁명적 시기가 요약된 것으로 본다. 그녀는 결론짓기를 대중파업을 대중적 데모 등과 구별짓는 것은 그것이 오직 혁명적인 위기의 시대에만 가능하며, 그것은 혁명적 상황 자체의 원인이기보다는 표현이라는 것이다. "실제로 대중파업이 혁명을 낳는 것이 아니라 혁명이 대중파업을 낳는다."102)

이미 언급된 견해차 외에도 특히 민족문제에 관해 레닌과의 이견이 있다. 레닌이 민족자결권을 주장한 반면 R. 룩셈부르크는 이 문제를 경제적 자립과 독립에로 환원시켜서 자본주의 안에서의 민족독립과 자결의 가능성을 부인했다.103)

러시아 혁명의 발발 이후 그녀는 폴란드로 가서 폴란드 봉기에 앞장섰다. 그녀는 투옥되고, 석방된 후 독일로 돌아왔다. 1905년에 독일의 사회민주주의는 자신의 당학교를 세웠다. F. 메링, R. 힐퍼딩(이 자리를 로자가 대신한다.), H. 둥커(Duncker), 스타트하겐(A. Stadhagen), 부름(E. Wurm), 에크슈타인(G. Eckstein), 하이네만(H. Heinemann) 등과 더불어 그녀는

과정을 촉진시키거나 지체시킬 수 있다
사회주의는 세계사에 있어 목적을 지향하고 인간의 사회적 행위에 의식적 의미, 계획적 사상, 자유의지 등을 개입시킨다는 역사의 소명을 받은 최초의 대중운동이다" (Politischen Schriften, Bd.2, Frankfurt 1966, S.30).

102) R. Luxemburg, Ibid., S.33.

103) 그녀는 특히 *Die nationale Frage und die Autonomie*(1908~1909)라는 논문에서 이 관점을 주장했다. 이에 대해 레닌은 *Von Recht der Nationen auf Selbstbestimmung*이란 글로 응수했다. 이 글에 대해서는 다시 언급하게 될 것이다.

정치경제학 교사가 되었다. 그때에 그녀는 정치경제학 영역에 관해 그녀의 이론적 주저인 『자본축적론』(1913)을 위한 자료를 수집했다. 그녀는 이 책에서 자본주의의 매우 중요한 문제, 아니 핵심적 문제인 확대재생산의 가능성 혹은 불가능성을 다루었다. 이 문제는 혁명적 노동운동에도 결정적인 것이다. 즉 자본주의가 확대재생산을 무한히 계속해 갈 수 있다면 자본주의는 무한한 전망을 가진 체계이다. R. 룩셈부르크는 『자본론』 제2권에 있는 확대재생산에 관한 맑스의 분석에 만족하지 않았다. 그녀는 이 주제에 대해 기본적인 장(章)이 단편적이고 총자본의 축적문제가 만족스러운 대답 없이 그저 지적되어 있을 뿐이라고 주장했다. 부르주아 경제학자와 '합법적 맑스주의자'(스트루베, 불가코브, 투간 바라노프스키) 등과 논쟁하면서 그녀는 자본주의에서 확대재생산의 가능성을, 자본주의가 자신의 생산물을 흡수하는 비자본주의적 사회구성체에서 잉여가치를 실현시킨다는 사실을 통해 설명했다.

"자본주의적 생산의 관점에서 볼 때 국내시장은 자본주의의 시장이며 자본주의적 생산 자체가 자신의 생산물의 구매자이자 자신의 생산요소의 구입처이다. 자본에 대해 해외시장은 비자본주의적인 사회적 환경이다. 이 환경은 자본의 생산물을 흡수하고 생산요소와 노동력을 제공한다. 이 해결은 맑스의 이론의 의미에서 변증법적 모순에 빠져 있다. 즉 자본주의적 축적은 자체의 운동을 위해 비자본주의적 사회구성체를 자신의 환경으로 필요로 하며 이 환경과의 지속적인 신진대사를 진전시키며 따라서 이 환경이 존재하는 한에서만 이 축적이 존재할 수 있다."104)

이러한 견해에 따르면 자본의 확대에 할당된 잉여가치의 부분은 국내

104) R. Luxemburg, *Die Akkumulation des Kapitals*, Leipzig 1921, S.338.

시장에서는 실현될 수 없고 오직 비자본주의적 사회구성체의 해외시장에서만 실현될 수 있다. 그러므로 자본주의는 전세계로 확대되려고 하는 바로 이 경향 때문에 자신의 한계에 봉착한다.

"자본주의는 전파력을 가진 최초의 경제형식이며 전세계로 확대되어 모든 다른 경제형식을 축출하는 경향을 가지며 자신 이외의 어떤 경제형식도 견디지 못하는 경제형식이다. 그러나 자본주의는 동시에 자신의 환경이자 토양으로서의 다른 경제형식 없이는 존재할 수 없는 최초의 유일한 경제형식이다. 따라서 세계의 형식이 되려는 경향이 생산의 세계형식이 될 수 없는 내적 무능 앞에서 무너지는 경제형식이다."105)

R. 룩셈부르크의 이론은 자본주의적 확대재생산, 그리고 자본의 축적이 오직 비자본주의적 국가의 존재를 가정하는 경우에만 가능하다는 전제에 입각해 있다. 이 비자본주의 국가들마저 자본주의화되면 국제적 프롤레타리아트의 봉기가 자본주의를 전복하기도 전에 바로 파국이 시작된다. 이 테제는 폭발적인 논의를 불러일으켰고 이에 대해 R. 룩셈부르크는 자신의 이론을 다시 요약해서 설명한 「반박」으로 대답했다.

"19세기 초부터 그러한 방법으로, 축적된 자본이 유럽에서 세계의 타지역에 있는 비자본주의 국가로 수출이 너나 할 것 없이 이루어졌다. 자본은 이러한 나라의 새로운 땅과 고유한 생산형식의 폐허 위에서 자신의 상품에 대한 일군의 새로운 구매자와 보다 큰 축적가능성을 발견했다. 이렇게 자본주의는 비자본주의적 사회권과 국가 등과 상호작용하면서 더욱더 확대되었고 그러면서 자본주의는 비자본주의 국가의 희생 위에서 축적하고 동시에 그러한 국가를 대체하기 위해 야금야금 먹어 들

105) Ibid., S.445~446.

어가기 시작했다. 그러나 이러한 축적영역에 대한 탐닉에 점점 많은 자본주의 국가들이 참여하게 되고 자본의 세계적 확장을 받아들일 비자본주의적 영역이 점차 희귀해짐에 따라 이 축적영역을 둘러싼 자본의 경쟁적 투쟁은 더욱 격화되고 그들의 세계무대로의 침략은 일련의 경제적, 정치적 파국 즉 세계공황, 전쟁, 혁명으로 귀결되었다.

그러나 이러한 과정을 통해 자본은 양면적으로 자신의 붕괴를 준비하고 있다. 한편으로 자본은 모든 비자본주의적 생산형식의 희생 위에서 자신의 확장을 추구함으로써 결국 전인류는 사실상 자본가와 임금 프롤레타리아로만 이루어지게 되었고 따라서 확대재생산과 축적도 불가능하게 되었다. 동시에 자본은 이러한 경향이 지속됨에 따라 계급적대와 국제적인 경제적 정치적 무정부 상태를 첨예화시킴으로써 경제발전의 최종결과 즉 자본주의적 생산의 절대적이고 분할되지 않은 세계지배가 도달되기도 전에 자본주의적 지배의 존립에 대한 국제 프롤레타리아트의 반란을 불러일으킬 수밖에 없다."[106]

자본주의의 필연적 몰락과 그 이론적 전제에 관한 이러한 주장이 불러일으킨 논쟁은 그 문제의 중요성과 그 해답의 불명료성을 나타내는 것이었다. O. 바우어(Bauer) 같은 이는 자본주의가 잉여가치를 실현시킬 수 없기 때문에 붕괴하는 것이 아니라 인민대중, 통일된 노동자 계급의 불만 때문에 몰락한다고 주장했다. 나중에 스탈린주의의 공식적 이론이 되어버린 한 견해는 자본주의에서 노동자 계급의 궁핍화가 필연적으로 혁명을 야기시킨다는 관점을 불가침의 것으로 주장했다. 그러나 이 관점은 역사적으로나 실제적으로나 무의미한 것이다.

---

106) R. Luxemburg, *Die Akkumulation des Kapitals oder Was die Epigonen aus der Marxischen Theorie gemacht haben. Antikritik, Die Akkumulation des Kapitals*의 부록 l.c., S.20~21.

우리의 견해에 따르면 이 문제의 해결은 맑스의 『자본론』 제3권에서 설명된 문제와 관련되어 있는 것이다. 맑스는 여기서 지금까지의 역사가 증명하듯이 자본주의 내부에서 대참사로 귀결될, 지속적 확대재생산의 이윤율 저하경향을 분석하고 있다. 그러나 이 과정은 그 안에 이 대참사를 불가피하게 했던 고전적 자본주의의 부정을 포함하고 있다. 그래서 보다 강화된 국가우위로 귀결된다. 이 단계에서 국가는 공공연히 국가자본주의적 방향으로 나아간다. 그러므로 자본주의는 근본적으로 이미 일정한 이행기에 처한 것이다.

자신의 책과 작업하면서 R. 룩셈부르크는 독일 사회민주주의의 지도적 인물들에게서 점차 강화되는 기회주의와 갈등에 빠진다. 특히 카우츠키와 그러했다. 전쟁초에 사회민주주의가 굴복하게 되었을 때 R. 룩셈부르크는 가장 먼저 이러한 사회적 국수주의를 비난했다.107) 이미 1919년에 그녀는 F. 메링과 함께 새 신문 「인터내셔널」 지를 창간했다. 이 신문에는 우선 클라라 체트킨(Klara Zetkin), A. 탈하이머(Thalheimer), 케테 둔커(Duncker), P. 랑게(Lange), H. 스트뢰벨(Ströbel) 등이 기고했다. 전쟁기간 동안 그녀는 대부분을 투옥당해 있었다. 간간히 자유로운 시기가 있었을 뿐이다.

---

107) 우리는 슈투트가르트(1907), 코펜하겐(1910), 바젤(1912)에서의 제2인터내셔널 대회가 전쟁위험에 반대하는 결정을 의결했었음을 말해야겠다. R. 룩셈부르크, 레닌, 마르토프 등이 제안하여 이루어진 이 의결의 보충부분에는 이렇게 되어 있다. "전쟁발발의 위험에 직면하여 관련국가의 노동자 계급과 그 의회대표들은 사회주의 인터내셔널 본부의 포괄적 활동의 지지를 받아, 계급투쟁의 심화와 일반적 정치상황에 따라 변화하는 가장 효과적으로 간주된 수단을 적용해서 전쟁 발발을 억제하는 데 전력을 다할 것을 의무화한다.

그럼에도 불구하고 전쟁이 발발하는 경우에는 전쟁의 가급적 신속한 종식을 대변하고, 전쟁에 의해 야기된 경제적 정치적 위기를 인민 봉기에 이용하고 그럼으로써 자본주의적 계급지배의 철폐를 촉진시키는 데에 모든 힘을 경주해야 한다."(M. Beer, *Allgemeine Geschichte des Sozialismus und der sozialen Kämpfte,* Berlin 1929, S.703~704에서 재인용).

예를 들자면 그녀가 극좌인물들, K. 리프크네히트, F. 메링, E. 마이어, J. 카르스키(Karsky), L. 요기헤스 등과 함께 사회주의 좌파의 조직체인 '스파르타쿠스단'을 창단했던 1916년 초가 그렇다.

이 시기에는 또한 레닌의 글과 함께 전전 상황과 제2인터내셔널의 붕괴에 대해 가장 날카롭고 잘된 분석이었던 그녀의 유명한 「6월 팜플렛」이 출판되었다. 이 글에서 R. 룩셈부르크는 사람들이 독일 사회민주주의가 다른 사회주의자들과 일치하는지 여부에 의문을 품지 않고 거꾸로 신뢰하고 있을 때에 제2인터내셔널 내부의 이론적, 실천적 문제에 있어 독일 사회민주주의가 갖는 중요성과 권위에 대해 말했고 동시에 그들의 심각한 타락과 끝없는 논쟁과 변절을 말했다. 그녀는 독일의 문화적 사명과 사회민주주의의 지속적 생존능력에 관한 여러 이론들을 조롱했다.

"그리고 실제로 그렇다. 사회민주주의적 파벌의 주장처럼 이러한 전시에 '독일의 존재와 자유로운 발전' 따위가 문제될 수는 없으며 사회민주주의의 신문에서 쓰듯이 독일문화가 중요한 것이 아니다. 문제는 아시아적인 터키에서 독일은행의 현재 이윤과 모로코에 나가 있는 여러 사람들과 크루프(Krupp ; 강철업자)의 앞으로의 이윤이며, 『전진』 지 1914년 7월 25일자에 말했듯이 '자신을 합스부르크 군주국이라 부르는 조직된 부패물 더미'인 오스트리아의 존재와 반동이며, 헝가리의 돼지와 자두이며, 프리트만, 프로하스카(Friedmann-Prohaska ; 음악가—역주) 문화이며 소아시아에서의 터어키 비정규군에 의한 지배와 발칸의 반혁명을 유지하는 것이다."108)

이런 이유에서 R. 룩셈부르크는 사회민주주의의 과제가 평화적 시기에

108) R. Luxemburg, *Die Krise der Sozialdemokratie (Junius-Broschüre),* in: *Politische Schriften.* Bd.2, Frankfurt 1966. S.85.

만 계급투쟁의 지도에 있다는 사회민주주의적 구호에 결단코 반대한다. 1914년 8월 4일에서 평화조약 체결까지 계급투쟁의 부재가 예고되었고 벨기에에서 크루프의 대포가 첫 포성을 울림으로써 독일은 놀라운 계급 연대성과 사회적 조화의 나라로 변화되었다. 그러나 그녀는 계급투쟁은 사회민주주의가 고안해 내고 자유롭게 만들어 낸 것이 아니므로 일정 시기에 자의적으로 취소할 수는 없는 것이라고 썼다. 계급투쟁은 사회민주주의보다 오래된 것이며 전쟁은 계급투쟁을 중지시킬 수 있을 만한 어떤 것도 낳지 않았다. 포성은 독일의 경제적, 사회적, 정치적 구조에 아무런 변화도 낳지 않았다.[109]

역사적 상황에 대한 그녀의 비판과 해명은 탁월한 것이었지만 그녀는 이번 전쟁에서 문제가 되는 것은 제국주의 적대국들의 와해라는 올바른 인식에 입각해서 너무나 조급하게 국민방위전쟁은 더 이상 발생할 수 없다는 결론을 이끌어 내었다.

> "이런 식으로 자국의 전쟁의 성격을 규정하는 것은 항상 현재의 제국주의의 역사적 환경이다. 그리고 이 환경은 오늘날 국민방위전쟁을 불가능하게 만들었다."[110]

---

109) Ibid., S.102~103을 보라.

110) R. Luxemburg. ibid., S.125. Lenin도 *Über die Junius-Broschüre* 라는 논문에서 같은 해에 이 글을 열광적으로 환영했다. 비판적 논급은 단지 몇 번 있었을 뿐인데 그것은 사회적 국수주의와 기회주의간의 관계가 충분히 밝혀지지 않았고 제국주의 전쟁에 반대하는 내란의 관점이 충분히 일관되게 관철되지 못했고 국민방위전쟁과 해방전쟁의 불가능성에 대한 추론이 너무 일반적이어서 결국 오류를 범했다는 것 등이다. 레닌은 탁월하게 쓰여진 이 팜플렛의 가치를 알고 있었기 때문에 이러한 소홀함이 우연적인 것이며 대체적으로 당시의 전쟁에 대한 올바른 평가를 지나치게 부각시킨 결과임을 신중하게 강조했다. 레닌의 기본사상은 우리가 사물을 항상 구체적으로 고찰해야 하고 "맑스주의 변증법의 원칙은 자연과 역사에서 모든 한계는 제약되어 있어 변경 가능하기 때문에 일정한 조건에서 자신의 대립물로 전화될 수 없는 현상이란 단 하나도 존재하지 않는다

R. 룩셈부르크는 감금된 상태에서 레닌의 10월을 체험했다. 그리고 그녀가 혁명의 과정에 대해 일련의 비판적 언급을 했다 해도 볼셰비키에 대한 그녀의 입장과 카우츠키 및 기타 사회민주주의자들의 입장 사이에는 얼마나 큰 차이가 있었던가! 러시아 혁명에 대한 이 비판적 평가—그녀는 이것을 1918년 가을에 초안을 잡았으며 그것마저도 필요한 모든 기록과 접촉없이 이루어진 것이다.[111]—를 그녀는 그토록 찬란한 역사적 위업의 부정으로 이해하려 하지 않았다. 오히려 그녀는 러시아의 사회주의 혁명을 카우츠키와 그 동지들의 학자적인 분석과 주장에 대한 가장 분명한 반박으로 파악했다. 이들은 러시아가 사회주의를 위해서는 아직 성숙하지 못했다고 강의하면서 러시아 노동운동의 극좌파를, 그들이 사회주의 혁명 안에서 부르주아 혁명을 진행시키고 있다는 이유에서 비난했다. 그녀는 또한 카우츠키가 러시아의 멘셰비키인 악셀로드, 단(Dan) 등과 같이 자유주의적 부르주아지와의 연합을 주장했음을 지적했다. 로자는 카우츠키가 전쟁 기간 동안에, 샤이데만(Scheidemann)이 실천으로 옮긴 것, 즉 사회주의를 배반하고 약화시키는 일을 자신의 모든 주장을 통해 행했다고 썼다. 맑스주의의 공식적인 신전보호자들은 전쟁이 발발하자 인터내셔널이 평화의 수단임을 설교했고 민족주의, 인민연합 그리고 민주주의를 설교했지만 사회주의를 설교하지는 않았다. R. 룩셈부르크는 계속해서 ;

는 것이다. 국민전쟁은 제국주의 전쟁으로 전화될 수 있으며 그 역도 마찬가지이다."(Lenin, *Über die Junius-Broschüre,* in : Rosa Luxemburg, *Ausgewählte Reden und Schriften,* l.c., Bd.1, S.121).

111) 이 글의 첫판은 *Die russische Revolution* 이라는 제목으로 Paul Levi의 편집을 거쳐 1922년에 나왔다.

"이러한 상황에서 볼셰비키의 노선은 애초부터 유일하게 민주주의를 구출하고 혁명을 진전시킬 수 있는 그러한 전술을 천명하고 강철 같은 일관성으로 그 전술을 수행했다는 역사적 공로를 받아 마땅하다. 모든 권력을 오직 노동자 대중과 농민 대중의 손에, 즉 소비에트 손에—이것이 사실상 혁명이 직면한 난관을 벗어나는 유일한 길이었으며 봉착된 곤경을 헤치고 혁명을 애로에서 건져 탄탄대로의 발전을 위한 지평을 열어 주는 것이었다.

레닌의 당은 따라서 러시아에서 유일하게 그 첫시기에 혁명의 참된 이익을 파악한 당이었으며 혁명의 추진인자였다. 이런 의미에서 본질적인 사회주의 정책을 밀고 나가는 유일한 당이었다."[112)]

볼셰비키는 권력장악의 목적으로서 부르주아 민주주의의 보장을 주장하지 않았고 프롤레타리아 독재가 사회주의의 실현을 보증하는 유일한 조치임을 선언했다. 이것이 그들의 역사적 공로이다.[113)] 또한 이 모든 것을 통해 볼셰비키는 이전부터 독일 사회민주주의자들에게 악몽 같은 것이었던 '인민의 다수'에 대한 '유명한 문제'도 해결했다. '의회주의적 백치병'의 산물인 그들은 혁명에 의회주의적 소박함을 도입시켰다. 즉 독일 사회민주주의자들의 주장은 무엇인가를 관철시키기 위해서는 먼저 다수가 되어야 한다는 것이었다. "혁명에서도 마찬가지다. 우선 우리는 '다수'가 되어야 한다. 그러나 혁명의 현실적 변증법은 이러한 의회주의적인 두더지의

112) R. Luxemburg, *Die russische Revolution,* in: *Politische Schriften,* Bd.3, Frankfurt 1968, S.112.

113) 그녀는 비판적 언급으로 넘어가기 전에 볼셰비키의 업적을 다음과 같이 평가했다. "하나의 당이 역사적 시점에서 용기, 실행력, 혁명적 선견지명, 일관성 등을 갖고 이룰 수 있는 것을 레닌, 트로츠키 및 그 동지들은 매우 잘 수행했다. 서구의 사회민주주의가 결여하고 있는 모든 혁명적 명예와 행동능력이 볼셰비키로 대표되었다. 그들의 10월 봉기는 러시아 혁명을 실제로 구한 것일 뿐 아니라 국제 사회주의의 명예를 건진 것이다."(Ibid., S.116).

지혜를 뒤집어엎었다. 즉 다수에 의해 혁명적 전술로 나아가는 것이 아니라 혁명적 전술로 다수에로 가는 것이다."[114]

R. 룩셈부르크의 공격은 우선 농미에 대한 볼셰비키의 전술에 향한다. R. 룩셈부르크는 농민에 대한 토지분배와 대규모로 조직된 소유지를 세분화하는 것은 비사회주의적 조치이며 필요치 않은 것이라고 생각했다. 그리고 사회주의의 미래 발전에서 이는 일련의 난점을 야기시키리라는 것이다. 그녀의 견해에 따르면 사회주의는 소유권을 국민에 이전시켜야 하며, 아니면 같은 말이지만 사회주의적 권력의 측면에서는 국가에 이전시켜야 한다는 것이다. "대토지소유와 중토지소유의 국유화 그리고 공업과 농업의 결합, 이것이 사회주의의 존재를 위해 불가결한, 모든 사회주의 경제형태의 두 가지 기본관점이다."[115]

그러나 그녀는 레닌과 그의 동지들이 처한 국내외의 상황에서는 그렇게 짧은 시간 안에 모든 문제를 해결하는 것은 불가능했을 것으로 생각했으며 특히 앞서 말한 것과 같은 문제는 가장 어려운 문제 중의 하나이며 서구의 사회주의자들이라도 가장 좋은 조건 아래서도 수많은 실수를 저지르게 될 문제이기 때문에 더욱 그러하다고 했다.

그 외에도 그녀는 민족자결권의 주장이 대개는 부르주아지에 의해 이용될 것이라는 이유에서 비판했다.[116] 그리고 제헌의회를 해체하고 공공생

114) Ibid., S.115.
115) Ibid., S.117.
116) 본문은 이렇게 되어 있다. "그러나—이로써 우리는 바로 문제의 핵심에 도달한다.—이러한 구호가 계급사회의 살풍경한 현실에서, 그것도 극도로 첨예한 대립의 시기에 단적으로 부르주아 계급지배의 도구로 변화된다는 점에 이러한 민족주의적 구호의 유토피아적-소시민적 성격이 있는 것이다. 볼셰비키는 스스로와 혁명에 막대한 손실을 끼치더라도 다음과 같은 사실을 명심해야 한다. 즉 자본주의의 지배 아래서는 어떠한 민족자결도 있을 수 없으며 계급사회에서 각 계

활, 언론자유, 집회의 자유 등을 억압한 것을 오류라고 비난했다. 그녀는 이러한 의회와 자유가 대중의 정치의식 형성을 위해 유일하게 가능한 수단이라고 천명했다.

"자유를 오직 정부의 지지자들에게만 그리고 당원에게만—이들의 수가 아무리 많다 해도—허용하는 것은 결코 자유가 아니다. 자유는 언제나 다르게 생각할 수 있는 자유일 뿐이다. 이는 내가 '정의'를 광신적으로 믿기 때문이 아니다. 만일 '자유'가 특권이 되어 버리면 정치적 자유가 갖는 교육적 측면, 유익성, 순화력 등이 모두 이 특권에 의존하게 되고 그 영향력이 거부되기 때문이다……."117)

"레닌과 트로츠키는 보통국민투표로 선출된 대의제 대신에 소비에트를 유일하게 참된 노동대중의 대표로 내세웠다. 그러나 전국에서 정치적 삶을 억압함으로써 소비에트에서의 삶은 불구가 될 수밖에 없다. 보통선거, 제한 없는 언론, 집회의 자유, 자유로운 의사투쟁 등이 없으면 모든 공적 제도의 삶은 거짓된 삶이 되고 거기서는 관료제만이 능동적 요소로 남게 된다. 공공생활은 점차 잠들게 되고 그칠 줄 모르는 정력과 무한한 이상주의를 가진 수십 명의 당지도자들이 지도하고 통치하며 그 중에서 10여 명 정도가 실권을 가지며 노동자 계급의 엘리트는 때때로 지도자의 연설에 박수를 보내기 위해 의회에 소집되며 안건에 대해 만장일치로 가결할 뿐이다. 즉 근본적으로는 도당에 불과하다.—물론 독재다. 그러나 프롤레타리아트의 독재가 아니라 소수의 정치가들의 독재, 즉 부르주아적, 자코뱅 지배적 독재이다."(소비에트 의회가 3개월에서 6개월로 연기된 것을 보라!)118)

급은 서로 다른 민족 '자결'을 추구하며, 부르주아 계급에 있어 민족적 자유의 관점은 계급지배의 관점 뒤로 완전히 떠밀린다는 것이다. 우크라이나의 소시민 계급이나 핀란드의 시민계급은 만일 민족적 자유가 '볼셰비즘'의 위험과 결부되어 있다면 민족적 자유보다는 독일의 강제적 지배를 택하는 데에 완전히 일치할 것이다."(Ibid., S.122에서 123까지).

117) Ibid., S.134.

R. 룩셈부르크는 그녀의 비판에서 항상 철저했다. 그녀는 비판을 진보적인 사회주의 운동을 보장하기 위해 가장 기본적인 계기로 간주했다. 그러나 그녀는 감방에서 러시아의 진척상황에 대한 자료를 얻을 수 없었기 때문에 그곳 상황에 대한 그녀의 지식은 불충분했다. 레닌과 트로츠키가 독재냐 민주주의냐 하는 문제를 비변증법으로 제기했다는 그녀의 공격과, 정치적 자유와 제헌의회에 대한 볼셰비키의 태도에 관한 그녀의 비난은 정당한 것이 아니었다. 그녀도 이 점은 2~3개월 후 독일에서의 혁명과 반혁명 과정에서 확신하게 된다.[119] 반면에 그녀는 볼셰비키가 극도로 어려운 조건에 처하지 않았다면, 즉 전쟁, 독일에 의한 점령, 그리고 사회주의 정책의 가장 좋은 의도와 탁월한 원리를 파괴시킬 것이 분명한 다른 어려움에 처하지 않았다면, 그녀의 의견에 따라 마땅히 했어야 했을 것을 모두 실행했을 것이라는 사실을 추호도 의심하지 않았다.

그녀는 설명하기를, 러시아에서 일어난 모든 일은 충분히 이해될 수 있으며 불가피한 인과연쇄를 이루고 있고, 그 출발점은 독일 프롤레타리아

---

118) Ibid., S.136.

119) 그래서 그녀는 예를 들어 1918년 11월 *Der Anfang*이라는 논문에서 이렇게 썼다. "혁명정부는 제헌국민의회를 소집하고 노동자, 군인 소비에트에 대한 부르주아적 균형을 만들었고 혁명을 부르주아 혁명의 궤도에 올려 놓음으로써 혁명의 사회적 목표를 없애 버렸다."(*Die rote Fahne*지 1918년 11월 18일자; *Ausgewählte Reden und Schriften,* Berlin 1955, 2. Band, S.596). 그녀는 또한 같은 신문에 *Die Nationalversammlung*이란 기사에서 같은 견해를 주장했다. "현재 국민의회에 연연하는 자는 의식적으로건 무의식적으로건 혁명을 부르주아 혁명의 역사적 단계로 되돌려 놓는 것이다. 그런 자는 위장한 부르주아지의 첩자이거나 무의식적인 소시민 계급의 이데올로그이다."(*Ausgewählte Reden und Schriften,* l. c., S.606). 이와 동일한 관점은 역시 *Roten Fahne*지에 실린 1918년 12월 17일자의 기사인 *Nationalversammlung order Räteregierung?*과 1918년 12월 23일자 *Die Wahlen zur Nationalversammlung*에서도 발견된다.

트의 배반과 독일 제국주의의 러시아 강점(强占)이었다고 말했다.120) 모든 제한과 반대에도 불구하고 그녀는 이 뛰어나고 영웅적인 사건을 혁명가의 눈으로 보았으며 이런 의미에서 그녀는 다음과 같은 결론에 도달했다.

"독일정부에 협조한 사회주의자들은 러시아의 볼셰비키 지배가 프롤레타리아 독재의 희화화라고 외칠지도 모른다. 만일 실제로 그러했고 현재도 그러하다면 그것은 사회주의적 계급투쟁의 희화였었던 독일 프롤레타리아트의 태도가 낳은 것이다. 우리는 모두 역사의 법칙에 종속되며 사회주의적 사회체제는 오직 국제적으로만 수행될 수 있다. 볼셰비키가 보여 준 것은 그들이 역사적 가능성의 한계 안에서 진정한 혁명정당이 수행할 수 있는 모든 것을 할 수 있다는 것이었다. 그들이 기적을 행하려 하지 않은 것은 당연한 일이다. 왜냐하면 고립되고 세계대전으로 황폐화되고, 제국주의에 의해 숨통이 막히고 국제 프롤레타리아트에 의해 배반당한 나라에서 모범적이고 오류 없는 혁명이란 하나의 기적이기 때문이다. 중요한 것은 볼셰비키의 정책에서 본질적인 것과 비본질적인 것을 구별하고 핵심과 우연적인 것을 구별하는 것이다. 전세계에서 최후의 결전을 맞이한 이 최후의 시기에 사회주의의 가장 중요한 문제는 바로 다음과 같은 시급한 질문이다. 즉 이러저러한 진술에 대한

---

120) *Spartakus-Brief Nr.11*에서 이 문제를 논하면서 그녀는 새롭게, 볼셰비키의 곤경과 과오에 대한 1차적 책임이 국제적 프롤레타리아트에 있으며 특히 독일 사회민주주의의 파렴치함에 있음을 강조했다. "현재 러시아에서 오는 소식과 볼셰비키의 처지는 독일의 노동대중과 군인들의 가슴에 남아 있는 조그마한 명예심에 대한 감동어린 호소이다. 이들은 러시아 혁명을 냉정하게 분쇄하고 포위하여 지치게 만들었다. 그들이 적어도 최후의 순간에나마 러시아 혁명을 최악의 사태에서 구해낼 수 있다면, 즉 도덕적 자살과 독일 제국주의와의 결탁에서 구해낼 수 있다면 좋으련만.

러시아에서 벌어지고 있는 비극의 해결책은 하나뿐이다. 그것은 독일 제국주의의 등뒤에서 일으키는 봉기이며 여러 국민들의 살육을 국제적인 혁명으로 종식시키는 신호인 독일대중의 봉기이다. 러시아 혁명의 명예를 구한다는 것은 지금과 같은 운명적 시간에 독일 프롤레타리아트와 국제 사회주의의 명예를 구하는 것과 독일하다."(R. Luxemburg, *Spartacus,* Nr. 11. September 1918, in: *Spartacusbriefe,* Berlin 1958, S.460).

세부적 질문이 아니라 프롤레타리아트의 행동능력, 대중의 추진력, 사회주의의 권력 의지 등이다. 이에 관해 레닌과 트로츠키와 그의 동지들은 세계 프롤레타리아트에게 모범을 보인 최초의 인물들이며 현재까지도 '나는 그것을 감행했다!'라고 당당히 소리칠 수 있는 유일한 인물들이다. 이것이 볼셰비키 정책에 있어 본질적이고 길이 남을 것이다. 이런 의미에서 그들에게 속하는 불멸의 역사적 업적은 정권장악과 사회주의 실현이라는 실천적 문제제기로 국제 프롤레타리아트에 선구자가 된 점과, 자본과 노동간의 대결을 전세계에 강력하게 밀고 나갔다는 점이다. 러시아에서 그 문제는 단지 제기되는 것으로 그칠 수밖에 없었다. 그 문제는 러시아에서 해결될 수는 없었다. 이런 의미에서 미래는 어쨌든 '볼셰비즘'의 것이다."[121]

R. 룩셈부르크는 전쟁 종료시까지 거의 투옥상태였다. 1918년 11월 9일의 혁명이 비로소 그녀와 다른 많은 좌익 사회주의자들에게 자유를 주었다. 이 시기에 노동자와 군인은 소비에트를 결성했지만 에베르트(Ebert)와 샤이데만의 사회민주주의 정부는 그들에게 권력을 이양하지 않기로 결정했다. 오히려 이들 정부는 반혁명을 준비했다. 우리는 그 상황에 대해 아무런 환상도 가질 필요가 없다. 에베르트, 샤이데만, 레기엔(Legien), 다비드 및 카우츠키의 중도파로 구성된 고문들의 사회민주주의 정부는 처음부터 상황의 '민주적' 전개를 옹호했다.—이는 바로 반혁명을 의미하는 것이었다.

그 당시 상황은 매우 복잡했다. 군부세력은 점차 결집되어 정부를 좌우하게 되었다. 오직 소수의 노동자 계급만이 무장했다. K. 리프크네히트는 지치지 않고 대중에 파고들어 스파르타쿠스단의 이념을 위해 선동을 계속했다. 분명히 그도 R. 룩셈부르크와 함께 이 시대의 가장 중요한 공산주

121) R. Luxemburg, *Die russiche Revolution,* S.79~80.

의 지도자였다.[122] 스파르타쿠스단은 마침내 1918년 11월 9일 그들의 신문「홍기」(紅旗, *Die Rote Fahne*)를 창간하고 동년 말에 공산당을 창당했다. 그러나 반혁명도 차차 조직화되었다. 1919년 1월 초에 정부는 지휘권을 반혁명세력인 G. 노스케(Noske)에게 위임했다. 게다가 에밀 아이히호른(Emil Eichhorn)이 베를린 경찰서장직에서 해임되었다(1월 4일). 독립사회민주당의 베를린 지도부와 독일 공산당 중앙은 대중적 데모를 호소했다. 1월 5일 노동자와 군인의 효과적인 대중적 데모가 있은 후 독일 독립사회민주당과 독일 공산당의 베를린 대표들은 무장폭력에 의한 에베르트-샤이데만 정부의 전복을 결정했다. 그러나 상황판단은 잘못이었다. 모두 33명으로 구성된 혁명위원회는 행동결정을 내리지 않았고 봉기한 자들이 독일 노동대중의 다수를 끌어들이지도 못했다. 오히려 '사회주의' 정부 아래서 반혁명적 군대가 조직적으로 배치되었다. 1월 12일에 이르러 베를린의 봉기는 진압되었다. 계엄령이 포고되었고 반혁명적 테러가 휩쓸었다. 공산주의자 및 그 지도자에 대한 색출이 시작되었다. 1월 15일 R. 룩셈부르크, K. 리프크네히트, W. 피크(Pieck)가 검거 · 투옥되었으며 R. 룩셈부르크와 K. 리프크네히트는 살해되었고 그들에 이어 I. 아이스너, L. 요기헤스 등이 살해되었다. 이렇게 해서 현대의 혁명운동이 낳은 재능 있

122) Karl Liebknecht(1871~1919)는 빌헬름 리프크네히트의 아들로서 변호사이자 사회민주당 의원이었다. 그는 극좌파에 속했으며 독일 좌파 중 가장 혁명적이고 일관성있는 지도자 중 하나였다. 그의 반전(反戰) 주장 때문에 그는 1916년 투옥되었다. 스파르타쿠스 단의 공동창단자이다 R. 룩셈부르크의 가장 긴밀한 투쟁동지 중 한명이다. 1월에 R. 룩셈부르크와 함께 살해되었다. 그로써 사회민주주의는 부르주아지와 결탁하여 독일 혁명의 가장 뛰어난 두 지도자를 제거했다. 그의 옥중 논문으로는 1907년에 쓴 *Militarismus und Antimilitarismus* 와 *Klassenkampf gegen den Krieg*(1919), *Studien über dis Bewegungsgesetze der gesellschaftlichen Entwicklung*(1922) 등이 있다.

고 고귀한 인물들 중 하나가 목숨을 잃었다.

레닌은 자신의 말년에 R. 룩셈부르크에 대해 가장 적절한 규정을 내렸다.

"독수리는 닭보다 훨씬 낮게 하강할 수 있다. 그러나 닭은 독수리처럼 높이 상승할 수 없다. 로자 룩셈부르크는 폴란드 독립문제에서 오류를 범했고 1903년 멘셰비즘에 대한 평가를 잘못 내렸다. 자본축적론에서 오류를 범했으며 1914년 7월에 플레하노프, 판더펠데(Vandervelde), 카우츠키 등과 함께 볼셰비키와 멘셰비키의 연합을 주장했을 때 과오를 저질렀으며 1918년의 옥중에서 쓰여진 글에서 오류를 범했다(물론 1918년말과 1919년 초에 석방된 이후에는 자신의 과오를 상당 부분 수정했다.). 그러나 이러한 모든 오류에도 불구하고 그녀는 독수리이며 독수리로 남을 것이다……. '독일 사회민주주의는 1914년 4월 4일 이후에는 냄새나는 시체일 뿐이다'—로자 룩셈부르크는 이 말로써 자신의 이름을 전세계 노동운동의 역사에 남길 것이다."[123)]

하인리히 쿠노브(Heinrich Cunow, 1862~1936)

제2인터내셔널의 많은 이론가들과 유사한 길을 간 독일의 사회민주주의자와 이론가들 중에 H. 쿠노브가 적어도 세계경제사의 영역에서 중요한 저작을 남긴 사람으로 부각된다. 독일 수정주의 시대에 쿠노브는 수정주의에 대한 신랄한 비판자였으며 그 당시 이미 그의 학문적 관심은 경제사, 사회학, 인종학에 있었다. 1912년에는 『고대의 기술』이 출간되었다. 그러나 그때에는 쿠노브가 사회민주주의와 함께 우익으로 변절해가는 때

---

123) W. I. Lenin, *Notizen eines Publizisten,* in : *Ausgewählte Schriften,* München 1963, S.1119f.

였고 전시에는 국가자본주의 옹호자가 되었다.

「당의 붕괴?」(1915)라는 글에서 쿠노브는 제국주의가 사회주의에 이르는 필연적 과도단계라는 유명한 기회주의적 테제를 주장했다. 자본주의의 붕괴가 나타나지 않았고 제국주의가 사회주의에 이르기 위한 필연적 경과단계이므로 제국주의에 대항해서 싸운다는 것은 넌센스라는 것이다. 제국주의는 역사적으로나 경제적으로 필연적인 것이기 때문에 그것에 역행하는 것은 산업화 초기에 기계를 파괴하려던 것과 유사하다는 것이다. 제국주의와 정복전쟁은 필연적인 것이며 따라서 그러한 전쟁 때문에 생긴 거대국가의 성립도 필연적인 것이다. 그러므로 민족자결의 원칙이란 순수한 소박함에 불과하다.

쿠노브는 이러한 자신의 관점을 자신의 이론적 주저인『맑스의 역사이론, 사회이론, 국가이론』(Bd. Ⅰ, 1920. Bd. Ⅱ, 1921)에서 상세하게 서술했다. 제2인터내셔널의 여러 맑스주의자들에 대해서처럼 쿠노브에 대해서도 그가 맑스주의 전체를 포기했다고는 말할 수 없다. 쿠노브는 여러 가지 맑스의 원리들을 고수했다. 그러나 그는 구체적인 역사적 시점에 관한 본질적 문제에 있어서는 맑스주의를 소위 변호하다가 궁극적으로는 그것을 수정했다.

제2인터내셔널이 혁명문제와 프롤레타리아 독재문제에서 이론적으로나 실천적으로 분열되었다고 말해도 과언이 아니다. 이 두 측면은 카우츠키, 반더펠데, 힐퍼딩, 레너(Renner), 베른슈타인 등에게 뿐 아니라 쿠노브에게도 암초였다. 카우츠키처럼 쿠노브도 맑스와 엥겔스가 결코 프롤레타리아트가 다수를 점하지 않고도 권력에 도달할 수 있다고는 가정하지 않았음을 주장했다. 그러나 만일 프롤레타리아트가 다수를 차지하면 테러리즘적인 볼셰비키의 방법은 불필요하며 단지 민주적 방법만이 필요할 뿐이다.

"맑스의 견해에 따르면 프롤레타리아트는 인구의 대다수를 포함하는 경우에야 지배권을 얻을 수 있다. 그러나 그렇게 되면 권력추구가 민주적 통치형태의 적용을 포기할 필요가 없다."[124]

레닌에 대한 쿠노브의 비판은 다음과 같은 테제에 근거한다. "……그러나 그에게는(그리고 이는 러시아 볼셰비즘의 여러 이론가들에게도 역시 적용되는 말인데) 엄격한 법칙적 발전과정에 대한 맑스주의 사상을 이해할 능력이 없었다."[125] 그러므로 볼셰비키들은 그들이 조직, 군대, 폭력의 도움을 받아 역사발전의 일정단계를 뛰어넘을 수 있고 공산주의적 이상을 실현시킬 수 있다고 믿는다는 것이다. 그렇게 해서 그들은 발전에 대한 경제적 이론을 심리적 이론으로 변화시키고 바쿠닌주의에 다시 빠진다는 것이다. 이처럼 쿠노브는 진정한 맑스주의를 레닌의 블랑키주의와 바쿠닌주의에서 보호해야 한다고 생각했고 경제발전과 노동자계급의 힘이 혁명적 전복을 가능케 할 수준에 도달했다는 맑스의 기본사상에 대해서는 유독 입을 다물었다. 물론 맑스와 엥겔스는 이러한 전복이 우선은 선진 유럽제국(영국, 독일, 프랑스)에서 발생할 것이라고 가정했고 이는 그 당시에 논리적 전제였다. 그러나 그들은 사물의 다른 과정에 대해 편협하거나 부정적인 태도를 취한 것은 아니었으며 단지 선진국가가 역사적으로 우선할 수 있는

---

124) H. Cunow, *Die Marxsche Geschichts-, Gesellschafts- und Staatstheorie*, I.Bd., Berlin 1920, S.329.
125) Ibid., S.331.

권리를 인정한 것뿐이었다.

쿠노브는 혁명에 반대해서 국가의 기능을 강조했다. 이는 전시에 파르부스(Helphand)의 잡지 『종』(種, *Die Glocke*)[126] 주위에 몰려들었던 일단의 수정주의자들의 관점이었다. 이 잡지는 근본적으로 국가주의적이고 국가자본주의적인 방향을 갖는 것이었다. 후에 오스트리아의 재상이 된 레너의 표현을 빌자면 노동자 계급과 그 조직 대신에 국가가 사회주의의 지렛대가 된다는 것이다. 따라서 옛 국가의 파괴와 새로운 국가의 건설을 위한 전망은 존재하지 않으며 단지 국가를 강화시키고 조직시켜 거기에 사회주의를 도입하면 그뿐이라는 것이다. 쿠노브의 견해에 따르면 점점 득세하는, 발전인자로서의 국가의 중요성에 관한 견해에 반해서 국가부정의 테제는 속류 맑스주의에 속한다는 것이다. 이러한 국가의 중요성은 통합적이고 조직적이고 진보적인 국가의 기능에 관한 라살레의 주장이 입증하고 있다는 것이다.

쿠노브는 자신의 관점에 충실하게 민족자결의 원칙도 속류 맑스주의적임을 고집했다. 맑스와 엥겔스의 주장 중 몇 가지에 의거해서 그는 그들이 민족자결권을 인정하지 않았음을 증명하려 했다. 그렇게 해서 그는 당연하게도 아일랜드, 폴란드 및 기타 다른 나라에 관해 이들이 취한 입장을 올바로 해석하는 대신 은폐했다.

"반대로 문화적으로 후진적인 소수민족의 국가적 독립이란 역사적 사실과 모순

126) Dr. A. 헬판트 Heplhand(Parvus)는 한때 급진적 맑스주의자였다. 그는 1905년에 러시아 혁명에 가담했고 나중에 시베리아로 유형되었다. 그리고나서는 기회주의자로 변절했고 전시에는 금융투기로 치부했다. 그의 잡지 *Die Glocke* 주변에는 쿠노브외에도 하에니쉬(K. Haenisch), 렌쉬(P. Lensch), 하일만(E. Heilmann), 레너(K. Renner), 플렌게(J. Plenge) 등이 모였다.

될 뿐 아니라 그러한 '잔해민족', '소수민족', '몰락민족'—이는 엥겔스가 문화적으로 후진적인 소수민족을 다양하게 표현한 말이다.—의 결합과 동화를 향하는 일반적인 사회발전 방향과도 모순된다. 그러한 민족들의 국가적 독립이 설령 가능하다 해도 그렇게 해서 성립된 소국들은 거대한 국가와 경제공동체의 형성방향으로 지향된 발전에서 살아남을 능력이 거의 없다."[127)]

그러한 소규모 국가공동체들은 더욱이 대국에 의존하고 결국 그 주권을 상실할 뿐 아니라 기껏해야 대국이 경제발전과 문화발전을 이룩하도록 자신의 모든 이익을 강탈당할 것이므로 민족자결의 원칙이란 윤리적-미적 허구일 뿐이라는 것이다.

제국주의의 강권정치에 대해 이보다 더 잘 변호할 수는 없을 것이다. 그것도 '맑스주의적 토대' 위에서!

쿠노브는 자신의 두꺼운 책에서 개별적 문제에 대해 일련의 유용한 분석을 제공했고 반맑스주의자들, 특히 바르트(Barth)와 마사리크(Masaryk)를 비판했고 가족의 발생 등에 대한 엥겔스-모간의 견해를 반박했다. 전후에 그는 자신의 관점에 합당한 인정을 얻었다. 즉 그는 베를린 대학의 국가학 교수가 되었고(1919), 민속박물관장이 되었다.

쿠노브의 주저는 4권으로 된 그의 방대한 경제사이다.[128)] 이 책에서 그는 원시농경경제와 채취사회에서 근대자본주의에 이르는 경제발전에 대한 광범위한 조망을 제공하고 있다. 분명히 세계경제의 중요하고 거대한 분야에 대한 맑스주의적 해석에 기여한 것이다. 여기에서는 그의 맑스주의로부터의 이탈이 보다 덜 나타나는데 그 이유는 문제가 실질적인 논쟁

127) H. Cunow, *Die Marxsche Geschichts-, Gesellschafts- und Staatstheorie,* II.Bd., Berlin 1922, S.37~38.

128) H. Cunow, *Allgemeine Wirtschaftsgeschichte,* Bd. I-IV(1926~1931).

이 아니라 경제운동의 역사에 관한 것이기 때문이며 이런 분야에서는 일관된 맑스주의자로 남은 것이 훨씬 쉽기 때문이다. 그럼에도 불구하고 원시공산제의 부재를 증명하려는 그의 노력(물론 예를 들어 모든 원시집단이 토지를 공유했음을 인정하기는 했지만)이나 자신의 발전도식에 맞지 않는 사회·경제적 노예시대의 거부 등은 이 문제에 대한 맑스주의적 견해로부터의 이탈이며 반드시 언급해야만 할 사항이다.

안톤 파네쾨크(Anton Pannekoek, 1873~1960)

네덜란드인인 A. 파네쾨크는 저명한 천문학자로서 그의 정치적 활동과 독일 사회민주주의의 이론적 논의에 참여함으로써 국제적으로 알려지게 되었다. 금세기초에 그는 H. 롤랑-홀스트(Roland-Holst), 헤르만 고르터(Hermann Gorter) 등과 함께 네덜란드 사회민주당의 좌익을 대표했고 그 당의 지나친 의회주의에 반대했기 때문에 1909년에 축출되었다. 그 이후 그는 새로운 좌익 정당을 창당했고 그 당이 1918년 이후에 공산당이 된다. 이 시기에 그는 독일 사회민주주의운동의 논객이었고 베를린 당학교의 교원이었다. 이 시기의 윤리와 사회주의, 미래국가, 노동자 투쟁, 맑스주의와 다윈주의에 대한 저작들은 모두 노동단체에서 행한 강연들이었다.[129] 노동자의 투쟁에 관한 글들은 원래 『라이프치거 폴크스차이퉁』(Leipziger Volkszeitung)지에 실렸던 것이다. 이 글들은 주로 대중적 성격을 가진 것이었지만 그 글들에는 그 당시 파네쾨크가 이미 말한

129) 중요한 것은 *Ethik und Sozialismus*와 *Umwälzungen im Zunkunftsstaat*(Leipzig 1906), *Der Kampf der Arbeiter*(Leipzig 1907), *Marxismus und Darwinismus*(Leipzig 1909).

바 있는 일군의 디츠겐주의자들과 일치하고 있었음이 나타나 있다(그는 디츠겐의 몇몇 저작을 출간하기도 했다.). 반면에 그는 정치투쟁문제와 그에 대한 이론적 일반화에 있어 매우 세련된 감각을 갖고 있었다.

이 글들에서 그는 혁명적 맑스주의에 입각해서 지금까지 카우츠키가 가장 명료하게 표현했던 노선을 주장했다. 즉 그는 에르푸르트 강령의 제2부에 대해서 그 요구가 자본주의시대에 올바른 것이며 "동시에 사회가 사회주의를 향해 평화적으로 발전해 가는 길을 개척한 것이다"라는 견해를 갖고 있었다.130) 그러나 이미 그때에 파네쾨크는 수정주의자들과는 말할 것도 없이 카우츠키와 중도파와도 거리를 취했기 때문에 부르주아 국가와 그 국가를 파괴시켜야 할 필요성에 대해 아무런 의문도 갖고 있지 않았다. 그래서 그는 얼마 지나지 않아 카우츠키와 첨예한 논전을 벌이게 되었다. 『라이프치거 볼크스차이퉁』 지에 실린 앞서의 논문들에서 그는 현대국가가 결코 인민대중의 대표가 아니라 유산계급의 대표임을 상술했다. 사회민주주의는 즐겨 사회를 평화적 방법으로 변혁시키려 하지만 그것은 환상이라는 것이다. 유산계급은 사회 내의 자신의 위치와 권력을 포기하지 않을 것이기 때문에 폭력에 의한 전복이 불가피하다는 것이다.131)

노동운동에서의 전술적 차이에 관한 글에서 그는 자신의 견해를 보다 상세하고 정확하게 설명했다. 이 글은 그 당시의 독일 사회민주주의의 가

---

130) A. Pannekoek, *Umwälzungen im Zukunftsstaat*, Leipzig 1906, S.31.

131) A. Pannekoek, *Der Kampf der Arbeiter*, Leipzig 1907, S.28~31. 이 글에서 Pannekoek는 다시 '국가사회주의'의 테제를 주장한다. 국가자본주의라고도 부를 수 있는 이 사회형태는 여러 가지 의미를 갖는다. 이 사회형태는 국가나 공동체가 유일한 기업가이고 따라서 생산이 필요에 따라 통제될 수 있다는 점에서 순수한 자본주의와 구별된다. 반면에 이 형태는 그것이 착취에 근거한다는 점에서 자본주의와 공통된다(ibid., S.26).

장 예리하고도 맑스주의에 일관된 정치적 문서에 속한다. 파네쾨크는 계급투쟁과 프롤레타리아트의 권력이라는 목표에서 시작해서 개량의 문제, 즉 진화와 혁명을 변증법적으로 해명한다. 그에 있어 이 문제는 하나의 변증법적 과정이 갖는 두 측면에 불과한 것이다. 프롤레타리아트는 한 측면만을 맹종해서는 안 되며 전체과정을 따라야 한다. 바로 이러한 견해 때문에 새로운 프롤레타리아적, 사회민주주의적 사유가 부르주아의 사유와 구별되는 것이다.132) 그리고 바로 그 때문에 "무정부주의와 수정주의는 모두 노동운동에 있어 부르주아적 노선에 속하며 부르주아적 세계관을 프롤레타리아적 사고와 결합시킨 것이다."133) 정확히 말해서 우리는 그것들을 쁘띠 부르주아적 노선이라 불러야만 한다는 것이다. 왜냐하면 기존사회에 만족하는 대(大)부르주아와는 반대로 쁘띠 부르주아는 항상 불만스러운 계급이어서 기존사회에 반항하려 하기 때문이다. "무정부주의는 거칠어진 소시민의 이데올로기이며 수정주의는 양순한 소시민의 이데올로기이다."134)

의회주의적 투쟁에 관해 파네쾨크는 매우 예리하게 강조하기를 그 투쟁이 물론 노동자 계급의 발전과 의식화에 유용하다 해도 의회를 통해 권력을 장악할 수 있다고 생각하는 것은 유토피아이다. "의회주의란 부르주아 정치지배의 일반적 형식이다."135) 부르주아지는 항상 적절한 선거법, 심

132) A. Pannekoek, *Die taktischen Differenzen in der Arbeiterbewegung*, Hamburg 1909, S.59.

133) Ibid., S.60.

134) Ibid., S.61. 그는 수정주의를 다음과 같이 정의한다. "사회민주주의 안에서 수정주의는 산업노동자대중의 이익에 대립해서 학력을 가진 노동귀족과 이 소시민 계층의 이익을 대변한다."(S.126~127).

135) Ibid., S.68~69.

지어 선거권의 제약을 통해 프롤레타리아트의 승리를 막기 위한 모든 가능한 수단을 사용한다.

"따라서 지배계급은 보통선거권에 근거한 의회주의의 민주적 원리를 허구적 민주주의로 변화시킬 수 있는 충분한 수단을 갖고 있음이 분명하다. 투표용지로 정치권력을 얻을 수 있다는 견해는 부르주아지가 허용하는 경우에만 노동자가 지배권을 얻을 수 있다는 부조리한 주장으로 귀결된다."136)

왜냐하면 국가는 지배계급의 이익유지를 위한 그 계급의 조직이기 때문이다. 그리고 직접 국가를 관리하는 자들은 지배계급의 이익을 위해서 뿐만 아니라 자기자신들의 이익을 위해서도 국가를 이용한다. "관료는 나름의 이해관계를 가진 독자적 계급이 되며 심지어는 부르주아지의 이익에 반해서 그 이익을 관철하려고도 한다."137) 그러나 관료는 근본적으로는 부르주아지의 이익에 봉사하기 때문에 이러한 대립적 관철은 사소한 정도로 행해질 뿐이다. 관료 역시 프롤레타리아트의 이익에 정면으로 대립되는 이해관계를 가진 착취계급이다.

파네쾨크는 이 책에서 노조에 관한 논의도 하고 있다. 그 당시 독일 노조의 전면적인 개량주의 정책에 관해 그는 우선 그것이 자본주의사회의 필요구성요소에 속함을 단언했다. 그러므로 노조의 우선과제는 생활조건 개선과 가능한 한 착취를 제한시키는 것을 위한 투쟁에 있다. 이 과제는 "자본주의 안에 머무는 것이며 자본주의를 넘어서는 것이 아니다."138)

136) Ibid., S.73.
137) Ibid., S.86.
138) Ibid., S.90.

그러나 이는 노조의 존재 측면 중 하나일 뿐이다. 부르주아 사회의 부단한 발전은 노조가 보수적 형태로 머무는 것조차 방해한다. 노조는 자신의 중립성에도 불구하고 정당과 긴밀히 협조하지 않을 수 없으며 노동자 계급의 일반적 투쟁의 테두리 안에서 그들의 목적을 위해 투쟁해야만 한다. 따라서 노조는 '사회의 혁명적 전복'의 중요한 요소가 된다.

"노조는 이미 언급된 목적 이외에 다른 새로운 목적과 과제를 상정함으로써가 아니라 노동조건의 개선투쟁이라는 자신의 특수한 과제를 가능한 한 잘 충족시킴으로써, 즉 의식적인 의도나 강령이 아니라 현실 자체에 의해서 혁명의 도구가 된다. 여기에서 드러나는 것은 프롤레타리아트의 혁명적 목표가 얼마나 실천적인 일상투쟁과 긴밀한 것이며 또 그 투쟁에서 발생하는 것인가 하는 점이다."139)

이미 이때에 파네쾨크는 독일 사회민주주의 좌파에 속해 있었다. 그는 로자 룩셈부르크, K. 리프크네히트, F. 메링 및 자신과 같은 나라 사람, H. 고르터와 H. 롤랑-호스트 등과 마찬가지로 노동자 계급이 혁명적 단계에 돌입했고 따라서 대중파업의 문제는 지금까지와는 다르게 제기되어야 한다고 생각했다. 이러한 그의 견해에 따르면 프롤레타리아트의 제3단계 계급투쟁이 이미 시작되었고 이는 더 이상 이전처럼 일반적인 고양과 강화로 나타나지 않고 권력투쟁으로 나타난다는 것이다.

"이러한 최후의 혁명투쟁에서, 의회주의적 시기에 서로 독립되고 때로는 서로 대립되는 것으로 나타났던 프롤레타리아 투쟁의 여러 측면이 하나로 통일된다. 의회주의 시기의 일상적 전술이었던 대중파업은 '혁명적인 몸풀기'로서 비실천적인 유치

139) Ibid., S.92.

한 것이었지만 이제는 그것이 폭력적 현실이 된다."[140]

프롤레타리아트의 대중조직이 정치화해야 한다면 대중파업은 지배계급을 노동자 계급의 의지에 강제시킬 수 있는 유일하고 적합한 수단이다. 그렇게 되면 정치운동과 노조운동의 대립적 목표가 갖는 장애가 제거될 것이다. 이 경우 노동자 계급은 통일적으로 일정한 정치적 목적을 갖고 등장해야 한다. 그런데 이는 바로 노조와 통일되어야 함을 의미한다. 노동자는 "대중행동이라는 정치적 목적을 위해 노조의 무기인 파업을 국가권력에 대해 사용"해야 한다. "대중파업에서 프롤레타리아트의 두 가지 투쟁방식이 합쳐진다. 즉 여기에서 정치적 통찰과 노조의 기율은 한 사람의 투사가 갖는 사고하는 머리와 강한 팔에 해당한다."[141]

중간계급과 중산층, 지식인에 대한 파네쾨크의 분석과 사회 내에서 그들의 위치, 심리에 대한 지적, 이 계층에 대한 사회주의적 전술에 대한 지적 등은 매우 현실주의적이다.[142] 마지막으로 그는 한 계급의 생활조건과 목적을 이념적으로 표현한 사상, 견해, 목적의 체계인 이데올로기를 간략히 논하고 사회주의가 근대 프롤레타리아트의 이데올리기임을 강조한다. 사회주의가 반(反)자본주의를 의미한다는 사실에 비추어 볼 때 이 사상이, 자본이 지배하고 노예화시킨 세계의 다른 부분에서도 채택될 것임은 거의 자명하다고 말한다. 따라서 "사회주의는 억압과 착취, 절대주의 등에 대립해서 모든 민족의 자결권을 주장한다. 그러므로 피억압민족간에는 사회주의에 대한 강한 공감이 발생한다."[143]

140) Ibid., S.104.
141) Ibid., S.105.
142) Ibid., S.105~121.

당연하게도 파네쾨크는 이러한 관점 때문에 사회민주주의의 수정주의 진영과 대립하게 되었을 뿐만 아니라 중도파 특히 점점 수정주의 정책에 공감을 느껴 가던 카우츠키와 대립했다. 전쟁 발발 직전에 대중파업, 의회주의, 국가에 대한 부르주아지의 관계 등에 대해 카우츠키와의 날카로운 논쟁이 벌어졌다.144)

전시에 짐머발트와 키엔탈의 대회에서 파네쾨크는 바젤에서 이루어진 인터내셔널 대회의 결정 즉 제국주의에 대한 내전을 포고한 결정을 일관되게 관철할 것을 지지하는 레닌과 다른 볼셰비키의 편을 들었다. H. 롤랑-홀스트와 함께 그는 잡지 『선구자』(*Vorbote*)를 간행했다. 이 잡지에는 좌익 사회주의자들의 많은 글과 논문이 실렸다.

독일 공산당 좌익의 지도자 중 한 사람이었던 파네쾨크는 전후에 레닌과 대립한다. 그것은 선거와 노조운동에 공산당의 참여 여부에 관한 것이었다.145) 그 당시 그의 견해는 세계혁명의 발전과 공산주의의 전술에 대

143) Ibid., S.123. 이와 동일한 견해가 나중의 저술 *Klassenkampf und Nation*, Reichenberg 1912에도 나타나 있다. 이는 민족문제와 사회민주주의에 대한 바우어의 글에 대응해서 나온 것이다. 여기서 그는 일관되게 민족문제에 대한 취급과 해결에 있어 인터내셔널적 관점과 계급적 관점을 주장했다. 즉 민족이란 프롤레타리아트에게는 전통적인 의미만을 지닐 뿐이며 그 물적 토대는 과거에 있다는 것이다(S.35). 민족이란 본질적으로 부르주아 사회의 산물이며 이 사회와 함께 사라질 것이다(S.36). 우리의 전술은 노동자에게 그의 현실적인 계급적 이해를 주목케 하여 그의 정신을 현세계의 실상에 지속적으로 지향시키는 데 있다. 그렇게 하면 낡은 이념, 즉 프롤레타리아적 삶의 현실에서 그 자양분을 더 이상 찾을 수 없는 이념은 저절로 사라져 버린다"(S.43).

144) A. 파네쾨크는 파업과 부르주아 국가 파괴에 대한 자신의 주장을 *Massenaktion und Revolution* (*Die Neue Zeit*, 1912)이라는 글에서 설명했고 동년 『신시대』 지에서 카우츠키가 이에 응수했다. 카우츠키는 앞서 논의된 국가와 의회주의에 대한 자신의 주장을 내세웠다.

145) 나중에 보게 되겠지만 레닌은 이에 대해 그의 유명한 글 *Der "linke Radikalismus", die Kinderkrankheit im Kommunismus*(1920)에서 대답했다.

한 글에 상론되어 있다. 이는 1920년 공산주의 인터내셔널 잡지인 『공산주의자』(*Kommunist*)에 출판되었다. 볼셰비키의 편에 섰으면서도 파네쾨크는 경제적 붕괴가 혁명의 가장 중요한 동인이라고 여겼고 이 붕괴를 모든 유럽의 선진국이 겪지 않을 수 없다고 생각했다. 그러므로 사회민주주의자와 공산주의자를 분명히 구별할 것이 요구되며, 제2인터내셔널의 기회주의적 방법이 제3인터내셔널의 전술이 되어서는 안 된다는 것이 이미 뚜렷해졌다고 주장했다.146) 의회주의와 노조운동은 제2인터내셔널의 논리적이고 필연적인 투쟁형식이었지만 프롤레타리아트의 투쟁이 혁명적 발전단계에 들어서면서 상황이 전적으로 달라졌다는 것이다. "의회주의는 혁명에 필수적인 대중의 활동성을 저지하는 불가피한 경향을 갖는다."147)

그 외에도 의회주의는 대중에 대한 지도자의 권력을 강화시켜서 결국은 반혁명적으로 작용하여 지도자마저 부패시킨다는 것이다. 대중의 자각과 그 활동은 한 단계 앞섰다. "자립과 자기해방을 향한 이 길에서 한 단계란 의회주의의 거부이다."148) 대중파업과 내전을 포함하는 프롤레타리아트의 대중행동은 공산주의자의 전술적 토대를 이루며 이 행동만이 제국주

---

146) 칼 라덱 Karl Radek이 베를린의 감옥에서 쓴 책인 *Die Entwickelung der Weltrevolution und die Aufgaben der Kommunistischen Partie*는 의회주의에 대한 좌익 반대자들의 입장을 비판한 것으로 파네쾨크는 이 책을 공산주의적 기회주의의 전형적인 글이라고 규정했다.

147) A. Pannekoek, *Weltrevolution und Kommunistische Taktik,* Wien, S.18. 이 글이 처음 발표된 *Kommunismus*라는 잡지의 편집에서는 이 귀중한 논문이 모스크바의 집행위원회의 노선과 어떤 면에서 상치된다는 주가 달려 있다. 이 잡지가 공산주의 인터내셔널의 기관지이긴 했으나 공산주의 문제를 논함에 있어서 편집자들은 상이한 관점들을 발표하는 것이 필요하다고 여겼다. 의회주의에 대한 이 토론에는 특히 루카치 루다스(L. Rudas), 프리드랜더(P. Friedländer) 등이 참여했다.

148) Ibid., S.20.

의를 전복시킬 수 있다. 그러나 의회주의는 노동운동에 대한 지도자의 정신적 힘을 그리고 노조운동은 그 물질적 힘을 구현하는 것이다."149) 노조운동이 그 일단계에서 프롤레타리아트의 자연적 조직이었고 동시에 자본주의 사회의 일부이기도 했다면 혁명기에 노조란 프롤레타리아트에 대립하는 것이다.150) 이 글에서도 파네쾨크는 이전의 국가기구를 파괴해야 한다고 주장했다. 왜냐하면 혁명의 가장 중요한 내용이,

"대중 스스로 자신의 관심사—사회와 생산의 지도—를 장악하는 것이라면 대중 스스로 지배하고 지도하는 것을 허용치 않는 모든 조직형태는 반혁명적이고 치욕스러운 것이기 때문이다. 그러므로 그러한 조직형태는 다른 형태, 즉 노동자 스스로가 모든 것을 능동적으로 결정할 수 있는 혁명적인 조직형태로 대체되어야 한다. 그렇다고 아직 수동적인 노동자 계급 중에서 먼저 이 형태를 만들어 확립시키고 난 후 나중에 노동자의 혁명적 감각을 확인할 수 있다는 말은 아니다."151)

파네쾨크가 보기에 이러한 형식은 러시아 혁명이 만든 형식, 즉 소비에트 체계였다.

파네쾨크는 그의 급진주의 때문에 당과도 불화에 빠졌고 말년까지도 노동자평의회에 입각한 공산주의 건설을 주장하는 네덜란드 공산주의운동의 지지자로 남았다. 그는 모든 점에서 중요한 정치적 인물이었으며 현대 맑스주의와 공산주의의 선구자였다.

149) Ibid., S.21.
150) Ibid., S.21~24.
151) Ibid., S.23.

제3장
오스트리아의 맑스주의

제2인터내셔널의 중요한 지류 가운데 하나는 오스트리아의 사회민주주의였다. 이 지류에서 독일의 동지들과 다소간 유사한 견해를 가진 몇 명의 중요한 이론가들이 배출되었다. 여러 민족으로 이루어진 오스트리아-헝가리 제국의 노동운동은 약간의 시련기를 경험했다. 60년대와 70년대에도 이 운동은 상당한 정도로 경찰관료와 국가관료의 전횡에 시달렸으며 그 지도자들은 투옥되고 처형되었으며 조직은 해체되었다.

더군다나 인접해 있는 독일 사회민주주의의 경우처럼 두 파로 분열되어 있었다. 한때는 라살레 사상에 영향을 받은 하인리히 오버빈더(Oberwinder, 1846~1914)에 의해 지도되었고 다른 파는 맑스 사상의 영향 아래서 지배계급에 대한 비타협적 투쟁을 대변했던 안드레아스 쇼이(Andreas Scheu, 1844~1927)에 의해 지도되었다. 그들의 투쟁은 두 지도자가 망명함으로써 종식되었고 당, 특히 그 중 급진파의 지도는 요제프 포이케르츠(Josef Peukerts, 1855~1907)의 수중에 떨어졌다. 그는 무정부주의자인 요한 모스트(Johann Most)의 강한 영향 아래 있었다. 이러한 무정부주의의 영향 아래에서 80년대 초에 몇 건의 정치적 암살이 발생했고 이에 대해 정부는 비상사태를 선포하고 많은 당원을 처형하고 조직을 금지했다.

80년대 후반에 운동이 공고해지기 시작할 때에도 온건파와 급진파간의 분열은 지속되었다. 두 노선을 화해시키려는 약간의 시도가 있은 후에 결국 빅토르 아들러(Victor Adler, 1852~1918)가 이 분쟁을 평정시키는 데 성공했다. 그래서 1888년 연말에 하인펠트에서 통일이 이루어지고 프롤레타리아트의 정치투쟁이 필요함을 역설하면서도 노동대중의 생활조건 개선을 위한 개량의 유용성을 배제하지 않는 강령이 채택되었다. 노동자 계급의 생활조건 개선과 보통선거권 등을 위한 대정부투쟁에서 오스트리아 사회민주주의는 상당한 성과를 거두었다.

문화적 분위기와 그 영향에 있어서는 상황이 여러 면에서 독일 사회민주주의의 처지와 유사했다. 특별한 차이가 있다면 그것은 오스트리아-헝가리 제국이 다민족국가였기 때문에 민족문제가 독일에서보다 첨예한 형태로 제기되었고 따라서 오스트리아의 이론가들은 이 문제에 보다 많은 주의를 기울였다는 점이다.

오스트리아 사회민주주의는 그 지도부 안에 유명한 이론가들을 소유하고 있었다. 그 중 특히 막스 아들러(Max Adler), 칼 레너(Karl Renner), 루돌프 힐퍼딩(Rudolf Hilferding), 오토 바우어(Otto Bauer) 등이 뛰어났다. 그 외에도 F. 아들러, G. 엑스타인을 들 수 있다. 오스트리아 맑스주의에서도 독일의 경우처럼 맑스주의 이론은 같은 영향을 받고 있었다. F. 아들러는 마하주의의 주된 대표자였고 또한 맑스주의의 마하주의적 수정을 대표했다. 이는 특히 그의 『E. 마하의 기계주의 유물론 극복』이라는 책에 잘 나타난다. 따라서 그는 특히 러시아 맑스주의자들간에 유포되었고 플레하노프와 특히 레닌이 이론적으로 논박했던 수정주의의 조류를 대표했다. 맑스주의의 신칸트주의적 수정은 M. 아들러에게서 가장 강력히 이루어졌다. 이 모든 이론가들은 혁명, 프롤레타리아 독재, 소비에트 체계 등에 관한 문제에서 역시 독일의 사회민주주의 특히 그 '중도파'의 노선을 따랐다. 당시 오스트리아 맑스주의자들의 중요한 출판 매체로는 『맑스 연구』(*Marx-studien*), 『과학적 사회주의의 이론과 정책지』(*Blätterzur Theorie und Politik des wissenschaftlichen Sozialsmus*) 등이 있었는데 이는 M. 아들러와 R. 힐퍼딩이 1904년부터 발행한 것이며 이 잡지에 오스트리아 맑스주의의 두 가지 주저, 즉 민족문제에 대한 바우어의 책과 금융자본에 대한 힐퍼딩의 연구가 실렸다.

막스 아들러(Max Adler, 1873~1937)

맑스주의에 있어 신칸트주의적 경향은 그 가장 세련된 철학적 형태를 아들러의 저작에서 발견할 수 있다. 1904년에 『맑스 연구』 지에 게재했던 『과학을 위한 투쟁에서 인과성과 목적론』이라는 저작으로 시작해서 사상가로서의 맑스와 엥겔스에 대한 연구를 거쳐 그가 비인 대학 철학교수일 때 출판한 『유물론적 역사파악 교과서』(Ⅰ권 1930, Ⅱ권 1932)에 이르기까지 아들러는 일관되게 맑스주의의 유물론적 입장을 인식론적으로 보완하려 했다. 한편 그는 자신이 맑스주의에 속한다고 생각하면서 맑스주의의 거의 모든 요소들을 이용했고 다른 한편으로 그는 계속해서 맑스와 엥겔스의 모든 기본관점들을 결과적으로는 관념론적으로 해석하려 했다. 이러한 시도는 결국 특이하게 '칸트주의화된 맑스주의'로 귀결되었다. 그러나 이는 맑스주의의 발전에 있어 창조적인 발전은 아니며 단지 결정적인 일탈과 수정을 의미한다. 유물론적 역사파악의 기본문제에 대해 아들러는 그것이 "물질적인 것과 관념적인 것간에 성립하는 관계방식에 대한 물음 즉, 그 두 가지의 관계에 대한 물음"이라고 간주했다. "다른 곳에서도 그렇듯이 여기에서도 문제는 오직 인식론적 관점에서만 대답될 수 있다."1) 이러한 인식론적 관점은 우선 심리적인 것이 물리적인 것에서 도출될 수 없고 따라서 아들러가 심리적 관계로 보는 사회적 관계도 물질적 조건에서 발생할 수 없다는 테제에 기초한다.

"심리적인 것이 물질적인 것에서 발생할 수 없는 것처럼, 즉 정신적 과정이 물질 과정에 기능적인 심리학적 의존상태에 있다고 생각하는 것은 불가능하며 오직 심리·물리학적 평행관계만을 확인할 수 있듯이 물적 조건을 통해 역사적, 심리적 과정이 어떤 영향을 받는다는 생각은 불가능하다."2)

이처럼 물질과 관념간에 분리가 상존한다는 관념론적 가정에서 출발해서 아들러는 사회과정이 인간적인 것이며 본래는 정신적인 것이기까지 하므로 결코 물적 과정이나 관계일 수 없음을 밝히려 했다. 이는 그가 20년 후에도 일관되게 자신의 유물론적 역사파악의 체계에서 주장한 바로 그 테제이다: "즉 경제관계가 인간관계 이외의 것이 아니라면 경제관계는 동시에 본질적으로 정신적 관계이다. 다시 말해서 경제관계는 항상 인간의 일정한 목적의식적 활동을 포함한다."3)

아들러는 이로써 유물론의 본질에서 유래된 모든 난점이 극복되었다고 믿었다—즉 정신이 물질에 의존함을 설명하는 난점이 극복되었다고 믿었

1) M. Adler, *Marxistische Probleme,* Stuttgart 1913, S.1.
2) Ibid., S.3.
3) M. Adler, *Lehrbuch der Materialistischen Geschichtsauffassung,* I. Bd., Berlin 1930, S.157.

다. 물질은 근본에 있어 정신적이기 때문에 즉 사회관계는 그 성격상 정신적이기 때문에, 관념적인 것에 대한 물질적인 것의 관계도 일종의 정신적인 것이 다른 종류의 정신적인 것에 대해 갖는 관계에 대응한다는 것이다. 물질적인 것으로 여겨지는 생산력조차도 사회적인 것 즉 정신적인 것으로 승화된다. 왜냐하면 이 자연적 힘은 오직 그것이 인간관계에 관련되는 경우에만 생산적이기 때문이다.[4] 모든 인간적인 것이 정신적인 것으로 환원된 후에는 이상한 성체(聖體)변질을 통해 물질적, 자연적 힘이 고유한 사회관계에 들어서자마자 순수한 정신적 힘으로 변모된다. 즉 노동력이 되는 것이다. "그러므로 생산력은 정신력이며 이는 경제가 정신적 관계인 것과 같다."[5]

아들러는 이것이 맑스주의의 참된 해석이라고 느꼈다. 그의 맑스주의는 유물론에서 벗어남으로써 형이상학적이 아니라 과학적이고 인식비판적인 것이 되었다. 앞서 보았듯이 아들러에 있어 유물론이란 불합리한 것이다. 그에게는 삶과 의식의 현상을 사유를 통해 물질적 운동에서 도출하는 것이 불가능하다고 여겨졌다. 물론 그런 도출을 주장할 수는 있으나 이해할 수는 없다는 것이다. 이 주장을 맑스와 엥겔스가 선언한 유물론에 대한 승인과 일치시키기 위해 아들러는 그들의 용어가 역사적으로 제약된 것이었고 그들은 정신주의(Spiritualismus)에 대한 반대를 표명한 것이었으며

---

4) "이 자연력은 인간적 관계에 개입되는 경우에만 그리고 사회적 힘이 되는 경우에만, 즉 의식적으로 인간의 생각과 목적에 의해 인도된다는 이유에서 인간적 힘이 되는 경우에만 인간의 생산력이 된다."(Ibid., S.162).
 물론 자연력은 인간관계에 개입되는 경우 사회적, 생산적 힘이 되고 자연력은 오직 인간관계 안에서만 생산력이 된다는 것은 전적으로 옳은 말이다. 그러나 그렇다고 해서 생산력이 물질성과 물질적 객체로서 갖는 모든 속성을 상실하는 것은 아니다.

5) Ibid., S.163.

맑스와 엥겔스가 근본적으로는 실재론적 실증주의자라는 점을 지적하려 했다. "바로 이것이 맑스와 엥겔스가 '유물론'으로 뜻하고자 했던 것이다. 유물론은 실증주의이며 실재론적 실증주의이다. 그 외에 아무것도 아니다. 이 점을 맑스와 엥겔스는 종종 분명하게 표현했다."[6)]

이렇듯 아들러에게 중요한 것은 맑스주의에 대한 전적인 칸트주의적 해석이다. 이는 맑스주의의 근본적 문제를 설명하려는 모든 시도에서 나타나고 있으며 특히 가장 중요한 문제인 실천의 문제에서 그러하다. 그래서 맑스가 관념론과 비변증법적 유물론 등과 자신을 구별하기 위해, 포이어바흐에 대한 제1테제에서 표명했던 그의 중심사상은 아들러에 의해 당연하게도 전적으로 주관주의적이고 관념적으로 파악된다.

> "여기서 맑스는, 유물론이 인간의 활동에 아무런 여지도 남겨주지 않고 오직 객체 즉 물질적 연관만을 인식하고 따라서 모든 정신적인 것을 외적인 가상으로, 물질의 산물로 고찰하게 되고 정신의 내면적, 주관적 활동을 파악할 수 없었던 것을 유물론의 근본오류라고 말하고 있다."[7)]

물론 여기서 중요한 것은 결코 '내면적, 주관적 활동'이 아니다. 왜냐하면 그것은 맑스 훨씬 이전부터 알려져 있는 단적인 관념론적 테제로서 그것은 맑스를 그 이전의 철학적 선구자들과 구별시킬 수 있는 특징이 아니기 때문이다. 그 테제는 옳다—왜냐하면 정신적인 것은 불가피하게 주관

6) Ibid., S.100. 이 분명함은 맑스와 엥겔스가 예를 들어 '구체적인 것'과 '현실적인 것'에 관해 말할 때 항상 물질적인 것을 생각했고, 심지어는 이 개념들을 물질적인 것과 동일시했다면, 아들러는 그것을 뒤집어서 물질적인 것이 오직 '현실적인 것', 존재하는 것, 실증적인 것, 사실적인 것으로 이해된다고 증명하려 했다는 사실에서 성립하는 것이다.

7) Ibid., S.92.

적이고, 내면적인 활동이기 때문이다.—그러나 일면적인 테제이다. 그것으로 인간존재의 문제가 다 파헤쳐진 것은 아니며 맑스주의가 비로소 옳은 것이 되는 것도 아니다.

아들러는 맑스주의 전체를 전도시킨다. 의식이 우리의 출발점이 되어야 할 우선적인 것이므로 인간이 사회적 존재인 까닭은 그가 사회 안에 살고 있기 때문이 아니라 "그가 이미 그의 자기의식에 있어 직접적으로 사회적이기 때문에 인간은 사회에서 살 수 있는 것이다."[8] 그러므로 역사과정을 정신적 요인과 물질적 요인으로 나누는 것은 전적으로 무비판적인 것이다. 우리는 결국 정신주의뿐만 아니라 유물론도 버려야 하며 인식비판적 의식이론을 유일하게 취할 수 있는 관점으로 주장해야 한다는 것이다. 이러한 인식비판적 의식이론은 ;

"엥겔스가 모든 철학의 근본문제라고 부른 질문, 즉 정신이 먼저인가 물질이 먼저인가? 하는 질문을 제기하지 않아도 된다. 이 정신이론은 오히려 자명하게 먼저인 것, 즉 우리의 경험에서 시작해서 그것이 어떻게 가능한가를 묻는다. 경험은 오직 경험하는 의식의 과정 안에서만 발견되므로 실질적으로 비판적인 사유에는 오직 이 과정만이 출발점일 수 있다. 그러나 이렇게 해서 '정신'과 '물질'은 우리의 의식 내부에서만 구별될 수 있는 것이다. 결국 우리의 경험은 정신에서 우선 시작하는 것도 자연에서 시작하는 것도 아니며 우리는 우리의 경험 안에서 비로소 정신과 물질의 구별을 체험하며 그 구별을 우리 의식의 형식을 통해서만 체험한다."[9]

아들러가 신칸트주의적인 의미에서 의식의 우선성을 강조했을 뿐만 아

8) M. Adler, *Marxistische Probleme,* S.6.
9) M. Adler, *Lehrbuch der Materialistischen Geschichtsauffassung,* Ⅰ. Bd., S.120.

니라 그것을 위해 현실의 모든 내용을 의식의 정립 안으로 해소시켰음은 특히 강조할 필요도 없다.[10)]

맑스주의를 모든 형이상학에서 해방시키기 위해 아들러는 그것이 결코 세계관이 아님을 특히 강변했다. 맑스주의의 문제는 오히려 사회적 현상과 과정에 대한 인식이며 따라서 역사법칙 이론이며 경제적 범주의 본질과 사회의 경제적 발전에 관한 이론이라는 것이다. 즉 맑스주의는 "과학이며 새로운 엄밀한 사회이론의 시작이며 실제로 그러한 이름을 주장할 수 있는 사회학이다."[11)] 그리고 그러한 과학으로서 맑스주의는 어떤 세계관과도 무관하다. 오히려 카우츠키가 이미 말했듯이 유물론적 역사파악은 유물론적 세계관, 정신주의적 세계관, 다신론, 무신론 등 어느 것과도 결합될 수 없다. 그렇지만 맑스주의 그 자체는 아들러에 이르면 그 토대로서 철학을 갖지 않는다.

"우리는 반대로 맑스주의와 세계관의 모든 동일시뿐 아니라 맑스주의에 필요한 근거라는 의미에서의 철학을 맑스주의와 결합시키려는 것도 거부해야만 한다."[12)]

이렇게 아들러는 맑스주의를 유물론적 역사파악 즉 그의 견해에 따르자면 어떠한 철학적 토대도 가질 수 없는 과학으로 환원시켰으면서도 그 자신은 맑스주의에 일정한 철학적 해석과 토대 즉 신칸트주의를 제공했다.

---

10) "인간의 사유, 즉 심리적 작용인 사유는 뇌 없이는 불가능하다. 그러나 근본적인 정신적 고유법칙성으로서의 의식은 뇌 없이도 가능할 뿐 아니라 결코 그와 달리 파악될 수도 없다. 왜냐하면 뇌 자체가 이미 의식의 내용이자 사고규정이기 때문이다."(Ibid., S.141).

11) M. Adler, *Marxistische Probleme,* l.c., S.63.

12) Ibid., S.64. 아들러는 말년에 다시 한 번 사회과학과 맑스주의의 인식 비판적 정초에 대한 체계적 서술을 *Das Rätsel der Gesellschaft*(Wien 1936)라는 책에서 제공했다.

그러나 아들러는 사회주의적인 영향을 받은 다른 칸트주의자들, 예를 들어 슈타우딩거나 포어랜더 등과는 맑스와 사회주의의 윤리적 정초에 대한 견해에 있어 구별된다. 이들과 그 이후의 베른슈타인 그리고 그 추종자들이 사회주의를 윤리적 요청으로 파악했고 따라서 칸트를 독일 사회주의의 선구자로 보았던 반면에 아들러는 그러한 해석을 비난했다. 사회주의란 맑스주의적으로 이해된 역사적, 사회적 운동이며 따라서 자연적 현상이다. 물론 물리적 자연이 아닌 사회적 자연의 현상이다. 그리고 그러한 현상인 사회주의는 가치로서 고찰되어서는 안 되며 사실로서 여겨져야 한다는 것이다.

맑스주의는 "따라서 이러한 역사적 운동의 사실성이 갖는 인과적 정초와 관련함을 가질 뿐이며, 모든 윤리적 정초는 그것의 과학적 방법을 파괴함을 의미하며 칸트가 그다지도 첨예하게 분리시켰던 이론적 경험의 관점과 실천적 경험의 관점을 무비판적으로 혼합시키는 것이다."[13] 맑스주의는 과학이고 윤리학은 과학이 아니므로 맑스주의는 윤리학을 통해 보완될 수도 정초될 수도 없다.

오스트리아 맑스주의 중 아들러적 형태는 맑스주의의 칸트주의화를 극단적으로 밀고 나간 것이며 모든 인식비판적 결론을 이끌어 내어 맑스주의의 철학적 측면을 인식비판적 관념론에로 환원하고 사회학적 측면을 관념론적으로 해석된 맑스의 범주로 환원시켰다.

그렇지만 정치적 민주주의와 연대성을 위한 투쟁에 충실했던 아들러는

---

13) M. Adler, *Marxistische Probleme,* S.143. 최근에 Peter Heintel은 아들러의 이론적 견해에 대한 연구인 *System und Ideologie* (Wien-München 1967)을 출판했다. 오스트리아 맑스주의에 대한 유고슬라비아의 문헌은 Radoslav Ratković, *Politička teorija austromarksizma*(*Die Politische Theorie des Austromarxismus,* Belgrad 1965)를 보라.

오스트리아 사회민주주의의 좌익에 섰다. 그래서 그는 최초로, 이미 1914년 말에 공공연히 전쟁을 반대한 소수의 사람에 속했다. 그는 사회주의와 반동정부의 결탁이 세계를 새로운 파국에로 몰고 갈 것이라고 신랄하게 비난했고 당시에 독일의 문화적 삶을 대변하는 자들이 그들의 저작에서 주장한 인격적 원리를 그들의 민족주의적 열광으로 흐리게 한다는 이유에서 그들을 공격했다.

아들러가 『맑스주의의 국가파악』(1922)과 『정치적 민주주의와 사회적 민주주의』(1926)에서 주장한 정치적-이론적 관점은 정치적인 면에서 오스트리아 사회주의의 지도적 인물이었다는 이유에서 보다 상세히 논하게 될 바우어의 사상과 접목된다. 앞에서 말한 국가에 관한 책에서 아들러는 사회주의와 국가에 관한 켈젠의 글을 포괄적으로 비판하고 논하면서 사회적 민주주의를 정치적 민주주의와 구별할 것을 주장했다. 사회적 민주주의가 오직 무계급사회에서만 가능한 완전한 민주주의를 구현한다면 "우리는 통상 민주주의라 불리우는 다른 형태들을 정치적 민주주의라 부른다."14) 정치적 민주주의는 항상 일정형태의 계급지배이기 때문에 그것은 독재 없이는 일반적으로 불가능하다. 그러므로 프롤레타리아트의 독재는 전대미문의 것이 아니라—정치적 민주주의의 형태로나마—프롤레타리아 독재를 통한 부르주아 독재의 해체이다."15)

이렇게 해서 아들러는 우선 독재와 민주주의가 결코 대립되는 것이 아님을 강조하려 했다. 즉 우리는 환상을 품어서는 안 된다는 것이다. 왜냐하면 계급사회가 존속하는 모든 지배는 일정형태의 독재이기 때문이다. 카우츠키보다 상황을 잘 인식했던 아들러는 "그리고 사실은 이렇다 : 다수

14) M. Adler, *Die Staatsauffassung des Marxismus,* Darmstadt 1964, S.126.
15) Ibid., S.191.

결원리는 민주주의의 원리가 아니라 일반이익에 대한 사상이다."[16] 그리고 그는 더 나아가 정치적 민주주의가 그 근거를 자유주의의 사회이론에 두고 있으며 "그 기본오류 즉 사회를 개인으로부터 파악하는 오류는 이미 백일하에 폭로되었다."[17]고 단언했다.

아들러는 강조하기를 민주주의와 독재의 대립은 부르주아적 비판에서 물려받은 것이며 특히 독일에서 사회민주주의는 계몽된 시민계급이 독재에 대한 고조되는 관심을 나타내는 시기에 민주주의이 열렬한 선구자가 되었다고 강조한다. 그러나 이때에 설령 그가 "부르주아 국가에서의 법질서가 애초부터 무산자에 대한 유산계급의 독재라는 성격"[18]을 갖는다고 말한 것이 옳았다 해도 그는 독재가 정치적 민주주의와 대립되는 것이 아니라 사회적 민주주의와만 대립된다는 인식에 도달하고 말았다. 따라서 그는 다른 모든 사회민주주의자들처럼 러시아 혁명에 대해 부정적 태도를 취했다.

이러한 입장에서 아들러는 1926년 린츠 대회에서 자신의 대다수 동료들에 반대해서, 모든 정치적 민주주의는 그 본질에 있어 독재적이므로 당은 노동자 계급으로 하여금 공화국의 옹호뿐 아니라 프롤레타리아 계급지배와 민주적 사회주의의 도달에 진력케 해야 한다고 주장했으며 이 민주적 사회주의는 역시 독재인데 그 이유는 다수결은 항상 강제성을 갖기 때문이라고 주장했다. 아들러의 견해는 그가 계급사회와 동일시하는 '비연대적 사회'에서는 모든 의회주의적 다수결은 폭력의 사용이라는 것이었다.[19] 그럼에도 불구하고 그는 자신의 동료 사회민주주의자들과 마찬가

16) M. Adler, *Politische oder soziale Demokratie,* Berlin 1926, S.57.
17) Ibid., S.59.
18) Ibid., S.92.

지로 러시아 10월의 역사적 순간이 갖는 위대성을 오인했으며 볼셰비키의 지배를 비난하면서 자신이 결정적인 역사적 사건을 구체적으로 역사적으로 판단하지 않고 추상적인 이론적 도식에 따라 판단했음을 드러냈다.

아들러는 자본주의가 노동자 계급의 생활관계를 개선시킬 수는 있지만 프롤레타리아 사회주의의 목표는 물질적 이익을 위한 투쟁이 아니라 노동자 계급의 해방이기도 하다는 바우어의 견해를 공유했다. 그러므로 바우어에게 있어서처럼 자본주의 안에서의 물질적 조건의 개선과 무관하게 자유의 이념이 노동자 계급의 투쟁을 지도하는 사상이 된다. 이런 의미에서 아들러는 특히 합법적 토대 위에서 공장 소비에트를 결성한다는 바우어의 생각을 환영했으며(오스트리아 1919년) 또한 이러한 결성이 자본주의적 경제관계의 변혁을 위한 진지한 일보—이것의 중요성을 노동자 자신들도 아직 충분히 깨닫지 못하고 있다는 것인데—라는 생각을 갖고 있었다.[20] 이 점에서도 오스트리아 맑스주의자들에게 전형적인, 자본주의 안에서의 개별적인 사회주의적 조치에 대한 과대평가가 표현되고 있다. 물론 사회주의 운동과 노동자 계급의 조직에 일정한 발전단계들이 다루어지고 있는 것은 분명한 사실이지만 그 조치들이 자본주의의 테두리 안에 머무는 한 오직 일정한 한계 안에서만 성과가 있을 뿐이며 이 모든 개혁이 혁명적 정당의 주요과제를 흐리게 해서는 안 된다는 점을 잊어서는 안 된다. 즉 혁명적

---

19) 전후에 유고로 출판된 책인 *Die solidarische Gesellschaft*(Wien 1964)를 보라. 이는 아들러의 *Lehrbuch der materialistischen Geschichtsauffassung*의 제 2권 제 2부로 쓰여졌던 것이다.

20) 아들러는 *Demokratie und Rätesystem*(Wien 1919)라는 글에서도 이 문제를 다루었다. 여기에서 그는 1919년 7월의 오스트리아 노동자평의회 제2차 대회에서 주장했던 것, 즉 노농 소비에트가 그 시기의 정치적 사건에 보다 강력한 영향력을 가져야 한다는 주장을 되풀이했다. 이 점에서 그는 공산주의 전술과 거리를 취했다.

상황에 놀라 움츠러들어서는 안 된다는 것이다.

루돌프 힐퍼딩(Rudolf Hilferding, 1877~1943)

제2인터내셔널의 수많은 이론가들 중에 R. 힐퍼딩은 길이 남을 가치를 지닌 저작을 냈다. 그러나 카우츠키의 경우처럼 이론적인 면에서의 혁명적 활동의 첫 시기와 그 이후의 정치활동은 대립된다.

힐퍼딩은 의학공부를 마친 뒤 정치, 경제 문제에 관심을 갖기 시작했다. 그는 오스트리아 사회민주주의에, 그리고 나중에는 독일 사회민주주의에 가담했다. 그리고 아들러와 함께 유명한 『맑스연구』 지를 출판했다. 1906년에는 『신시대』 지의 편집에 참여했으며 1907년부터 1915년까지는 『전진』 지의 정치면 편집을 맡았다. 이 시기에 힐퍼딩은 독일 사회민주주의 좌익에 서 있었다. 그는 카우츠키와 함께 점차 중도파로 기울었고 또한 그와 함께 전시에는 독립사회당의 창당에 참여했다.

경제학과 경제정책에 대한 많은 논문들 외에 그의 가장 중요한 저서 『금융자본』은 그의 저작 중에서 특이한 위치를 점한다. 이 책은 1910년에 비인에서 출판되었고 모든 면에서 이 영역에 대한 맑스주의 이론의 풍요화를 뜻하는 것이다.

앞으로 보게 되겠지만 힐퍼딩의 사상은 몇 가지 점에서 레닌의 생각과 구별되는데, 금융자본의 유통과정 또는 신용체계의 발전 결과라는 가정에서 출발하는 것이다. 그러므로 이 책은 화폐이론, 신용분석, 주식회사 성립, 은행의 역할 등에서 시작해서 마지막으로 금융자본을 분석한다.

여러 맑스주의자들이 지적했듯이 화폐에 대한 분석에 오류가 있고 의심스럽기는 하지만 그 이후의 장들은 탁월하게 성공적이고 독창적이며 생산적인 분석과 추론을 포함하고 있다. 이 연구 전체가 한편으로는 맑스의 『자본론』에 입각하고 다른 한편으로는 자본주의의 발전과정에서 나타난 새로운 사실과 경향에 입각한 것임은 달리 강조할 필요가 없다.

주식회사 성립에 대한 분석과 자본의 집중화 문제에 대한 분석—이는 이미 맑스가 인식하고 탐구했던 것인데—을 통해 힐퍼딩은 다음과 같은 결론에 도달한다.

> "주식회사의 확대에 따라 경제발전은, 주식회사의 운명이 아니라 주식의 운명에 나타나는 소유운동의 개별적 우연에서 벗어난다. 기업집중은 따라서 소유집중보다 신속히 이루어질 수 있다. 이 두 운동은 나름의 법칙을 갖는다. 그러나 이 두 운동에는 집중화 경향이 존재한다. 소유운동에서 이 경향은 보다 우연적이고 또 강제적으로 나타나며 실제로 종종 우연에 의해 방해받는다. 바로 이러한 가상 때문에 많은 사람들이 주식을 통한 소유의 민주화를 말하게 되는 것이다. 산업의 집중운동이 소유의 운동과 분리되는 것이 중요한 까닭은 전자가 그렇게 해서 개별적 소유의 한계와 독립하여 점점 더 기술적·경제적 법칙에 종속되기 때문이다. 소유의 집중이 아닌 이러한 집중은 소유운동을 통해서 이루어진 집중화와 중앙화 등과는 구별되어야 한다."[21)]

힐퍼딩은 소유가 주주의 소유로 변함에 따라 소유자의 권리가 감소된다고 주장한다. 왜냐하면 그 소유자는 잉여가치에 대해서는 권리를 갖지만 생산과정에의 결정적 관여에는 권리를 갖지 못하기 때문이다. 반면에 이러한 변화는 대주주에게 소주주에 대한 무제한적 권력을 부여한다. 그러므로 생산을 결정하는 자들의 수가 점점 소수화된다. 힐퍼딩은 비통제적

21) R. Hilferding, *Das Finanzkapital,* Berlin 1955, S.174~175.

생산, 경쟁, 이윤균형의 장애 등을 분석하여 그러한 발전의 결과로 카르텔과 트러스트가 이루어진다고 결론짓는다.

"자본주의적 산업발전에 따라 은행의 집중화가 발전한다. 집중화된 은행체계는 카르텔과 트러스트에서 자본주의적 집중의 최고단계에 도달하는 중요한 동력을 발견한다. 카르텔과 트러스트가 은행체계에 다시 영향을 끼치는 것은 다음과 같다. 카르텔이나 트러스트는 막강한 자본력을 가진 기업이다. 자본주의적 기업들의 대립적 종속관계에서 어떤 기업이 다른 기업에 종속되는지를 결정하는 것은 무엇보다도 자본력이다. 보다 진전된 카르텔화는 처음부터 은행으로 하여금 카르텔이나 트러스트에 종속되지 않기 위해 스스로도 합병하고 거대화하게끔 하는 경향을 갖는다. 카르텔화 자체가 이처럼 은행의 합병을 촉진시키고 거꾸로 은행의 합병은 카르텔화를 촉진시킨다."[22]

힐퍼딩은 자본주의의 계속된 발전에 대해 카르텔의 형성이 보다 강한 안정성과 해당기업의 소득균형을 뜻함을 인식했다. 경쟁이 제거되면 주가가 오르고 이 기업에 투자된 자본의 안정성이 증가된다.

"이에 따라 은행은 산업신용을 보다 확대시킬 수 있으며 따라서 지금보다 훨씬 많은 산업이윤에 참여할 수 있다. 그렇게 되면 카르텔화에 따라 은행과 산업간의 관계는 보다 긴밀해지지만 동시에 산업에 투하된 자본에 대한 결정은 더욱더 은행의 손아귀에 들어가게 된다."[23]

이처럼 자본주의가 발전함에 따라 은행에 대한 산업의 종속도 심화된다. 보다 많은 부분의 산업자본이 산업가에 속하지 않게 되고 은행은 불

22) Ibid., S.332.
23) Ibid., S.334.

가피하게 자신의 자본 중 보다 많은 부분을 산업에 투자함으로써 더욱 더 산업자본가가 되어간다.

"나는 은행자본 즉 실제로 이렇게 해서 산업자본으로 변화된 화폐자본을 금융자본이라 부른다. 금융자본은 소유자에 대해 항상 화폐자본의 형태를 갖는다. 즉 소유자들에 의해 화폐자본, 즉 이자증식자본의 형태로 투자되고 또 항상 화폐의 형태로 회수될 수 있다. 그러나 실제로는 그렇게 은행에 투자된 자본의 대다수는 산업적, 생산적 자본(생산수단과 노동력)으로 변화되며 생산과정에 고정된다. 산업에서 사용되는 자본 중 금융자본의 비중이 더욱 커지면 자본은 은행에 의해 좌우되고 산업가에 의해 사용된다."24)

이러한 분석과 발전에 입각해서 힐퍼딩은 결론적으로 여기서 이 자본가들의 융합, 즉 인적 연합이 이루어짐을 추론해 낸다.

"소유의 집중화에 따라 은행에 대한 힘을 갖는 허구적 자본소유자와 산업을 지배하는 허구적 자본소유자가 동일한 것이 됨은 분명하다. 이미 보았듯이 대은행이 점점 더 허구적 자본에 대한 지배력을 얻어감에 따라 이 동일화는 보다 커진다.

산업이 점차 은행자본에 종속됨을 보았는데 이는 결코 산업고위층이 은행고위층에 종속됨을 의미하는 것은 아니다. 마치 자본 자체가 그 최고단계에서 금융자본이 되듯이 자본의 지배자들, 즉 금융자본가들은 전체 국가자본에 대한 지배권을 더욱 더 은행자본의 지배형태로 통일시키는 것이다. 여기서도 앞에서의 인적 연합이 중요한 역할을 한다."25)

---

24) Ibid., S.335~336.

25) Ibid., S.336. 또 다른 구절에서는 : "금융자본은 자본의 통일을 뜻한다. 이전에 분리되어 있었던 산업자본, 상업자본, 은행자본의 영역들이 이제 고도의 금융에 의한 공동지도 아래 놓이게 되고 이를 위해 산업체의 총수와 은행 총수는 긴밀한 인적 연합으로 결합된다. 이 연합 자체는 거대한 독점적 통일을 통해서

힐퍼딩이 카르텔과 독점의 증대에 관해 주목하는 또 다른 사항은 자본수출의 현상이다. 카르텔의 확대는 극도의 초과이윤을 낳고 은행에 자본량의 집중을 낳는다. 동시에 카르텔은 자본투자를 망설이게 하는 원인이기도 하다. 왜냐하면 카르텔 기업은 생산축소를 고려하기 때문이며 카르텔 밖에 있는 산업은 이윤저하를 두려워하여 더 이상의 자본투자를 꺼리기 때문이다.

"그래서 한편으로 축적되는 자본의 양이 급속히 증대되는 한편 다른 한편으로 그것의 투자가능성이 교착상태에 빠진다. 이 모순은 그 해결을 요구하며 그 해결을 자본수출에서 찾는다. 자본수출 그 자체는 카르텔화의 결과가 아니다. 그것은 자본주의적 발전과 분리될 수 없는 현상이다. 그러나 카르텔화는 폭발적으로 모순을 증대시켜 급성적 성격의 자본수출을 낳는다."[26]

이 모든 현상은 자본주의의 정책 전체와 국가에 대한 그 관계에 일정한 영향을 미친다. 힐퍼딩에 따르면 금융자본의 정책은 다음의 목표를 추구한다. 첫째 가능한 한 광대하고 지속적으로 성장하는 경제영역의 구성, 둘째 보호관세를 통한 해외경쟁의 배제, 셋째 이러한 경제영역을 국내 독점적 연합의 지배 아래 두는 것 등이다.

"그러나 이러한 이데올로기는 자유주의와 완전히 대립된다. 금융자본은 자유가

사적 자본가의 자유경쟁을 지양하는 토대가 된다. 따라서 자연히 국가권력에 대한 자본가 계급의 관계도 변화한다."(Ibid., S.445).

26) Ibid., S.349. 힐퍼딩은 해외에 투자된 자본이 투자국에 의해 좌우될 수 있고 자본을 수출한 나라의 자본가가 그 자본에서 나오는 잉여가치를 마음대로 처분할 수 있을 때에만 그것을 자본수출이라 부른다.

아니라 지배를 바란다. 금융자본은 개별 자본가의 독립성에 대해서는 아무 생각도 없으며 그들의 합병을 요구한다. 경쟁의 무질서를 혐오하고 조직을 바란다. 물론 이는 보다 높은 단계에서 경쟁할 수 있기 위해서이다. 그러나 이를 관철하고 자신의 우위를 유지·강화시키기 위해 금융자본은 보호무역정책과 관세정책을 통해 국내시장을 보호하고 해외시장의 정복을 용이하게 해 줄 국가를 필요로 한다. 금융자본은 다른 국가의 대립적 이해관계를 고려치 않고도 나름의 통상정책을 펴 갈 수 있는 정치적으로 강력한 국가를 필요로 한다. 결론적으로 말해 금융자본이 필요로 하는 것은 자신의 금융이익을 해외에 관철시키고 보다 약한 국가로부터 유리한 공급계약과 무역계약을 강탈하기 위해 정치적 힘을 사용하는 강력한 국가이다. 즉 전세계를, 자신의 금융자본을 위한 투자영역으로 바꿀 수 있기 위해 세계 도처에 개입할 수 있는 국가이다. 금융자본은 팽창정책을 수행하고 새로운 식민지를 병합시킬 수 있을 만큼 충분히 강한 국가를 필요로 한다."[27]

이러한 사회·경제적 운동의 제결과는 힐퍼딩에 의해 매우 명석하게 인식되었고 매우 조형적으로 묘사되었다. 부르주아지는 과거의 자유주의에 반대해서 이제 팽창주의적 특성을 갖게 되었고 폭력에 대한 권리를 천명한다. 팽창정책에 대한 요구는 부르주아 계급의 세계상 전체까지 변혁시킨다.

"시민계급은 평화적이고 인도적이기를 그친다. 옛 자유무역주의자들은 자유무역이 가장 올바른 경제정책일 뿐만 아니라 평화시대의 출발점이라고 믿었다. 금융자본은 이러한 믿음을 오래 전에 잃었다. 금융자본은 자본주의적 이해관계의 조화에 대해서는 아무것도 주장하지 않으며 경쟁적 투쟁은 더욱더 권력투쟁이 되어감을 안다. 평화의 이상은 퇴색하고 인류애의 이상은 국가의 강대함이라는 이상에 의해 대

---

27) Ibid., S.502~503.

체된다. ……이제는 자국의 세계지배를 확보해 주는 것이 이상으로 나타나며 이는 자신의 발생 토대인 자본의 이윤추구와 마찬가지로 세계지배의 추구 역시 무제한적으로 된다. 자본이 세계의 정복자가 되고 새로운 영토를 정복함에 따라 자본은 자신이 넘어야 할 새로운 한계를 세운다. 이 추구는 경제적 필연성이 된다. 왜냐하면 그대로 머물러 있는다는 것은 금융자본의 이윤을 저하시키고 경쟁력을 약화시키며 결국 보다 소규모의 경제영역을 보다 대규모의 영역에 종속시키는 것일 수 있기 때문이다. 경제적으로 근거지어진 금융자본은 민족주의 사상의 현저한 왜곡을 통해 이데올로기적으로 옹호된다. 이 왜곡된 사상은 더 이상 모든 민족의 정치적 자결권과 독립을 인정치 않으며 모든 인간의 평등에 대한 민주적인 원칙이 민족적 차원에서 표현된 것도 아니다. 오히려 독점의 경제적 우위는 자국에 귀속될 수밖에 없는 우위에 반영된다. 이 나라는 다른 모든 민족 중에 선택된 민족으로 나타난다. 타국을 폭력으로 복종시키는 것이 매우 자연스럽게 진행되기 때문에 지배민족에게는 이 지배가 자신들의 특수한 자연적 속성, 즉 인종적 속성에 기인하는 것으로 여겨진다. 그래서 인종 이데올로기 안에서 금융자본의 권력추구에 대한 일종의 자연과학적 정초가 성립한다. 이 정초는 자신의 행동에 자연과학적인 제약성과 필연성을 증명해준다. 민주적인 평등의 이상 대신에 과두적인 지배의 이상이 들어선다."[28]

매우 풍부한 결과를 낳은 힐퍼딩의 분석은 금융자본이 자신의 경향에 따라 생산에 대한 사회적 통제를 의미하기는 하나 사회적 생산에 대한 지배가 소수의 손에 남아 있기 때문에 이 사회화는 적대적 형태에 불과하다는 주장에서 그 극치에 달한다. 금융자본은 자본주의 발전의 종점이자 동시에 자본주의적인 소수 고위층의 독재이다. 이 독재는 타국의 자본의 이해관계와 화해할 수 없는 대립상태에 빠지며 동시에 인민대중의 이익과 점점 조화되지 못하게 된다. 이 인민대중은 금융자본가에 의해 착취당하

28) Ibid., S.503~504.

기 때문에 곧 투쟁으로 고취된다. 그래서 힐퍼딩은 결론적으로 이렇게 말했다. "적대적 이익의 폭력적인 와해를 통해 결국 자본 고위층에 의한 독재는 프롤레타리아 독재로 전화된다."29)

금융자본에 대한 분석에는 별로 뚜렷이 나타나고 있지 않은 힐퍼딩의 잘못된 주장을 도외시한다면 그의 저작은 레닌이 그의 제국주의 연구에서 다방면으로 사용했던 매우 가치있는 이론적 기여이다.

이미 보았듯이 그가 금융과점의 지배를 독재로 파악하고 사회주의적인 의미에서 충돌을 통해서만 해결될 수 있는 내적인 계급적대를 인식했음에도 불구하고 힐퍼딩은 그의 저작 중 몇 군데에서 무정부 상태에서의 생산이 금융자본의 발전을 통해 지양될 수 있다고 가정했고 또한 식민지 정책과 팽창주의 정책을 통해 자본주의의 위기가 완화될 수 있다고 상정했다. 앞의 책에서 이러한 측면들이 아직은 지배적인 것이 아니었던 반면에 힐퍼딩은 전후에 자신이 편집자로 있던 『사회』 지에 실은 논문들에서 보다 분명하게 계획경제에 의해 조직된 자본주의라는 테제를 주장했다. 그리고 계급투쟁을 위해서는 이 집중된 국가권력이 의회주의적 다수에게 위임되어야 한다는 결론을 내렸다. 물론 이는 특히 오스트리아 맑스주의자들(즉 힐퍼딩과 레너, 바우어)에게 적용되는데, 사회민주주의 이론가들은 분명히 현대의 발전에 있어 국가자본주의적 경향을 인식한 것은 사실이다. 그러나 무정부적 생산의 극복 가능성, 위기의 감소, 독점들간의 경쟁완화 등과 그에 따르는 것으로서 계급투쟁의 앞으로의 진행에 대해 너무 안이하게 결론을 내렸다. 이러한 토대 위에서 그들 모두는 부르주아지와 협조했고 이는 결정적 시기에 필연적으로 부끄러운 굴복으로 귀결될 수밖에 없

29) Ibid., S.562.

었다.

그래서 이미 전전에 독일 사회민주주의 계열에서 투쟁했던 힐퍼딩은 카우츠키와 협력해서, 독립사회당의 정책을 스파르타쿠스단과의 협력이 아니라 우익과의 협력방향으로 지도했다. 이는 실제로 프롤레타리아 혁명의 탄압을 위해 부르주아지와 협력함을 의미했다. 후에 그는 제3인터내셔널에 가입하는 것을 단호히 거부했고 독일정부의 재상을 역임하고 사회민주당의 의원이 되었다. 파시즘이 권력을 장악한 후에 그는 프랑스로 탈출했다. 파리 점령 후에 그는 체포되어 부헨발트로 유배되었고 거기서 1943년 사망했다.

칼 레너(Karl Renner, 1870~1950)

레너는 바우어, 힐퍼딩과 함께 오스트리아 사회민주주의를 대표하는 세 사람 중 하나였다. 그는 이론적, 정치적 활동을 통해 사회민주주의의 발전에 결정적 역할을 수행했다. 그는 개량주의를 옹호하여 점차 사회주의의 혁명적 원칙에서 멀어져 갔다. 즉 그는 직접 부르주아지와의 협력을 주도했으며 사회민주주의의 우파로 전향했고 자신의 저술에서 이러한 견해와 사건에 대한 전체 이론을 전개시켰다.

금세기 초에 이미 레너는 지금까지도 맑스주의적 입장에서 법의 문제를 분석한, 드문 역작에 속하는 법제도의 사회적 기능에 대한 연구로 유명해졌다. 이 책에서 그의 특별한 관심은 사회적 상부구조와 경제적 토대 간의 관계 가운데에서의 한 형태인 법과 경제의 관계에 관한 것이었다.[30)]

---

30) 그는 법률과 경제가 역사의 진행과정에서 모순에 빠진다고 단언하면서 다음과

제1차 세계대전 중에 그는 공공연히 우익을 대표했던 파르부스의 신문 『종』에서 쿠노브(Cunow)와 렌슈(Lensch) 등과 같이 일했다. 그는 이미 1917년에 『맑스주의, 전쟁, 인터내셔널』이란 책에서 자신의 이론적 신조를 제시했다. 이 책의 기본 사상을 그는 나중에 여러 다른 저작에서 보다 발전시켰다.

레너는 그 당시 사회민주주의에서 철저하게 혁명적 투쟁방법을 거부하는 노선의 대표자였다. 그는 사회주의를 향한 국가의 역할과 다른 프롤레타리아 조직형태의 역할에 대한 이론을 정초시키려 했다. 이 사상 중 몇 가지는 이미 오래된 사회주의와 조합에 대한 사상이었고 다른 것도 역시 오래된 것이긴 하지만 새로운 조건과 새로운 모습으로 다시 나타난 것이었다(이미 라살레가 강조했던, 사회주의 발전의 지렛대로서의 국가의 역할).

레너의 견해에 따르면, 이미 맑스의 시대부터 자본주의사회는 존재하지 않는다. 현재 중요한 것은 일련의 경제부문이 국유화되는 것뿐 아니라 "사적 경제 자체가 그 세포조직에 이르기까지 국가적 성격을 갖게 되었다는 것"이다.[31] 이는 그 경제가 의식적으로 계획되고 수행되기 때문이다.

같은 결론을 내렸다. 첫째, "사회는 법률체계의 동시적 변혁 없이도 변화될 수 있다." 둘째, "법은 경제발전의 동인(動因)이 아니다." 셋째, "경제상의 변화는 법을 간접적으로 그리고 지속적으로 변화시킨다." 넷째, "그 자체로 고찰해 볼 때 사회의 기체(基體)는 분열되거나 돌출하지 않으며 혁명적인 변화도 없고 단지 진화할 뿐이다. 우리는 어쨌든 법의 상부구조가 다른 법칙성에 종속됨을 감지하고 있다. 즉 우리는 규범의 영역에서, 혁명이란 잘 알려진 것이며 이 혁명은 기체에 다시 영향을 준다고 생각한다."(*Socijalna funkcija pravnih instituta* [*Die soziale Funktion der Rechtsinstitute*], Belgrad 1960, S.135와 136. Kroatia어에서 재번역). 이 문제에 대해서는 E. Pašukanis의 유명한 연구인 *Allgemeine Rechtslehre und Marxismus*(1924)를 보라. 레너에 대해 광범위한 문헌목록은 Jacques Hannak, *Karl Renner und seine Zeit*(Wien 1965)를 보라.

31) K. Renner, *Marxismus, Krieg und Internationale,* Stuttgart 1918, S.12.

일련의 법률적, 경제적 조처에 대한 이러한 국가의 영향은 나날이 자본가의 개인적 의지에 상치될 수밖에 없고 그들을 통제하고 점차 강제하여 종국에 가서는 대체하여 버린다.

"국가는 사회주의의 지렛대가 되었다."[32] 따라서 프롤레타리아트에 의한 정권장악은 국가를 자본의 지배에서 해방시키는 것과 동일하다. 이 점에서는 레너가 맑스에 근거하고 있음에도 불구하고 그는 결코 맑스의 기본관점, 즉 옛 국가기구의 파괴에 대해서는 추호도 논하려 하지 않았다. 이런 점에서 맑스의 진정한 후계자는 레닌이며 레너와 그 밖에 그와 같은 생각을 가진 자들은 개량주의적인 사회적 애국자였다.

이런 점에서 볼 때 다음의 관점이 납득될 수 있다. 레너는 프롤레타리아트가 임의적인 순간과 장소에서 권력을 장악할 수 없다는 올바른 견해를 제시했고 프롤레타리아트의 권력장악이 신속한 전복과 체제변혁 즉 대중의 정치공세로 수행될 수 있다고 믿는 것은 환상이라고 주장했다. 그 대신 그는 앞으로 보게 되겠지만 '경제적 사회주의'와 국가의 상호적인 영향이라는 점진적 폐기의 방법을 믿었다. 그리고 그는 전시 중 자본주의 경제에 대한 국가의 강력한 간섭에 관해—이는 그를 '철저한 국가화'라고 불렀다—이렇게 단정했다. "전시에 급히 서둘러진 경제의 점진적 국가화는 국가에 대한 프롤레타리아트의 관계를 그 정책의 중심에 두고 있다."[33] 그러나 맑스의 길을 따르면서 국가의 계급성을 명료하게 하는 대신 레너는 이 국가자본주의의 시작을 초계급성이라는 의미에서 파악하려 했다. 여기서 그는 국가를, 국가에 대한 자본의 영향력을 배제시키는 순간 사회

---

32) Ibid., S.28.
33) Ibid., S.34~35.

주의 실현의 지렛대가 될 통일적 유기체로 파악했다. 그 당시 레너와 사회민주주의자들은 강력한 국가자본주의의 경향을 올바르게 파악했다. 그러나 동시에 자신들의 개량주의적이고 기회주의적인 입장에서 맑스의 본질적 문제 중 하나를 수정했다. "경제적으로 오늘날의 국가는 경제공동체이다. 국가가 지구상에 세운 모든 공간은 개별적인 경제영역이며 국가가 포함하는 인류의 절반은 경제인이다."[34] 이 문제의 이데올로기적 측면에 대해 레너는 생각하기를, "경제영역의 이데올로기적 상부구조는 국가이며, 국가는 이 영역의 정의로운 법적 조직을 통일시킨 것이다."[35]

분명히 이러한 이론적 생각은 부르주아 국가와 프롤레타리아 혁명에 대한 프롤레타리아트의 관계라는 그 시기의 본질적 문제에서 프롤레타리아트와 사회주의자들의 참된 통찰을 흐리게 하는 것에 불과했다. 지배적 상황과, 현대국가에서 그 어느 때보다도 적들의 도구를 인식해야 한다는 사실에 대해 프롤레타리아트를 계몽시키는 대신 레너는 오히려 국가의 운명에 프롤레타리아트의 운명이 놓여 있다는 견해를 전파시켰다. 즉 "국민경제가 점차 국가화됨에 따라 우리는 더욱더 한 나라의 프롤레타리아트의 운명이 국가의 운명과 일치함을 고려해야만 한다."[36] 이 주장을 증명하기 위해 그는 소위 노동자 계급의 감정을 끌어댔다. 즉 그들은 자신들을 민족으로서 뿐 아니라 국가로서 느끼고 있다는 것이다. 그러므로 우리는 지배를 위한 제도인 국가와 인민의 전체로서의 국가를 구별해야 한다는 것이다.

그러나 레너 사상의 본질에 따르면 자본주의 스스로가 자신의 내적 법

34) Ibid., S.127~128.
35) Ibid., S.128.
36) Ibid., S.379.

칙성에 따라 사회주의로 이행될 수는 없다. "모든 것을 자본주의 발달에서 자동적으로 기대하려는 사회주의자들은 심각한 오류를 범하는 것이다. 자본은 결코 완전히 자신을 지양하지 않는다. 자본주의는 내적 합법칙성에 의해 사회주의로 전화되지 않는다!"37)

거의 모든 유명한 오스트리아 맑스주의자들처럼 레너도 추상적, 이론적으로 사회주의에 이르는 방법의 두 가지 가능성, 즉 평화적 방법과 혁명적 방법을 주장했다. 나중에 O. 바우어의 경우에서도 보게 되겠지만 이 후자의 방법에 중점이 놓여지기는 했으나 이는 종이 위에 쓰여진 공허한 선언에 불과한 것이었고 오히려 방어적이고 극단적인 조치들—이것들은 결국 굴복으로 귀결될 수밖에 없었다.—로 여겨지기까지 했다. 레너는 덧붙이기를 "사회주의화는 어떤 나라에서는 폭력혁명 없이, 그러나 다른 나라, 아마 대부분의 나라에서는 오직 구체제의 지지자들과 폭력적 대결을 통해서만 수행될 수 있다."38) 이것이 딜레마를 해결하는 방법이다. 심지어는 "사회주의자는 폭력의 방법을 포기해야 하며 우선은 제1의 가능성에 대해 주의를 기울여야 한다."39)

이러한 분석과 앞으로 다루게 될 다른 분석이 분명하게 보여주는 바는 레너가 단지 이론적으로나 실천적으로 노동자 계급의 행동을 개량주의적 노선에 따라 좌우하기 위해 할 수 있는 모든 것을 행했다는 사실이다. 국가와 자본주의 경제가 더욱 사회화 과정(중앙화, 집중화, 국가간섭 등)을 수행하기 때문에 레너가 보기에 이러한 국가의 파괴는 단적인 넌센스였다.

---

37) K. Renner, *Die Wirtschaft als Gesamtprozeß und die Sozialisierung*, Berlin 1924, S.370.
38) Ibid., S.370~371.
39) Ibid., S.371.

"따라서 우리는 기존 카르텔과 콘체른을 국가의 통제 아래 두고, 아직 콘체른이 없는 곳에서는 국가를 통해 그러한 콘체른을 만든다."[40] 레너의 핵심적 의도는 프롤레타리아트에게 국가가 사회주의의 존립에 불가결한 조직이며 따라서 국가에 대한 허무주의는 혐오할 만한 오류임을 확신시키는 것이었다. 그러나 이 '허무주의'란 말은 그 당시 사회민주주의자들이 자신들의 개량주의와 부르주아 국가와의 협력을 은폐하기 위해 고안해 낸 말에 불과하다. 맑스주의에는 국가에 대한 허무주의적 태도란 없으며 그러므로 맑스주의와 무정부주의를 혼동해서는 안 된다.

그의 후기 저작인 『실현의 길』에서 레너는 한 걸음 더 나아간다. 그는 국가 개념을 '조합적 국가', '노조국가', '경제국가' 등으로 나누고, 모든 일정한 크기의 사회조직에 그러한 명칭과 특징을 부여하게 된다. 그는 이전에 자본주의적 생산양식의 과정 자체를 탐구하여 그것이 이미 사회화의 과정에 있다고 확신하여 우선적으로 국가의 개입이 필요하다고 보았다면 이제 그는 자본주의 체제의 내부에서 사회주의의 주요 인자로 간주되는 또 다른 요소들을 추출해 낸다. 그것은 조합조직, 노조조직, 소비자 연맹, 사회보장 등이다.

"주지하다시피 민주적 경제국가는 전반적으로 진행중에 있다. 새로운 세계가 낡은 세계의 태내에서 형성되는 것이다. 사회주의 이론은 오랫동안 유독 자본의 발달, 자본의 구조변화, 자본의 대와 순환운동에 현혹되어 그것만을 고집해 왔으며 이러한 과정의 일정 시점에 사회주의가 급격한 전환을 통해 성립할 것을 기대해 왔다. 물론 그 이론은 우리가 경제민주주의라고 묘사한 현상들 각각을 참을성있게 고려해 왔다. 그러나 그 이론은 지금까지 그 현상들 전체에는 관심이 없었다. 이제 사회주

40) Ibid., S.373.

의 이론은 특히 사회주의로의 강력한 발전이 이 사회질서 안에서 자본에 의해 주도되고 있음을 인식했다."[41]

그러므로 경제과정의 자동성에 대한 과도한 기대에서 기인하는 정치적 정적주의도 피해야 하지만 자본주의를 절멸시키고 사회주의를 단번에 실현시킬 프롤레타리아트의 정치적 기능만을 고려하는 맹동주의도 피해야 한다는 것이다.[42] 그러므로 레너는 이렇게 보았다. "따라서 사회주의 실현에 있어 실천적 주요 문제는 정치적 민주주의와 경제적 민주주의간의 적절한 분업이다."[43]

레너는 이 문제의 핵심이 일련의 조치에 있다고 생각했다. 그는 이 조치에 대해 그것이 새롭게 보일지라도 실제로는 이미 반 세기 이상이나 된 것이라고 주장했다. 즉 프루동의 상호주의, 영국의 노조주의, 페비언주의자의 개량주의, 라살레의 국가주의의 절충이다. 물론 필자는 현대 자본주의의 국가자본주의적 경향에 대한 철저하고 올바른 통찰을 부정하거나 노동자 계급이 자신의 몇 가지 목적 실현을 위해 국가에 영향을 미쳐야 한다는 필요성을 거부할 생각은 없다. 그러나 그것은 이미 오래 전부터 사용되어 온 프롤레타리아 투쟁의 조치들인 것이다. 바로 국가가 점차 독립적이 되어가는 근대에 이러한 조치들은 불가피했고 효과적이 될 수밖에 없었다. 그러나 다른 한편으로 현실적 상황 즉 아직도 존속하는 현대국가의 계급성, 계급적대, 적대의 첨예화 등이 은폐된다면, 그리고 부르주아지가(예외적 경우를 제외하고) 단순한 의회주의 활동에 의해 프롤레타리아

41) K. Renner, *Wege der Verwirklichung,* Berlin 1929, S.128~129.
42) Ibid., S.129.
43) Ibid., S.136.

트에게 국가의 정치적 지배권을 이양하게 될 것이라는 환상을 가진다면, 그리하여 국가에 대한 존경심이 흘러 넘치게 된다면 이는 보다 강화되는 파시즘의 시대에 노동자 계급을 무장해제시키고 결국에는 사회주의적이지도 않고 사회주의적일 수도 없는 국가주의적 사상을 주장하는 것을 의미한다.[44]

레너에 있어 국가의 물신화가 어느 정도 진행되었는가는 전쟁과 전쟁에 대한 사회민주주의의 태도에 대한 그의 평가와[45] 제민족간의 적대 극복을 위한 그의 시론에서 볼 수 있다. 그는 독일 사회민주주의가 전쟁채권에 찬성표를 던진 데에 전적인 동감을 표시했다. 더욱이 러시아 혁명의 발발 후에도 그는 1917년 1월에 나온 글에서 리프크네히트의 요구를 따랐다면 오직 독일의 파멸이라는 결론에 도달하게 됐을 것이라고 주장했다. 즉 폴란드 및 기타 국가는 부자유 상태에 머물렀을 것이고 러시아의 짜르체제가 승리했으리라는 것이다. "승리를 거둔 짜르체제가 러시아에서 모든 혁명적 기도를 분쇄했을 것이며 따라서 심한 비난을 받은 샤이데만 정부의 사회적 애국주의와 사회제국주의가 볼셰비키의 사회적 혁명주의처

44) 우리가 언급하지 않을 수 없는 것은 레너가 나중에, 특히 후기 저술인 *Mensch und Gesellschaft*(1952)와 *Wandlungen der modernen Gesellschaft*(1953)에서 생산수단의 국유화를 입법화시켜도 잉여가치의 착복과 착취가 결코 지양되지 않음을 분명히 인식했다는 사실이다. 즉 자본가의 제거란 결코 그 역할을 담당하는 자들을 제거하는 것에 그치는 것이 아니다. 그러한 제거는 담당자들을 권력담당자와 착취담당자로 분리시키는 것에 불과하다. 레너는 이러한 상황이 민주적 자주관리 대신에 기술관료와 관료제의 전능이 가져온 국가자본주의의 단계라고 여겼다.

45) "전쟁 발발의 순간에는 자국의 편에 가담하는 것 외에는 다른 태도를 취할 수 없다. 그런 사람을 사회적 애국주의자라고 비난하는 것은 부당하다. 그러한 비난을 하는 자는 먼저 다른 행동, 즉 그 시점에 국제적 행동이 실제로 그리고 도덕적으로 가능하다는 것을 먼저 증명해야만 한다!"(K. Renner, *Marxismus, Krieg und Internationale,* S.353).

럼 러시아 혁명에 참여했을 것이다."[46]—'맑스주의적' 사유의 진정한 곡예다! 레너의 다른 생각들은 인용할 필요가 없다. 즉 자본주의 제국가의 인터내셔널이라든지, 선진 자본주의국가에서 프롤레타리아트가 승리하지 않는 한 사회주의를 건설할 수 없다든지, 에베르트 샤이데만의 태도에 대한 변호라든지 등에 관해서는 언급할 필요가 없다. 단지 레너는 나중에 오스트리아 공화국의 수상이 되었을 때 자신의 사상을 실현시킬 기회를 가졌었다는 사실이 강조되는 것으로 족하다. 그러나 그는 모든 오스트리아의 사회민주주의자와 같은 운명을 맞이했다. 즉 처음에는 돌푸스(Dollfuß)의 기독교사회당의 반동에 억압되었고 나중에는 파시스트에 의해 축출되었다.

오토 바우어(Otto Bauer, 1882~1983)

오스트리아 맑스주의자들 중 오토 바우어는 정치적인 면과 이론적인 면 중에서 가장 중요한 인물이었다. 그는 오스트리아 사회민주주의의 지도자 중 한 명이었다. 그의 견해가 오스트리아 사회민주주의의 정치활동의 토대를 이루었다. 오스트리아-헝가리 군주국이 다민족국가였기 때문에 민족문제는 사회민주주의에 가장 시급한 문제 가운데 하나였다. 바우어는 이 문제의 분석을 깊이 있게 다루었다. 어느 정도 단호하지 못한 이론적 관점이 이미 이 글에도 특징적으로 나타나고 있으며 이는 미래의 타협정책을 시사하는 것이었다. 즉 오스트리아와 독일의 사회주의자들을 전면적 항복에로 인도하여 부르주아와 파시즘의 승리에 기여한 정책을 시사하고

---

46) K. Renner, *Marxismus, Krieg und Internationale,* S.368.

있다. 민족문제에 대한 그의 책이 맑스주의 이론가의 저작임에도 불구하고 여러 가지 이론적, 실천적 문제 파악과 추론에서는 맑스주의적인 특성을 결여하고 있다. "민족문제는 민족성이라는 개념에서만 전개될 수 있다."[47]는 출발점부터가 일정한 심리학적 특성을 보이는 것이며 이는 그 문제를 계속해서 다루는 데 있어 여러 면에서 나타나게 된다.

공통된 생활조건, 이해관계 등 때문에 필연적으로 일정하게 상대적으로 지속적인 특성을 형성하게 되는 역사적으로 형성된 정치, 언어, 문화 공동체에서 출발하는 대신에 바우어의 분석은 이러한 발전의 결과에서 시작해서 민족을 다음과 같이 정의한다.

"(그것은) 상대적인 특징공동체이다. 민족이 특징공동체인 까닭은 일정 시대의 민족구성원의 대다수에서 일련의 일치하는 특징이 현저하게 관찰될 수 있고 모든 민족이 인간으로서 일단의 특징을 공유하기는 하지만 각 민족의 일정한 특징은 고유한 것으로서 그들을 다른 민족과 구별시켜 주기 때문이다. 민족은 절대적인 것이 아니라 상대적인 특징공동체이다. 왜냐하면 전민족에 공통된 특징의 현저한 일치에도 불구하고 각각의 민족구성원은 그들을 서로 구별시키는 개인적 특징(그리고 지역적, 계급적, 직업적 특징)을 갖기 때문이다."[48]

그리고 바우어는 한 민족이 자연적이고 유전되는 특징을 가진 공동체일 뿐만 아니라 무엇보다도 문화공동체임을 지적한다. 어떤 원인이 인간의 민족성을 결정하는 것이 아니라 인간은 자신의 운명을 통해 규정된다. 따라서 한 민족의 역사는 복선(複線)으로 진행된다. 자연적 특성과 문화적

---

47) O. Bauer, *Die Nationalitätenfrage und die Sozialdemokratie*(Marx-Studien, 2. Bd.), Wien 1907, S.2.
48) Ibid., S.6.

특성의 완성이 그것이다.

"민족은 바로 운명공동체이다. 그러나 운명공동체는 한편으로는 그 민족에 공통된 운명에 의해 양육된 특성의 자연적 유전을 통해 작용하며 다른 한편으로는 민족의 운명을 통해 독자적으로 규정된 문화재의 전승에 의해 작용한다."[49]

바우어의 심리주의는 그가 민족을 본질적으로 규정하는 것이라 본 '민족성'이라는 기본개념의 규정에서, 특히 이 개념을 보다 상세히 정의하려는 시도에서 분명하게 나타난다. 따라서 육체적, 정신적 특성을 모두 배제할 경우 보다 좁은 의미의 민족성 개념은 "단지 의지방향의 상이성 즉 동일한 자극이 상이한 운동을 촉발시키고, 동일한 외적 상황이 상이한 결심을 유발한다는 사실"을 의미한다.[50] 그는 민족에 대한 형이상학적 심리학적 이론을 논하고 6가지 구성요소를 열거한 이탈리아 사회학자를 논박하면서 민족을 특징짓는 몇 가지 다른 측면도 배제하지는 않음을 지적했다.

"그래서 우리는 우선 민족적 요소의 단순한 열거 대신에 체계를 세운다. 작용인으로서의 공통된 역사, 그 작용수단으로서의 공통된 문화와 혈통, 공통된 문화의 매체로서의 공통된 언어, 이 모든 것들은 그러한 요소들의 산물인 동시에 그 요소를 만드는 것이다."[51]

---

49) Ibid., S.24~25.
50) Ibid., S.111.
51) Ibid., S.131. 민족 규정에 있어 바우어의 이러한 심리주의에 반대해서 이미 카우츠키는 *Nationalität und Internationalität*(1907~1908)이란 글에서 반박하기를, 바우어가 민족국가 형성경향을 과소평가했다고 말했다. 파네쾨크는 앞서 인용된 *Klassenkampf und Nation*이란 글에서 민족문제를 계급문제로 보아야

지금까지 말한 것에 입각해 보면, 바우어가 자신의 고찰에 심리학적 측면과 사회학적 측면을 포함시키기는 했지만 민족해방이나 자기국가의 형성 등에 대한 사회학적 고찰은 전혀 포함시키지 않았다는 것에 놀랄 필요는 없다. 다민족국가의 민족문제에 관해 바우어는, 그러한 국가에서 모든 민족의 노동자 계급이 강령적으로 제기하는 요구는 '민족자주성, 민족자결'이 아닐 수 없다는 견해였다.[52] 이 점에서 이미 바우어의 절충의도를 볼 수 있다. 그리고 자립적 민족국가의 수립을 분명히 지향하는 역사적, 경제적 계기와 정치적 계기를 방기하고 있음을 알 수 있다. 따라서 그는 자주성과 자결을 레닌적 의미에서 분리와 전면 독립의 가능성으로 파악하지 않고 현상으로 파악했다.

"민족자주성이 실현될 수 있으리라고 여겨지는 가장 단순한 형태는 민족을 관할 영지별로 구성하는 것이다. 각 민족의 거주지역들은 서로 한계를 갖는다. 이러한 한계 안에서 각 민족은 하나의 국가를 구성하고 자립적으로 자신의 문화적 요구를 배려하고 이 지역 안에 거주하는 모든 사람들의 관계를 통제하면서 따로따로 하나의 전체를 이룬다. 오스트리아의 모든 민족들은 하나의 연방국가를 이루며, 이 국가는 모든 민족에게 공통된 사항을 통제하고 모든 민족에 공통된 이익을 보호한다."[53]

나중에 보게 되듯이 결정적인 측면에 대한 바우어의 견해에는 일종의

할 필요성을 강조하면서 바우어의 사상과 민족 기회주의의 비역사성을 신랄하게 비판했다. 바우어에 대한 반박은 스탈린(*Marxismus und nationale Frage*, 1913)과 레닌(*Vom Recht der Nationen auf Selbstbestimmung*, 1914)이 민족문제에 대한 R. 룩셈부르크의 입장에 서서 행했다.

52) Ibid., S.319.
53) Ibid., S.324.

어중간함과 주저가 더욱더 많아지게 된다. 혁명적 철저성과 결단성을 보이기는커녕 그와 그 밖의 다른 오스트리아 맑스주의자들은 그저 난점과 장애를 고안해 내는 데 급급했다. 그들의 견해에 따르면 이 난점과 장애 때문에 우선 무조건적으로 필요한 일정한 중간단계들을 올바르게 인식하고 그것들을 실현시켜야만 한다는 것이다. 바우어는 민족문제에 있어 일관되게 민족자결권의 관점을 천명하는 대신에 연방형태의 과도단계를 가정했다. 이 형태에서는 민족의식이 강하지 않아서 다민족국가가 파괴될 리가 없기 때문이었다. 그가 분명 부르주아 정치와 제국주의의 목적이 민족국가가 아니라 지도적 민족이 다른 민족을 착취하는 다민족국가에 있다는 점을 인식한 것은 사실이었지만 그는 이러한 다민족국가 사상에서 벗어나지 못한 채 연방의 테두리 안에서 상황개선이라는 환상에 빠져 있었다. 오스트리아 군주국의 와해가 인접한 강대국의 승리를 뜻하고 따라서 노동자 계급의 패배를 의미한다는 생각에서 바우어는, 오스트리아의 모든 민족의 노동자들이 갖는 직접적 목표는 "민족국가의 실현일 수는 없고 단지 주어진 국가의 테두리 안에서 민족적 자주성일 뿐"54)이라는 견해를 가졌다. 이런 의미에서 그는 오스트리아 민족문제의 해결을 위한 자신의 강령적 테제를 민주적인 민족연방국가의 토대에 입각해서 시도했다.54a)

제1차 세계대전 중에 그리고 10월 혁명 발발 이후에 혁명과 독재의 문제가 다른 유럽 국가에서도 노동자 계급의 모든 이론과 실천의 중심이 되는 선회점이 되었을 때에도 바우어는 이론적으로는 볼셰비키주의와 우익 사회민주주의의 중간에 위치하는 관점을 제시했지만 실천에 있어서는 결국 카우츠키처럼 기회주의로 귀결되었다.

---

54) Ibid., S.506.
54a) Ibid., S.532.

민주주의의 물신성이 사회민주주의 이론가들을 현혹시켰기 때문에 그들은 비유적으로 말해서 밀과 겨를 구별할 수 없었다. 그들은 자신들의 분석에서, 레닌과는 반대로 아무런 맑스주의적 결론도 도출할 수 없었다. 즉 그들은 모든 자본주의적 민주주의가 그 본질에 있어 독재이며, 따라서 현실적인 프롤레타리아 독재는 의회적 다수가 결코 다수의 지배를 의미하지 못하는 모든 부르주아 민주주의보다 그 본질상 보다 민주적이라는 결론을 도출할 수 없었다.

이러한 와중에 바우어는 『소비에트 독재냐, 민주주의냐?』라는 소책자를 썼다. 첫 문장부터가 비맑스주의적이고, 잘못된 문제를 제기하고 있다. "하나의 중요한 문제가 오늘날 모든 나라의 노동자들을 움직이고 있다. 즉 민주주의냐 아니면 소비에트 독재냐의 문제에 논란이 일고 있는 것이다."55) 예를 들어 바우어는—카우츠키, 레너, 베른슈타인보다는 더 많은 변증법적 감각을 지니기는 했지만 자신의 잘못된 민주주의 개념 규정을 깨닫지 못하고—혁명의 방법 문제를 분석한다. 그는 그 방법에 있어 각 나라의 정치적, 사회적 사건에 상이하게 작용하는 경제적 조건과 기타 상황의 다양성을 고려해야만 한다고 말했던 점에서는 옳았다. 그러므로 그 문제는 "소비에트 독재 일반이냐 민주주의 일반이냐도 아니며 그 자체가 프롤레타리아 해방의 진정한 수단이냐 하는 것도 아니다. 그리고 모든 나라와 모든 시대에 민주주의나 독재 중 어느 것을 채택해야 하는가도 아니다. 우리는 오히려 우리나라와 우리 시대에 민주주의가 올바른 무기인가 아니면 독재가 올바른 무기인가를 물어야 한다."56)

바우어의 문제제기는 분명 카우츠키의 문제제기보다 옳은 것이다. 그러

---

55) O. Bauer, *Rätediktatur oder Demokratie?*, Wien 191, S.2.
56) Ibid., S.4.

나 결론은 같다. 바우어는 다시 복잡한 상황, 어려운 처지 등에 대한 분석에 입각해서 프롤레타리아 독재를 선언하는 것은 오스트리아를 러시아에 합병시키게 될 것이며 이는 연합국간의 새로운 전쟁을 의미하는 것이고 탈진한 민족의 패배로 귀결될 수밖에 없다고 생각했다. 그래서 바우어는 항상 전형적인 혁명적 상황(왜냐하면 중요한 것은 평화적 상태가 아니라 이 혁명적 상황이다.)과 봉건제와 부르주아지의 와해를 논리적으로 혁명적 결론으로 도출하는 것을 방해하는 일련의 핑계와 고려를 제시하였다. 그가 원칙적으로 소비에트 독재를 비난하지 않았지만 그 상황에서는 민주주의가 권력장악의 수단이며 사회주의적 사회변혁을 수행할 수 있는 수단이라고 단정했다.

우리의 판단에 따르면 이는 정치적 단견, 주저, 기회주의인 것이다. 독일과 오스트리아의 상황은 극도로 혁명적이었다. 민족의 '구원자'임을 자처하고 상황을 '해결하려는' 모든 시도가 부르주아지의 손에 의해 이루어졌고 이들은 그렇게 해서 사회민주주의의 도움을 얻어 지도권을 회복하려 했다. 부르주아지는 결코 민주적인 환상에 현혹된 것이 아니었다. 그들은 자신들의 권력을 회복하기 위해서 자유민주주의를 필요로 했고 사회민주주의자의 지도자를 장관(바우어가 그 중 한 명이었다.)으로 삼을 필요가 있었던 것이다. 그러나 결정적 순간에 부르주아지는 이 연합을 파괴해야 함을 잘 알고 있었다. 바우어가 돌푸스의 피살과 사회민주주의의 와해 이후에 망명했을 당시 오스트리아 사회주의의 발전과정 즉 흥망과정을 요약했을 때 그보다 더 비참하고 비애를 자아내는 묘사를 찾아보기는 힘들다.

"한때 그토록 평온했고 그토록 '아늑했던' 오스트리아는 어떻게 되었는가? 1918

년 합스부르크 왕국이 붕괴되었을 때, 그리고 그 붕괴 이후에 성립한 공화국이 유산으로서 오직 패전과 파탄된 경제와 끔찍한 식료품 부족과 화폐가치의 폭락을 물려받았을 때 오스트리아의 커다란 변혁은 다른 인접국가에서보다 평온하게 수행되었다. 그때 오스트리아 사회민주주의는 폭력 없이 설득이라는 평화적 수단으로, 참호의 피와 배설물에서 돌아와 다시 찾은 고향에서 굶주리던 대중의 거친 흥분을 잠재울 수 있었고 평화적인 건설작업에 이용할 수 있었다. 오스트리아가 러시아의 소비에트 독재와 바이에른의 소비에트 독재 사이에 놓여 있던 시기에도 오스트리아는 평화의 고도였지만 오스트리아의 동쪽과 서쪽은 피바다였다. 그 당시 권력의 정점에서 굶주린 대중을 자치와 평화적 절제로 이끌었던 바로 그 사람들이 이제 피비린내 나는 범죄자 집단인 승승장구하는 파시즘의 유언비어를 주장하고 있다. 이들은 조국을 피의 파멸로 이끌고 가려는 생각밖에는 없는 자들이다!"[57]

노동자 계급의 전위의 혁명적 정치가라면 위의 말에서 얼마나 혁명적 상황에서 사람들의 마음을 진정시키고 그러한 상황에서 부르주아지를 구출해낸 것이 칭송되고 있는지에 대해 조그만 환상도 갖지 않을 것이다. 부르주아지의 계급이익은 계급의 적을 냉소적으로 몰살시키고 비천하게 달래는 것으로 보답할 만큼 강력했고 단호했다.

바우어는 볼셰비키와 독일 사회민주주의간의 격렬한 논쟁에도 가담했으며 특히 「볼셰비즘이냐, 사회민주주의냐?」라는 글로 앞서 말한 바 있는 그의 이론적 관점의 특징을 나타냈다. 여기에서도 바우어는 러시아 사회의 발전과정을 분석하여 러시아 혁명의 특수성과 프롤레타리아 독재의 특수성을 설명하려 했다. 역시 그는 중재적 입장을 취했다. 그는 러시아에서 사회주의 사회가 성립되었다는 점을 부인하지 않았으나 카우츠키처럼 그도 민주주의가 평등선거권과 자유선거권에 입각한 다수의 지배라는 환

57) O. Bauer, *Der Aufstand der österreichischen Arbeiter,* Prag 1934, S.6.

상에서 벗어나지 못했다. 형식적 다수에 대한 탐색이 사회민주주의의 사고를 좌우했기 때문에 그들은 자신의 혁명적 행동과 개별 사건의 평가에서 방해를 받았다. 그래서 바우어도 이 사건을 구체적, 역사적으로 판단하지 못하고, 즉 유럽의 프롤레타리아트는 국민 내부의 일시적인 형식적 다수관계와는 상관 없이 혁명적 전복을 수행할 수 있었고 또 있다는 사실을 인식하지 못하고 투표에서 농민계층이 다수를 이루고 있으므로 러시아의 발전추이는 필연적으로 농민계급의 우위를 낳을 수밖에 없다는 견해를 갖고 있었다. 그리고 바우어의 견해에 따르면, 러시아에서 프롤레타리아트의 독재는 소수의 독재이며 광범위한 인민대중이 보다 성장한 정치의식에 도달하는 순간 불가피하게 민주주의로 대체되리라는 것이다.

"이러한 발전은 우선 러시아 농민이 점차로 소비에트 헌법이 그들에게 부여한 권리를 이용할 줄 알게 되고, 소비에트 헌법의 기구를 그들의 목적에 따라 이용할 줄 알게 되고, 농민계급의 정치적 수동성에 입각해 있는 프롤레타리아 독재수단에 불과한 소비에트 헌법을 그들의 의사를 위한 수단으로 변형시킬 줄 알게 되면 수행된다. 그러나 계속적인 농민계급의 상승은 결국 소비에트 헌법의 사회적 토대 일반을 제거하게 될 수밖에 없다. 왜냐하면 소비에트 헌법은 봉건적 야만에 의해 농민대중에게 가능해지고 또 요구된 프롤레타리아적 소수의 독재를 표현하는 법률적 형식에 불과하기 때문이다. 국민의 대다수를 점하는 농민계급이 지배권을 장악하면 이 계급은 소수독재의 법률형식을 뚫고 나오지 않을 수 없다. 농민계급의 지배는 일시적으로 농민대중에 입각한 짜르체제의 형태로 나타날 수도 있다. 그러나 다수, 즉 국민대중의 지배가 취하는 지속적인 법률형식은 민주주의다.

러시아에서 프롤레타리아 독재는 민주주의의 극복이 아니라 민주주의를 향한 발전의 한 단계이다. 프롤레타리아트의 전제정치는 러시아의 농민대중을, 짜르의 독재를 감수하게 만들었던 비문화성에서 구출하여 러시아에 민주주의의 전제조건을 창조한다는 역사적 사명을 갖는다. 러시아에서의 프롤레타리아 독재는 볼셰비즘의 이론이 생각하듯이 국가 일반을 '고사시킨' 최후의 궁극적인 러시아 국가형태가 아니다. 이 독재는 기껏해야 오직 러시아 인민대중이 문화적으로 민주주의 국가에 대해 성숙해질 때까지만 지속될 러시아 발전의 과도단계일 뿐이다."58)

바우어는 러시아에서 프롤레타리아 독재의 필요성에 관한 문제를 매우 단순하게 해결한다. 즉 그 독재의 원인은 러시아 농민과 노동자 계급의 비문화적 성격에 있다는 것이다.59)

독일과 오스트리아의 여러 사회민주주의자들처럼 바우어도 자신이 계속해서 참된 원칙으로서의 민주주의에 대립시켰던 프롤레타리아 독재의 본질을 도대체 파악할 수 없었다. 그는 프롤레타리아 독재가 소수의 강제적 지배와 같은 것이 아니고, 실제로는 부르주아지의 독재에 불과한 부르주아지의 민주주의보다 폭넓은 민주주의를 뜻함을 파악하지 못했다. 그리고 그에게는 빈곤한 소농이 그들의 주관적 의사와는 상관없이 사회주의 건설에서 프롤레타리아트의 역사적 동맹자라는 통찰이 결여되어 있었다.

그래서 바우어는 맑스주의적인 의미에서는 불합리한 다음과 같은 결론에 도달했다. "산업적 자치를 건설할 수 있는 것은 독재가 아니라 민주주의를 정치적 영역에서 국민경제의 영역으로 계획적으로 확대시키는 일 뿐이다."60) 이는 마치 프롤레타리아 독재가 사회적 민주주의의 실현을 도

58) O. Bauer, *Bolschewismus oder Sozialdemokratie,* Wien 1920, S.69.
59) 바우어는 이렇게 썼다. "프롤레타리아 독재가 어찌해서 프롤레타리아 대중의 지배에서 소수의 전위적 프롤레타리아트의 전제로 변할 수밖에 없었는지에 대한 이유는 오직 러시아 농민의 문화적 후진성에서만 설명될 수 있다. 전제주의적 사회주의는 러시아 농민이 결코 정치적 민주주의에 맞게끔 성숙하지 못했고 러시아 노동자가 산업민주주의에 맞도록 성숙하지 못한 발전단계에서 사회혁명이 야기시킨 발전의 필연적 산물이다. 전제주의적 사회주의는 러시아의 비문화적 성격이 낳은 산물이다."(Ibid., S.63~64).

래시키는 바로 그 과제를 갖지 않는다는 투이며 실현된 사회주의적 민주주의가 프롤레타리아 독재가 아니라는 듯한 말이다!

바우어가 그러한 생각에 입각해서 민주주의에 대해 다음과 같은 정의를 내린 것은 놀라운 일이 아니다. "민주주의는 국가 안의 권력분할이 궁극적으로 사회적인 권력요인에 의해 규정되고, 한 계급을 위한 물질적 폭력수단의 사용에 의해 혼란되지 않는 국가형태이다."61)

바우어는 민주주의를 단지 형식적으로 파악했고 그 본질을 파악할 수 없었다. 그가 모든 국가, 민주국가도 역시 폭력에 입각하는 것이라고 말했음에도 불구하고 그는 국가가 오직 법과 명령을 그에 반대하는 소수에게 관철시키기 위해서만 이 폭력을 사용하리라 믿었다. 그에 따르면 이러한 법, 명령 등의 내용은 한 계급의 폭력에 의해 규정된 것이 아니라 오직 계급적 힘의 사회적 요인을 통해서만 규정된다. 이로부터 논리적으로 도출되는 것은 부르주아지가 의회의 다수를 점하는 한 기존의 법률을 보호하기 위해 폭력의 사용권을 가진다는 것과 프롤레타리아트가 혁명 후에 예를 들어 소비에트 독재를 수행한다 해도 민주주의를 동반해야 한다는 것이다. 따라서 부르주아지의 지배는 민주적이지만 부르주아지의 권리를 제한하는 노동자 계급의 지배는 그와 반대로 비민주적이라는 것이다! 바우어는 이 점을 분명하게 단언했다.

"모든 다른 비민주적 헌법과 마찬가지로 소비에트 독재도 한 계급이, 이 경우에는 프롤레타리아트가, 민주적 헌법에서 즉 사회적 권력인자들의 자유로운 작용에서 얻을 수 있는 것보다 큰 권력을 지배계급이 확보하게 해주는 헌법을 사회에 무장폭

60) Ibid., S.99.
61) Ibid., S.109.

력을 통해 강요한다는 점에 입각한다. ……모든 비민주적 헌법처럼 소비에트 독재도 피지배계급에 대한 폭력적 진압, 즉 내란을 통해서만 성립될 수 있다."[62]

이 결론은 카우츠키의 결론과 같다. 그 결과는 내란을 방지하기 위해 의회주의적 민주주의의 길을 가야 한다는 것이다. 이는 마치 내란이 프롤레타리아 독재의 필연적 결과이고 부르주아지는 어떤 형태로든 사회주의적 지배의 전복가능성을 갖더라도 결코 내란을 야기시키지 않는다는 듯한 말이다!

바우어 사상의 몇 가지 특성은 그가 공공연한 우파 사회주의자들에 대립해서 이론적으로 첨예한 계급적대 때문에 그 계급간의 세력관계가 어지러워진 경우에는 프롤레타리아 독재의 가능성과 필연성을 인정했다는 사실에 있다.

"민주적 기구가 더 이상 기능할 수 없다면 부르주아지나 프롤레타리아트가 폭력을 사용해서 자신의 계급지배를 확립시켜야 한다. 이 경우 프롤레타리아 독재는 부르주아지의 잔인하고 반혁명적 독재를 방지하는 유일한 수단이 된다."[63]

그러나 이는 바우어에 있어 극단적인 경우이며 더 나아가 본질적으로는 방어적 수단이다. 이러한 이론의 유일한, 그러나 결정적인 맹점은 그 이론이 프롤레타리아트가 그러한 세력관계에서 거의 패배하지 않을 수 없다는 사실을 고려하지 못한 점에 있다. 왜냐하면 군부, 경찰, 무기 등은 이러한 순간에도 부르주아 국가와 계급으로서의 부르주아지의 수중에 있기

62) Ibid., S.112.
63) Ibid., S.114.

때문이다. 프롤레타리아트에게 부르주아지의 노력에 반해서 그들이 의회주의적 민주주의의 수호자가 되어야 한다고 강요하는 것은 역사적 요구 이하에 있는 역할을 부여하려는 것이며, 현대사회에서 노동자 계급과 사회주의자들이 행하는 역할 이하의 것을 부여하려는 것이다. 이러한 '특정한 경우에만'이라는 정책은 지금까지 항상 패배당해 오기만 했다.

바우어는 사실은 더욱 형식화시키고 더욱 혼란스럽게 만들었다. 즉 그는 부르주아지가 (권력이) 민주적으로 이양되는 경우에도 프롤레타리아트의 지배에 저항할 것임을 수긍했다. 그렇다면 민주적 의회는 부르주아지의 능동적 저항을 분쇄하기 위해 폭력수단을 사용해야만 할 것이다. "이것도 프롤레타리아 독재라 불리울 수는 있다. 그러나 이 독재는 볼셰비즘의 독재와는 전혀 다른 것이다. 이 독재는 민주주의에 반대하는 독재가 아니라 민주주의의 독재이다."64)

이러한 견해는 민주적 방식의 권력투쟁이라고 요약될 수 있다. 그리고 부르주아지가 저항하는 경우에는 프롤레타리아트의 독재도 가능하다. 이는 바우어가 나중에도 오스트리아 사회민주주의의 강령적 관점으로 주장했던 것이다. 그래서 그는 예를 들어 1926년 린츠에서 열린 오스트리아 사회민주당 대회의 연설에서 이렇게 선언했다.

---

64) Ibid., S.113. 이 모든 주장을 레닌은 2차 공산주의 인터내셔널 대회에서 신랄하게 조롱했다. 그는 지적하기를, 이 모든 것은 결국 멘셰비즘의 독일판에 불과하다고 했다. "이 자리에서 독일인들에게 분명하게 멘셰비즘이 무엇인지가 지적될 것이며 러시아 혁명에서 그들의 치욕스러운 역할은 만국의 노동자에게 잘 알려져 있다. 오토 바우어는 멘셰비즘에 대한 자신의 공감을 영리하게 은폐시키려 했지만 철저히 멘셰비키적인 팜플렛을 내놓았다."(W.I. Lenin, *II. Kongreß der Kommunistischen Internationale*(1920년 7월 19일자 보고). in : W.I. Lenin, *Ausgewählte Werke*, Berlin 1961, Bd.3, S.519).

"그러나 우리는 부르주아지가 민중의 다수를 잃게 되면 쉽사리 권력을 손에서 놓지 않으리라는 것을 알고 있다. 현재 민주적으로 통치하는 그들도 그렇게 되면 반민주적이고, 군주제적이고 파시스트적이 될 것이다. 부르주아지는 권력을 유지하기 위해 모든 수단을 강구할 것이다. 우리는 자신을 기만해서는 안 된다. 우리가 민주적 방법으로 권력을 장악하는 순간이 오면 부르주아지는 민주주의를 전복시키고 파시스트 독재를 취하려 할 것이다. 우리는 우리를 교육시켜야 하며 자신을 보호할 준비를 해야 한다. 우리의 새로운 당강령은 이러하다. 우리는 부르주아지가 민주주의를 공격하려 하지 않는 경우에만 민주적 수단으로 승리할 수 있다. 그러나 부르주아지가 민주주의를 감히 전복하려 한다면 프롤레타리아트에게는 폭력으로 권력을 장악하는 것 이외의 다른 선택은 있을 수 없다."[65]

폭력의 역할이 순수하게 방어적으로 된다는 것은 프롤레타리아트의 전술과 투쟁을 민주적 의회주의에 지향시켜 선거를 통한 승리를 기대함을 뜻한다. 그러므로 예를 들어 1934년 오스트리아의 경우처럼 결정적인 순간에 사회주의 노동당이 무장된 방어망 조직에 의한 지지에도 불구하고 무력할 수밖에 없었다는 것은 놀라운 일이 아니다.

바우어는 다른 많은 사회주의자들처럼 후기의 저작에서 소비에트의 몇 가지 조치를 정당하게 비판했다. 그 조치들은 레닌의 시대에도 마찬가지로 국내적으로나 국외적인 상황에서나 필요한 것이 아니었다. 그는 『세계대전 이후의 자본주의와 사회주의』에서 오직 테러리즘적인 독재만이 농민을 강제로 집단화시킬 수 있으며 이는 경제적으로 부정적인 결과를 낳을 수밖에 없다고 주장했다. 왜냐하면 노동의 질이 그러한 집단화된 소유

---

65) O. Bauer, *Die Weltlage des Sozialismus und dos sozialdemokratische Programm, Nachdruck aus der Arbeitereinheit,* S.22.(크로아티아어에서 재번역).

지에서는 필연적으로 악화되기 때문이라는 것이다. 즉 토지경작이 기술적 수단으로 좋은 설비를 갖춘 후에야 집단소유제가 국내적 토대를 얻을 수 있다는 것이다. 바우어는 집단소유제를 경제의 국가자본주의적 성격이라고 판단했고 국가자본주의적 독재는 노동대중에 의해 사회주의적 사회조직으로 해체되어야 한다고 생각했다. "국가의 생산기구를 관장하는 독재가 노동대중의 민주주의에 의해 해체되면 독재적인 국가자본주의는 사회의 사회주의적 조직으로 변화된다."66) 그는 이 글에서도 산업국가의 사회주의를 향한 길을 옹호했고 산업관료와 농민계급의 협력을 주장했다. 그리고 또한 부르주아지가 민주주의를 정복하기 위해 폭력수단을 사용하는 경우에 폭력적인 권력투쟁을 해야 한다는 자신의 격률을 반복했다.

이 모든 테제는 바로 오스트리아 사회주의자인 힐퍼딩과 바우어, 그리고 러시아의 멘셰비키인 마르토프 등에 의해 주도되던 비인 인터내셔널 혹은 제2.5인터내셔널의 기본원칙이었다. 오스트리아의 사회민주노동당, 독일의 독립사회민주당, 프랑스의 사회당, 영국의 독립노동당, 러시아의 사회민주노동당, 스위스의 사회민주당, 체코 공화국에 있는 사회민주주의 독일노동당 등이 참가한 베른의 임시회의(1920년 12월 5~7일)에서 그들은 만국의 사회주의자들에 보내는 선언을 가결했다(1920년 12월 7일). 그 기본 테제 가운데 하나는 다음과 같다.

"독재가 어떤 형태를 취해야 하는가는 각국의 주어진 경제적, 사회적, 정치적 관계에 달려 있다. 프롤레타리아트는 민주적 수단으로 권력을 장악해야 한다. 부르주아지의 저항 때문에 민주적 국가권력이 독재를 사용하지 않을 수 없는 경우에도 그

66) O. Bauer, *Kapitalismus und Sozialismus nach dem Weltkrieg*, I.Bd., Wien 1931, S.223.

러하다. 그러나 결정적인 권력투쟁기에 민주주의가 계급적대의 심화를 통해 몰리게 된다면, 프롤레타리아 계급조직은 독재형태를 취하지 않을 수 없다. 독재의 기관은 각국의 상황에 따라 노동자 소비에트, 군인 소비에트, 농민 소비에트, 지방자치제(코뮌) 또는 각국에 고유한 계급조직 등 어느 것도 될 수 있다."[67]

더 나아가 이 선언은 그 자체로서는 옳은 다음의 주장을 천명했다. "부르주아 혁명이 여러나라에서 전혀 다른 형태로 수행되었듯이, 자본주의의 발전의 단계가 모든 나라에서 동일한 것이 아니기 때문에 프롤레타리아 혁명은 각국에 따라 다양한 형태로 수행될 것이다."[68]

이러한 올바른 관점에도 불구하고 이 인터내셔널의 이론과 실천은 대체로 바우어의 이론적 사상에 일치하는 것이었다. 이 인터내셔널은 부르주아 계급에 대한 자신의 양면적 태도와 러시아의 사건에 대한 전형적으로 멘셰비키적 판단의 이중성 때문에 자신의 구성원을 얼마 지나지 않아 제3인터내셔널에게 잃든지 아니면 제2인터내셔널로 돌아가게 만들었다. 이러한 과정의 결과로, 1923년에는 함부르크에서 제2인터내셔널과 제2.5인터내셔널이 '사회주의 노동자 인터내셔널'로 통합되었다. 이 인터내셔널은 볼셰비키와 제3인터내셔널에 부정적 태도를 취했고 사회민주주의의 국가구성적 성격을 강조했다. 이 인터내셔널은 전후에 여러 나라에서 생활의 정상화에 기여했고 사회민주주의가 국가와 경제의 여러 결정에 참여할 것을 요구했다. 이로써 연립정부가 최선의 정부인 양 즉 경제영역에서 노조

67) Karl Diehl, *Über Sozialismus, Kommunismus und Anarchismus,* Jena 1923, S.424~425.

68) Ibid., S.425. Karl Diehl의 또 다른 책인 *Die Diktatur des Proletariats und das Rätesystem* (Jena 1920)은 이와 유사한, 이 문제에 대한 부르주아 과학의 객관주의적 저작의 일종이다.

와 자본가간에 공통된 짝을 갖는, 사회주의를 향한 민주적 방법으로 알려지게 되었다.

이렇게 해서 사회주의 운동 내부의 심각한 분열로 특징지워지는 새로운 시대가 시작되었다. 이 분열은 너무나 심각했기 때문에 옛 인터내셔널의 사회주의자와 새로운 제3인터내셔널의 공산주의자들은 서로를 숙적으로 여겼다. 그리하여 서로를 자신의 계급에 대한 주요한 적으로 파악하여 진정한 그들의 적을 보지 못했다. 먼저 이탈리아에서, 그리고 나중에 독일과 오스트리아에서 이 두 파의 불일치와 혼란에 힘입어 파시즘이 승리하게 되었다. 오스트리아 맑스주의자, 특히 그 가운데 바우어가 유일한 가능성으로 상정했던 것이 실현되었다. 그러나 방어적인 혁명전술이 그러한 상황에서 부르주아지의 반동에 대한 올바른 역사적 수단이라는 주장은 증명되지 않았다. 즉 그러한 상황에서 부르주아지가 군부, 경찰, 대중매체, 자유언론의 샐러리맨을—이때에 자유란 모든 도덕적, 역사적 책임에서 벗어나는 것을 의미하는데—지배하는 경우에 저항은 필연적으로 패배한다. 오스트리아 사회주의자들의 산발적이고 지체된 저항은 사회주의자와 공산주의자들이 자신의 머리를 파시즘의 도끼에 맡긴 것과 같은 평온하고 평화적인 방식의 패배를 체험했다.

그러나 (불행하게도) 이러한 비극과 그 이후의 비극도 국제 사회주의에게는 결코 충분한 경험이 되지 못했던 것이다!

제4장

러시아의 맑스주의

사회주의와 맑스주의의 단초

제2차 인터내셔널 시기의 혁명적 사상과 혁명적 운동의 발전에 있어 러시아는 어쨌든 가장 흥미 있는 나라들 가운데 속했다. 러시아에서의 짜르의 지배가 유럽의 반동세력들의 주요근거가 되고 있던 19세기 중엽에, 그 누구도 이 나라가 곧바로 날카로운 계급충돌의 현장일 뿐만 아니라 가장 진정한 맑스주의적 혁명사상의 발전장소—비록 그 경제 · 정치적 낙후함에도 불구하고—가 되리라고는 예견할 수 없었다.

러시아는 60년대 초엽에야 비로소 법적 규정에 의해 봉건적 예속에서 해방되었다. 70년대에 이르러서도 여전히 사람들은 러시아에 있어서 보다 강력한 산업발전과 노동자 계급의 집중에 대해서 말할 수가 없었다. 그럼에도 불구하고 러시아는 비범한 인텔리겐치아들이 있었다는 점으로 특징져진다. 이들은 벨린스키(Bjelinsky), 체르니셰프스키(Tschernischewski), 피사레프(Pisarew), 헤르첸(Herzen), 바쿠닌(Bakunin) 등에 의해 대표된 담대하고 생명력이 있고 이론적인 면에서 강력했던 시민적 지식인들이었다. 이들은—역사적이지는 않지만—적어도 유럽 사건들의 지평에서 사유하려고 했다. 이들은 후대의 러시아 맑스주의 사상의 선구자들이었다. 이들은 또한 헤겔에서 포이어바흐를 거쳐 유물론과 변증법에 이르는 그 독특한 전개과정을 실현하고 있었고, 마침내 맑스의 일정한 견해에 가장 가까이 접근하고 있었다.

이들의 사회적 사상은, 낙후한 상황 때문에 일정한 유토피아적(공상적) 특징들을 드러낼 수밖에 없었다. 특히 이러한 특징들은 '러시아 공동체'로 개념화되어 사회주의에 이르는 교량 역할을 했다.

보다 강력한 노동자 계급의 조직이 없었던 사실은 자본주의 발전과 투쟁방법에 대한 그들의 견해에 영향을 미쳤다. 그래서 1860년대와 70년대에 일련의 혁명적 지식인들에 있어 다음과 같은 견해가 지배적이었다. 즉, 러시아의 발전에 있어 자본주의는 필연적이 아니며, 사회주의를 위한 투쟁은 러시아 촌락공동체의 공산주의적 전통을 지향해야 한다. 체르니셰프스키 이외에도 이러한 방향의 가장 중요한 대표자는 라브로프(P. Lawrow)였는데, 그는 일찍이 사관학교의 연대장과 교수를 역임하였고 또한 지식인—나로드니키('인민주의자') 주도하의 혁명운동의 주요 이론가이기도 했다.

라브로프의 사상은, 러시아의 역사적 운동의 구체적 경향에 비추어 볼 때—비록 그의 사상은 대중이 혁명적 잠재력의 가능성을 시사하지 못한 상황 속에서 그 자체 혁명적 비약을 품고 있기는 했지만—부적합한 것으로 입증되었다. 그의 사상은 다음과 같다. 즉, 의식화된 소수로서의 개인은 역사적인 주요 행동대원(Hauptakteur)이 되어야 하며, 그들은 대중을 일깨워 이들을 운동으로 나가게 해야만 한다. 그러나 '민중 속으로의 돌입'이 실패했을 때, 곧바로 1876년에 창립된 혁명결사인 '토지와 의지'(Land und Wille)는 두 개의 당으로 분열되었고, 그 가운데 하나인 '인민의 의지'(Volkswille)는 테러리즘으로 방향을 바꾸었다. 테러주의자들의 모든 오류에도 불구하고, 러시아 혁명가들은 여기에서 비상한 대담성과 자기 부인(否認)을 보여 주었다. 젤리아보프(Željabow), 소피에 페로브스카야(Sofije Perowskaja), 베레 피그너(Vere Figner), 키발치(N. Kibalćić), 미하일로프(T. Michajlow) 등은 항상 영웅주의적 인간의 모범으로 남아있게 될 것이다.

'인민의 의지'의 일파들이 1870년대 말과 80년대에 공모하여 암살기도를 모의하고 있는 동안, 러시아의 자본주의는 점점 더 팽창되어 가고 있었다. 그래서 사회적 현실은 즉각적으로 나로드니키의 이데올로기가 전망이 없는 것임을 폭로해 버렸다. 1870년대 중엽에 첫 번째 혁명적 노동자 조직들과 그 선언문들이 페트로그라드에서 출현했고, 곧이어 러시아는 대중 스트라이크를 뒤흔들리기 시작했다. 러시아는 새로운 발전의 국면으로 접어들었고, 이것은 피할 수 없게 러시아 사회주의에 반영되었다.

물론 이 시기에도 러시아에는 맑스주의가 알려져 있었다. 맑스의 『자본론』은 유럽의 다른 나라에 비해 일찍 번역이 되었고, 많은 나로드니키들은 개인적으로나 혹은 저술을 통해 맑스와 연계를 맺고 있었다(특히 라브노프와 N. 다니엘손). 전체 사회·경제적 운동과 활발한 이론적 관심은 필연적으로 러시아도 유럽의 다른 나라와 마찬가지로 그 비슷한 길을 가고 있다는 인식에 이르게 했다. 그래서 [러시아의] 사회주의도 유럽의 사회주의와 거의 같은 과제들 앞에 서 있게 될 정도였다. 바로 플레하노프는 맑스주의가 러시아 문제에 이론적 해답이 된다는 사실을 맨 처음으로 파악했을 뿐만 아니라 자신의 학문적 저술을 통해 이 시기의 가장 중요한 이론가들 가운데 한 사람으로 손꼽힌다.

게오르기 발렌티노비치 플레하노프

플레하노프(Georgi Walentinowitsch Plechanow, 1856~1918)는 이미 70년대 중엽에 러시아 혁명운동에 가입했고, 문학기관인 '인민과 의지', 'Tschernij Peredel'뿐만 아니라 나로드니키 조직에서 활동했다. 그리고 그는 나로드니키의 선동이 실패한 뒤 외국으로 피신했다. 플레하노프는 그의 첫 번째 학문적 저술에서 일차적으로 경제·정치적 문제들에 몰두했다. 그는 서구에서 진보적인 노동운동과 맑스주의를 알고 난 후, 최종적으로 맑스주의적 입장으로 변모했다. 새로운 인식을 바탕으로 생겨난 그의 첫 번째 논문인 「사회주의와 정치투쟁」(*Sozialismus und politischer Kampf*, 1883)과 「우리들의 차이」(*Unsere Differenzen*, 1885)는 필연적으로 러시아 사회주의의 길에 대한 인민주의자들의 견해와, 사회 운동 세력들을 겨냥했다. 이것의 출판과 더불어 플레하노프는 러시아 맑스주의와 러시아 사회민주주의의 창시자가 되었다. 왜냐하면 그는 이론적인 활동과 병행하여 스위스에서 최초의 러시아 혁명적 맑스주의 조직인 '노동 해방단'(Gruppe für die Befreiung der Arbeit)을 창립했기 때문이다. 더욱이 도이치(L. Deutsch), 자수리치(W. Sassulitsch), 악셀로드(A. Axelrod), 이그나토프(V. Ignatow, 얼마 후 사망)가 이 그룹에 속해 있었다. 이들은 먼저 그들의 이론적 저술을 통해 맑스주의를 보급하는 데 기여했다. 그리고 맑스와 엥겔스의 저작을 번역하고, 러시아 망명자들의 정치적 발전에 영향을 끼쳤다.

플레하노프는—이미 포크로프스키(Pokrowski)가 쓴 것 같이—오랫동안 러시아에서 맑스주의의 지도적인 두뇌 역할을 했고, "19세기 말 가장 지성적이고, 교양이 있고, 재능이 풍부했던 러시아의 문필가였다."69) 이 시기에 러시아의 맑스주의 사상의 전개를 보증하기 위해서는, 먼저 자본주의 발전의 문제를 해명하고, 사회학의 주관주의적 이론들을 제거해야만 했다. 플레하노프의 역사적인 공적은, 그가 후기 저작—오늘날까지도 이것은 그 이론적 현실성을 간직하고 있다.—에서 뿐만 아니라 앞에서 언급된 저작들 속에서 그런 사실들(자본주의 발전문제의 해명과 사회학의 주관주의적 이론들의 제거)을 성공적으로 수행했다는 데 있다.

1895년 플레하노프는 벨토브(N. Beltow)라는 가명으로 그의 가장 중요한 저작들 가운데 하나인 『일원론적 역사관의 발전문제에 대하여』(*Zur Frage der Entwicklung der monistischen Geschichtsauffassung*)를 페트로그라드에서 발간했다. 그런데 이 저작은 당시 문헌 가운데, 맑스 사상과 사회주의의 역사적, 이론적 근거에 대한 가장 중요한 연구였다. 플레하노프는 제2차 인터내셔널의 많은 이론가들에 있어 가장 두드러진 결함, 즉 철학적 문제에 대한 무지를 당시에 이미 폭넓게 극복하고 있었다. 그는 오늘날까지도 맑스 유물론과 맑스 변증법의 철학적 선구자들을 철저히 천착했던 소수의 사람들 가운데 속한다. 그는 후기 저작70)과 마찬가지로 이 저작에서도 18세기 프랑스 유물론과, 인민주의자들의 관념론적 사회이론을 비판하는 데—미하일로프스키(N. K. Michailowski), 카레예프(N. J. Karejew), 키리벤코(S. N. Kiriwenko) 등—특별한 주의를 기울였다.

---

69) M. N. Pokrovski, *Povijest Rusije(Geschichte Rußlands)*, Zagreb 1935, S.219.

70) 1년 후에 슈투트가르트에서 그의 책 *Beiträge zur Geschichte des Materialismus*(1986)이 출간되었다. 여기서 그는 돌바하, 엘베시우스, 그리고 맑스를 논했다.

플레하노프는 맑스주의의 발전에 대해 유물론적 사상과 독일 관념론적 변증법의 중요성을 매우 선명하게 파악했다. 그리고 그는 결코 맑스를 칸트로 환원시키는 신칸트주의적 양식을 신봉하지 않았다. 메링, 라파르그, 라브리올라와 더불어 그는, 이러한 문제와 맑스주의의 사회학적 개념화에 대한 최고의 전문가였다. 플레하노프가 이들과 다른 점은, 그가 맑스주의 창설자의 철학적 개념화의 중요성을 보다 심오하게 파악하고, 이 개념화를—제한적이긴 하지만—계속 발전시키려고 한 데 있다. 동시에 플레하노프는 그의 교양과 중요한 문필적인 재능을 바탕으로 처음부터 높은 학문적 수준과 당시 학문적 문헌의 토대 위에서 맑스주의를 러시아에 유포하는 데 기여했다.

『일원론적 역사관의 문제에 대하여』에서 여전히 두드러진 역사적 성격, 즉 유물론적 역사 파악의 기본문제에 대한 분석뿐만 아니라 맑스 이론의 선구자와 이들이 맑스에 끼친 영향에 대한 내용적 분석이 주제가 되는 반면에, 곧이어 이보다 작은 두 개의 저술이 출간되었는데, 이것들은 독창적으로 역사에 대한 맑스의 개념화의 몇 가지 문제를 부각시켰다.

플레하노프는 그 첫 번째 저술인 『유물론적 역사관에 대하여』를 라브리올라의 책 『사적 유물론』의 출판에 즈음하여 기술했다. 그는 자기 저술에서 요소이론(der Theorie der Faktoren)을 비판적으로 분석했는데, 여기서 그는 이러저러한 요소를 유일하게 의미 있는 것으로 주장하는 사회학적 이론들은 순전한 추상에 불과하다고 지적했다.[71] 그는 요소이론에

71) "사회적·역사적 요소는 추상이며, 그것에 관한 표상은 추상화를 통해서 생겨난다. 추상화의 과정을 통해 사회 전체의 상이한 측면들은 특수화된 범주의 형태로 포착된다. 그리고 사회적 인간의 상이한 의견들과 표현 방식들(도덕, 법, 경제적 형식들 등)은 우리의 머릿속에서 특수한 세력으로 되는데 이것들은 마치

대해 전체적인 것으로서의 자신의 변증법적 사회 개념을 대립시켰다. 여기에서는 더 이상 고립된 요소들이 추상으로서 나타나는 것이 아니라 그것의 상이한 계기들과 더불어 사회 전체가 나타난다.

"요소이론의 관점에서 볼 때 인간 사회는 무서운 운송화물(schwere Fracht)로, 즉 상이한 '세력들'로 제시되는데, 그것은 도덕, 법, 경제 등을 말한다. 이러한 세력들은 그 측면에서 볼 때, 역사적인 길에 있어 그 발전과정이 느리다. 그러나 오늘날의 유물론적 역사 파악의 관점에서 볼 때, 사정은 이와 전혀 다르다. 즉, 역사적 '요소'는 단순한 추상으로만 입증될 뿐이다. 그 안개가 걷히자마자 아래의 사실은 분명해진다. 즉, 인간은 몇 가지 서로 분리된 역사를, 다시 말해 도덕의 역사, 철학의 역사를 만드는 것이 아니라, 오로지 그 고유한 사회적 관계들의 역사를 만들 뿐이다. 그리고 이러한 관계들은 주어진 모든 시기에서 생산력의 상태를 통해 제약된다. 이른바 이데올로기는 인간의 머릿속에서 이렇게 유일하고 분리될 수 없는 역사를 여러 모양으로 반영한 것에 불과하다."72)

또한 플레하노프는 인간의 질서와 인간적 자연(본성)의 문제에 대해 심오한 변증법적 이해를 보여 준다. 그가 공상적 사회주의의 개념화와 무정부주의적 개념화에 대해, 특히 크로포트킨(Kropotkin)의 개념화에 대하여

이러한 활동을 야기하고, 제약하며, 그 최종적 원인인 것처럼 보인다.

일단 요소이론이 형성되면, 곧바로 어떠한 요소가 지배적인 것으로 간주될 수 있는 지에 대한 토론이 생겨나야 한다."(*Über materialistische Geschichtsauffassung,* Berlin 1958, S.11~12).

72) G. W. Plechanow, *Über materialistische Geschichtsauffassung,* Berlin 1958, S.48. 후에 그는 맑스주의의 철학적 문제에 대한 그의 저작에서 특히 아래의 사실을 부각시켰다. 즉, 비록 맑스에게 있어서 모든 사회적 운동이 사회의 경제적 발전을 통해 해명된다 할지라도, "모든 사회적 발전은 단지 최종적으로만 경제적으로 해명될 뿐이다. 다시 말해 사회적 발전은 일련의 다른 여러 가지 '요소들'의 매개작용을 전제한다."(*Die Grundprobleme des Marxismus,* Wien/Berlin 1929, S.73).

비판적으로 대결한 후—크로포트킨은 이상적 사회의 실현을 이상적인 인간본성의 모범에 따라 가정했다.—그는 맑스의 정신에 따라 아래의 사실을 추론했다.

"……근대의 유물론자들은 단지 인간적인 본성에 상응할 뿐인 경제적 질서는 없다고 본다. 다른 모든 사회경제적 구조의 방식들은 다소간 이러한 본성을 폭압한 데서 생겨난 귀결들이다. 근대 유물론자들의 교의에 따르면, 해당 시기에 생산력의 상태에 상응하는 각각의 경제질서는 인간적인 본성에 상응한다. 그리고 이와는 정 반대로 모든 임의적인 경제질서는, 그것이 생산력의 상태와 모순에 빠지자마자, 이러한 본성의 요구와 모순되기 시작한다."[73]

플레하노프는 다른 저작에서 인간에 대한 자연적, 지리학적 영향의 문제에 주의를 기울인다. 비록 그가 이러한 계기를 여러 번 지나칠 정도로 강조하기는 했지만, 그는 본질적으로 이러한 상호관계에 대한 올바른 맑스주의적 해석을 대변했다. 여기서 그는 지금까지 흔히 간과되었던 몇 가지 계기를 파악했다. 우리가 이후에 보게 되겠지만, 그는 항상 인간의 역사적 삶에서 개별적인 계기들의 상호작용의 복합성을 파악하는 데 노력을 기울였고, 이러한 의미에서 인종문제를 기술했다.

"인위적인 환경은, 우리가 이미 알고 있듯이, 역사적 인간에 대한 자연의 영향을 매우 강력하게 변화시켰다. 이러한 영향은 직접적인 영향이면서도 간접적인 것으로 되었다. 그러나 그것은 계속 지속된다. 모든 민족의 기질 속에는 일정하고, 자연적 환경의 영향을 통해 생산된 특수성이 보존되는데, 이 특수성은 어느 정도까지는 변

73) Ibid., S.15.

화되지만 사회적 환경에 대한 순응을 통해서 결코 완전히 소멸되지는 않는다. 이러한 민족기질의 특수성은 사람들이 인종이라 부르는 실체를 형성한다. 인종은 의심할 여지없이 일정한 이데올로기들의 역사에, 예를 들어 예술사에 영향을 미친다. 그리고 이러한 상황은 그것에 대해 쉽지 않은 과학적 해명을 보다 더 어렵게 만든다."74)

이 시기에 출간된 그의 두 번째 에세이는 『역사에 있어 개인의 역할에 대하여』인데, 이 저술은 이러한 주제(개인의 역할)에 대한 그 첫 번째 작업에 해당된다. 여기에서 문제가 되는 것은 항상 일차적으로 나로드니키의 관념론적 파악에 대한 논쟁에 있다. 역사적 실천에 있어 인간의 활동적, 창조적 역할에 관한 맑스와 엥겔스의 테제는 주체의 수동성(Passivität)으로 끝나 버리는 추상적인 경제결정론의 역할에 대항한다. 또한 그것은 위대한 개인과 역사의 영웅들의 역할이 만사를 해결해 줄 수 있다는 주관주의적 견해에도 대항한다. 헤겔이나 칼라일(Carlyle)과 마찬가지로 바우어 서클의 청년헤겔주의자들은—영웅에 관한 자신들의 이론으로—이러한 사실을 주장했다. 그러나 플레하노프는 이 문제를—그의 선배인 벨린스키처럼—필연성과 우연성의 관계에서 해결했다.

"그러므로 지도적인 인물의 개인적 특수성은 역사적 사건의 개인적 특성을 결정한다. 그리고 이미 우리가 언급한 우연적인 요소는 항상 이러한 사건의 경과에서 일정한 역할을 한다. 또한 이 사건의 방향은 최종적으로 이른바 일반적 원인들을 통해, 즉 실제로 생산력의 발전과, 사회·경제적 생산과정에서 일정한 인간의 상대적 관계를 통해 결정된다. 우연한 현상들과 유명한 사람들의 개인적 특수성은 심연에 깔려 있는 일반적 원인들보다 중요하게 부각된다."75)

---

74) Ibid., S.22.

플레하노프의 분석은 아래와 같은 일반적 확증으로 끝난다. 즉 "재능이 풍부한 인간은 다만 개인적인 특성을 변화시킬 수는 있지만, 사건의 일반적 방향을 변화시킬 수는 없다."76)

얼마 안 있어 플레하노프와 병행하여 러시아의 시민적 인텔리겐차의 새로운 세대가 등장하는데, 이들은 서유럽의 경험을 토대로 자기 나라의 상황을 해명하려고 시도했다. 자본주의는 이미 90년대 초에 쓰디쓴 현실이 되어 있었다. 그리고 맑스주의는 이에 대한 이론적 극복을 위한 가장 강력한 방법론적 도구였기 때문에, 이 세대가 맑스주의에 열광한 것은 전혀 놀라운 일이 못된다. 나로드니키들, 특히 미하일로프스키(Michailowsky), 카레예프(Karejew), 보론초프(V. Woronzow)와 이른바 '합법적 맑스주의자'들의 진영—여기서는 스트루베(P. Struve), 바라노브스키(T. Baranowski), 불가코프(S. Bulgakow)가 특출하다.—사이의 이론적 문제에 관한 토론은 이 시기에 짜르 전제하의 러시아의 지적 풍토를 규정한다.

"90년대 러시아의 사회주의적 지식인들이 숨가쁘게 몰아대었고, 결국 논의의 여지가 없이 맑스주의 학파의 승리로 끝나 버린 빛나는 시합은 공식적으로 역사·경제적 이론으로서 맑스주의가 러시아의 학문에 진입했음을 알려 준다. '합법적' 맑스주의는—이러한 상황의 모든 취약점과 함께—당시 대학강단, 평론, 러시아의 서적

75) G.W. Plechanow, *Über die Rolle der Persönlichkeit in der Geschichte*, Moskau 1946, S.52.

76) Ibid., S.49. 같은 에세이에서 플레하노프는 위대한 개인들의 중요성을 아래와 같이 정식화했다. "위대한 사람이란, 그의 개인적 특수성이 위대한 역사적 사건에 개인적인 각인을 만들기 때문이 아니라, 오히려 특수성이 그로 하여금 그의 시대의 커다란 사회적 욕구에 봉사하도록 하기 때문에 위대한 것이다. 그리고 이러한 욕구는 일반적, 특수적인 원인들의 영향 아래서 생겨난다."(Ibid., S.56).

판로를 공개적으로 소유하고 있었다. 10년 후 러시아 자본주의의 발전 가능성이 프롤레타리아트의 혁명적 고양 속에서 낙관주의자들의 약점을 폭로해 버렸을 때—예외적으로—프롤레타리아트의 진영에서 나타난 어떠한 것도 맑스주의적 낙관주의자들의 진영에 의해서 발견될 수 없었다."77)

이처럼 로자 룩셈부르크(R. Luxemburg)가 기술하듯이 '합법적 맑스주의'의 대변자들은 러시아 자본주의 발전에 직면하여 이론적으로는 플레하노프와, 나아가 레닌과 같은 노선에 서 있었다. 그러나 이들은 혁명의 문제와 혁명적 투쟁의 실천적 문제에 관하여 시민적 인텔리겐차의 대변자로 머물렀다. 우리가 이후에 보겠지만, 레닌은 이 사실을 이론적 대결의 과정에서 명료하게 인식하고 있었다. 실천에 관하여 이들의 기회주의적 입장은 머지 않아 그들을 수정주의 이론으로 이끌고 갔다. 스트루베, 불가코프, 베르자예프는 곧바로 유물론적, 변증법적 이론의 입장을 떠나고, 이 시기의 시민철학의 일반적 양식에, 즉 신칸트주의에 접근했다. 스트루베는 결국 객관적 관념론을 공개적으로 대변했고, 베르자예프는 심지어 러시아의 관념론자인 솔로비예프(Solowjew)의 영향 아래서 신비주의에 빠지고 말았다. 그래서 로자 룩셈부르크는 아래의 사실을 개진했다.

"러시아의 '합법적' 맑스주의자들은 의심할 여지없이 그들의 상대방인 '인민주의자들'에 대해 승리를 거두었지만, 그들의 승리는 너무도 지나쳤다. 이 세 사람 모두는—스트루베, 불가코프, 투간 바라노프스키(Tugan Baranowsky)—투쟁의 열이 때문에, 입증될 수 있는 것보다 더 많은 것을 입증해 버렸다. 따라서 문제가 되는 것은 자본주의가 일반적으로 그리고 특수하게 러시아에서 발전 가능성이 있는가라는

77) R. Luxemburg, *Die Akkumulation des Kapitals,* l.c., S.244.

것이다. 또한 언급된 맑스주의자들은 이러한 가능성을 철저히 밝혀냄으로써, 심지어 자본주의의 영원한 유지 가능성을 이론적으로 입증해야 하는 것이다."[78]

제2인터내셔널과, 무엇보다도 러시아에서 수정주의가 출현한 후, 플레하노프는 집중적으로 이러한 논쟁에 참여했다. 여기에서 그는 자신은 이러한 시기에 전문 철학적(정치·경제적 혹은 사회학적 토론뿐만 아니라) 토론에서 압도적인 신칸트주의적 수정주의의 대변자들을 상대할 수 있었던 유일한 자였다고 말했다. 그의 철학적 개념화에 관한 한, 그는 엥겔스의 후대 저작에서 나타나는 견해를 일관성 있게 추종했다. 이러한 의미에서 그는 변증법적 유물론을 계속 발전시키지는 못했다. 그러나 플레하노프는 분명히 독창적인 사상가로서 그의 무수한 논쟁적, 이론적 저작들에서 맑스주의 철학의 몇 가지 문제를 새롭게, 고유한 국면으로 넓혀 놓았다.[79]

예를 들어 제2인터내셔널의 대부분의 맑스주의자들이 아래의 견해, 즉 맑스주의는 원칙적으로 정치경제학이며 사회학이라는 것을 추종했을 때, 플레하노프는 보다 성숙한 국면에서 전체로서의 맑스주의에 대한 인식론적, 존재론적 문제를 거듭 강조했다. 그는 결국 이러한 문제에 대한 엥겔스의 해결의 노선에 기초해서 움직여 갔다. 그는 말하길 ;

"철학은 종합적 이념의 체계인 바, 그것은 총체적 인간의 경험을 일정한 시기에 도달된 기적, 사회적 발전의 수준에 일치시킨다. 보다 압축하여 말하면, 철학은 일정한 시기에 있어 인식된 존재의 종합이다. 더 나아가 우리는 맑스와 엥겔스가 도

---

78) Ibid., S.296.

79) 맑스주의 문헌들 가운데서 페트로비치(G. Petrović)는 자신의 저작 *Filozofski pogledi Plehanova*(*Die philosophischen Ansichten Plechanows*, Zagreb 1957.)에서 플레하노프의 철학적 견해에 대해 지금까지 가장 폭넓게 분석했다.

달한 귀결이 완전히 우리의 정의와 일치하고 있음을 본다."[80)]

비록 이러한 규정이 엥겔스의 입장과 마찬가지로 오늘날 너무 협소하고 너무 존재론적인 것으로 보일지도 모르지만—왜냐하면 이 규정은 인간주의적 문제틀을 간과하기 때문이다.—그 규정은 인간 발전의 모든 시기에 있어 세계의 철학적 개념화에 대한 인간의 불변적인 욕구라는 점에서 정당한 것이다.

플레하노프는 물질 규정에 관한 문제에—후에 레닌이 수용했던—하나의 규정을 제시했다.

"우리는 우리의 의식과는 무관하게 존재하는 대상들을 물질적 대상들(물체)이라고 부른다. 이 대상들은 우리의 감각에 작용함으로써, 우리 안에서 감각적 인상(Sinneseindrücke)을 야기한다. 이러한 감각적 인상은 자기 편에서, 외부 세계에 대한 우리의 표상들의 토대를 형성하는데 이러한 외부의 세계는 곧 동일한 물질적 대상들과 그 상대적 관계들을 의미한다."[81)]

이러한 물질 규정은 오늘날에도 여전히 맑스주의의 철학적 문헌에서 부분적으로 수용되고 있다.

언급할 만한 가치가 있는 것은, 플레하노프가 특히 변증법 연구에 집중했고 그 자신이 능력 있는 변증법론자였다는 사실이다. 여기에서 이미 헤겔이 원리상 올바르게 해결했던 오래된 문제, 즉 변증법에 대한 형식논리

80) G. W. Plechanow, *Sotschinjenija*(*Werke,* 24 Bde.), Moskau 1922~1927, Bd. 18, S.325.

81) G. W. Plechanow, *Materialismus militans,* in: *Izbrannye filosofskie proizvedenija,* Bd. III, Moskau 1957, S.230~231.

학의 관계에 대한 문제가 나타난다. 플레하노프는 포이어바흐에 대한 엥겔스의 저작을 해설하면서, 스탈린주의 학파의 어떤 러시아의 철학자보다 훨씬 심오하게 이 문제의 해결을 요약했다. 그는 논리학의 두 가지 방식을 서로 대립적인 것으로 설정하지 않고 오히려 형식 논리적 사유를 변증법적 사유일반의 특수 경우로 규정했다. "정지가 운동의 특수 경우인 것처럼, 형식 논리학의 규칙에 맞는(사유의 '기본법칙'에 상응하여) 사유도 변증법적 사유의 특수 경우이다."[82] 이 문제에 대한 계속적인 분석에서 그는 트렌델렌부르크(Trendelenburg)와 위버벡(Überweg)의 형식 논리적인 개념화를 고려하면서, 다른 방식에로의 운동의 이행의 문제를 해석했고 아래의 사실을 추론해 냈다. 즉, "변증법은 형식 논리학을 지양하지 않고 오히려 형식 논리학의 법칙에서 그 절대적 타당성만을—형이상학에서 전가(轉嫁)되는—탈취할 뿐이다."[83]

러시아 맑스주의적 문헌에서 플레하노프의 불가사의 이론(不可思議理論, Hieroglyphen-Theorie)은 엄청난 논쟁을 불러일으켰다. 그는 엥겔스의 포이어바흐에 대한 저작의 해설에서, 그리고 이후에 수정주의자들에 대한 논쟁서 『전투적 유물론』(*Materialismus militans*)에서 이러한 인식론적 문제를 다루었다. 비록 사람들이 플레하노프에게서 불가지론적인 의미에서만 해석될 수 있는 진술에 부닥친다 할지라도,[84] 이 문제에 관한

82) G. W. Plechanow, *Dialektik und Logik,* in : *Die Grundprobleme des Marxismus,* l.c., S.125.

83) Ibid., S.128.

84) 맑스주의의 철학적, 사회학적 토대에 대한 마사릭(Masaryk)의 비판에 대하여 플레하노프는 그의 질문—즉, 물질적인 것과 마찬가지로 인간의 두뇌는 어디에서 기인하는가?—에 답변하였다. "이 순진한 질문은 재차 마사릭 교수가 유물론에 대해 조금도 알고 있지 못하고 있음을 확증해 준다. 유물론자들은 결코 그들의 교의가 그러한 질문에 답변할 수 있다고 주장한 적이 없다. 이들이 끊임없이

그의 전체 철학적 논증은, 어쨌든 그가 불가지론을 거절하고 세계인식의 가능성에 관한 유물론적 입장을 고수하며, 반영론에 있어 소박한 실재론을 모면하려고 애쓴 것을 보여준다. 그래서 그는 예를 들어 그의 논문 「여전히 유물론을」(*Noch einmal Materialismus*)에서 콘라드 슈미트를 논박하면서 그의 입장을 다음과 같이 정식화했다.

"공간과 시간은 의식의 형식이며, 그 때문에 특수 성질이 주관성이라고 하는 사실은 이미 홉스(Thomas Hobbes)가 알고 있었다. 또한 유물론자는 오늘날 이 사실을 거부할 수도 없을 것이다. 모든 문제는 사물의 일정한 형식이나 혹은 그 관계가 이러한 의식 형식에 상응하느냐의 여부에 달려 있다. 유물론자들은 이 문제에 대해 긍정적으로 답변할 수 있다고 스스로 생각한다. 물론 그러한 유물론자들이 저런 나쁜[보다 좋은 표현으로는 무의미한] 동일성을 승인하고 있음을 의미하지 않는다. 이러한 동일성은 칸트주의자들, 이들 가운데 특히 슈미트가 친절하고도 순진하게 유물론자들에게 전가한 것이다. 그러나 사실은 그렇지 않다. 물자체의 형식과 관계는, 그것이 우리의 머리 안에서 '번역'되는 한 우리에게 출현하는 것처럼, 즉 우리에게 현상하는 것처럼 존재할 수는 없다. 사물의 형식과 관계에 관한 우리의 표상은 단지 불가사의에 불과하다. 그러나 이러한 불가사의는 바로 그러한 형식에 대한 관계를 기술한다. 그리고 그것은 우리가 우리에 대한 물자체의 작용을 인식하고, 우리 측에서 물자체에 작용할 수 있기 위해서는 충분한 것이다. 내가 거듭 주장하고자 하는 바는, 만일 객관적 관련과 우리 머리 속에서 그 주관적 형상('번역') 사이에 참된 일치가 존재하지 않는다면, 우리의 존재 자체가 불가능할 것이라는 사실이다."85)

주장했던 것은, 이러한 질문이 인식의 경계 밖에 있다는 것이었다."(참조 편찬서 *Protiv revizionizma*[*Gegen den Revisionismus*], Kultura, Zagreb 1953, S.405).

85) G. W. Plechanow, *Noch einmal Materialismus,* in : *Protiv revizionizma,* S.142.

이후, 포이어바흐에 대한 엥겔스의 저작의 두 번째 번역판에서(1905) 플레하노프는 그가 세체노프(Setschenow)로부터 수용한 불가사의라는 용어를, 어쨌든 대응의 문제에 대한 그의 입장을 바꾸지 않은 채 포기했다. 후대의 러시아 철학에서 미틴(Mitin), 포미나(Fomina) 등은 주로 플레하노프를 아래의 사실 때문에 비난했다. 즉 플레하노프는 유물론의 반영론을 포기했다. 그러나 이러한 비난은 이러한 이론에 대한 몰지각한 수용에 기인하는 것이며, 유물론자들에게 있어서 반영과 대응이 서로 배척하는 것이 아니라 곧바로 전제가 되는 계기라는 사실을 통찰하지 못한 플레하노프의 비판가들로부터 나온 것이다.

한편으로 플레하노프는 모든 비판적 실재론자가 수용해야만 하는 주관과 객관의 비사유성을 매우 올바르게 주지했다. 즉, 정신적인 것(반영)과 물질적인 것(사물)을 동일시하는 것은 불가능하다. 그러나 다른 한편으로 그는 비상한 인식의 특징을 아래의 사실에서 보았다. 즉 인식은 그럼에도 불구하고 인식이며, 이러한 가상적인 모순과 기존의 불일치에도 불구하고 인간은 바로 이러한 대응에 기초하여 세계를 인식한다. 당시의 모든 맑스주의자들과 마찬가지로 그에게 있어서도—일정한 시기의 레닌에게서조차도—본질적으로 맑스주의적 범주로서 실천의 문제들에 대한 보다 심오한 통찰이 결여되어 있는 것은 사실이다. 그러나 그는 앞에서 언급된 개념들을 구별하려고 노력하면서 올바른 길에 섰다. 어쨌든 그는 이러한 논쟁에서 독일과 러시아의 수정주의자들, 신칸트주의자들, 마하주의자들보다 더 자신이 철학적으로, 사상적으로 우월함을 부각시켰다. 그는 자신이 맑스의 사상을 총체적인 의미에서 보다 훌륭하게 이해했을 뿐만 아니라 그 사상을 완전히 다른 상황과 모든 측면에 걸친 문제들에 적용할 수 있다고 주장했다. 결국 그는 20세기 초에 러시아에서 맑스주의 발전에 결정적인 영향을 끼쳤다.

이미 플레하노프가 독창적으로 해석한 유물론적 역사관의 몇 가지 계기들이 제시되었다. 따라서 이러한 연관에서 언급되어야 할 것은, 플레하노프가 이러한 문제의 복합성을 30년 이후에 나타난 그의 비판가들보다 더 정확하게 보았다는 사실이다. 그는 사회학이라는 용어를 사용하는 데 두려움을 지니고 있던—왜냐하면 이러한 용어는 부르주아 학문에 그 출처를 가지고 있기 때문인데—맑스주의적 이론가의 관료적 유형은 아니었다. 그와는 달리 플레하노프는 ;

"사회학은, 사회적 인간에 있어 목적의 성립(사회적 '목적론')을 사회적 과정의 필연적 귀결로 파악하는 정도에 따라서만 학문이 될 수 있다. 그리고 이러한 사회적 과정은 궁극적으로는 경제발전의 진행을 통해 제약된다."86)

라고 생각했다.

사회학의 의도와 과제가 이러한 의미에서 이해된다면, 사적 유물론은, 그의 이해에 따르면, 미래의 모든 과학적 사회학의 서설일 수가 있다.

이미 언급했지만, 플레하노프는 그의 뛰어난 교양과, 매우 상이한 인간적 표현(Manifestation)에 대한 확고한 지식을 근거로 토대와 상부구조의 관계에 대한 해석에서, 오늘날에까지도 여전히 편재해 있는 일면성과 기계론을 극복할 수 있었다. 플레하노프는 라브리올라의 제시—즉, 이것은 중요시되는 그룹화에 따라 그때그때마다 분화되는 사회심리학적 분석의 중요성에

86) G.W. Plechanow, *Die Grundprobleme des Marxismus,* l.c., S.101.

대한 제시인데—를 받아들이면서, 경제와 이데올로기의 보다 높은 형식들 간의 기본적 매개를 파악하려고 시도했다.

그래서 그는 그의 저작 『맑스주의의 근본문제』에서 이러한 방법론적으로 중요한 문제의 복합성을 아래와 같이 기술했다.

"우리가 이미 유명하게 되어 버린 '토대'와 '상부구조'의 관계에 대한 맑스·엥겔스의 견해를 간단히 정식화해 본다면, 우리는 아래의 사실을 얻게 될 것이다.

1.생산력의 상태.

2.이러한 상태를 통해 제약된 경제적 관계.

3.기존의 경제적 '토대'에서 생겨나는 사회·정치적 질서.

4.부분적으로는 직접적으로 경제를 통해서, 부분적으로는 전체를 통해 생겨나는 사회·정치적 질서는 사회적 인간의 심리를 결정한다.

5.이러한 심리학의 성질을 반영하는 상이한 이데올로기들.

이러한 정식화로 역사적 발전의 모든 '형식'에 그 합당한 자리를 충분히 허용해 줄 수 있다. 동시에 이 정식화는 상이한 사회적 힘들간의 상호작용을 넘어설 수 없는 절충주의와는 완전히 무관한 것이다. 그리고 그것은 이러한 힘들이 상호작용한다는 사실이 그것의 형성에 관한 질문에 결코 답변할 수 없다고 예견하지는 않는다. 우리의 정식화는 일원론적인 것이다. 그리고 이러한 일원론적인 정식화는 철저히 유물론에 의해 관철된다."87)

비록 사람들이 이 '정식화'에서, 그것이 충분하게 완성되지 않았고, 또한 그것이 이데올로기와 그 외의 다른 계기들간의 관계를 충분히 해명하지 못했다고 비난할지라도, 우리는 아래의 사실을 염두에 두어야 한다. 즉, 플레하노프는 바로 하나의 '정식화'만을 제시하려고 했을 뿐이었고,

87) Ibid., S.81~82.

그것은 일반적으로 복합적인 사회의 현실성을 분석하는 데 결코 간과될 수 없는 일정한 매개에 주목하는 것이다. 그런데 이러한 정식화에는 무엇보다도 '개별적인 것'이 결여되어 있다. 이러한 개인은 그의 작업과 활동에서 사회 내지는 일정한 사회계층의 심리학을 표현할 뿐만 아니라, 이데올로기의 창출에 있어 그 특별한 각인(刻印)을 남긴다.

플레하노프는 또한 그의 이론적 작업의 중요한 부분을 예술과 미학의 문제에 바쳤다. 여기서 그는 맑스주의에서—그 이전이나 이후에도 여전히—다루어 본 적이 없는 문제를 다루었다. 이미 그는 1899~1900년에 『주소 없는 편지』(*Briefen ohne Adresse*)에서 예술의 성격과 기원에 대한 그의 기본적 이해를 밝혔다. 예술 이해에 대한 톨스토이와의 토론에서—톨스토이는 예술을 운동과 선, 그리고 색체 등을 바탕으로 감정을 매개하는 것으로 이해했다.—플레하노프는 다음과 같이 주장했다.

"예술이 단지 인간의 감정만을 표현하는 데 불과하다고 말하는 것은 오류이다. 실은 그렇지 않다. 예술은 그 감정뿐만 아니라 그 사상을 추상적으로가 아니라 살아 있는 생생한 형태로 표현한다. 그리고 바로 여기에 예술의 가장 중요한 특색이 있다."[88]

그는 예술작품과 예술적인 표현에 있어 합리적인 계기에 권리를 인정함으로써, 필연적으로 미학의 영역에서 칸트주의와 신칸트주의적 형식주의

88) G. W. Plechanow, *Briefe ohne Adresse,* in : *Kunst und Literatur,* Berlin 1955, S.42. 같은 구절에서 플레하노프는 이러한 사상을 구체화했다. "예술은, 인간이 자기를 둘러싸고 있는 현실의 영향 아래서 느끼는 감정과 사유를 재차 자기자신 안에서 스스로 불러일으킬 때 시작된다고 생각한다. 그리고 이러한 인간은 이러한 감정과 사유에 일정한 구상적(具象的)인 표현을 한다. 그가 대부분의 경우에 거듭 생각하고 느낀 것을 타자에게 전달하려는 목적을 가지고 행동하는 것은 자명하다. 예술은 사회적 현상이다."(Ibid., S.42).

에 부딪쳤다. 미학적 판단을 모든 이해와는 무관한 그 어떤 것으로 생각한 칸트의 개념화에 대하여, 그는 아래와 같이 말했다.

"그것은 개별적 개인에 대한 적용에서는 전적으로 타당하다. 만일 나에게 한 유화가 마음에 든다면—왜냐하면 내가 그것을 유리하게 구입할 수 있었기 때문에—나의 판단은 물론 순수한 취미판단(Geschmacksurteil)일 수가 없다. 그러나 우리가 사회의 입장에 선다면 사태는 완전히 달라지게 된다. 미개 민족들의 예술에 대한 연구는 사회적 인간이 처음부터 유용성의 관점에서 대상들과 현상들을 관찰했으며, 비로소 후에야 몇 가지 대상들과 현상들에 관한 관계에서 미학적 관점으로 이행해 갔음을 제시해 준다. 그것은 예술사에 새로운 빛을 던져 주었다."89)

충분히 완성되지도 않고 해명되지도 않은 이러한 구별에 미학적 공리주의와 미학적 형식주의를 일치시키려는 관점이 나타난다. 물론 플레하노프는 미와 유용성을 동일화하려고 하지는 않았다. 오히려 그는 먼저 생존투쟁을 하는 사회적 인간에게 있어 미가 될 수 있는 것은, 단지 그에게 유용하고 이러한 투쟁에서 중요한 것임을 강조하려고 했다. 플레하노프는 미의 영역이 유용성의 영역으로 은폐될 수 없고, 전자가 본질적으로 후자에 비해 보다 포괄적이며, 미학적 향유의 가장 중요한 특색은 직접성임을 강조함으로써, 그는 아래의 사실을 추론해냈다. "그럼에도 불구하고 유용성은 존재한다. 그것은 미학적 향유의 토대가 된다. [이것이 개별적 개인에 관한 언급이 아니라 사회적 인간에 관한 언급임을 상기한다면] 유용성이 존재하지 않는다면, 대상은 아름다움으로 나타나지 않을 것이다."90)

---

89) G. W. Plechanow, *Die französische dramatische Literatur und die französische Malerei des 18. Jahrhunderts vom Standpunkt der Soziologie*, in: *Kunst und Literatur*, Berlin 1955, S.196.

유감스럽게도 플레하노프는 미학적인 것과의 관련에서 매우 중요한 계기를 연구하지 않았다. 즉, 그것은 사회적 인간의 미학적 판단으로부터—이 판단은 유용성의 토대에 기인한다.—개인적인 미학적 취미판단에로의 이행의 특성과 원인인 바, 이러한 판단은 "의심할 여지없이 이러한 판단을 진술하는 개인에게 있어 모든 유용성의 고려에 대한 결여를 전제로 한다."91)

플레하노프에게 있어 이러한 두 번째 계기와 이행 자체가 완성되지 않은 채로 남아 있지만, 그는 첫 번째 계기에 대해 몇 가지 독창적인 유물론적 분석을 했다. 여기서 그는 민족학적(ethnographisches)이고 사회학적인 자료뿐만 아니라 뷔허(K. Bücher)의 저술들, 특히 그의 저작인 『노동과 리듬』(*Arbeit und Rhythmus*), 그리고 그루스(K. Groos)의 놀이 이론—이 이론은 노동의 놀이화를 선취하고 있다.—에 의존한다.

뷔허는 사실 노동과 예술에 대한 놀이의 관계를 매우 흥미있게 분석했고 여러 번 놀이와 예술은 노동으로부터 나온다고 추론했다. 그러나 그는 결국 놀이는 노동보다 더 오래된 것이고, 예술은 유용한 대상들의 생산보다 더 오래되었다는 주장을 대변했다. 따라서 노동은 인간의 본질적 규정에 관해 중심적인 주의를 끌지 못하고, 오히려 다른 인간적 활동성의 형식들이 중요하게 취급된다. 플레하노프는 미개민족들에 있어서 이러한 현상들을 당시 가장 현대적인 민속학적 연구들—폰 덴 슈타이넨(K. von den Steinen), 라첼(F. Ratzel), 카틀린(O.G. Catlin) 등의 연구—을 근거로 철저히 분석하고 난 후, 아래와 같이 결론을 내렸다.

"나는 철저히 확증했다. 만일 우리가 노동이 예술보다 더 오래되었고, 일반적으

---

90) Ibid., S.197.
91) Ibid., S.197.

로 인간은 먼저 공리주의적인 관점에서 대상들과 현상들을 관찰했으며, 이후에야 비로소 이것들(대상들과 현상들)에 대한 관계에서 미학적 입장에 서게 되었다는 사상을 꿰뚫어 보지 못한다면, 원시시대의 예술사에서 결코 어떠한 것도 이해할 수 없을 것이다."[92]

이것은 의심할 여지없이 예술과 미학적 현상의 기원에 관한 올바른 이해와 연구를 위해 매우 중요한 열쇠가 된다. 플레하노프는 노동이 인간의 본질, 즉 '유적 본질'이라는 근본적인 맑스, 엥겔스의 테제로부터 출발하면서, 설득력 있게 다른 모든 중요한 인간의 표현은 그의 노동과 의식의 발전에서 생겨나며, 따라서 그러한 것들은 인간공동체의 발전에 있어 독립적이고 우월한 성격을 갖지 못한다는 사실을 제시했다.

플레하노프는 예술의 기원과 성격의 문제에 몰두했기 때문에, 필연적으로 당시의 토론에 참여할 수밖에 없었다. 이 토론은 바로 순수 형식주의에서 극단적인 사회학주의(Soziologismus)에까지 걸쳐 있었다. 이제 맑스주의의 기본 관심은(오늘날에도 마찬가지인데) 사회적 삶에 대한 예술의 의존성을 밝히고, 그렇게 함으로써 인간의 창조성에 있어 절대적으로 독립된 어떤 영역은 존재하지 않으며, 고립된 개인이 아니라 사회적 개인만이

---

92) G. W. Plechanow, *Briefe ohne Adresse*, l. c., S.114. 유용성의 미학의 관계에 대해 플레하노프는 다음과 같이 말했다. "우리가 사용가치를 염두에 둔다면, 사람들은 확고하게 다음의 사실을 말할 수 있다. 즉, 미개민족이 장식품으로 사용하는 대상은 본래 유용한 것으로 간주되든지 아니면 그 종족에 있어서 그 소유자에게 유용한 소유자의 성질을 드러내는 것이 될 때에야 비로소 대상은 아름다운 것으로 나타난다. 사용가치가 미학적인 것에 앞선다. 그러나 일정한 대상이 원시 사회적(urgesellschaftlich) 인간의 눈에 일단 일정한 미학적 가치를 얻는다면, 인간은 이러한 가치를 위해 대상을 획득하려고 노력한다. 여기서 인간은 이러한 것의 가치발생을 전혀 생각하지 못할뿐더러 일반적으로 이 사실에 대해서도 생각하지 않는다."(Ibid., S.143).

존재한다는 사실을 입증하는 것이다. 물론 이것을 통해서는 문제의 한 측면만이 파악되고, 계속적 분석을 위한 토대를 얻을 뿐이다. 이 시기의 가장 명석한 맑스주의의 수뇌들이 일차적으로 예술에 대한 보다 사회학적인 해석에 관련되었던 것은 결코 놀라운 일이 아니다. 라파르그와 메링도 이것을 넘어서지 못했다. 또한 플레하노프도 이 문제를 자기 관심의 중점에 두었다.[93] 여기에서 의도된 것은, 당시의 부르주아 미학은 어쨌든 예술에 대한 가치있는 사회학적 해석의 대변자를 제시해야 했다. 분명히 테느(H. Taine)의 일반 예술사회학적 개념화와 플레하노프의 맑스주의적 예술사회학의 개념화에는 본질적인 차이가 있다. 전자가 사회·경제적 기저(基底)를 역사적 운동의 토대로서, 다시 말해 자체상 모순적인 토대로서 이해하려고 하지 않는 반면, 플레하노프는 이러한 맑스주의적 계기에 관하여, 테느뿐만 아니라 반영론을 예술에 기계적으로 전이시킨 모든 사람들에 비

---

93) 편찬서 *Zwanzig Jahre* 서문에서 플레하노프는 명백하게 아래의 사실을 강조한다. "유물론적 세계관의 추종자로서 내가 말하고 싶은 것은, 비평가들의 첫 번째 과제는 주어진 기존의 예술품의 이념을 예술의 언어에서 사회학의 언어로 전이하는 것이다. 그것은 사람들이 기존의 문학적 현상에 대해 사회학적 등가(Äquivalent)로 기술할 수 있는 것을 발견하기 위해서이다."(Vorwort zur dritten Auflage des Sammelbandes *Zwanzig Jahre,* in : *Kunst und Literatur,* S.219). 그러나 사람들은 동시에 아래의 사실도 강조해야만 한다. 즉 플레하노프는 예술작품에 대한 미학적 분석을 분명하게 유물론적 비판에 있어 필요한 두 번째 행위로 기술했다는 것이다. "일정한 문학적 현상의 사회적 등가를 발견하려는 노력에서 그것이 이러한 등가의 발견에 한정될 수 없고 사회학이 미학의 입구를 차단하는 것이 아니라 그 반대로 그 문을 활짝 열어줘야 한다는 사실을 이해하지 못한다면, 이러한 비판은 자기 고유한 본성에 충실할 수 없게 된다. 자기 자신에 충실하려는 유물론적 비판의 두 번째 행위는—관념론적 비평가들에게서와 마찬가지로—논의되는 작품의 미학적 가치 평가임에 틀림없다. 유물론적 비평가, 자신이 작품의 사회학적 등가물을 발견했다는 구실로 그러한 평가를 포기한다면, 그는 단지 자기가 확고한 토대에 의지하려고 하는 입장을 파악하지 못하고 있음을 드러낼 뿐이다. …달리 말해 유물론적 비판의 첫 번째 행위는 두 번째 행위를 쓸모있게 할 뿐 아니라 이 행위를 첫 번째 행위의 필요한 보충으로 전제한다."(Ibid., S.225~226).

해 본질적으로 우월하다.

"첫째, 만일 사람들이 예술을—문학과 마찬가지로—삶의 반영이라고 말한다면, 그것은 올바르기는 하지만 그럼에도 불구하고 매우 부정확한 것이다. 예술이 어떤 방식으로 삶을 반영하는지를 파악하기 위해 사람들은 삶의 메카니즘(Mechanismus)을 이해해야만 한다. 문명화된 민족들에 있어서 우리가 이러한 메카니즘에서 가장 중요한 추동력 가운데 하나는 계급투쟁이다. 우리가 이러한 추동력을 연구한다면, 그리고 우리가 계급투쟁을 고려하고, 그 수많은 전환기를 연구한다면, 우리는 곧 어느 정도 만족할 만큼 문명사회의 '정신사'를 해명할 수 있게 될 것이다. '이념의 발전'은 계급의 역사와 계급간의 투쟁의 역사를 반영한다."[94]

이러한 방법론적 관점에서 플레하노프는 특히 '예술을 위한 예술'(l'art pour l'art)의 문제와 '사회참여예술'의 문제를 탁월하게 분석했다. 그는 아래의 문제—즉 한편에서 예술의 성격과 의미에 관한 파악을, 다른 한편에서 대립되는 것을 표현하게 하는 일차적인 조건들은 무엇인가—를 제기했다. 18세기와 19세기의 프랑스 예술자료와 19세기의 러시아 예술자료를 근거로 그는 다음과 같은 결론에 도달했다.

"활발하게 예술창조에 참여하는 예술가와 사람들이 예술을 위한 예술의 경향에 빠지는 이유는 바로 그들이 자신들을 둘러싸고 있는 사회적 환경과의 절망적인 불화 때문이다."[95]

94) G. W. Plechanow, *Die französische dramatische Literatur und die französische Malerei des 18. Jahrhunterts,* in : *Kunst und Literatur,* S.195~196.
95) G.W. Plechanow, *Die Kunst und das gesellschaftliche Leben,* in : *Kunst und Literatur,* S.242.

이와 마찬가지로 아래의 사실도 확증된다.

"예술에 대한 이른바 공리주의적 견해, 즉 삶의 현상에 대한 판단의 중요성을 그 작품에 부여하려는 경향과, 그리고 사회적 투쟁에 참여하려는(항상 그 결과로 나타나는) 흔쾌한 준비는 사회의 상당한 부분과 인간들—다소간 예술창조에 활동적으로 관심을 가지고 있는—서로간의 공감(共感)이 존재하는 곳에서만 나타나고 확증된다."96)

비록 플레하노프에 있어 당시 여전히 극복될 수 없었던 몇 가지 순진한 사실주의적 지평이 존재하고(왜냐하면 예술 자체는 여전히 이러한 틀 속에서 움직였기 때문이다.), 또한 우리가 오늘날 예술에 대한 그의 몇 가지 규준에 동조할 수 없다 할지라도—왜냐하면 이러한 규준은 너무 협소하기 때문이다. 참조 : 예를 들어 '푸른 옷의 여인'(Frau in Blau)이라는 예술 형태에 대한 그의 분석. 여기서 플레하노프의 순진한 사실주의적 규준이 엿보이는데, 이러한 규준은 재차 동시대의 사회주의적 사실주의의 자연주의적 개념화에 상응하고 있다!97)—,

---

96) Ibid., S.242~243. 물론 이것은 예술에 대한 공리주의적 견해가 필연적으로 혁명적임을 의미하지는 않는다. "이 모든 것으로부터 아래의 사실은 충분히 설득력있게 추론된다. 즉, 공리주의적 예술관은 보수적 입장뿐만 아니라 혁명적 입장과도 일치된다. 그리고 이러한 견해에 대한 경향은 필연적으로 단지 하나의 조건만을 전제한다. 그 조건이란 바로 일정한—전혀 차별이 없는—사회질서나 사회적 이상에 대한 생생하고 활동적인 관심이다. 그리고 이 경향은 이러한 관심이 이러저러한 이유로 끝장날 때, 사라져 버린다."(Ibid., S.247).

97) 어쨌든 아래의 사실은 특징적이다. 즉, 플레하노프의 이러한 협소하고 사실주의적인 관점은, 아래의 테제에 대한 그의 맹렬한 반대가 난관에 부딪쳤음에도 불구하고—즉 예술비평은 예술로 하여금 그것이 무엇을 어떻게 가공해야 할지를 명령할 권리가 있다는 테제—사회주의적 사실주의의 현대 이론가들에게서 엄청난 동의를 얻었다. 이 사실은 쉽게 이해될 수 있다. 국가사회주의(Etatismus) 이론가는, 비평은 국가관료제를 대변하기 때문에 예술을 지도해야 한다는 테제를 벗어날 수 없다. 그러나 플레하노프는 예술이란 존재하는 바(was ist)에 대한 표현임을 전제했다. 그래서 존재하는 바를 무엇으로 파악하고, 그것을 어떻게

그는 앞에서 언급된 관점을 통해 예술에 대한 맑스주의 이론에 상당히 기여했다.

디츠겐주의자들(Dietzgenisten)과 부르주아 철학자 및 사회학자들—마사릭(Masaryk), 크로체(Croce), 리케르트(Rickert), 빈델반트(Windelband), 베르그송(Bergson) 등—과 벌인 플레하노프의 수많은 대결과 그의 문화사적인 저작들 및 러시아에서 벨린스키로부터 체르니셰프스키(Tschernischewsky)까지 이르는 사회적, 철학적, 이론적 사상에 대한 그의 연구를 고려한다면, 플레하노프의 중요성은 다방면에서 주목받는 맑스주의 사상가로 평가될 것이다.

그의 저작 정신에 따라 러시아 맑스주의자들의 세대는 교육받았고, 바로 레닌은 이 사실을 부각시켰다. 몇몇 명망 있는 러시아 맑스주의 이론가들은—악셀로드(L.I. Axelrod), 데보린(A.M. Deborin), 블룸(O. Blum), 아브라모프(A. Awramow) 등—자신들을 플레하노프의 제자로 인정했다.

그러나 비록 플레하노프가 제2인터내셔널 시기에 가장 재능이 뛰어나고 교양있는 맑스주의 사상가들 가운데 한 사람이었고, 러시아 사회민주주의의 정치적 창립자이긴 했지만, 멘셰비키와 볼셰비키의 분열(1903) 이후에 그는 다소 멘셰비키로 돌아섰다. 레닌과는 달리 그는 당시 널리 유포되어 있던, 사회주의 운동의 자발성(Spontaneität)에 관한 견해를 대변했다. 러시아는 우선 시민혁명의 목전에 서 있었다. 그 때문에 그는 1905년의 봉기를 비난했고, 전쟁 초에 다른 많은 제2인터내셔널의 지도자와

표현하는가는 예술적인 능력과 자유에 의존한다. 그리고 존재하는 바는 상식의 요구에 적합하게 존재해야 할 것이 무엇인지를 "지적해야만 한다." 비평은 예술에 대해 중요하고 관심이 있는 일련의 요소들과 관계들을 해명할 수 있어야 한다. 그러나 비평은 예술적인 창조의 세계에 결코 한계를 그을 수 없다.

같이 애국적 사회주의의 관점을 받아들였다. 동시에 그는 이 시기의 사회주의 운동의 수많은 이론가들에 있어서 역사적으로 존속해 있던 프롤레타리아 혁명의 복합적인 문제틀과 그 가능성을 인식하지 못했다. 이런 이유들 때문에 그는 생의 말년에 더 이상 정치적으로 중요한 역할을 하지 못했다. 그는—이러한 이념들을 실행에 옮기기 시작한 계기들을 이해하지 못한 채—평생 동안 투쟁해 온 자신의 이념들이 실현되기 시작하던 1918년에 죽었다.

수많은 혁명가들의 운명에는 어쩌면 이렇게 기이한 인장이, 즉 어떤 의미로는 비극의 인장이 찍혀 있는지도 모른다. 이러한 사실에도 불구하고, 이 시기의 맑스주의 역사에서 가장 위대하고, 흥미있고, 성숙한 인물들에 속하던 플레하노프는 실천적으로나 이론적으로 제2인터내셔널의 지평에 묶여 있었다. 이 시기는 의심할 여지없이 노동운동과 맑스주의 발전에 있어 매우 중요한 시기였다. 자기운동의 폭넓은 비약을 통해 제2인터내셔널은 사회주의의 위대한 학교가 될 수 있었다. 그 민주주의적 정신과 내부민주적(innerdemokratische) 민주주의를 통해 제2인터내셔널은 과학, 특히 맑스주의에 중요하게 기여한 폭넓은 음계의 사상들을 가능케 했다. 제2인터내셔널은 일련의 중요한 인물들을 정치적, 이론적 싸움터로 내몰았다. 이들은 사상의 자유와 사회주의의 포기할 수 없는 원리, 그리고 맑스주의 발전을 위한 전제의 확립을 통해 충분한 개별성과 창조성에 도달할 수 있었다.

그러나 이러한 개방성과 관용은 이들의 약점이기도 했다. 맑스주의를 총체적으로 이해하지 못한(감지될 수 있는) 이들의 결함, 특히 제2인터내셔널의 거의 모든 이론가들과 지도자들에게 있어 맑스주의 변증법에 대한 보다 심오한 지식의 결여는, 그러한 관용이 부정적인 작용을 낳게 한 중요 원인들 가운데 하나이기도 했다. 전형적인 기회주의에 대해 단지 불충분한 저항만이 있었고, 몇 가지 본질적인 맑스주의의 근본주장들이 포기되었다.

이러한 연약성과 의회주의적 환상, 그리고 결국에 직접적인 혁명 이전의 사건들에 대한 단호하고 기본적인 평가를 내릴 수 없었던 것은, 역사적 계기의 결정적인 문제와 제국주의 전쟁의 문제, 그리고 사회주의 혁명의 문제를 전체적으로 거절하는 것으로 끝나 버렸다.

당시의 사회민주주의에 있어 방대하고, 조직적이고 문화적인 작업을 반박할 수는 없을 것이다. 사회민주주의는 당조직, 노동조합 그리고 다른 조직에서 이러한 작업을 수행했다. 또한 노동자 계급의 정치적, 문화적 활성화의 영역에서 그 수많은 간부들의 맹렬한 노력과 희생의 각오를 포기해서도 안 된다. 그러나 맑스의 원칙에 입각해 있다고 믿는 당은 결코 혁명적 상황 앞에서 항복해서는 안 된다. 보다 나쁜 것은 이러한 당이 혁명적 상황 속에서 부르주아지들을 통합시켜 주고, 노동자 대중의 혁명적 불꽃을 깨뜨리는 것이다.

이러한 상황에서 나타나는 당의 무능과 패배를 시인하는 자기비판의 불충분이 대부분 사회민주주의를 수정주의 정책을 수행하는 길로 나가게 했고 결국에는 혁명적 이론과 실천에 관한 맑스주의의 원리들을 배척하게 했다.

그래서 제2인터내셔널의 역사적 행동은 끝났다. 그러나 이 시기의 한 인물만이 자신의 지적, 이론적, 혁명 · 정치적 능력의 비상한 통일성과 조화를 통해 제2인터내셔널의 인정받던 모든 지도자들을 능가했다. 자신의 활동을 통해 당시의 모든 '맑스주의의 교황들'을 압도하던 이 독창적인 인물은, 누구와도 견줄 수 없이 (글자 그대로) 역사를 만들었는데, 그는 바로 레닌이었다. 그와 더불어 맑스주의는 그 발전의 새로운 국면에 접어들었다.

제2권에 계속

맑스주의의 역사(2) ● 차 례

제3부 블라디미르 일리치 울리아노프 레닌

제4부 제3인터내셔널 시기의 맑스주의

제5부 동시대의 맑스주의